C#과 **파이썬**을 활용한

OpenCV 4
프로그래밍

컴퓨터 비전 기초 이론부터
머신러닝을 활용한 영상 처리 프로젝트까지

C#과 **파이썬**을 활용한

OpenCV 4 프로그래밍

컴퓨터 비전 기초 이론부터
머신러닝을 활용한 영상 처리 프로젝트까지

지은이 윤대희

펴낸이 박찬규   엮은이 이대엽   디자인 북누리   표지디자인 Arowa & Arowana

펴낸곳 위키북스   전화 031-955-3658, 3659   팩스 031-955-3660
주소 경기도 파주시 문발로 115, 311호 (파주출판도시, 세종출판벤처타운)

가격 42,00   페이지 616   책규격 188 x 240mm

초판 발행 2024년 05월 22일
ISBN 979-11-5839-486-8 (93000)

등록번호 제406-2006-000036호   등록일자 2006년 05월 19일
홈페이지 wikibook.co.kr   전자우편 wikibook@wikibook.co.kr

C#과 **파이썬**을 활용한

OpenCV 4
프로그래밍

개정2판

컴퓨터 비전 기초 이론부터
머신러닝을 활용한 영상 처리 프로젝트까지

윤대희 지음

위키북스

서문

인공지능 기술은 다양한 분야에서 널리 사용되고 있습니다. 이미 구글, 야후, 마이크로소프트, 인텔, IBM, 소니, 혼다, 토요타 등의 기업에서는 OpenCV를 적극적으로 활용하고 있으며, 자동화 공정, 게임, 소셜 미디어, 쇼핑, 드론 등 다양한 산업 분야에서도 인공지능을 도입하거나 시도가 지속적으로 이루어지고 있습니다.

인공지능 기술의 발전으로 컴퓨터비전이 중요한 역할을 하게 되었습니다. 컴퓨터비전 기술을 통해 영상이나 이미지에서 의미 있는 정보를 추출하고 분석하는 것이 가능해졌습니다. 이러한 이유로 컴퓨터비전을 활용한 다양한 프로그램과 시스템이 계속해서 등장하고 있으며, 프로그램이나 시스템에 효과적으로 컴퓨터비전 기술을 적용하기 위해 OpenCV 라이브러리가 활발히 사용되고 있습니다.

OpenCV는 컴퓨터에 시각적인 능력을 쉽게 부여하도록 도와주는 오픈소스 컴퓨터비전 라이브러리입니다. 이 라이브러리는 다양한 알고리즘을 지원하여 검출, 인식, 추적, 분류뿐만 아니라 이미지 복원, 유사성 분석, 배경 제거 등의 작업에도 활용할 수 있습니다. OpenCV를 사용하면 전문적인 컴퓨터비전 기술 알고리즘을 간편하게 활용할 수 있습니다.

그러나 처음 OpenCV 라이브러리를 공부할 때의 어려움을 생각해 보면, 이미지를 불러와 윈도에 출력하는 것조차 쉽지 않았습니다. C/C++, C#, 파이썬과 같은 다양한 프로그래밍 언어 간의 기본 데이터 형식의 차이로 인해 적용이 어려웠고, OpenCV 문서를 확인해도 설명이나 예시가 간결하게 제공되어 초심자였던 저자가 이해하기에는 매우 어려웠습니다. 또한 OpenCV의 알고리즘이나 함수를 실제로 어떻게 적용해야 하는지에 대한 이해도 부족했습니다.

이 책은 필자가 초심자로서의 경험을 바탕으로 영상 처리와 OpenCV를 쉽게 이해하고 활용할 수 있도록 구성되었습니다. OpenCV를 효과적으로 다루기 위해서는 수학적 지식뿐만 아니라 컴퓨터비전 이론과 알고리즘에 대한 이해도 필요합니다. 이 책은 컴퓨터비전 이론과 알고리즘을 최대한 쉽게 풀어서 설명하며, 책에서 사용되는 함수, 클래스, 그리고 플래그까지도 직관적으로 이해할 수 있도록 작성되었습니다. 또한, 사람들이 가장 궁금해하고 자주 사용되는 기능들을 중심으로 구성되었습니다.

OpenCV나 영상 처리에 처음으로 접하는 독자들도 이해하기 쉽도록 노력했으며, 시행착오를 최소화하고 실질적인 활용을 위한 내용을 다루고 있습니다. 따라서 이 책은 초보자에게 친숙하면서도 OpenCV와 영상 처리에 대한 이해를 깊게 할 수 있는 유용한 자료가 될 것입니다.

이 책은 3부로 구성되어 있습니다. 1부에서는 컴퓨터비전과 OpenCV를 이해하기 위한 기초적인 정보와 기본 데이터 형식, 연산 등에 대해 다루어 이미지를 이해하고 효과적으로 처리할 수 있도록 자세히 설명합니다. 2부에서는 1부에서 학습한 내용을 기반으로 함수와 클래스 등을 소개하고, 예제 코드를 통해 본격적으로 OpenCV를 다룹니다. 또한, 알고리즘을 이해할 수 있도록 수학적인 설명과 함께 함수에서 사용할 수 있는 모든 플래그를 자세히 설명하며, 머신러닝과 딥러닝까지 포괄적으로 다룹니다. 3부에서는 책에서 다룬 함수와 클래스를 활용해 컴퓨터비전과 관련된 프로젝트를 직접 진행합니다. OpenCV뿐만 아니라 프로젝트에 OpenCV와 머신러닝/딥러닝 프레임워크를 결합하고 적용하는 방법도 습득할 수 있습니다. 이 책을 통해 독자 여러분이 OpenCV를 배우고 활용하는 데 훌륭한 멘토이자 좋은 입문서가 되길 바랍니다.

저자 소개

윤대희

카카오스타일의 Vision&NLP 팀 리더로 데이터 리터러시, 데이터 패브릭, MLOps 등 관련 프로젝트를 진행하고 있다. 머신러닝 · 딥러닝을 비롯해 데이터 품질 관리, 데이터 통합, 비즈니스 인텔리전스 등 데이터 통합에 관심이 있으며, 기술 공유 및 확장 플러그인 배포 등으로 개인이나 조직이 기술을 보다 쉽게 이용하고 활용할 수 있도록 도움을 주고 있다. 저서로 《파이토치 트랜스포머를 활용한 자연어 처리와 컴퓨터비전 심층학습》(위키북스, 2023)이 있다.

추천사

방현우 _ 어반베이스 CTO

회사 동료이자 저자와의 첫 만남이 저에게는 여전히 마음 한곳에 인상 깊게 자리하고 있습니다. 당시 2D 도면 이미지를 3D 도면으로 변환하는 엔진을 개발하는 과정에서 당면한 몇몇 문제에 대한 해결사가 필요했습니다. 우연히 저자가 진행하는 OpenCV 온라인 강좌를 듣고, 적임자라고 확신하게 되었습니다. 몇 번의 만남 끝에 저희는 동료가 되었고, 저자는 훌륭한 컴퓨터비전 해결사가 되어 주었습니다. 지금도 그때를 회상하면 뿌듯한 마음과 함께 선택에 대한 고마움을 느낍니다.

각 국가가 AI의 높은 잠재력에 주목하고, 원천 기술 확보를 위해 열을 올리고 있는 상황에서 영상 처리 분야의 대표 라이브러리인 OpenCV는 해당 분야에서는 이제 필수로 자리매김하고 있습니다. 이러한 시대 흐름에 맞춰 저자는 다년간 강의와 블로그 활동을 통해 축적된 지식과 노하우, 그리고 각국의 2D 도면 이미지를 분석하는 업무를 진행하면서 겪은 많은 경험을 바탕으로 이 책을 집필하였습니다.

이 책은 컴퓨터비전과 머신러닝을 처음 시작하는 분들에게는 훌륭한 안내서가, 실제 관련 현업에 종사하시는 분들에게는 좋은 레퍼런스가 될 것입니다. 관련 예제도 파이썬과 C#이라는 두 가지 언어로 풀이하고 있어 독자들이 익숙한 언어를 선택할 수 있는 점도 큰 장점이라 생각합니다.

좋은 책이 출간되기까지 노력을 아끼지 않은 저자 윤대희 님에게 축하를, 좋은 도서가 출간될 수 있게 도와주신 위키북스 대표님에게는 감사의 말씀을 드립니다.

주민석 _ 제이쓰리디 연구실장

'4차 산업혁명'. 현시점은 새로운 산업으로 넘어가는 구간이다. 사물 인터넷, 적층 제조(Additive Manufacturing) 등 수많은 분야가 주요 산업이라고 쏟아져 나오고 있지만, 현업 종사자들이 입을 모아 말하는 가장 주요한 산업은 '머신러닝'과 '이미지 프로세싱'일 것이다. 하지만 국내에는 전문가도 전문 자료도 매우 부족한 실정이다.

저자 윤대희와 동료로 일하면서 그의 실력에 의심의 여지가 없었다. 기구 설계 담당으로서 소프트웨어 개발에 관심이 없던 나조차도 그의 설명을 듣는 것만으로도 비전 처리에 대한 이해가 깊어짐을 느꼈다. 그 이해를 바탕으로 우리는 더 나은 결과물을 도출할 수 있었다.

한국에 없던 OpenCV 자료를 홀로 파헤치며 집대성한 지식의 깊이는 그 끝을 알 수가 없다. OpenCV의 기초부터 실전 예제까지 구성된 이 책 한 권으로 당신도 전문가가 될 수 있다.

저자가 활동하는 다양한 플랫폼을 통해 전파한 지식이 이제는 이 책을 통해 더욱더 많이 퍼져 나갈 것이다. 따라서 이 책은 현시대를 살아가는 개발자들에게 필독서가 아닐 수 없다.

소성운 _ 카카오스타일 데이터플랫폼 그룹 리더

머신러닝으로 아파트 도면 이미지를 인식해서 3차원 형태의 공간 모델을 만들어낼 수 있을까? 이 문제는 당시 진행했던 프로젝트의 핵심 목표이자 가장 큰 어려움 중 하나였다. 문제는 "어떻게?"였다. 머신러닝은 만능 솔루션이 아니다. 머신러닝을 도입할 때는 머신러닝이 잘 해결할 수 있는 문제로 재정의하는 것이 필요하다. OpenCV는 도면 이미지(데이터)에서 머신러닝 모델링을 위한 주요 특징(Feature)들을 뽑아내는 핵심적인 부분이었다. 프로젝트를 함께 진행했던 저자는 다양한 상황에서 마주한 문제들을 해결해 주었다.

이 책은 저자가 수년간 쌓아온 경험과 노하우를 OpenCV 초심자부터 고급 사용자까지 두루 볼 수 있게 구성되어 있다. 이 책에서는 OpenCV에서 다뤄지는 개념들과 함수들을 실제 활용 가능한 예제와 함께 풀어나간다. 이미지나 영상 관련 프로젝트를 진행해 보고 싶다면 이 책을 여러분의 지침서로 활용해 보기 바란다.

책 사용 설명서

본문 내용을 시작하기에 앞서 이 책의 도서 홈페이지 및 예제 파일을 소개하고, 이 책에서 사용된 편집 서식에 대해 알아보겠습니다.

도서 홈페이지

이 책의 홈페이지 URL은 다음과 같습니다.

- 책 홈페이지: `https://wikibook.co.kr/opencv4-rev2/`

이 책을 읽는 과정에서 내용상 궁금한 점이나 잘못된 내용, 오탈자가 있다면 홈페이지 우측의 [도서 관련 문의]를 통해 문의해 주시면 빠른 시간 내에 안내해 드리겠습니다.

예제 파일

이 책의 예제 파일은 깃허브 저장소에서 관리됩니다. 아래 깃허브 저장소에서 예제 파일을 확인하고 내려받을 수 있습니다.

- 깃허브 저장소: `https://github.com/wikibook/opencv4-rev2`

예제 파일이 변경될 경우 위 깃허브 저장소에 반영됩니다.

예제 파일 다운로드

이 책의 예제 파일을 다운로드하는 방법을 알아보겠습니다.

1. 웹 브라우저로 깃허브 저장소에 접속해 우측 상단의 [Code]를 클릭한 후 [Download ZIP]을 클릭합니다.

2. 다운로드할 폴더를 지정해 압축 파일(ZIP 파일)을 내려받습니다. 특별히 다운로드 폴더를 지정하지 않으면 다운로드 폴더에 내려받습니다.

3. 다운로드한 압축 파일의 압축을 풉니다. 이때 압축 해제된 파일이 위치할 대상 폴더를 지정하거나 현재 디렉터리에 압축을 해제한 후 대상 폴더로 옮길 수 있습니다.

4. 압축을 해제한 폴더로 이동하면 폴더 구성을 확인할 수 있습니다.

02

OpenCV
시작하기

03

**데이터 형식과
연산**

06

이미지 검출

3부 _ 실전 예제

1부 _ OpenCV 이론

01

컴퓨터비전의 이해

컴퓨터비전(Computer Vision)은 컴퓨터나 기계가 시각적인 역할을 처리할 수 있도록 연구하는 분야다. 컴퓨터비전 기술은 이미 우리 주변에서 쉽게 찾아볼 수 있다. 예를 들어 스마트폰의 카메라 기능에서 활용되는 안면 인식 기술을 비롯해 적목 현상 제거, 파노라마 이미지 생성 등 다양한 분야에서 컴퓨터비전이 사용되고 있다.

스마트 시대로 변모하면서 스마트폰, 노트북, 태블릿 등의 대중화와 함께 차량 블랙박스, IP 카메라 등 영상을 처리할 수 있는 하드웨어를 주변에서 쉽게 접할 수 있게 됐다. 이러한 기기에서 생성되는 영상 속 필요한 정보를 신속하고 정확하게 처리하기 위해서 컴퓨터비전은 필수 불가결한 요소로 자리 잡았으며, 컴퓨터비전을 도입한 시스템은 점점 더 많이 생겨나고 있다.

컴퓨터에 인간의 눈이 하는 역할을 부여하기란 쉬운 일이 아니다. 하나의 영상은 여러 프레임으로 구성되며, 프레임마다 무수히 많은 데이터가 포함되기 때문이다. 따라서 영상 처리를 위해서는 컴퓨터에도 인간과 동일한 시각적 능력을 부여해야 한다. 컴퓨터에게 시각적인 능력을 부여하는 것은 해당 영역의 전문가가 아닌 이상 접근하기 힘든 학문과 기술이었다. 그러나 OpenCV[1]라는 컴퓨터비전 라이브러리의 개발로 인해 영상 처리 개발자나 컴퓨터비전 전문가가 아니더라도 컴퓨터비전 분야에 쉽게 접근할 수 있게 됐다.

---

[1] https://opencv.org/

컴퓨터비전은 현재도 빠르게 발전하고 있으며, 머신러닝과 딥러닝과의 결합으로 더욱 정교하고 효과적인 결과를 이끌어내고 있다. 특히 자율 주행 차량, 의료 진단, 보안 시스템, 로봇 공학 등 다양한 산업 분야에서 컴퓨터비전 기술이 큰 역할을 수행하고 있다. 이번 장에서는 이러한 컴퓨터비전 기술에 대해 알아본다.

01 컴퓨터비전이란?

컴퓨터비전이란?

컴퓨터비전은 컴퓨터와 디지털 시스템을 사용해 시각적인 정보를 처리하고 해석하는 기술 및 분야를 말한다. 주로 카메라나 스캐너와 같은 영상 입출력 장치로부터 획득한 이미지나 영상에서 객체(Object), 전경(Foreground), 배경(Background)과 같은 다양한 시각적 데이터를 분석해서 유의미한 정보를 추출한다.

이렇게 추출된 정보는 특정 목적을 위해 활용되며 시각적 데이터의 특징이나 속성을 이해하는 데 활용된다. 컴퓨터비전은 인공지능의 한 분야로 볼 수 있으며, 기계에 시각적 능력을 부여해 시각 데이터에서 **특징(Feature)**이나 **특성(Characteristic)**을 파악하는 데 쓰인다.

카메라의 대중화와 스마트폰의 보급이 보편화되면서 수많은 사진과 동영상 콘텐츠가 생성됐다. 그에 따라 수많은 사용자에게서 만들어지는 시각적 데이터는 대중매체나 온라인 매체로 빠르게 확산됐다. 시각적 데이터는 문자나 음성에 비해 많은 정보를 포함하고 있기 때문에 컴퓨터비전 기술에 대한 필요성이 증대됐다. 이러한 사회적 배경과 문자나 음성에서 얻을 수 없는 고급 정보를 활용하기 위해 컴퓨터비전은 급속히 성장하는 기술 분야다.

컴퓨터비전 알고리즘의 발전과 컴퓨터의 연산 능력 향상으로 인해 이전까지 수행하기 힘들었던 데이터 처리 작업이 높은 정확도와 효율적인 처리가 가능해졌다. 이전까지는 시각 데이터를 분석하기 위해 많은 비용을 투자해야만 유의미한 정보를 얻을 수 있었다면 이제는 실시간으로 영상을 분석하고 정확도와 정밀도가 높은 시스템을 구축할 수 있게 됐다.

영상 처리의 필요성

영상 처리(Image processing)는 **컴퓨터 그래픽스(Computer graphics)** 및 컴퓨터비전과 밀접한 관련이 있다. 컴퓨터 그래픽스는 컴퓨터를 사용해 실제 세계의 영상을 조작하거나 새로운 영상을 생성하는 기술을 의미한다. 이는 객체의 형태를 간소화하는 작업부터 3D 컴퓨터 그래픽스, 컴퓨터 애니메이션, 렌더링 등 다양한 기술들을 포함한다.

영상 처리는 주로 입력된 영상으로부터 정보를 추출하거나 특정 패턴을 인식하는 과정을 포함한다. 반면에 컴퓨터비전은 입력된 영상 내의 객체나 패턴을 인식하고 해석하는 것에 더 중점적으로 연구하는 분야다. 다시 말해 영상 처리는 영상의 픽셀 수준의 필터링 및 변환과 같은 작업을 다루며, 컴퓨터비전은 이러한 처리 결과를 활용해 객체 감지, 분류, 추적 등 고급 기능을 연구하고 개발한다.

컴퓨터비전 시스템을 사람과 유사하게 인식하고 이해할 수 있도록 구축하기 위해서는 깊은 수준의 지식 표현과 이해, 그리고 인식 기술이 필수적이다. 이를 위해서는 입력된 영상에서 불필요한 정보를 걸러내고 개선해 컴퓨터가 쉽게 이해할 수 있는 형태로 만드는 과정이 필요하다. 이러한 단계 이후에는 개선된 영상에서 특징이나 형태를 분석하고 해석해 사용자나 프로그램이 필요로 하는 다양한 정보를 추출할 수 있다.

컴퓨터비전의 고급 기술을 구현하기 위해서는 낮은 단계의 영상 처리 기술부터 고급 단계의 영상 처리 기술까지 원활하게 연결돼야 한다. 심지어 단순한 명암 개선도 컴퓨터비전에서는 매우 중요한 단계가 될 수 있는데, 명암을 최적화하지 않으면 아무리 고급 기술을 적용한다 해도 처리 결과가 미흡하거나 의미 있는 정보를 생성하지 못하는 경우가 발생할 수 있다. 결국, 컴퓨터비전은 여러 단계의 처리가 조합되어 완성되는 과정이며 영상 처리부터 시작해 고급 단계의 분석과 해석 기술까지 유기적으로 통합돼야 한다.

영상 처리의 한계점

영상 처리는 이미지 내에서 불필요한 정보를 제거하고 필요한 정보를 추출하거나 가공된 정보를 생성하는 과정을 의미한다. 이를 통해 컴퓨터는 시각적인 입력을 해석하고 판단할 수 있는 능력을 갖추게 된다. 이러한 영상 처리 기술은 이미지나 비디오 데이터의 가공 및 해석에 사용된다.

인간도 이러한 시각적인 지각 정보를 통해 다양한 정보를 습득하고 판단한다. 이런 이유로 시각적 정보를 기반으로 한 문제 해결은 간단해 보일 수 있다. 하지만 컴퓨터의 시각 능력을 인간이 지닌 시각 능력과 동일한 수준까지 이끌어내기란 매우 어려운 일이다.

인간의 시각은 높은 해상도와 처리 속도를 갖고 있어 직관적으로 정보를 인식하는 능력을 가지고 있다. 인간은 조명, 그림자, 전경, 배경 등의 복잡한 구성 요소들을 별다른 어려움 없이 빠르게 구분하고 판단할 수 있다. 그러나 컴퓨터비전 분야에서는 이러한 복잡한 상황과 요소들을 해결 가능한 한계 내에서 모두 고려해야 한다. 더 큰 범위로 확장한다면 객체의 방향, 각도, 크기, 세부 요소, 질감, 명암 등을 구분해야 할 수도 있다.

인간이 객체를 신속하게 구분할 수 있는 이유는 모든 감각을 활용하며 기억과 경험을 고려하기 때문이다. 또한 인간은 시각적인 정보를 통해 객체, 전경, 배경을 한 번에 인식하며 거리와 깊이를 직관적으로 파악할 수 있다. 그림 1.1과 그림 1.2를 보면 이 문제를 쉽게 이해할 수 있다.

그림 1.1 시점에 따른 객체의 형태 변화

그림 1.1은 유람선을 카메라로 촬영한 결과를 보여준다. 동일한 대상을 동일한 시간에 촬영했음에도 불구하고, 촬영자의 시각에 따라 이미지의 외형이 크게 다르게 나타난다. 3차원(3D) 객체를 2차원(2D) 평면에 표현한다면 원근 효과(Perspective effect)나 곡면의 단순화 등으로 인해 정보의 손실, 왜곡, 변형이 발생한다.

그림 1.1의 좌측 이미지에서는 유람선의 전면부를 확인할 수 있지만 후면부는 확인할 수 없다. 반대로 그림 1.1의 우측 이미지는 후면부를 확인할 수 있지만 전면부는 확인할 수 없다. 또한 유람선의 크기와 형태가 각각 다르게 보이며, 햇빛에 의한 그림자로 이미지에서 보이는 색상 또한 다르게 보인다. 이처럼 시점과 환경에 따라 이미지가 크게 변화하는 것이 컴퓨터비전 분야의 어려움이다.

이번에는 그림 1.2를 통해 컴퓨터비전이 가진 또 다른 문제를 확인해 보자.

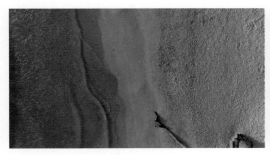 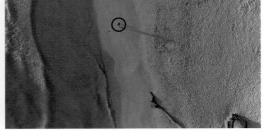

그림 1.2 시점에 따른 객체의 거리감

그림 1.2는 해변을 카메라로 촬영한 사진이다. 그림 1.2의 좌측 이미지는 해변의 모래사장과 나뭇가지 등을 확인할 수 있다. 그러나 그림 1.2의 우측 이미지를 살펴보면 사람의 크기를 확인할 수 있다(검은색 원으로 표시). 나뭇가지처럼 보였던 객체는 사실 통나무 크기의 쓰러진 나무였으며, 사람의 크기를 확인해 전체적인 거리감을 직관적으로 느낄 수 있다. 그러나 컴퓨터비전 기술은 이러한 거리감을 파악하지 못하며, 해상도가 낮다면 사람을 식별할 수 없다.

우리는 사람의 크기를 인지하자마자 경험적인 지식을 활용해 객체의 전체적인 형상과 상태를 직관적으로 판단할 수 있다. 그러나 이러한 정보를 활용해 판단하는 과정을 컴퓨터비전에 적용하는 것은 어려운 문제다. 카메라와 피사체 사이의 거리, 주변 환경의 밝기와 같은 외부 요인은 이미지만으로는 판단할 수 없는 것이 컴퓨터비전의 한계점이다.

데이터 변형

카메라로 촬영한 이미지를 컴퓨터에서 확인할 때 보이는 색상은 실제 환경의 색상과 명백한 차이를 보인다. 이런 차이는 컴퓨터가 색상을 인식해 표현하는 기술적인 한계 때문에 발생한다. 컴퓨터는 0과 1로 이루어진 이진(Binary) 데이터로 값을 표현하므로 디지털 이미지도 이진 데이터로 표현된다.

실제 세계의 색상은 이진 형태가 아닌 연속적인 스펙트럼을 가지며 무수히 다양한 색상이 존재한다. 따라서 이러한 무한한 색상을 유한한 디지털 값으로 표현하면서 정보 손실이 발생한다. 컴퓨터가 실제 세계(아날로그)의 정보를 디지털 데이터로 변환하기 위해서는 **샘플링(Sampling)**과 **양자화(Quantization)** 과정이 필요하다.

샘플링은 연속적인 아날로그 신호를 일정한 간격으로 끊어서 이산적인(Discrete) 샘플로 변환하는 과정이다. 연속적으로 변화하는 신호를 일정한 시간 간격으로 구간을 나누어 샘플을 추출하고, 각 샘플에 해당하는 값을 기록한다. 이는 무한히 연속적으로 변화하는 데이터를 유한한 개수의 샘플로 근사해 표현하는 것을 의미한다. 이렇게 변환된 데이터는 아날로그 신호의 연속성을 잃지만 디지털화 과정을 통해 컴퓨터에서 처리하기 용이한 형태로 변환된다.

아날로그 신호 데이터를 여러 구간으로 나눠 한정된 개수의 값을 가지도록 변환하더라도, 샘플링된 값은 여전히 시간에 대해 무한한 소수 형태의 값을 가질 수 있다. 이를테면 1.11111111…초에 발생한 데이터가 0.99999999… 등의 값을 가지는 것이다. 이러한 상태는 컴퓨터나 디지털 시스템에서 처리하기 적합하지 않은 형태다. 이러한 무한한 소수 형태의 문제를 해결하기 위해서는 양자화 과정을 거치게 된다.

양자화는 연속적인 값을 디지털화하는 과정으로 샘플링된 값들을 정확한 실수로 표현하는 것이 아니라, 가능한 값들의 집합 중에서 가장 근접한 값으로 근사화한다. 이를 통해 무한한 연속 범위를 가지는 데이터를 유한한 디지털 값들로 대표할 수 있게 된다.

예를 들어 1.11111111…초를 1초로 근사화하고, 0.99999999…의 값을 1로 근사화함으로써 무한소수 형태의 값들을 유한한 개수의 디지털 값으로 표현한다. 이 과정은 양자화라고 부르며 디지털 신호 처리와 저장에 필수적으로 사용된다. 양자화는 컴퓨터와 디지털 시스템에서 연속적인 아날로그 신호를 처리 가능한 형태로 변환해 정확한 데이터 처리와 전송을 가능케 한다.

양자화는 데이터의 정확성과 저장 공간 사이의 균형을 맞추는 중요한 요소다. 정밀한 양자화는 높은 데이터 품질을 제공하지만 더 많은 저장 공간을 요구하며, 그 반대로 낮은 정밀도의 양자화는 작은 데이터 크기를 보장하지만 정보의 왜곡 가능성이 높아진다. 따라서 적절한 양자화 방법을 선택해 필요한 정확도와 효율성을 동시에 충족시키는 것이 중요하다.

그림 1.3과 그림 1.4는 샘플링과 양자화를 각각 그래프로 표현한 것이다. t는 이산 시간, f(t)는 연속 값을 의미한다.

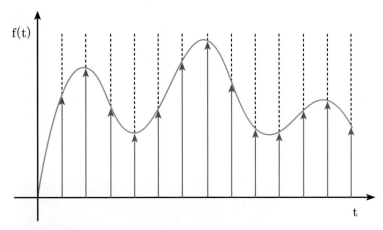

그림 1.3 샘플링된 신호

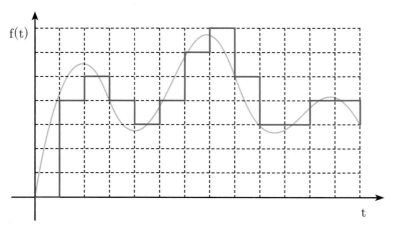

그림 1.4 양자화된 신호

이미지 데이터

아날로그 데이터를 디지털 데이터로 변환하기 위해 샘플링과 양자화를 거치면서 정보 손실이 발생하며, 이후 이미지를 컴퓨터에서 표시하기 위해 디지털 데이터를 압축하면 또 다른 손실이 발생한다. 컴퓨터가 이미지를 다루기 위해서는 데이터 변형이 끊임없이 이뤄지며, 결과적으로 이미지는 오로지 숫자 데이터로 이루어진 형태로 표현된다.

그러나 이러한 숫자 데이터는 현실 세계의 다양한 속성을 완벽하게 반영하지 못하며, 이 숫자 데이터만을 기반으로 모든 것을 판단해야 한다. 연속적으로 배열된 숫자 데이터만으로는 전경, 배경, 그림자, 객체의 방향, 각도, 크기 등과 같은 다양한 조건을 정확하게 구분하기는 매우 어렵다. 그림 1.5를 통해 이미지 데이터의 구성 방식을 확인할 수 있다.

그림 1.5 이미지를 구성하는 형태

그림 1.5 좌측 이미지의 점선 부분을 컴퓨터에서 확대해 살펴보면, 그림 1.5의 우측 이미지와 비슷한 데이터 형태로 표현된다. 즉, 각 이미지 요소가 특정한 데이터와 연관돼 있음을 의미한다.

예를 들어 주로 사용되는 RGB 형식의 이미지에서 각 픽셀은 빨간색, 초록색, 파란색 성분으로 이뤄져 있는데, 이러한 성분들이 이미지 내에 있는 각 픽셀마다 저장된다. 따라서 이미지 크기와 동일한 개수의 픽셀 데이터가 존재하며, 이들은 0부터 255까지의 숫자 범위 내에서 특정한 값을 갖게 된다.

이와 같은 데이터 형식은 이미지 처리와 표현을 가능하게 하지만, 때로는 데이터 손실이나 정확도 문제를 야기할 수 있다. 즉, 환경 변화(날씨, 조명), 카메라 설정(조리개, 노출), 센서, 이미지 저장의 압축 손실 등에 민감하게 영향을 받는다.

컴퓨터비전은 픽셀 데이터 간 값의 높고 낮음, 인접성, 배치 형태, 연속성 등을 통해 이미지에서 유의미한 정보를 구분하고 판단한다. 이미지 전체를 바라보는 것이 아니라 행렬 형태로 구성된 숫자 값을 보고 해석함으로써 다양한 패턴, 구조, 특징을 인식한다.

예를 들어 얼굴 인식 기술은 눈, 코, 입과 같은 특징들이 특정한 패턴으로 배열돼 있는 것을 인식한다. 이때 각 특징들은 이미지에서의 위치와 상대적인 거리 등의 정보로 구분된다. 이와 비슷하게, 자율 주행차의 경우에도 컴퓨터비전 기술을 활용해 도로의 표지판, 차선, 주변 환경 등을 분석해 결정을 내린다. 이처럼 컴퓨터비전은 이미지 데이터의 픽셀 정보에서 의미 있는 정보를 추출하고 해석해 다양한 응용 분야에 활용한다.

OpenCV란?

OpenCV는 Open Source Computer Vision Library의 약어로 오픈소스 컴퓨터비전 라이브러리다. 실시간 영상 처리에 중점을 둔 영상 처리 라이브러리로서 아파치 라이선스(Apache License)로 배포되어 학술적 용도 외에도 상업적 용도로 사용할 수 있다.

OpenCV는 인텔에서 최초로 개발했으며 **크로스 플랫폼(Cross-Platform)**[2]으로 설계됐다. C/C++, 파이썬(Python), 자바(Java) 등의 프로그래밍 언어와 윈도우, macOS, 리눅스, 안드로이드, iOS, FreeBSD 등의 운영체제를 공식적으로 지원한다. C#에서는 OpenCvSharp이라는 라이브러리의 형태로 OpenCV를 사용할 수 있는데, OpenCvSharp은 .NET Framework 기반의 크로스 플랫폼 래퍼다.

OpenCV는 계산 효율성과 실시간 처리에 중점을 두고 설계됐다. 500가지가 넘는 알고리즘이 최적화돼 있으며 이 알고리즘을 구성하거나 지원하는 함수는 알고리즘 수의 10배가 넘는다. 객체 인식, 얼굴 인식, 제스처 인식을 비롯해 자율주행 자동차, OCR 판독기, 불량 검사기 등에 활용할 수 있다.

---

2 하나 이상의 플랫폼에서 실행 가능한 소프트웨어를 의미한다. 소프트웨어의 경우 둘 이상의 플랫폼에서 실행할 수 있어야 한다.

또한 GPU 가속 모듈을 지원해서 고해상도 이미지에 대해서도 정확하고 정교한 알고리즘을 실시간으로 처리할 수 있다. 또한 컴퓨터비전은 머신러닝과도 밀접하게 연관돼 있어 머신러닝과 관련된 모듈도 포함돼 있다. OpenCV는 구글, 야후, 마이크로소프트, 인텔, IBM, 소니, 혼다, 토요타 등 다양한 기업에서도 활용되고 있다.

OpenCV는 컴퓨터비전과 관련된 전문적인 지식, 이론, 수학적 지식을 깊게 알지 못해도 OpenCV에서 지원하는 함수를 통해 컴퓨터비전에 손쉽게 활용할 수 있다. OpenCV가 등장하면서 비전 전문가가 아니어도 컴퓨터비전을 활용할 수 있게 되어 학생, 연구원, 프로그래머 등 많은 사람들이 사용하고 있다. 그림 1.6은 OpenCV를 활용해 간단하게 얼굴 이미지에서 특정 데이터를 추출하는 것을 보여준다. OpenCV는 영상 처리가 필요한 프로그램이라면 가히 필수적으로 사용하게 되는 라이브러리다.

그림 1.6 OpenCV를 활용한 얼굴 데이터 처리

OpenCV의 역사

OpenCV는 인텔 연구소(Intel research labs)에서 시작된 프로젝트 중 하나로 실시간 광선 추적(Real-time ray tracing)과 3D 디스플레이 처리 등 다양한 프로젝트를 위해 개발됐다. OpenCV의 초창기 목표는 컴퓨터비전 기술의 기초 인프라 확립을 위해 무료로 최적화된 코드를 제공함으로써 컴퓨터비전 분야를 발전시키는 것이었다. 이식 가능한 최적화된 코드를 무료로 배포함으로써 학생, 연구자, 개발자 등이 기본적인 기능을 처음부터 개발하지 않고 OpenCV를 기반으로 새로운 기능들을 손쉽게 구축할 수 있게 됐다.

OpenCV는 1999년도에 공식적으로 개발이 시작됐고, 첫 알파 버전은 IEEE 콘퍼런스인 CVPR(Computer Vision and Pattern Recognition)[3]에서 공개됐다. 이후 5개의 베타 버전이 공개된 후 공식적인 1.0 버전이 2006년에 처음 배포됐다. 윌로우 개러지(Willow Garage)의 도움을 받아 2009년부터 배포된 OpenCV 2.x 버전은 iOS 및 안드로이드를 포함한 새로운 플랫폼에 대한 지원과 CUDA 및 OpenCL을 통해 GPU 가속 기능이 추가됐다. 파이썬 및 자바 사용자에게 완벽에 가까운 인터페이스를 제공하고 깃허브 저장소를 통한 배포가 가능해졌다.

2015년부터 OpenCV 3.x이 배포됐으며, 프로젝트 구조 변경과 프로젝트 기여자들을 통해 최첨단 알고리즘이 적용됐다. 또한 인텔과 AMD의 지원으로 컴퓨터비전 알고리즘의 GPU 가속화와 인텔 IPP(Intel Integrated Performance Primitives)[4] 라이브러리를 저작권료를 지불하지 않고도 사용할 수 있게 됐다. 인텔 IPP가 적용되면서 OpenCV의 함수들이 최소 1.2배에서 최대 8배 이상 속도가 향상됐다. 그림 1.7은 인텔 IPP를 사용해서 얻는 속도 향상을 보여준다.

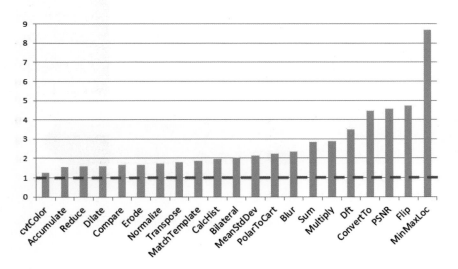

그림 1.7 OpenCV 3.0의 성능 개선율

---

3 컴퓨터비전 및 패턴 인식 콘퍼런스(https://cvpr.thecvf.com/)
4 이미지 처리, 신호 처리 및 데이터 처리(데이터 압축 및 압축 해제 및 암호화)를 위한 최적화 소프트웨어

OpenCV는 다수의 기업, 개발자, 기여자의 전폭적인 지원과 개발 덕분에 현재 4.x 버전이 릴리스됐다. OpenCV 4.x에서는 코어 모듈의 지속성[5]이 늘어나고 메모리 소비량이 감소했으며, 더는 사용되지 않는 OpenCV 1.x의 여러 C API가 제거됐다. 또한 효율적인 그래프 기반의 이미지 파이프라인 엔진인 G-API, Deep Learning Deployment Toolkit 등을 포함해서 배포됐다. 이 외에도 DNN(Deep Neural Networks) 모듈 성능 개선 및 ONNX(Open Neural Network Exchange) 모델 지원 등이 추가됐다.

OpenCV 5.x는 현재 개발이 진행되고 있으며 CPU 및 GPU에서 효율성 향상, 딥러닝 알고리즘에 대한 기능을 강화, 3D 컴퓨터비전 기능 개선, ARM 지원 개선과 RISC-V 지원 추가 등 사용자들에게 더욱 뛰어난 경험을 제공하려 한다. OpenCV 5.x에 대한 진행 상황은 OpenCV 마일스톤[6]에서 확인해 볼 수 있다.

OpenCV는 현재까지 약 2,000만 건 이상의 다운로드를 기록했으며 수만 개의 OpenCV 사용자 커뮤니티가 있다. OpenCV는 멀티 코어 프로세서와 컴퓨터비전의 응용 분야가 출현하면서 지속적으로 발전했고, 공공기관, 사설기관 및 재단 등의 지원으로 적극적으로 개발되고 있다.

그림 1.8의 OpenCV 연대표에서도 확인할 수 있듯이 OpenCV의 역사는 약 20년간 꾸준히 이어져 왔다. OpenCV를 활용한 프로그램들이 이미 우리 삶에 많이 녹아 있으며, 많은 기업과 연구 분야 등에서도 OpenCV가 활용되고 있다. 실제로 의료 분야에서는 암세포를 검출하는 작업을 수행하는 데 OpenCV가 활용되기도 한다. 촬영 분야에서는 카메라 캘리브레이션 및 이미지 정합 기술을 활용하며, 자동화 공정에서는 대량으로 생산되는 제품의 불량품 검출에 사용되는 등 다양한 분야에서 활용되고 있다.

그림 1.8 OpenCV 연대표

OpenCV에 대한 최신 정보는 OpenCV 재단(https://opencv.org/)과 OpenCV 깃허브 저장소(https://github.com/opencv) 등에서 확인할 수 있다.

---

5 여기서 지속성이란 프로그램을 오랜 시간동안 구동해도 프로그램이 비정상적으로 종료되지 않는다는 것을 의미한다.
6 https://github.com/opencv/opencv/milestones

02 알고리즘 설계

알고리즘은 어떤 문제를 해결하기 위한 절차나 방법을 공식화한 형태로 표현하는 것을 의미한다. 즉, 입력 데이터가 주어지면 일련의 행동을 거쳐 문제를 해결한 결과 데이터를 반환하는 것을 의미한다. 컴퓨터 프로그램은 정교한 알고리즘이 얽혀 있는 집합체이며, 기본적으로 알고리즘은 다음과 같은 특징을 지닌다.

- **입력 데이터**: 주어진 입력 데이터를 인식할 수 있어야 한다.
- **출력 데이터**: 유의미한 결과 데이터를 반환할 수 있어야 한다.
- **유한성**: 일정 수의 처리 이후 정지해야 한다.
- **유일성**: 알고리즘의 각 단계마다 명확한 단계를 갖는다.
- **타당성**: 알고리즘을 구현할 수 있고 실용적이어야 한다.

하지만 컴퓨터비전 분야에서 사용되는 알고리즘을 기본적인 알고리즘의 특징에 맞춰 구현하는 것은 어려운 일이다. 앞서 언급한 특징들만으로는 컴퓨터비전의 복잡성에 대응하기에는 충분하지 않다.

예를 들어 3D 데이터를 2D 데이터로 변환하는 과정에서 다양한 문제가 발생한다. 데이터의 정확성이 높다고 하더라도 기하학적 왜곡 문제, 조도에 따른 변동 문제, 데이터 압축으로 인한 왜곡 등 다양한 예측 불가능한 요소들이 존재한다. 따라서 컴퓨터비전 기술을 활용한 문제 해결 알고리즘을 구성할 때는 다음과 같은 추가적인 고려사항들을 감안해야 한다.

- **복잡한 데이터 변환**: 컴퓨터비전에서는 데이터가 다차원이며 현실 세계와의 직접적인 관계가 복잡하므로 데이터 변환 과정에서 발생하는 문제를 고려한다.
- **불확실성과 노이즈**: 실제 환경에서 획득되는 데이터는 노이즈를 포함하고 불완전할 수 있다. 알고리즘은 이러한 불확실성을 처리하거나 제거할 수 있는 강건한(Robust) 방식을 가져야 한다.
- **대량의 데이터 처리**: 대부분의 컴퓨터비전 알고리즘은 많은 양의 데이터를 처리해야 한다. 그러므로 처리 속도와 메모리 사용량을 고려한다.
- **실시간 처리**: 컴퓨터비전 기술은 자동차, 의료 등 다양한 분야에서 실시간 요구사항을 가질 수 있으므로 알고리즘의 처리 속도와 실시간 성능도 고려돼야 한다.
- **딥러닝 모델**: 최근 컴퓨터비전에서는 전통적인 이미지 처리 방식 이외에도 딥러닝 모델이 많이 사용된다. 이러한 모델은 수많은 매개 변수를 가지고 복잡한 특징을 학습한다. 그러므로 해결해야 하는 문제에 따라 딥러닝 모델 도입을 고려한다.

컴퓨터비전 알고리즘은 주로 두 가지 관점에서 활용된다. 첫째, 인간의 시각을 모방하거나 재현해 인공 시각을 개발하는 데 사용된다. 이는 인간의 시각 원리를 컴퓨터비전에 적용해 인간과 유사한 시각 능력을 갖춘 시스템을 구축하는 것을 의미한다. 이를 통해 컴퓨터는 인간처럼 표현, 추론, 학습, 창작 등의 작업을 수행할 수 있게 된다. 시각 정보는 유동적으로 처리되므로 이는 인공지능과 밀접한 관련이 있다.

둘째, 컴퓨터비전은 한정된 입력 데이터 내에서 특정한 목적을 수행하는 인공 시각을 개발하는 데 활용된다. 이러한 시각은 특정 상황에서 고정된 임무를 수행함으로써 실용적인 시스템을 구성한다. 이러한 접근은 주로 사람의 시각으로는 식별하기 어려운 문제를 다루거나 단순 반복적인 문제를 해결하는 데 사용된다. 이러한 실용적인 문제 해결 시스템은 다양한 분야에서 활용될 수 있다.

즉, 인간의 시각 능력을 모방하거나 재현해 유사한 시스템을 개발하는 데 사용되거나 특정한 상황에서 실용적인 목적을 수행하는 시스템을 구성하는 데 사용된다. 이를 통해 컴퓨터는 시각적 정보를 처리하고 이를 기반으로 다양한 작업을 수행할 수 있게 된다. 이러한 컴퓨터비전 알고리즘은 대략 다음과 같은 과정으로 수행된다.

1. **입력 데이터 수집**: 이미지 또는 영상과 같은 입력 데이터를 수집한다.

2. **전처리 과정**: 수집한 데이터를 분석 가능한 형태로 변환하기 위해 전처리를 수행한다. 이 단계에서는 노이즈 제거, 크기 조정, 색상 보정 등의 작업이 이루어진다.

3. **특징 검출**: 변환된 데이터에서 중요한 특징을 검출한다. 예를 들어 윤곽선, 코너, 데이터 영역 내의 특성과 같은 특징을 검출하고 벡터화하는 작업이 수행된다.

4. **데이터 해석**: 특징을 추출한 데이터를 분석해 문제를 해석한다. 이 단계에서는 추출한 특징이 어떤 정보를 가지고 있는지 해석하며, 이를 토대로 문제 해결에 활용할 방법을 결정한다. 이 단계에서 문제 해결을 위해 적합한 알고리즘을 선택하고 적용한다. 즉, 데이터 해석을 바탕으로 알고리즘을 조정하고 결정한다.

5. **출력 데이터 생성**: 알고리즘이 실행되고 나면 원하는 결과물을 생성한다. 이 결과물은 사용자가 원하는 형식에 맞게 반환된다.

그림 1.9 컴퓨터비전의 기본 과정

컴퓨터비전 알고리즘은 입력 데이터를 받아 전처리하고, 특징을 검출하며, 데이터를 해석하고 알고리즘을 적용해 최종적으로 출력 데이터를 생성하는 과정을 거치게 된다. 이러한 단계를 통해 컴퓨터비전 알고리즘은 복잡한 입력 데이터로부터 의미 있는 정보를 추출하고, 이를 활용해 다양한 문제를 해결하는 데 기여한다.

문제 해결을 위한 선행 조건

컴퓨터비전에서 필수적인 요소는 다양한 수학 분야의 지식이 필요하다. 선형 대수학, 미적분, 영상 기하학, 통계학 등 넓은 범위의 수학적 개념이 필수적으로 요구된다. 특히 선형 대수학과 미분 및 적분은 낮은 수준의 이미지 처리에 중요한 역할을 한다. 앞선 그림 1.5처럼 이미지 데이터는 행렬 형태로 표현되며, 각 요소에는 특정한 데이터가 담겨 있다.

이러한 행렬 데이터로부터 의미 있는 결과를 도출하기 위해서는 선형 대수학과 통계학의 원리를 적용해야 한다. 예를 들어 이미지에서 원을 검출해야 한다면, 먼저 전처리 과정을 통해 불필요한 데이터를 제거하고 이미지를 정제해야 한다. 그다음, 원의 형태를 가진 요소를 식별하기 위해 행렬 데이터에서 이와 유사한 패턴을 찾아야 한다.

이를 위해서는 선형 대수학의 지식을 활용해 행렬 연산을 통해 이미지 데이터를 처리하고, 통계학적 분석을 통해 원의 형태를 식별할 수 있다. 또한 영상 기하학의 개념을 활용해 이미지 내의 요소들의 위치나 크기를 추정하고 조작할 수 있다.

컴퓨터비전은 이러한 수학적 기반 위에 다양한 알고리즘과 기술이 구축되며, 이를 통해 이미지나 영상 데이터로부터 의미 있는 정보를 추출하고 처리할 수 있다. 따라서 수학적 지식은 컴퓨터비전 분야에서 필수 불가결한 역할을 한다.

영상 처리는 실시간으로 이뤄지는 경우가 많다. 따라서 최적화된 알고리즘을 구성하기 위해서는 최적화된 문제 풀이가 필요하다. 서로 다른 알고리즘에 대해 입력 데이터와 출력 데이터가 동일해도 내부적으로 적용되는 알고리즘이 다를 수 있다.

예를 들어 1부터 100까지 더하는 방법을 예로 들면 1+2+3+⋯+100으로 해결할 수도 있지만, 가우스의 덧셈처럼 (1+100)×50으로 간소화할 수도 있다. 최적화된 문제 해결 방법은 알고리즘의 정확도를 향상시키고 연산량 및 메모리 사용량 등의 자원을 효율적으로 관리할 수 있다.

인식이나 인지 영역의 경우 더 수준 높은 알고리즘이나 접근 방식이 필요하다. 이를 위해서는 통계 및 머신러닝의 원리를 이해하는 것이 중요하다. 평균, 표준 편차, 확률 분포의 분산 등과 같은 개념을 이해해 데이터를 분석하고 해석할 수 있어야 한다. 더 나아가서는 고성능 알고리즘을 개발하기 위해 심층학습 기술인 합성곱 신경망(Convolutional Neural Network, CNN), 비전 트랜스포머(Vision Transformer, ViT), 파놉틱 분할(Panoptic Segmentation) 등을 적용하기도 한다.

이미지는 배열 형태의 행렬로 구성돼 있으며, 효율적인 데이터 처리를 위해서는 데이터 구조와 탐색 기술, 특히 트리 구조에 대한 이해와 활용 능력이 필요하다. 또한 이미지 내에서 의미 있는 정보를 추출하거나 활용하기 위해서는 데이터를 효과적으로 정렬하고, 때로는 트리 구조를 활용해 데이터를 검색하거나 분리할 수 있어야 한다.

이처럼 영상 처리를 위해서는 사전에 많은 지식이 필요한데 OpenCV 라이브러리에는 이러한 요구사항이 반영돼 있다. OpenCV는 컴퓨터비전 작업에 필요한 다양한 요구사항을 지원하며, 이미지 처리에 필요한 다양한 기능을 제공한다.

따라서 OpenCV를 활용하면 전문적인 비전 분야의 전문가가 아니더라도 비전 기술을 쉽게 사용하거나 개발한 프로그램에 통합할 수 있다. 즉, OpenCV를 활용하면 기본적인 이미지 처리부터 고급 영상 분석 작업까지 다양한 작업을 더 쉽고 효율적으로 수행할 수 있다.

하드웨어와 소프트웨어의 선택

컴퓨터 시스템은 하드웨어와 소프트웨어로 구성돼 있다. 복잡한 문제를 해결하는 소프트웨어는 대량의 연산과 복잡한 알고리즘을 처리해야 하기 때문에 우수한 성능의 하드웨어가 필수적이다. 슈퍼컴퓨터를 활용하는 이유도 이와 같다. 슈퍼컴퓨터는 계산 속도가 매우 빠르고 많은 자료를 오랜 시간 동안 꾸준히 처리할 수 있기 때문이다.

영상 처리에서 하드웨어는 컴퓨터의 성능과 카메라의 품질을 의미한다. 고성능의 CPU/GPU 등은 복잡한 영상 처리 작업을 효율적으로 수행할 수 있도록 돕는다. 또한 고해상도 카메라나 센서를 사용하면 원본 영상의 품질이 향상되어 처리 결과도 개선될 수 있다.

반면에 소프트웨어는 영상 처리를 위한 알고리즘과 프로그램을 의미한다. 정확하고 효율적인 영상 처리를 위해서는 다양한 알고리즘이 필요하다. 객체 검출 알고리즘을 구현한다고 가정한다면 데이터 입력 처리, 전처리 과정, 특징 검출 등 다양한 알고리즘이 적용된다. 이러한 알고리즘은 영상 데이터를 분석하고 처리하는 데 사용되며, 영상 처리의 정확도와 효율성에 직접적인 영향을 미친다.

정확한 알고리즘을 구현했다 하더라도 컴퓨터의 성능이 떨어지면 알고리즘 처리 속도가 저하되어 작업이 지연되거나 실행 자체가 어려울 수 있다. 또한 카메라의 성능이 미흡하면 실제 객체의 색상과 형태가 왜곡되어 표현될 수 있다. 예를 들어 실제 객체는 붉은색이지만 카메라에서는 주황색으로 보일 수 있으며 녹색도 연두색으로 보일 수 있다.

영상 처리를 위한 실질적인 데이터는 카메라나 불러온 이미지를 통해 얻는다. 당연히 이미지의 크기가 크고 색상을 정확히 표현해 냈다면 이미지 크기가 동일한 데이터와 정확한 색상 데이터를 얻어낼 수 있다. 물론 하드웨어의 성능이 좋다고 해서 알고리즘의 결과도 덩달아 좋아지는 것은 아니다. 앞에서 설명했던 예시와 같이 정확한 알고리즘을 구현해야 하기 때문이다.

효율적인 프로그램 설계와 개발을 위한 첫 단계는 프로그램의 목적과 수행 역할을 명확하게 이해하는 것이다. 이러한 이해는 카메라와 알고리즘 선택에 핵심적인 영향을 미친다. 작업의 복잡성과 정확도에 따라, 비용과 시간을 절약하며 원하는 목표를 달성하기 위해 적절한 카메라와 알고리즘을 선택할 수 있다. 예를 들어 단순하고 정확도가 크게 요구되지 않는 작업의 경우, 비용과 개발 시간을 최소화하기 위해 적당한 성능의 카메라와 알고리즘을 선택해 프로그램을 개발할 수 있다.

그러나 프로그램 개발 중간에 카메라의 성능을 변경하게 되면, 이로 인해 일부 또는 모든 알고리즘을 수정해야 할 수 있다. 그렇게 되면 초기에 계획했던 비용과 시간이 늘어나게 된다. 따라서 프로젝트 초기에 프로그램의 목적과 필요한 기능, 그리고 선택한 하드웨어와 소프트웨어 사이의 호환성을 검토해야 한다.

또한 프로그램의 사용 범위도 고려해야 한다. 프로그램이 일반적인 상황에서 사용되는지, 아니면 특정한 상황에서만 활용되는지를 분명히 파악해야 한다. 이에 따라 프로그램의 기능과 성능 요구 사항, 그리고 호환되는 플랫폼과 기술을 선택할 수 있다. 즉, 효율적인 프로그램 개발을 위해서는 프로그램의 목적과 사용 환경을 정확하게 이해하고, 이를 바탕으로 적절한 하드웨어와 소프트웨어를 선택하며 초기 계획을 철저히 세우는 것이 중요하다.

시스템 설계

컴퓨터비전 시스템은 주로 생산 공정의 자동화나 특정 임무 수행에 활용된다. 이를 통해 반복적이거나 어려운 작업을 효과적으로 수행할 수 있다. 제조 공정에서 발생하는 오류나 문제점을 감지하거나 원하는 임무를 수행하기 위해 필요한 요소를 검출하거나 변환하는 과정 등을 컴퓨터비전을 통해 처리할 수 있다.

이와 같은 문제들을 해결하기 위해서는 시스템을 구성하는 과정이 중요하다. 알고리즘을 설계하기 전에 고려해야 할 유형과 문제점을 명확하게 이해한다면 개발 기간을 단축하고 비용을 낮출 수 있다. 컴퓨터비전 시스템을 설계할 경우 그림 1.10과 같은 과정으로 진행된다.

그림 1.10 **컴퓨터비전 시스템의 기본 설계 과정**

컴퓨터비전 시스템의 설계 과정을 이해하기 위해 산업용 로봇 시스템을 설계한다고 가정해 본다. 컴퓨터비전 기술을 활용해 물건을 집어 들고 다른 장소에 배치하는 픽 앤 플레이스(Pick-and-Place) 장비를 설계해 본다. 시스템 설계 과정에서 우선 고려해야 할 사항은 문제를 정확하게 인식하는 것이다. 실제 산업용 로봇이 어떤 위치에서 어떤 작업을 수행해야 하는지를 명확히 파악해야 한다. 이는 작업 환경과 작업 요구사항을 정확하게 이해하는 것을 의미한다.

컴퓨터비전 시스템이 사용되는 환경을 이해한다면 이미지 센서의 해상도나 카메라의 수준 및 렌즈 등을 결정할 수 있다. 컴퓨터비전의 성능은 주로 광원에 큰 영향을 받는다. 그러므로 작업 환경의 조명 세기가 일정하지 않거나 주기적으로 변하는 경우, 이러한 조건을 사전에 고려해 알고리즘을 조정하거나 작업 환경 자체를 조절해야 한다. 이는 제약 조건을 분석하고 이를 알고리즘에 효과적으로 반영하는 과정을 의미한다.

작업 환경에 대한 기본 조사가 완료되면 로봇이 수행해야 하는 임무를 결정한다. 예를 들어 제조 공정에서 불량품을 감지하고 분류하는 작업이나 작업자나 관리자에게 결과를 제공하는 작업 등이 해당한다. 이 단계에서는 컴퓨터비전 시스템이 실제로 어떤 역할을 수행해야 하는지 명확히 정의하는 것이 중요하다.

다음으로는 실제 사용할 데이터를 분석한다. 이는 처리해야 할 제품의 형태나 특징 등을 수집해 데이터베이스화하는 단계를 의미한다. 데이터베이스를 구축함으로써 고성능 시스템을 개발할 수 있으며, 이 데이터베이스를 활용해 머신러닝 기술을 적용하거나 알고리즘을 구성하는 데 활용한다.

데이터 분석을 통해 시각 데이터만으로 작업을 수행하기 어렵다는 것을 파악했다면 외부 데이터를 활용할 수 있도록 시스템을 구성해야 한다. 시각 센서의 한계를 극복하기 위해서는 추가적인 상황 정보가 필요하다. 예를 들어 카메라의 절대 좌표나 외부 환경의 조도를 측정하는 센서, 레이저 거리 측정기 등을 추가해 외부 환경 정보를 수집할 수 있다. 이를 통해 외부 성향(bias)에 대한 변숫값이나 이미지에서 얻을 수 없는 외부 환경의 밝기, 로봇과 객체 간의 거리나 크기 등을 파악할 수 있다.

활용 가능한 데이터와 문제점 인식이 끝났다면 알고리즘을 설계하고 구현한다. 이 과정에서 컴퓨터비전의 기본적인 프로세스를 따라가며, 입력 데이터를 전처리해 정제하고 특징을 검출한다. 검출된 데이터를 사용해 제품이 불량품인지 여부를 판단하고 어느 장소에 배치해야 할지를 선택한다. 이 해석 결과를 활용해 실제 로봇이 작동하게 된다.

알고리즘이 구현됐다면 실제 임무를 수행하기 위한 테스트를 진행한다. 이를 통해 해당 알고리즘의 성능을 평가할 수 있다. 성능 평가를 위해 데이터베이스를 활용해 실험을 진행하거나 인식 성능을 테스트하는 절차를 수행한다. 데이터베이스를 활용해 성능을 실험하거나 인식 성능을 테스트해서 알고리즘의 효율성을 판단할 수 있다.

실제 알고리즘 적용 시, 참을 거짓으로 판단하는 등의 오류가 발생할 수 있다. 이러한 문제를 해결하고 성능을 개선하기 위해 평가 결과를 분석하고, 필요한 조치를 취해야 한다. 알고리즘의 성능을 더욱 향상하기 위해 첫 단계부터 반복해가며 문제점을 인식하고 수정해 나간다. 이 과정에서 취약점을 해결하고 솔루션 등을 벤치마킹해서 성능을 개선할 수 있으며, 부족한 부분을 지속적으로 개선하고 성능을 향상하는 것이 궁극적인 목표다.

개발 규칙

효율적인 프로그램을 개발하기 위해서는 알고리즘 설계뿐 아니라 안정성이 높고 효율적인 코드로 구성해야 한다. 초기 알고리즘 설계가 부족하면 생산성 높은 프로그램을 개발하기 어려울 수 있다. 하지만 알고리즘이 효율적으로 설계됐다고 해서 기능성이 높은 프로그램으로 이어지는 것은 아니다. 효율적인 프로그램은 보안성, 유용성, 확장성 등 외적인 요소와 함께 일관된 코드 패턴과 함께 코드의 변경 및 관리 등이 용이해야 한다. 이를 위해 다음과 같은 기본적인 프로그램 개발 규칙을 설정하고 이를 준수해야 한다.

첫째, 설계된 알고리즘을 코드로 구현할 때 똑같은 코드나 비슷한 코드를 반복해서 작성하지 않는다. 프레임워크나 라이브러리 등을 활용할 때 일부 매개 변수/인수의 값이나 함수의 구성이 다르다고 비슷한 패턴의 코드를 계속 작성하지 않는다. 이는 노동력과 시간을 낭비하는 비효율적인 반복 작업이다. 이 경우 알고리즘 설계의 정확성이 낮아지고 작업량이 많아지는 결과를 초래한다. 프로젝트의 알고리즘이 통일되지 않고 비슷한 기능의 알고리즘 등이 계속해서 늘어난다면 일회성 알고리즘이 많아져 매우 비효율적인 프로그램이 된다. 시간/비용적인 문제를 최소화하기 위해서는 미리 정의된 코드를 다시 사용할 수 있도록 확장성이 있게 설계해야 한다.

둘째, 가독성 높은 코드를 작성한다. 읽기 어려운 코드를 작성하는 것은 프로젝트 구성원의 생산성을 낮추고 불필요한 기능을 개발하게 될 가능성을 높인다. 새로운 코드 작성의 불편함을 겪게 되고 변경 및 유지보수의 어려움을 느끼게 된다. 코드는 일관성 있는 패턴을 지녀야 하며, 프로젝트 구성원 모두 코딩 규칙(Coding convention)을 숙지하고 원활하게 의사소통해야 한다.

코딩 규칙에는 명명 규칙, 레이아웃 규칙, 주석 규칙 등이 있다. 명명 규칙은 식별자의 이름을 결정하는 규칙으로서 가독성과 효율성을 높이기 위해 사용하며, 프로젝트나 프로그래밍 언어에 따라 달라진다. 대표적으로 파스칼 표기법, 카멜 표기법 등이 있으며, 명명 규칙을 정하고 나면 이를 일관성 있게 지켜야 한다. 레이아웃 규칙은 코드의 형상이다. 가독성이 높은 레이아웃은 핵심 구성 요소를 강조하고 코드를 읽기 쉽다. 즉, 한눈에 알아보기 쉬운 형태다. 주석 규칙은 코드를 읽는 사람이 코드를 작성한 사람만큼 이해할 수 있도록 작성된 설명 양식이다. 코드의 의도와 역할을 명시적으로 드러내고 함수의 작동과 형식을 명확하게 설명해야 한다. 다음은 개발 표준을 위해 권장하는 코딩 규칙이다.

명명 규칙

1. 변수명이나 클래스명은 직관적으로 이해할 수 있게 선언하며 사전에 협의된 패턴의 형태로 작성한다.

2. 이미 존재하는 예약어를 변수명이나 클래스명으로 사용하지 않는다.

3. 코드의 확장성을 위해 특정한 데이터 형식(int, double 등)을 표기하지 않는다.

4. 패키지나 라이브러리 등 사전에 정의된 이름은 사용하지 않는다.

5. 대문자 I, 소문자 i, 소문자 l 등의 혼용은 혼란이 오기 쉬우므로 가능한 한 혼동하기 쉽거나 비슷한 변수명은 사용하지 않는다.

레이아웃 규칙

1. 들여쓰기는 탭 간격(4칸 띄어쓰기)을 활용한다.

2. 함수 또는 메서드의 정의 사이에 하나 이상의 줄바꿈을 추가한다.

3. 괄호를 적절히 활용해 표현식의 코드 절을 직관성 있게 구성한다.

4. 코드는 최대한 간결하고 명료하게 작성한다.

5. 예외 처리 시 어떤 예외를 처리했는지 구분해서 처리한다.

주석 규칙

1. 함축적인 단어를 활용해 표시되는 정보를 간결하게 표현한다.

2. 코드의 의도를 정확하게 표현한다.

3. 쉽게 이해할 수 있는 코드에 대해서는 설명하지 않는다.

4. 경고 사항이나 결함 사항을 표시한다.

5. 입출력 예시를 설명한다.

앞에서 개발 규칙과 코딩 규칙을 알아봤다. 프로그램을 구현하는 과정에서 사전에 정의된 개발 규칙은 매우 중요한 역할을 한다. 이미지에는 많은 데이터가 담겨 있어 이와 관련된 클래스, 함수, 변수 등이 많다. 개발 규칙과 코딩 규칙을 지키지 않는다면 코드의 품질 저하와 비효율적인 작업이 반복된다. 앞선 코딩 규칙은 일반적으로 통용되는 규칙이며, 프로젝트팀마다 개발 규칙이 다르고 더 많은 규칙이 있다. 이러한 규칙을 준수해서 코드를 일관되게 구성한다면 비용과 시간을 효율적으로 활용하고 품질 높은 프로그램을 작성할 수 있다.

03 디지털 이미지 프로세싱

디지털 이미지 프로세싱(Digital image processing)이란 디지털 이미지를 신호로 간주하고 처리하는 분야로서 이미지로부터 의미 있는 정보를 추출하기 위해 사용되는 알고리즘을 의미한다. 이러한 처리는 변환, 분류, 탐지, 인식, 검출, 분석, 왜곡 보정, 수정, 향상, 복원, 압축, 필터링 등의 다양한 작업을 포함한다.

일반적으로 디지털 이미지는 2차원 배열로 표현되며, 각각의 배열 요소(Element)는 해당 위치의 **픽셀(Pxiel)** 값을 나타낸다. 픽셀은 이미지의 가장 작은 단위의 구성 요소를 의미하며, 이 값들이 모여 이미지가 형성된다. 다시 말해 배열 요소는 개별 픽셀 값을 나타내며, 이 값들이 색상 정보를 표현한다.

디지털 이미지는 2차원 배열 형태로 표현돼 있기 때문에 이미지의 픽셀 좌표와 해당 좌표의 값을 2차원 평면 공간에서 파악할 수 있다. 이러한 구조 덕분에 이미지를 수학적으로 다룰 수 있게 되며, 다양한 신호 처리 기법을 활용해 이미지에서 필요로 하는 정보를 추출하거나 변환할 수 있게 된다. 예를 들어 이미지의 밝기나 명암 대비를 조절해 시각적으로 더 나은 이미지를 얻을 수 있으며, 노이즈 제거나 경계 검출 등을 통해 이미지의 품질을 향상시킬 수 있다.

디지털 이미지 프로세싱 기술은 현재 딥러닝과 결합되어 최신 기술과 같은 느낌을 줄 수 있지만, 이 기술의 시작은 1964년 미국 제트 추진 연구소(Jet Propulsion Laboratory, JPL)[7]에서 시작됐다. 그해 미국에서는 레인저 7호라는 최초의 우주 탐사선을 통해 달의 표면을 촬영한 사진을 지구로 전송했다. 이 사진의 해상도와 품질을 향상시키기 위해 기하학적 변환과 노이즈 감소와 같은 기법들이 적용됐다.

이 작업을 위해 처음으로 디지털 컴퓨터가 사용되어 디지털 이미지 프로세싱 분야가 탄생했다. 이후 객체 인식, 제조 공정 자동화, 의료 영상 처리, 문자 인식, 얼굴 인식 등의 영역까지 발전했다.

---

7 미국 항공우주국(NASA)의 우주 개발 계획 무인 탐사 우주선 등의 연구 개발 및 운용을 담당하는 연구소

이미지 프로세싱은 인식, 이해 등을 중점적으로 연구하고 해석하는 분야다. 영상이나 이미지를 재가공해서 정보를 추출하는 역할을 하며, 주로 인식, 분석, 조작 등을 처리한다. 인식은 육안으로는 식별하기 어려운 영역에서 차이점을 발견하고, 다른 이미지나 영상과 비교해 특징을 찾아내는 것을 의미한다. 예를 들어 지문 인식이나 병변 검출과 같은 작업이 있다.

분석은 이미지 프로세싱을 통해 보정 및 변형된 이미지에서 특징을 추출하는 작업을 의미한다. 이를 통해 객체의 치수를 측정하거나 위성 사진을 해석하는 등의 작업이 가능해진다.

마지막으로 조작은 이미지가 흐려서나 노이즈가 많은 경우, 이를 보정하거나 원하는 정보를 얻기 위해 이미지를 변형시키는 것을 의미한다. 특히 전처리 과정에서 이러한 작업이 가장 많이 이루어지며, 전체 이미지 프로세싱 과정에서 중요한 부분이다.

전처리 알고리즘

이미지는 매우 방대한 양의 데이터로 이뤄져 있다. 따라서 유의미한 정보를 추출하기 위해 데이터 정제나 불필요한 데이터를 제거하는 과정이 필수적이다. 이를 위해 전처리 알고리즘을 활용한다. 전처리 알고리즘이란 불필요한 정보를 제거해 특정 알고리즘에서 활용 가능한 형태로 변환하는 과정이다.

예를 들어 객체 탐지 알고리즘을 구현한다고 가정한다면 이미지에서 객체와 관련 없는 정보는 객체 검출에 방해가 된다. 그러므로 객체 검출 알고리즘을 수행하기 전에 불필요한 데이터를 제거해야 한다. 다시 말해 전처리 과정은 주요 알고리즘 과정에서 악영향을 미치는 부분을 제거하거나 최소화하는 역할을 한다. 전처리 과정은 크게 다음과 같은 종류가 있다.

- **이미지 크기 조정**: 이미지를 적절한 크기로 조절해 데이터 크기를 규격화한다.
- **이미지 밝기 조정**: 이미지의 밝기와 대비를 조절해 데이터 품질을 향상시킨다.
- **이미지 픽셀 조정**: 이미지 속 특정 패턴을 강조하거나 특정 임곗값 이상 또는 이하의 값을 변경한다.
- **노이즈 제거**: 이미지에서 불필요한 노이즈를 제거해 정확도를 향상시킨다.
- **이미지 정규화**: 알고리즘에서 일관된 입력을 받을 수 있도록 색상 범위나 데이터 형식을 변경한다.

이 외에도 데이터의 폭을 줄이는 알고리즘, 데이터를 검출하기 쉬운 상태로 변형하는 알고리즘, 데이터의 차원을 변경하는 알고리즘 등 매우 다양한 전처리 알고리즘이 존재한다. 이러한 전처리 알고리즘은 데이터 상태와 목적에 따라 다양하게 조합되어 활용될 수 있다.

이러한 전처리 방식들을 효과적으로 적용함으로써 이미지 프로세싱에 필요한 데이터 품질을 향상시킬 수 있다. 전처리 과정은 데이터를 목적에 맞게 가공하는 과정이므로 이를 올바르게 수행하지 않으면 오히려 부정적인 영향을 미칠 수 있으므로 주의해 사용해야 한다.

노이즈 및 디노이즈

노이즈(Noise)는 데이터 분석, 신호 처리, 그래픽 처리 및 다양한 컴퓨터 알고리즘 응용 분야에서 매우 중요한 개념으로 알고리즘 및 데이터 처리 수행 과정에서 원하지 않는 정보나 왜곡된 정보를 의미한다. 노이즈는 화면의 변화, 피사체의 움직임, 카메라의 성능, 센서의 한계 등 다양한 이유로 인해 발생할 수 있다. 노이즈는 형태와 원인에 따라 크게 다음과 같이 나눌 수 있다.

- **고정 패턴 노이즈(Fixed-Pattern noise)**: 반복적인 패턴이나 일정한 간격으로 나타나는 노이즈를 의미한다. 이러한 노이즈는 각 픽셀마다 고유하게 발생하며, 고정된 조건에서는 항상 동일한 형태로 나타난다.

- **무작위 노이즈(Random noise)**: 불규칙한 노이즈를 의미하며 이미지 센서나 환경적인 요인에 의해 발생한다. 주로 불규칙한 패턴 또는 색상의 변화로 나타난다.

- **시간적 노이즈(Temporal noise)**: 시간에 따라 변하는 노이즈 패턴을 의미한다. 주로 영상에서 발생하며 객체의 움직임이나 빛의 변화로 인해 불규칙한 변화로 나타난다.

- **양자화 노이즈(Quantization noise)**: 아날로그 신호를 디지털로 변환할 때 발생하는 노이즈를 의미한다. 변환 과정에서 정밀도가 손실되어 발생한다.

- **압축 노이즈(Compression noise)**: 이미지 파일의 용량을 줄이기 위해 압축 알고리즘을 적용 시 발생하는 노이즈를 의미한다.

이러한 노이즈는 데이터에 부정확한 정보를 추가하거나 혼입시키게 되어, 알고리즘의 정확성과 신뢰성을 저하시킨다. 만약 노이즈를 고려하지 않고 데이터를 처리하면 원래의 정보가 왜곡되어, 분석이나 예측에 큰 영향을 미치게 된다. 그러므로 노이즈를 제거하는 작업을 수행해야 한다.

디노이즈(Denoise)는 이미지나 신호에서 원치 않는 노이즈를 제거하는 중요한 과정이다. 이 과정은 이미지 촬영, 전송, 압축될 때 발생할 수 있는 다양한 유형의 노이즈를 줄이는 데 사용된다. 노이즈를 제거하기 위해서는 특정 패턴이나 주파수 구성 요소를 강조하거나 억제하는 필터링(Filtering) 기술을 적용할 수 있다. 이러한 작업에는 이미지를 번지게 만드는 흐림 처리(Blurring) 작업, 선명도를 높이는 선명화(Sharpening) 작업, 특정 영역 내의 데이터를 비교하고 대체하는 다양한 연산 등이 포함된다.

디노이즈 작업은 데이터의 품질을 향상시키고 관심 있는 정보를 더 명확하게 만드는 과정이다. 만약 노이즈가 포함되지 않은 이상적인 데이터라도 거시적인 관점에서는 검출에 방해하는 요소를 노이즈로 간주할 수 있다. 그러므로 디노이즈 작업은 관심 있는 정보를 뚜렷하게 하기 위해 불필요한 데이터를 제거하는 과정이다. 이는 데이터 품질 향상과 관심 정보 강조를 위한 필수적인 과정이다.

특징 및 유사성 검출

특징 검출(Feature detection)은 이미지 처리와 컴퓨터비전 분야에서 중요한 개념 중 하나로, 이미지 내에서 주요한 부분을 식별하고 추출하는 과정을 의미한다. 이 과정은 컴퓨터비전 영역에서 광범위하게 활용된다. 특징 검출은 이미지 내에서 특징점의 정확한 위치를 식별하고 표시해 특정 객체 또는 패턴의 위치를 검출하거나 특징점을 시각적으로 부각시켜 해당 특징이 더 잘 강조되도록 만드는 방법이다. 특징은 다음과 같은 속성을 사용해 파악할 수 있다.

- **색상 강도(Color Intensity)**: 픽셀의 색상 밝기 또는 색상 정보를 분석해 식별
- **연속성(Continuity)**: 주변 픽셀과 연속되거나 일정한 패턴을 감지해 식별
- **변화량(Variation)**: 주변 픽셀 간의 밝기 변화를 감지해 식별
- **의존성(Dependency)**: 주변 픽셀과의 관계나 의존성을 고려해 식별
- **유사성(Similarity)**: 이미지 내 유사한 패턴 또는 구조로 파악
- **임계점(Threshold)**: 일정 임곗값을 설정해 해당 임곗값을 초과하는 지점으로 파악

특징 검출은 객체 인식, 추적, 영상 분류, 이미지 합성 및 보정, 로봇 공학, 의료 이미지 분석, 자율 주행 자동차 등 다양한 응용 분야에서 핵심적인 역할을 수행한다.

유사성 검출(Similarity detection)은 이미지 처리와 컴퓨터비전 분야에서 주요하게 사용되는 기술로 이미지 내에서 유사한 영역을 검출하거나 강조하는 방법이다. 유사성 검출은 비교적 간단한 이미지 유사성 비교에서부터 복잡한 패턴 인식 및 분류 작업까지 다양한 목적으로 사용될 수 있다. 유사성 검출은 크게 이미지 간 유사도를 계산하는 방법과 이미지 내 객체의 유사도를 계산하는 방법이 있다.

이미지 간 유사도를 계산하는 방법은 주로 이미지 비교 및 검색 엔진에서 사용된다. 이를 통해 사용자가 특정 이미지를 제공하면 시스템은 이미지 데이터베이스에서 비슷한 이미지를 찾아내거나, 이미지의 유사도를 순위로 매길 수 있다.

이미지 내 객체의 유사도를 계산하는 방법은 주로 객체 인식 및 분류에 사용된다. 이미지 내에서 서로 다른 객체나 영역 간의 유사성을 판단하거나, 동일한 객체의 다양한 변형을 감지하는 데 활용된다. 유사성 검출은 영상 검색, 안면 인식, 자동차 번호판 인식, 의료 이미지 분석 등 다양한 분야에서 관련 문제를 해결하는 데 중요한 역할을 하고 있다.

04 영상 처리 분야

현재 가장 가장 많이 사용되는 정보 매체는 문자, 음향, 영상으로 각 매체는 정보를 전달하고 가공해서 사용자에게 제공된다. 초기에는 컴퓨터가 문자만 처리할 수 있었지만 기술의 발전으로 음향과 영상까지 처리할 수 있게 됐다. 일반적으로 영상은 문자와 음향보다 데이터의 크기가 압도적으로 크며, 동일한 시간 내에 데이터를 처리하기에는 매우 까다롭고 복잡했다. 복잡한 데이터에서 유의미한 정보를 추출하기 위해서는 막대한 자본과 인력을 투자해야 했기 때문에 영상 처리 분야는 접근성이 낮고 데이터를 처리하기 어려운 분야였다.

하지만 디지털 신호 처리 기술의 발전으로 영상 처리 장치들이 상용화됐고, 전송 및 저장 단계에서 영상을 분석하고 재가공하는 단계까지 발전했다. 또한 영상의 수와 활용 분야가 증가하면서 영상 처리는 핵심적으로 연구되고 활용되는 분야가 더욱 다양해지고 있다. 다음은 영상 처리가 활용되는 주요 분야다.

영화 산업

과거 영화 산업에서의 영상 처리 기술은 주로 특수 효과와 프레임 수정 등에 한정적으로 활용됐다. 이는 영상 내의 불필요한 객체 제거, 대체, 합성 및 변화와 같은 기본적인 작업에만 사용됐다. 그러나 최근에는 영상 처리 기술의 활용 범위가 크게 확대되고 있으며 기술의 진보로 인해 영화 산업에서 활발히 사용되고 있다.

OpenCV 설립자인 개리 브래드스키(Gary Bradski)가 최고기술책임자(CTO)로 근무하고 있는 Arraiy[8] 사에서는 인공지능과 관련된 작업에 OpenCV를 활용하는 방식으로 영화 제작에 참여하고 있다. Arraiy사는 인공지능과 컴퓨터비전을 영화 산업에 적용해 영화 제작 자동화와 시각적 스토리텔링 등을 지원함으로써 더 간편하고 확장성 높은 산업으로 만들려 한다.

Arraiy사의 접근 방식은 파이썬 및 C++ 라이브러리를 활용해 영상 처리를 포함한 다양한 작업을 수행한다. 예를 들어 영상에서 가상의 3D 객체를 정확한 위치에 표시하기 위해 OpenCV를 활용한다. 이 과정에서 먼저 3D 객체의 위치를 태그로 표시하고, 다양한 각도에서 촬영된 이미지를 획득한다.

이러한 이미지를 분석해 태그의 정확한 위치를 파악하고 3D 객체의 위치를 추정한다. 이후 OpenCV를 사용해 서로 다른 이미지에서 얻은 데이터를 종합하고 3D 지오메트리 정보로 가공해 영화 제작에 활용한다.

---

8 스튜디오 및 아티스트들과 협력하여 머신러닝을 기반으로 영화 제작 과정을 참여하는 회사다. 2019년 7월 10일에 Matterport에 인수됐다.

이러한 접근 방식은 영화 제작에서 시각적 효과와 실제 객체를 통합하고, 높은 수준의 시각적 재현성과 현실감을 제공한다. 더 나아가 이러한 기술은 영화 산업뿐만 아니라 광고, 게임 개발, 교육 및 기타 다양한 분야에서도 사용되고 있다.

그림 1.11 OpenCV를 활용한 영화 제작

의료 분야

의료 분야에서는 오랜 기간 동안 영상 처리 기술을 활용해 질병을 진단해 왔다. 주로 X-Ray, CT, MRI 등의 영상을 사용해 환자의 머리, 척추, 골반, 뼈 등의 상태를 평가하고 질병을 감지하는 데 사용됐다. 그러나 최근 영상 처리 기술의 발전과 인공지능의 등장으로 의사의 진단 범위가 확대됐다.

OpenCV를 의학 분야에서 활용한 사례로는 네슬레 스킨 헬스(Nestlé Skin Health)의 건강 관리 애플리케이션이 있다. 이 애플리케이션은 마이크로소프트(Microsoft)와의 협업 프로젝트를 통해 여드름 심각도를 평가하는 기능을 제공한다. 이 시스템은 환자의 얼굴을 OpenCV를 활용해 감지하고, 인공지능을 이용해 피부 건강을 진단하며 솔루션을 제공한다. 이를 위해 정확한 얼굴 위치와 조명 상태 등을 분석하고, 얼굴을 이마, 뺨, 턱 등으로 나누어 특정 부위의 병변을 집중적으로 검사하며 피부 상태를 평가한다.

이러한 결과는 피부과 의사들과 데이터 과학자들의 추론에 기반하며, 주기적인 촬영을 통해 피부 상태를 확인하고 사용자의 데이터를 재분석해 피부 상태 및 호전 정도를 추적할 수 있다. 이 프로젝트의 소스코드는 마이크로소프트 깃허브에서 확인할 수 있다.[9]

그림 1.12 OpenCV를 활용한 피부 진단 시스템

이미지 번역

구글에서 개발한 워드 렌즈는 스마트폰을 활용해 이미지를 저장하지 않아도 실시간으로 텍스트를 번역하는 구글 렌즈[10]의 기능이다. 이 어플리케이션은 컴퓨터비전과 인공지능 기술을 결합해 이미지 내 문자를 인식해 번역해 사용자에게 보여준다.

예를 들어 레스토랑의 간판을 비출 경우 간판에서 문자를 식별해 곧바로 원하는 언어로 번역되어 스마트폰 카메라에서 보이는 문자를 변경한다. 워드 렌즈는 이미지 속의 문자를 검출한 다음 배경을 제거한다. 그다음, 인공지능이 학습해서 얻어낸 데이터를 기반으로 검출된 문자가 어떤 문자인지 인식한 후, 인식된 문자를 번역해 원래의 이미지 위에 렌더링해서 표시한다.

그림 1.13 컴퓨터비전과 인공지능을 결합한 이미지 번역

---

9 https://github.com/microsoft/nestle-acne-assessment
10 https://lens.google/

OpenCV의 활용

영상 처리의 응용 분야는 무궁무진하다. OpenCV를 활용해 구현하면 개발자들은 효율적으로 시스템을 제작할 수 있으며, 이미지와 영상 데이터를 다루고 다양한 컴퓨터비전 작업을 수행할 수 있다. 대표적인 영상 처리 응용 분야는 다음과 같다.

공장 자동화

- **제품 품질 검사**: 카메라를 사용해 제품의 불량 여부를 감지하고 분류하는 자동 검사 시스템을 구축할 수 있다.
- **로봇 비전 시스템**: 로봇에 카메라를 장착해 작업 환경을 실시간으로 인식하고 작업을 수행하도록 프로그래밍할 수 있다.

보안

- **얼굴 인식**: 얼굴 인식 시스템을 개발해 출입 통제나 범죄 예방에 활용할 수 있다.
- **침입 탐지**: 카메라 이미지를 모니터링해 이상 징후를 탐지하고 보안 경고를 생성하는 시스템을 구현할 수 있다.

의료

- **의료 영상 분석**: 의료 영상(X-Ray, CT 스캔 등)을 처리해 질병 진단 및 처리를 지원하는 솔루션을 개발할 수 있다.
- **수술용 로봇**: 카메라와 로봇을 통합해 외과 수술을 자동화하고 정밀도를 향상시킬 수 있다.

교통

- **교통 모니터링**: 교통 흐름을 모니터링하고 교통 문제를 식별하는 시스템을 구축해 도로 안전과 교통 효율성을 향상시킬 수 있다.
- **자율 주행 자동차**: 자율 주행 자동차의 환경 인식 및 자동 운전 기능을 개발할 수 있다.

농업

- **작물 모니터링**: 드론을 사용해 작물 상태를 모니터링하고 작물 관리를 최적화하는 시스템을 구축할 수 있다.
- **병충해 탐지**: 카메라를 통해 작물의 병충해를 식별하고 대응하는 자동화된 시스템을 개발할 수 있다.

이러한 다양한 분야에서 OpenCV를 활용해 영상 처리와 컴퓨터비전 기술을 활용함으로써 프로그램을 효율적으로 개발하고 혁신적인 솔루션을 구현할 수 있다. OpenCV는 영상 인식, 검출, 변환, 필터링, 특징 추출 및 추적 등을 지원해 다양한 응용 분야에서 유용하게 사용된다. 그림 1.14는 OpenCV를 활용한 영상 처리의 예다.

그림 1.14 OpenCV를 활용한 영상 처리

앞에서 영상 처리와 활용 분야 등에 대해 알아봤으니, 이제 C#과 파이썬용 OpenCV를 각각 설치해서 가장 많이 사용되는 알고리즘의 이론을 알아보고 직접 실습해 본다. 먼저 C#용 OpenCV를 설치해 보자.

05 C# OpenCvSharp 설치

OpenCvSharp을 사용하기 위해서는 닷넷 프레임워크(.NET Framework) 4.8 또는 닷넷 7.0(.NET) 이상의 버전이 필요하다. 윈도우 사용자는 닷넷 프레임워크 4.8 및 닷넷 7.0을 활용해 OpenCvSharp 개발할 수 있으며, 리눅스나 맥 사용자는 닷넷 7.0을 사용해 개발할 수 있다.

윈도우 사용자의 경우 닷넷 프레임워크 설치 또는 닷넷 설치 중 하나를 선택해 설치를 진행하며, 리눅스나 맥 사용자의 경우 닷넷 설치로 이동한다. 만약, 만약 레드햇이나 FreeBSD 등과 같이 OpenCvSharp에서 지원되지 않는 마이너한 운영체제의 경우 네이티브 래퍼 설치로 이동한다.

닷넷 프레임워크 설치

닷넷 프레임워크로 C# OpenCvSharp을 사용하는 경우 비주얼 스튜디오(Visual Studio)[11]를 설치한다. 윈도우 사용자의 경우 OpenCvSharp은 Visual C++ 재배포 가능 패키지가 필요하다. 비주얼 스튜디오를 설치하면 이 패키지가 자동으로 설치된다.

---

11 https://visualstudio.microsoft.com/ko/downloads/

비주얼 스튜디오를 설치했다면 NuGet 패키지[12]를 사용해 간단하게 설치할 수 있다. 상단 메뉴의 [프로젝트(P)] → [NuGet 패키지 관리(N)…] 또는 [NuGet 패키지 추가(P)…]를 통해 NuGet 패키지 관리자를 실행한다. 이후, [찾아보기] 탭에서 'OpenCvSharp4'를 검색해 최신 버전 또는 이전 버전의 OpenCvSharp을 설치할 수 있다. 현재는 4.x 버전이 최신 버전이므로 OpenCvSharp4를 설치한다.

그림 1.15 OpenCvSharp4 패키지 설치

OpenCvSharp4 패키지를 설치할 경우 해당 운영체제에 맞는 런타임 패키지를 추가로 설치해야 한다. 현재 사용 중인 운영체제가 윈도우라면 OpenCvSharp4와 OpenCvSharp4.runtime.win이라는 두 가지 패키지를 설치한다. 런타임 패키지를 설치하지 않을 경우 클래스 이니셜라이저가 형식을 초기화하지 못해 오류가 발생한다. 이는 OpenCvSharpExtern을 로드하지 못해서 발생하는 문제다. 이 문제를 해결하기 위해 런타임 패키지를 설치한다. 설치가 정상적으로 진행되면 그림 1.16과 같이 [설치됨] 탭에서 설치 상태를 확인할 수 있다.

그림 1.16 OpenCvSharp4 패키지 설치 확인

---

12 비주얼 스튜디오에서 개발 확장으로 공개한 무료 오픈소스 패키지 관리자 프로그램

OpenCvSharp4와 런타임 패키지는 서로 버전이 동일해야 한다. 가령 OpenCvSharp4를 4.8.0 20230708로 설치했다면, OpenCvSharp4.runtime.win도 동일한 4.8.0 20230708로 설치해야 한다. 만약, 버전의 변경이 필요하다면 두 패키지 모두 동일한 버전으로 업그레이드나 다운그레이드를 진행한다.[13]

만약 OpenCV 3.x를 사용한다면 OpenCvSharp3-AnyCPU로 설치가 가능하다. OpenCvSharp3-AnyCPU 버전을 설치할 경우 자동으로 **네이티브 바인딩(Native binding)**[14]을 처리하므로 추가적인 설치나 작업을 진행하지 않아도 된다. OpenCvSharp3-AnyCPU 패키지는 상위 버전인 OpenCvSharp 4.0.0까지 설치할 수 있으며, 이전 버전인 3.0.0까지 설치가 가능하다. OpenCvSharp 2.4.10이 필요한 경우, OpenCvSharp-AnyCPU 패키지를 통해 사용 가능하다.

닷넷 설치

닷넷은 닷넷 프레임워크의 오픈 소스 버전으로 개발해 공개된 소프트웨어 프레임워크로 비주얼 스튜디오를 비롯해 비주얼 스튜디오 코드에서도 사용이 가능하다. 닷넷으로 OpenCvSharp을 사용하기 위해 닷넷 7.0[15]과 비주얼 스튜디오 코드[16]를 설치한다.

닷넷 7.0과 비주얼 스튜디오 코드를 설치했다면, 비주얼 스튜디오 코드 확장에서 C#과 NuGet Package Manager GUI를 설치한다. 비주얼 스튜디오 코드는 텍스트 편집기이므로 비주얼 스튜디오와 다르게 개발 언어 및 NuGet 패키지 확장 프로그램을 설치한다. 확장을 모두 설치했다면 터미널에서 다음 구문을 사용해 새로운 콘솔 애플리케이션 프로젝트를 생성한다.

닷넷 7.0 프로젝트 생성

```
dotnet new console --framework net7.0
```

신규 닷넷 프로젝트를 생성했다면, 비주얼 스튜디오 코드에서 **Ctrl(Command, ⌘) + P** 또는 상단 메뉴의 **[Go] → [Go to File…]**을 클릭해 명령어 입력창을 활성화한다. 이후 다음 구문을 사용해 NuGet 패키지 설치 확장을 실행시킨다.

---

13 윈도우 플랫폼의 경우 통합 패키지인 OpenCvSharp4.Windows를 제공하므로 이 패키지 하나만 설치해도 무방하다.

14 네이티브 코드가 포함된 파일(OpenCvSharpExtern.dll과 libOpenCvSharpExtern.so)을 특정 플랫폼에서 사용할 수 있도록 컴파일하는 과정

15 https://dotnet.microsoft.com/ko-kr/download/dotnet/7.0

16 https://code.visualstudio.com/download

> NuGet Package Manager GUI

NuGet Package Manager GUI를 실행한 뒤, Install New Package 창에서 OpenCvSharp4를 검색한다. 그림 1.17과 같이 OpenCvSharp4 목록을 확인할 수 있다.

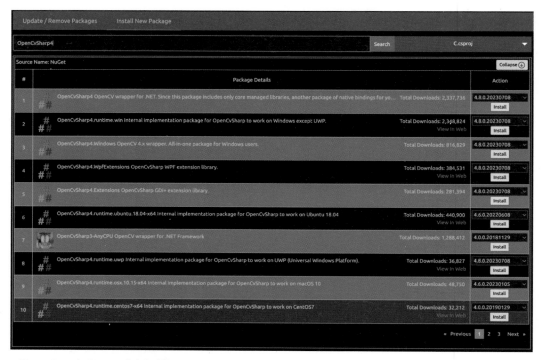

그림 1.17 OpenCvSharp4 패키지 검색

현재는 4.x 버전이 최신 버전이므로 OpenCvSharp4를 설치한다. OpenCvSharp4 패키지를 설치할 경우 해당 운영체제에 맞는 런타임 패키지를 추가로 설치해야 한다. 현재 사용 중인 운영체제가 윈도우라면 OpenCvSharp4와 OpenCvSharp4.runtime.win이라는 두 가지 패키지를 설치한다. 런타임 패키지를 설치하지 않을 경우 클래스 이니셜라이저가 형식을 초기화하지 못해 오류가 발생한다. 이는 OpenCvSharpExtern을 로드하지 못해서 발생하는 문제다. 이 문제를 해결하기 위해 런타임 패키지를 설치한다.

맥 사용자라면 런타임 패키지를 OpenCvSharp4.runtime.osx로 설치해야 한다. 이 패키지는 현재 4.6.0.20220608이 최신 버전이므로, OpenCvSharp4 패키지 또한 이전 버전인 4.6.0.20220608로 설치해야 한다. 그림 1.18과 같이 OpenCvSharp4 패키지 버전을 확인할 수 있다.

그림 1.18 OpenCvSharp4 패키지 설치 확인

OpenCvSharp4에 필요한 모든 패키지를 설치했다면 Program.cs 파일에 코드를 입력하고, 터미널에서 **dotnet run** 명령어를 입력해 닷넷을 실행시킬 수 있다.

윈도우 플랫폼 오류 발생 시

윈도우 플랫폼에서 OpenCvSharp4 실행 오류가 발생하는 경우, Visual C++ 재배포 가능 패키지[17]가 필요하다. 비주얼 스튜디오를 설치하지 않은 경우 Visual C++ 재배포 가능 패키지를 설치한다.

윈도우 서버 오류 발생 시

윈도우 서버의 경우 미디어 파운데이션(Media Foundation)을 설치해야 한다. 미디어 파운데이션은 비디오 및 오디오 처리를 위한 고성능 프레임워크로 OpenCvSharp 환경에 필요하다. 다음과 같은 구문을 통해 미디어 파운데이션을 설치할 수 있다.

미디어 파운데이션 설치

```
PS> Install-WindowsFeature Server-Media-Foundation
```

맥 플랫폼 오류 발생 시

맥 플랫폼에서 오류가 발생하는 경우, OpenCvSharp에 필요한 종속성 라이브러리를 설치해야 한다. 다음과 같은 구문을 통해 OpenCvSharp에서 사용되는 종속성 라이브러리를 설치할 수 있다.

종속성 라이브러리 설치

```
brew install wget pkg-config mono-libgdiplus gtk+ ffmpeg glog yasm harfbuzz jpeg libpng
    libtiff openexr openjpeg metis openblas opencore-amr protobuf tbb webp
```

이 라이브러리들은 멀티미디어 파일을 처리하고 변환하는 라이브러리와 맥에서 닷넷 어플리케이션을 실행시키기 위한 라이브러리 등을 설치한다. 이러한 패키지 설치를 통해 맥 환경에서 OpenCvSharp을 실행시킬 수 있다.

---

17 https://learn.microsoft.com/ko-KR/cpp/windows/latest-supported-vc-redist

네이티브 래퍼 설치

네이티브 래퍼(Native wrapper)란 해당 라이브러리를 다른 운영 체제에서 사용할 수 있도록 특별한 소프트웨어 계층을 만들어주는 과정을 의미한다. OpenCvSharp은 특정 운영 체제에서만 지원되므로 다른 운영 체제에서도 사용할 수 있도록 네이티브 래퍼를 생성할 수 있다. 이를 통해 라이브러리가 특정 운영 체제 버전과 호환되지 않을 때, 네이티브 래퍼를 사용해 이러한 호환성 문제를 해결할 수 있다.

CMake를 이용하면 기존 클래스 또는 객체를 다른 인터페이스로 변형해 네이티브 래퍼를 적용할 수 있다. 네이티브 래퍼를 적용하려면 OpenCV가 미리 설치돼 있어야 한다. OpenCV 소스코드는 https://github.com/opencv/opencv에서 최신 소스코드를 내려받을 수 있다. 이때 김프 툴킷(GTK+), 스레딩 빌딩 블록(TBB), FFMPEG, 자마린(Xamarin) 등이 필요하다. OpenCV가 정상적으로 설치되면 다음 구문을 실행한다.

Git을 통한 최신 소스코드 다운로드

```
git clone https://github.com/shimat/opencvsharp.git
cd opencvsharp/src
```

shimat의 깃허브 저장소에서 OpenCvSharp의 소스코드를 내려받고 `opencvsharp/src` 디렉터리로 이동한다. `git`을 통해 정상적으로 소스코드를 내려받았다면 다음 구문을 실행한다.

CMake를 이용한 빌드

```
mkdir build
cd build
cmake -D CMAKE_INSTALL_PREFIX=${OPENCV_설치_경로} ..
make -j
make install
```

첫 번째와 두 번째 명령어는 `build` 디렉터리를 생성한 뒤, `build` 디렉터리로 이동한다. 세 번째 명령어는 `OpenCvSharpExtern`을 생성하기 위해 CMake에 빌드를 설정하는 방법을 보여준다. 'OPENCV 설치 경로'는 OpenCvSharp를 내려받은 경로가 아닌 OpenCV가 설치된 경로를 의미한다(`{OPENCV_설치_경로}`는 `"/usr/local/"` 등의 형태를 띤다). 또한 `{OPENCV_설치_경로}` 뒤에 있는 `..`은 빌드를 수행할 `CMakeLists.txt` 파일이 상위 경로에 있음을 의미한다.

마지막 두 명령어는 라이브러리를 빌드하고 지정된 경로에 설치한다. CMake 파일이 정상적으로 생성되면 다음 명령을 실행해 `OpenCvSharpExtern`(`libOpenCvSharpExtern.so`)에 대한 환경변수를 추가한다.

환경변수 등록

```
export LD_LIBRARY_PATH="${LD_LIBRARY_PATH}:/소스코드를 내려받은 경로/opencvsharp/src/build/
OpenCvSharpExtern"
```

OpenCvSharp 사용하기

프로젝트를 생성하고 NuGet 패키지를 활용해 OpenCvSharp을 설치했다면, 예제 1.1과 같이 네임스페이스에 using OpenCvSharp;을 추가하고 시스템에 설치된 버전을 출력해 OpenCvSharp이 정상적으로 설치됐는지 확인할 수 있다.

예제 1.1 C# OpenCvSharp 사용하기

```
using System;
using OpenCvSharp;

namespace Project
{
    class Program
    {
        static void Main(string[] args)
        {
            Console.WriteLine(Cv2.GetVersionString());
        }
    }
}
```

【 출력 결과 】

```
4.8.0
```

모호한 참조 해결

OpenCvSharp 2.x 버전에서 OpenCvSharp 3.x 버전으로 업데이트되면서 구조체 및 클래스를 사용할 때 동일한 이름으로 인해 모호한 참조가 발생했다. Point 구조체 및 Size 구조체 등이 대표적인 예인데, 시스템 네임스페이스 중 Drawing 네임스페이스에는 OpenCvSharp 네임스페이스와 겹치는 구조체가 존재한다.

즉, System.Drawing.Size와 OpenCvSharp.Size처럼 구조체의 이름이 동일해서 모호한 참조가 발생한다. 따라서 Drawing 네임스페이스를 제거한다면 모호한 참조가 발생하지 않지만 Drawing 네임스페이스를 사용해야 한다면 Size가 아닌 OpenCvSharp.Size 형태로 명시적으로 표기한다(명시적으로 표기하지 않으면 CS0104 에러가 발생한다).

예제 1.2는 Drawing 네임스페이스와 OpenCvSharp 네임스페이스를 동시에 활용할 때 사용하는 예다 (모호한 참조를 해결 방법을 굵게 표시했다).

예제 1.2 C# OpenCvSharp에서 모호한 참조를 해결하는 방법

```
using System;
using System.Drawing;
using System.Windows.Forms;
using OpenCvSharp;

namespace Project
{
    public partial class Form1 : Form
    {
        public Form1()
        {
            InitializeComponent();
        }

        private void Form1_Load(object sender, EventArgs e)
        {
            OpenCvSharp.Size Cv_size = new OpenCvSharp.Size();
            System.Drawing.Size Draw_size = new System.Drawing.Size();
        }
    }
}
```

확장 네임스페이스

C#에서 OpenCV를 사용하려면 네임스페이스에 OpenCvSharp을 추가해야 한다. OpenCvSharp 네임스페이스에는 OpenCV 패키지에서 제공되는 알고리즘과 기본 구성 요소가 포함돼 있다. 간단하게 네임스페이스 선언부에 using OpenCvSharp; 구문을 추가하면 된다. 이 밖에도 contrib 모듈이 포함돼

있어 기본 라이브러리에서 제공되지 않는 확장 모듈을 사용할 수 있다. 다음은 C# OpenCvSharp에서 사용할 수 있는 모듈이다.

- **Aruco**: 증강현실 응용 프로그램에서 사용되는 마커 감지 알고리즘. 마커 감지, 보드 감지, 카메라 보정, 3D 위치 추정에 사용할 수 있다.

- **Detail**: 특징 매칭, 블렌딩, 노출 보정, 번들 조정 등의 작업을 수행하는 데 사용된다.

- **Dnn**: 심층 신경망(DNN) 알고리즘을 구현하고 실행하는 데 필요한 신경망 생성, 계층 구현, 모델 예측 등의 기능을 제공한다.

- **DnnSuperres**: 합성곱 신경망을 통해 이미지를 업스케일링할 때 사용된다. EDSR, ESPCN, FSRCNN, LapSRN 모델이 지원된다.

- **Face**: 얼굴 인식 및 관련 기능을 처리하기 위해 사용된다. Eigen, Fisher, LBPH 등의 얼굴 인식 알고리즘을 제공한다.

- **Features2D**: 2차원 특징을 검출하기 위해 사용된다. SIFT 특징 검출기 알고리즘을 제공한다.

- **Flann**: 근사치 이웃 검색을 위해 사용된다. 계층적 K-평균 군집화, KD-트리 등의 이웃 검출 알고리즘을 제공한다.

- **ImgHash**: 이미지 해싱 알고리즘을 위해 사용된다. 이미지의 내용을 나타내는 해시를 생성하고 이미지 데이터세트에서 가장 유사한 이미지를 빠르게 찾는 데 사용한다.

- **LineDescriptor**: 이미지에서 선분을 검출하고 설명자를 계산하기 위해 사용된다. 서로 다른 이미지에서 얻은 설명자 간 매칭 기능을 지원한다.

- **ML**: 머신러닝 알고리즘 적용 시 사용된다. 인공 신경망, 트리 분류기, 로지스틱 회귀 분류 등의 알고리즘을 제공한다.

- **OptFlow**: 광학 흐름 계산에 사용된다. 동작 감지나 객체 추적 등의 알고리즘을 지원한다.

- **Quality**: 영상의 품질을 계산하는 데 사용된다. GMSD, PSNR 등의 알고리즘을 제공한다.

- **Segmentation**: 이미지를 여러 영역으로 분할할 때 사용된다. 지능형 이미지 분할 알고리즘을 제공한다.

- **Text**: 문자 판독에 사용된다. Tesseract-OCR API를 사용해 문자를 검출한다.

- **Tracking**: 장시간 객체 추적 시 사용된다. CSRT, KCF 등의 트래킹 알고리즘을 제공한다.

- **XFeatures2D**: 2차원 특징 검출기와 설명자 추출기를 위한 기능을 제공한다. BRIEF, FREAK, SURF 등의 알고리즘을 제공한다.

- **XImgProc**: 확장된 이미지 프로세싱 알고리즘을 지원한다. 적응형 매니폴드 필터, 양방향 텍스처 필터, 이방성 확산, 공분산 행렬 등의 알고리즘을 제공한다.

- **XPhoto**: 화이트 밸런스와 관련된 알고리즘을 지원한다. 화이트 밸런스, 색 온도 조정, 디노이징 등의 알고리즘을 제공한다.

파이썬 OpenCV 설치

파이썬 OpenCV를 사용하기 위해서는 파이썬이 필요하다. 파이썬 코드를 작성할 때에는 파이썬 공식 홈페이지[18]의 IDLE를 사용하거나 텍스트 편집기(Text Editor)[19] 또는 통합 개발 환경(Integrated Development Environment, IDE)[20]을 사용할 수 있다. 텍스트 편집기나 통합 개발 환경을 사용하는 경우 파이썬 확장 플러그인이나 파이썬 패키지를 설치해 환경을 구성한다.

이 책에서는 비주얼 스튜디오 코드(VS Code)를 사용하며, 아나콘다(Anaconda)[21]로 가상환경을 구축해 파이썬을 설치한다. 파이썬 OpenCV는 파이썬 3.6 버전 이상을 필요로 하며, 넘파이(NumPy) 패키지 릴리스에 종속적이므로 넘파이 패키지를 지원하는 파이썬을 사용해야 한다. 여기서는 아나콘다를 통해 파이썬 3.11을 설치한다.

파이썬 3.11 설치

```
conda create -n myenv -c conda-forge python=3.11
conda activate myenv
```

myenv는 생성할 가상 환경의 이름을 나타내며, conda-forge 채널에서 파이썬 3.11을 설치한다. myenv라는 이름으로 가상 환경이 설치되면 conda activate myenv 구문을 통해 myenv라는 가상 환경을 활성화한다.

패키지 매니저 설치

파이썬 OpenCV는 아나콘다나 패키지 매니저(pip)를 이용해 간단하게 설치할 수 있다. 아나콘다로 설치하는 경우 conda-forge 채널에서 설치하며 패키지 매니저를 이용해 설치하는 경우 OpenCV 깃허브에서 제공되는 버전으로 설치할 수 있다. 현재 패키지 매니저의 최신 버전은 4.8.0이며, 아나콘다의 최신 버전은 4.6.0이므로 다음 구문을 사용해 패키지 매니저로 OpenCV를 설치한다.

OpenCV 설치

```
pip install opencv-python
```

---

18 https://www.python.org/downloads/
19 서브라임 텍스트(Sublime Text), 비주얼 스튜디오 코드(Visual Studio Code), 아톰(Atom) 등이 있다.
20 파이참(PyCharm), 이클립스(Eclipse), 주피터(Jupyter) 등이 있다.
21 https://www.anaconda.com/download

OpenCV 사용하기

파이썬 OpenCV의 경우 2.x, 3.x, 4.x 버전 모두 cv2를 임포트해서 사용한다. 2.x에서 4.x로 버전이 많이 업그레이드됐지만 동일하게 import cv2를 통해 사용한다. 예제 1.3은 현재 설치된 버전을 확인하는 예다.

예제 1.3 파이썬 OpenCV 사용하기

```
import cv2

print(cv2.__version__)
```

【 출력 결과 】

```
4.8.0
```

확장 패키지

OpenCV 확장 패키지란 OpenCV의 기능을 확장하거나 향상시키는 데 사용되는 추가적인 파이썬 패키지를 의미한다. OpenCV의 주요 모듈 이외의 실험적인 기능이나 비교적 최근에 추가된 기능을 포함하고 있다. 또한 서버 환경에 최적화된 버전을 제공하기도 한다. 파이썬 OpenCV에서 지원되는 패키지는 크게 다음과 같으며, 하나의 패키지만 사용한다.

- opencv-python: 이 패키지는 OpenCV의 주요 모듈과 이미지 처리에 필요한 필수 기능을 제공한다.

- opencv-contrib-python: 이 패키지는 OpenCV의 주요 모듈뿐만 아니라 추가 모듈(contrib/extra modules)도 포함하고 있다. 추가 모듈은 실험적인 기능이나 비교적 최근에 추가된 기능을 포함한다.

- opencv-python-headless / opencv-contrib-python-headless: 이 패키지들은 GUI 기능이 탑재되지 않은 서버 환경용(헤드리스) 패키지다. 이 패키지들은 Qt나 다른 GUI 컴포넌트가 컴파일되지 않아, 패키지 크기가 작다.

02

OpenCV 시작하기

OpenCV에서 이미지를 구성하는 주요 요소는 세 가지 데이터로 이루어져 있다. 이 요소들은 이미지 크기, 정밀도, 채널로 구성된다. 이미지 크기는 이미지의 가로 및 세로 크기를 나타내며, 이미지의 해상도와 크기를 결정한다. 정밀도는 픽셀 값의 정밀도를 나타낸다. 일반적으로 8비트, 16비트, 32비트 등으로 나타낼 수 있으며, 정밀도가 높을수록 더 많은 색상 정보를 표현할 수 있다. 마지막으로 채널은 이미지의 색상 폭을 의미한다. 색상 이미지는 일반적으로 Red, Green, Blue (RGB) 채널로 구성되며, 각 채널은 이미지의 색상 강도를 담고 있다.

이미지끼리 연산한다면 이미지의 세 가지 구성 요소가 모두 일치해야 하는 경우가 많다. 또한 OpenCV 함수를 사용할 때도 이미지의 구성 요소 중 하나 이상의 요소가 함수의 요구사항과 일치해야 한다는 조건이 있다. 이미지 처리 및 컴퓨터비전 작업을 수행할 때 이러한 요소들을 이해하고 조작하는 것이 중요하다.

또한, 이미지 처리를 효율적으로 하기 위해 관심 영역과 관심 채널을 사용하기도 한다. 관심 영역은 이미지에서 작업을 수행하려는 부분을 지정하는 데 사용되며, 관심 채널은 이미지의 특정 채널에만 작업을 적용하는 데 사용된다.

프로그램의 목적에 따라 알고리즘이 달라지고 필요한 데이터가 다양해진다. 프로그램이 요구하는 데이터를 효율적으로 처리하려면 구성 요소를 변경하거나 관심이 있는 부분을 선택해서 활용해야 한다. 구성 요소를 변경하거나 필요한 부분을 잘라서 사용하면 연산량을 줄이고 정확도를 향상할 수 있다.

OpenCV를 처음 다루거나 경험이 부족한 사용자라면 이 부분에 대해 많은 시행착오를 겪는데, 이미지의 구성 요소와 관심 영역, 관심 채널은 알고리즘에서 매우 중요한 역할을 하므로 먼저 이미지를 구성하는 요소에 대해 자세히 알아보자.

01 이미지 크기

이미지는 **행렬(Matrix)**의 형태로 구성되며, 각 **픽셀(Pixel)**은 해당 위치의 색상 정보를 나타내는 숫자로 표현된다. 그러므로 행렬의 크기는 이미지의 크기가 되며, 행의 개수와 열의 개수는 각각 **높이(Height)**와 **너비(Width)**가 된다.

이미지의 크기가 클수록 행렬의 크기가 커져 데이터의 개수가 많아진다. 그러므로 이미지 크기가 큰 고화질 이미지의 경우 데이터양이 많아진다. 고화질 이미지를 그대로 사용할 경우 이미지 크기와 동일한 데이터가 생성돼 이미지 연산 시 너무 많은 연산을 수행하게 된다. 데이터의 개수를 줄이는 가장 보편적이며 간단한 방법은 이미지의 크기를 줄이는 것이다.

많은 알고리즘에서 이미지 크기를 변경하는 메서드인 **이미지 피라미드(Image pyramid)**나 **크기 조절(Resize)** 등을 전처리 과정에서 적용한다. 이미지의 크기를 원본 이미지와 동일하게 설정하거나 1/2배, 1/4배, 2배, 4배 등으로 설정할 수 있으며, 임의 크기로도 설정할 수 있다. 다만, 이미지 크기를 변경하는 과정은 단순한 과정이 아니며, 정확도와 연산량에 큰 영향을 미친다.

이미지 크기 속성

OpenCV에서 변수나 필드에 설정된 이미지의 크기로 원본 이미지를 불러올 경우 종종 오류가 발생한다. 그 이유는 변수나 필드에 설정된 이미지 크기 속성 값이 액자의 역할을 하기 때문이다. 필드나 변수에 설정된 이미지 크기에 따라 원본 이미지를 액자에 맞춰 삽입하게 되는데, 이때 설정된 이미지 크기와 실제 이미지 크기가 다르다면 액자에 이미지를 담을 수 없게 된다.

그러므로 원본 이미지를 액자에 담기 위해서는 먼저 원본 이미지의 크기를 변경하는 함수를 적용해야 한다. 그런 다음, 변경된 크기의 이미지를 불러와 사용할 수 있게 된다. 이제 변수에 이미지를 어떻게 담는지 자세히 알아보자.

그림 2.1 변수에 이미지를 담는 방식

그림 2.1에서 액자는 변수나 필드가 된다. 이 액자에 이미지를 변형하지 않고 그대로 삽입할 경우 이미지 크기와 변수에 설정된 크기가 일치하지 않아 오류가 발생한다. 결과적으로 그림 2.1과 같이 이미지가 액자에 맞게 담기지 않는다. 또한 액자의 크기를 변경하지 않은 상태에서 이미지를 회전시키면 그림 2.2와 같은 현상이 발생한다.

그림 2.2 이미지의 크기 속성을 고려하지 않았을 때

원본 이미지를 반시계방향으로 45° 회전할 경우 각 모서리 부분이 잘려나가는 현상이 발생한다. 액자의 크기를 원본 이미지와 동일하게 설정하고 회전된 이미지를 입력하면, 이미지가 잘려나가거나 오류가 발생하는 등 의도하지 않은 현상이 발생한다. 이는 의도하지 않은 이미지의 누락을 의미한다. 이미지 누락은 데이터의 누락으로 볼 수 있다.

데이터 누락을 해결하기 위해 액자의 크기도 재설정해야 한다. 액자의 크기를 정상적으로 재설정할 경우 그림 2.3과 같이 정상적으로

그림 2.3 이미지 크기 속성을 고려했을 때

이미지를 누락되는 부분 없이 표시할 수 있다. 이미지의 크기와 변수와 필드에 설정된 크기는 별개의 속성으로 보는 것이 좋다. 이미지 크기는 자동으로 조정되어 알맞게 변형되지 않는다는 것을 기억하자.

이미지 크기 표현법

OpenCV에서 이미지의 크기를 표현하는 방식은 매우 다양하다. 주로 너비와 높이로 표현하거나 행과 열로 표현하는 방법을 사용한다. 여기서 행은 이미지의 가로줄의 개수를 나타내며, 열은 세로줄의 개수를 나타낸다. 그러므로 너비와 열은 같은 값을 가지며 높이는 행과 같은 값을 갖게 된다.

그러나 주의해야 할 점은 OpenCV 함수마다 이미지 크기를 매개 변수로 받는 방식이 통일돼 있지 않다는 것이다. 일부 함수에서는 너비와 높이를 사용하고, 다른 함수에서는 행과 열을 사용할 수 있다. 따라서 함수를 사용할 때 이미지 크기를 지정하는 방식에 주의해야 하며, 문서나 함수 설명을 참조해 올바른 크기 표현 방식을 사용해야 한다.

이 외에도 C# OpenCvSharp과 파이썬 OpenCV에서도 표현 방법이 다르므로 주의를 기울인다. 예제 2.1과 예제 2.2는 C# OpenCvSharp과 파이썬 OpenCV에서 이미지 크기를 표현하는 예다.

예제 2.1 C# OpenCvSharp의 이미지 크기 표현

```
Mat color = new Mat(new Size(width, height), MatType.CV_8UC3);
Mat gray = new Mat(rows, cols, MatType.CV_8UC1);
```

예제 2.2 파이썬 OpenCV의 이미지 크기 표현

```
color = np.zeros((height, width, 3), np.uint8)
gray = np.zeros((rows, cols, 1), np.uint8)
```

예제 2.1은 C# OpenCvSharp에서 이미지의 크기를 설정하는 방식을 보여주며, 예제 2.2는 파이썬 OpenCV에서 이미지의 크기를 설정하는 방식을 보여준다. 두 예제에서 이미지 크기를 설정하는 목적은 동일하지만, 매개 변수의 순서가 다르다. 이러한 차이는 언어 플랫폼과 사용하는 함수에 따라 이미지 크기를 나타내는 기준이 너비와 높이인지, 행과 열인지에 따라 다를 수 있다.

따라서 이미지를 할당할 때, 어떤 언어와 어떤 함수를 사용하느냐에 따라 이미지 크기 설정 방법이나 할당 방법이 달라질 수 있으므로 주의 깊게 확인한다. 이렇게 하면 시행착오나 오류를 줄일 수 있으며, 올바른 이미지 크기를 설정할 수 있다.

정밀도(Bit depth)[1]란 이미지의 픽셀 값을 얼마나 정확하게 표현할 수 있는지를 나타내는 요소다. 정밀도가 높을수록 픽셀 값 사이의 미세한 차이까지도 정확하게 표현할 수 있으며, 이로 인해 이미지의 색상과 명암을 더욱 세밀하게 표현할 수 있게 된다. 예를 들어 정밀도가 낮은 이미지는 색상 간의 경계가 더 뭉개져 보이고 명암의 변화가 부자연스러워 보일 수 있다.

일반적으로 정밀도가 높을수록 데이터의 품질이 높아져 정밀한 처리를 할 수 있다. 결과적으로 더 정밀한 처리 결과를 얻을 수 있다. 하지만 정밀도가 높다고 해서 알고리즘의 정확도가 높아지지는 않는다. 오히려 세밀한 표현으로 인해 정확도를 저하시키는 요인이 될 수도 있다.

정밀도는 데이터의 표현 민감도를 나타내는 중요한 요소이지만, 높은 정밀도가 항상 더 나은 결과를 보장하지는 않는다. 데이터의 정밀도를 높이면 미세한 디테일을 더 잘 표현할 수 있어 이미지의 시각적 품질을 향상시킬 수 있다. 그러나 높은 정밀도는 데이터의 크기를 증가시켜 데이터 처리 속도를 느리게 하고 저장 공간을 많이 차지하게 된다. 따라서 어떤 상황에서는 낮은 정밀도로 충분한 경우가 있을 수 있다.

정밀도가 높더라도 데이터의 소스나 전달 과정에서 발생한 노이즈나 오차는 여전히 처리 과정에 영향을 미칠 수 있으므로, 정밀도만으로는 모든 문제를 해결할 수 없다. 따라서 정밀도는 데이터 처리 과정에서 고려해야 할 중요한 요소 중 하나지만, 다른 요소들과 함께 고려해 최적의 처리 방법을 결정해야 한다. 처리 속도, 저장 공간, 데이터의 품질, 알고리즘의 효율성 등을 종합적으로 고려해 정밀도를 조절한다면 최상의 결과를 얻을 수 있다.

비트 표현

정밀도에서 **비트(Bit)**는 픽셀에 대한 정보를 표현하는 데 사용되는 비트의 수를 의미한다. 비트 수가 높을수록 더 많은 정보를 표현할 수 있다. 색상을 나타낼 때는 **n-Bit**로 표현하며 n은 비트의 수를 의미한다. 이때 n의 의미는 2^n이므로 1-Bit는 2의 값을 갖게 된다. 1-Bit의 경우 0과 1의 두 가지 값만 갖게 되는데, 모든 색상의 표현을 0과 1의 값을 지니는 색상으로 표현한다. 여기서 중요한 점은 두 가지 색상이 아닌 두 가지 숫자로 색상을 표현한다는 점이다. 가령 8-Bit의 경우 2^8이 되어 256가지 값을 갖게 된다.

---

1   비트 깊이, 색상 깊이, 색상 심도 등은 모두 같은 의미다. 비트맵 이미지, 그래픽 데이터에서 한 픽셀의 색상을 나타내기 위해 사용되는 비트 수를 가르킨다.

색상을 표현할 때 적어도 8비트여야 유의미한 데이터를 얻게 되어 색상을 표현할 수 있게 된다. 즉, 8비트 정밀도를 사용할 때 흑백 색상을 원활하게 표현할 수 있으며, 주로 **그레이스케일(Grayscale)**[2] 이미지에서 많이 사용된다.

그림 2.4는 단일 채널일 때 정밀도에 따라 이미지가 어떻게 변하는지 시각적으로 표현한 것이다. 보다시피 1비트, 4비트, 8비트 이미지로 나눴는데, 1비트 이미지는 **이진화(Binary)** 이미지가 되며, 4비트 이미지는 저화질 이미지가 된다. 8비트 이미지는 그레이스케일 이미지가 된다. 이미지의 정밀도가 높을수록 더 고화질 이미지가 되며 데이터의 개수가 많아진다. 따라서 처리하는 단계의 역할에 따라 적절한 정밀도를 선정해야 한다.

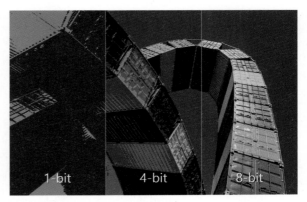

그림 2.4 정밀도에 따른 이미지 표현 방식

정밀도 표현법

OpenCV에서는 8비트 정밀도 이미지를 표현할 때, 가장 흔히 사용되는 정밀도 값은 U8이다. 여기서 U8은 **Unsigned 8-bit integers**의 약자로, Unsigned는 부호 없음을 의미하고 integers는 정수형을 나타낸다. 즉, U8는 부호가 없는 8비트 정수형을 의미하며, 0~255의 범위를 가진다.

반대로 부호가 있는 경우 Signed(S)를 사용하고 부호가 존재하므로 −127 ~127의 범위로 색상을 표현한다. 대부분의 정밀도 표현은 0~255의 값으로 색상을 표현한다. 이 밖에도 Float(F)을 사용해 부동 소수점도 표현할 수 있다. 표 2.1과 표 2.2는 정밀도 표현 형식과 종류를 정리한 것이다.

표 2.1 C# OpenCvSharp 정밀도 형식

OpenCV 형식	데이터 형식	의미
CV_8UC1	byte (uchar)	8-bit unsigned integers
CV_8SC1	byte (schar)	8-bit signed integers

---

2 흰색부터 검은색까지 점차적으로 변해가는 것을 의미한다. 그레이스케일은 회색조라고도 부르며, 일련의 공식을 적용해 색상 이미지를 흑백 이미지로 변환한다. 1비트 이미지는 그레이스케일이라 부르지 않고 이진 이미지(Binary image)라 한다.

OpenCV 형식	데이터 형식	의미
CV_16UC1	ushort	16-bit unsigned integers
CV_16SC1	short	16-bit signed integers
CV_32SC1	int	32-bit signed integers
CV_32FC1	float	32-bit floating point number
CV_64FC1	double	64-bit floating point number

표 2.2 파이썬 OpenCV 정밀도 형식

OpenCV 형식	데이터 형식	의미
np.uint8	byte	8-bit unsigned integers
np.int8	sbyte	8-bit signed integers
np.uint16	uint16	16-bit unsigned integers
np.int16	int16	16-bit signed integers
np.float32	float	32-bit floating point number
np.double	double	64-bit floating point number

C# OpenCvSharp에서 정밀도를 표현하는 방식은 표 2.1과 같다. **CV_<n-Bit><S¦U¦F>C<채널 수>** 형식으로 정밀도와 채널을 함께 표현한다(채널은 다음 장에서 설명). 정밀도를 선택하는 과정은 데이터의 범위를 지정하는 과정과 유사하다. 적절한 정밀도 값을 선택하지 않으면 오류가 발생하거나 원하는 정확한 결과를 얻을 수 없다.

파이썬 OpenCV에서 정밀도를 표현하는 방식은 표 2.2와 같다. **np.<n-Bit>** 형식으로 정밀도만 표현한다. 파이썬에서는 정밀도와 채널을 분리해서 표시한다. 정밀도는 픽셀이 어떤 범위로 표현할지를 의미하며, 정밀도가 높아지면 더 많은 데이터를 표시할 수 있어 더 세밀한 색상 표현이 가능하다.

C# OpenCvSharp에서 정밀도를 표현할 때 **MatType.CV_<n-Bit><S¦U¦F>C<채널 수>**로 사용한다. 파이썬 OpenCV에서 정밀도를 표현할 때는 **np.<n-Bit>**로 사용한다. 예제 2.3과 2.4는 C# OpenCvSharp과 파이썬 OpenCV에서 정밀도를 표현하는 방식을 보여준다.

예제 2.3 C# OpenCvSharp의 정밀도 표현

```
Mat color = new Mat(new Size(width, height), MatType.CV_8UC3);
Mat gray = new Mat(rows, cols, MatType.CV_8UC1);
```

```
color = np.zeros((height, width, 3), np.uint8)
gray = np.zeros((rows, cols, 1), np.uint8)
```

color 변수는 색상 이미지를 의미하며, **gray** 변수는 그레이스케일 이미지를 의미한다. 두 이미지 모두 8 비트 unsigned integers를 사용해 정밀도를 나타낸다. 색상 이미지와 그레이스케일 이미지를 표현할 때, 0~255의 범위로 설정하는 것이 가장 효과적이다. 이 범위는 OpenCV에서 이미지를 표현할 때 가장 흔하게 사용되는 범위다. 이 범위 내에서 다양한 색상을 표현할 수 있다.

만약 16비트 unsigned integers를 사용해 색상을 표현한다면, 각 채널은 0부터 65,535까지의 값을 가질 수 있게 된다. 이는 훨씬 더 높은 정밀도를 제공하지만, 대부분의 경우에서 8비트 정밀도로 충분히 이미지를 표현할 수 있다. 16비트 정밀도를 사용하는 경우에는 메모리 사용량이 더 많아지고 이미지 처리 작업도 더 복잡해질 수 있다. 그러므로 8비트 정밀도가 일반적으로 더 효과적이며 효율적이다.

이미지 처리에서는 8비트 이미지가 가장 효율적이며, 머신러닝과 같은 고급 이미지 처리에서는 16비트 이미지가 가장 효율적이다. 이러한 선택은 이미지의 품질과 용량, 그리고 처리 과정에서 필요한 정확도와 연산량에 따라 다를 수 있다.

따라서 이미지 처리 작업의 목적과 요구사항에 따라 8비트 또는 16비트 이미지를 선택하는 것이 중요하며, 문제의 복잡성과 세부 정보 요구 사항에 따라 적절한 형식을 선택해야 한다. 이제 채널이 가지는 의미를 알아보자.

03 채널

채널(Channel)은 그래픽스 이미지에서 색상 정보를 저장하는 요소다. 일반적으로 채널은 Red, Green, Blue로 구성되며, 추가적으로 Alpha로 구성된다. 이 밖에도 Hue(색상), Saturation(채도), Value(명도) 등의 채널도 있다. 이러한 채널들은 이미지의 색상 정보를 정의하고, 각 픽셀의 색상을 구성하는 데 사용된다.

색상을 표시할 때는 3~4개의 채널 값을 사용하며, 흑백 이미지를 표현할 때는 보통 1개의 채널을 사용한다. 3개에서 4개의 채널을 가질 때, 이를 **다중 채널(Multi-channel)** 또는 **다채널**이라고 부르며, 각각의 채널은 이미지의 색상을 혼합해 최종 색상을 생성한다. 예를 들어 Red 채널은 빨간색 성분, Green 채널은 초록색 성분, Blue 채널은 파란색 성분을 나타내며, Alpha 채널은 투명도를 조절한다.

반면에 1개의 채널을 가질 때는 **단일 채널**(Single-channel)이라고 하며, 주로 흑백 이미지 또는 명암 정보를 저장하는 데 사용된다. 단일 채널의 값은 주로 픽셀의 밝기 또는 명암을 나타내며, 높은 값은 밝은 부분을 나타내고 낮은 값은 어두운 부분을 나타낸다. 단순히 흑백을 표현할 때는 색상의 어둡고 밝은 정도만 표현하면 된다. 그러므로 흑백 이미지는 단일 채널을 사용해 표현할 수 있다.

색상 표현

색상 이미지(RGB)에서 Red 값만 추출한다고 해서 추출된 이미지가 빨간색으로 표현되지는 않는다. 그 이유는 분리된 이미지를 한 가지 채널로만 색상을 표현해야 하기 때문이다. 그림 2.5에서 이미지를 채널별로 분리했을 때의 결과를 확인해 보자.

그림 2.5 채널을 분리하기 전의 원본 이미지

그림 2.5는 좌측부터 빨간색, 초록색, 파란색 색상을 지닌 색연필 이미지다. 이 색상 이미지를 채널별로 분리해 결과를 표시하면 그림 2.6과 같다. 그림 2.6은 그림 2.5의 이미지를 Red, Green, Blue 채널별로 분리한 이미지다.

그림 2.6 Red, Green, Blue 채널로 나눠진 이미지

Red 성분, Green 성분, Blue 성분만 따로 분리해서 출력했을 때, 분리된 이미지 모두 흑백으로 표시된다. 이는 각 성분이 해당 채널에 대한 정보를 표현하기 때문이다. 즉, 해당 성분에 가까울수록 희게 출력되고 해당 성분과 가깝지 않은 값은 검게 출력된다. 이미지에서 색상 정보를 추출해서 확인해 보면 직관적으로 이해할 수 있다.

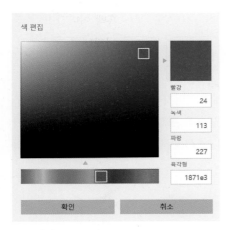

그림 2.7 파란색 픽셀의 색상 정보

그림 2.7에서 확인할 수 있듯이 해당 성분의 값이 높을수록 255에 가까워진다. 검은색에 가까울수록 0에 가까워지며 흰색에 가까울수록 255에 가까워진다. 단일 채널 이미지에서는 검은색과 흰색만 표시할 수 있다. 그러므로 0은 검은색을 의미하며 255는 흰색을 의미한다. Blue 채널만 따로 표시하는 경우 227의 값이 표시되므로 성분을 분리한 이미지에서는 파란색일 때 흰색에 가까워진 것을 확인할 수 있다.

또한 그림 2.7에서 확인할 수 있는 추가적인 정보는 색상이 파란색이라도 약간의 빨간색이나 초록색이 포함돼 있다는 것이다. 따라서 파란색 색상을 정확하게 분리하고 싶다면 다중 채널을 사용하고 파란색 성분을 가지는 블루 채널을 마스크(Mask)로 씌우거나 색상(Hue)의 값을 활용해야 파란색 색상을 출력할 수 있다. 어떤 채널을 사용하고 몇 개의 채널을 사용할지가 알고리즘과 연산량에 큰 영향을 미친다.

채널 표현법

C# OpenCvSharp에서 채널을 표현할 때는 **MatType.CV_<n-Bit><S¦U¦F>C<채널 수>**로 표현한다. 파이썬 OpenCV에서 채널을 표현할 때는 (row, column, **채널 수**)로 표현한다. 예제 2.5와 예제 2.6은 C# OpenCvSharp과 파이썬 OpenCV에서 채널을 표현하는 방법을 보여준다.

예제 2.5 C# OpenCvSharp의 채널 표현

```
Mat color = new Mat(new Size(width, height), MatType.CV_8UC3);
Mat gray = new Mat(rows, cols, MatType.CV_8UC1);
```

```
color = np.zeros((height, width, 3), np.uint8)
gray = np.zeros((rows, cols, 1), np.uint8)
```

color 변수는 색상 이미지를 의미하며, gray 변수는 그레이스케일 이미지를 의미한다. 이 두 변수를 구분하는 주된 요소는 채널 수다. 따라서 채널의 수가 색상 표현 방식을 결정한다. 예를 들어 Red 속성이나 Hue 속성과 같이 색상 이미지에서 특정 채널만 추출했다면 C# OpenCvSharp에서는 채널은 C1의 값을 사용하며, 파이썬 OpenCV에서는 1의 값을 사용한다.

단일 채널을 사용하는 이유

흑백 또는 특정 색상 데이터를 다룰 때, 이미지의 채널은 단일 채널로 사용해야 한다. 다중 채널을 사용한다면 동일한 값이 3번 반복돼 불필요한 데이터가 할당된다. 이로 인해 연산량이 늘어나고 정확도가 감소할 수 있다. 이러한 이유로 많은 함수와 메서드에서 입력 이미지를 단일 채널로 변환해 데이터양을 줄이고 정확도를 높이려고 한다. OpenCV의 알고리즘 대부분은 계산 이미지에 이진화나 그레이스케일을 적용하거나 이러한 형식의 입력을 요구하기 때문에 단일 채널 변환 작업이 필요하다.

뿐만 아니라 이미지의 속성 정보를 이해하는 것은 매우 중요하다. 이미지 데이터를 이해하지 못하면 여러 함수나 알고리즘을 적용하는 데 어려움을 겪을 수 있다. 이미지 구성 요소는 데이터 구조의 핵심을 나타내며, 많은 알고리즘이 이러한 구성 요소를 변환해 사용한다. 데이터를 어떻게 정제하고 확장 또는 축소할지 여부는 알고리즘의 정확도에 큰 영향을 미친다. 또한, 전처리 및 후처리 작업에도 큰 영향을 미치는 중요한 변수로 작용하므로 이를 고려하고 작업해야 한다.

04 관심 영역

OpenCV는 주로 N차원 배열을 사용해 이미지 처리를 수행한다. 예를 들어 1920×1280 크기의 3채널 색상 이미지를 처리한다면 7,372,800개의 데이터 공간이 생성된다. 또한 각 픽셀에 할당할 수 있는 데이터 요소는 256개의 가짓수를 가진다. 그러므로 OpenCV의 이미지 구성 요소 중 하나의 데이터가 커질 때마다 기하급수적으로 처리해야 할 데이터가 늘어난다. 이러한 데이터양을 줄이기 위해 관심 영역을 사용한다.

관심 영역(Region Of Interest, ROI)이란 이미지상에서 관심 있는 영역을 의미한다. 관심 영역은 이미지 처리 시에 객체를 감지하거나 추출하는 영역을 명시적으로 정의하는 것을 의미한다. 이러한 영역을 명확하게 지정하고 분석함으로써 이미지 처리 작업을 최적화해 필요한 정보를 효율적으로 추출할 수 있다.

만약, 객체를 감지하고 감지된 객체에 대해 추가 알고리즘을 적용한다고 가정했을 때, 초기 객체 감지 과정에서는 전체 이미지에 대해 객체를 찾을 수 있지만, 이후의 알고리즘 단계에서는 해당 객체의 이미지 영역에 대해서만 작업하는 것이 가장 효율적이다.

객체를 탐지한 후에 두 번째 알고리즘을 적용할 때, 객체 주변 영역에 대한 불필요한 연산을 피하기 위해서 관심 영역을 설정한다. 만약 관심 영역을 설정하지 않는다면 불필요한 이미지 영역에 대해서도 연산이 진행되므로 그만큼 연산량이 많아지고 많은 리소스를 소모하게 된다. 따라서 알고리즘의 정확도와 연산 속도의 향상을 위해서는 관심 영역을 설정해야 한다.

그림 2.8 관심 영역의 설정

이미지에서 현재 시간을 확인하는 시계 감지 알고리즘을 구성한다면, 먼저 시계라는 객체를 검출하고, 그림 2.8처럼 시계를 관심 영역으로 설정한다. 이후 검출된 시계를 관심 영역으로 설정해 현재 시간을 감지할 수 있다. 시계를 관심 영역으로 설정하면 알고리즘이 불필요한 이미지 부분을 처리하지 않아도 되므로 연산량이 줄어들고 정확도가 향상되어 알고리즘의 효율성이 높아진다. 그림 2.9는 관심 영역을 설정한 후의 이미지다.

원본 이미지의 크기가 1920×1280인 공간에서 시계 위치에 대한 관심 영역을 설정해 720×910 크기로 줄어들었다. 데이터의 공간을 산술적으로 계산해 본다면 이미지 크기가 약 3.75배 정도로 크게 감소했다. 또한 시계 외부 영역에 대한 불필요한 연

그림 2.9 관심 영역 이미지

산을 수행하지 않아도 되므로 연산량이 감소했다. 반면 시계 영역 내의 데이터는 온전히 보존된다. 이처럼 관심 영역을 지정해 프로세스를 구성한다면 알고리즘의 정확도와 연산 속도를 높일 수 있다.

관심 영역은 주관적으로 선택되며 어떤 부분을 관심 영역으로 정의할지는 작업의 목적과 필요에 따라 다를 수 있다. 관심 영역은 앞선 설명처럼 자동화된 알고리즘을 통해 영역이 선택될 수 있으며, 임의의 위치와 크기로도 설정할 수 있다. 관심 영역은 불필요한 정보를 배제함으로써 이미지에서 노이즈를 감소시킬 수 있지만 올바른 영역 선택 및 추출이 중요하며, 잘못된 관심 영역은 부정확한 결과를 초래할 수 있다. 또한, 이미지 구성 요소 중 이미지의 크기를 변경하고 이미지 상 객체의 위치가 변경되므로 주의해야 한다.

05 관심 채널

관심 채널(Channel Of Interest, COI)은 관심 영역처럼 이미지의 구성 요소를 변형하는 것이 아니라 관심 있는 특정 채널을 선택해 연산량을 감소시키고 정확도를 향상시키는 데 사용된다. 이미지를 처리할 때 특정 채널을 사용해 연산을 진행하는 경우, 이 부분을 관심 채널이라 할 수 있다.

일반적으로 색상 이미지(BGR[3])에는 매우 많은 데이터가 포함돼 있다. 이때 채널을 분리해서 특정 채널에 대해 연산을 수행하면 산술적으로 1/3배로 데이터의 양이 줄어든다. 또한 채널을 모두 분리한 뒤에 동일한 알고리즘을 적용해 더 많은 결과를 얻을 수 있다. 단순히 계산하는 데이터의 양은 1/3배로 줄지만 반환되는 데이터의 양은 3배로 늘어난다. 그림 2.10은 관심 채널을 설정한 예시 이미지를 보여준다.

그림 2.10 관심 채널 설정

그림 2.10에서 확인할 수 있듯이, 채널 분리를 통해 얻는 결과는 그레이스케일과 유사한 형태를 띤다. 그러나 그레이스케일은 이미지의 밝기 정보를 표현하기 위해 R, G, B 각 채널의 값을 가중치와 함께 조합하는 $Y=0.299 \times R+0.587 \times G+0.114 \times B$ 공식을 사용한다. 따라서 그레이스케일 이미지는 색상 이미지의 채널을 하나로 합쳐 밝기 정보를 나타내는 것으로 볼 수 있다.

---

3   Blue, Green, Red를 의미한다. OpenCV에서는 RGB 순서가 아닌 BGR 순서를 사용한다.

그러나 채널 분리로 얻은 개별 채널 이미지는 특정 색상 성분의 강도를 직접 나타내므로 색상 정보가 중요한 알고리즘은 관심 채널을 통해 추출된 단일 채널 이미지가 더 높은 정확도와 정밀도를 제공할 수 있다.

예를 들어 R 채널을 추출하면 빨간색의 강도 정보만 남기므로 빨간색의 밝기 변화를 분석하거나 빨간색 객체에 대한 알고리즘을 수행할 수 있다. 즉, 빨간색 객체나 패턴을 빠르게 감지할 수 있으며 이미지에서 원하는 부분을 강조하거나 특정 부분을 두드러지게 표현하는 데 사용할 수도 있다.

06 히스토그램

히스토그램(Histogram)이란 데이터의 분포를 시각적으로 표현하는 도수 분포표 중 하나로 데이터의 분포를 몇 개의 구간으로 나누고 각 구간에 속하는 데이터를 시각적으로 표현한 막대그래프다. 주로 이미지 처리에서 사용되며, 이를 통해 이미지의 색상 및 밝기 분포를 쉽게 파악할 수 있다.

흔히 이미지에서 사용되는 히스토그램은 X 축을 픽셀 값(색상 또는 밝기)으로, Y 축을 해당 픽셀 값의 개수로 표현한다. 이를 통해 입력 이미지의 색상 또는 밝기 특성을 시각화하고 해석할 수 있다. 히스토그램은 다음과 같은 핵심 구성 요소를 가지고 있다.

1. **빈도수(BINS)**: 히스토그램 그래프의 X 축 간격
2. **차원 수(DIMS)**: 히스토그램을 분석할 이미지의 차원
3. **범위(RANGE)**: 히스토그램 그래프의 X 축 범위

빈도수는 히스토그램의 X 축 간격을 의미한다. 데이터를 몇 개의 구간으로 나눌 것인지를 결정하는 요소로, 픽셀 값 범위를 나누어 해당 범위 내에 속하는 픽셀의 개수를 계산한다. 예를 들어 빈도수의 값이 8이라면 픽셀 값의 범위가 0~7, 8~15, …, 248~255로 총 32개의 막대로 영역이 구분된다.

차원 수는 이미지에서 분석하고자 하는 색상 차원을 의미한다. 그레이스케일은 단일 채널이므로 하나의 차원에 대해 분석할 수 있으며, 색상 이미지는 다중 채널이므로 세 개 이상의 차원에 대해 분석할 수 있다.

범위는 이미지에서 분석하려는 픽셀 값의 범위를 지정하는 데 사용된다. 예를 들어 범위를 0~255로 설정하면 전체 픽셀 값 범위에 대한 히스토그램을 생성한다. 범위는 이미지에서 특정 픽셀 값 범위에 대해서만 분석하고자 할 때 유용하다.

히스토그램을 사용하면 이미지의 밝기와 색상 분포를 이해하고, 이미지 처리 작업에 유용한 정보를 추출할 수 있다. 히스토그램을 통해 이미지의 어두운 영역과 밝은 영역을 분리하거나, 컬러 이미지의 색 분포를 파악해 객체 검출 및 분할 작업을 개선하는 데 활용된다. 그림 2.11은 그레이스케일 이미지에 대한 히스토그램을 보여준다.

그림 2.11 그레이스케일 이미지와 히스토그램 (1)

그림 2.11의 히스토그램을 살펴보면 픽셀 색상 분포가 주로 어두운 부분에 집중돼 있음을 알 수 있다. 이처럼 히스토그램의 수치로 밝기 분포를 확인하고 데이터 분석에 활용하거나 보정값을 설정할 때 활용될 수 있다. 이번에는 어두운 이미지와 밝은 이미지의 히스토그램 분포를 확인해 보자. 그림 2.12와 그림 2.13은 어두운 이미지와 밝은 이미지에 대한 히스토그램을 보여준다.

그림 2.12 그레이스케일 이미지와 히스토그램 (2)

그림 2.13 그레이스케일 이미지와 히스토그램 (3)

밝기의 분포를 시각적으로 확인하는 것은 가능하지만, 정확한 수치적 정보를 얻는 것은 어렵다. 그러나 히스토그램을 사용하면 밝기 분포를 직관적으로 그래프로 확인할 수 있을 뿐만 아니라, 가장 빈도가 높은 픽셀 값을 찾거나 가장 밝은 픽셀 또는 가장 어두운 픽셀을 수치적으로 확인할 수 있다. 히스토그램은 다양한 이미지 처리 및 컴퓨터비전 알고리즘에서 활용되며, 이러한 다양한 응용 분야에서 그 높은 유용성을 입증하고 있는 함수다.

07 OpenCV 코드 구성 이해

본격적으로 OpenCV를 배우기에 앞서 C#과 파이썬에서 OpenCV 코드가 어떻게 구성되는지 알아보자. 예제 2.7과 예제 2.8은 C# OpenCvSharp과 파이썬 OpenCV에서 히스토그램을 이미지와 함께 표시하는 방식이다. 지금 당장은 예제 코드를 완벽하게 이해하지 않아도 된다.

예제 2.7 C# OpenCvSharp의 히스토그램 예시

```csharp
using System;
using OpenCvSharp;

namespace Project
{
    class Program
    {
        static void Main(string[] args)
        {
            Mat src = Cv2.ImRead("image.jpg");
            Mat gray = new Mat();
```

```
        Mat hist = new Mat();
        Mat result = Mat.Ones(new Size(256, src.Height), MatType.CV_8UC1);
        Mat dst = new Mat();

        Cv2.CvtColor(src, gray, ColorConversionCodes.BGR2GRAY);
        Cv2.CalcHist(new Mat[] { gray }, new int[] { 0 }, null, hist, 1, new int[] { 256 }, new
Rangef[] { new Rangef(0, 256) });
        Cv2.Normalize(hist, hist, 0, 255, NormTypes.MinMax);

        for (int i = 0; i < hist.Rows; i++)
        {
            Cv2.Line(result, new Point(i, src.Height), new Point(i, src.Height -
hist.Get<float>(i)), Scalar.White);
        }

        Cv2.HConcat(new Mat[] { gray, result }, dst);
        Cv2.ImShow("dst", dst);
        Cv2.WaitKey(0);
        Cv2.DestroyAllWindows();
    }
  }
}
```

【 출력 결과 】

예제 2.7의 C# OpenCvSharp 히스토그램 예제 코드를 살펴보면 Mat 클래스를 사용해 다양한 연산을
수행하는 것을 확인할 수 있다. 아마도 OpenCV를 다뤄보지 않은 사람이라면 반복문 정도만 이해할
수 있을 것이다. C# OpenCvSharp 함수 대부분은 반환 형식이 void로 결괏값을 반환하지 않는다. 대
신 함수의 매개 변수를 통해 결과를 전달하는 방식을 사용한다.

이는 C#에서 메서드 매개 변수를 값 또는 참조로 전달할 수 있기 때문이다. 값으로 전달하는 경우 메서드에 변수의 복사본을 전달하는 것을 의미하며, 참조로 전달하는 경우 메서드에 변수에 대한 액세스를 전달하는 것을 의미한다. 따라서, 반환 형식이 void인 함수에서도 참조를 통해 매개 변수를 변경하면, 이 변경사항은 함수 외부에서도 반영된다.

예제 2.7에서 CalcHist 함수를 살펴보면 반환 형식이 없지만 연산 결과가 hist 변수에 저장되는 것을 볼 수 있다.[4] 또한 C# OpenCvSharp의 함수에서 나온 결괏값은 단순한 정보를 가지고 있지 않다. 반복문에서 확인할 수 있듯이 hist 변수에서 파생된 Rows 속성을 반복문의 조건식으로 사용한다. 이처럼 반환값들은 속성, 필드, 정적 메서드 등을 담고 있어 코드 내에서 다른 변수에 할당하거나 연산에 활용할 수 있다.

현재 단계에서 예제를 해석하고 이해하기란 매우 어려우므로 이후 내용을 진행하면서 하나씩 이해해 보자.

예제 2.8 파이썬 OpenCV의 히스토그램 예시

```python
import cv2
import numpy as np


image = cv2.imread("image.jpg")
height, width = image.shape[:2]
gray = cv2.cvtColor(image, cv2.COLOR_BGR2GRAY)
result = np.zeros((height, 256), dtype=np.uint8)


hist = cv2.calcHist([gray], [0], None, [256], [0, 256])
cv2.normalize(hist, hist, 0, 255, cv2.NORM_MINMAX)


for x, y in enumerate(hist):
    cv2.line(result, (x, height), (x, int(height - y[0])), 255)


dst = np.hstack([image[:, :, 0], result])
cv2.imshow("dst", dst)
cv2.waitKey(0)
cv2.destroyAllWindows()
```

---

4   hist 변수는 기본 생성자로 초기화되어 특별한 정보가 담겨있지 않다. 하지만 예제에서는 Cv2.CalcHist 함수 구문 이후에 Cv2.Normalize 함수나 반복문에서 사용되는 것을 확인할 수 있다. 즉, Cv2.CalcHist 함수에서 hist 변수에 결괏값을 할당한다.

예제 2.8을 살펴보면 파이썬 OpenCV뿐만 아니라 넘파이 라이브러리도 사용되는 것을 알 수 있다. 일부 파이썬 OpenCV 함수는 넘파이 함수와 유사하며, 일부 기능은 넘파이 함수가 더 효율적이고 간결하다. 예제를 통해 확인할 수 있듯이 파이썬 OpenCV를 이해하려면 넘파이 라이브러리를 이해하고 응용하는 것이 매우 중요하다. 기본적으로 이미지는 넘파이 배열의 구조와 유사하기 때문이다.

예제 2.7과 예제 2.8을 통해 C#과 파이썬에서 사용되는 OpenCV를 간략하게 알아봤다. 이번에는 히스토그램을 계산하는 함수를 알아보자.

C# OpenCvSharp의 히스토그램 계산 함수

```
Cv2.CalcHist(
    Mat[] images,
    int[] channels,
    InputArray mask,
    OutputArray hist,
    int dims,
    int[] histSize,
    Rangef[] ranges,
    bool uniform = true,
    bool accumulate = false
);
```

파이썬 OpenCV의 히스토그램 계산 함수

```
hist = cv2.calcHist(
    images,
    channels,
    mask,
```

```
        histSize,
        ranges,
        hist = None,
        accumulate = False
    )
```

히스토그램 계산 함수는 **입력 이미지**(image)의 **특정 채널**(channels)에 대해 히스토그램을 계산한다. 특정 채널은 앞서 설명한 히스토그램의 X축이 된다. 입력 이미지가 단일 채널 이미지일 경우 채널을 0으로 사용하며, 다중 채널 이미지일 경우 Blue 채널은 0, Green 채널은 1, Red 채널은 2가 된다.

마스크(mask)는 이미지를 분석할 영역을 따로 설정하는 역할을 한다. 입력 이미지를 그대로 분석하는 경우 C# OpenCvSharp에서는 null 값을 사용하고 파이썬 OpenCV에서는 None 값을 사용한다. **히스토그램 크기**(histSize)는 앞서 설명한 **빈도수**(BINS)를 설정하며, 히스토그램의 크기를 설정한다. **히스토그램 범위**(ranges)는 동일하게 앞서 설명한 **범위**(RANGE)를 설정한다. **누산**(accumulate)은 히스토그램이 누적해 반영할지를 설정한다. 결과는 **히스토그램**(hist)에 저장된다.

차원의 수(dims)와 **균일성**(uniform) 매개 변수는 C# OpenCvSharp에서만 사용한다. 먼저 차원의 수는 특정 채널 매개 변수의 배열 요소 수를 의미한다. 균일성은 히스토그램이 균일한지에 대한 플래그다. 값이 true인 경우, 차원의 순서에 따라 히스토그램 차원마다 범위 배열의 요소가 사용된다. false인 경우, 범위 배열의 모든 요소가 차원의 순서에 따라 순차 배치된다.

참고로 앞으로 함수를 설명하면서 C# OpenCvSharp의 InputArray 클래스와 OutputArray 클래스 등은 함수를 직관적으로 이해할 수 있도록 Mat 클래스로 표기하겠다. 즉, C# OpenCvSharp의 히스토그램 계산 함수로 예를 들면 마스크(mask)와 **히스토그램**(hist)은 앞으로 Mat 클래스로 표기하겠다.

파이썬 OpenCV에서는 OpenCvSharp과 달리 함수의 결과를 반환값으로 받아 사용할 수 있다. 즉, 함수의 인자에 결과를 받을 변수를 전달하는 방식이 아닌 결과를 함수의 반환값으로 받아 사용한다. 그러므로 혼란을 방지하고자 굵게 표시한 hist = None은 앞으로 표기하지 않겠다. 하지만 일부 함수는 필수 매개 변수로서 어떤 값이라도 할당해야 한다. 그런 경우에는 명시적으로 None 값을 할당해 표기하겠다.

특정 함수를 사용하기 위해서는 기본적으로 따라야 하는 처리 과정이 있다. 히스토그램은 이론적으로 크게 어렵지 않지만, 함수를 사용하기 위한 사전 처리 단계와 다양한 형식의 자료형, 클래스, 및 구조체를 활용해야 한다. 예제 2.7과 예제 2.8에서는 단지 히스토그램 함수에 대해 알아봤고, 설명하지 않은 함수나 자료형 등에 대해서는 이후에 상세하게 설명한다.

생각보다 쉬운 이론도 코드로 구현하기에는 어려울 수 있으며, 반대로 어려운 이론이라도 코드로 구현하기가 쉬울 수도 있다. 이 책에서는 OpenCV 함수에서 사용되는 이론, 매개 변수 및 플래그를 비롯해 응용법까지 알아볼 텐데, 먼저 가장 기초적이고 중요한 데이터 형식과 연산에 대해 알아보겠다.

03

데이터 형식과 연산

C# OpenCvSharp은 shimat이라는 개발자가 .NET 프레임워크 기반으로 OpenCV를 활용할 수 있도록 만든 크로스 플랫폼 라이브러리다. 이 라이브러리는 C/C++ API 스타일을 기반으로 하며, C#에서 사용되는 다양한 데이터 형식을 지원한다. 반면 파이썬 OpenCV는 파이썬 기반으로 제작됐으며, C/C++과 비교했을 때 속도 면에서 느리지만 수치 연산을 위해 최적화된 넘파이 라이브러리를 사용해 이를 보완한다.

C#과 파이썬은 언어와 플랫폼이 다르기 때문에 데이터 형식과 표현 방법이 크게 다르다. C# OpenCvSharp은 C/C++ 스타일을 기반으로 하므로 프리미티브 유형(int, float 등)을 비롯해 벡터 구조체, 행렬 구조체 등 다양한 종류의 데이터 형식을 지원한다. 그러나 파이썬 OpenCV의 경우 모든 배열은 넘파이 배열로 변환된다. 또한 C# OpenCvSharp에서는 주로 색상을 표현할 때 사용하는 4차원 포인트 벡터 구조체인 스칼라(Scalar)를 사용하지만 파이썬 OpenCV에서는 순서대로 정렬된 요소를 갖는 컬렉션인 튜플(tuple)을 사용한다.

이러한 차이로 인해 C# OpenCvSharp에서는 기본 데이터 형식과 OpenCV에서 사용하는 데이터 형식을 모두 사용해야 하고, 파이썬 OpenCV에서는 기본 데이터 형식과 넘파이 데이터 형식을 사용한다. 따라서 C# OpenCvSharp를 사용하려면 벡터 구조체와 포인트 구조체 형식을 이해해야 하며, 파이썬 OpenCV를 사용하려면 기본 데이터 형식과 넘파이를 이해해야 한다.

01 기본 데이터

C# OpenCvSharp과 파이썬 OpenCV에서 사용되는 OpenCV 데이터 형식 간에는 상당한 차이가 있다. C# OpenCvSharp은 벡터, 포인트, 스칼라 등과 같은 다양한 구조체를 활용하며, 파이썬 OpenCV는 기본 자료형과 넘파이를 사용해 데이터를 표현한다.

어떤 관점에서는 C/C++ 스타일의 데이터 형식을 사용하는 C# OpenCvSharp가 직관적으로 데이터를 표현하고 처리하는 데 편리할 수 있으며, 다른 관점에서는 데이터 형식을 기본 자료형과 넘파이 배열로 변환하는 파이썬 OpenCV 스타일이 더 편리할 수 있다. 이번 절에서는 C# OpenCvSharp과 파이썬 OpenCV에서 제공되는 OpenCV의 기본 데이터 형식을 자세히 살펴보겠다.

C# OpenCvSharp에서 사용되는 기본 데이터 형식

벡터 구조체

첫 번째로 알아볼 기본 데이터 형식은 프리미티브 유형의 구조체인 벡터 구조체다. C++ OpenCV에서는 클래스 템플릿 형태를 사용하는데, C# OpenCvSharp에서는 클래스를 비롯해 **구조체(struct)**와 **제네릭(Generic)**을 활용한다. C++ 템플릿과 C# 제네릭은 둘 다 매개 변수가 있는 형식을 지원하지만 동일한 수준의 유연성을 제공하지는 않는다. 가장 큰 차이점은 제네릭에서는 산술 연산자를 호출할 수 없지만 사용자 정의 연산자는 호출할 수 있다는 점이다.

예를 들어 new calc(x1 + x2) 형태는 불가능하다. 즉, 제네릭은 new add(x1, x2) 형태로 작성해야 한다. C++의 경우에는 매개 변수의 개체에 대해 산술 연산자를 사용할 수 있다. 벡터 구조체는 int나 float 형식 등의 데이터를 컨테이너로 사용하며, 작은 크기의 배열을 편리하게 사용하기 위한 구조체다.

벡터 구조체는 **Vec<요소의 개수><데이터 형식>** 형태로 제공된다. 요소의 개수로는 2, 3, 4, 6개가 있고, 데이터 형식을 나타내는 기호로는 b, w, s, i, f, d가 있다. 다음 표 3.1은 벡터 구조체의 형식을 정리한 것이다.

OpenCV 형식	요소의 개수	데이터 형식	의미
Vec2b	2	byte[1]	2개의 요소를 지니는 byte 벡터 구조체
Vec2w	2	ushort	2개의 요소를 지니는 ushort 벡터 구조체
Vec2s	2	short	2개의 요소를 지니는 short 벡터 구조체
Vec3i	3	int	3개의 요소를 지니는 int 벡터 구조체
Vec4f	4	float	4개의 요소를 지니는 float 벡터 구조체
Vec6d	6	double	6개의 요소를 지니는 double 벡터 구조체

벡터 구조체 형식은 네 가지 요소 개수와 여섯 가지 데이터 형식의 조합을 지원한다. 벡터 구조체는 두 개의 벡터 구조체가 같은 요소를 지니고 있는지 확인하거나 벡터 데이터를 저장하고 [] 연산자를 사용해 접근할 때 사용한다. 예제 3.1은 벡터 구조체를 사용하는 방법을 보여준다.

예제 3.1 벡터 구조체 사용하기

```
Vec4d vector1 = new Vec4d(1.0, 2.0, 3.0, 4.0);
Vec4d vector2 = new Vec4d(1.0, 2.0, 3.0, 4.0);

Console.WriteLine(vector1.Item0);
Console.WriteLine(vector1[1]);
Console.WriteLine(vector1.Equals(vector2));
```

【 출력 결과 】

```
1
2
True
```

벡터 구조체에서 Item0, Item1, … 등의 멤버 변수를 사용해 벡터 구조체 요소에 직접 접근할 수 있으며, 대괄호를 사용해 벡터 구조체 요소에 접근할 수도 있다. 또는 Equals 메서드를 사용해 두 벡터 구조체가 일치하는지도 확인할 수 있다.

---

1 byte는 unsigned char와 동일한 의미다.

포인트 구조체

두 번째로 알아볼 구조체는 포인트 구조체다. 포인트 구조체 또한 프리미티브 유형의 값을 저장하기 위한 구조체다. 포인트 구조체와 벡터 구조체는 상호 캐스팅할 수 있다. 포인트 구조체는 **Point<요소의 개수><데이터 형식>** 구조로 벡터 구조체와 형식이 동일하며, 2개 또는 3개의 요소만 저장한다.

데이터 형식으로는 float과 double을 사용한다. 또한 기본적인 형태의 **Point** 구조체도 있는데, 이 구조체는 **2i**로 나타내며, 2개의 int 형식의 값을 저장한다. 또한 **2d** 형식도 있으며, 2개의 double 형식의 값을 저장한다. 표 3.2는 포인트 구조체 형식을 정리한 것이다.

표 3.2 포인트 구조체 형식

OpenCV 형식	요소의 개수	데이터 형식	의미
Point	2	int, double	2개의 요소를 지니는 int, double 포인트 구조체
Point2f	2	float	2개의 요소를 지니는 float 포인트 구조체
Point2d	2	double	2개의 요소를 지니는 double 포인트 구조체
Point3f	3	float	3개의 요소를 지니는 float 포인트 구조체
Point3d	3	double	3개의 요소를 지니는 double 포인트 구조체

포인트 구조체는 2차원 또는 3차원 포인트를 나타내기 위한 제네릭 구조체다. 포인트 구조체는 C# OpenCvSharp에서 많이 사용하는 데이터 형식이며, **오버헤드(Overhead)**[2]가 없다. 포인트 구조체와 벡터 구조체의 주된 차이점은 포인트 구조체로는 좌푯값의 벡터 계산을 쉽게 수행할 수 있다는 점이다. 또한 벡터 간의 거리 계산이나 내적, 외적과 산술 연산자(+, -, *)를 사용해 연산을 빠르게 수행할 수 있다. 예제 3.2에서는 상호 캐스팅 예제를, 예제 3.3에서는 벡터 연산을 수행하는 예다.

예제 3.2 포인트 구조체와 벡터 구조체의 상호 캐스팅

```
Vec3d Vector = new Vec3d(1.0, 2.0, 3.0);
Point3d Pt1 = new Vec3d(1.0, 2.0, 3.0);
Point3d Pt2 = Vector;

Console.WriteLine(Pt1);
Console.WriteLine(Pt2);
Console.WriteLine(Pt1.X);
```

---

2 특정 기능을 처리할 때 들어가는 간접적인 처리 시간과 메모리 등을 말한다. 주로 예상되지 못한 자원이 소모되는 현상을 의미한다.

```
(x:1 y:2 z:3)
(x:1 y:2 z:3)
1
```

예제 3.3 포인트 구조체의 벡터 연산

```
Point Pt1 = new Point(1, 2);
Point Pt2 = new Point(3, 2);

Console.WriteLine(Pt1.DistanceTo(Pt2));
Console.WriteLine(Pt1.DotProduct(Pt2));
Console.WriteLine(Pt1.CrossProduct(Pt2));
Console.WriteLine(Pt1 + Pt2);
Console.WriteLine(Pt1 - Pt2);
Console.WriteLine(Pt1 == Pt2);
Console.WriteLine(Pt1 * 0.5);
```

```
2
7
-4
(x:4 y:4)
(x:-2 y:0)
False
(x:0 y:1)
```

예제 3.2에서 볼 수 있듯이 포인트 구조체와 벡터 구조체는 상호 캐스팅이 가능하며 포인트 구조체의 원솟값에 접근할 때는 X, Y, Z 멤버를 사용한다. 포인트 구조체에서는 대괄호 연산자를 사용해 값에 접근할 수 없다.

예제 3.3에서는 벡터 계산을 포인트 구조체의 함수를 활용해 수행했으며, 이를 통해 거리 계산, 내적, 외적 등을 손쉽게 수행할 수 있다. 이때 소수점이 발생하는 경우 소수점 이하는 절사해 정수형 데이터로 반환한다. C# OpenCvSharp에서는 2차원 포인트 구조체에 대해서만 벡터 연산을 수행할 수 있으며, 3차원 포인트 구조체는 산술 연산자(+, -, *)와 비교 연산자(==, !=)만 지원한다.

스칼라 구조체

세 번째로 알아볼 구조체는 스칼라 구조체다. 스칼라 구조체도 벡터 구조체에서 파생된 4개의 요소를 갖는 제네릭 구조체다. 스칼라 구조체는 배정밀도 부동 소수점 형식을 멤버로 사용한다. 스칼라 구조체 또한 벡터 구조체에서 파생된 구조체지만 제네릭 구조체를 인스턴스화한 형식에서 직접 상속해 상호 캐스팅 연산을 진행할 수 없다. 스칼라 구조체는 OpenCV에서 픽셀 값을 전달하는 데 주로 사용된다. 예제 3.4에서는 스칼라 구조체가 지원하는 함수를 확인할 수 있다.

예제 3.4 스칼라 구조체 사용하기

```
Scalar s1 = new Scalar(255, 127);
Scalar s2 = Scalar.Yellow;
Scalar s3 = Scalar.All(99);

Console.WriteLine(s1);
Console.WriteLine(s2);
Console.WriteLine(s3);
```

【 출력 결과 】

```
[255, 127, 0, 0]
[0, 255, 255, 0]
[99, 99, 99, 99]
```

보다시피 스칼라 구조체에는 4개의 요소가 있다. 하지만 직접 값을 할당할 때 4개보다 적은 값을 입력한 경우 자동으로 0 값이 할당된다. 또한 사전에 정의된 Yellow 색상을 사용할 경우 **BGRA**[3] 순서로 값이 할당되는 것을 확인할 수 있다. All을 사용할 경우 모든 값이 설정한 인수의 값과 동일하게 할당된다. 표 3.3은 스칼라 구조체에서 지원하는 연산을 정리한 것이다.

표 3.3 스칼라 구조체에서 지원하는 연산

연산	사용 예	반환값 예시
모든 값 할당	Scalar.All(v)	[v, v, v, v]
RGB 형식 변환	Scalar.FromRgb(r, g, b)	[b, g, r, 0]
무작위 색상	Scalar.RandomColor()	[94, 254, 248, 0]

---

3 Blue, Green, Red, Alpha 채널을 의미한다. OpenCV에서는 RGBA의 순서보다 BGRA의 순서를 더 많이 사용한다.

연산	사용 예	반환값 예시
요소별 곱셈	s1.mul(s2)	[22320, 2673, 0, 0]
켤레	s1.Conj()	[v, -v, -v, -v]
실수 확인	s1.isReal()	모든 값이 0일 경우 True, 아닐 경우 False
형식 변환	s1.ToVec3b()	벡터 구조체 Vec3b 형식으로 변환

이 밖에도 Equals, GetType, ToString과 같은 기본적인 메서드를 비롯해 사전에 정의된 색상 값인 MediumSlateBlue(#7B68EE), OliveDrab(#6B8E23), Orange(#FFA500) 등의 다양한 색상을 사용할 수 있다. 부록의 색상 코드표를 보면 C# OpenCvSharp에서 사용할 수 있는 스칼라 구조체의 색상과 색상 코드표를 확인할 수 있다.

사이즈 구조체

다음으로 알아볼 구조체는 사이즈 구조체다. 사이즈 구조체는 OpenCV 이미지 구성 요소 중 이미지 크기를 나타내며, 예제 2.1의 new Size(width, height)에서 사용한 바 있다. 사이즈 구조체는 너비와 높이를 멤버로 사용한다. C/C++의 사이즈 클래스에서는 포인트 클래스와 상호 캐스팅이 가능하지만 C# OpenCvSharp에서는 상호 캐스팅이 불가능하다.

하지만 사이즈 구조체는 Mat 클래스에서 사이즈 구조체를 메서드처럼 사용해 동일한 크기를 바로 사용할 수 있다. 또한 벡터 구조체와 포인트 구조체처럼 다른 별칭이 존재한다. Size 이외에 float 형식을 처리하는 Size2f와 double 형식을 처리하는 Size2d가 있다. 예제 3.5는 사이즈 구조체의 사용 예다.

예제 3.5 사이즈 구조체 사용하기

```
Size size = new Size(640, 480);
Mat img = new Mat(size, MatType.CV_8UC3);
Mat img2 = new Mat(img.Size(), MatType.CV_8UC3);

Console.WriteLine($"{size.Width}, {size.Height}");
Console.WriteLine(img.Size());
Console.WriteLine($"{img.Size().Width}, {img.Size().Height}");
Console.WriteLine($"{img.Width}, {img.Height}");
```

【 출력 결과 】

```
640, 480
(width:640 height:480)
```

```
640, 480
640, 480
```

사이즈 구조체를 생성한 후 Mat 객체에 할당하며, Width와 Height 멤버를 통해 사용할 수 있다. 또한 Mat 클래스에서도 Size 메서드로 값에 접근할 수 있으며 Mat 클래스의 이미지 크기와 동일한 이미지를 생성할 때 유용하게 활용할 수 있다. img 변수에서 사이즈 구조체에 접근해 너비와 높이를 확인할 수도 있지만 Mat 클래스에서 바로 너비와 높이 멤버에 접근해 확인하는 것도 가능하다.

범위 구조체

다음으로 알아볼 구조체는 범위 구조체다. 범위 구조체는 어떤 시퀀스의 범위를 지정하는 데 사용한다. 범위 구조체에는 생성자 하나와 정적 메서드 하나만 포함돼 있다. new Range(start, end)의 형태로 시작 값부터 종료 값까지의 범위를 설정하며, 여기서 종료 값은 포함하지 않는다. 즉, new Range(3, 5)의 경우 3, 4 값이 포함된다. 정적 메서드로는 현재 개체가 선언된 범위를 표시하는 Range.All을 제공하며, 개체의 범위를 표시하거나 그대로 사용할 때 이용할 수 있다. 예제 3.6은 범위 구조체의 사용 예다.

예제 3.6 범위 구조체 사용하기

```
Range range = new Range(0, 100);
Console.WriteLine($"{range.Start}, {range.End}");
```

【 출력 결과 】

```
0, 100
```

직사각형 구조체

다음으로 알아볼 구조체는 직사각형 구조체다. 직사각형 구조체는 좌측 상단의 좌표를 의미하는 **포인트 구조체**와 너비와 높이를 의미하는 **사이즈 구조체**를 사용한다. **오버로드(overload)**[4]된 생성자가 있어 x, y, width, height의 형태로 구조체를 생성할 수 있다. 예제 3.7은 직사각형 구조체의 사용 예다.

예제 3.7 직사각형 구조체 사용하기

```
Rect rect1 = new Rect(new Point(0, 0), new Size(640, 480));
Rect rect2 = new Rect(100, 100, 640, 480);
```

4 　같은 이름의 메서드나 함수가 서로 다른 매개 변수나 유형에 따라 다르게 작동하게 하는 것

```
Console.WriteLine(rect1);
Console.WriteLine(rect2);
```

【 출력 결과 】

```
(x:0 y:0 width:640 height:480)
(x:100 y:100 width:640 height:480)
```

직사각형 구조체를 사용할 때 주의해야 할 점은 좌측 상단의 좌표와 크기를 기준으로 데이터가 구성돼 있다는 점이다. rect1과 rect2를 동시에 이미지 위에 표시한다고 가정할 경우, 두 직사각형의 우측 하단 좌표는 겹치지 않는다. rect2는 rect1이 우측 하단으로 평행 이동한 사각형이 된다.

즉, 직사각형 구조체는 좌측 상단을 기준점으로 잡고 너비는 우측으로, 높이는 하단으로 길어진다. 예를 들면 마우스를 드래그하는 방식과 동일하다. 직사각형을 그릴 때는 중심점이 아닌 좌측 상단이 기준점임을 기억하자. 표 3.4는 직사각형 구조체에서 사용할 수 있는 연산자를 정리한 것이다.

표 3.4 직사각형 구조체에서 지원하는 연산

연산	사용 예	반환값 예시
멤버 접근	rect.X, rect.Y, rect.Width, rect.Height rect.Left, rect.Right, rect.Top, rect.Bottom	int 형식
	rect.TopLeft, rect.BottomRight	Point 구조체 형식
좌측 상단 지점	rect.Location	
특정 위치가 직사각형 구조체 내부에 있는지 여부 확인	rect.Contains(Point)	Boolean 형식
두 직사각형 구조체의 영역 합집합	rect1.Union(rect2)	Rect 구조체 형식
두 직사각형 구조체의 영역 교집합	rect1.Intersect(rect2)	Rect 구조체 형식
직사각형 구조체 팽창	rect.Inflate(Size)	rect에 직접 접근해서 변형

직사각형 구조체는 입력된 멤버 외에도 x, y, width, height의 산술 연산을 통해 나올 수 있는 Left, Top 등의 멤버와 직사각형 구조체 간의 포함 여부, 합집합, 교집합 등의 연산을 지원한다. 합집합, 교집합, 팽창 연산 시 주의해야 할 사항은 반환 형식이 직사각형 구조체이므로 좌측 상단 기준점과 너비, 높이를 사용한다는 점이다.

만약 rect1과 rect2에 대해 합집합 연산을 수행한다면 rect1과 rect2가 겹쳐진 다각형이 아닌 큰 직사각형이 된다.[5] 또한 직사각형 구조체는 다양한 연산을 지원함으로써 기하학적인 특성을 간편하게 계산할 수 있다. 표 3.5에서 직사각형 구조체와 연산이 가능한 구조체와 직사각형 구조체 간의 연산을 확인할 수 있다.

표 3.5 직사각형 구조체를 이용한 연산

연산	예제
직사각형을 Point만큼 이동	Rect = Rect + Point Rect += Point Rect = Rect - Point Rect -= Point
직사각형을 Size만큼 확대	Rect = Rect + Size Rect += Sz
직사각형을 Size만큼 축소	Rect = Rect - Size Rect -= Sz
두 직사각형 구조체의 영역 합집합	Rect = rect1 | rect2 rect1 |= rect2
두 직사각형 구조체의 영역 교집합	Rect = rect1 & rect2 rect1 &= rect2
두 직사각형 구조체의 상등 비교	bool = rect1 == rect2
두 직사각형 구조체의 부등 비교	bool = rect1 != rect2

회전 직사각형 구조체

마지막으로 알아볼 구조체는 회전 직사각형 구조체다. 회전 직사각형 구조체는 직사각형 구조체와는 다르게 **중심점, 크기, 각도**를 멤버로 사용한다. 회전 직사각형 구조체는 중심점을 기준으로 사각형 크기를 가지는 직사각형을 설정한 각도로 회전한다.

특기할 만한 점으로는 회전 직사각형 구조체를 생성할 때 Point2f 구조체, Size2f 구조체, float 형식의 값을 받는다는 것이다. 예제 3.8과 표 3.6을 통해 회전 직사각형 구조체의 사용법과 직사각형 구조체에서 지원하는 연산을 확인할 수 있다.

---

5 수학적인 관점의 합집합과는 명확하게 다르며, 두 직사각형을 포함할 수 있는 최소 경계 사각형을 계산한다.

예제 3.8 회전 직사각형 구조체 사용하기

```
RotatedRect rotatedRect = new RotatedRect(new Point2f(100f, 100f), new Size2f(100, 100), 45f);

Console.WriteLine(rotatedRect.BoundingRect());
Console.WriteLine(rotatedRect.Points().Length);
Console.WriteLine(rotatedRect.Points()[0]);
```

【 출력 결과 】

```
(x:29 y:29 width:143 height:143)
4
(x:29.28932 y:100)
```

표 3.6 회전 직사각형 구조체에서 지원하는 연산

연산	사용 예	반환값 예시
멤버에 접근	rotatedRect.Center	Point2f 구조체
	rotatedRect.Size	Size2f 구조체
	rotatedRect.Angle	float 형식
회전된 직사각형을 포함하는 직사각형	rotatedRect.BoundingRect()	Rect 구조체
회전된 직사각형의 4개의 코너	rotatedRect.Points()	Point2f[] 구조체 배열

지금까지 C# OpenCvSharp에서 사용할 수 있는 기본 데이터 형식에 대해 알아봤다. 부록의 Mat 데이터 형식표를 보면 C# OpenCvSharp에서 사용할 수 있는 데이터 형식과 Mat 데이터 형식을 매핑표를 확인할 수 있다.

파이썬 OpenCV에서 사용되는 기본 데이터 형식

리스트 자료형

리스트(List)는 파이썬에서 가장 널리 사용되는 데이터 구조로 대괄호를 사용해 정의된다. 리스트는 매우 유용한 데이터 구조로서, 다양한 작업에 활용된다. 리스트를 활용하면 데이터 조작 및 관리, 반복 작업 수행, 데이터 필터링 등에 효과적으로 활용할 수 있으며, 다음과 같은 특징을 가지고 있다.

- **컨테이너(Container)**: 리스트는 데이터의 종류와 상관없이 여러 값을 저장할 수 있는 컨테이너다. 다른 데이터 형식인 정수, 문자열, 부동소수점 등을 모두 리스트에 저장할 수 있다.

- **가변성(Mutable)**: 리스트는 변경 가능한(mutable) 자료형이다. 리스트 요소의 생성, 추가, 삭제 및 변경을 할 수 있음을 의미한다. 따라서 리스트를 수정하거나 업데이트하는 작업이 가능하다.

- **시퀀스(Sequence)**: 리스트는 순서를 중요하게 다루는(sequence) 자료형이다. 리스트 내부의 항목은 정의된 순서대로 저장되며, 각 항목은 색인(index)을 통해 접근할 수 있다. 이는 리스트의 항목에 접근하거나 변경하는 데 사용된다. 색인 값을 정확하게 사용하지 않으면 원하는 값을 찾지 못하거나 오류가 발생할 수 있다.

파이썬 OpenCV를 사용할 때 주로 사용하는 데이터 형식은 넘파이 배열이다. 하지만 데이터를 처리하면서 리스트 형식의 데이터가 필요한 경우가 많다. 예제 3.9는 파이썬 OpenCV에서 리스트를 사용하는 예시이다.

예제 3.9 리스트 사용 예

```python
dsize = [cv2.THRESH_BINARY, cv2.THRESH_BINARY_INV, cv2.THRESH_OTSU]
img = [None] * len(dsize)


for i in range(len(dsize)):
    ret, img[i] = cv2.threshold(src, 100, 255, dsize[i])


cv2.imshow("img_0", img[0])
```

이진화를 처리하는 함수는 cv2.threshold로서 넘파이 배열(src), 상수(100, 255), 임곗값 유형(dsize) 등을 매개 변수로 전달한다. 예제에서 임곗값 유형[6]은 파이썬 기본 자료형 유형이 아니다. 동일한 패턴이 반복돼야 하는 경우 임곗값 유형의 형태는 코드를 구성할 때 어려움을 준다.

하지만 리스트는 컨테이너라는 특징 덕분에 어떤 타입도 저장 가능하다. 예제에서는 dsize 리스트에 cv2.THRESH_* 형식의 값을 저장했다. img 리스트에는 dsize 리스트의 길이만큼 None 값이 저장된 리스트를 할당했다.

이어서 이진화 처리된 이미지가 img 리스트에 저장하는데, 가변성이라는 특징 덕분에 손쉽게 리스트의 요소를 변경할 수 있다. 이미지를 윈도로 표시하는 함수인 cv2.imshow에서는 시퀀스 특징을 활용해 색인 0에 저장된 이미지를 표시했다. 이처럼 리스트의 특징을 활용해 코드를 간략하게 구성할 수 있다.

튜플 자료형

---

6   dsize 변수의 cv2.THRESH_BINARY, cv2.THRESH_BINARY_INV, cv2.THRESH_OTSU를 의미한다.

튜플(Tuple)은 리스트와 거의 비슷하지만 소괄호를 이용해 표현한다. 튜플의 특징으로는 컨테이너, 불변성(Immutable), 시퀀스가 있다. 즉, 리스트와 튜플의 차이점은 변경 불가능(Immutable)이라는 것이다. 불변성은 한 번 생성된 튜플은 그 내용을 변경할 수 없음을 의미하며, 이는 프로그램이 실행되는 동안 값이 변하지 않아야 할 때 사용한다. 파이썬 OpenCV에서는 특히 매개 변수의 형식 자체가 튜플이어야 하는 경우도 있다. 예제 3.10은 파이썬 OpenCV에서 튜플을 사용하는 예시를 보여준다.

예제 3.10 튜플 사용 예

```
center = [100, 100]
red = (0, 0, 255)

cv2.circle(img, tuple(center), 30, red, 3)
```

이미지 위에 원을 그리는 함수는 cv2.circle로, 매개 변수에 이미지(img), 튜플(tuple(center), red), 상수(30, 3) 등을 사용한다. 중심점을 나타내는 center 변수는 리스트 자료형이다. 하지만 cv2.circle() 함수의 중심점을 나타내는 매개 변수를 튜플 형식으로 전달하지 않으면 에러가 발생한다.[7]

또한, red 변수의 경우 빨간색의 값은 항상 0, 0, 255이므로 값이 변경되지 않는 튜플로 선언했다. 값이 변경되는 데이터인 경우에도 일부 파이썬 OpenCV의 함수에서는 매개 변수로 튜플을 전달해야 오류가 발생하지 않는다는 점에 주의한다.

사전 자료형

사전(Dictionary)은 키(key)와 값(value)으로 이루어진 자료형이다. 중괄호와 콜론을 사용해 정의할 수 있으며, 컨테이너, 가변성, 매핑(Mapping)의 특징을 갖는다. 여기서 매핑은 순서를 고려하지 않는 자료형을 의미한다. 사전은 키를 통해 값을 가져오는 형태로 작동하므로 키는 중복될 수 없지만 값은 중복될 수 있다. 이러한 특징으로 인해 사전은 순서를 고려하지 않는다.

사전은 데이터를 효과적으로 관리하기 위한 뛰어난 선택지다. 또한, 튜플과 유사하게 일부 파이썬 OpenCV 함수에서는 매개 변수로 사전을 전달해야만 오류가 발생하지 않는다는 점에 주의한다. 다음 예제 3.11은 파이썬 OpenCV에서 사전을 활용하는 예다.

---

7   중심점 매개 변수는 SystemError가 발생하며, 색상 매개 변수는 TypeError가 발생한다.

예제 3.11 사전 사용 예

```
COLOR_CODE = {
    "yellow" : [(20, 100, 100), (33, 255, 255)],
    "green" : [(41, 100, 100), (70, 255, 255)],
    "blue" : [(90, 100, 100), (150, 100, 255)]
}

result = cv2.inRange(img, COLOR_CODE["yellow"][0], COLOR_CODE["yellow"][1])
```

배열 요소의 특정 범위를 설정해 범위 내의 값만 반환하는 함수인 cv2.inRange는 매개 변수로 이미지 (넘파이 배열)와 튜플 형식만 받는다. 즉, 이 함수는 임곗값을 활용해 하위 임곗값부터 상위 임곗값 사이의 값만 반환한다. 이때 사전 자료형을 활용한다면 임곗값 범위를 이름으로 지정할 수 있다.

만약 이 함수의 매개 변수를 img, (20, 100, 100), (33, 255, 255)로 전달했다면 정확히 어떤 범위의 값을 사용한 것인지 알기 힘들다. 또한 프로그램상에서 범윗값으로 동일한 매개 변수가 여러 번 활용된다면 이 부분을 찾아 모두 수정해야 한다.

이 경우 가독성도 떨어지고 이해하기 어려운 코드가 될 수 있다. 하지만 사전을 사용하면 COLOR_CODE의 배열 값만 수정하면 된다. 가독성 좋은 프로그램을 구성하기 위해 어떤 명칭을 지닌 값이 있다면 사전을 사용하는 것을 권장한다.

집합 자료형

집합(Set)은 집합 연산을 간편하게 처리하기 위해 사용하는 자료형이다. 집합을 표현할 때는 사전과 유사하게 중괄호를 사용하지만 값만을 지정한다. 집합의 특징으로는 **컨테이너, 가변성, 집합(Set)**이 있다. 집합은 중복을 허용하지 않으며 순서에 영향을 받지 않는 특성을 갖고 있다. 집합을 사용할 때 주의해야 할 점은 집합은 리스트로 변환한 후에도 값에 접근은 가능하지만, 순서가 보장되지 않기 때문에 어떤 값이 출력될지 예측할 수 없다는 것이다.

파이썬 OpenCV 함수의 매개 변수로 집합은 사용되지는 않지만, 이미지 처리의 전처리나 후처리과정에서 값의 중복을 제거하기 위한 필터로 집합을 활용할 수 있다. 예를 들어 이미지에서 형태나 특정 지점을 검출하는 경우, 후처리 단계에서 중복 좌표를 제거하고 집합 연산을 수행하는 데 종종 활용된다. 다음 예제 3.12는 파이썬 OpenCV에서 집합을 사용하는 예다.

예제 3.12 집합 사용 예

```
pt1 = [(50, 0), (170, 180), (210, 250)]
pt2 = [(50, 0), (170, 170), (210, 250)]

union = set(pt1) | set(pt2)
intersection = set(pt1) & set(pt2)
difference = set(pt1) - set(pt2)

print(union)
print(intersection)
print(difference)
```

【 출력 결과 】

```
{(50, 0), (170, 180), (170, 170), (210, 250)}
{(50, 0), (210, 250)}
{(170, 180)}
```

pt1과 pt2가 알고리즘을 통해 나온 검출 좌표의 위치라고 가정해 보자. 모든 알고리즘은 하나의 함수로만 정확하게 처리해서 값을 얻기는 어렵다. 여러 알고리즘을 적용해 결괏값이 다르게 나왔을 때 집합 연산을 통해 원하는 형태의 값으로 변경할 수 있다. 이 경우 합집합, 교집합, 차집합 등의 집합 연산을 통해 값을 합치거나 제외하는 등의 전처리나 후처리를 수행할 수 있다.

02 Mat 데이터

Mat 데이터 형식은 C# OpenCvSharp에서 가장 중요한 데이터 형식이다. Mat 데이터는 행렬나 배열을 저장하기 위한 데이터 형식으로 사용된다. 이를 이해하기 위해 행렬과 배열의 차이를 알아본다.

행렬(Matrix)은 기본적으로 2차원 배열을 의미한다. 이는 행(Row)과 열(Column)로 구성된 데이터 구조를 나타낸다. OpenCvSharp에서 Mat 데이터 형식을 사용해 이미지 데이터를 표현한다면, 이미지 x 좌표와 y 좌표로 구성된 2차원 배열로 취급된다. 각 픽셀은 이러한 행렬 구조 안에 저장되며, 이미지 처리 및 분석을 위한 다양한 작업을 수행할 때 사용된다.

배열(Array)은 더 일반적인 데이터 구조로 1차원, 2차원, 3차원을 비롯해 그 이상의 차원을 가질 수 있다. 배열은 데이터의 순서나 구조를 나타내는 데 사용된다. OpenCvSharp에서는 Mat 데이터 타입을 사용해 배열 형식의 데이터를 저장하고 처리할 수 있다. 예를 들어 이미지 데이터를 저장할 때, 각 픽셀의 밝기 값을 저장하는 1차원 배열로 사용할 수 있다.

OpenCvSharp에서는 행렬이나 배열 데이터를 담기 위해 **Mat 클래스**를 사용한다. Mat 클래스는 헤더와 데이터 포인터로 구성돼 있다.

헤더(Header)에는 Mat 클래스에 대한 정보가 담겨 있으며, 이 정보에는 행렬(배열)의 크기, 데이터 형식, 차원 그리고 Mat 클래스에 관한 메타데이터가 포함된다. 헤더는 메모리 주소가 아닌 데이터의 구조 및 특성에 대한 메타 정보를 제공한다.

데이터 포인터(Data pointer)는 행렬(배열)의 데이터가 담긴 메모리 주소 정보가 담겨있다. 데이터 포인터를 통해 Mat 클래스는 실제 데이터에 접근하고 조작할 수 있다.

이러한 Mat 클래스는 OpenCvSharp에서 이미지나 비디오 프레임과 같은 시각적인 데이터를 저장하고 처리하는 중요한 역할을 수행한다. Mat 클래스를 통해 메모리를 효율적으로 관리하고 이미지 처리 작업에 필요한 다양한 함수와 연산을 효율적으로 처리할 수 있다.

그러므로 OpenCvSharp에서 제공하는 대부분의 함수는 인수나 반환값으로 Mat 클래스를 사용한다. 즉, 입력 배열이나 출력 배열의 형식이 모두 Mat 클래스가 된다. 이번 절에서는 Mat 클래스에 대해 자세히 알아본다.

조밀 행렬

앞에서 설명한 것처럼 Mat 클래스는 OpenCvSharp에서 사용되는 데이터 구조 중 중요한 하나로, 클래스 형식의 N차원 **조밀 행렬(Dense matrix)**을 나타낸다. **조밀(Dense)**이란 배열의 모든 요소가 의미 있는 값으로 채워져 있어, 0이 아닌 값이 하나라도 존재하면 메모리 공간이 할당된다는 것을 의미한다.

즉, 배열의 모든 요소에 대해 메모리가 확보돼 있으며, 빈 요소를 저장하기 위한 메모리는 할당되지 않는다. 그러므로 전체 배열에서 하나의 요소만 0이 아닌 값을 가지고 있어도 모든 배열의 요솟값에 메모리를 할당해야 한다. 이러한 Mat 클래스를 이해하기 위해서는 래스터 주사의 개념을 알아야 한다.

래스터 주사(Raster scan)란 행렬의 상단에서부터 시작해 수평 주사선을 한 줄씩 아래로 내려가며 데이터를 순차적으로 저장하고 읽어오는 방식을 의미한다. 이는 행렬의 상단에서 시작해 왼쪽 상단에서 오른쪽 상단으로, 다음 행으로 이동해 왼쪽에서 오른쪽으로 데이터를 순차적으로 저장하고 읽는 방식이다.

예를 들어 2차원 이미지를 래스터 주사 순서로 저장한다면 (0, 0)에서 시작해 첫 번째 픽셀 값을 저장하고, 오른쪽으로 이동해가며 (0, max)까지의 픽셀 값을 저장한다. 그리고 다음 줄인 (1, 0)에서부터 시작해 다시 오른쪽으로 값을 저장하고 이어가게 된다. 이러한 방식으로 이미지 데이터를 저장하면 1차원 배열로 펼쳤을 때 각 픽셀이 순차적으로 저장된다.

Mat 클래스는 래스터 주사 순서에 따라 배열 요소를 저장한다. 즉, 1차원 배열은 요소를 순차적으로 저장하고, 2차원 배열은 행에 대한 값을 구성한 후에 순차적으로 열에 따라 요솟값을 저장한다. 마지막으로 3차원 배열은 평면을 따라 순차적으로 요소를 저장한다.

OpenCV 알고리즘도 Mat 클래스에서 데이터를 불러오거나 Mat 클래스를 반환값으로 사용하기 때문에 래스터 주사 순서에 따라 결괏값이 저장된다. 즉, 이미지나 비디오와 같은 데이터를 처리할 때 이러한 래스터 주사 순서를 이해하고 활용함으로써 데이터를 올바르게 다룰 수 있다.

그림 3.1에서 2차원 배열(이미지)의 래스터 주사 순서를 확인할 수 있으며, 0부터 23까지의 범위만을 갖는다면 1차원 배열이 되며, 2차원 배열을 겹쳐 표시하면 3차원 배열이 형성된다. 이러한 구조를 이해하면 Mat 클래스를 사용해 다양한 형태의 데이터를 효과적으로 처리할 수 있다.

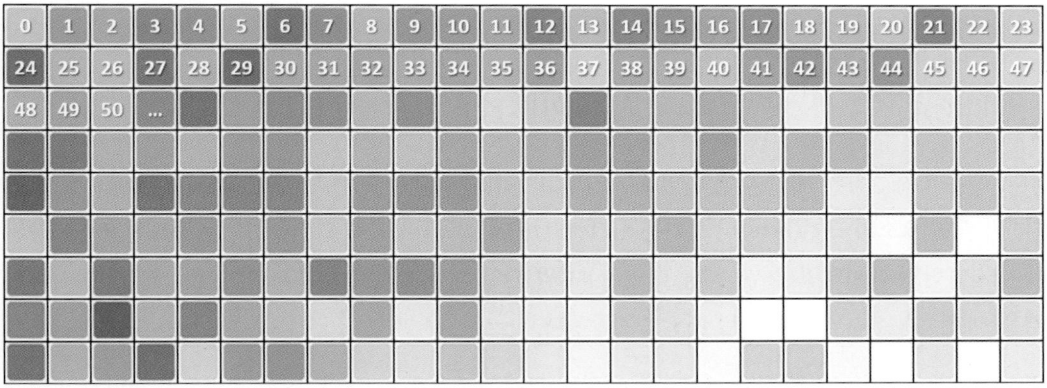

그림 3.1 2차원 배열의 래스터 주사 순서

OpenCvSharp의 Mat 클래스는 이러한 행렬 데이터를 효과적으로 표현하며, 자체 메모리를 관리하는 클래스가 있어 관리되지 않는 리소스를 해제함으로써 메모리 누수를 방지한다. Mat 클래스를 사용하면 데이터를 효율적으로 다루고 메모리 관리에 대한 코드 작업을 최소화하면서 다양한 이미지 처리 작업을 수행할 수 있다.

또한, `Mat` 클래스는 실수나 복소수 값이 저장된 벡터나 행렬을 저장해 연산을 위한 행렬값으로 사용하거나 색상 이미지, 흑백 이미지, 히스토그램, 복셀(Voxel)[8], 점구름(Point Cloud)[9] 등을 저장하는 데 활용할 수도 있다.

지금까지 `Mat` 클래스의 정의나 구성 등을 알아봤다. 다음으로 `Mat` 클래스의 메모리 레이아웃을 알아보자.

메모리 레이아웃

`Mat` 클래스 배열 M의 데이터 메모리 레이아웃은 `M.Step[]` 배열에 의해 정의되며 요소에 대한 주소는 i_0, i_1, …, $i_{M.dims-1}$ 순서로 배치된다. 수식 3.1은 데이터 메모리 레이아웃 저장 방식을 보여주며, 수식 3.2는 2차원 배열일 때 저장 방식을 보여준다.

수식 3.1 데이터 메모리 레이아웃(일반형)

$$\text{address}(M_{i_0,\ i_1,\ \cdots\ i_{M.dims-1}}) = M.data + M.step[0] \times i_0 + M.step[1] \times i_1 + \cdots + M.step[M.dims-1] \times i_{M.dims-1}$$

수식 3.2 데이터 메모리 레이아웃(2차원 배열)

$$\text{address}(M_{i_0,\ i_1}) = M.data + M.step[0] \times i_0 + M.step[1] \times i_1$$

위 수식을 통해 2차원 배열은 행 단위로 저장되고, 3차원 배열은 평면 단위로 저장되는 것을 알 수 있다. 이 **배열 요소의 크기(Byte)**의 크기는 `M.ElemSize` 메서드를 사용해 확인할 수 있다. 배열 M에 저장된 데이터가 단일 데이터인 경우, 해당 배열은 N차원 단일 채널 배열로 간주되며, 다중 데이터가 저장된 경우, 배열은 N-1 차원 다중 채널 배열로 간주된다.

또한, 배열 요소의 크기를 통해 메모리에 할당된 크기를 판단할 수 있다. 앞서 정밀도와 채널의 역할을 설명한 바 있으므로, 이러한 값들을 사용해 메모리에 할당된 배열 요소의 크기를 확인할 수 있다.

예를 들어 2차원 배열인 CV_8UC1(8비트, 1채널)은 8비트 정수형으로 이루어진 단일 채널 2차원 배열을 의미한다. 여기서 8비트는 1바이트를 의미하며, 1바이트의 요소가 한 개의 채널을 구성하고 있으므로 배열 요소의 크기는 1바이트가 된다.

---

8 부피(Volume)와 픽셀이 합쳐진 의미다. 3차원 공간에서 정규 격자 단위 값을 의미한다.

9 3D 표현을 나타내기 위한 점들의 집합이다.

또 다른 예로 2차원 배열인 CV_64C3(64비트, 3채널)은 64비트 부동 소수점으로 이뤄진 다중 채널 이미지를 의미한다. 그러므로 이 이미지의 2차원 배열의 요소 크기를 확인할 경우, 24바이트임을 쉽게 알 수 있다.

객체 생성

Mat 클래스는 인스턴스를 초기화하는 순간, 행렬이 생성된다. 기본 생성자의 경우 행렬의 크기와 데이터의 형식을 인자로 받지 않는다. 하지만 Mat 클래스의 **Create** 메서드를 통해 동적으로 행렬에 데이터를 할당할 수 있다. Create 메서드는 오버로드된 메서드를 제공하며, 행과 열의 수와 행렬의 데이터 타입을 매개 변수로 받는다. 이 메서드를 사용해 Mat 클래스의 인스턴스를 생성하면 특정 크기와 데이터 타입을 가진 행렬을 동적으로 생성할 수 있다.

이는 특히 이미지 처리 및 컴퓨터비전 작업에서 필요한 행렬을 생성하고 초기화하는 데 유용하다. Mat 클래스의 Create 메서드를 통해 데이터 요소를 할당하고 사용자가 필요로 하는 형태의 행렬을 생성할 수 있다. 다음 표 3.7은 Mat 클래스에 정의된 Create 메서드다.

표 3.7 Mat 클래스의 Create 메서드

메서드	설명
Create(MatType type, params int[] sizes)	int 배열을 통한 행렬 크기 입력
Create(Size size, MatType type)	Size 구조체를 통한 행렬 크기 입력
Create(int rows, int cols, MatType type)	행과 열을 통한 행렬 크기 입력

보다시피 모두 동일하게 행과 열의 수와 행렬의 데이터 형식을 인자로 받고, 이러한 인자를 받아 2차원 객체 배열을 생성한다. 데이터 형식에 따라 행렬 요소의 형식이 결정되고 SetTo 메서드로 행렬의 값을 할당할 수 있다. 다음 예제 3.13에서 Create 메서드와 SetTo 메서드의 사용법을 보여준다.

예제 3.13 Create 메서드와 SetTo 메서드의 사용 예

```
Mat M = new Mat();

M.Create(MatType.CV_8UC3, new int[] { 480, 640 });
// M.Create(new Size(640, 480), MatType.CV_8UC3);
// M.Create(480, 640, MatType.CV_8UC3);

M.SetTo(new Scalar(255, 0, 0));
```

Create 메서드로 (640, 480) 크기의 8비트, 3채널 행렬을 생성했다. Create 메서드는 행과 열을 사용하거나 너비와 높이를 매개 변수로 사용하므로 주의한다. SetTo 메서드는 스칼라 구조체로 행렬의 값을 할당할 수 있다. 첫 번째 채널은 255, 두 번째 채널은 0, 세 번째 채널은 0으로 설정했으며, 이 행렬을 출력하면 파란색 이미지로 출력된다.

Create 메서드로 Mat 객체의 값을 할당할 수도 있지만 Mat 클래스는 생성자가 여러 개로 오버로드돼 있다. 표 3.8은 Mat 클래스에 정의된 생성자 목록이다.

표 3.8 데이터를 복사하지 않는 생성자

생성자	설명
Mat()	기본 생성자
Mat(int rows, int cols, MatType type)	지정된 type의 행렬
Mat(int rows, int cols, MatType type, Scalar s)	초기화 값을 갖는 지정된 type의 행렬
Mat(Size size, MatType type)	지정된 type의 행렬
Mat(Size size, MatType type, Scalar s)	초기화 값을 갖는 지정된 type의 행렬

Mat(
    int rows, int cols, MatType type,
    IntPtr data, long step = 0
)
	사용자 data의 포인터와 지정된 type의 행렬

Mat(
    int rows, int cols, MatType type,
    Array data, long step = 0
)
	사용자 data의 포인터와 지정된 type의 행렬

표 3.8은 Mat 클래스에서 데이터를 복사하지 않는 생성자 목록을 나열한 것이다. 기본 생성자를 제외하면 크게 세 가지 유형으로 나눌 수 있다. 행과 열로 행렬(2차원 배열)을 생성하는 경우, 사이즈 구조체로 행렬을 생성하는 경우, 사용자 할당 데이터로 행렬을 생성하는 경우다.

앞에서 확인할 수 있듯이 Mat 클래스는 스칼라 구조체를 이용해 행렬 전체의 초깃값을 할당할 수 있다. 사용자 데이터 포인터를 통해 행렬을 생성하는 경우, 지정된 데이터를 가리키는 행렬의 헤더 정보를 초기화한다. 이때 주의할 점은 외부 데이터는 자동으로 할당 해제되지 않는다는 점을 기억하자.

또한, 생성자의 step 매개 변수는 행렬의 행이 차지하는 바이트 수를 의미한다. 만약 값의 행 끝에 **바이트 패딩(Byte padding)**[10]이 존재한다면 반드시 이를 포함해야 한다. step 매개 변수가 0이라면 바이트 패딩이 없는 것으로 간주하고 `cols × ElemSize`로 계산된다.

이 외에도 Mat 클래스는 열거자를 사용해 생성할 수 있다. 표 3.9는 열거자를 사용해 N차원 배열을 생성하는 생성자 목록이다.

표 3.9 열거자를 사용하는 생성자

생성자	설명

``Mat(
    IEnumerable<int> sizes,
    MatType type
)```
	지정된 type의 N차원 배열

``Mat(
    IEnumerable<int> sizes,
    MatType type,
    Scalar s
)```
	초기화 값을 갖는 지정된 type의 N차원 배열

``Mat(
    IEnumerable<int> sizes,
    MatType type,
    IntPtr data,
    IEnumerable<long> steps = null
)```
	사용자 data의 포인터와 지정된 type의 N차원 배열

``Mat(
    IEnumerable<int> sizes,
    MatType type,
    Array data,
    IEnumerable<long> steps = null
)```
	사용자 data의 포인터와 지정된 type의 N차원 배열

표 3.8의 생성자 목록과 역할은 같지만 N차원 배열을 생성할 수 있으며, 리스트 형식으로 인덱싱할 수 있는 컬렉션으로 인스턴스를 초기화한다. 예제 3.14는 열거자를 사용해 생성자를 호출하는 방법을 보여준다.

---

10 클래스나 구조체에 Byte를 추가해 CPU 접근의 부하를 덜고 메모리 접근 속도를 향상시키는 것이다.

예제 3.14 열거자를 이용한 생성자 호출

```
IList<int> sizes = new List<int>() { 480, 640 };
Mat m = new Mat(sizes, MatType.CV_8UC3);
```

표 3.10에 나열한 생성자는 이미 존재하는 행렬에서 행렬 요소 값을 복사해 또 다른 행렬을 생성할 때 사용한다. 주로 행렬을 복사하거나 기존 행렬의 부분 영역을 복사해 다른 행렬을 만들 때 사용한다.

표 3.10 데이터를 복사하는 생성자

생성자	설명
Mat(IntPtr ptr)	네이티브 포인터를 이용한 복사
Mat(Mat m, Rect roi)	관심 영역으로 지정된 행과 열을 복사
Mat(Mat m, params Range[] ranges)	행과 열의 영역을 복사

Mat(
    string fileName,
    ImreadModes flags = ImreadModes.Color
)
	파일에서 이미지를 불러옴

C#에서는 안전성 및 보안을 유지하기 위해 기본적으로 포인터 산술 연산을 지원하지 않는다. 그러므로 IntPtr로 비 포인터 유형에 포인터 값을 저장해 안전한 데이터 형식으로 저장한 후 사용한다. 그리고 나면 CvPtr 속성으로 Mat 클래스의 네이티브 포인터를 호출해서 복사할 수 있다.

Mat 클래스에서 특정 영역만 복사해서 저장할 수도 있는데 행과 열의 범위를 지정해 특정 영역을 저장한다. 이 부분 영역을 관심 영역이라 한다.

표 3.10의 마지막 생성자는 유일하게 프로그램 외부에서 데이터를 받아온다. 파일 경로(fileName)에서 이미지를 불러와 Mat 객체에 저장하며, 행과 열을 지정하거나 이미지를 불러오는 방법은 행렬(2차원 배열)에서만 작동한다는 점에 주의한다.

행렬 표현식

OpenCvSharp에서는 행렬 표현식을 사용할 수 있도록 MatExpr 클래스를 제공한다. MatExpr 클래스를 활용하면 행렬(Matrix), 스칼라(Scalar), 실수(Double) 등 복잡한 표현식에 대해 간단하게 연산할 수 있다. 또한 MatExpr 클래스를 활용해 행렬 연산을 간단하게 수행할 수도 있다.

Mat 클래스에서는 행렬 표현식을 사용할 수 있도록 정적 메서드를 제공한다.[11] 이를 통해 행렬의 사칙연산, 역행렬, 전치 행렬 등을 간단하게 처리할 수 있다. 또한 자주 사용되는 행렬(모든 요소가 0이나 1로 채워진 행렬과 단위 행렬)을 만들 수 있는 메서드가 있다. 표 3.11은 Mat 클래스에 포함된 MatExpr 정적 메서드로 행렬을 생성하는 방법을 정리한 것이다.

표 3.11 Mat 클래스에서 제공하는 MatExpr 정적 메서드

정적 메서드	설명
Mat.Eye(int rows, int cols, MatType type)	지정된 type과 설정된 크기의 단위 행렬 생성
Mat.Ones(int rows, int cols, MatType type)	지정된 type과 설정된 크기에 1로 채워진 행렬 생성
Mat.Zeros(int rows, int cols, MatType type)	지정된 type과 설정된 크기에 0으로 채워진 행렬 생성
Mat.Diag(Mat d)	d에 지정된 type과 설정된 크기에 해당하는 대각 행렬 생성

MatExpr 정적 메서드는 단일 채널에 대해서만 값을 할당한다. 예를 들어 지정된 타입이 CV_64FC2일 경우 첫 번째 채널에 대해서는 rows와 cols 크기의 2차원 행렬 데이터를 정상적으로 할당하지만, 두 번째 이상의 채널에 대해서는 0의 값으로 할당한다.

대각 행렬을 제외한 메서드의 경우 사이즈 구조체나 int 배열을 통해서도 메서드를 사용할 수 있도록 오버로드된 메서드가 제공된다. 대각 행렬은 Mat 클래스만을 매개 변수로 사용해 생성한다. 여기서 Mat 형식인 d는 단일 행(1×m)이나 단일 열(m×1)로 구성된 행렬이어야 한다. 단일 행이나 단일 열로 구성된 행렬을 매개 변수로 사용할 경우, m×m 크기의 대각 행렬이 생성된다. Diag 메서드는 O(1) 연산[12]이다.

개별 단위 요소에 접근하기

행렬 데이터를 다루다보면 행렬 요소에 직접 접근해야 하는 경우가 발생한다. Mat 클래스에 담긴 데이터의 정보를 확인하기 위해 Mat 클래스를 직접 출력하면 행렬의 헤더 정보가 반환된다. 심지어 단순한 1×1 크기의 행렬인 경우에도 헤더의 정보가 반환된다.

헤더의 정보 대신 데이터 자체의 정보를 확인하기 위해 직접 행렬 요소에 접근할 수 있다. 행렬 요소에 접근하는 방법으로 크게 두 가지 있다. 첫 번째 방법은 At 메서드를 사용하는 것이다. At 메서드는 다양한 형식을 지원할 수 있도록 구성돼 있으며 지정한 행, 열, 차원에 해당하는 요소에 접근한다. 예제 3.15는 At 메서드의 사용법을 보여준다.

---

11 정적 메서드의 반환 형식은 MatExpr다. MatExpr 클래스로 객체를 생성해도 Mat 형식으로 변환된다.
12 상수 시간을 의미하며 함수의 실행 시간이 입력 크기에 무관하게 일정하다.

예제 3.15 At 메서드를 이용한 행렬 요소 접근

```
Mat m = Mat.Eye(new Size(3, 3), MatType.CV_64FC3);

Console.WriteLine(m.At<double>(0, 0));
Console.WriteLine(m.At<Vec3d>(0, 0).Item0);
Console.WriteLine(m.At<Vec3d>(1, 1).Item1);
Console.WriteLine(m.At<Vec3d>(2, 2).Item2);
Console.WriteLine(m.At<Point3d>(2, 2));
Console.WriteLine(m.At<long>(2, 2));
```

【 출력 결과 】

```
1
1
0
0
(x:1, y:0, z:0)
4607182418800017408
```

예제에서는 At 메서드로 단위 행렬 m의 요소에 직접 접근한다. 다중 채널 행렬을 제어할 경우 벡터 구조체, 포인트 구조체 등을 활용해 접근할 수 있다. 행렬 m의 특정 행과 열에 접근한다면 m.At<type>(row, col)을 사용한다.

제네릭의 타입을 선정할 때 가장 중요한 요소는 MatType의 정밀도다. CV_64FC3의 경우 64비트 double 형식이라는 것을 알고 있다. 만약 Mat 클래스의 데이터 형식과 맞지 않는 값을 사용하면 4607182418800017408과 같이 정확하지 않은 데이터가 출력된다(표 2.1 또는 부록 B에서 MatType이 갖는 데이터 형식을 참고한다).

At 메서드와 기능이 같은 Get 메서드도 있다. Get 메서드 또한 At 메서드와 동일한 구조다. 반대로 Set 메서드도 있는데, 지정된 요소의 값을 설정하는 데 사용한다. 표 3.12에 At, Get, Set 메서드를 정리했다.

표 3.12 Mat 클래스의 At, Get, Set 메서드

메서드	설명
m.At<type>(i) m.Get<type>(i)	type 형식 배열 m의 i 요소 반환

메서드	설명
m.At<type>(i, j) m.Get<type>(i, j)	type 형식 행렬 m의 i, j 요소 반환
m.At<type>(i, j, k) m.Get<type>(i, j, k)	type 형식 3차원 배열 m의 i, j, k 요소 반환
m.At<type>(idx) m.Get<type>(idx)	type 형식 배열 m의 int[]가 가리키는 N차원 요소 반환
m.Set<type>(i, value)	type 형식 배열 m의 i 요소의 요소를 value로 설정
m.Set<type>(i, j, value)	type 형식 행렬 m의 i, j 요소의 요소를 value로 설정
m.Set<type>(i, j, k, value)	type 형식 3차원 배열 m의 i, j, k 요소를 value로 설정
m.Set<type>(idx, value)	type 형식 배열 m의 int[]가 가리키는 N차원 요소를 value로 설정

Set 메서드를 사용할 경우 value의 값을 type과 일치시켜야 한다. 즉, type의 값이 Vec3b라면 value의 값은 new Vec3b(i, j, k); 등과 같이 생성해야 한다.

두 번째 방법은 포인터를 사용해 데이터 포인터에 접근하는 방법이다. C/C++에서는 포인터를 사용하지만 C#에서는 포인터 사용을 권장하지 않는다. 그러나 IntPtr 형식의 데이터를 가져와 **마샬링 (Marshalling)**[13]을 통해 포인터 형식을 사용할 수 있다.

Mat 클래스에서는 Ptr 메서드로 특정 행렬의 행에 접근하고 포인터를 반환할 수 있다. Ptr 메서드는 배열을 구성하는 기본 타입에 대한 포인터를 반환한다. 따라서 배열의 형식이 CV_8UC3라면 반환 형식은 byte가 된다. 데이터 포인터에는 행렬의 데이터가 담겨있으므로 배열 요소에 가장 빠르게 접근할 수 있다.

참고로 마샬링을 활용하려면 소스코드에 using System.Runtime.InteropServices 구문을 추가한다. 예제 3.16은 마샬링을 통해 포인터에 접근해 행렬의 요소를 반환하는 예다.

예제 3.16 마샬링과 포인터를 이용해 행렬 요소에 접근

```
Mat m = Mat.Eye(new Size(2, 2), MatType.CV_8UC2);

for (int y = 0; y < m.Rows; y++)
{
    for (int x = 0; x < m.Cols; x++)
    {
```

---

13 관리 코드와 비관리(네이티브) 코드 간에 데이터를 교차해야 하는 경우 형식을 변환하는 프로세스를 의미한다.

```
        int offset = (int)m.Step() * y + m.ElemSize() * x;      // 오프셋 지정
        byte i = Marshal.ReadByte(m.Ptr(0), offset + 0);        // 첫 번째 채널
        //byte j = Marshal.ReadByte(m.Ptr(0), offset + 1);      // 두 번째 채널
        //byte k = Marshal.ReadByte(m.Ptr(0), offset + 2);      // 세 번째 채널
        Console.WriteLine($"{offset} - ({y}, {x}) : {i}");
    }
}
```

【 출력 결과 】

```
0 - (0, 0) : 1
2 - (0, 1) : 0
4 - (1, 0) : 0
6 - (1, 1) : 1
```

Marshal.ReadByte 정적 메서드를 활용해 지정된 오프셋 위치의 데이터를 읽는다. offset을 설정하는 기준은 MatType에 따라 달라지며, MatType에 따라 직접 주소를 계산해서 데이터 포인터에 접근한다. 이는 2차원 이상과 다중 채널 배열을 처리하는 경우에 매우 효율적인 방법이다. 오프셋을 계산하는 수식 3.3과 같다.

수식 3.3 오프셋 계산 방식

$$offset = Step \times Row + ElemSize \times Col$$

현재 포인터가 가리키는 곳을 offset으로 계산해서 데이터를 가져오는 방식이다. 예제 3.16에서는 Step 메서드로 간략화했는데, Step 메서드는 **정규화된 단계**를 반환한다. 다음 수식 3.4는 Step 메서드와 Step1 메서드의 계산 방식을 의미한다.

수식 3.4 Step 메서드와 Step1 메서드 계산식

$$Step = Elemsize \times Cols$$

$$Step1 = \frac{ElemSize}{ElemSize1} \times Cols$$

ElemSize가 배열 요소의 크기(바이트)를 나타낸다는 것을 알고 있을 것이다. 만약 Mat 클래스의 MatType이 CV_8UC2라면 부호가 없는 8비트 정수형에 2채널로 구성된 것을 의미한다. 8비트는 1바이트

이며, ElemSize는 배열 요소의 크기를 나타내므로 ElemSize는 Mat 클래스의 **바이트 크기**×**채널 수**로 계산된다. 그러므로 ElemSize는 2의 값을 반환한다.

ElemSize1은 단일 공간(하위 요소)의 크기를 의미한다. 그러므로 1바이트를 나타내는 1을 반환한다. Step 메서드는 정규화된 단계를 계산할 때 ElemSize와 열의 개수(Cols)를 사용한다. 더 간단하게 정규화된 단계를 계산하므로 임의의 행렬 요소에 빠르게 접근할 수 있다.

m.Ptr(0)은 첫 번째 행의 포인터를 가져오며, 첫 번째 행의 포인터 값에서 계산된 오프셋만큼 포인터의 위치를 변경시켜가며 지정된 행과 열 위치의 값을 가져온다. 다중 채널일 경우 채널의 수만큼 더해 특정 채널의 값도 가져올 수 있다. 이 방식은 중간에 MatType이 바뀌더라도 offset을 통해 메모리 주소를 계산하므로 유동적으로 사용할 수 있는 방식이다.

마샬 클래스는 Marshal.ReadByte 메서드 외에도 ReadInt16, ReadInt32 등을 지원하므로 16비트, 32비트의 MatType에서 효율적으로 사용할 수 있다. 또한 Mat 클래스의 다차원 배열이나 다중 채널 배열에 대해 요소별로 이뤄지는 작업을 수행할 때 간편하게 사용할 수 있다. 이미지에도 마샬링을 적용할 수 있어 픽셀에 접근해 값을 변경하거나 할당할 때 유용하게 활용할 수 있다.

그러나 Marshal.Read* 메서드를 사용할 경우 반환 데이터를 Byte나 Int로밖에 사용할 수 없어 큰 불편함을 겪는다. 이러한 불편함을 해소하고 마샬링을 간단하고 다양하게 사용할 수 있도록 MatIndexer 클래스를 제공한다. MatIndexer 클래스를 통해 손쉽게 데이터를 가져오거나 값을 할당할 수 있다. 예제 3.17은 MatIndexer 클래스를 활용해 행렬의 요소를 설정하고 반환하는 예다.

예제 3.17 MatIndexer 클래스를 이용해 행렬 요소에 접근

```
Mat m = Mat.Eye(new Size(2, 2), MatType.CV_32FC3);

Mat<Vec3f> mv3f = new Mat<Vec3f>(m);
MatIndexer<Vec3f> indexer = mv3f.GetIndexer();
//Mat.Indexer<Vec3f> indexer = m.GetGenericIndexer<Vec3f>();

indexer[0, 1] = new Vec3f(2, 0, 0);

for (int y = 0; y < m.Rows; y++)
{
    for (int x = 0; x < m.Cols; x++)
    {
        Console.WriteLine($"({y}, {x}) : {indexer[y, x].Item0} - {m.Get<Vec3f>(y, x).Item0}");
```

```
        }
    }
```

```
(0, 0) : 1 - 1
(0, 1) : 2 - 2
(1, 0) : 0 - 0
(1, 1) : 1 - 1
```

MatIndexer 클래스는 Mat 클래스에서 행렬 요소에 빠르게 접근하기 위한 기능을 제공한다. 이 클래스는 행렬 요소에 대한 계산을 마샬링 없이 수행할 수 있으며, MatIndexer 클래스 내부에서 행렬 요소에 접근할 때 데이터에 대한 주소 계산을 자동으로 처리한다.

이러한 연산을 수행하기 위해 Mat<Vec3f>로 Vec3f 형식의 Mat 클래스를 생성하고, 생성된 mv3f 변수에서 GetIndexer 메서드를 통해 MatIndexer 인스턴스를 생성한다. 이렇게 생성된 MatIndexer는 배열에 접근하는 방법처럼 값을 할당하거나 불러올 수 있다.[14]

또한, 출력 결과를 보면 indexer[y, x].Item0과 m.Get<Vec3f>(y, x).Item0의 값이 같은 것을 볼 수 있다. 이는 MatIndexer가 행렬 요소에 접근할 때 내부적으로 포인터를 사용해 데이터를 가져오기 때문이다. 따라서, 두 방법 모두 같은 데이터를 가리키므로 데이터가 변경되더라도 항상 같은 값을 반환한다.

Get이나 Set 메서드를 통해 Mat 데이터의 픽셀 값을 확인하거나 변경할 수 있지만, MatIndexer 메서드를 사용하는 방식이 성능 면에서 가장 빠르다. MatIndexer는 행렬의 요소에 빠르게 접근해 데이터를 읽거나 쓸 수 있는 방법으로, 주로 대량의 데이터를 처리하는 경우에 유용하다. MatIndexer를 활용하면 데이터에 효율적으로 접근할 수 있어 이미지 처리나 비전 애플리케이션에서 성능을 최적화할 수 있다.

블록 단위 요소에 접근하기

앞 절에서는 개별 단위로 행렬의 요소에 직접 접근하거나 순차적으로 반복해서 접근하는 방법을 다뤘다. 그러나 특정 상황에서는 모든 개별 요소에 접근해서 연산하지 않아도 되는 경우가 있다. 이런 경우 불필요한 연산을 줄이기 위해 지정된 행이나 열 또는 일정 범위의 하위 영역을 선택해 접근하는 것이 효과적이다. 블록 단위로의 접근은 대규모 데이터 처리나 이미지 처리에서 유용하며 성능 향상에 기여한다. 표 3.13은 블록 단위 접근 메서드를 정리했다.

---

14 Mat<T> 변환과 GetIndexer 메서드를 하나로 합친 GetGenericIndexer 메서드도 존재한다. 이 메서드는 제네릭 구조이므로 Mat 클래스를 변환하지 않아도 사용할 수 있다.

표 3.13 블록 단위 접근 메서드

메서드	설명
m.Row(y)	행렬 m의 행 y에 해당하는 행렬 헤더 생성
m.RowRange(startRow, endRow)	행렬 m의 행 startRow ~ endRow에 해당하는 행렬 헤더 생성
m.RowRange(Range)	행렬 m의 행 범위 구조체에 해당하는 행렬 헤더 생성
m.Col(x)	행렬 m의 열 x에 해당하는 행렬 헤더 생성
m.ColRange(startRow, endRow)	행렬 m의 열 startRow ~ endRow에 해당하는 행렬 헤더 생성
m.ColRange(Range)	행렬 m의 열 범위 구조체에 해당하는 행렬 헤더 생성
m.Diag(MatDiagType)	행렬 m의 단일 대각 행렬 생성 - MatDiagType.Upper: 위쪽 대각선 - MatDiagType.Main : 주대각선 - MatDiagType.Lower : 아래쪽 대각선
m[Rect]	행렬 m의 직사각형 구조체에 해당하는 부분 행렬 추출
m [Range[]]	행렬 m의 범위 구조체 배열에 해당하는 부분 행렬 추출
m [Range, Range]	행렬 m의 범위 구조체에 해당하는 부분 행렬 추출
m [rowStart, rowEnd, colStart, colEnd]	행렬 m의 행 rowStart ~ rowEnd, 열 colStart ~ colEnd에 해당하는 부분 행렬 추출

Row와 Col 메서드의 반환 값은 Mat 클래스 형식으로, 특정 행이나 열에 대해 행렬 헤더를 생성하고 데이터 포인터와 step 배열 등 원본 배열을 가리킨다. 즉, 새롭게 Mat 클래스를 생성해서 Set을 통해 값을 변경할 경우 원본 배열의 값 또한 변경된다. 행렬 헤더만 생성됐을 뿐 새로운 데이터 포인터를 생성하지 않아 원본 배열과 새롭게 생성된 배열이 연결돼 있는 것이다.

Row와 Col 메서드를 사용하지 않아도 범위 구조체(RowRange, ColRange)를 사용하면 배열 형태로 추출할 수 있다. 범위 구조체를 사용하는 방식은 기능적으로 Get 메서드와 동일하다.

Diag 메서드는 m 행렬의 대각 선분의 요소의 값을 반환한다. MatDiagType는 오프셋 설정값이다. MatDiagType.Upper일 경우 주 대각선에서 위쪽 방향으로 1만큼 오프셋되며, MatDiagType.Lower일 경우 주 대각선에서 아래쪽 방향으로 1만큼 오프셋된다. Diag 메서드는 대각 성분의 색인을 형성하므로 단일 열 행렬(m×1의 형태)로 반환한다.

마지막으로 인덱서를 사용해 배열의 하위 행렬의 형태로 접근하는 방식이 있다. 직사각형 구조체를 생성해 하위 행렬을 지정하거나 범위 구조체나 직접 행과 열에 해당하는 부분을 할당해 특정 하위 배열의 요소에 간편하게 접근할 수 있다. 이는 관심 영역을 지정하는 것과 동일하다.

행렬 연산

C# OpenCvSharp는 OpenCV와 비슷한 방식으로 행렬 연산을 간편하게 수행할 수 있다. 연산자 오버로딩과 싱글턴을 통해 행렬 연산을 수행하고, 대수적 표현(algebra)을 사용해 다양하고 복잡한 연산을 간편하게 처리할 수 있다. 이를 통해 '행렬 + 행렬' 또는 '행렬 + 상수'와 같은 연산을 하나의 표현식으로 처리할 수 있으며 별도의 연산자나 함수를 구현할 필요가 없다.

행렬 연산은 내부적으로 `MatExpr` 형식(행렬 표현식)으로 변환되어 처리되고, 연산이 끝난 후 연산의 결과는 `Mat` 형식으로 반환된다. 행렬 표현식 중 = 연산자는 데이터 포인터를 생성하거나 데이터 포인터를 참조한다. 전자의 경우 데이터 포인터를 생성해서 별도의 데이터로 간주해서 메모리가 할당되지만 후자의 경우 데이터를 참조해서 같은 행렬로 간주한다. 예를 들어 `m0`과 `m1`이라는 행렬이 있다고 가정한다면 다음과 같이 작동한다.

- `m0 = m1`: `m0`이 `m1`을 참조한다. 즉, `m0`과 `m1`은 동일한 데이터를 참조하게 된다. 따라서 `m0`을 변경하면 `m1`도 동일하게 변경된다.[15]

- `m0 = m1 + 1`: `m1`에 1을 더한 결과를 `m0`에 할당한다. `m1 + 1`은 행렬 표현식이 되어 `m0`에 데이터 포인터가 새로 할당된다. 즉, `m0`은 `m1`을 참조하지 않게 된다. 따라서 이 연산은 임시 행렬을 생성하고 그 결과를 `m0`에 복사한다. 이후 임시 행렬이 필요 없게 되면 자동으로 해제된다.

이러한 연산자 오버로딩과 행렬 표현식을 사용하면 C# OpenCvSharp에서 행렬 연산을 효과적으로 수행할 수 있다. 또한, 메모리 관리도 내부적으로 처리되므로 사용자가 직접 메모리를 관리할 필요가 없다. 표 3.14는 행렬 표현식으로 사용할 수 있는 연산자를 나타낸다(s는 싱글턴 사이의 연산을 의미한다).

표 3.14 행렬 연산자 예시

예시	설명
`m0 + m1`	
`m0 + s`	행렬의 덧셈
`s + m0`	
`m0 − m1`	
`m − s`	행렬의 뺄셈
`s − m`	
`m0 * m1`	
`m * s`	행렬의 곱셈
`s * m`	

---

15 만약 행렬을 복제한다면 별도의 메서드를 이용해야 한다.

예시	설명
m0 / m1 m / s s / m	행렬의 요소별 나눗셈
m0 & m1 m & s s & m	행렬의 비트 논리 AND 연산
m0 ¦ m1 m ¦ s s ¦ m	행렬의 비트 논리 OR 연산
m0 ^ m1 m ^ s s ^ m	행렬의 비트 논리 XOR 연산
~m	행렬의 비트 논리 NOT 연산
m0 == m1 m0 != m1	행렬의 요소별 비교 (Boolean 반환)

C# OpenCvSharp에서는 `Mat` 클래스 간의 연산뿐만 아니라 싱글턴 연산도 지원된다. 싱글턴 연산은 스칼라 구조체와 숫자 형식에 적용된다. 이를 통해 형변환 없이 `Mat` 형식을 `int` 형식으로 변환하거나 `int` 형식을 `Mat` 형식으로 변환할 필요 없이 연산을 수행할 수 있다.

또한, 비트 논리 연산을 수행할 때는 10진법 숫자를 2진법으로 변환하고, 그 후 비트 논리 연산을 수행한다. 예를 들어 166과 55를 대상으로 &(AND) 연산을 수행하면 10진법 숫자 166은 2진법으로 10100110이 되며, 55는 2진법으로 110111로 변환된다. 이후 이러한 2진법 표현을 사용해 비트 논리 연산을 수행하며, 결과는 100110(10진법으로는 38)이 된다.

싱글턴 연산을 사용하면 숫자 간의 비트 연산이나 다른 수학적 연산을 `Mat` 클래스와 형변환 없이 쉽게 수행할 수 있으므로 코드 작성이 간소화된다는 장점이 있다. 행렬 연산에는 연산자를 통한 연산 외에도 메서드를 이용한 연산도 있다. 표 3.15는 메서드를 사용한 연산을 정리한 것이다.

표 3.15 행렬의 메서드 연산

메서드	설명
m0.Mul(m1, scale = 1)	행렬의 요소별 곱셈
m.Inv(DecompTypes.*)	행렬의 역행렬

메서드	설명
m.T()	행렬의 전치 행렬
m.Abs()	행렬의 요소별 절댓값
m0.Dot(m1)	행렬의 내적(스칼라 곱)
m0.Cross(m1)	행렬의 외적(특정 행렬에 대해서만 가능)
m0.Equals(m1) m0.Equals(d) m0.NotEquals(m1) m0.NotEquals(d) m0.GreaterThan(m1) m0.GreaterThan(d) m0.GreaterThanOrEqual(m1) m0.GreaterThanOrEqual(d) m0.LessThan(m1) m0.LessThanOrEqual(d)	행렬의 요소별 비교(0 또는 255인 Mat 행렬 반환)

요소별 곱셈(Mul) 메서드를 사용해 요소별 곱셈을 수행할 때, 값의 범위가 MatType의 표현 제한을 벗어나는 경우가 발생할 수 있다. 특히 8비트 형식의 경우, 0에서 255 사이의 값만 표현할 수 있으므로 값이 255를 초과하는 경우 오버플로 문제가 발생한다. 이 문제를 방지하려면 비율(scale)을 조정해 결괏값을 낮춘다.

역행렬(Inv) 메서드는 행렬 역변환을 수행하기 위해 여러 알고리즘을 지원한다. 이 메서드를 사용하면 다양한 분해 방법을 선택할 수 있으며, 각 분해 방법에 따라 역행렬이 다르게 계산된다. 지원되는 역행렬 알고리즘은 **LU 분해**(DecompTypes.LU), **특잇값 분해**(DecompTypes.SVD), **고윳값 분해**(DecompTypes.Eig), **숄레스키 분해**(DecompTypes.Cholesky), **QR 인수 분해**(DecompTypes.QR), **노멀 분해**(DecompTypes.Normal)가 있다.

외적(Cross) 메서드는 특정 조건을 충족할 때에만 사용할 수 있다. 이 메서드는 행, 열, 채널의 곱이 3일 때 외적을 수행할 수 있다. 즉, 행과 열이 각각 1이며 채널이 3인 경우나 행과 열의 곱이 3이며 채널이 1인 경우만 수행이 가능하다.

요소별 비교의 경우 C/C++ OpenCV에서 비교 연산자를 사용해 요소별 비교를 수행했던 것과 달리 C# OpenCvSharp에서는 메서드를 사용해 행렬의 요소별 비교를 수행한다. 이 메서드는 요소가 참(True)인 경우 255로, 거짓(False)인 경우 0으로 반환한다.

그 밖의 행렬 메서드

지금까지 Mat 클래스를 사용해 요소에 값을 할당하거나 값에 접근하는 연산 등을 살펴봤다. 앞서 설명한 예제 중 자세히 설명하지 않은 복제 메서드나 기타 언급하지 않은 행렬 및 배열 메서드를 표 3.16에 정리했다.

표 3.16 기타 행렬 및 배열 메서드

메서드	설명
m1 = m0.Clone()	m0의 모든 데이터를 복제해 m1을 생성
m1 = m0.EmptyClone()	m0의 요소를 제외한 데이터를 복제해 m1을 생성
m0.CopyTo(m1)	m0의 모든 데이터를 복사하고 유형이 올바르지 않다면 재할당해서 m1을 생성
m0.CopyTo(m1, mask)	m0의 모든 데이터를 복사하고 유형이 올바르지 않다면 재할당하며 mask 영역만 생성
m0.AssignTo(m1, MatType)	m0의 모든 데이터를 복사하고 MatType으로 변환해서 m1을 생성
m0.ConvertTo(m1, MatType, alpha, beta)	alpha, beta 값을 적용한 후 m0의 모든 데이터를 복사하고 MatType으로 변환해서 m1을 생성(alpha는 비율, beta는 오프셋)
m0.SetTo(s, mask)	m0의 모든 요소를 싱글턴 s의 값으로 설정하고 0이 아닌 mask 요소에 대응하는 m0의 요소를 변경
m0.PushBack(m1)	m0의 행을 m1만큼 확장하며 확장된 행에 m1의 요소를 복사
m0.PopBack(n)	m0의 끝에서 n개의 행을 제거(기본값: 1)
m0.SubMat(s)	m0의 요소에서 싱글턴 s에 해당하는 요소를 제거하고 크기를 변경
m0.Empty()	m0에 요소가 없는 경우 True를 반환하고, 그렇지 않을 경우 False를 반환
m0.IsContinuous()	m0의 행이 메모리에 연속적으로 패킹된 경우 True를 반환하고, 그렇지 않을 경우 False를 반환
m0.IsSubmatrix()	m0가 하위 행렬일 경우 True를 반환하고, 그렇지 않을 경우 False를 반환
m0.Total()	m0의 총 요소 수를 반환(채널 미포함, 배열 크기로 계산)
m0.Size()	m0의 크기를 사이즈 구조체로 반환(행렬 크기로 반환)
m0.Depth()	m0의 정밀도를 int 타입으로 반환
m0.Channels()	m0의 채널 수를 int 타입으로 반환
m0.Dims()	m0의 차원 수를 int 타입으로 반환
m0.Type()	m0의 MatType을 int 타입으로 반환
m0.ElemSize()	m0의 배열 요소의 크기를 반환

메서드	설명
m0.ElemSize1()	m0의 하위 배열 요소의 크기를 반환
m0.Step()	m0의 배열 요소에 대해 정규화된 단계를 반환
m0.Step1()	m0의 하위 배열 요소에 대해 정규화된 단계를 반환

희소 행렬

희소 행렬(Sparse matrix)은 주로 값이 0인 요소가 많을 때 사용되는 행렬 유형이다. 희소 행렬은 일 반적인 밀집 배열보다 메모리 처리에 효율적이며, 실제로 데이터를 저장하는 데 필요한 메모리만 할당 한다. 따라서 값이 0인 요소가 많은 데이터를 효율적으로 저장하고 처리할 수 있다.

C# OpenCvSharp에서는 SparseMat 클래스를 사용해 희소 행렬을 표현한다. 이 클래스는 Mat 클래스 와 유사한 데이터 형식을 지원하며 일부 메서드는 동일하게 사용할 수 있다. 그러나 SparseMat 클래스 는 행렬 표현식(MatExpr)을 지원하지 않으며, 데이터를 저장하는 방식이 크게 다르다.

SparseMat 클래스는 실제로 존재하는 (0이 아닌) 값만을 메모리에 저장하고 나머지 요소는 기본값인 0 으로 간주한다. 이러한 저장 방식은 **해시 테이블(Hash table)**[16]을 사용해 구현되며, 각 요소의 색인 값 을 해시 함수를 통해 매핑한다. 이로써 0이 아닌 요소에만 메모리가 할당되고, 메모리 효율을 높일 수 있다.

참고로 C# OpenCvSharp의 SparseMat 클래스는 OpenCV의 SparseMat 클래스와 다르게 일부 메서 드의 이름이 바뀌거나 다른 기능을 하는 메서드가 있다. 또한 일부 기능이 삭제되거나 지원되지 않기도 한다. 기존 C/C++ OpenCV 사용자라면 문서와 예제를 주의 깊게 살펴보고 이러한 차이점을 고려해 야 한다.

객체 생성

SparseMat 클래스와 Mat 클래스의 주요한 차이점은 메모리 할당과 행렬 크기 정의에 있다. 희소 행렬 (SparseMat)의 경우, 데이터가 존재하지 않는 공간에 대해서는 메모리를 할당하지 않으며, 스스로 해시 테이블의 크기를 동적으로 조정한다. 따라서 희소 행렬을 정의할 때 행렬의 크기를 명시적으로 할당할 필요가 없다.

---

16 데이터를 효율적으로 저장하고 검색하기 위한 자료구조다. 키-값(key-value) 쌍을 사용하여 데이터를 저장하며, 특정 키에 해당하는 값을 검색하거나 갱신하는 데 사용된다.

또한, 희소 행렬은 행렬의 크기 대신 **차원(Dimensionality)**을 사용해 크기를 정의한다. 차원의 크기에 따라 해시 테이블의 크기가 자동으로 조절된다. 이러한 동적 크기 조정은 희소 행렬의 주요 특징 중 하나이며, 희소 행렬을 효율적으로 사용할 수 있게 한다.

이러한 유연성은 희소 행렬을 다루는 데 있어 Mat 클래스와 다르게 크기를 지정하는 복잡성을 줄여주고, 희소한 데이터를 효과적으로 관리할 수 있다. 다음 표 3.17은 SparseMat 클래스의 생성자 목록을 보여준다.

표 3.17 SparseMat의 생성자 목록

생성자	설명
SparseMat()	기본 생성자
SparseMat(Mat m)	Mat 클래스를 SparseMat 클래스로 변경
SparseMat(IntPtr ptr)	SparseMat의 네이티브 포인터를 사용한 복사
SparseMat(IEnumerable<int> sizes, MatType type)	지정된 type과 설정된 차원의 희소 행렬 생성

SparseMat 클래스는 다양한 생성자를 제공해 Mat 클래스의 데이터를 해시 테이블 구조로 변경하거나 네이티브 포인터로 SparseMat 클래스를 복사하는 등 다양한 초기화 방법을 지원한다.[17] 이러한 생성자를 사용하면 희소 배열을 유연하게 생성하고 초기화할 수 있다.

특히, 직접 sizes와 MatType을 지정해 희소 배열을 생성할 수 있다. 여기서 sizes는 행과 열의 길이를 의미하며, 차원 수를 결정한다. 즉, int[] 배열의 값이 아닌 배열의 크기로 차원 수를 할당한다. 예제 3.18은 2차원 희소 행렬을 생성하는 예다.

예제 3.18 2차원 희소 행렬

```
SparseMat sm = new SparseMat(new int[] { 1, 1 }, MatType.CV_8UC3);


sm.Ref<Vec3b>()[99, 1000] = new Vec3b(100, 0, 0);
Console.WriteLine(sm.Find<Vec3b>(99, 1000).Value.Item0);
```

【 출력 결과 】

```
100
```

---

[17] Mat 클래스의 네이티브 포인터로는 복사되지 않는다.

희소 행렬(SparseMat)을 생성할 때 sizes 매개 변수를 사용해 N차원 배열의 형태를 설정할 수 있다. 예를 들어 int[] sizes = {1, 1}로 설정하면 2차원 배열의 형태를 정의한다. 이는 2차원 내의 어떤 위치에도 값을 할당할 수 있다는 것을 의미한다. 예를 들어 (99, 1000) 위치에 (100, 0, 0)의 값을 할당할 수 있다.

또한, int[] 배열의 요솟값은 0보다 커야 한다. 이를 통해 알 수 있는 사항은 희소 행렬은 사전에 적당한 크기를 정의할 수 없으며, 요소의 개수가 증가함에 따라 테이블의 크기를 동적으로 조절해야 한다. 이러한 동적 크기 조정은 희소 행렬의 크기를 스스로 조절해 빠른 접근성을 유지한다.

하지만 int[] 배열의 값({ 1, 1 })이 아무 의미가 없는 것은 아니다. 이 값은 Mat 클래스로 변경할 때 행과 열의 길이로 사용되므로, 적절한 크기를 설정하는 데 중요한 역할을 한다. 따라서 희소 행렬을 생성하고 초기화할 때 sizes 배열을 적절하게 설정해 필요한 차원을 나타내도록 해야 한다.

요소 할당 및 접근

희소 행렬을 다루는 방법은 밀집 행렬과 유사하며, 요소에 값을 할당하고 접근하는 데에는 At 및 Set 메서드를 사용할 수 있다. 이 메서드로 행과 열의 색인을 지정해 원하는 요소에 접근하고 값을 할당할 수 있다. 그러나 앞서 언급한 것처럼 At이나 Set 메서드가 아닌 GetIndexer 메서드를 활용한다.

GetIndexer 메서드를 활용하면 희소 행렬의 요소에 효과적으로 접근할 수 있으며, 요소를 할당할 때 Ref 메서드를 사용해 값의 변경을 반영할 수 있다. 이러한 메서드를 사용해 희소 행렬을 다루면 밀집 행렬과 유사한 방식으로 데이터를 처리할 수 있다. 이러한 유사성은 희소 행렬을 사용할 때 밀집 행렬과의 호환성을 제공하며, 데이터 처리 및 요소에 접근하는 데 편리함을 제공한다. 예제 3.19는 희소 행렬에 요소를 할당하는 예다.

예제 3.19 희소 행렬에 요소를 할당

```
SparseMat sm = new SparseMat(new int[] { 1, 1 }, MatType.CV_32F);

SparseMat.Indexer<Vec3f> indexer = sm.GetIndexer<Vec3f>();
//SparseMat.Indexer<Vec3f> indexer = sm.Ref<Vec3f>();

indexer[0, 0] = new Vec3f(4, 5, 6);
//sm.GetIndexer<Vec3f>()[0, 0] = new Vec3f(4, 5, 6);

Console.WriteLine(sm.Get<Vec3f>(0, 0).Item0);
Console.WriteLine(sm.Get<Vec3f>(0, 0).Item1);
Console.WriteLine(sm.Get<Vec3f>(0, 0).Item2);
```

```
4
5
6
```

보다시피 GetIndexer와 Ref 메서드 모두 Indexer의 유형별 요소를 가져와 indexer 변수에 할당한다. 이후 indexer 변수에 행렬에 값을 할당하는 방법과 동일하게 Vec3f 데이터 형식의 값을 (4, 5, 6)으로 할당했다.

두 메서드 모두 요소를 할당할 수 있게 Indexer를 생성한다. 즉, indexer 변수를 생성하지 않아도 sm.GetIndexer<Vec3f>()[0, 0] = new Vec3f(4, 5, 6);의 형태로 SparseMat 클래스에 값을 바로 할당할 수도 있다.

값에 접근할 때는 Console.WriteLine(sm.GetIndexer<Vec3f>()[0, 0].Item0);과 같은 형식으로 바로 특정 요소에 접근할 수 있다. 또한 Mat 클래스에서 사용하던 Get과 Set 메서드를 동일하게 사용할 수 있다[18]. 희소 행렬에 접근하는 메서드로는 Ptr, Find, Value를 추가로 지원한다.

먼저 Ptr 메서드의 경우 포인터를 통해 접근한다. Mat 클래스의 Ptr 메서드와는 다르게 색인 외에도 두 가지 매개 변수를 받는다. SparseMat 클래스의 Ptr 메서드는 다음과 같이 정의돼 있다.

Ptr 메서드 정의

```
IntPtr Ptr(int i0, bool createMissing, long? hashVal = null);[19]
```

이 메서드는 1차원 배열에 접근하는 데 사용한다. i0의 경우 Mat 클래스의 Ptr()과 동일하게 접근할 요소의 색인 값이며, createMissing 매개 변수는 접근한 요소 위치에 값이 없는 경우 해당 요소를 생성할지를 결정한다.

true로 지정할 경우 접근한 요소가 존재하지 않으면 0 값으로 새 요소를 생성한다. hashVal 매개 변수는 해시 테이블에 사용된다. 해시 테이블은 객체를 검색하기 위해 키 값을 계산하고 키와 관련된 목록을 검색한다. 키 값이 있다면 연산 시간을 줄일 수 있다. hashVal이 null인 경우 해시 키를 계산하지만 키 값을 지정하면 입력된 키를 사용한다.

---

18 GetIndexer와 Ref는 메서드의 이름만 다를 뿐 동일한 역할을 수행한다.
19 변수 뒤의 물음표(?)는 null 값 지정이 가능한 변수를 의미한다(Nullable 타입).

```
T? Find<T>(int i0, long? hashVal = default(long?)) where T : struct;
```

Find 메서드의 경우 다른 요소 반환 메서드와 동일하게 작동한다. 하지만 Find 메서드는 null 값이 허용된 개체를 수신할 수 있다. Ref 메서드는 값이 없는 경우 0의 값을 반환하지만 Find 메서드는 null 값이 허용된 개체를 수신하므로 개체에 값이 있어야 한다.[20]

또한 Find 메서드는 추가적인 속성이 존재한다. Value 값 외에도 HasValue 값을 반환할 수 있는데, HasValue는 값이 존재하면 True 값을 반환하고 존재하지 않는다면 False 값을 반환한다. False 값이 반환될 때 Value의 값은 null이라서 값을 사용할 수 없다.

Value 메서드 정의

```
T Value<T>(int i0, long? hashVal = default(long?)) where T : struct;
```

마지막으로 알아볼 메서드는 Value 메서드다. 이 메서드는 Find 메서드와 동일한 형태로 사용하지만 값이 존재하지 않는 요소에 접근하면 오류가 아닌 기본값(T)을 반환한다. Value 메서드는 null 값이 허용된 개체를 수신하지 않아 기본값이 반환된다.

희소 행렬에 접근하거나 할당하는 방법은 다양하며 반복문을 통해 희소 행렬에 접근하거나 할당이 가능하다(C/C++ OpenCV와는 다르게 반복자 함수인 cv::SparseMat::begin(), cv::SparseMat::end() 등이 존재하지 않는다). 표 3.18은 SparseMat 클래스에서만 사용할 수 있는 메서드를 나타낸다.

표 3.18 **SparseMat**에 추가된 메서드

메서드	설명
sm.Addref()	헤더에 대한 참조 카운터를 수동으로 증가
sm.AssignFrom(m) sm.AssignFrom(sm0)	m 또는 sm0의 헤더를 복사해 sm을 생성(m은 Mat 클래스, sm0는 sparseMat 클래스)
sm.Clear()	모든 희소 행렬 요소를 0으로 설정
sm.ConvertTo(m, rtype, alpha, beta)	alpha, beta의 값을 적용한 후 sm의 모든 데이터를 복사하고 rtype으로 변환해서 m을 생성(rtype은 int형 MatType, alpha는 비율, beta는 오프셋)

---

20 null 값이 허용된 개체는 어떤 값이라도 들어 있어야 한다. 즉, null이나 0 등의 어떤 값이라도 할당돼야 한다.

메서드	설명
sm.ConvertTo(sm0, rtype, alpha)	alpha의 값을 적용한 후 sm의 모든 데이터를 복사하고 rtype으로 변환해서 sm0을 생성(rtype은 int형 MatType, alpha는 비율)
sm.Hash(i0) sm.Hash(i0, i1) sm.Hash(i0, i1, i2) sm.Hash(idx)	지정한 인수에 해당하는 요소의 해시값을 반환. 인수의 값은 sm의 차원 수와 같아야 하며, N차원의 경우 idx는 int[] 배열을 사용
sm.GetIndexer<T>()	유형별(T) 인덱서를 가져와 속성으로 각 행렬의 요소에 접근 및 할당
sm.Ref<T>()	유형별(T) 인덱서를 가져와 속성으로 각 행렬의 요소에 접근 및 할당
sm.Ptr(i0, createMissing, hashVal) sm.Ptr(i0, i1, createMissing, hashVal) sm.Ptr(i0, i1, i2, createMissing, hashVal) sm.Ptr(idx, createMissing, hashVal)	전달된 인수에 해당하는 요소의 포인터 값을 반환. 인수의 값은 sm의 차원 수와 같아야 하며 N차원의 경우 idx는 int[] 배열을 사용
sm.Find<T>(i0, hashVal) sm.Find<T>(i0, i1, hashVal) sm.Find<T>(i0, i1, i2, hashVal) sm.Find<T>(idx, hashVal)	유형별(T) 인덱서를 가져와 전달된 인수에 해당하는 요소의 값을 반환. 인수의 값은 sm의 차원 수와 같아야 하며 N차원의 경우 idx는 int[] 배열을 사용(값이 없는 경우 null을 반환)
sm.Value<T>(i0, hashVal) sm.Value<T>(i0, i1, hashVal) sm.Value<T>(i0, i1, i2, hashVal) sm.Value<T>(idx, hashVal)	유형별(T) 인덱서를 가져와 전달된 인수에 해당하는 요소의 값을 반환. 인수의 값은 sm의 차원 수와 같아야 하며 N차원의 경우 idx는 int[] 배열을 사용(값이 없는 경우 T 값을 반환)

관심 영역

C# OpenCvSharp에서 관심 영역을 지정할 때는 Mat 클래스의 이미지 크기 일부분을 떼어내어 설정한다. 특정 구조체에 해당하는 배열로 설정하거나 하위 행렬로 설정해 관심 영역을 지정할 수 있다. 앞선 Mat 데이터 절에서 설명한 Mat 클래스를 설정하는 방법과 동일하며, SubMat 메서드를 활용해 관심 영역을 지정할 수 있다. 예제 3.20은 관심 영역을 설정하는 예다.

예제 3.20 Mat 클래스를 이용한 관심 영역 설정

```
Mat m = new Mat(1280, 1920, MatType.CV_8UC3);

Mat roi1 = new Mat(m, new Rect(300, 300, 100, 100));
Mat roi2 = m[0, 100, 0, 100];
Mat roi3 = m.SubMat(100, 300, 200, 300);

Console.WriteLine(m);
Console.WriteLine(roi1);
Console.WriteLine(roi2);
Console.WriteLine(roi3);
```

【 출력 결과 】

```
Mat [ 1280*1920*CV_8UC3, IsContinuous=True, IsSubmatrix=False, … ]
Mat [ 100*100*CV_8UC3, IsContinuous=False, IsSubmatrix=True, … ]
Mat [ 100*100*CV_8UC3, IsContinuous=False, IsSubmatrix=True, … ]
Mat [ 200*100*CV_8UC3, IsContinuous=False, IsSubmatrix=True, … ]
```

(Ptr과 Data 속성은 생략)

roi1과 roi2는 앞에서 본 표 3.10 '데이터를 복사하는 생성자'와 표 3.13 '블록 단위 접근 메서드'에서 확인한 방식으로 복사하거나 할당했다. 이 방식으로 새로운 Mat 객체에 관심 영역을 설정할 수 있다. 또한 SubMat 메서드를 사용하면 앞선 방식과 동일하게 관심 영역을 설정할 수 있다. 여기서 관심 영역으로 생성된 행렬은 원본 행렬의 일부분이므로 하위 행렬이 된다.

roi1, roi2, roi3 변수는 모두 m 변수의 하위 행렬이 되므로 IsSubmatrix는 True 값을 갖는다. IsContinuous는 행렬의 요소가 각 행의 끝에 간격 없이 연속적으로 저장되는 경우 True 값을 반환한다. 그러므로 하위 행렬은 원본 행렬에서 분리돼 생성되어 연속적이지 않아 IsContinuous가 False 값을 갖는다.

하지만 하위 행렬로 생성됐다고 해서 IsContinuous가 항상 False 값을 갖지는 않는다. 1×1 행렬 또는 $n \times 1$의 단일 행을 갖는 행렬일 경우 행렬은 항상 연속성을 갖게 되어 IsContinuous는 True 값을 갖는다.[21] Mat 클래스가 관심 영역으로 지정된 행렬이거나 하위 행렬일 경우 헤더의 IsSubmatrix 속성으로 행렬이 다른 행렬의 부분 행렬임을 확인할 수 있다. 표 3.19는 SubMat 메서드를 정리한 것이다.

---

21 1×1 행렬 또는 $n \times 1$의 단일 행을 갖는 행렬은 1차원 배열이다. 1차원 배열은 항상 연속성을 갖는다.

메서드	설명

SubMat(
    int rowStart, int rowEnd,
    int colStart, int colEnd
)
	행 rowStart~rowEnd, 열 colStart~colEnd에 해당하는 하위 행렬을 구성

SubMat(Rect roi)	직사각형 구조체에 해당하는 하위 행렬을 구성
SubMat(Range rowRange, Range colRange)	범위 구조체에 해당하는 하위 배열을 구성
SubMat(params Range[] ranges)	범위 구조체 배열에 해당하는 하위 배열을 구성

관심 채널

C# OpenCvSharp에서 관심 채널을 지정하는 방식은 Mat 클래스의 채널을 떼어내어 설정하는 것이다. MatType에 변화가 생기지만 채널만 변경될 뿐 정밀도에 대한 부분은 유지되며, 다중 채널 이미지나 배열에서 특정 채널을 추출해서 단일 채널로 반환한다. ExtractChannel 메서드를 이용하면 관심 채널을 지정할 수 있다. 예제 3.21은 관심 채널을 설정하는 예다.

예제 3.21 Mat 클래스를 이용한 관심 채널 설정

```
Mat m = new Mat(1280, 1920, MatType.CV_8UC3);

Mat coi = m.ExtractChannel(0);
Console.WriteLine(coi);
```

【 출력 결과 】

```
Mat [ 1280*1920*CV_8UC1, IsContinuous=True, IsSubmatrix=False, … ]
```

(Ptr과 Data 속성은 생략)

coi는 ExtractChannel 메서드를 활용해 관심 채널을 설정한 것이다. 이 방법으로 새로운 Mat 클래스에 관심 채널을 설정해서 할당한다. ExtractChannel 메서드의 인수는 특정 채널에 대한 색인을 의미한다. 0을 지정하면 첫 번째 채널을 관심 채널로 설정하는데, 색상 이미지(BGR)의 경우 0은 Blue 채널을 의미한다.

coi 변수는 m 변수의 하위 행렬은 아니다. 또한 이미지 크기를 그대로 사용하므로 IsContinuous도 True 값을 갖는다. 단 정밀도는 유지하며 채널이 변경됐기 때문에 MatType이 CV_8UC3에서 CV_8UC1로 바뀌었다. ExtractChannel 메서드는 값을 반환하지 않으므로 다음과 같이 사용한다.

ExtractChannel 예시

```
Cv2.ExtractChannel(InputMat, OuputMat, coi);
```

03 넘파이 데이터

파이썬을 사용할 때 행렬 및 다차원 배열을 효과적으로 다루기 위해 넘파이 라이브러리를 사용하는 것이 매우 중요하다. 파이썬 자체에는 다차원 배열을 다루는 데 필요한 내장 자료형이 없으므로, 넘파이를 활용해 데이터를 효율적으로 저장하고 다양한 수학 연산을 수행할 수 있다. 넘파이 라이브러리는 다음과 같은 중요한 특징을 가지고 있다.

1. **다차원 배열**: 넘파이는 다차원 배열 객체인 numpy.ndarray를 제공한다. 배열은 여러 차원의 데이터를 저장하고 다루기에 이상적이며, 행렬 및 텐서와 같은 다양한 수학적 구조를 표현할 수 있다.

2. **고속 및 효율적 연산**: 넘파이는 C 언어로 구현돼 있어 매우 빠르며, 벡터화 연산을 지원해 반복문을 작성할 필요가 없이 배열에 대한 연산을 수행할 수 있다. 이는 연산의 속도와 코드의 가독성을 향상시킨다.

3. **과학 컴퓨팅 및 데이터 분석**: 넘파이는 과학 컴퓨팅 및 데이터 분석 분야에서 널리 사용된다. 다차원 배열을 사용해 데이터를 처리하고, 선형 대수, 확률, 통계, 그래프 이론, 신호 처리, 이미지 처리 등 다양한 수학 및 과학적 작업에 활용된다.

4. **MATLAB 스타일의 구문**: 넘파이는 MATLAB과 유사한 구문을 지원하므로 MATLAB 사용자들이 쉽게 파이썬으로 전환할 수 있다.

5. **오픈소스 생태계와 통합**: 넘파이는 파이썬의 다른 과학 및 데이터 분석 라이브러리와 통합이 용이하다. 예를 들어 OpenCV, SciPy, Matplotlib 등의 라이브러리는 넘파이 배열을 사용하므로 데이터를 쉽게 공유하고 처리할 수 있다.

파이썬 OpenCV에서는 넘파이의 배열 클래스인 ndarray를 사용한다. 이 클래스는 다차원 배열을 다루는 데 사용되며, 이미지 처리와 컴퓨터비전 작업에서 특히 유용하다. 이 클래스의 중요 특성은 다음과 같다.

1. **차원의 수(ndim)[22]**: ndim은 배열이 몇 개의 차원으로 이루어져 있는지를 나타내는 속성이다. 이미지의 경우 2차원으로 생각하기 쉽지만 파이썬에서는 3차원으로 간주된다. 이는 이미지가 너비, 높이 및 채널이라는 세 가지 차원을 갖기 때문이다.

2. **차원의 크기(shape)**: shape 속성은 각 차원에서 데이터의 크기를 나타낸다. 이미지의 경우, shape는 (높이, 너비, 채널) 형태의 튜플로 반환된다. 이는 이미지의 높이, 너비 및 채널 수를 나타낸다.

3. **데이터 형식(dtype)**: dtype은 데이터의 정밀도를 나타내는 속성이다. 이미지 데이터는 일반적으로 정수 또는 부동 소수점 값으로 저장된다. dtype 설정을 통해 데이터의 표현 범위와 정밀도를 조절할 수 있다. 예를 들어 uint8 데이터 유형은 8비트 부호 없는 정수를 나타내며, 범위가 0에서 255까지인 이미지를 저장할 수 있다.

파이썬 OpenCV에서 이미지를 다룰 때, ndarray의 속성은 이미지 데이터를 효과적으로 다루고 처리하는 데 중요한 역할을 한다. 또한 넘파이 및 OpenCV를 함께 사용해 이미지 처리 작업을 수행하는 것이 효율적이며, 다양한 비전 작업을 수행하는 데 필수적인 라이브러리다. 다음 예제 3.22는 넘파이 배열의 기본 요소를 확인하는 예다.

예제 3.22 넘파이 배열의 기본 요소

```python
import numpy as np

array = np.array([[1, 2, 3],
                  [4, 5, 6]])

print(array.ndim)
print(array.shape)
print(array.dtype)
```

【 출력 결과 】

```
2
(2, 3)
int32
```

넘파이 라이브러리를 사용하려면 상단에 import numpy를 써서 임포트한다. 또한 as 구문으로 numpy를 np로 축약해서 사용할 수도 있다.

---

22 이전 버전의 넘파이 라이브러리에서는 차원의 수를 표시할 때 rank를 사용했지만 rank는 더 이상 사용되지 않고 ndim을 통해 차원의 수를 표시한다.

파이썬 배열 클래스를 사용하려면 np.array 구문을 이용해 ndarray를 생성한다. array 함수는 리스트나 튜플과 같은 형태의 인수를 받는다. 그러고 나면 ndim, shape, dtype을 사용해 차원의 수, 차원의 크기, 데이터 형식을 확인할 수 있다.

넘파이 배열을 사용할 때 한 가지 주의할 사항은 리스트, 튜플 등과 동일하게 인수로 전달된 넘파이 배열은 참조 형식이라는 것이다. 따라서 이 값을 변경하면 원본 값도 바뀐다. 또한 dtype을 명시적으로 선언하지 않은 경우 입력된 데이터를 저장할 수 있는 자료형을 스스로 파악해서 결정한다.

임의로 생성된 넘파이 배열을 OpenCV에서 사용하는 데이터 형식과 일치시키려면 표 2.2의 '파이썬 OpenCV 정밀도 형식'을 참고한다.

ndarray 클래스

넘파이의 ndarray 클래스는 동일한 자료형을 가진 값들이 다차원 배열 형태로 생성된다. 이 클래스는 스스로 자료형을 유추하고 자동으로 할당할 수 있다. 다차원 배열을 생성할 때는 배열의 형태(shape)를 지니고 있는 객체가 필요하다. 넘파이 배열은 파이썬의 리스트(list)나 튜플(tuple), 또는 이미 생성된 다른 ndarray 클래스와 같은 넘파이 배열을 중첩해 생성할 수 있다. 일반적으로 넘파이 배열의 생성은 numpy.array 함수를 사용해 이루어진다. 이 함수는 다음과 같이 정의돼 있다.

array 함수 정의

```
np.array( object , dtype = None , copy = True , order = "K" , subok = False , ndmin = 0 )
```

object는 열을 생성하려는 데이터나 객체를 나타낸다. 이 매개 변수에는 여러 다양한 데이터 유형이 올 수 있으며, 넘파이 배열로 변환하고자 하는 데이터가 포함된 원본 객체를 의미한다. 생성할 객체로 파이썬 리스트, 튜플, 다른 ndarray 등이 올 수 있다.

dtype은 배열의 자료형으로 배열의 데이터 형식을 지정한다. 이 값을 생략할 경우 입력된 객체의 자료형을 자동으로 유추한다. 가령 object가 1과 0으로 구성된 배열일 경우, 스스로 값을 유추해서 int32 형태의 넘파이 배열을 생성한다. 하지만 dtype을 bool로 지정할 경우 True와 False의 값을 가진 넘파이 배열을 생성한다.

copy는 입력된 객체의 복사 여부를 설정한다. False로 지정하면 객체를 복사하지 않지만 자료형이나 형태가 다르다면 copy의 인수가 False여도 객체를 복사해서 생성한다.

order는 다차원 데이터의 메모리 레이아웃을 지정한다. C 스타일과 포트란 스타일의 메모리 레이아웃이 있다. 메모리 레이아웃을 이해하기 위해서는 C와 포트란의 **메모리 순서**를 알아야 한다.

C의 다차원 배열은 가장 빠르게 변화하는 색인의 순서로 할당된다. [i][j][k] 형태로 색인이 구성돼 있다면 k의 값부터 순차적으로 증가하고, 뒤의 배열 색인이 최댓값에 도달하면 그 앞의 색인이 증가하는 구조다.

포트란에서는 C와 반대로 i의 값부터 순차적으로 증가하고, 앞의 배열 색인이 최댓값에 도달하면 그 뒤의 색인이 증가하는 구조다. C 스타일은 행을 먼저 순차적으로 저장하며 포트란 스타일은 열을 먼저 순차적으로 저장한다.

즉, C 스타일은 **행 기반(Row-major)** 레이아웃을 의미하며, 포트란 스타일은 **열 기반(Column-major)** 레이아웃을 의미한다. 또한 order는 copy 값에 영향을 받는다.

subok는 하위 클래스에서 배열 생성 여부를 나타낸다. True일 경우 하위 클래스에 전달되고 False일 경우 반환된 배열은 ndarray 클래스가 된다. ndmin은 반환된 배열의 최소 차원 수를 나타낸다. 입력된 객체가 1차원 배열일 때 ndmin을 3으로 설정한다면 3차원 배열로 생성된다. 입력 객체가 [1, 2, 3]이고 ndmin을 3으로 설정한다면 입력 객체를 [[[1, 2, 3]]]으로 설정한 것과 동일한 구조를 갖는다. 표 3.20은 메모리 레이아웃 설정의 옵션을 나타낸다.

표 3.20 array의 메모리 레이아웃 설정

order	copy=False	copy=True
K	레이아웃에 최대한 일치	
A	포트란에 근접한 경우 포트란 스타일, 아닐 경우 C 스타일	
C	C 스타일 유지	C 스타일 복사
F	포트란 스타일 유지	포트란 스타일 복사

K는 입력된 object의 레이아웃을 최대한 일치시키는 것을 의미하며, A는 입력된 object가 포트란에 근접한 경우 F를 사용하고 아니라면 C를 사용한다. C와 F는 앞서 설명한 C와 포트란 스타일의 메모리 레이아웃을 의미한다. 예제 3.23은 넘파이 배열을 생성하는 예다.

예제 3.23 넘파이 배열 생성

```
import numpy as np

array1 = np.array([[1, 2, 3], [4, 5, 6]])
array2 = np.array([1, 2, 3], dtype=complex, ndmin=3)
array3 = np.array(array1, copy=False)
array4 = np.array(np.mat('1 2; 3 4'), subok=True)
```

```
array1[0] = [4, 5, 6]

print(array1)
print(array2)
print(array3)
print(type(array4))
```

【 출력 결과 】

```
[[4 5 6]
 [4 5 6]]
[[[1.+0.j 2.+0.j 3.+0.j]]]
[[4 5 6]
 [4 5 6]]
<class 'numpy.matrix'>
```

array1은 리스트를 통해 기본적인 2차원 배열을 생성하며, array2는 dtype과 ndmin을 할당해서 복소수 형태의 3차원 배열을 생성했다. array3의 경우 copy를 False로 지정해 array1을 참조한다. 결괏값이 할당된 이후에 array1의 값을 변경했지만 배열을 복제하지 않아 array3도 [[4 5 6] [4 5 6]]의 값을 갖게 된다. array4는 mat 함수로 하위 클래스로서 ndarray 클래스가 아닌 matrix 클래스를 사용한다.

matrix 클래스는 입력된 배열을 행렬로 인식한다. ndarray 클래스와 matrix 클래스는 행렬 연산에서 큰 차이를 보인다(마지막 절에서 설명). 배열을 생성하는 함수는 array 함수 외에도 다양하다. 표 3.21은 자주 사용되는 ndarray 클래스 형식의 배열 생성 함수를 정리한 것이다.

표 3.21 넘파이 배열 생성 함수

함수	설명
np.eye(n, m, k=0, dtype=None)	n×m 크기의 k만큼 오프셋된 단위 행렬 생성
np.identity(n, dtype=None)	n×n 크기의 단위 행렬 생성
np.ones([n, m, …], dtype=None)	지정된 배열 크기에 1로 채워진 배열 생성
np.ones_like(object, dtype=None)	지정된 배열 크기와 동일한 크기에 1로 채워진 배열 생성
np.zeros([n, m, …], dtype=None)	지정된 배열 크기에 0으로 채워진 배열 생성
np.zeros_like(object, dtype=None)	지정된 배열 크기와 동일한 크기에 0으로 채워진 배열 생성
np.full([n, m, …], fill_value, dtype=None)	지정된 배열 크기에 fill_value로 채워진 배열 생성

함수	설명
np.full_like(object, fill_value, dtype=None)	지정된 배열 크기와 동일한 크기에 fill_value로 채워진 배열 생성
np.ndarray.fill(array, value)	지정된 배열에 value로 채워진 배열 생성
np.empty([n, m, …], dtype=None)	지정된 배열 크기에 초기화되지 않은 배열 생성
np.empty_like(object, dtype=None)	지정된 배열 크기와 동일한 크기에 초기화되지 않은 배열 생성
np.diag(v, k=0)	2차원 배열 이하의 v 배열을 k만큼 오프셋된 대각 행렬 생성
np.diagflat(v, k=0)	N차원 배열 v 배열을 1차원 배열로 변경한 후 k만큼 오프셋된 대각 행렬 생성
np.arange(start=0, end, step=1, dtype=None)	start ~ end-1 사이의 값을 step만큼 간격을 띄운 1차원 배열 생성
np.linspace(start, stop, num=50, endpoint=True, retstep=False, dtype=None)	start ~ stop 사이의 값을 num만큼 생성한 1차원 배열 생성(endpoint는 stop 값의 포함 여부, retstep은 step 값을 계산해서 배열에 포함한 후 튜플로 반환)
np.logspace(start, stop, num=50, endpoint=True, base=10.0, dtype=None)	start ~ stop 사이의 값을 num만큼 생성한 후 base 배율만큼 띄운 1차원 로그 배열 생성(endpoint는 stop 값의 포함 여부, base는 로그 값의 간격)

개별 단위 요소에 접근하기

배열 요소에 접근하는 방법은 파이썬의 리스트나 튜플의 자료형을 참조하는 방식과 유사하다. ndarray 클래스나 이후에 설명할 matrix 클래스도 같은 참조 형태를 보인다. 이러한 배열 클래스들은 가변성 (Mutable) 객체로 분류된다. 따라서, 배열을 단순히 새로운 ndarray 변수에 할당하면 실제로는 원본 배열을 참조하게 된다.

이렇게 할당하면 **얕은 복사(Shallow copy)**[23]가 이루어지므로, 원본 배열과 새 배열이 동일한 데이터를 참조한다. 따라서, 이러한 형태의 할당은 특별한 경우가 아니라면 지양하는 것이 좋다. **깊은 복사 (Deep copy)**[24]를 수행해 객체를 복제하려면 copy 메서드나 numpy.copy 함수 등을 사용한다. 깊은 복

---

23 복사본의 값을 바꿨을 때 원본의 값도 바뀌는 형태
24 복사본의 값을 바꿔도 원본의 값은 바뀌지 않는 형태

사를 수행하면 원본과는 별도의 객체가 생성되며, 변경된 경우 다른 배열에는 영향을 미치지 않는다.[25]
예제 3.24는 배열의 개별 단위 요소에 접근하는 예다.

예제 3.24 배열의 개별 단위 요소에 접근하기

```python
import numpy as np

array1 = np.array([1, 2, 3])
array2 = np.array([[1, 2],
                   [3, 4]])
array3 = np.array([[[1, 2],
                    [3, 4]],
                   [[5, 6],
                    [7, 8]]])


print(array1[-1])
print(array2[0][1])
print(array3[0][1][1])
```

【 출력 결과 】

```
3
2
4
```

각 array 변수는 1차원, 2차원, 3차원 형태의 배열이다. 다중 차원 배열의 값을 불러올 때는 대괄호를
사용해 **배열[페이지][행][열]** 형태로 요소에 접근할 수 있다. array1은 1차원 배열로, 마지막 번째 열에
접근해 3의 값을 반환한다. array2는 2차원 배열로, 첫 번째 행과 두 번째 열에 접근해 2의 값을 반환한
다. array3은 3차원 배열로, 행과 열 외에도 페이지라는 요소를 사용한다.

첫 번째 페이지의 두 번째 행과 두 번째 열에 접근해 4의 값을 반환한다. 3차원 이상의 경우 페이지의
수가 늘어나며 만약 4차원 배열을 사용한다면 '배열[페이지1][페이지2][행][열]'의 구조가 된다. 개별
요소에 접근한다면 반환 형식은 배열 요소의 자료형(dtype)이 된다.[26]

---

[25] 컴퓨터비전의 특성상 변형 전 이미지와 변형 후 이미지를 비교하거나 서로 연산하는 경우가 많다. 이 때 얕은 복사로 이미지를 변형한다면 변형 전 이미지를 사용할 수 없다.
[26] 혼란을 방지하고자 인덱싱 순서(0, 1, 2, …, n-1)가 아닌 숫자 표기 순서(1, 2, 3, …, n)로 설명한다.

배열의 블록 단위 요소에 접근하기

앞 절에서는 배열의 개별 요소에 직접 접근하는 방법을 배웠다. 그러나 실제 응용 프로그램에서는 종종 전체 배열이 아니라 배열의 일부분, 특정 행, 열 또는 일정 범위의 하위 영역에 접근해야 할 때가 많다. 이렇게 하위 배열에 접근함으로써 불필요한 연산을 줄일 수 있다. 예제 3.25는 특정 배열을 선택해 조건에 맞는 요소를 표시하는 예다.

예제 3.25 배열의 블록 단위 요소에 접근하기 (1)

```python
import numpy as np

array = np.array([[[1, 2],
                   [3, 4]],
                  [[5, 6],
                   [7, 8]]])

for i in array[0]:
    for j in i:
        if j % 2 == 0:
            print(j)
```

【 출력 결과 】

```
2
4
```

예제 3.25는 array 배열의 첫 번째 페이지의 행렬에서 짝수 요소만 출력하는 예다. 1차원 이상의 배열을 참조한 경우 반환 형식은 ndarray다. array[0]은 3차원 ndarray 클래스에서 첫 번째 페이지를 참조했다. array[0]에는 2차원 배열([[1, 2], [3, 4]])이 저장돼 있으며 반복문(for i)을 통해 배열의 각 행에 접근한다. 반복문(for j)은 배열의 열에 해당하는 요소에 접근하게 되고 분기문(if)을 활용해 각 요소의 값이 짝수인지 확인한다.

접근해야 할 배열의 특정 위치를 알고 있다면 해당 페이지나 행 등을 참조해서 연산량을 줄일 수 있다. 특정 페이지나 행, 열에 접근하는 방법 외에도 범위를 참조해서 블록 단위 요소에 접근할 수 있다. 예제 3.26은 특정 범위의 블록을 잘라 참조하는 예다.

예제 3.26 배열의 블록 단위 요소에 접근하기 (2)

```python
import numpy as np

array = np.array([[1, 2, 3, 4, 5],
                  [6, 7, 8, 9, 10],
                  [11, 12, 13, 14, 15],
                  [16, 17, 18, 19, 20]])

print(array[1:3])
print(array[::2])
print(array[1:3, 2:4])
print(array[..., 3, 1])
```

【 출력 결과 】

```
[[ 6  7  8  9 10]
 [11 12 13 14 15]]
[[ 1  2  3  4  5]
 [11 12 13 14 15]]
[[ 8  9]
 [13 14]]
17
```

넘파이 배열에서 슬라이싱을 사용하는 방법은 파이썬의 다른 시퀀스(문자열, 리스트, 튜플)와 유사하다. 슬라이싱은 배열의 원하는 부분을 선택하고 추출하는 데 사용된다. 슬라이싱의 주요 방법은 다음과 같다.

- **기본 슬라이싱 형태**: 기본 형태는 배열[start:end]로서 start는 시작 위치를 나타내며, end는 도착 위치를 나타낸다. 결과 배열에는 start 위치부터 end−1 위치까지의 요소가 포함된다. 예를 들어 `array[1:3]`은 배열의 두 번째와 세 번째 요소를 선택해 반환한다.

- **스텝(step)을 사용한 슬라이싱**: 스텝을 사용한 슬라이싱은 배열[start:end:step] 형태로 사용되며, step은 배열 요소 간의 간격을 나타낸다. 예를 들어 `array[::2]`는 첫 번째 요소부터 마지막 요소까지의 모든 요소 중에서, 두 간격씩 건너뛴 요소를 선택해 반환한다.

- **다차원 배열에서 슬라이싱**: 다차원 배열의 경우, 슬라이싱은 각 차원에 대해 적용된다. 배열[start:end, start:end] 형태로 사용하며, 콤마(,)로 행과 열을 구분한다. 예를 들어 `array[1:3, 2:4]`는 두 번째와 세 번째 행에서 두 번째와 세 번째 열까지의 하위 배열을 선택해 반환한다.

- **'...'을 사용한 슬라이싱**: 다차원 배열의 경우, '...'을 사용해 여러 차원에 대한 슬라이싱을 간결하게 표현할 수 있다. 이 표현 법은 배열[..., 차원1, 차원2, 행, 열] 형태를 띤다. 예를 들어 array[..., 3, 1]는 배열의 모든 차원에서 세 번째, 첫 번째 요소를 선택해 반환한다.

이러한 슬라이싱 기법을 사용해 배열의 특정 부분을 선택하고 데이터를 추출하며, 관심 영역 지정이나 이미지 처리 및 필터링 작업 등에서 이미지를 작은 부분으로 나누어 특정 작업을 수행하거나 필터를 적 용하는 데 주로 사용된다.

차원 변형

N차원 배열을 초기화한 후에 데이터를 변경하지 않고 새로운 차원의 배열을 생성하려면 reshape 메서 드를 사용할 수 있다. 이 함수를 사용해 원본 배열의 데이터를 새로운 형태로 재배열할 수 있으며, 새로 운 배열의 형태는 원본 배열의 모양과 호환돼야 한다.

다시 말해, 원래 데이터의 총 길이(요소의 개수)와 동일한 길이를 가져야 한다. 예를 들어 원본 배열 의 크기가 3×4라면 새롭게 변경된 배열의 크기는 12×1, 2×6, 2×2×3 등으로 총 개수가 동일해야 한다.

reshape 메서드를 사용하면 원본 배열의 데이터는 변경되지 않고 단순히 새로운 형태로 배열이 재구성 된다. 이를 통해 데이터를 다양한 형태로 효율적으로 활용할 수 있다. 예제 3.27은 배열의 차원을 변형 하는 예다.

예제 3.27 배열의 차원 변형

```python
import numpy as np

array = np.arange(12)

reshape1 = array.reshape(2, 3, 2)
reshape2 = np.reshape(array, (2, -1), order="F")

print(reshape1)
print(reshape2)
```

【 출력 결과 】

```
[[[ 0  1]
  [ 2  3]
```

```
  [ 4  5]]

 [[ 6  7]
  [ 8  9]
  [10 11]]]
[[ 0  2  4  6  8 10]
 [ 1  3  5  7  9 11]]
```

배열의 차원은 array.reshape(n, m, k, …, order="C")나 np.reshape(array, (n, m, k, …), order="C") 형태로 변형할 수 있다. order 매개 변수는 앞서 설명한 배열의 메모리 레이아웃을 의미한다.

array 변수는 [0 1 2 3 4 5 6 7 8 9 10 11]의 형태다. 첫 번째 결괏값은 1차원 array 배열을 2페이지 3행 2열의 형태로 차원을 변형해 출력한다. 두 번째 결괏값은 2행 6열의 형태로 변형하며, 배열의 메모리 레이아웃을 포트란 스타일의 메모리 순서로 설정한다. 포트란 스타일로 차원을 재설정해서 열 기준으로 새롭게 차원이 생성된다.

배열의 차원을 결정하는 n, m, k, ... 매개 변수 중 한 요소는 −1로 사용할 수 있다. 요소에 −1을 지정하면 나머지 매개 변숫값들로 배열의 차원을 계산해 원본 배열의 모양과 호환되는 값이 할당된다.

원본 배열의 크기가 미리 정해져 있기 때문에 −1 자리에 위치한 차원은 reshape 메서드가 계산할 수 있다. 즉, 원본 배열의 크기가 3×4일 때 인수의 값을 (2, 6)로 지정하는 것과 (2, −1)로 지정하는 것은 동일한 의미다(미지수가 하나이기 때문에 −1 자리에는 무조건 6의 값이 할당된다).

reshape 메서드의 경우 전체 요소에 대해 값을 재정렬하고 차원을 변형한다. 하지만 단순히 차원만 증가시키는 경우에는 newaxis를 활용해 차원을 확장할 수 있다. 예제 3.28은 차원을 확장하는 예다.

예제 3.28 배열의 차원 확장

```python
import numpy as np

array = np.arange(4)

axis1 = array[np.newaxis]
axis2 = array[:, np.newaxis]

print(axis1)
print(axis2)
```

```
[[0 1 2 3]]
[[0]
 [1]
 [2]
 [3]]
```

대괄호 안에 np.newaxis를 지정해 배열의 차원을 증가시킨다. 행 부분에 지정할 경우 차원을 한 단계 추가하며, 열 부분에 지정할 경우 요소를 분해한 뒤 차원을 한 단계 추가한다. 행과 열 외에도 페이지 영역에도 복합적으로 사용할 수 있다.

반대로 차원을 축소하려면 reshape 메서드를 사용한다. 하지만 reshape 메서드를 사용하지 않고 1차원 배열로 변형할 수 있다. 예제 3.29는 1차원 배열로 반환하는 예다.

예제 3.29 배열의 차원 축소

```python
import numpy as np

array = np.arange(12).reshape(3,-1)

flat1 = array.flatten(order="F")
flat2 = array.ravel()

print(flat1)
print(flat2)
```

【 출력 결과 】

```
[ 0  4  8  1  5  9  2  6 10  3  7 11]
[ 0  1  2  3  4  5  6  7  8  9 10 11]
```

array는 3×4 형태의 2차원 배열이다. 예제에서는 다중 차원 형태의 배열을 1차원 형태의 배열로 간단하게 변형했다. flatten과 ravel은 동일한 결과를 반환하며, 두 함수 모두 매개 변수로는 order를 사용할 수 있다.

첫 번째 결과는 배열의 메모리 레이아웃을 포트란 스타일로 반환한 결과다. 두 번째 결과는 배열의 메모리 레이아웃을 C 스타일로 반환한 결과다.

추가로 1차원 형태로 변형하는 ravel은 np.ravel 형식으로도 사용할 수 있다. 하지만 flatten 메서드의 경우 numpy.ndarray 클래스에 포함돼 있어 np.flatten이 아닌 np.ndarray.flatten 형식으로 사용한다.

병합 및 분리

여러 배열을 병합할 때, 새로운 축을 따라 배열을 연결할 수 있다. 이때, 병합하려는 배열들의 형태가 동일해야 한다. 즉, 페이지, 행, 열 등의 차원이 모두 일치해야 한다. 넘파이에서는 stack 함수를 사용해 서로 다른 배열을 결합할 수 있다.

stack 함수는 axis 매개 변수를 사용해 새로운 축을 설정한다. axis=0을 지정하면 첫 번째 차원을 기준으로 삽입되며, axis=-1을 지정하면 마지막 번째 차원을 기준으로 삽입된다. 축은 이어 붙일 차원의 범위를 넘어갈 수 없다. 예제 3.30은 배열을 병합하는 예다.

예제 3.30 배열의 병합

```python
import numpy as np

array1 = np.arange(6).reshape(2, 3)
array2 = np.arange(6, 12).reshape(2, 3)

merge1 = np.stack([array1, array2], axis=0)
merge2 = np.stack([array1, array2], axis=-1)

print(merge1)
print(merge2)
```

【 출력 결과 】

```
[[[ 0  1  2]
  [ 3  4  5]]

 [[ 6  7  8]
  [ 9 10 11]]]
[[[ 0  6]
  [ 1  7]
  [ 2  8]]

 [[ 3  9]
```

```
[ 4 10]
[ 5 11]]]
```

배열을 병합하는 함수는 np.stack([array1, array2, …], axis=n) 형식으로 사용한다. 입력 배열은 대괄호를 사용해 하나의 배열로 묶는다. 대괄호 안의 입력 배열은 모두 동일한 형태여야 하며, axis를 통해 병합할 배열의 축 방향을 설정한다. -1은 마지막 번째 차원을 나타낸다. 입력 배열의 차원이 2차원이므로 axis=-1은 axis=2와 같은 의미다.

반대로 배열을 분리해서 여러 개의 하위 배열로 나눌 수 있다. 슬라이싱을 통해 배열을 분리할 수 있지만 이 방법은 일부 배열을 잘라내는 방식이다. split 함수를 사용하면 축을 기준으로 하위 배열로 나눠 반환할 수 있다. 예제 3.31은 배열을 분리하는 예다.

예제 3.31 배열의 분리

```python
import numpy as np

array = np.arange(10).reshape(2, 5)

detach1 = np.split(array, 2, axis=0)
detach2 = np.split(array, [2, 3], axis=1)

print(detach1)
print(detach2)
```

【 출력 결과 】

```
[array([[0, 1, 2, 3, 4]]), array([[5, 6, 7, 8, 9]])]
[array([[0, 1], [5, 6]]), array([[2], [7]]), array([[3, 4], [8, 9]])]
```

배열은 np.split(array, index, axis=n) 또는 np.split(array, sections, axis=n) 형태로 분리할 수 있다. 배열의 분리 방식을 구분하는 요소는 두 번째 매개 변수의 데이터 형식이다.

전자의 방식은 입력 배열 array를 index의 개수만큼 axis 방향 기준으로 분리해 하위 배열로 나눈다. index의 허용 조건은 입력 배열의 axis에 해당하는 차원의 크기를 index로 나눴을 때 정수가 발생해야 한다는 것이다. axis의 허용 조건은 입력 배열의 차원 수를 넘어갈 수 없다는 것이다.

만약 입력 배열이 6×4 크기의 2차원 배열이고 index=2, axis=1로 사용한다면, 열을 기준으로 2개의 배열로 나눠 세로로 반이 나눠진 6×2 배열이 두 개 반환된다.

후자의 방식은 분할할 배열의 방식을 나타낸다. 정수로 이뤄진 1차원 배열을 인수로 사용하며, 예제의 경우 array[2:3]을 기준으로 나눈다. 즉, array[:2], array[2:3], array[3:] 형태로 삼분할한다. 이때 열을 기준으로 나눴으므로 중간에 위치한 2와 7을 기준으로, 좌측과 우측으로 나눠져 세 개로 분리된 배열을 반환한다.

그 밖의 배열 함수

지금까지 넘파이 라이브러리를 사용해 배열의 접근, 변형, 병합, 분리 등을 살펴봤다. 앞서 설명한 예제에 사용된 함수나 언급되지 않은 함수와 상수는 표 3.22에 정리했다.

표 3.22 기타 배열 함수 및 상수

함수	설명
np.reshape(array, newshape, order="C")	입력 배열의 새로운 모양을 설정(newshape는 정수 또는 정수형 튜플)
np.ndarray.flatten(array, order="C")	입력 배열을 1차원 배열로 반환
np.flatten(array, order="C")	입력 배열을 1차원 배열로 반환
np.stack(arrays, axis=0)	입력 배열들을 축을 기준으로 병합
np.hstack(arrays)	입력 배열들을 열 방향으로 병합(가로)
np.vstack(arrays)	입력 배열들을 행 방향으로 병합(세로)
np.dstack(arrays)	입력 배열들을 깊이 방향으로 병합(축)
np.tile(array, reps)	입력 배열을 반복해서 연결(reps는 정수 또는 정수형 튜플)
np.split(array, index/sections, axis=0)	입력 배열을 축을 기준으로 분리
np.hsplit(array, index/sections)	입력 배열을 열 방향으로 분리(가로)
np.vsplit(array, index/sections)	입력 배열을 행 방향으로 분리(세로)
np.dsplit(array, index/sections)	입력 배열을 깊이 방향으로 분리(축)
np.moveaxis(arrays, src, dst)	입력 배열의 축을 새로운 위치로 이동(src, dst는 정수 또는 정수형 튜플)
np.swapaxes(array, axis1, axis2)	입력 배열의 축을 교환(axis1, axis2는 정수)
np.transpose(array, axes=None)	입력 배열의 차원의 크기 순서를 변경(axes는 정수형 리스트)
상수	설명
np.newaxis	새로운 축 지정
np.inf	양의 무한대

상수	설명
np.NINF	음의 무한대
np.PZERO	양의 0.0
np.NZERO	음의 0.0
np.nan	Not a Number
np.e	오일러 상수(자연로그의 밑)
np.pi	원주율
numpy.euler_gamma	오일러 감마

배열 연산

파이썬에 기본적으로 내장돼 있는 math 라이브러리는 실수(real number)에 대해서만 연산을 지원한다. math 라이브러리는 컨테이너 자료형에 대해서는 연산이 불가능해서, 반복문 등으로 배열 연산을 수행했다.

하지만 넘파이 배열은 **범용 함수(Universal functions)**를 제공한다. 범용 함수는 **브로드캐스팅(Broadcasting)** 및 **형식 캐스팅(Type casting)** 기능을 ndarray 클래스로 지원하며, 배열의 요소별 연산을 고속으로 수행하는 벡터화된 **래퍼 함수(Wrapper function)**다.

브로드캐스팅이란 넘파이 배열에서 차원의 크기가 서로 다른 배열에서도 산술 연산을 가능하게 하는 원리다. 두 배열 간 차원의 크기가 (4, 2), (2,)[27]일 때 산술 연산을 실행한다면 (2,)의 배열이 (4, 2) 행렬의 각 행에 대해 요소별 연산을 실행한다. 이처럼 두 배열 간의 차원의 크기가 달라도 차원의 크기가 더 큰 배열에 대해 작은 배열을 여러 번 반복하지 않아도 되는 것을 의미한다.

형식 캐스팅이란 연산하려는 두 배열의 자료형(dtype)을 비교해 표현 범위가 더 넓은 자료형을 선택하는 것을 말한다. 즉, int 배열과 float 배열의 산술 연산을 수행할 때 암시적으로 float 형식으로 변환해 결괏값을 얻는다.

브로드캐스팅 기능을 사용할 때는 몇몇 허용 규칙이 있다. 차원의 크기가 서로 다른 두 배열은 다음과 같은 규칙을 따른다.

1. 두 배열의 차원(ndim)이 같지 않다면 차원이 더 낮은 배열이 차원이 더 높은 배열과 같은 차원의 배열로 인식된다. 예를 들어 (1, 2) 배열과 (1, 4, 2)의 배열을 연산한다면 (1, 2) 배열은 (1, 1, 2) 배열로 간주한다.

---

27 (2,)은 1차원 형태의 배열을 의미한다. 즉, [a b]의 값을 지닌다.

2. 반환된 배열은 연산을 수행한 배열 중 차원의 수(ndim)가 가장 큰 배열이 된다.

3. 연산에 사용된 배열과 반환된 배열의 차원의 크기(shape)가 같거나 1일 경우 브로드캐스팅이 가능하다.

4. 브로드캐스팅이 적용된 배열의 차원 크기(shape)는 연산에 사용된 배열들의 차원의 크기에 대한 최소 공배수 값으로 사용한다. 예를 들어 (6, 2, 1), (2, 3)의 배열을 브로드캐스팅한다면 각 요소의 최소 공배수 값을 반환해서 (6, 2, 3)이 된다. (2, 3)은 가장 큰 차원 수(ndim)로 변환되어 (1, 2, 3)이 된다. 이 값에 각 요소의 최소 공배수 값을 구한다면 lcm(6, 1)=6, lcm(2, 2)=2, lcm(1, 3)=3이 된다.

범용 함수는 전체 원소에 대해 고속 연산을 통해 배열 안의 원소별 연산을 간단하게 진행할 수 있다. 예제 3.32는 브로드캐스팅과 형식 캐스팅을 활용한 예다.

예제 3.32 배열의 브로드캐스팅과 형식 캐스팅

```python
import numpy as np

array1 = np.array([1, 2, 3, 4]).reshape(2, 2)
array2 = np.array([1.5, 2.5])

add = array1 + array2

print(add)
```

【 출력 결과 】

```
[[2.5 4.5]
 [4.5 6.5]]
```

수학 기호를 활용해 각 배열의 원소에 대한 연산을 간단하게 진행할 수 있다. 산술 연산은 +(더하기), -(빼기), *(곱하기), /(나누기), **(제곱), 비교 연산은 <, <=, >, >=, ==, !=, 논리 연산은 &(AND), ¦ (OR), ^(XOR), ~(NOT), <<(LEFT SHIFT), >>(RIGHT SHIFT)로 별도의 반복문이나 조건문 없이 직관적으로 사용 가능하다(NOT 연산 등 단일 배열에 대해서만 가능한 연산이 있다). 표 3.23은 넘파이 배열에서 사용 가능한 범용 함수를 정리한 것이다.

표 3.23 배열의 범용 함수

수학 함수	설명
np.add(array1, array2)	요소별 덧셈
np.subtract(array1, array2)	요소별 뺄셈

수학 함수	설명
np.multiply(array1, array2)	요소별 곱셈
np.divide(array1, array2)	요소별 나눗셈
np.power(array1, array2)	요소별 제곱
np.mod(array1, array2)	요소별 나눗셈의 나머지
np.floor_divide(array1, array2)	요소별 나눗셈 내림 처리
np.logaddexp(array1, array2)	요소별 지수의 합을 로그 처리 log(exp(array1)+exp(array2))
np.logaddexp2(array1, array2)	요소별 2의 제곱의 합을 밑이 2인 로그 처리 log2(2**array1 + 2**array2)
np.positive(array)	요소별 양수 곱
np.negative(array)	요소별 음수 곱
np.abs(array)	요소별 절댓값
np.round(array)	요소별 반올림
np.ceil(array)	요소별 올림
np.floor(array)	요소별 내림
np.trunc(array)	요소별 절사
np.maximum(array1, array2)	요소별 최댓값
np.minimum(array1, array2)	요소별 최솟값
np.sqrt(array)	요소별 제곱근
np.exp(array)	요소별 지수
np.log(array)	요소별 밑이 e인 로그
np.log2(array)	요소별 밑이 2인 로그
np.log10(array)	요소별 밑이 10인 로그
삼각 함수	설명
np.sin(array)	요소별 사인
np.cos(array)	요소별 코사인
np.tan(array)	요소별 탄젠트
np.arcsin(array)	요소별 아크 사인
np.arccos(array)	요소별 아크 코사인
np.arctan(array)	요소별 아크 탄젠트

삼각 함수	설명
np.arctan2(array1, array2)	요소별 아크 탄젠트 array1 / array2
np.sinh(array)	요소별 하이퍼볼릭 사인
np.cosh(array)	요소별 하이퍼볼릭 코사인
np.tanh(array)	요소별 하이퍼볼릭 탄젠트
np.arcsinh(array)	요소별 하이퍼볼릭 아크 사인
np.arccosh(array)	요소별 하이퍼볼릭 아크 코사인
np.arctanh(array)	요소별 하이퍼볼릭 아크 탄젠트
np.deg2rad(array)	요소별 각도에서 라디안 변환
np.rad2deg(array)	요소별 라디안에서 각도 변환
np.hypot(array1, array2)	요소별 빗변 거리 계산

비트 연산 함수	설명
np.bitwise_and(array1, array2)	요소별 AND 연산
np.bitwise_or(array1, array2)	요소별 OR 연산
np.bitwise_xor(array1, array2)	요소별 XOR 연산
np.bitwise_not(array)	요소별 NOT 연산
np.left_shift(array1, array2)	요소별 LEFT SHIFT 연산
np.right_shift(array1, array2)	요소별 RIGHT SHIFT 연산

비교 함수	설명
np.greater(array1, array2)	요소별 array1 > array2 연산
np.greater_equal(array1, array2)	요소별 array1 >= array2 연산
np.less(array1, array2)	요소별 array1 < array2 연산
np.less_equal(array1, array2)	요소별 array1 <= array2 연산
np.equal(array1, array2)	요소별 array1 == array2 연산
np.not_equal(array1, array2)	요소별 array1 != array2 연산

논리 함수	설명
np.logical_and(array1, array2)	요소별 Boolean 자료형 논리 AND 연산
np.logical_or(array1, array2)	요소별 Boolean 자료형 논리 OR 연산
np.logical_xor(array1, array2)	요소별 Boolean 자료형 논리 XOR 연산
np.logical_not(array)	요소별 Boolean 자료형 논리 NOT 연산

표 3.23은 브로드캐스팅에 의해 배열의 크기가 보존되는 연산 함수다. 하지만 단일 배열 또는 행렬에 대한 원소 간 연산을 수행한다면 ndarray 클래스가 아닌 int32 등의 자료형으로 반환되는 범용 함수도 있다. 표 3.24는 단일 배열 또는 행렬에 대한 원소별 연산을 정리한 것이다.

표 3.24 단일 배열 또는 행렬 범용 함수

수학 함수	설명
np.dot(array1, array2)	배열의 점곱(Dot product)
np.cross(array1, array2)	배열의 벡터곱(Cross product)
np.inner(array1, array2)	배열의 내적(Inner product)
np.outer(array1, array2)	배열의 외적(Outer product)
np.tensordot(array1, array2)	배열의 텐서곱(Tensor product)
np.sum(array)	배열 원소의 합
np.prod(array)	배열 원소의 곱
np.cumsum(array)	배열 원소의 누적 합
np.cumprod(array)	배열 원소의 누적 곱
np.diff(array)	배열 원소별 차분
np.gradient(array)	배열 원소별 기울기
np.matmul(array1, array2)	배열의 행렬 곱

표 3.24에서 확인할 수 있듯이 점곱과 내적, 벡터곱과 외적은 서로 다른 연산이므로 서로 다른 결과를 반환한다. 배열의 내외적 연산을 할 때는 주의해서 사용한다. 또한 행렬의 곱은 각 원소에 대한 곱과 행렬 곱으로 두 개가 있다. matmul 함수는 행렬 곱에 대한 연산을 의미한다.

행렬 클래스

matrix 클래스는 넘파이에서 제공하는 특화된 2차원 배열로, 주로 행렬 연산에 사용된다.[28] 이 클래스는 행렬 연산에 특화돼 있으며, ndarray 클래스와는 연산에서 차이가 있다. 특히, matrix 클래스는 * 연산자와 ** 연산자를 행렬 간의 연산으로 처리한다.

---

28 matrix 클래스에 입력되는 인수는 행렬로 인식한다. 만약 matrix 클래스의 인수에 상수나 1차원 배열을 입력하면 2차원 행렬로 인식된다. 또한 3차원 이상의 값을 인수로 입력하면 오류가 발생한다.

ndarray 클래스에서 * 연산자는 각 원소 간의 곱셈을 수행하고, ** 연산자는 각 원소를 제곱한다. 반면에 matrix 클래스에서 * 연산자는 행렬 간의 행렬곱을 수행하며, ** 연산자는 행렬의 거듭제곱을 수행한다. 다음 예제 3.33은 matrix 클래스를 사용해 행렬 연산을 수행한 예다.

예제 3.33 matrix 클래스를 이용한 행렬 생성

```
import numpy as np

array1 = np.array([1, 2, 3, 4]).reshape(2, 2)
array2 = np.array([5, 6, 7, 8]).reshape(2, 2)

mat1 = np.mat(array1)
mat2 = np.mat(array2)

print(mat1.T * mat2)
print(mat1 ** 2)
```

【 출력 결과 】

```
[[26 30]
 [38 44]]
[[ 7 10]
 [15 22]]
```

matrix 클래스를 사용하면 행렬 연산을 직관적이고 간편하게 수행할 수 있다. 이 클래스는 행렬 연산에 특화돼 있어 전치, 공액 복소수 전치, 곱의 역함수 등과 같은 행렬 연산에 필요한 다양한 속성을 제공한다. 예를 들어 *.T는 전치, *.H는 공액 복소수 전치, *.I는 곱의 역함수, *.A는 ndarray 클래스로 변환하는 데 사용된다.

하지만 중요한 점은 넘파이 라이브러리에서는 matrix 클래스의 사용을 권장하지 않는다는 것이다. 대신 ndarray 클래스를 사용해 배열을 처리하고 행렬 연산을 수행하는 것이 권장된다. ndarray 클래스는 다차원 배열을 다루는 범용적인 도구로서 넘파이의 핵심이며, 높은 유연성과 효율성을 제공한다.

따라서 가능하다면 matrix 클래스 대신 ndarray 클래스를 사용해 행렬 연산을 처리하는 것이 좋다. 이렇게 코드를 구성하면 행렬 연산을 보다 효율적으로 수행하고, 넘파이 라이브러리의 일관성을 유지할 수 있다.

관심 영역

파이썬 OpenCV에서 관심 영역을 지정하는 방식은 ndarray 클래스의 행렬에 블록 단위로 접근하는 방식과 동일하다. 즉, 슬라이싱을 통해 원하는 영역의 범위를 설정하고 새로운 ndarray 클래스에 할당한다. 예제 3.34는 관심 영역을 설정하는 예다.

예제 3.34 ndarray 클래스를 이용한 관심 영역 설정

```python
import numpy as np

array = np.zeros((1280, 1920, 3), np.uint8)

x, y, w, h = 100, 100, 300, 300
roi = array[x : x + w, y : y + h]

print(array.shape)
print(roi.shape)
```

【 출력 결과 】

```
(1280, 1920, 3)
(300, 300, 3)
```

관심 영역을 설정하는 방법은 슬라이싱(배열[start : end : step, start : end : step])과 동일하다. 관심 영역을 설정할 때 주의할 사항으로는 end가 너비 또는 높이가 아닌 도착 지점을 의미한다는 것이다. 즉 array[x : w, y : h]를 설정한다면 설정한 관심 영역이 아닌 전혀 다른 관심 영역이 설정된다. 그러므로 예제와 같이 x + w와 y + h의 형태로 지정한다. 넘파이 라이브러리를 사용해 관심 영역을 설정할 때는 이 점에 주의한다.

관심 채널

파이썬 OpenCV에서 관심 채널을 지정하는 것은 관심 영역 설정 방식과 동일하다. 그러므로 ndarray 클래스 행렬에 블록 단위로 접근하는 방식을 사용한다. 관심 채널도 슬라이싱을 통해 설정한다. 일반적으로 관심 채널로 설정된 배열은 새로운 ndarray 클래스에 할당해 사용한다. 예제 3.35는 관심 영역을 설정하는 예다.

예제 3.35 ndarray 클래스를 이용한 관심 채널 설정

```python
import numpy as np

array = np.zeros((1280, 1920, 3), np.uint8)

coi = array[:, :, 0]

print(array.shape)
print(coi.shape)
```

【 출력 결과 】

```
(1280, 1920, 3)
(1280, 1920)
```

관심 채널은 이미지의 너비와 높이를 그대로 유지하고 특정 채널의 값만 불러온다. 그러므로 ':, :'을 지정해 행과 열을 그대로 유지하고 마지막 차원에 어떤 채널을 가져올지를 선택한다. 차원의 수가 3차원에서 2차원으로 감소했지만 3차원으로 간주한다면 (1280, 1920)은 (1280, 1920, 1)과 비슷한 의미를 갖는다(정확하게 일치한다는 의미는 아니다). 해당 배열을 이미지로 사용한다면 단일 채널을 갖는 흑백 이미지로 표현된다.

04

기초 예제

이번 장에서는 OpenCV를 다루기 위한 기초 예제를 다룬다. 앞에서 확인했듯이 OpenCV는 영상 처리 이론과 이미지 구성요소, 기본 데이터 형식 등을 활용해 다양한 작업을 수행할 수 있다. OpenCV는 N차원 배열에 대한 복합적인 연산을 수행할 수 있지만 주된 용도는 이미지 처리다. 이미지는 3차원 배열이라는 것을 알고 있을 것이며, 앞으로 다룰 예제는 이미지 처리를 위한 예제다. 앞에서 배운 기본 지식을 통해 C# OpenCvSharp과 파이썬 OpenCV로 이미지 처리를 수행하는 방법을 이해해 보자.

01 이미지 데이터

이미지 처리 및 컴퓨터비전 프로젝트를 시작하는 많은 개발자와 연구자들에게 가장 기초적이면서도 중요한 단계는 이미지를 불러와서 시각적으로 출력하는 과정이다. 이미지 처리의 시작 단계는 이미지를 읽고 그 내용을 시각적으로 표시하는 것이며, 이러한 기초적인 능력을 습득함으로써 이미지 처리에 대한 기초를 확립할 수 있다. 이번 절에서는 OpenCV를 활용해 이미지를 읽는 방법과 그 이미지를 화면에 출력하는 방법에 대해 자세히 살펴본다.

이미지 입력

이미지 파일은 수백 가지 형식으로 존재하며, 이러한 파일 형식은 이미지를 생성하고 데이터를 저장하기 위한 독자적인 규칙과 압축 방법을 가진다. 그러므로 이미지를 읽기 위해서는 이러한 고유한 포맷을 해석할 수 있어야 한다. 다양한 이미지 형태를 해석하기 위해서는 파일 형식 인식, 파일 읽기, 데이터 해석 등 복잡한 과정을 거쳐야 한다.

OpenCV는 이러한 복잡한 과정을 쉽게 처리하기 위한 별도의 이미지 입력 함수를 제공한다. 이 함수는 이미지 파일을 읽을 때 필요한 메모리 할당과 같은 복잡한 작업을 처리하며, **파일 시그니처(File signature)**[1]를 통해 어떤 코덱을 사용해 이미지를 해석해야 하는지 결정한다.

이미지 입력 함수는 **래스터 그래픽스(Raster graphics)**[2] 이미지 파일을 읽고 쓰는 데 매우 강력하며, 이미지 처리 및 컴퓨터비전 프로젝트를 위한 핵심 도구로 텐서플로나 파이토치와 같은 딥러닝 라이브러리에서도 널리 사용된다. 다음 함수는 각각 C# OpenCvSharp과 파이썬 OpenCV에서 제공하는 이미지 입력 함수다.

C# OpenCvSharp의 이미지 입력 함수

```
Cv2.ImRead(
    string fileName,
    ImreadModes flags = ImreadModes.Color
);
```

파이썬 OpenCV의 이미지 입력 함수

```
cv2.imread(
    fileName,
    flags = cv2.IMREAD_COLOR
)
```

이미지 입력 함수는 파일 시스템에서 이미지를 응용 프로그램으로 불러오는 역할을 수행한다. 이 함수는 **파일명(fileName)**과 **플래그(flags)**를 사용해 이미지 파일을 읽어와서 응용 프로그램에서 사용할 수 있는 형태로 변환한다.

파일명은 이미지 파일의 경로와 이름을 가리킨다. 파일명에는 이미지 파일의 위치를 지정하는 경로가 포함된다. 경로는 절대 경로(Absolute path)[3] 또는 상대 경로(Relative path)[4]로 지정할 수 있다. 절대 경로는 이미지의 전체 경로를 나타내며, 상대 경로는 각 프로그램이 실행되는 위치를 기준으로 한다.

---

1 OpenCV에서 이미지를 불러올 때는 확장자를 확인하는 방식이 아닌 파일 시그니처를 읽어 파일의 포맷을 분석한다. 파일 시그니처는 파일 매직 넘버(File Magic Number)라고도 하며, 각 파일 형식마다 몇 개의 바이트가 지정돼 있다. 예를 들어, PNG 확장자의 경우 89 50 4E 47 … 형태로 파일 헤더에 포함돼 있다.

2 이미지를 픽셀 격자로 표현하는 방식을 의미하며, 각 픽셀은 이미지의 색상 정보를 담고 있다.

3 어떤 파일이 가지고 있는 고유한 경로

4 현재 프로그램의 위치를 기점으로 파악하는 경로

C#의 경우 Project/Project/bin/Debug가 기준 경로이며, 파이썬의 경우 현재 실행된 py 파일이 존재하는 위치를 기준 경로로 삼는다.

절대 경로 예시

```
D:/Images/Orange.png
/usr/local/Images/Orange.png
```

상대 경로 예시

```
Orange.png
../../Orange.png
```

상대 경로 중 '../'는 상위 경로를, './'는 현재 경로를, '/'는 하위 경로를 의미한다. 예를 들어 C#에서 'Project/Project/bin/Debug'에 이미지를 저장할 경우 './Orange.jpg'를 경로로 사용하거나 '/Orange.jpg'를 사용해도 된다. 'Project/Project/bin/'에 이미지를 저장할 경우 '../Orange.jpg'를 사용해 이미지를 불러온다. 이미지 파일의 제목은 대소문자를 구별하지 않으며 파일명과 동일하게 입력해야 한다.

플래그는 입력된 이미지 파일을 어떻게 처리할지 결정하는 데 사용된다. 기본 플래그는 8비트, 3채널, BGR 이미지로 불러오도록 돼 있다. C# OpenCvSharp에서는 MatType.8UC3와 동일한 의미이며, 파이썬 OpenCV에서는 (height, width, 3), np.uint8와 동일한 의미다. 플래그 매개 변수는 이미지를 불러올 때 이미지의 정밀도와 채널을 설정한다. 표 4.1은 이미지 입력 함수의 플래그를 정리한 것이다.

표 4.1 이미지 입력 함수 플래그

언어	속성	설명
C#	ImreadModes.Unchanged	알파 채널을 포함해서 이미지 반환(알파 채널이 없을 경우 3채널로 반환)
Py	cv2.IMREAD_UNCHANGED	
C#	ImreadModes.Grayscale	단일 채널 그레이스케일 이미지로 변환
Py	cv2.IMREAD_GRAYSCALE	
C#	ImreadModes.Color	다중 채널 색상 이미지로 반환
Py	cv2.IMREAD_COLOR	
C#	ImreadModes.AnyDepth	정밀도가 존재할 경우 16/32비트 이미지로 반환(존재하지 않을 경우 8비트 이미지로 반환)
Py	cv2.IMREAD_ANYDEPTH	
C#	ImreadModes.AnyColor	채널이 존재할 경우 해당 채널 수로 반환(존재하지 않을 경우 3채널 이미지로 반환)
Py	cv2.IMREAD_ANYCOLOR	

언어	속성	설명
C#	ImreadModes.ReducedGrayscale2	크기를 1/2로 줄인 후 그레이스케일 적용
Py	IMREAD_REDUCED_GRAYSCALE_2	
C#	ImreadModes.ReducedGrayscale4	크기를 1/4로 줄인 후 그레이스케일 적용
Py	cv2.IMREAD_REDUCED_GRAYSCALE_4	
C#	ImreadModes.ReducedGrayscale8	크기를 1/8로 줄인 후 그레이스케일 적용
Py	cv2.IMREAD_REDUCED_GRAYSCALE_8	
C#	ImreadModes.ReducedColor2	크기를 1/2로 줄인 후 다중 채널 색상 이미지로 반환
Py	cv2.IMREAD_REDUCED_COLOR_2	
C#	ImreadModes.ReducedColor4	크기를 1/4로 줄인 후 다중 채널 색상 이미지로 반환
Py	cv2.IMREAD_REDUCED_COLOR_4	
C#	ImreadModes.ReducedColor8	크기를 1/8로 줄인 후 다중 채널 색상 이미지로 반환
Py	cv2.IMREAD_REDUCED_COLOR_8	
C#	ImreadModes.IgnoreOrientation	EXIF의 방향 플래그에 따라 이미지를 회전하지 않음
Py	cv2.IMREAD_IGNORE_ORIENTATION	

이미지 입력 함수는 이미지 파일이 실제로 존재하지 않아도 오류를 발생시키지 않는다. C# OpenCvSharp의 경우, 0*0*CV_8UC1 형식의 Mat 데이터를 반환하며 파이썬 OpenCV의 경우 None을 반환한다. 그러므로 이미지 파일의 존재 여부를 확인하고, 이미지가 없을 경우에도 오류를 발생시키지 않으므로 사용자가 추가적인 검사를 수행해 필요한 조치를 취해야 한다.

또한, 이미지 입력 함수는 운영 체제의 코덱을 활용해 이미지 파일을 읽는다. 그러므로 운영 체제마다 이미지의 픽셀 값이 약간 다를 수 있다. 만약, 그레이스케일을 적용하는 인수를 사용하게 된다면 운영 체제의 코덱을 활용해 그레이스케일 변환을 수행하므로 추후에 다루게 될 OpenCV의 그레이스케일 변환과는 결괏값이 다를 수 있다.

예제 4.1과 예제 4.2는 C# OpenCvSharp과 파이썬 OpenCV에서 이미지를 입력하는 예다.

예제 4.1 C# OpenCvSharp의 이미지 입력

```
using System;
using OpenCvSharp;


namespace Project
```

```
{
    class Program
    {
        static void Main(string[] args)
        {
            Mat src = Cv2.ImRead("logo.png", ImreadModes.ReducedColor2);
            Console.WriteLine(src);
        }
    }
}
```

【 출력 결과 】

```
Mat [ 369*300*CV_8UC3, IsContinuous=True, IsSubmatrix=False, Ptr=0x12d4838, Data=0x60f58c0 ]
```

예제 4.1은 Cv2.ImRead 함수를 사용해 logo.png 이미지에 ImreadModes.ReducedColor2 플래그를 적용해 불러온 예다. 보다시피 이미지나 배열을 저장하기 위한 데이터 타입인 Mat 클래스에 이미지를 저장한다. 아울러 플래그를 적용해 이미지의 크기가 1/2로 줄어들었으며, MatType은 기본적으로 CV_8UC3을 갖는다.

예제 4.2 파이썬 OpenCV의 이미지 출력

```
import cv2

src = cv2.imread("logo.png", cv2.IMREAD_GRAYSCALE)

print(src.ndim, src.shape, src.dtype)
```

【 출력 결과 】

```
2 (739, 600) uint8
```

예제 4.2는 cv2.imread 함수를 이용해 logo.png 이미지에 cv2.IMREAD_GRAYSCALE 플래그를 적용해 반환한 예다. 이미지 입력에서부터 그레이스케일이 적용되어 차원 수는 2로 표시되며 이미지의 크기는 변경하지 않았으므로 원본 이미지의 크기를 그대로 사용한다. 또한 이미지는 기본적으로 uint8 형식을 갖는다.

이미지에 EXIF 정보가 포함돼 있다면 EXIF에 담긴 회전 정보와 동일하게 이미지가 회전된다. 이미지에 저장된 회전 정보를 사용하지 않는다면 EXIF 정보를 무시하는 플래그를 사용한다. 또한 각 플래그는 OR(|) 연산이 가능하다. 만약, EXIF 정보가 포함된 이미지에서 내부 코덱의 그레이스케일을 적용하고 회전 정보를 사용하지 않는다면 다음과 같이 플래그를 지정한다.

플래그 혼합 예시

```
C# : ImreadModes.IgnoreOrientation | ImreadModes.Grayscale
Py : cv2.IMREAD_IGNORE_ORIENTATION | cv2.IMREAD_GRAYSCALE
```

OpenCV는 다양한 이미지 파일 포맷을 지원한다. 현재 지원되는 파일 포맷은 다음과 같다.

- Windows Bitmap: *.bmp, *.dib

- JPEG: *.jpeg, *.jpg, *jpe

- JPEG 2000: *.jp2

- Portable Network Graphics: *.png

- WebP: *.webp

- Portable image format: *.pbm, *.pgm, *.ppm *.pxm, *.pnm

- Sun rasters: *.sr, *.ras

- TIFF files: *.tiff, *.tif

- OpenEXR Image files: *.exr

- Radiance HDR: *.hdr, *.pic

- GDAL에서 지원하는 지리공간 데이터

이미지 출력

지금까지 Mat 클래스나 ndarray 클래스에 할당된 변수의 속성값이나 요소에 접근해 데이터를 확인했다. 하지만 이미지는 시각적으로 확인해야 쉽게 이해하고 오류나 문제점을 발견할 수 있다. 이미지를 시각적으로 확인하고 오류나 문제를 식별하기 위해서는 OpenCV의 HighGUI 라이브러리를 활용한다.

OpenCV의 HighGUI는 컴퓨터비전 및 이미지 처리 애플리케이션을 개발하고 디버깅하기 위한 라이브러리다. HighGUI를 사용하면 이미지와 비디오를 윈도에 표시할 수 있다. 이를 통해 이미지 처리 및 분석 작업 중 중간 결과물을 실시간으로 확인할 수 있다. 다음은 C# OpenCvSharp과 파이썬 OpenCV에서 각각 사용하는 이미지 출력 함수다.

C# OpenCvSharp의 이미지 출력 함수

```
Cv2.ImShow(
    string winname,
    Mat mat
);
```

파이썬 OpenCV의 이미지 출력 함수

```
cv2.imshow(
    winname,
    ndarray
)
```

이미지 출력 함수는 HighGUI 라이브러리를 사용해 이미지를 표시하는 함수다. **윈도 이름**(winname)은 HighGUI 윈도의 이름이며, **데이터**(mat, ndarray)는 이미지 데이터를 의미한다. 예를 들어 winname 매개 변수에 MyWindow라는 이름을 지정하면 MyWindow라는 이름의 윈도가 생성되며, 입력된 이미지 데이터를 윈도에 그린다.

이미지 출력 함수 사용 시 주의사항은 winname이 변수와 유사한 역할을 한다는 점이다. 윈도의 속성을 변경할 때는 변수가 아닌 winname에 따라 윈도의 속성을 적용하고 이미지를 갱신할 수 있다.

이미지 출력 함수는 이미지 처리 및 시각화 작업에 유용하며, 윈도 이름을 통해 다양한 윈도를 관리하고 조작할 수 있다. 예제 4.3과 예제 4.4는 C# OpenCvSharp과 파이썬 OpenCV에서 이미지 출력 함수와 윈도 설정 방법을 보여준다.

예제 4.3 C# OpenCvSharp의 이미지 출력

```
using System;
using OpenCvSharp;

namespace Project
{
    class Program
    {
        static void Main(string[] args)
```

```
        {
            Mat src = Cv2.ImRead("logo.png", ImreadModes.ReducedColor2);

            Cv2.NamedWindow("src", WindowFlags.GuiExpanded);
            Cv2.SetWindowProperty("src", WindowPropertyFlags.Fullscreen, 0);
            Cv2.ImShow("src", src);
            Cv2.WaitKey(0);
            Cv2.DestroyWindow("src");
        }
    }
}
```

【 출력 결과 】

Cv2.NamedWindow(string winname, WindowFlags flags) 함수는 화면에 이미지를 표시할 수 있는 윈도를 생성하는 함수다. 윈도 이름(winname)은 생성하려는 윈도의 이름을 의미하며, 윈도를 식별하기 위한 고윳값이다. 플래그(flags)는 윈도의 속성을 설정하는 매개 변수로 윈도의 형태 및 작동을 조절할 수 있다. 예를 들어 사용자가 윈도 크기를 조절할 수 있게 하거나, 윈도의 최대화 여부 등을 설정할 수 있다.

Cv2.SetWindowProperty(string winname, WindowPropertyFlags propId, int propValue) 함수는 지정된 윈도의 속성을 설정하는 데 사용된다. 윈도 이름(winname)을 통해 속성을 변경하려는 윈도를 식별하며, 윈도 속성(propId)과 윈도 속성값(propValue)으로 윈도 설정을 변경한다. 예를 들어 윈도 속성이 Fullscreen(전체 화면)일 때, 윈도 속성값을 0으로 설정하면 윈도를 일반 윈도 모드(WINDOW_NORMAL)로 전환하며, 윈도 속성값을 1로 설정하면 윈도를 전체 화면 모드(WINDOW_FULLSCREEN)로 전환한다.

Cv2.ImShow(string winname, Mat mat) 함수는 윈도에 이미지를 표시한다. 윈도 이름으로 선언된 윈도가 존재하지 않는다면 새로운 윈도를 생성해서 이미지를 출력한다. 이미지 출력 함수는 윈도 이름으로 선언된 윈도가 없어도 새롭게 윈도를 생성하므로 오탈자에 주의한다.

Cv2.WaitKey(int delay) 함수는 프로그램을 지정된 시간 동안 키 입력이 있을 때까지 프로그램을 지연시킨다. 지연(delay)은 밀리 초(1/1000 초) 단위로 지정된 대기 시간을 설정한다. 프로그램은 해당 시간 동안 키 입력을 기다리며, 지정된 시간 동안 키 입력이 없으면 다음 구문을 실행한다. 만약, 0 또는 음숫값을 입력하면 키 입력이 있을 때까지 무한히 대기한다. 이 함수는 열린 윈도가 존재해야 활용할수 있다.

Cv2.DestroyWindow(string winname) 함수는 지정된 윈도를 닫고 해당 윈도와 관련된 메모리 리소스가 해제된다. 특히, 윈도를 사용해 이미지 뷰어 또는 상호작용하는 응용 프로그램을 개발할 때, 이미지를 표시한 후에 해당 윈도를 닫는 것은 리소스 관리에 중요한 역할을 한다. 이제 예제 4.4를 살펴보자.

예제 4.4 파이썬 OpenCV의 이미지 출력

```python
import cv2

src = cv2.imread("logo.png", cv2.IMREAD_GRAYSCALE)

cv2.namedWindow("src", flags=cv2.WINDOW_FREERATIO)
cv2.resizeWindow("src", 400, 200)
cv2.imshow("src", src)
cv2.waitKey(0)
cv2.destroyWindow("src")
```

【 출력 결과 】

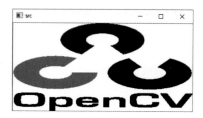

cv2.resizeWindow(winname, width, height) 함수는 윈도의 크기를 설정하는 함수로, 입력된 윈도 이름과 동일한 윈도의 크기를 제어한다. 너비(width)와 높이(height)는 윈도의 크기를 의미하며, 출력하려는

이미지의 크기와는 관련이 없다. 윈도는 단순히 이미지를 표시하기 위한 GUI이므로 이미지의 영향을 받지 않는다.

`cv2.namedWindow` 함수, `cv2.imshow` 함수, `cv2.waitKey` 함수, `cv2.destroyWindow` 함수는 C# OpenCvSharp의 `Cv2.NamedWindow`, `Cv2.ImShow` 함수, `Cv2.WaitKey` 함수, `Cv2.DestroyWindow` 함수와 동일한 역할과 기능을 하므로 예제 4.3을 참고한다.

앞에서 윈도를 사용해 이미지를 표시하는 예제를 살펴봤다. 각 예제에서 사용한 윈도 함수와 언급되지 않은 윈도 함수는 표 4.2에 정리했다.

표 4.2 HighGUI 윈도 함수

언어	함수	설명

C#	`Cv2.NamedWindow(`
	    `string winname,`
	    `WindowFlags flags`
	`)`
		winname의 이름을 가지고 flags로 설정된 윈도를 생성

Py	`cv2.namedWindow(`
	    `winname,`
	    `flags = None`
	`)`	

C#	`Cv2.MoveWindow(`
	    `string winname,`
	    `int x,`
	    `int y`
	`)`
		winname의 이름을 갖는 윈도를 x, y 위치로 이동(좌측 상단 기준)

Py	`cv2.moveWindow(`
	    `winname,`
	    `x,`
	    `y`
	`)`	

C#	`Cv2.ResizeWindow(`
	    `string winname,`
	    `int width,`
	    `int height`
	`)`
		winname의 이름을 갖는 윈도의 크기를 width, height로 설정

언어	함수	설명

Py	cv2.resizeWindow(
	    winname,
	    width,
	    height
	)
		winname의 이름을 갖는 윈도의 크기를 width, height로 설정

C#	Cv2.SetWindowTitle(
	    string winname,
	    string title
	)
		winname의 이름을 갖고 있는 윈도의 이름을 title로 변경

Py	cv2.setWindowTitle(
	    winname,
	    title
	)	

C#	Cv2.SetWindowProperty(
	    string winname,
	    WindowPropertyFlags propId,
	    double propValue
	)
		winname의 이름을 갖는 윈도의 속성을 propId(prop_id)의 propValue(prop_value)로 변경

Py	cv2.setWindowProperty(
	    winname,
	    prop_id,
	    prop_value
	)	

C#	Cv2.GetWindowProperty(
	    string winname,
	    WindowPropertyFlags propId
	)
		winname의 이름을 갖는 윈도의 속성 propId(prop_id)를 검색

Py	cv2.getWindowProperty(
	    winname,
	    prop_id
	)	

C#	Cv2.StartWindowThread()	윈도를 자동으로 업데이트하는 스레드를 실행
Py	cv2.startWindowThread()	

언어	함수	설명
C#	Cv2.DestroyWindow(string winname)	winname의 이름을 갖는 윈도를 제거
Py	cv2.destroyWindow(winname)	
C#	Cv2.DestroyAllWindows()	모든 윈도를 제거
Py	cv2.destroyAllWindows()	

윈도는 변수명이 아닌 winname으로 선언된 string 값을 기준으로 설정한다는 점을 기억하자. 표 4.3은 윈도의 플래그(flags)를 정리한 것이다.

표 4.3 윈도 플래그

언어	속성	설명
C#	WindowFlags.Normal	윈도 크기를 조절할 수 있으며, 최대화된 창을 이전 크기로 복원
Py	cv2.WINDOW_NORMAL	
C#	WindowFlags.AutoSize	윈도 크기를 조절할 수 없으며, 이미지의 크기와 동일하게 표시
Py	cv2.WINDOW_AUTOSIZE	
C#	WindowFlags.FullScreen	윈도를 최대화
Py	cv2.WINDOW_FULLSCREEN	
C#	WindowFlags.KeepRatio	이미지 비율을 최대한 유지
Py	cv2.WINDOW_KEEPRATIO	
C#	WindowFlags.FreeRatio	비율의 제한이 없는 경우 이미지를 최대한 확장
Py	cv2.WINDOW_FREERATIO	
C#	WindowFlags.OpenGL	OpenGL[5]을 지원하는 윈도
Py	cv2.WINDOW_OPENGL	
C#	WindowFlags.GuiNormal	이전 GUI 방식 사용
Py	cv2.WINDOW_GUI_NORMAL	

---

5   Open Graphics Library의 약어로 3D 그래픽을 그리는 데 사용하는 API다. OpenGL 플래그를 사용하기 위해서는 OpenGL 라이브러리를 설치하거나 OpenCV QT 인터페이스를 빌드한다.

언어	속성	설명
C#	WindowFlags.GuiExpanded	상태 표시줄 및 도구 모음 표시
Py	cv2.WINDOW_GUI_EXPANDED	

파이썬 OpenCV에는 cv2.WINDOW_GUI_EXPANDED, cv2.WINDOW_GUI_NORMAL 등의 추가적인 GUI 플래그가 있다. GUI 관련 플래그는 **QT 인터페이스**를 활성화해 윈도를 생성하며, 이때 QT 인터페이스인 툴바와 팝업 메뉴가 윈도에 추가된다.

OpenGL은 증강 현실 프로그램이나 3차원 모델을 생성해서 시각화하는 데 사용한다. 단순히 툴바와 팝업 메뉴를 만드는 정도라면 C#에서는 **Window Forms 앱**을 사용하고, 파이썬에서는 **Tkinter**나 **PyQt**를 사용하면 된다.

표 4.4는 윈도의 속성을 나열한 것이다.

표 4.4 윈도 속성

언어	속성	세부 속성	설명
C#	WindowPropertyFlags.Fullscreen	0.0	최대화
Py	cv2.WND_PROP_FULLSCREEN	1.0	전체 화면으로 표시
C#	WindowPropertyFlags.AutoSize	0.0	윈도의 크기를 출력된 이미지 크기로 조절
Py	cv2.WND_PROP_AUTOSIZE	1.0	윈도 크기에 맞게 이미지 크기를 조절
C#	WindowPropertyFlags.AspectRatio	0.0	이미지 비율을 최대한 유지
Py	cv2.WND_PROP_ASPECT_RATIO	1.0	비율의 제한이 없는 경우 이미지를 최대한 확장
C#	WindowPropertyFlags.OpenGL	-1.0	OpenGL을 지원하지 않는 윈도
		0.0	OpenGL을 적용하지 않음
Py	cv2.WND_PROP_OPENGL	1.0	OpenGL을 적용
C#	WindowPropertyFlags.Visible	0.0	창이 존재하지 않고 보이지 않음
Py	cv2.WND_PROP_VISIBLE	1.0	창이 존재하고 보임
C#	WindowPropertyFlags.Topmost	0.0	윈도를 최상단으로 표시하지 않음
Py	cv2.WND_PROP_TOPMOST	1.0	윈도를 최상단으로 표시

윈도의 속성을 설정하는 플래그는 표 4.3에 정리한 플래그와 동일한 역할을 한다. 윈도의 속성은 코드를 실행하는 과정에서 명시적으로 윈도의 속성을 설정하거나 윈도의 속성값을 얻는 데 사용된다.

OpenCV의 비디오 데이터 처리는 영상 및 비디오 데이터를 캡처, 분석, 처리 및 편집하는 데 사용되는 강력한 도구와 기능을 제공한다. OpenCV를 사용해 웹캠, 비디오 파일 또는 IP 카메라에서 비디오 스트림을 캡처하고, 비디오의 각 프레임을 개별적으로 처리하거나 연속적으로 처리할 수 있다. 이번 절에서는 OpenCV를 활용해 비디오 파일이나 카메라에서 출력되는 실시간 데이터를 윈도에 출력해 본다.

비디오 출력

OpenCV를 이용하면 비디오 파일을 쉽게 읽고 처리할 수 있다. 비디오 파일은 연속적인 이미지 프레임으로 구성되며, 이를 순차적으로 읽어와서 처리한다. 비디오 파일을 읽으려면 컴퓨터에 비디오 코덱을 읽을 수 있는 라이브러리가 설치돼 있어야 한다. OpenCV는 FFMPEG[6] 라이브러리를 지원하므로 다양한 형식의 비디오 파일(AVI, MP4 등)을 손쉽게 읽을 수 있다. 다음 함수는 각각 C# OpenCvSharp과 파이썬 OpenCV에서 제공하는 비디오 입력 클래스다.

C# OpenCvSharp의 비디오 입력 클래스

```
VideoCapture capture = new VideoCapture(string fileName);
```

파이썬 OpenCV의 비디오 입력 클래스

```
capture = cv2.VideoCapture(fileName)
```

비디오 입력 클래스는 이미지 입력 함수와 비슷한 목적을 가지며, 비디오 파일을 읽기 위한 도구로 사용된다. 비디오 입력 클래스는 생성자에 파일 경로(fileName)를 전달해 사용한다. 비디오 입력 클래스는 이미지 입력 함수와 마찬가지로 성공 여부를 생성자에서 바로 반환하지 않는다.

즉, 파일 경로가 올바르지 않거나 해당 파일의 코덱을 올바르게 인식하지 못했을 때에도 예외나 에러를 발생시키지 않는다. 그러므로 비디오 파일이 정상적으로 열렸는지 확인하는 메서드를 사용해 비디오 파일의 상태를 확인해야 한다. 예제 4.5와 예제 4.6은 C# OpenCvSharp과 파이썬 OpenCV에서 비디오 파일 출력 방법을 보여준다.

---

6 영상과 오디오 데이터를 다루는 라이브러리

예제 4.5 C# OpenCvSharp의 비디오 출력

```csharp
using System;
using OpenCvSharp;

namespace Project
{
    class Program
    {
        static void Main(string[] args)
        {
            VideoCapture capture = new VideoCapture("star.mp4");
            Mat frame = new Mat();

            while (true)
            {
                if (capture.PosFrames == capture.FrameCount)
                    capture.Open("star.mp4");

                capture.Read(frame);

                Cv2.ImShow("VideoFrame", frame);
                if (Cv2.WaitKey(33) == 'q')
                    break;
            }
            capture.Release();
            Cv2.DestroyAllWindows();
        }
    }
}
```

VideoCapture 객체는 비디오 파일의 정보를 저장하고 현재 비디오 파일과 관련된 설정 및 상태를 관리하는 데 사용된다. VideoCapture 객체는 프레임 값을 직접 반환하지 않지만, 비디오 파일의 프레임이나 코덱과 같은 정보를 저장한다. 이 정보를 활용해 프레임을 읽고 처리할 수 있다. 프레임은 이미지와 유사하게 표현되며, 일반적으로 Mat 클래스를 사용해 저장한다. 그러므로 프레임을 저장할 Mat 형식의 frame을 생성한다.

비디오는 프레임(이미지)의 연속이며, 모든 프레임을 순차적으로 표시하기 위해 반복문을 사용한다. 비디오 파일은 끝이 존재하는 유한한 프레임을 갖는다. 그러므로 표시할 프레임이 모두 소진됐을 때 프레임을 출력하려 한면 오류가 발생한다. 이를 방지하기 위해 **현재 프레임의 수**(PosFrames)와 비디오의 **총 프레임 수**(FrameCount)를 비교해, 현재 프레임이 끝에 도달하면 비디오 파일을 다시 읽거나 반복문을 종료한다.

capture.Read(frame)는 비디오 파일에서 프레임을 가져와 압축을 해제한 후, 이 이미지 Mat 클래스에 저장한다. 이미지로 저장된 프레임은 Cv2.Imshow를 사용해 윈도에 표시할 수 있다. 그러나 이미지와는 다르게 비디오는 시간이 흐를 때마다 프레임이 갱신돼야 한다. 이를 위해 cv2.waitKey를 활용해 일정 시간(33ms)만큼 대기한 후 다음 프레임으로 넘어간다. 이 함수는 사용자의 키 입력을 기다리고 해당 키 값을 반환하므로, 키보드에서 'q'가 입력될 때 비디오 파일 재생을 중지할 수 있다.

반복문(while)을 벗어날 경우, 리소스 관리를 위해 비디오 파일을 닫아야 한다. 비디오 파일을 닫는 것은 OpenCV에서 사용한 자원을 해제하고 메모리 누수를 방지하는 중요한 단계다. 비디오 재생이 끝났다면 비디오 파일을 닫고 메모리를 해제하기 위해 capture.Release를 사용한다.

또한 비디오 파일의 재생이 끝나 윈도를 더 이상 사용하지 않으므로 Cv2.DestroyAllWindows로 모든 윈도를 제거한다. 이제 예제 4.6을 살펴보자.

예제 4.6 파이썬 OpenCV의 비디오 출력

```python
import cv2

capture = cv2.VideoCapture("images/star.mp4")

while True:
    ret, frame = capture.read()

    pos_frame = capture.get(cv2.CAP_PROP_POS_FRAMES)
    frame_count = capture.get(cv2.CAP_PROP_FRAME_COUNT)

    if pos_frame == frame_count:
        capture.open("star.mp4")

    cv2.imshow("VideoFrame", frame)
    if cv2.waitKey(33) == ord("q"):
        break

capture.release()
cv2.destroyAllWindows()
```

VideoCapture 생성자는 현재 입력된 비디오 파일의 정보를 불러온다. VideoCapture 객체에는 프레임 자체가 저장되지 않으며, 비디오 파일의 프레임 설정 및 코덱과 관련된 정보만을 포함한다.

파이썬 OpenCV에서도 C# OpenCvSharp과 유사하게 비디오 프레임을 표시하기 위해 반복문을 사용한다. capture.read 메서드는 비디오 파일에서 프레임을 가져와 압축을 해제한 후 bool 값과 ndarray 형식의 값을 반환한다. ret(bool)은 capture 변수에서 프레임을 성공적으로 읽었는지를 나타내고, frame(ndarray)은 현재 프레임을 저장한다.

비디오는 끝이 존재하는 유한한 프레임을 갖는다는 사실을 알고 있을 것이다. 예제 4.5와 마찬가지로 오류를 방지하고자 capture 변수에서 저장된 정보를 가져온다. 현재 프레임의 수(CAP_PROP_POS_FRAMES)가 비디오의 총 프레임 수(CAP_PROP_FRAME_COUNT)와 동일한 경우, 비디오 파일을 다시 읽어 capture 변수에 할당하거나 반복문을 종료할 수 있다.

이미지로 저장된 프레임을 윈도에 표시하기 위해 cv2.imshow 함수를 사용한다. 예제 4.5와 동일하게 시간이 흐를 때마다 이미지를 갱신해야 한다. 이를 위해 cv2.waitKey를 사용해 33ms만큼 대기한 후 다음 프레임으로 이동한다.

또한 cv2.waitKey 함수는 입력된 키 값을 반환하므로 사용자가 키보드에서 'q'를 누르면 비디오 재생을 중지한다. 이때 파이썬 OpenCV는 문자를 처리하지 못하므로 키 값을 유니코드 값으로 변환하기 위해 ord 함수를 사용한다.

비디오 재생이 끝나면 비디오 파일을 닫고 메모리를 해제하기 위해 capture.release를 호출한다. 또한 비디오 파일의 재생이 끝난 후 윈도를 더 이상 사용하지 않을 경우 Cv2.destroyAllWindows 함수를 사용해 모든 윈도를 제거한다.

프레임 속도

프레임 속도(Frame Per Second, FPS)는 비디오의 부드러움을 결정하는 중요한 요소 중 하나다. 비디오는 정지된 이미지 프레임이 연속적으로 재생되어 화면에 움직임을 만든다. 그러므로 FPS는 프레임이 초당 몇 장의 이미지가 화면에 표시되는지 나타내는 수를 의미한다.

높은 FPS 값은 더 부드럽고 자연스러운 비디오 재생을 제공한다. 예를 들어 30 FPS는 초당 30장의 이미지 프레임을 보여주는 것을 의미하며, 이는 눈에 끊김 없이 자연스러운 동작을 제공한다. FPS가 낮을 경우, 화면이 끊겨 보일 수 있으며 움직임이 뚝뚝 끊길 수 있다.

비디오 처리에서 FPS를 설정하거나 조절하기 위해 프레임 간의 대기 시간을 조절하는 것이 흔한 방법이다. 이 대기 시간은 키 입력 대기 함수(cv2.waitKey)로 설정하며, 이를 통해 프레임 간의 간격을 제어할 수 있다. FPS 설정은 비디오 처리에서 중요한 요소 중 하나이며, 이를 조절해 원하는 부드러움과 속도를 얻을 수 있다. 이번에는 FPS를 계산하는 방식을 알아보자. FPS를 계산하는 방법은 수식 4.1과 같다.

수식 4.1 FPS 계산 방식 (1)

$$FPS = \frac{1000}{Interval}$$

여기서 Interval은 대기할 밀리초 단위를 의미한다. 예제에서는 33ms만큼 대기했는데 이를 FPS 계산 공식에 적용하면 수식 4.2와 같다.

수식 4.2 FPS 계산 방식 (2)

$$FPS = \frac{1000}{Interval} = \frac{1000}{33} = 30.303030 \ldots \approx 30$$

1000을 33 값으로 나눈다면 약 30의 값이 반환되며 33ms를 사용한다면 30 FPS로 비디오를 재생하는 프로그램이 구성된다. 기본적으로 초당 프레임 수가 높아질수록 영상이 매끄러워진다. 하지만 컴퓨터의 성능에 따라 오히려 속도가 저하될 수 있으므로 이 점에 주의한다.

capture 변수에는 비디오 파일의 FPS를 확인할 수 있다. C# OpenCvSharp의 경우 capture.Fps를 활용하며, 파이썬 OpenCV의 경우 cv2.CAP_PROP_FPS를 이용해 입력된 비디오의 FPS 값을 반환한다. FPS 공식을 역으로 계산한다면 시간 대기 함수에 얼만큼의 밀리초를 할당해야 할지 알 수 있다. 표 4.5는 비디오 출력 클래스의 메서드를 정리한 것이다.

표 4.5 비디오 출력 클래스 메서드

언어	메서드	설명
C#	capture.IsOpened()	비디오 파일 열기의 성공 여부 확인
Py	capture.isOpened()	
C#	capture.Read(Mat mat)	비디오 파일에서 프레임을 읽음
Py	capture.read()	

언어	메서드	설명
C#	capture.Open(string fileName)	비디오 파일을 읽음
Py	capture.open(fileName)	

C#	capture.Set(
	    VideoCaptureProperties propertyId,
	    double value
	)
		비디오 파일 속성(propertyId 또는 propid)을 value 값으로 설정

Py	capture.set(
	    propid,
	    value
	)	

C#	capture.Get(VideoCaptureProperties propertyId)	비디오 파일의 속성(propertyId 또는 propid) 값을 반환
Py	capture.get(propid)	
C#	capture.Release()	비디오 파일을 닫고 메모리를 해제
Py	capture.release()	

반복문 안의 프레임에 따라 시시각각 변하는 속성도 있으며 현재 프레임에 영향을 받지 않는 속성도 있다. 예를 들어 총 프레임 수는 현재 프레임의 영향을 받지 않지만 비디오의 현재 위치나 프레임을 출력하는 속성은 현재 프레임에 대해 민감하게 반응한다. 비디오 파일의 속성을 설정할 수 있는 propertyId(propid)와 관련된 값은 표 4.6에 정리했다.

표 4.6 비디오 출력 클래스 속성

언어	속성	설명
C#	VideoCaptureProperties.PosMsec	비디오의 현재 위치(밀리초) 또는 타임스탬프
Py	cv2.CAP_PROP_POS_MSEC	

언어	속성	설명
C#	VideoCaptureProperties.PosFrames	비디오의 현재 프레임
Py	cv2.CAP_PROP_POS_FRAMES	
C#	VideoCaptureProperties.PosAviRatio	비디오 내의 상대적 위치(0.0~1.0)
Py	CAP_PROP_POS_AVI_RATIO	
C#	VideoCaptureProperties.FrameWidth	비디오 프레임 너비
Py	cv2.CAP_PROP_FRAME_WIDTH	
C#	VideoCaptureProperties.FrameHeight	비디오 프레임 높이
Py	cv2.CAP_PROP_FRAME_HEIGHT	
C#	VideoCaptureProperties.Fps	비디오의 프레임 속도
Py	cv2.CAP_PROP_FPS	
C#	VideoCaptureProperties.FourCC	비디오의 코덱
Py	cv2.CAP_PROP_FOURCC	
C#	VideoCaptureProperties.FrameCount	비디오의 총 프레임 수
Py	cv2.CAP_PROP_FRAME_COUNT	
C#	VideoCaptureProperties.Mode	캡처 모드를 나타내는 백엔드 관련 값
Py	cv2.CAP_PROP_MODE	
C#	VideoCaptureProperties.Brightness	카메라의 밝기 설정(지원되는 카메라에 한함)
Py	cv2.CAP_PROP_BRIGHTNESS	
C#	VideoCaptureProperties.Contrast	카메라의 대비 설정(지원되는 카메라에 한함)
Py	cv2.CAP_PROP_CONTRAST	
C#	VideoCaptureProperties.Saturation	카메라의 채도 설정(지원되는 카메라에 한함)
Py	cv2.CAP_PROP_SATURATION	
C#	VideoCaptureProperties.Hue	카메라의 색상 설정(지원되는 카메라에 한함)
Py	cv2.CAP_PROP_HUE	
C#	VideoCaptureProperties.Gain	카메라의 게인 설정(지원되는 카메라에 한함)
Py	cv2.CAP_PROP_GAIN	
C#	VideoCaptureProperties.Exposure	카메라의 노출 설정(지원되는 카메라에 한함)
Py	cv2.CAP_PROP_EXPOSURE	

비디오 내의 상대적 위치를 설정하는 속성은 비디오의 특정 위치로 강제로 이동할 때 사용하며, FourCC는 현재 읽고 있는 동영상 파일에서 사용한 압축 코덱을 의미한다(FourCC는 '결과 저장' 절에서 다룬다).

캡처 모드는 사용 중인 백엔드 값을 반환하며, DC1394와 같은 값을 반환한다. 또한 비디오 출력 클래스는 카메라 출력과 동일하게 사용할 수 있지만, 카메라의 실시간 출력은 상대적 위치 등이 존재하지 않기 때문에 일부 속성은 비디오 파일에만 사용할 수 있거나 카메라로 이미지를 출력할 때만 사용할 수 있다.

또한, 카메라의 화이트 밸런스나 정류 플래그와 같은 속성도 있으며, 일부 카메라에서만 지원되는 속성도 존재한다(이 책에서는 이러한 속성에 대해서는 자세히 다루지 않는다).

비디오 출력 클래스의 속성 설정은 모든 시스템에 적용할 수 없다. 예를 들어 압축 코덱을 변경한다고 해서 재생 중에 설정한 FourCC 값으로 변경되지는 않는다. 따라서 비디오나 카메라의 속성을 설정하고 싶은 경우, 현재 프로그램에서 설정 가능한지를 확인해야 한다.

카메라 출력

카메라 출력은 카메라가 스트리밍 형태로 작동할 때 사용할 수 있다. 즉, 저장된 이미지나 비디오 파일이 아니라 데이터를 실시간으로 받아오고 분석해야 하는 경우에 카메라를 이용해 데이터를 처리하는 것을 의미한다.

OpenCV에서 카메라를 사용하는 방법은 앞 절에서 다룬 동영상 출력 클래스를 사용하는 방식과 매우 유사하다. 하지만, 카메라를 사용해 데이터를 받아오기 때문에 카메라의 장치 번호를 사용해야 하며, 또한 사용 중인 플랫폼에서 카메라에 대한 접근 권한이 허용돼야 한다. 다음은 C# OpenCvSharp과 파이썬 OpenCV에서 각각 카메라를 사용하는 방법이다.

C# OpenCvSharp의 비디오 출력 클래스

```
VideoCapture capture = new VideoCapture(int index);
```

파이썬 OpenCV의 비디오 출력 클래스

```
capture = cv2.VideoCapture(index)
```

비디오 출력 클래스의 **장치 번호(index)**는 카메라 장치 번호를 의미한다. 이 장치 번호는 카메라가 시스템에서 어떻게 식별되는지를 나타낸다. 일반적으로 0부터 시작해 순차적으로 증가한다. 따라서 첫 번째 카메라는 0번, 두 번째 카메라는 1번, 세 번째 카메라는 2번의 형태로 표현된다.

내장 웹캠이 있는 노트북이나 컴퓨터의 경우, 주로 장치 번호 0을 사용하며, 여러 대의 카메라가 연결된 경우, 내장 카메라 이외의 외부 카메라에는 장치 번호 1, 2, 3 등을 할당해 선택할 수 있다. 예제 4.7과 예제 4.8은 C# OpenCvSharp과 파이썬 OpenCV에서 카메라를 사용하는 예다.

예제 4.7 C# OpenCvSharp의 카메라 출력

```csharp
using System;
using OpenCvSharp;

namespace Project
{
    class Program
    {
        static void Main(string[] args)
        {
            VideoCapture capture = new VideoCapture(0);
            Mat frame = new Mat();
            capture.Set(VideoCaptureProperties.FrameWidth, 640);
            capture.Set(VideoCaptureProperties.FrameHeight, 480);

            while(true)
            {
                if (capture.IsOpened() == true)
                {
                    capture.Read(frame);
                    Cv2.ImShow("VideoFrame", frame);
                    if (Cv2.WaitKey(33) == 'q')
                        break;
                }
            }

            capture.Release();
            Cv2.DestroyAllWindows();
        }
    }
}
```

```python
import cv2

capture = cv2.VideoCapture(0)
capture.set(cv2.CAP_PROP_FRAME_WIDTH, 640)
capture.set(cv2.CAP_PROP_FRAME_HEIGHT, 480)

while True:
    ret, frame = capture.read()
    if ret == True:
        cv2.imshow("VideoFrame", frame)
        if cv2.waitKey(33) == ord("q"):
            break
    else:
        break

capture.release()
cv2.destroyAllWindows()
```

카메라를 사용해 실시간 데이터를 출력하는 방법은 비디오를 출력하는 방법과 매우 유사하지만, 프레임 크기의 제한과 멀티 헤드 카메라 지원과 같은 중요한 차이점이 있다.

카메라에서 출력되는 프레임의 크기는 종속적인 성향을 보인다. 즉, 설정한 크기가 카메라가 지원하는 해상도에 맞지 않는 경우, OpenCV는 가장 근사한 해상도로 조정한다. 예를 들어 640×110 등의 비율이 맞지 않는 크기를 설정한다면 110 값과 비율이 근사한 144 값으로 변형되고, 114 값과 프레임 비율이 맞도록 640 값이 176 값으로 변경된다.

결국 프레임은 176×144의 크기로 변형돼 출력된다. 변형의 기준은 프레임의 너비나 높이 중 더 낮은 값이며, 낮은 값을 기준으로 비율에 맞는 크기로 변경된다. OpenCV의 카메라 출력 클래스는 카메라의 해상도를 일정 부분 제한하므로 이 점에 주의한다.

OpenCV는 멀티 헤드 카메라(Multi-head camera)[7]를 지원한다. 이 경우, 카메라에서 프레임을 가져오는 방법을 변경해야 할 수 있다. 표 4.7은 동영상 출력 클래스의 메서드 중 설명하지 않은 멀티 헤드 카메라와 관련된 메서드를 나열한 것이다.

---

7   파노라마 촬영 등을 위해 제작된 특수 카메라

표 4.7 비디오 출력 클래스 메서드(멀티 헤드 카메라)

언어	메서드	설명
C#	capture.Open(int index)	카메라 장치를 읽음
Py	capture.open(index)	
C#	bool = capture.Grab()	비디오 파일에서 프레임을 읽어 내부 버퍼에 저장
Py	bool = capture.grab()	

C#	capture.Retrieve(
	    Mat mat,
	    CameraChannels flag
	)
		멀티 헤드 카메라의 프레임을 디코딩한 후 반환

Py	capture.retrieve(
	    ndarray,
	    flag
	)	

그랩(Grab) 메서드는 읽기(Read) 메서드와 유사하지만 메모리 복사 작업을 최소화하기 위해 **그랩**(Grab) 단계와 그랩 데이터를 디코딩하는 **리트리브**(Retrieve) 단계로 나누어 처리한다. 이를 통해 데이터의 복사 및 디코딩을 분리해 성능을 최적화할 수 있다.

먼저 그랩 메서드는 주로 하드웨어 동기화가 이루어지지 않는 카메라 또는 멀티 헤드 카메라(예: Kinect, Videre)와 같이 여러 개의 헤드가 있는 카메라를 사용할 때 유용하다. 멀티 헤드 카메라의 경우, 여러 카메라가 프레임을 동시에 읽는 경우 시간 동기화 오류가 발생한다. 이를 방지하고자 그랩 메서드로 각 헤드의 데이터를 별도로 그랩하고 나중에 디코딩할 수 있다. 즉, 여러 카메라가 동시에 작동해도 동기화돼 동일한 프레임을 얻을 수 있다.

리트리브 메서드는 그랩 메서드로 그랩한 데이터를 디코딩하고 반환한다. 이 메서드의 중요한 차이점은 플래그를 사용해 어떤 프레임을 가져올지 지정할 수 있다는 점이다. 플래그는 멀티 헤드 카메라가 라이브 스트림일 때 어떤 프레임을 가져올지 나타낸다. 이를 통해 깊이 값(C#: CameraChannels. OpenNI_DepthMap, 파이썬: cv2.CAP_OPENNI_DEPTH_MAP)이나 점구름(C#: CameraChannels.OpenNI_ PointCloudMap, 파이썬: cv2.CAP_OPENNI_POINT_CLOUD_MAP) 등에 대한 정보를 얻을 수 있다.

비디오 출력 클래스는 비디오 파일, 카메라 외에도 이미지 시퀀스와 IP 카메라의 스트리밍을 읽어올 수 있다. 표 4.8은 비디오 출력 클래스에서 지원되는 기능을 정리했다.

표 4.8 비디오 출력 클래스

언어	메서드	설명

C#	```VideoCapture(
	    String filename,
	    VideoCaptureAPIs apiPreference = VideoCaptureAPIs.ANY
	)```
		비디오 파일을 읽음

Py	```VideoCapture(
	    filename,
	    apiPreference=cv2.CAP_ANY
	)```	

C#	```VideoCapture(
	    int index,
	    VideoCaptureAPIs apiPreference = VideoCaptureAPIs.ANY
	)```
		카메라 장치를 읽음

Py	```VideoCapture(
	    image_sequence,
	    apiPreference=cv2.CAP_ANY
	)```	

C#	```VideoCapture(
	    string url,
	    VideoCaptureAPIs apiPreference
	)```
		IP 스트리밍 카메라를 읽음

Py	```VideoCapture(
	    url,
	    apiPreference
	)```	

C#	```VideoCapture(
	    string image_sequence,
	    VideoCaptureAPIs apiPreference
	)```
		이미지 시퀀스를 읽음

Py	```VideoCapture(
	    image_sequence,
	    apiPreference
	)```	

비디오 출력 클래스를 통해 확인할 수 있는 사항은 비디오 파일 및 실시간 카메라 장치 이외에도 IP 스트리밍 카메라와 이미지 시퀀스를 읽어 비디오 처리를 할 수 있다는 점이다.

IP 스트리밍 카메라의 경우 `protocol://host:port/script_name?script_params¦auth`와 같은 형태로 URL을 입력한다. URL은 IP 카메라 피드에 있는 고유한 URL 구성표를 참고한다.

이미지 시퀀스의 경우 `img_%02d.jpg`와 같은 형태로 문자열 포매팅으로 작성한다. 이 문자열 포매팅은 `img_{두 자리 숫자}`로 구성된 이미지 파일을 읽으며, img_00.jpg, img_01.jpg, img_02.jpg, ...와 같은 형태의 파일을 모두 읽어 비디오 처리를 수행한다. 만약, 이미지 시퀀스로 비디오를 읽는 경우 **API 백엔드 설정**(apiPreference)의 값을 이미지 시퀀스 플래그를 사용해야 한다. 표 4.9는 비디오 출력 클래스의 API 백엔드 설정 플래그를 정리했다.

표 4.9 비디오 출력 클래스의 API 환경 설정 플래그

언어	속성	설명
C#	VideoCaptureAPIs.ANY	플래그 자동 감지
Py	cv2.CAP_ANY	
C#	VideoCaptureAPIs.V4L	Video4Linux / Video4Linux2 지원
Py	cv2.CAP_V4L	
C#	VideoCaptureAPIs.V4L2	Video4Linux / Video4Linux2 지원
Py	cv2.CAP_V4L2	
C#	VideoCaptureAPIs.FIREWIRE	IEEE 1394 드라이버
Py	cv2.CAP_FIREWIRE	
C#	VideoCaptureAPIs.FIREWARE	IEEE 1394 드라이버
Py	cv2.CAP_FIREWARE	
C#	VideoCaptureAPIs.IEEE1394	IEEE 1394 드라이버
Py	cv2.CAP_IEEE1394	
C#	VideoCaptureAPIs.DC1394	IEEE 1394 드라이버
Py	cv2.CAP_DC1394	
C#	VideoCaptureAPIs.CMU1394	IEEE 1394 드라이버
Py	cv2.CAP_CMU1394	
C#	VideoCaptureAPIs.DSHOW	다이렉트쇼
Py	cv2.CAP_DSHOW	

언어	속성	설명
C#	VideoCaptureAPIs.OPENNI	OpenNI(키넥트)
Py	cv2.CAP_OPENNI	
C#	VideoCaptureAPIs.OPENNI_ASUS	OpenNI(에이수스 Xtion)
Py	cv2.CAP_OPENNI_ASUS	
C#	VideoCaptureAPIs.ANDROID	안드로이드
Py	cv2.CAP_ANDROID	
C#	VideoCaptureAPIs.XIAPI	XIMEA API
Py	cv2.CAP_XIAPI	
C#	VideoCaptureAPIs.AVFOUNDATION	iOS용 AVFoundation
Py	cv2.CAP_AVFOUNDATION	
C#	VideoCaptureAPIs.GIGANETIX	스마텍 Giganetix GigE Vision SDK
Py	cv2.CAP_GIGANETIX	
C#	VideoCaptureAPIs.MSMF	마이크로소프트 Media Foundation
Py	cv2.CAP_MSMF	
C#	VideoCaptureAPIs.WINRT	윈도우 런타임 마이크로소프트 Media Foundation
Py	cv2.CAP_WINRT	
C#	VideoCaptureAPIs.INTELPERC	인텔 RealSense™
Py	cv2.CAP_INTELPERC	
C#	VideoCaptureAPIs.REALSENSE	인텔 RealSense™
Py	cv2.CAP_REALSENSE	
C#	VideoCaptureAPIs.OPENNI2	OpenNI2(키넥트)
Py	cv2.CAP_OPENNI2	
C#	VideoCaptureAPIs.OPENNI2_ASUS	OpenNI2(에이수스 Xtion, Occipital 구조 센서)
Py	cv2.CAP_OPENNI2_ASUS	
C#	VideoCaptureAPIs.GPHOTO2	gPhoto2 라이브러리
Py	cv2.CAP_GPHOTO2	
C#	VideoCaptureAPIs.GSTREAMER	GStreamer 프레임워크
Py	cv2.CAP_GSTREAMER	
C#	VideoCaptureAPIs.FFMPEG	FFmpeg 라이브러리
Py	cv2.CAP_FFMPEG	

언어	속성	설명
C#	VideoCaptureAPIs.IMAGES	이미지 시퀀스
Py	cv2.CAP_IMAGES	
C#	VideoCaptureAPIs.ARAVIS	Aravis 소프트웨어 개발 키트(SDK)
Py	cv2.CAP_ARAVIS	
C#	VideoCaptureAPIs.OPENCV_MJPEG	OpenCV 내장 모션 JPEG 코덱
Py	cv2.CAP_OPENCV_MJPEG	
C#	VideoCaptureAPIs.INTEL_MFX	인텔 미디어 소프트웨어 개발 키트(SDK)
Py	cv2.CAP_INTEL_MFX	
C#	VideoCaptureAPIs.XINE	리눅스용 xine 엔진
Py	cv2.CAP_XINE	
C#	VideoCaptureAPIs.CAP_UEYE	uEye 카메라 API
Py	cv2.CAP_UEYE	

표 4.9는 비디오 출력 클래스에서 사용할 수 있는 백엔드 API 플래그를 정리한 것이며, 기본적으로 비디오 출력 클래스는 플래그를 자동 감지해 적절한 백엔드 장치를 설정한다. 그러나 이미지 시퀀스는 자동으로 인식하지 못하기 때문에 이미지 시퀀스를 처리할 때는 명시적으로 이미지 시퀀스 플래그를 설정해야 한다.

03 데이터 조작 및 시각화

데이터 조작은 이미지와 비디오 데이터를 다루는 과정에서 중요한 부분으로 여러 이미지를 연결해 새로운 이미지를 생성하거나, 도형 그리기를 통해 주요 객체를 부각시키거나 주석을 추가하는 데 사용된다.

또한, 마우스 콜백과 트랙바를 통해 사용자와 상호작용을 가능하게 하며, 이미지를 클릭하거나 드래그해 특정 작업을 수행하거나 관심 영역을 선택하는 데 유용하다. 이를 통해 이미지 처리 매개 변수를 조절하거나 실시간으로 반응하는 시각화 도구를 만들 수 있다.

이번 절에서는 이미지 처리와 분석 작업을 더 효과적으로 수행하기 위한 간단한 데이터 조작과 시각화 방법에 대해 알아본다.

이미지 연결

이미지 연결은 여러 다른 이미지를 결합해 하나의 통합 이미지를 생성하는 기술을 의미한다. 이 기술은 주로 두 가지 목적으로 활용한다. 첫 번째로 서로 다른 이미지를 합쳐서 하나의 이미지로 만들거나, 두 번째로 알고리즘이 적용되기 전과 후의 이미지를 상호 비교하기 위해 사용한다.

서로 다른 이미지를 연결하는 방법은 이전에 3장에서 다뤘던 배열 병합 기술과 유사하다. 이미지를 연결하기 위해서는 몇 가지 조건이 충족돼야 한다. 먼저, 연결하려는 이미지들은 동일한 채널 수와 정밀도를 가져야 하며, 연결하려는 이미지들의 크기가 동일해야 한다. 이러한 조건을 충족시키면 이미지 연결 기술을 효과적으로 활용할 수 있다.

다음은 C# OpenCvSharp과 파이썬 OpenCV에서 각각 사용하는 이미지 연결 함수다.

C# OpenCvSharp의 수평 이미지 연결 함수

```
Cv2.HConcat(
    Mat[] src,
    Mat dst
);
```

파이썬 OpenCV의 수평 이미지 연결 함수

```
dst = cv2.hconcat(
    src
)
```

C# OpenCvSharp의 수직 이미지 연결 함수

```
Cv2.VConcat(
    Mat[] src,
    Mat dst
);
```

파이썬 OpenCV의 수직 이미지 연결 함수

```
dst = cv2.vconcat(
    src
)
```

이미지 연결 함수는 입력 이미지 배열(src)을 수평 또는 수직 방향으로 결합해 출력 이미지(dst)로 반환한다. 연결하려는 이미지들은 동일한 채널 수와 정밀도를 가져야 하며, 그렇지 않으면 연결할 수 없다. 다른 채널 수 또는 정밀도를 가진 이미지를 연결하려면 먼저 동일한 채널 수와 정밀도로 변환해야 한다.

수평 이미지 연결 함수는 입력된 이미지들이 동일한 행(높이)을 가져야 하며, 수직 이미지 연결 함수는 입력된 이미지들이 동일한 열(너비)을 가져야 한다. 반환되는 출력 이미지는 원본 이미지와 동일한 채널 수, 정밀도를 유지하며 원본 이미지들의 행 또는 열의 합계를 가지는 이미지로 생성된다. 예제 4.9 와 예제 4.10은 C# OpenCvSharp과 파이썬 OpenCV에서 각각 이미지 연결을 수행하는 예다.

예제 4.9 C# OpenCvSharp의 이미지 연결 적용

```csharp
using System;
using OpenCvSharp;

namespace Project
{
    class Program
    {
        static void Main(string[] args)
        {
            Mat one = new Mat("one.jpg");
            Mat two = new Mat("two.jpg");
            Mat three = new Mat("three.jpg");
            Mat four = new Mat("four.jpg");

            Mat left = new Mat();
            Mat right = new Mat();
            Mat dst = new Mat();

            Cv2.VConcat(new Mat[] { one, three }, left);
            Cv2.VConcat(new Mat[] { two, four }, right);
            Cv2.HConcat(new Mat[] { left, right }, dst);

            Cv2.ImShow("dst", dst);
            Cv2.WaitKey(0);
            Cv2.DestroyAllWindows();
        }
    }
}
```

【 출력 결과 】

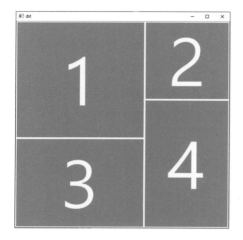

예제에서 제공되는 one.jpg와 three.jpg는 동일한 너비를 가지고, two.jpg와 four.jpg도 동일한 열(너비)을 갖는다. 각각의 이미지를 수직으로 연결해 반환하는 출력 이미지로 반환되는 left 변수와 right 변수는 동일한 행(높이)을 갖게 된다. 행이나 열 중 하나의 차원이라도 동일하지 않다면, 이미지를 연결할 수 없다. C# OpenCvSharp에서는 **입력 이미지**(src)를 Mat[] 클래스 배열 형태로 할당해 사용한다.

예제 4.10 파이썬 OpenCV의 이미지 연결 적용

```python
import cv2
import numpy as np


one = cv2.imread("one.jpg")
two = cv2.imread("two.jpg")
three = cv2.imread("three.jpg")
four = cv2.imread("four.jpg")


horizontal1 = np.full((50, one.shape[1], 3), [0, 0, 0], dtype=np.uint8)
horizontal2 = np.full((50, two.shape[1], 3), (0, 0, 0), dtype=np.uint8)


left = cv2.vconcat((one, horizontal1, three))
# left = np.vstack((one, horizontal1, three))
# right = cv2.vconcat((two, horizontal2, four))
right = np.vstack((two, horizontal2, four))


vertical = np.full((left.shape[0], 50, 3), 0, dtype=np.uint8)
```

```
dst = cv2.hconcat((left, vertical, right))
# dst = np.hstack((left, vertical, right))
# dst = np.concatenate((left, line, right), axis=1)


cv2.imshow("dst", dst)
cv2.waitKey(0)
cv2.destroyAllWindows()
```

【 출력 결과 】

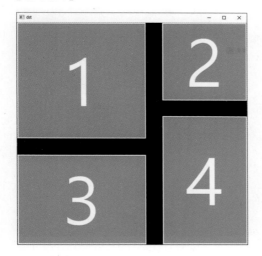

예제 4.10은 예제 4.9를 조금 변경해 이미지를 연결한 예제다. 제공되는 이미지 사이마다 검은색 배경을 갖는 이미지를 포함시켜 연결한다. 즉, 4개의 이미지를 연결하는 것이 아니라 총 7개의 이미지를 연결하는 예제다. 사이사이에 검은색 배경을 갖는 이미지를 생성하기 위해 np.full 함수나 np.zeros 함수를 사용한다. 임의의 이미지를 생성할 때는 동일한 정밀도를 가질 수 있도록 dtype을 설정한다.

파이썬 OpenCV는 넘파이 함수를 사용해 이미지를 변형할 수 있다. 배열 병합 및 분리에서 배운 np.stack 함수를 사용해 이미지를 연결하거나 np.concatenate 함수를 사용해 이미지를 연결할 수 있다.

도형 그리기

도형 그리기는 영상이나 이미지에 그래픽 요소를 그려 넣는 프로세스를 의미한다. 주로 OpenCV의 도형 그리기 함수는 검출 결과를 시각적으로 표시하거나 강조하는 데 사용된다. 또한 이미지상에 검출된 결과를 수정하거나 보정하기 위해 활용되기도 한다.

도형 그리기 함수는 모든 정밀도와 채널에 대해 작동하며 이미지상에 다양한 도형을 그릴 수 있다. 더불어, 이미지가 아닌 배열에도 도형을 그릴 수 있으며, 도형이 그려진 위치의 배열 값들을 그리기 형태의 데이터로 변경할 수 있다. 이러한 기능은 이미지 처리 및 분석 작업에서 중요한 역할을 한다.

그림 4.1은 도형 그리기 함수를 사용한 예시를 보여주며, 이를 통해 검출 결과를 시각적으로 나타내어 결과를 직관적으로 확인할 수 있다. 도형 그리기는 영상 처리 작업에서 결과 해석과 시각적 표현을 향상시키는 데 유용한 도구 중 하나다.

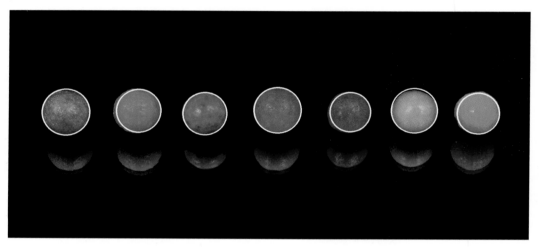

그림 4.1 도형 그리기

그리기 함수는 도형이나 선 등을 그릴 때 위치, 두께, 색상과 같은 일반적으로 이해하기 쉬운 매개 변수뿐만 아니라 선형 타입 및 비트 시프트와 같은 조금 더 기술적인 매개 변수도 사용한다. 이러한 기술적인 매개 변수들은 그림의 스타일 및 세부적인 속성을 제어하기 위해 사용된다.

선형 타입 및 비트 시프트는 그래픽 요소의 스타일 및 시각적인 효과를 조정하는 데 사용되며, 이 값을 조절함으로써 원하는 결과를 얻을 수 있게 된다. 지금부터 선형 타입과 비트 시프트를 알아보겠다.

선형 타입

선형 타입은 도형을 그릴 때 어떤 유형의 선으로 그릴지 결정하는 매개 변수다. 선형 타입으로는 **브레젠험 알고리즘(Bresenham's algorithm)**[8] 방식(4-연결, 8-연결), **안티 에일리어싱(Anti-**

---

8   컴퓨터 그래픽 분야에서 개발된 최초의 알고리즘 중 하나다. 실수 연산이 아닌 정수 연산으로 대체하기 위한 알고리즘이다.

Aliasing)[9] 방식, 내부 채우기 방식이 있다. 선은 점들의 연속적인 집합으로 정의되며, 두 점 사이의 직선을 그릴 때 시작점과 도착점 사이에 연속적인 점을 배치해 직선을 형성한다.

일반적으로 직선의 방정식을 사용하면 두 점 사이의 모든 좌표를 계산할 수 있지만, 이 방식은 부동 소수점 연산을 포함하므로 이미지의 래스터 형식인 정수 좌표 그리드에 부합하지 않는다. 이미지는 정숫값의 좌표로 구성된 픽셀 행렬로 표현되기 때문에 실수 연산 대신 정수 연산으로 선을 그리는 알고리즘이 필요하다.

이런 목적으로 브레젠험 알고리즘이 개발됐다. 브레젠험 알고리즘은 4-연결 및 8-연결 방식을 포함해 선분의 픽셀 배치 위치를 결정하는 방법이다. 4-연결 방식은 선분의 픽셀 배치를 오른쪽, 왼쪽, 위, 아래 네 방향만을 고려하며, 8-연결 방식은 대각선 방향까지 고려해 총 여덟 가지 위치를 고려한다. 즉, 선분의 위치를 보고 픽셀을 어디에 배치할지 결정한다.

안티 에일리어싱은 이미지나 객체의 가장자리 부분에서 발생하는 계단 현상을 완화하고 계단 현상을 부드럽게 만들기 위한 기술이다. 이 방식은 주로 가우스 필터링을 사용하며, 넓은 선분의 경우 항상 둥근 형태로 그려지도록 설계돼 있다. 이를 통해 시각적으로 부드러운 가장자리 또는 경계를 얻을 수 있다.

그림 4.2는 선형 타입의 브레젠험 4연결 방식, 브레젠험 8연결 방식, 안티 에일리어싱 방식을 보여준다.

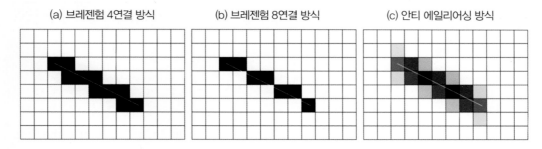

(a) 브레젠험 4연결 방식   (b) 브레젠험 8연결 방식   (c) 안티 에일리어싱 방식

그림 4.2 선형 타입 종류

비트 시프트

도형 그리기 함수에서 사용되는 좌표 값은 일반적으로 정수로 표현된다. 그러나 비트 시프트를 활용하면 소수점 이하의 값이 포함된 실수 좌표를 사용해 도형 그리기 함수를 적용할 수 있다. 비트 시프트는

---

9 높은 해상도의 신호를 낮은 해상도에서 표현할 때 발생하는 계단 현상을 제거하는 기법이다. 다른 두 공간의 평균색을 표시하는 방법이다.

서브 픽셀(Sub-pixel)[10] 정렬을 지원해 소수점 이하 자릿수를 표현할 수 있다. 소수점은 도형 그리기 함수에서 직접 표현할 수 없으므로 비트 시프트 값을 사용해 좌표를 정의한다.

비트 시프트는 오른쪽 시프트 연산으로 간주할 수 있으며, 예를 들어 $0100_{(2)}$ 값에 오른쪽 시프트 연산을 적용하면 $0010_{(2)}$으로 계산된다. 간단히 나누기 2를 적용하는 것으로 이해해도 된다(하지만 이 방식은 올바른 표현은 아니다).

그림 4.3의 첫 번째 예시는 (2, 2)에서 (8, 5)까지 비트 시프트를 적용하지 않은 선분이다. 그림 4.3의 두 번째 예시처럼 비트 시프트 값을 1로 사용하면 (1, 1)에서 (4, 2.5)로 그려진다. 그러나 행렬 공간은 정수형 데이터만 다루므로 반올림을 통해 (1, 1)에서 (4, 3)으로 그려진다. 세 번째 예시에서 비트 시프트 값을 2로 사용하면 (0.5, 0.5)에서 (2, 1.25)로 그려진다. 역시 반올림을 적용해 (1, 1)에서 (2, 1)로 그려진다.

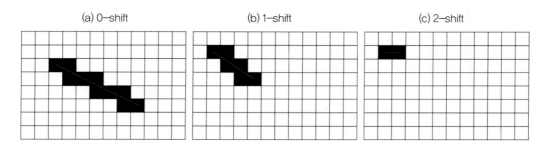

그림 4.3 비트 시프트 연산

직선 그리기

직선 그리기 함수는 이미지나 영상 위에 단순한 선을 그리는 데 사용된다. 이 함수는 두 점을 연결해 그림자, 경계, 객체 윤곽 등을 표시하거나 이미지의 특정 영역을 보정하기 위해 활용된다.

주로 객체의 경계를 강조하기 위해 검출된 객체 주위에 선을 그려 표시하거나, 추적 중인 객체의 경로를 그래픽으로 표현한다. 다음은 C# OpenCvSharp과 파이썬 OpenCV에서 각각 제공하는 직선 그리기 함수다.

---

10 픽셀 내에서 더 작은 공간을 나누어 소수점 이하의 값을 나타내는 것을 의미한다.

C# OpenCvSharp의 직선 그리기 함수

```
Cv2.Line(
    Mat img,
    Point pt1,
    Point pt2,
    Scalar color,
    int thickness = 1,
    LineTypes lineType = LineTypes.Link8,
    int shift = 0
);
```

파이썬 OpenCV의 직선 그리기 함수

```
cv2.line(
    img,
    pt1,
    pt2,
    color,
    thickness = None,
    lineType = None,
    shift = None
)
```

직선 그리기 함수는 **이미지**(img) 위에 **시작 좌표**(pt1)부터 **도착 좌표**(pt2)까지의 직선을 그린다. **색상**(color)은 BGR 형식이며, 설정된 **두께**(thickness)로 그려진다. **선형 타입**(lineType)을 설정해서 연결성을 택하고 **비트 시프트**(shift)는 실숫값으로 처리할 **좌표**(pt)의 비트 값을 할당한다. C# OpenCvSharp에서는 직선 그리기 함수의 좌표를 포인트 구조체가 아닌 정수형을 활용해 int pt1X, int pt1Y, int pt2X, int pt2Y 형식으로 사용할 수도 있다.

사각형 그리기

사각형 그리기 함수는 이미지나 영상 위에 단순한 사각형을 그리는 데 사용된다. 이 함수는 주로 관심 영역이나 검출된 결과를 사용자가 인식하기 쉽게 시각적으로 표시하는 데 활용된다. 주로 컴퓨터비전 알고리즘에서 검출된 객체나 특징을 강조하기 위해 해당 영역 주위에 사각형을 그릴 때 사용된다.

이를 통해 사용자가 검출된 결과를 시각적으로 이해하고 분석할 수 있다. 다음은 C# OpenCvSharp과 파이썬 OpenCV에서 각각 제공하는 사각형 그리기 함수다.

```
Cv2.Rectangle(
    Mat img,
    Point pt1,
    Point pt2,
    Scalar color,
    int thickness = 1,
    LineTypes lineType = LineTypes.Link8,
    int shift = 0
);
```

파이썬 OpenCV의 사각형 그리기 함수

```
cv2.rectangle(
    img,
    pt1,
    pt2,
    color,
    thickness = None,
    lineType = None,
    shift = None
)
```

사각형 그리기 함수는 **이미지(img)** 위에 **좌측 상단 모서리 좌표(pt1)**부터 **우측 하단 모서리 좌표(pt2)** 까지의 직사각형을 그린다. 색상(color)은 BGR 형식이며, 설정된 **두께(thickness)**로 그려진다. **선형 타입(lineType)**을 설정해 연결성을 택하고 **비트 시프트(shift)**는 실숫값으로 처리할 **모서리 좌표(pt)** 의 비트 값을 할당한다. C# OpenCvSharp에서는 사각형 그리기 함수의 좌표를 포인트 구조체가 아닌 직사각형 구조체를 활용해 Rect rect 형식으로 지정할 수도 있다.

원 그리기

원 그리기 함수는 이미지나 영상 위에 단순한 원을 그리는 데 사용된다. 이 함수는 주로 검출된 좌푯값 을 시각적으로 표시하거나 사용자가 이해하기 쉽게 하기 위해 활용한다. 주로 컴퓨터비전 알고리즘에 서 객체의 중심 위치나 특정 관심점을 나타내기 위해 원을 그리는 데 사용된다.

이를 통해 이미지에서 원 형태의 객체를 검출하거나 그리드나 패턴의 중심점을 빠르게 확인할 수 있다. 다음은 C# OpenCvSharp과 파이썬 OpenCV에서 각각 제공하는 원 그리기 함수다.

C# OpenCvSharp의 원 그리기 함수

```
Cv2.Circle(
    Mat img,
    Point center,
    int radius,
    Scalar color,
    int thickness = 1,
    LineTypes lineType = LineTypes.Link8,
    int shift = 0
);
```

파이썬 OpenCV의 원 그리기 함수

```
cv2.circle(
    img,
    center,
    radius,
    color,
    thickness = None,
    lineType = None,
    shift = None
)
```

원 그리기 함수는 **이미지**(img) 위에 **원의 중심**(center)으로부터 **반지름**(radius) 크기를 갖는 원을 그린다. **색상**(color)은 BGR 형식이며, 설정된 **두께**(thickness)로 그려진다. **선형 타입**(lineType)을 설정해 연결성을 택하고 **비트 시프트**(shift)는 실숫값으로 처리할 **중심점**(center)과 **반지름**(radius)의 비트 값을 할당한다. C# OpenCvSharp에서 원 그리기 함수는 **중심점**(center)을 포인트 구조체가 아닌 정수형을 활용해 int centerX, int centerY 형식으로 지정할 수도 있다.

호 그리기

호 그리기 함수는 이미지나 영상 위에 단순한 호나 타원을 그리는 데 사용된다. 이 함수는 주로 검출된 타원을 시각화하거나 이미지에서 타원 객체의 부정확한 영역을 보정하기 위해 활용된다. 다음은 C# OpenCvSharp과 파이썬 OpenCV에서 각각 제공하는 호 그리기 함수다.

```
Cv2.Ellipse(
    Mat img,
    Point center,
    Size axes,
    double angle,
    double startAngle,
    double endAngle,
    Scalar color,
    int thickness = 1,
    LineTypes lineType = LineTypes.Link8,
    int shift = 0
);
```

파이썬 OpenCV의 호 그리기 함수

```
cv2.ellipse(
    img,
    center,
    axes,
    angle,
    startAngle,
    endAngle,
    color,
    thickness = None,
    lineType = None,
    shift = None
)
```

호 그리기 함수는 **이미지(img)** 위에 **원의 중심(center)**으로부터 **장축과 단축(axes)** 크기를 갖는 호를 그린다. **각도(angle)**는 장축이 기울어진 각도를 의미하며, **시작각도(startAngle)**와 **도착각도(endAngle)**를 설정해 호의 형태를 구성한다. **색상(color)**은 BGR 형식이며, 설정된 **두께(thickness)**로 그려진다. **선형 타입(lineType)**을 설정해 연결성을 택하고 **비트 시프트(shift)**는 실숫값으로 처리할 **중심점(center)**과 **장축과 단축(axes)**의 비트 값을 할당한다.

C# OpenCvSharp에서는 호 그리기 함수에 **중심점(center)**과 **장축과 단축(axes)**을 포인트 구조체와 사이즈 구조체가 아닌 회전 직사각형 구조체를 활용해 RotatedRect box 형식으로 지정할 수도 있다. 그림 4.4는 호 그리기 함수에 사용되는 각 매개 변수의 의미를 직관적으로 보여준다.

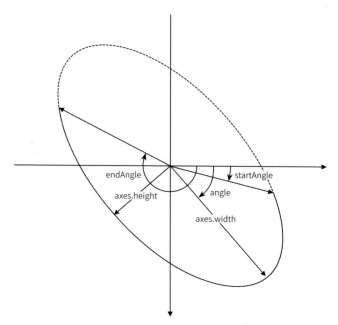

그림 4.4 호 그리기 함수에 사용되는 매개 변수의 의미

axes.width와 axes.height는 장축과 단축을 의미하며, 각각 중심에서 가장 먼 거리와 중심에서 가장 가까운 거리를 갖는다. 각도의 기준은 수평(x축)을 기준으로 시계 방향으로 회전한다. angle은 장축으로부터 기울어진 각도를 의미하며, 이 각도를 기준 삼아 startAngle과 endAngle의 값으로 시작 각도와 도착 각도를 설정한다.

내부가 채워지지 않은 다각형 그리기

내부가 채워지지 않은 다각형 그리기 함수는 이미지나 영상 위에 여러 개의 다각형 곡선을 그리는 도구로, 주로 복잡한 형상의 다각형을 시각화하거나 검출된 윤곽선의 일부를 시각적으로 확인하는 데 활용된다.

이 함수는 이미지나 영상 내에서 검출된 윤곽선을 표시해 객체의 외곽을 시각화하고 분석하는 데 사용되며, 지리 정보 시스템에서 지도상의 지역, 경계, 도형 등을 표시하고 지리 공간 데이터를 시각적으로 나타내는 데 활용되기도 한다. 다음은 C# OpenCvSharp과 파이썬 OpenCV에서 각각 제공하는 내부가 채워지지 않은 다각형 그리기 함수다.

C# OpenCvSharp의 내부가 채워지지 않은 다각형 그리기 함수

```
Cv2.Polylines(
    Mat img,
    IEnumerable<IEnumerable<Point>> pts,
    bool isClosed,
    Scalar color,
    int thickness = 1,
    LineTypes lineType = LineTypes.Link8,
    int shift = 0
);
```

파이썬 OpenCV의 내부가 채워지지 않은 다각형 그리기 함수

```
cv2.polylines(
    img,
    pts,
    isClosed,
    color,
    thickness = None,
    lineType = None,
    shift = None
)
```

내부가 채워지지 않은 다각형 그리기 함수는 **이미지**(img) 위에 **선들의 묶음**(pts)으로 이뤄진 N개의 내부가 채워지지 않은 다각형을 그린다. **닫힘 여부**(isClosed)를 설정해 처음 좌표와 마지막 좌표의 연결 여부를 설정한다. **색상**(color)은 BGR 형식이며, 설정된 **두께**(thickness)로 그려진다. **선형 타입**(lineType)을 설정해 연결성을 택하고 **비트 시프트**(shift)는 실숫값으로 처리할 **좌표**(pt)의 비트 값을 할당한다.

다각형 그리기 함수는 N개의 다각형을 한 번에 그릴 수 있다. 한 개의 다각형을 그리기 위해서는 점들이 의미 있는 순서로 배치된 2차원 배열이 필요하다. 다각형 그리기 함수는 N개의 다각형을 그리는 함수이므로 앞선 2차원 배열을 N개의 형태로 구성해야 한다. 그러므로 3차원 형태를 띠는 배열이 필요하다.

C# OpenCvSharp에서는 제네릭 컬렉션을 활용해 포인트 구조체를 묶어 하나의 다각형 구조를 생성하고, 묶어진 포인트 구조체들을 다시 한번 묶어서 3차원 형태로 구성한다. 파이썬 OpenCV에서는 넘

파이 배열에서 쉽게 3차원 배열을 구성할 수 있어 ndarray 클래스를 활용해 점들의 묶음을 다시 쉽게 묶을 수 있다.

내부가 채워진 다각형 그리기

내부가 채워지지 않은 다각형 그리기 함수는 이미지나 영상 위에 내부가 채워진 여러 개의 다각형 곡선을 그리는 도구로, 주로 복잡한 형상의 다각형을 시각화하거나 검출된 결과를 이미지 위에 덮어 씌울 때 사용된다. 이 함수는 주로 데이터의 영역, 지리적 분포, 패턴을 나타내기 위해 내부가 채워진 다각형을 그리는 데 활용된다. 다음은 C# OpenCvSharp과 파이썬 OpenCV에서 각각 제공하는 내부가 채워진 다각형 그리기 함수다.

C# OpenCvSharp의 내부가 채워진 다각형 그리기 함수

```
Cv2.FillPoly(
    Mat img,
    IEnumerable<IEnumerable<Point>> pts,
    Scalar color,
    LineTypes lineType = LineTypes.Link8,
    int shift = 0,
    Point? offset = null
);
```

파이썬 OpenCV의 내부가 채워진 다각형 그리기 함수

```
cv2.fillPoly(
    img,
    pts,
    color,
    lineType = None,
    shift = None,
    offset = None
)
```

내부가 채워진 다각형 그리기 함수는 이미지(img) 위에 **선들의 묶음**(pts)으로 이뤄진 N개의 내부가 채워진 다각형을 그린다. **색상**(color)은 BGR 형식이며, 설정된 **두께**(thickness)로 그려진다. **선형 타입**(lineType)을 설정해서 연결성을 택하고 **비트 시프트**(shift)는 실숫값으로 처리할 **좌표**(pt)의 비트 값을 할당한다. **선들의 묶음**(pts)은 내부가 채워지지 않은 다각형 그리기 함수의 pts 구조와 동일하다.

문자 그리기

문자 그리기 함수는 이미지나 영상 위에 문자 또는 텍스트를 시각적으로 표시하는 도구로, 주로 검출된 결과에 시각적인 레이블을 표시할 때 활용된다. 이 함수는 주로 검출된 객체나 특징에 레이블을 부여해 사용자가 이해하기 쉽도록 결과를 문서화하는 데 활용된다.

참고사항으로 문자 그리기 함수는 이미지에 텍스트를 입력하는 것이 아니라 이미지상에 문자를 그림으로써 시각화하는 방식이다. 다음은 C# OpenCvSharp과 파이썬 OpenCV에서 각각 제공하는 문자 그리기 함수다.

C# OpenCvSharp의 문자 그리기 함수

```
Cv2.PutText(
    Mat img,
    string text,
    Point org,
    HersheyFonts fontFace,
    double fontScale,
    Scalar color,
    int thickness = 1,
    LineTypes lineType = LineTypes.Link8,
    bool bottomLeftOrigin = false
);
```

파이썬 OpenCV의 문자 그리기 함수

```
cv2.putText(
    img,
    text,
    org,
    fontFace,
    fontScale,
    color,
    thickness = None,
    lineType = None,
    bottomLeftOrigin = None
)
```

문자 그리기 함수는 **이미지**(img) 위에 **문자열**(text)을 텍스트 박스의 **좌측 상단 모서리**(org)를 기준으로 그린다. 이미지 위에 텍스트를 그리기 위해서는 **글꼴**(fontFace)과 **글자 크기**(fontScale)를 설정한다. **색상**(color)은 BGR 형식이며, 설정된 **두께**(thickness)로 그려진다. **선형 타입**(lineType)을 설정해 연결성을 택하고 **기준 좌표**(bottomLeftOrigin)로 텍스트 박스 좌측 상단 모서리가 아닌 텍스트 박스 좌측 하단 모서리로 사용할 경우 기준 좌표에 true를 지정한다. 글꼴과 글자 크기는 그래픽스나 문자열 입력값에서 사용하는 글꼴과 글자 크기 단위가 아니므로 주의한다. 글꼴은 OpenCV에서 지원되는 값만 사용 가능하다. 표 4.10은 문자 그리기 함수에서 사용되는 글꼴을 나열한 것이다.

표 4.10 OpenCV에서 사용하는 글꼴

언어	속성	설명
C#	HersheyFonts.HersheySimplex	보통 크기의 산세리프 글꼴
Py	cv2.FONT_HERSHEY_SIMPLEX	
C#	HersheyFonts.HersheyPlain	작은 크기의 산세리프 글꼴
Py	cv2.FONT_HERSHEY_PLAIN	
C#	HersheyFonts.HersheyDuplex	정교한 보통 크기의 산세리프 글꼴
Py	cv2.FONT_HERSHEY_DUPLEX	
C#	HersheyFonts.HersheyComplex	보통 크기의 세리프 글꼴
Py	cv2.FONT_HERSHEY_COMPLEX	
C#	HersheyFonts.HersheyTriplex	정교한 보통 크기의 세리프 글꼴
Py	cv2.FONT_HERSHEY_TRIPLEX	
C#	HersheyFonts.HersheyComplexSmall	작은 크기의 세리프 글꼴
Py	cv2.FONT_HERSHEY_COMPLEX_SMALL	
C#	HersheyFonts.HersheyScriptSimplex	필기체 스타일 글꼴
Py	cv2.FONT_HERSHEY_SCRIPT_SIMPLEX	
C#	HersheyFonts.HersheyScriptComplex	정교한 필기체 스타일 글꼴
Py	cv2.FONT_HERSHEY_SCRIPT_COMPLEX	
C#	HersheyFonts.Italic	기울임꼴
Py	cv2.FONT_ITALIC	

표 4.10에 나열된 글꼴은 OR(|) 연산자를 활용해 기울임 꼴과 결합해 기울임이 적용된 글꼴로 렌더링할 수 있다. 또한 각 글꼴은 자신만의 고유한 기본 크기를 가진다. 사용하는 글꼴에 따라 글자 크기의

비율이 다르므로 적절한 값으로 조정해서 사용한다. 예제 4.11과 4.12는 이번 절에서 배운 그리기 함수를 활용한 예다.

예제 4.11 C# OpenCvSharp의 그리기 함수 활용

```csharp
using System;
using System.Collections.Generic;
using OpenCvSharp;

namespace Project
{
    class Program
    {
        static void Main(string[] args)
        {
            Mat img = new Mat(new Size(1366, 768), MatType.CV_8UC3);

            Cv2.Line(img, new Point(100, 100), new Point(1200, 100), new Scalar(0, 0, 255), 3,
LineTypes.AntiAlias);
            Cv2.Circle(img, new Point(300, 300), 50, new Scalar(0, 255, 0), Cv2.FILLED,
LineTypes.Link4);
            Cv2.Rectangle(img, new Point(500, 200), new Point(1000, 400), new Scalar(255, 0, 0), 5);
            Cv2.Ellipse(img, new Point(1200, 300), new Size(100, 50), 0, 90, 180, new Scalar(255,
255, 0), 2);

            List<List<Point>> pts1 = new List<List<Point>>();
            List<Point> pt1 = new List<Point>()
            {
                new Point(100, 500),
                new Point(300, 500),
                new Point(200, 600)
            };
            List<Point> pt2 = new List<Point>()
            {
                new Point(400, 500),
                new Point(500, 500),
                new Point(600, 700),
                new Point(500, 650)

            };
```

```
            pts1.Add(pt1);
            pts1.Add(pt2);
            Cv2.Polylines(img, pts1, true, new Scalar(0, 255, 255), 2);

            Point[] pt3 = new Point[] {
                new Point(700, 500),
                new Point(800, 500),
                new Point(700, 600)
            };

            Point[][] pts2 = new Point[][] { pt3 };
            Cv2.FillPoly(img, pts2, new Scalar(255, 0, 255), LineTypes.AntiAlias);

            Cv2.PutText(img, "OpenCV", new Point(900, 600), HersheyFonts.HersheyComplex |
HersheyFonts.Italic, 2.0, new Scalar(255, 255, 255), 3);

            Cv2.ImShow("img", img);
            Cv2.WaitKey(0);
            Cv2.DestroyAllWindows();
        }
    }
}
```

【 출력 결과 】

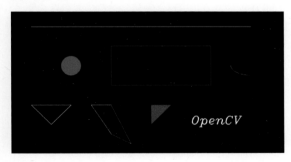

직선, 사각형, 원, 호, 문자 그리기 함수는 앞서 설명한 예제를 참고해서 쉽게 사용할 수 있다. 하지만 예제에서 확인할 수 있듯이 다각형 그리기는 다른 경향을 보인다. 다각형 그리기 함수는 제네릭 컬렉션을 활용해 객체 목록(List)에 담아야 한다[11].

---

11 제네릭 컬렉션을 사용하려면 using System.Collections.Generic; 구문으로 네임스페이스를 추가한다.

다각형 그리기 함수는 한 번에 여러 개의 다각형을 그릴 수 있으므로 객체 목록 안에 다각형의 좌표를 의미하는 객체 목록을 정의해야 한다. 만약 하나의 객체 목록에 선들의 묶음(pts)을 정의한다면 어떤 부분에서 서로 다른 객체인지 알 수 없다. 그러므로 객체 목록을 두 번 포함시켜 서로 다른 구조의 다각형을 나눈다.

상위 객체 목록에 하위 객체 목록을 포함시키기 위해서는 Add 메서드를 활용한다. 만약 하위 객체 목록을 제거한다면 Remove 메서드를 활용해 특정 객체 목록을 제거할 수 있다. 또한 제네릭 컬렉션을 활용하지 않고 2차원 배열 형태로 활용할 수 있다. 제네릭 컬렉션은 상위 객체 목록을 생성하고 하위 객체 목록을 포함하지만 배열 구조는 하위 객체 목록을 생성하고 상위 객체 목록에 포함한다.

예제 4.12 파이썬 OpenCV의 그리기 함수 활용

```python
import cv2
import numpy as np

img = np.zeros((768, 1366, 3), dtype = np.uint8)

cv2.line(img, (100, 100), (1200, 100), (0, 0, 255), 3, cv2.LINE_AA)
cv2.circle(img, (300, 300), 50, (0, 255, 0), cv2.FILLED, cv2.LINE_4)
cv2.rectangle(img, (500, 200), (1000, 400), (255, 0, 0), 5, cv2.LINE_8)
cv2.ellipse(img, (1200, 300), (100, 50), 0, 90, 180, (255, 255, 0), 2)

pts1 = np.array([[[100, 500], [300, 500], [200, 600]], [[400, 500], [500, 500], [600, 700]]])
pts2 = np.array([[700, 500], [800, 500], [700, 600]])
cv2.polylines(img, pts1, True, (0, 255, 255), 2)
cv2.fillPoly(img, [pts2], (255, 0, 255), cv2.LINE_AA)

cv2.putText(img, "OpenCV", (900, 600), cv2.FONT_HERSHEY_COMPLEX | cv2.FONT_ITALIC, 2, (255, 255, 255), 3)

cv2.imshow("img", img)
cv2.waitKey(0)
cv2.destroyAllWindows()
```

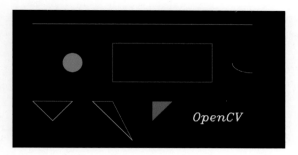

파이썬 OpenCV에서도 직선, 사각형, 원, 호, 문자 그리기 함수는 앞서 설명한 예제를 참고해서 쉽게 활용할 수 있다. 파이썬 OpenCV는 모든 배열을 넘파이 배열로 처리해서 적용한다. 다각형 그리기 함수도 이와 다르지 않다.

하지만 다각형을 여러 개 그리기 위해 다각형 그리기 함수의 묶음을 예제 4.11의 pts1 배열처럼 정의할 경우 동일한 꼭짓점 개수를 갖는 다각형만 정의할 수 있다. 만약 꼭짓점 개수가 다른 다각형을 여러 개 그리기 위해 다음 예시처럼 작성하면 오류가 발생한다.

잘못된 예시

```
pts1 = np.array([[[100, 500], [300, 500], [200, 600]], [[400, 500], [500, 500], [600, 700],
[500, 650]]])
```

위의 예제처럼 단순히 꼭짓점 개수를 추가한다면 TypeError가 발생해서 pts는 넘파이 배열이 아니며 스칼라도 아니라는 결과를 반환한다. 즉, np.array 함수를 사용해 넘파이 배열로 정의했는데 넘파이 배열이 아니라는 오류를 반환한다. pts1 배열을 출력할 경우 쉽게 이해할 수 있다.

잘못된 예제의 출력 결과

```
[list([[100, 500], [300, 500], [200, 600]])
 list([[400, 500], [500, 500], [600, 700], [500, 650]])]
```

pts1는 list들의 묶음이 들어간 넘파이 배열로 구성돼 있다. 그러므로 내부 원소는 넘파이 배열이 아니므로 오류를 반환한다. 꼭짓점 개수가 서로 다른 다각형을 그리려면 C# OpenCvSharp의 형식과 비슷하게 각 하위 넘파이 배열을 생성한 후 상위 넘파이 배열에 포함시켜야 한다. 다음은 올바르게 작성한 예제다.

올바른 예제

```
pt1 = np.array([[100, 500], [300, 500], [200, 600]])
pt2 = np.array([[400, 500], [500, 500], [600, 700], [500, 650]])
pts1 = np.array([pt1, pt2])
```

이처럼 꼭짓점 개수가 서로 다른 배열은 명시적으로 np.array 함수를 사용해 하나의 넘파이 배열로 묶은 후, 다시 pts1로 묶어 사용해야 한다. 또한 pts2처럼 2차원 배열로만 생성한 경우 다각형 그리기 함수의 인수를 대괄호로 한 번 더 묶어 3차원 배열의 형태로 구성해야 한다. 이 점에 주의해서 사용한다.

마우스 콜백

콜백(Callback) 함수란 프로그래밍에서 다른 함수를 매개 변수로 받아 이벤트가 발생할 때 해당 함수를 호출하는 역할을 하는 함수를 가리킨다. 이를 통해 이벤트가 발생하면 특정 작동을 실행하거나 처리할 수 있다.

OpenCV에서는 HighGUI를 활용해 윈도를 생성하고 이미지를 화면에 표시하는 프로그램을 작성할 수 있으므로 이러한 윈도에서 마우스 이벤트를 받아 상호작용할 수 있다. 따라서 **마우스 콜백(Mouse Callback)**이란 윈도에서 마우스 이벤트가 발생할 때, 미리 정의한 콜백 함수를 호출해 해당 이벤트를 처리하는 것을 의미한다.

콜백 함수를 등록하면, 마우스 이벤트가 감지될 때마다 해당 함수가 호출돼 사용자가 원하는 작업을 수행할 수 있게 된다. 이를 통해 이미지나 비디오와 같은 미디어 데이터에 대한 상호작용을 구현하는 데 유용하게 활용할 수 있다.

다음은 C# OpenCvSharp과 파이썬 OpenCV에서 각각 사용하는 마우스 콜백 설정 함수다.

C# OpenCvSharp의 마우스 콜백 설정 함수

```
Cv2.SetMouseCallback(
    string windowName,
    MouseCallback onMouse,
    IntPtr userdata = default
);
```

파이썬 OpenCV의 마우스 콜백 설정 함수

```
cv2.setMouseCallback(
    windowName,
```

```
    onMouse,
    param = None
)
```

마우스 콜백 설정 함수는 사전에 정의된 **윈도 이름**(windowName)에 마우스 콜백을 설정하고, **콜백 함수**(onMouse)를 전달한다. 설정된 윈도에만 선언한 콜백 함수가 실행된다. 마우스 이벤트 관련 데이터 이외에도 **사용자 데이터**(userdata)를 콜백 함수에 전달할 수 있다.

사용자 데이터에는 주로 윈도에 부착된 이미지를 전달한다. **콜백 함수**(onMouse)에 사용되는 함수는 마우스에 관련된 정보를 전달해야 하므로 함수에 정해진 매개 변수가 있다. 다음은 마우스 콜백 함수의 형태를 보여준다.

C# OpenCvSharp의 마우스 콜백 델리게이트

```
CvMouseCallback(
    MouseEventTypes @event,
    int x,
    int y,
    MouseEventFlags flags,
    IntPtr userdata
);
```

파이썬 OpenCV의 마우스 콜백 함수

```
def func_name(
    event,
    x,
    y,
    flags,
    param
)
```

마우스 콜백 델리게이트(함수)는 **마우스 이벤트**(event), **마우스의 좌표**(x, y), **마우스 플래그**(flags), **사용자 정의 데이터**(userdata, param)를 매개 변수로 사용한다. 마우스 이벤트는 마우스의 작동을 전달하며, 마우스의 좌표는 마우스 이벤트가 발생했을 때의 좌표를 전달한다. 마우스 플래그는 마우스 작동에 대한 특수한 정보나 방식을 전달한다.

마지막으로 사용자 정의 데이터는 마우스 이벤트가 발생했을 때 전달할 임의의 데이터를 전달한다. 여기서 C# OpenCvSharp에서는 마우스 콜백 델리게이트를 활용해 전달하며, 사용자 정의 데이터는 IntPtr 형식의 데이터만 전달할 수 있다. 예제 4.13과 예제 4.14는 C# OpenCvSharp과 파이썬 OpenCV에서 마우스 콜백을 적용한 예다.

예제 4.13 C# OpenCvSharp의 마우스 콜백 적용

```
using System;
using OpenCvSharp;

namespace Project
{
    class Program
    {
        static void Main(string[] args)
        {
            Mat src = new Mat(new Size(500, 500), MatType.CV_8UC3, new Scalar(255, 255, 255));

            Cv2.ImShow("draw", src);
            MouseCallback MouseCallback = new MouseCallback(Event);
            Cv2.SetMouseCallback("draw", MouseCallback, src.CvPtr);
            Cv2.WaitKey(0);
            Cv2.DestroyAllWindows();
        }

        static void Event(MouseEventTypes @event, int x, int y, MouseEventFlags flags, IntPtr userdata)
        {
            Mat data = new Mat(userdata);

            if (flags == MouseEventFlags.LButton)
            {
                Cv2.Circle(data, new Point(x, y), 10, new Scalar(0, 0, 255), -1);
                Cv2.ImShow("draw", data);
            }
        }
    }
}
```

【 출력 결과 】

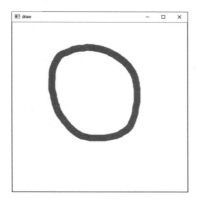

C# OpenCvSharp의 마우스 콜백 설정 함수를 사용하기 위해서는 마우스 콜백 델리게이트를 설정해야 한다. 델리게이트에서 요구하는 형태의 Event 메서드를 생성한다. Event 메서드는 마우스 왼쪽 버튼을 누른 상태로 드래그할 때 붉은색의 원을 그려 출력한다.

MouseCallback을 통해 Event 메서드를 전달하고, 마우스 콜백 설정 함수에 연결한다. src 이미지를 사용자 정의 데이터로 전달할 예정이므로, 이미지를 CvPtr 형태로 변환해 전달한다. 여기서 src 이미지를 CvPtr 속성으로 Mat 클래스의 네이티브 포인터를 호출해서 복사하므로 얕은 복사가 되어, data 변수와 src 변수는 동일한 값을 갖는다.

예제 4.14 파이썬 OpenCV의 마우스 콜백 적용

```python
import cv2
import numpy as np

def mouse_event(event, x, y, flags, param):
    global radius

    if event == cv2.EVENT_LBUTTONDOWN:
        cv2.circle(param, (x, y), radius, (255, 0, 0), 2)
        cv2.imshow("draw", src)

    elif event == cv2.EVENT_MOUSEWHEEL:
        if flags > 0:
            radius += 1
        elif radius > 1:
            radius -= 1
```

```
radius = 3
src = np.full((500, 500, 3), 255, dtype=np.uint8)

cv2.imshow("draw", src)
cv2.setMouseCallback("draw", mouse_event, src)
cv2.waitKey(0)
cv2.destroyAllWindows()
```

【 출력 결과 】

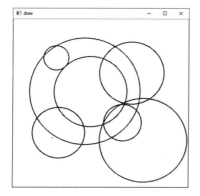

파이썬 OpenCV의 마우스 콜백 설정 함수를 사용하기 위해서는 C# OpenCvSharp과 동일하게 마우스 콜백 함수를 설정한다. 마우스 왼쪽 버튼을 누를 때 radius 크기의 파란색 원을 그려 출력한다.

마우스 스크롤 이벤트를 통해 원의 크기를 조절할 수 있다. 마우스 스크롤 이벤트의 스크롤 업과 스크롤 다운은 마우스 플래그(flags)를 통해 관리된다. 양수일 때 스크롤 업 이벤트를 의미하며, 음수일 때는 스크롤 다운 이벤트를 의미한다.

파이썬 OpenCV의 사용자 정의 데이터(param)는 모든 형식의 데이터를 전달할 수 있으므로, 변환없이 원본 이미지를 바로 참조해도 된다. 또한, 목록(List)나 튜플(Tuple) 등의 데이터로도 전달할 수 있다.

앞에서 윈도에 마우스 콜백 함수를 적용해 이미지를 표시하는 예제를 살펴봤다. 각 예제에서 사용한 마우스 이벤트와 마우스 플래그는 표 4.11과 표 4.12에 정리했다.

표 4.11 마우스 이벤트

언어	속성	설명
C#	MouseEventTypes.MouseMove	마우스 포인터가 윈도 위에서 움직일 때
Py	cv2.EVENT_MOUSEMOVE	
C#	MouseEventTypes.LButtonDown	마우스 왼쪽 버튼을 누를 때
Py	cv2.EVENT_LBUTTONDOWN	
C#	MouseEventTypes.RButtonDown	마우스 오른쪽 버튼을 누를 때
Py	cv2.EVENT_RBUTTONDOWN	
C#	MouseEventTypes.MButtonDown	마우스 휠 스크롤 버튼을 누를 때
Py	cv2.EVENT_MBUTTONDOWN	
C#	MouseEventTypes.LButtonUp	마우스 왼쪽 버튼을 뗄 때
Py	cv2.EVENT_LBUTTONUP	
C#	MouseEventTypes.RButtonUp	마우스 오른쪽 버튼을 뗄 때
Py	cv2.EVENT_RBUTTONUP	
C#	MouseEventTypes.MButtonUp	마우스 휠 스크롤 버튼을 뗄 때
Py	cv2.EVENT_MBUTTONUP	
C#	MouseEventTypes.LButtonDoubleClick	마우스 왼쪽 버튼을 더블 클릭할 때
Py	cv2.EVENT_LBUTTONDBLCLK	
C#	MouseEventTypes.RButtonDoubleClick	마우스 오른쪽 버튼을 더블 클릭할 때
Py	cv2.EVENT_RBUTTONDBLCLK	
C#	MouseEventTypes.MButtonDoubleClick	마우스 휠 스크롤 버튼을 더블 클릭할 때
Py	cv2.EVENT_MBUTTONDBLCLK	
C#	MouseEventTypes.MouseWheel	상하 스크롤을 사용할 때
Py	cv2.EVENT_MOUSEWHEEL	
C#	MouseEventTypes.MouseHWheel	좌우 스크롤을 사용할 때
Py	cv2.EVENT_MOUSEHWHEEL	

C# OpenCvSharp에서 운영체제나 사용하는 OpenCvSharp 버전에 따라 플래그가 다를 수 있다. 예를 들어 스크롤 이벤트(MouseEvent.MouseWheel, MouseEvent.MouseHWheel)는 다른 형태를 갖는다. 이벤트 비교시 상하 스크롤은 (MouseEvent.MouseWheel ¦ MouseEvent.FlagRButton)의 형태로 사용하며,

좌우 스크롤은 (FlagRButton | MButtonDoubleClick)의 형태로 사용한다. 마우스 휠 스크롤 이벤트가 발생할 때 @event와 flags를 출력해 어떤 형태로 작동하고 있는지 확인한 후에 사용하도록 한다.

표 4.12 마우스 플래그

언어	속성	설명
C#	MouseEventFlags.LButton	마우스 왼쪽 버튼을 누른 상태
Py	cv2.EVENT_FLAG_LBUTTON	
C#	MouseEventFlags.RButton	마우스 오른쪽 버튼을 누른 상태
Py	cv2.EVENT_FLAG_RBUTTON	
C#	MouseEventFlags.MButton	마우스 휠 스크롤 버튼을 누른 상태
Py	cv2.EVENT_FLAG_MBUTTON	
C#	MouseEventFlags.CtrlKey	Ctrl 키를 누른 상태
Py	cv2.EVENT_FLAG_CTRLKEY	
C#	MouseEventFlags.ShiftKey	Shift 키를 누른 상태
Py	cv2.EVENT_FLAG_SHIFTKEY	
C#	MouseEventFlags.AltKey	Alt 키를 누른 상태
Py	cv2.EVENT_FLAG_ALTKEY	
C#	flags > 0	마우스 휠 스크롤 이벤트의 위 방향 또는 오른쪽 방향
Py		
C#	flags < 0	마우스 휠 스크롤 이벤트의 아래 방향 또는 왼쪽 방향
Py		

마우스 플래그의 누른 상태는 마우스 왼쪽 버튼을 누를 때와 비슷한 역할을 하는 것처럼 보이지만, 마우스 버튼을 누른 상태로 드래그 할 때 큰 차이를 보인다. 누른 상태는 하나의 이벤트만 발생하지만, 누른 상태는 지속적으로 이벤트가 발생한다. 예제 4.13에서는 마우스 버튼을 누른 상태이며, 예제 4.14는 마우스 버튼을 누를 때에 대한 예제이므로 참고한다.

트랙바

프로그램 개발을 진행할 때, 알고리즘에서 사용되는 메서드나 함수의 매개 변수나 인수 값을 조절하면서 최적의 값을 찾기 위해 여러 번의 테스트를 진행하는 경우가 많다. 이런 작업은 변경해야 하는 매개 변수나 인수의 개수 또는 범위가 많을수록 더 복잡해진다. 이때, 트랙바를 사용하면 효율적으로 최적의 값을 찾을 수 있다.

트랙바(Track bar)는 일종의 슬라이더 바의 형태를 가지고 있으며, 일정 범위 내의 값을 변경할 때 주로 사용된다. 트랙바는 사용자가 매개 변수나 설정값을 실시간으로 조절할 수 있다. 이는 시각적으로 값을 조절할 수 있는 사용자 인터페이스 요소로, 주로 알고리즘 튜닝이나 영상 처리와 같이 민감한 설정을 조절하는 데 활용된다.

예를 들어 이미지 처리 소프트웨어를 개발하는 경우, 밝기, 대조도, 색상 필터 등의 설정값을 트랙바를 통해 조절할 수 있다. 이로써 사용자는 실시간으로 결과를 확인하며 최적의 설정값을 찾을 수 있다. 트랙바는 시뮬레이션 및 시각화 도구에서도 유용하게 활용되며, 시스템 작동을 조절하고 튜닝할 때 주로 사용된다.

OpenCV에서는 트랙바를 생성하고 지정된 윈도에 부착해 사용한다. 트랙바의 이름을 클릭해 임의의 값을 입력할 수 있으며[12], 트랙바의 슬라이더를 직접 조작해 값을 변경할 수 있다. 트랙바에는 트랙바의 위치가 변경될 때마다 호출될 콜백 함수를 지정해 특정 명령을 실행하게 하거나, 트랙바가 현재 위치한 값을 가져와 특정 명령을 수행할 수 있다. C# OpenCvSharp과 파이썬 OpenCV에서 제공하는 트랙바 생성 함수는 각각 다음과 같다.

C# OpenCvSharp의 트랙바 생성 함수

```
Cv2.CreateTrackbar(
    string trackbarName,
    string winName,
    int count,
    TrackbarCallbackNative onChange = null,
    IntPtr userData = default
);
```

파이썬 OpenCV의 트랙바 생성 함수

```
cv2.createTrackbar(
    trackbarName,
    windowName,
    value,
    count,
    onChange
)
```

---

12 운영체제에 따라서 트랙바 값 입력을 지원하지 않을 수 있다.

트랙바 생성 함수는 **트랙바 이름**(trackbarName)을 정의하고 사전에 정의된 **윈도 이름**(windowName)에 부착한다. **값**(value)은 트랙바의 초기 슬라이더 위치이며, 트랙바의 슬라이더 위치가 변경될 때마다 값을 갱신한다.[13] **최댓값**(count)은 트랙바의 최대 위치를 설정한다.

콜백 함수(onChange)는 슬라이더가 위치를 변경할 때마다 호출되는 함수를 설정한다. 사용자 정의 함수나 익명 함수 등을 정의할 수 있으며, 트랙바의 슬라이더 **값**(value)을 매개 변수로 전달한다. 다음으로 알아볼 함수는 트랙바 생성 함수와 함께 사용되는 트랙바 위치 반환 함수다. 설명하지 않은 userData는 콜백 델리게이트에서 다룬다.

C# OpenCvSharp의 트랙바 위치 반환 함수

```
retval = Cv2.GetTrackbarPos(
    string trackbarName,
    string winName
);
```

파이썬 OpenCV의 트랙바 위치 반환 함수

```
retval = cv2.getTrackbarPos(
    trackbarName,
    windowName
)
```

트랙바 위치 반환 함수는 트랙바 생성 함수와 동일하게 사전에 정의된 **윈도 이름**(windowName)의 **트랙바 이름**(trackbarName)의 **위치 값**(retval)을 반환한다. 이 위치 값은 트랙바 생성 함수의 **값**(value)과 **콜백 함수**(onChange)에서 전달하는 **값**(value)과 동일하다. 예제 4.15과 예제 4.16은 C# OpenCvSharp과 파이썬 OpenCV에서 트랙바를 적용한 예다.

예제 4.15 C# OpenCvSharp의 트랙바 적용

```
using System;
using OpenCvSharp;

namespace Project
{
    class Program
    {
```

---

[13] C# OpenCvSharp에서 포인터 변수를 사용하는 것은 안전하지 않으므로 해당 방식은 지원되지 않는다.

```
        static void Main(string[] args)
        {
            Cv2.NamedWindow("Palette");
            Cv2.CreateTrackbar("Color", "Palette", 255);

            while (true)
            {
                int pixel = Cv2.GetTrackbarPos("Color", "Palette");
                Mat src = new Mat(new Size(500, 500), MatType.CV_8UC3, new Scalar(pixel, pixel,
pixel));

                Cv2.ImShow("Palette", src);
                if (Cv2.WaitKey(33) == 'q')
                    break;
            }

            Cv2.DestroyAllWindows();
        }
    }
}
```

【 출력 결과 】

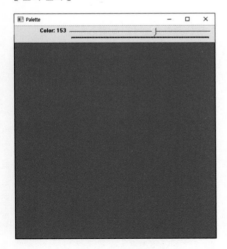

C# OpenCvSharp에서 트랙바를 생성하고 부착하기 위해서는 먼저 윈도가 정의돼야 한다. Cv2.
NamedWindow 함수를 사용해 Palette 이름을 갖는 윈도를 생성한다. 윈도가 생성됐다면 트랙바 생성 함

수로 윈도에 트랙바를 부착한다. 이번 예제에서는 반복문(while)을 사용해 트랙바의 위치 값을 33ms 마다 받아와 이미지를 생성하고 출력한다.

예제 4.16 파이썬 OpenCV의 트랙바 적용

```python
import cv2
import numpy as np

def onChangeBlue(pos):
    global b
    b = pos
    cv2.imshow("Palette", createImage(b, g, r))

def createImage(b, g, r):
    return np.full((500, 500, 3), (b, g, r), dtype=np.uint8)

b, g, r = 0, 0, 0
cv2.namedWindow("Palette")
cv2.createTrackbar("Blue", "Palette", 55, 255, onChangeBlue)
cv2.createTrackbar("Green", "Palette", 0, 255, lambda x: x)
cv2.createTrackbar("Red", "Palette", 0, 255, lambda x: x)

while True:
    g = cv2.getTrackbarPos("Green", "Palette")
    r = cv2.getTrackbarPos("Red", "Palette")

    cv2.imshow("Palette", createImage(b, g, r))
    if cv2.waitKey(33) & 0xFF == ord("q"):
        break

cv2.destroyAllWindows()
```

【 출력 결과 】

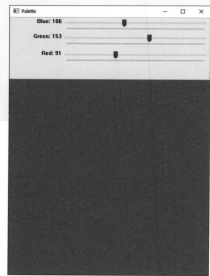

예제 4.16은 앞선 예제 4.15에서 사용했던 반복문(while)뿐만 아니라, **콜백 함수**(onChange)도 활용해 트랙바 함수를 적용한 예제다. Blue 트랙바에 대해 초깃값을 55로 할당한다. 이 값 할당은 초기 트랙바의 위치를 55의 위치로 이동할 뿐, 55에 대한 연산은 진행하지 않는다.

C# OpenCvSharp에서는 콜백 함수를 사용하지 않으면 값을 할당하지 않았다. 하지만 파이썬 OpenCV에서는 필수값으로 아무런 작동을 하지 않아도 값을 할당해야 한다. 콜백 함수를 사용하지 않을 때에는 익명 함수(람다 함수)를 활용해 아무런 작동을 취하지 않을 수 있다.

만약, 콜백 함수를 사용한다면 예제에서 사용된 onChangeBlue 함수를 사용해 프로그램을 제어할 수 있다. b 변수를 **전역 변수**(global)로 사용해 onChangeBlue 함수 밖에서도 사용이 가능하도록 사용한다. global b 구문을 작성하지 않는다면 33ms마다 반복문(while)이 실행되어 b 변수에 대한 작업을 확인하기 어렵고, g 변수와 r 변수에 대한 변경만 작동된다.

앞에서 트랙바를 사용해 이미지를 표시하는 예제를 살펴봤다. 각 예제에서 사용한 트랙바 함수와 언급되지 않은 트랙바 함수를 표 4.13에 정리했다.

표 4.13 트랙바와 관련된 함수

언어	속성	설명
C#	Cv2.CreateTrackbar(　　string trackbarName, 　　string winName, 　　int count, 　　TrackbarCallbackNative onChange = null);	
Py	cv2.createTrackbar(　　trackbarName, 　　windowName, 　　value, 　　count, 　　onChange)	트랙바 생성
C#	retval = Cv2.GetTrackbarPos(　　string trackbarName, 　　string winName);	트랙바 위치 반환

언어	속성	설명
Py	retval = cv2.getTrackbarPos(trackbarName, windowName)	트랙바 위치 반환
C#	Cv2.SetTrackbarPos(string trackbarName, string winName, Int pos);	트랙바 위치 설정
Py	cv2.setTrackbarPos(trackbarName, winName, pos)	
C#	Cv2.SetTrackbarMax(string trackbarName, string winName, int maxval);	트랙바 최댓값 설정
Py	cv2.setTrackbarMax(trackbarName, windowName, maxval)	
C#	Cv2.SetTrackbarMin(string trackbarName, string winName, Int minval);	트랙바 최솟값 설정
Py	cv2.setTrackbarMin(trackbarName, winName, minval)	

앞선 예제 4.15에서는 **콜백 함수**(onChange)를 사용하지 않았다. C# OpenCvSharp에서는 트랙바에 콜백 함수를 사용할 때 델리게이트를 활용해 전달한다. 즉, 콜백 함수를 사용할 때 함수를 정의한 다음, 델리게이트 메서드로 연결해야 한다. 다음 델리게이트는 C# OpenCvSharp에서 제공하는 트랙바 콜백 델리게이트다.

C# OpenCvSharp의 트랙바 콜백 델리게이트

```
TrackbarCallbackNative(
    int pos
    IntPtr userData
);
```

트랙바 생성 함수에서 설명하지 않은 **사용자 데이터**(userData)는 트랙바 콜백 델리게이트에서 사용된다. 사용자 데이터는 콜백 함수에 함께 전달할 임의의 사용자 데이터를 의미한다. 함수 밖에서 변수를 불러오려면 전역 변수로 선언해야 한다. 사용자 데이터는 전역 변수를 사용하지 않고 트랙바 이벤트를 처리하는 데 사용할 수 있다.

즉, 트랙바의 슬라이더 위치 값 이외에도 int, string, Mat 데이터 등을 콜백 함수에 전달할 수 있다. 트랙바 콜백 델리게이트에서 트랙바 **슬라이더의 위치**(pos)와 전달받은 **사용자 데이터**(userdata)를 콜백 메서드에 전달한다. 예제 4.17은 C# OpenCvSharp과 파이썬 OpenCV에서 트랙바를 적용한 예다.

예제 4.17 C# OpenCvSharp의 트랙바 클래스 적용

```
using System;
using OpenCvSharp;

namespace Project
{
    class Program
    {
        static void Main(string[] args)
        {
            Mat src = new Mat(new Size(500, 500), MatType.CV_8UC3);
            TrackbarCallbackNative trackbarCallback = new TrackbarCallbackNative(Event);

            Cv2.NamedWindow("Palette");
            Cv2.CreateTrackbar("Color", "Palette", 255, trackbarCallback, src.CvPtr);
            Cv2.WaitKey(0);
```

```
            Cv2.DestroyAllWindows();
        }

        private static void Event(int pos, IntPtr userdata)
        {
            Mat color = new Mat(userdata);
            color.SetTo(new Scalar(pos, pos, pos));
            Cv2.ImShow("Palette", color);
        }
    }
}
```

【 출력 결과 】

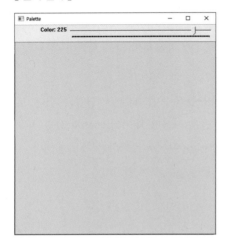

콜백 함수를 적용할 예정이므로 먼저 Event 메서드를 구현한다. 슬라이더의 위치와 사용자 데이터를 전달받을 예정이므로 int 형식의 pos와 IntPtr 형식의 userdata를 추가한다. IntPtr 형식의 Mat 데이터를 전달받을 예정이므로 new Mat(userdata)를 사용해 Mat 형식으로 변환한다.

Event 메서드의 선언이 끝났다면 트랙바 콜백 델리게이트(TrackbarCallbackNative)에 전달한다. 다음으로 트랙바 생성 함수를 활용해 콜백 함수, 사용자 데이터를 전달한다. 사용자 데이터(userdata)는 Mat 데이터뿐만 아니라 함수나 메서드를 통해 나온 결괏값도 전달할 수 있다. 기존의 반복문(while)을 통해 작성했던 방식과 다르게 트랙바의 슬라이더가 변경될 때마다 Event 메서드가 실행되는 것을 확인할 수 있다.

04 데이터 저장

OpenCV를 사용하면 원본 이미지나 처리 결과물을 손쉽게 디스크에 저장할 수 있다. 이때, 원본 이미지를 수정하지 않고도 OpenCV의 코덱을 활용해 파일 형식을 변경할 수 있다. 또한, 도형 그리기 함수나 비전 알고리즘을 적용한 이미지 파일이나 동영상 파일을 저장할 수도 있다.

결과 저장 함수는 이미지 입력 함수와 유사하게 작동하며, 고수준 작업인 압축 및 압축 해제와 같은 작업을 처리한다. 이를 통해 이미지나 동영상을 효율적으로 저장하고 공유할 수 있으며, 다양한 형식으로 변환할 수 있어 프로젝트의 요구 사항에 맞게 결과물을 관리하는 데 유용하다.

이미지 저장

이미지 저장 함수를 사용할 때, 이미지 파일 형식 및 설정에 대한 고려가 필요하다. OpenCV는 여러 운영 체제에서 사용 가능하지만, 각 운영 체제마다 이미지 저장에 사용하는 코덱 및 형식이 다를 수 있다.

일반적으로 OpenCV는 JPEG, PNG, TIFF 등 일부 이미지 형식을 자체 지원하지만, 다른 형식을 저장하려면 운영 체제의 기본 코덱이나 외부 라이브러리를 사용해야 할 수도 있다. 예를 들어 윈도우 운영 체제에서는 OpenCV가 자체 이미지 형식을 사용하는 경우가 많지만, macOS 및 리눅스 운영 체제에서는 외부 라이브러리인 libjpeg나 libpng와 같은 코덱을 활용한다.

또한, OpenCV에서 이미지를 저장할 때 이미지 형식을 고려해야 한다. 이미지 형식은 이미지 데이터를 저장하는 방식과 파일 확장자를 나타내며, 각 포맷은 특정 용도나 요구 사항에 맞게 선택돼야 한다. 예를 들어 이미지 저장 방식을 설정하지 않으면 OpenCV에서는 일반적으로 8비트 3채널 이미지로 저장한다.

그러나 만약 PNG, TIFF와 같은 형식을 사용하면 16비트 이미지나 4채널 이미지(알파 채널 포함)로 저장할 수 있다. 이러한 형식으로 이미지를 저장한다면 추가적인 설정이 필요할 수 있다. 예를 들어 16비트 이미지를 저장할 때는 이미지의 깊이(또는 비트 수)와 형식을 명시적으로 할당해야 한다. 또한 알파 채널을 가진 4채널 이미지의 경우, 알파 채널 값을 설정해야 한다.

그러므로 OpenCV 함수를 사용해 이미지를 저장할 때, 적절한 이미지 형식을 선택하고 해당 형식에 맞는 설정 및 작업을 수행해야 한다. 이는 이미지의 해상도, 색상 깊이, 투명도, 압축 수준 등과 관련이 있다. 이러한 설정을 통해 이미지를 필요한 형식과 품질로 저장할 수 있게 된다. 다음은 각각 C# OpenCvSharp과 파이썬 OpenCV에서 사용하는 이미지 저장 함수다.

```
Cv2.ImWrite(
    string fileName,
    Mat img,
    params ImageEncodingParam[] prms
);
```

파이썬 OpenCV의 이미지 저장 함수

```
cv2.imwrite(
    filename,
    img,
    params = None
)
```

이미지 저장 함수는 Mat 클래스나 ndarray 클래스를 이미지 형식으로 저장한다. **파일명**(filename)은 경로를 포함한 입력 파일의 이름이며, 확장자를 지정해 파일 포맷을 명시적으로 표시한다. **이미지**(img)는 저장할 이미지를 의미한다(경로를 포함하지 않을 경우 상대 경로로 간주한다). **옵션 매개 변수**(params)는 인코딩될 매개 변수를 의미하며, 설정할 값이 없는 경우 입력하지 않아도 된다. 이미지 저장 함수는 bool 값을 반환하며, 저장에 성공할 경우 true를, 저장에 실패할 경우 오류를 반환하지 않고 false를 반환한다. 다음은 OpenCV에서 지원하는 확장자 목록이다.

- Windows Bitmap: *.bmp, *.dib

- JPEG: *.jpeg, *.jpg, *.jpe

- JPEG 2000: *.jp2

- Portable Network Graphics: *.png

- WebP: *.webp

- Portable image format: *.pbm, *.pgm, *.ppm, *.pxm, *.pnm

- TIFF files: *.tiff, *.tif

- OpenEXR Image files: *.exr

- Radiance HDR: *.hdr, *.pic

- Sun raster: *.sr, *.ras

옵션 매개 변수는 인코딩할 매개 변수와 해당 매개 변수의 값을 시퀀스 형태로 지정한다. 한 번에 여러 개의 인코딩 매개 변수를 선택할 수 있고 매개 변수 ID와 매개 변수의 값을 교대로 사용해 적용한다. 표 4.14는 주요한 인코딩 매개 변수를 정리한 것이다.

표 4.14 인코딩 매개 변수

언어	속성	설명
C#	ImwriteFlags.JpegQuality	JPEG 화질(0~100)
Py	cv2.IMWRITE_JPEG_QUALITY	
C#	ImwriteFlags.JpegProgressive	점차 선명해짐 적용(0, 1)
Py	cv2.IMWRITE_JPEG_PROGRESSIVE	
C#	ImwriteFlags.JpegOptimize	최적화 적용(0, 1)
Py	cv2.IMWRITE_JPEG_OPTIMIZE	
C#	ImwriteFlags.JpegRstInterval	마커의 간격 설정(0~65535)
Py	cv2.IMWRITE_JPEG_RST_INTERVAL	
C#	ImwriteFlags.JpegLumaQuality	루마 품질 적용(0~100)
Py	cv2.IMWRITE_JPEG_LUMA_QUALITY	
C#	ImwriteFlags.JpegChromaQuality	크로마 품질 적용(0~100)
Py	cv2.IMWRITE_JPEG_CHROMA_QUALITY	
C#	ImwriteFlags.PngCompression	PNG 압축(0~100)
Py	cv2.IMWRITE_PNG_COMPRESSION	
C#	ImwriteFlags.PngBilevel	바이너리 포맷 사용(0, 1)
Py	cv2.IMWRITE_PNG_BILEVEL	
C#	ImwriteFlags.PxmBinary	PPM, PGM, PBM 파일을 바이너리 포맷 사용(0, 1)
Py	cv2.IMWRITE_PXM_BINARY	
C#	ImwriteFlags.WebPQuality	WebP 적용(0~100)
Py	cv2.IMWRITE_WEBP_QUALITY	
C#	ImwriteFlags.TiffResUnit	TIFF 사용(DPI 값)
Py	cv2.IMWRITE_TIFF_RESUNIT	
C#	ImwriteFlags.TiffXDpi	TIFF 포맷의 X 방향 DPI(DPI 값)
Py	cv2.IMWRITE_TIFF_XDPI	

언어	속성	설명
C#	ImwriteFlags.TiffYDpi	TIFF 포맷의 Y 방향 DPI(DPI 값)
Py	cv2.IMWRITE_TIFF_YDPI	
C#	ImwriteFlags.TiffCompression	TIFF의 이미지 압축 체계 설정
Py	cv2.IMWRITE_TIFF_COMPRESSION	
C#	ImwriteFlags.Jpeg2000CompressionX1000	JPEG2000의 압축률 설정(0~1000)
Py	cv2.IMWRITE_JPEG2000_COMPRESSION_X1000	

예제 4.18과 예제 4.19는 C# OpenCvSharp과 파이썬 OpenCV에서 옵션 매개 변수를 사용해 이미지 파일을 JPEG 포맷으로 저장하는 예다.

예제 4.18 C# OpenCvSharp의 이미지 저장

```
ImageEncodingParam[] prms = new ImageEncodingParam[] {
    new ImageEncodingParam(ImwriteFlags.JpegQuality, 100),
    new ImageEncodingParam(ImwriteFlags.JpegProgressive, 1)
};
save = Cv2.ImWrite("cv.jpeg", img, prms);
Console.WriteLine(save);
```

【 출력 결과 】

```
True
```

C# OpenCvSharp의 이미지 저장 함수의 옵션 매개 변수는 ImageEncodingParam 배열의 형태로 다양한 인코딩 매개 변수를 포함할 수 있다. 예제에서는 cv.jpeg의 형태로 img가 저장되며, 최상의 JPEG 품질과 Progressive 옵션을 설정한 이미지 파일이 저장된다. 이미지 저장을 성공적으로 완료할 경우 True 값이 반환된다.

예제 4.19 파이썬 OpenCV의 이미지 저장

```
save = cv2.imwrite("cv.jpeg", img,
(cv2.IMWRITE_JPEG_QUALITY, 100, cv2.IMWRITE_JPEG_PROGRESSIVE, 1))
print(save)
```

【 출력 결과 】

```
True
```

파이썬 OpenCV의 이미지 저장 함수의 옵션 매개 변수에는 튜플 형태로 다양한 인코딩 매개 변수를 지정할 수 있다. 예제에서는 cv.jpeg의 형태로 img가 저장되며 최상의 JPEG 품질과 PROGRESSIVE 옵션을 설정한 이미지 파일이 저장된다.

이미지 저장을 성공적으로 완료할 경우 True 값이 반환된다. 일반적으로 이미지 저장 함수는 옵션 매개 변수를 사용하지 않고 파일 포맷에서 제공되는 기본 옵션 값을 사용한다. 예를 들어 JPEG 품질의 경우 기본값이 95로 할당돼 있다.

비디오 저장

OpenCV에서는 동영상을 저장할 때 프레임의 변경이나 변형을 녹화해서 저장할 수 있다. 각 운영체제마다 동영상 저장을 지원하는 코덱이 다르다. 윈도우 운영체제에서는 FFmpeg, MSWF, DShow가 주로 사용되며, macOS에서는 AVFoundation을 이용하고, 리눅스에서는 FFmpeg를 사용한다.

동영상 저장 함수는 이미지 저장 함수와 유사하게 작동하지만, 파일명의 확장자와 설정된 코덱을 읽어 기록한다. 이러한 함수는 새로운 동영상 파일을 생성하므로 함수를 호출할 때 사용할 코덱, 프레임 속도, 프레임 등을 명시적으로 입력해 주어야 한다.

동영상 저장 함수를 사용하면 동영상을 녹화할 때 프레임 변경 및 변형을 정확하게 제어할 수 있으며, 이를 통해 원하는 형식과 품질의 동영상을 생성할 수 있다. 따라서 동영상 처리와 저장에 대한 고려사항은 OpenCV를 활용해 결과를 저장하는 프로젝트에서 중요한 요소다. 다음은 C# OpenCvSharp과 파이썬 OpenCV에서 각각 사용하는 동영상 저장 함수다.

C# OpenCvSharp의 동영상 저장 함수

```
Cv2.VideoWriter(
    string filename,
    FourCC fourcc,
    double fps,
    Size frameSize,
    bool isColor = true
);
```

파이썬 OpenCV의 동영상 저장 함수

```
cv2.VideoWriter(
    filename,
    fourcc,
```

```
        fps,
        frameSize,
        isColor = True
    )
```

동영상 저장 함수는 Mat 클래스나 ndarray 클래스를 프레임으로 읽어 동영상 파일로 저장한다. **파일명(filename)**은 경로를 포함한 입력 파일의 이름이며, 확장자를 지정해 파일 포맷을 명시적으로 표시한다.

FourCC(fourcc)는 동영상 파일을 저장할 때 사용할 압축 코덱을 의미한다. fourcc는 Four Character Code의 약자로 디지털 포맷 코드를 의미한다. 즉, 동영상 코덱을 구분할 때 사용하며, 동영상 인코딩 방식을 의미한다. 코덱에 따라 압축 방식이 다르기 때문에 설정한 확장자와 맞는 코덱을 사용해야 한다.

AVI 확장자 파일에서 활용 가능한 동영상 코덱은 DIVX, XIVD 등이 있으며, 특정 파일 포맷을 사용해 동영상을 저장할 때 압축 방식을 설정하는 데 중요한 역할을 한다. fps는 출력 파일에 저장될 프레임 속도를 의미한다. isColor는 프레임을 동영상 저장 함수에 전달할 때 다중 채널(색상 이미지)로 입력될 것인지 판단하는 매개 변수다. false를 지정하면 단일 채널(흑백 이미지)로 입력될 것으로 간주하고 그레이 스케일 프레임도 처리할 수 있다. 표 4.15는 사용 가능한 디지털 포맷 코드를 정리한 것이다.

표 4.15 FourCC 디지털 포맷 코드

코덱	int 형식	코덱	int 형식	
Prompt	-1	DIB	541215044	
IV32	842225225	H261	825635400	
IV41	825513545	H263	859189832	
IV50	808801865	H264	875967048	
IYUB	1448433993	MSVC	1129730893	
PIM1	827148624	MJPG	1196444237	
CVID	1145656899	MPG4	877088845	
XVID	1145656920	MP42	842289229	
DIVX	1482049860	MP43	859066445	

동영상을 저장할 때, fourcc 매개 변수는 int 형식으로 지정할 수 있다. 이 fourcc 매개 변수는 코덱을 선택하고 설정하는 데 중요한 역할을 한다. 일부 시스템에서는 코덱 선택 대화상자가 나타날 수 있으며, 이를 통해 사용할 코덱을 선택할 수 있다.

코덱은 동영상의 인코딩 및 디코딩 방식을 지정하는데, 각 코덱은 동영상 파일의 형식과 품질에 영향을 미친다. 따라서 올바른 코덱을 선택하고 설정하는 것이 중요하다. 잘못된 코덱을 선택하거나 설정하지 않으면 동영상 저장 함수를 사용할 때 오류가 발생하거나 녹화가 올바르게 이루어지지 않을 수 있다.

예제 4.20과 예제 4.21은 C# OpenCvSharp과 파이썬 OpenCV에서 각각 동영상 저장 함수를 사용하는 예다.

예제 4.20 C# OpenCvSharp의 동영상 저장

```csharp
using System;
using OpenCvSharp;

namespace Project
{
    class Program
    {
        static void Main(string[] args)
        {
            VideoCapture capture = new VideoCapture("star.mp4");
            Mat frame = new Mat(new Size(capture.FrameWidth, capture.FrameHeight), MatType.CV_8UC3);
            VideoWriter videoWriter = new VideoWriter();
            bool isWrite = false;

            while (true)
            {
                if (capture.PosFrames == capture.FrameCount)
                    capture.Open("star.mp4");

                capture.Read(frame);
                Cv2.ImShow("VideoFrame", frame);

                int key = Cv2.WaitKey(33);
                if (key == 4)
                {
                    videoWriter.Open("video.avi", FourCC.XVID, 30, frame.Size(), true);
                    isWrite = true;
                }
                else if (key == 24)
                {
```

```
                videoWriter.Release();
                isWrite = false;
            }
            else if (key == 'q')
                break;

            if (isWrite == true)
                videoWriter.Write(frame);
        }

        videoWriter.Release();
        capture.Release();
        Cv2.DestroyAllWindows();
    }
  }
}
```

예제 4.20에서는 예제 4.5 'C# OpenCvSharp의 비디오 출력' 예제를 응용해서 동영상 저장 함수를 사용했다. 여기서는 VideoWriter 생성자를 통해 녹화를 위한 메모리를 할당한다. isWrite는 특정 프레임만 녹화하기 위해 구분하는 bool 형식 변수다. isWrite가 true일 때만 녹화를 시작하며, false일 때는 녹화하지 않는다.

시작을 알리는 키 입력부터 종료를 알리는 키 입력이 있을 때까지 프레임을 녹화하며 동영상 파일로 저장한다. key == 4는 Ctrl + D를 의미하며 key == 24는 Ctrl + X를 의미한다. Ctrl + D 키가 입력됐을 때 녹화를 시작하며, Ctrl + X 키가 입력됐을 때 녹화를 종료한다.

녹화 종료키가 입력됐을 때 videoWriter.Release를 통해 메모리 할당을 해제하고 녹화 함수를 종료한다. 동영상을 녹화하지 않더라도 생성자를 상단에 선언해서 메모리를 할당했으므로 capture의 메모리를 해제하기 전에 한 번 더 해제한다.

예제 4.21 파이썬 OpenCV의 동영상 저장

```
import cv2


capture = cv2.VideoCapture("star.mp4")
width = int(capture.get(cv2.CAP_PROP_FRAME_WIDTH))
height = int(capture.get(cv2.CAP_PROP_FRAME_HEIGHT))
videoWriter = cv2.VideoWriter()
```

```python
isWrite = False

while True:
    ret, frame = capture.read()

    if capture.get(cv2.CAP_PROP_POS_FRAMES) == capture.get(cv2.CAP_PROP_FRAME_COUNT):
        capture.open("star.mp4")

    cv2.imshow("VideoFrame", frame)
    key = cv2.waitKey(33)

    if key == 4:
        fourcc = cv2.VideoWriter_fourcc(*"XVID")
        videoWriter.open("video.avi", fourcc, 30, (width, height), True)
        isWrite = True

    elif key == 24:
        videoWriter.release()
        isWrite = False

    elif key == ord("q"):
        break

    if isWrite == True:
        videoWriter.write(frame)

videoWriter.release()
capture.release()
cv2.destroyAllWindows()
```

예제 4.21에서는 예제 4.6 '파이썬 OpenCV의 비디오 출력' 예제를 응용해서 동영상 저장 함수를 사용했다. 예제에서는 width, height를 선언해서 녹화할 동영상의 프레임 크기를 받아온다. 프레임 크기는 float 형식으로 반환되므로 int 형식으로 변경한다. int 형식으로 변경하지 않을 경우 동영상 저장 함수에서 오류가 발생한다.

cv2.VideoWriter를 통해 녹화를 위한 메모리를 할당한다. isWrite는 특정 프레임만 녹화하기 위해 구분하는 bool 형식 변수다. isWrite가 True일 때만 녹화를 시작하며, False일 때는 녹화하지 않는다.

파이썬 OpenCV의 `fourcc`는 `cv2.VideoWriter_fourcc` 함수를 활용해 코덱을 설정한다. 사용할 코덱의 이름을 `"X"`, `"V"`, `"I"`, `"D"`의 형태로 하나씩 입력하거나 앞의 예제처럼 `*"XVID"`의 형태로 한 번에 코덱 이름을 입력할 수 있다.[14]

시작을 알리는 키 입력부터 종료를 알리는 키 입력이 있을 때까지 프레임을 녹화하며 동영상 파일로 저장한다. 예제 4.20과 마찬가지로 키 입력과 메모리 할당 해제는 동일하다.

동영상 저장 함수는 매우 민감한 함수다. 동영상 저장 함수에서 설정한 프레임의 크기가 입력된 프레임의 크기와 맞지 않거나 형식이 다를 경우 녹화를 진행할 수 없다. 또한 운영체제별로 지원되는 코덱의 차이가 있어 같은 코드라도 녹화에 실패할 수도 있다.

예를 들어 `isColor`의 매개 변수를 `false`로 지정하고 다중 채널 이미지를 프레임으로 사용할 경우에도 녹화를 진행할 수 없다. C# OpenCvSharp은 윈도우 운영체제에서만 단일 채널 이미지 프레임을 녹화할 수 있다. 이러한 사항에 주의하기 바란다. 표 4.16은 동영상 저장과 관련된 함수를 정리한 것이다.

표 4.16 동영상 저장과 관련된 함수

언어	속성	설명
C#	`videoWriter.IsOpened()`	동영상 저장의 성공 여부 확인
Py	`videoWriter.isOpened()`	
C#	`videoWriter.Write( Mat mat )`	동영상 파일에 프레임을 저장
Py	`videoWriter.write( ndarray )`	

C#	`videoWriter.Open(`
	`    string fileName,`
	`    FourCC fourcc,`
	`    double fps,`
	`    Size frameSize,`
	`    bool isColor = true`
	`)`
		동영상 저장 구조 생성

---

14 반복 가능한 객체에 별표(Asterisk, *)를 함께 사용하면 언패킹되어 묶여있던 객체들이 나눠지게 된다.

언어	속성	설명

Py	videoWriter.open(
	    fileName,
	    fourcc,
	    fps,
	    frameSize,
	    isColor = True
	)
		동영상 저장 구조 생성

C#	videoWriter.Release()	동영상 저장 구조 메모리 해제
Py	videoWriter.release()	

05

이미지 프로세싱

이번 절에서는 이미지 데이터에 변형을 주는 연산을 설명하겠다. 이러한 연산은 이미지 프로세싱의 중요한 부분으로 특징을 검출하고 데이터를 해석하기 위해 활용된다. 이미지 프로세싱에는 픽셀 값을 변환하는 연산, 이미지 크기를 변경하는 연산, 이미지의 형태와 구조를 조작하는 연산 등 이미지 데이터에 변형을 주는 다양한 연산이 사용된다.

1장에서 살펴봤듯이 이미지에는 매우 많은 데이터가 담겨 있고, 그에 따라 불필요하고 부정확한 데이터를 정제하는 과정이 필요하다. 이미지 프로세싱을 통해 이미지에서 중요한 정보나 패턴을 추출하기 위해 노이즈 제거를 수행할 수 있으며, 이미지의 특징(Feature)을 더 부각시킬 수 있다.

또한, 이미지 프로세싱은 데이터를 알고리즘에 전달하기 전에 데이터를 **전처리(Preprocessing)**하거나 알고리즘 결괏값을 해석하기 위해 **후처리(Postprocessing)**하는 데에도 활용될 수 있다. 즉, 이미지를 표준화하거나 객체 인식 결과를 후처리해 정확도를 높일 수 있다.

이미지 프로세싱에서 사용된 연산은 데이터를 해석하는 데 사용될 수도 있으며, 반대로 데이터를 해석하는 연산 방법이 이미지 프로세싱 과정에서 활용될 수도 있다. 예를 들어 기계 학습 알고리즘을 사용해 이미지 분류 또는 객체 인식을 수행할 때, 이미지 프로세싱 연산은 입력 데이터를 준비하고 중요한 특징을 추출하는 데 중요한 역할을 수행한다.

이러한 연산들은 알고리즘에 입력될 데이터를 준비하고 개선해, 후속 단계에서 더 효과적으로 처리할 수 있도록 하며, 이미지 프로세싱을 통해 더 나은 결과를 얻을 수 있다. 이번 절에서는 이미지 데이터에 변형을 주는 다양한 연산에 대해 알아보겠다.

01 색상 공간 변환

색상 공간 변환(Color space transformation)은 이미지의 색상 정보를 다른 색상 공간으로 변환하는 과정을 의미한다. **색상 공간(Color space)**은 이미지에서 색상을 표현하는 방법이며, 각각의 색상 공간마다 특정 작업을 수행하기 위한 색상 표현 방식이 존재한다. 대표적인 색상 공간으로는 RGB, HSV, Lab, YUV 등이 있으며, 각각의 색상 공간은 색상, 밝기, 채도 등을 서로 다른 방식으로 표현한다.

이러한 색상 공간 변환을 통해 이미지의 색상을 다르게 해석할 수 있으므로 특정 색상 또는 구조를 더 명확하게 비교하고 분석할 수 있으며, 이미지의 색상을 원하는 방향으로 보정하거나 조절할 수 있다. 이를 통해 이미지의 색감을 개선하거나 특정 시각적 효과를 달성할 수 있다.

OpenCV의 색상 공간 변환 함수는 데이터 형식을 유지하면서 이미지의 채널을 변환한다. 입력된 이미지는 8비트, 16비트, 32비트의 정밀도를 갖는 배열을 사용할 수 있으며, 출력된 이미지는 입력된 이미지의 이미지 크기와 정밀도가 동일한 배열이 된다. 채널의 수가 감소하게 되면 이미지 내부의 데이터는 설정한 색상 공간과 일치하는 값으로 변환되며, 데이터 값이 변경되거나 채널 순서가 변경될 수 있다.

이를 통해 이미지 처리 작업에서 필요한 색상 공간으로 변환할 수 있으며, 이미지의 색감을 개선하거나 특정 시각적 효과를 달성할 수 있다. 다음은 C# OpenCvSharp과 파이썬 OpenCV에서 각각 사용하는 색상 공간 변환 함수다.

C# OpenCvSharp의 색상 공간 변환 함수

```
Cv2.CvtColor(
    Mat src,
    Mat dst,
    ColorConversionCodes code,
    int dstCn = 0
);
```

파이썬 OpenCV의 색상 공간 변환 함수

```
dst = cv2.cvtColor(
    src,
    code,
    dstCn = None
)
```

색상 공간 변환 함수는 입력 이미지(src)에 색상 변환 코드(code)를 적용해 출력 이미지(dst)로 반환한다. 색상 변환 코드(code)를 사용해 BGR 색상 공간을 RGBA 색상 공간으로 변환하거나 그레이스케일, HSV, CIE Luv 등 단일 채널부터 3채널, 4채널의 색상 공간으로도 변환이 가능하다. 채널의 수가 동일하더라도 BGR 색상 공간과 HSV 색상 공간 등은 명확하게 표현 색상이 다르므로 데이터의 변형이 일어난다.

출력 채널(dstCn)은 출력 이미지(dst)에 필요한 채널 수를 설정한다. 매개 변수의 값이 0일 경우 채널의 수는 입력 배열과 색상 변환 코드에 의해 자동으로 결정된다. 일반적으로 출력 채널(dstCn)에 값을 할당하지 않아 기본값을 사용해 자동으로 채널의 수를 결정하게 한다. 예제 5.1과 예제 5.2는 C# OpenCvSharp과 파이썬 OpenCV에서 각각 색상 공간 변환을 수행하는 예다.

예제 5.1 C# OpenCvSharp의 색상 공간 변환

```csharp
using System;
using OpenCvSharp;

namespace Project
{
    class Program
    {
        static void Main(string[] args)
        {
            Mat src = Cv2.ImRead("crow.jpg");
            Mat dst = new Mat(src.Size(), MatType.CV_8UC1);

            Cv2.CvtColor(src, dst, ColorConversionCodes.BGR2GRAY);

            Cv2.ImShow("dst", dst);
            Cv2.WaitKey(0);
            Cv2.DestroyAllWindows();
        }
    }
}
```

예제 5.1은 다중 채널 색상 이미지에서 단일 채널 흑백 이미지(그레이스케일)로 변환하는 예다. 색상 이미지를 그레이스케일 이미지로 변환하는 과정에서는 $Y=0.299{\times}R+0.587{\times}G+0.114{\times}B$와 같은 가중치를 사용해 계산한다. 그러므로 MatType.CV_8UC3가 아닌 MatType.CV_8UC1의 형태로 사용한다.

dst 변수는 기본 생성자(new Mat();)로 사용해도 무관하지만 명시적으로 이미지 크기, 정밀도, 채널을 선언해서 사용하는 것을 권장한다. 색상 공간 변환 함수의 색상 변환 코드(code) BGR 이미지에서 GRAY 이미지로 변형하므로 ColorConversionCodes.BGR2GRAY를 사용해 그레이스케일로 출력 이미지가 변경된다.

만약, 그레이스케일 이미지를 색상 이미지로 변환한다면, 결과 이미지의 모든 구성 요소에 동일한 가중치 값을 할당해 반환한다. 즉, 그레이스케일 이미지의 픽셀 값이 127이었다면, 색상 이미지로 변환 시 [127, 127, 127] 이미지가 된다.

예제 5.2 파이썬 OpenCV의 색상 공간 변환

```python
import cv2

src = cv2.imread("crow.jpg")
dst = cv2.cvtColor(src, cv2.COLOR_BGR2HSV)

cv2.imshow("dst", dst)
cv2.waitKey(0)
cv2.destroyAllWindows()
```

【 출력 결과 】

예제 5.2는 다중 채널 색상 이미지(BGR)를 다중 채널 색상 이미지(HSV)로 변환하는 예제다. HSV는 Hue, Saturation, Value의 약어로서 각각 색조, 채도, 명도를 의미한다. 색상 공간 변환 함수의 색상 변환 코드(code)는 BGR 이미지에서 HSV 이미지로 변환하므로 cv2.COLOR_BGR2HSV를 사용해 색상, 채도, 명도로 표현된 이미지로 출력 이미지가 생성된다.

이러한 변환을 통해 동일한 다중 채널 색상 이미지라도 출력 결과에서 표현되는 이미지 색상이 크게 달라지는 것을 쉽게 확인할 수 있다. 또한, 이 예제에서 확인할 수 있는 점은 출력 결과가 매우 부자연스럽다는 것이다.

이는 cv2.imshow 함수가 기본적으로 BGR의 색상 공간으로 표현하기 때문이다. 그러므로 HSV의 색상 공간은 시각적으로 구별하기 힘들다. BGR의 각 채널은 표현 범위가 0~255이지만, HSV 중 H는 유일하게 0~179의 범위로 표현되고 S와 V는 0~255로 표현된다. 이로 인해 cv2.imshow 함수에서 표현되는 색상을 보면 출력 결과와 같이 이미지가 깨진 형태처럼 보인다.

다음 표 5.1은 색상 공간 변환 함수에서 사용할 수 있는 변환 코드를 나타낸다.

표 5.1 색상 변환 코드

언어	속성	설명
C#	ColorConversionCodes.BGR2RGB ColorConversionCodes.BGRA2RGBA ColorConversionCodes.RGB2BGR ColorConversionCodes.RGBA2BGRA	BGR(A)과 RGB(A) 색상 공간 상호 변환
Py	cv2.COLOR_BGR2RGB cv2.COLOR_BGRA2RGBA cv2.COLOR_RGB2BGR cv2.COLOR_RGBA2BGRA	
C#	ColorConversionCodes.BGR2BGRA ColorConversionCodes.BGR2RGBA ColorConversionCodes.RGB2BGRA ColorConversionCodes.RGB2RGBA	BGR이나 RGB 색상 공간에 알파 채널 추가(색상 공간 변환 포함)
Py	cv2.COLOR_BGR2BGRA cv2.COLOR_BGR2RGBA cv2.COLOR_RGB2BGRA cv2.COLOR_RGB2RGBA	
C#	ColorConversionCodes.BGRA2BGR ColorConversionCodes.BGRA2RGB ColorConversionCodes.RGBA2BGR ColorConversionCodes.RGBA2RGB	BGRA이나 RGBA 색상 공간에 알파 채널 제거(색상 공간 변환 포함)
Py	cv2.COLOR_BGRA2BGR cv2.COLOR_BGRA2RGB cv2.COLOR_RGBA2BGR cv2.COLOR_RGBA2RGB	

언어	속성	설명
C#	ColorConversionCodes.BGR2GRAY ColorConversionCodes.BGRA2GRAY ColorConversionCodes.RGB2GRAY ColorConversionCodes.RGBA2GRAY	BGR(A)나 RGB(A) 색상 공간을 그레이스케일로 변환
Py	cv2.COLOR_BGR2GRAY cv2.COLOR_BGRA2GRAY cv2.COLOR_RGB2GRAY cv2.COLOR_RGBA2GRAY	
C#	ColorConversionCodes.GRAY2BGR ColorConversionCodes.GRAY2BGRA ColorConversionCodes.GRAY2RGB ColorConversionCodes.GRAY2RGBA	그레이스케일 색상 공간을 BGR(A)나 RGB(A)로 변환
Py	cv2.COLOR_GRAY2BGR cv2.COLOR_GRAY2BGRA cv2.COLOR_GRAY2RGB cv2.COLOR_GRAY2RGBA	
C#	ColorConversionCodes.BGR2BGR565 ColorConversionCodes.BGRA2BGR565 ColorConversionCodes.RGB2BGR565 ColorConversionCodes.RGBA2BGR565	BGR(A)나 RGB(A) 색상 공간을 BGR565로 변환 (BGR565 = 16비트)
Py	cv2.COLOR_BGR2BGR565 cv2.COLOR_BGRA2BGR565 cv2.COLOR_RGB2BGR565 cv2.COLOR_RGBA2BGR565	
C#	ColorConversionCodes.BGR5652BGR ColorConversionCodes.BGR5652BGRA ColorConversionCodes.BGR5652RGB ColorConversionCodes.BGR5652RGBA	BGR565 색상 공간을 BGR(A)나 RGB(A)로 변환 (BGR565 = 16비트)
Py	cv2.COLOR_BGR5652BGR cv2.COLOR_BGR5652BGRA cv2.COLOR_BGR5652RGB cv2.COLOR_BGR5652RGBA	
C#	ColorConversionCodes.BGR5652GRAY ColorConversionCodes.GRAY2BGR565	BGR565와 그레이스케일 색상 공간 상호 변환 (BGR565 = 16비트)
Py	cv2.COLOR_BGR5652GRAY cv2.COLOR_GRAY2BGR565	

언어	속성	설명
C#	ColorConversionCodes.BGR2BGR555 ColorConversionCodes.BGRA2BGR555 ColorConversionCodes.RGB2BGR555 ColorConversionCodes.RGBA2BGR555	BGR(A)나 RGB(A) 색상 공간을 BGR555로 변환 (BGR555 = 16비트)
Py	cv2.COLOR_BGR2BGR555 cv2.COLOR_BGRA2BGR555 cv2.COLOR_RGB2BGR555 cv2.COLOR_RGBA2BGR555	
C#	ColorConversionCodes.BGR5552BGR ColorConversionCodes.BGR5552BGRA ColorConversionCodes.BGR5552RGB ColorConversionCodes.BGR5552RGBA	BGR555 색상 공간을 BGR(A)나 RGB(A)로 변환 (BGR555 = 16비트)
Py	cv2.COLOR_BGR5552BGR cv2.COLOR_BGR5552BGRA cv2.COLOR_BGR5552RGB cv2.COLOR_BGR5552RGBA	
C#	ColorConversionCodes.BGR5552GRAY ColorConversionCodes.GRAY2BGR555	BGR555와 그레이스케일 색상 공간 상호 변환 (BGR555 = 16비트)
Py	cv2.COLOR_BGR5552GRAY cv2.COLOR_GRAY2BGR555	
C#	ColorConversionCodes.BGR2XYZ ColorConversionCodes.RGB2XYZ ColorConversionCodes.XYZ2BGR ColorConversionCodes.XYZ2RGB	BGR이나 RGB 색상 공간을 CIE XYZ로 상호 변환 (Rec. 709 색상 공간)
Py	cv2.COLOR_BGR2XYZ cv2.COLOR_RGB2XYZ cv2.COLOR_XYZ2BGR cv2.COLOR_XYZ2RGB	
C#	ColorConversionCodes.BGR2YCrCb ColorConversionCodes.RGB2YCrCb ColorConversionCodes.YCrCb2BGR ColorConversionCodes.YCrCb2RGB	BGR이나 RGB 색상 공간을 YCC(크로마)로 상호 변환 (YCC = Y, Cr, Cb)
Py	cv2.COLOR_BGR2YCrCb cv2.COLOR_RGB2YCrCb cv2.COLOR_YCrCb2BGR cv2.COLOR_YCrCb2RGB	

언어	속성	설명
C#	ColorConversionCodes.BGR2HSV ColorConversionCodes.RGB2HSV ColorConversionCodes.HSV2BGR ColorConversionCodes.HSV2RGB	BGR이나 RGB 색상 공간을 HSV로 상호 변환(HSV = Hue, Saturation, Value)
Py	cv2.COLOR_BGR2HSV cv2.COLOR_RGB2HSV cv2.COLOR_HSV2BGR cv2.COLOR_HSV2RGB	
C#	ColorConversionCodes.BGR2HLS ColorConversionCodes.RGB2HLS ColorConversionCodes.HLS2BGR ColorConversionCodes.HLS2RGB	BGR이나 RGB 색상 공간을 HLS로 상호 변환(HLS = Hue, Lightness, Saturation)
Py	cv2.COLOR_BGR2HLS cv2.COLOR_RGB2HLS cv2.COLOR_HLS2BGR cv2.COLOR_HLS2RGB	
C#	ColorConversionCodes.BGR2Lab ColorConversionCodes.RGB2Lab ColorConversionCodes.Lab2BGR ColorConversionCodes.Lab2RGB	BGR이나 RGB 색상 공간을 CIE Lab으로 상호 변환 (Lab = 반사율, 색도1, 색도2)
Py	cv2.COLOR_BGR2Lab cv2.COLOR_RGB2Lab cv2.COLOR_Lab2BGR cv2.COLOR_Lab2RGB	
C#	ColorConversionCodes.BGR2Luv ColorConversionCodes.RGB2Luv ColorConversionCodes.Luv2BGR ColorConversionCodes.Luv2RGB	BGR이나 RGB 색상 공간을 CIE Luv로 상호 변환(CIE UVW 기반)
Py	cv2.COLOR_BGR2Luv cv2.COLOR_RGB2Luv cv2.COLOR_Luv2BGR cv2.COLOR_Luv2RGB	

언어	속성	설명
C#	ColorConversionCodes.BGR2YUV ColorConversionCodes.RGB2YUV ColorConversionCodes.YUV2BGR ColorConversionCodes.YUV2RGB	BGR이나 RGB 색상 공간을 YUV로 상호 변환(YUV = 밝기, 색상1, 색상2)
Py	cv2.COLOR_BGR2YUV cv2.COLOR_RGB2YUV cv2.COLOR_YUV2BGR cv2.COLOR_YUV2RGB	

색상 변환 함수의 색상 변환 코드는 '**원본 이미지 색상 공간2결과 이미지 색상 공간**' 패턴으로 색상 공간 코드를 조합해서 사용할 수 있다. 예를 들어 BGR2GRAY는 Blue, Green, Red 채널 이미지를 단일 채널, 그레이스케일 이미지로 변경한다. 또한 표에서 나열하지 않은 BayerBG, BayerGB, BayerRG(Bayer 패턴), _VNG(그러데이션 디모자이킹), _EA(가장자리 인식 디모자이킹), UYVY(YUV 4:2:2), mRGBA(알파 프리멀티플라이드) 등의 기능도 지원한다.

색상 공간 변환 함수는 이미지 크기와 정밀도를 유지하고 채널의 수만 변화하는 함수이므로 변환된 색상 공간의 픽셀 범위는 다음과 같은 규칙을 사용한다.

- 8비트 이미지 색상 범위: 0~255

- 16비트 이미지 색상 범위: 0~65,536

- 32비트 이미지 색상 범위: 0.0~1.0

하지만 색상 공간 변환 중 HSV나 HLS의 Hue의 값은 위와 같은 규칙을 따르지 않는다.[1] 일반적으로 Hue 값은 0~360 사이의 값으로 표현한다. 그림 5.1은 Hue의 일반적인 범위를 나타낸다.

0   60   120   180   240   300   360

그림 5.1 일반적인 Hue의 범위

그림과 같이 0~360 사이의 값으로 표현하려면 8비트 이미지가 입력됐을 때, 16비트 이미지로 표현해야 한다. 그러므로 출력 이미지가 8비트일 때 Hue의 범위 중 255의 값을 넘어가면 문제가 발생한다.

---

1 Lab 색상 공간에서 L은 0~100, a와 b는 −127~127 범위로 표현하지만 OpenCV에선 정규화하여 0~255로 표현한다.

그러므로 Hue의 범위는 절반으로 나눈 값을 사용해 0~179의 범위로 사용한다.[2] 이제 HSV 색상 공간에 대해 자세히 알아본다.

HSV 색상 공간

HSV(Hue, Saturation, Value) 공간은 이미지 처리 및 컴퓨터비전 분야에서 색상을 다루는 데 효과적으로 사용되는 색상 공간이다. 이 공간은 **색조(Hue)**[3], **채도(Saturation)**, **명도(Value)** 세 가지 요소로 색을 표현한다. 이러한 세 가지 요소를 조합해 다양한 색상을 표현할 수 있다. 먼저 이 세 가지 요소에 대해 알아본다. 다음은 HSV 색상 공간을 설명한 것이다.

- **색조(Hue)**: 시각적 감각의 속성으로 빨간색, 노란색, 파란색 등과 같이 인간이 인식하는 색상 또는 범주를 의미한다. Hue는 원형 모델로 0°에서 360°까지의 값으로 표현된다. 예를 들어 빨간색은 0° 또는 360°에 위치하고, 녹색은 120°에 위치한다.

- **채도(Saturation)**: 색상의 진함 또는 옅음을 나타내며, 채도가 높을수록 색은 더 진하고 선명하게 보이며, 채도가 낮을수록 더 회색조로 표현된다. 채도는 0%에서 100%까지의 값을 가질 수 있으며, 0%는 회색조(무채색), 100%는 가장 선명한 색상을 나타낸다.

- **명도(Value)**: 색의 밝기를 의미하며, 0%는 검은색, 100%는 흰색을 나타내며 중간 값은 해당 색상의 일반적인 밝기를 나타낸다. 명도가 높을수록 색상이 밝아지며, 명도가 낮을수록 색상이 어두워진다.

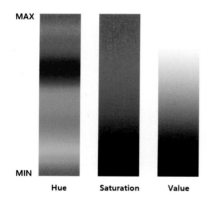

그림 5.2 HSV 색상 모델

HSV 공간을 사용하면 이미지에서 특정 색상을 검출하고 분류하는 작업이 훨씬 간단해진다. 예를 들어 어떤 객체가 빨간색을 가지고 있다면 빨간색 범위에 해당하는 색조 값을 식별함으로써 빨간색 객체를 검출할 수 있다.

---

2   1800 이상의 값은 0부터 값이 증가되며, 255를 초과하는 값은 uint8 자료형으로 인해 다시 0부터 값이 증가한다.

3   Hue는 주로 색상으로 표현되지만, 이 책에서는 색상(Color)과 구분하기 위해 '색조'로 표현한다.

또한, HSV 공간은 색상을 인식하는 데 있어서 인간의 시각 체계와 더 유사하게 구성돼 있어 직관적으로 이해하기 쉽다. 예를 들어 RGB(255, 159, 64)와 HSV(30°, 75%, 100%)는 같은 색상으로 주황색을 의미한다. RGB 코드에서는 직관적으로 이해하기 어렵지만, HSV 공간에서는 색조, 채도, 명도로 구성돼 있어 채도가 약간 낮은 주황색임을 쉽게 확인할 수 있다.

OpenCV에서 HSV의 값을 설정할 때 각 속성마다 최솟값과 최댓값이 있다. 색조는 0~180[4], 채도는 0~255, 명도는 0~255의 범위를 갖는다. 여기서 채도와 명도는 선형의 기울기(Gradient) 형태로 최솟값과 최댓값의 설정이 간편하다.

하지만 색조의 최솟값과 최댓값에서 빨간색 범위가 겹친다는 것을 확인할 수 있다. 색조 속성의 양 끝단을 연결하면 보편적인 원형의 형태가 된다. 그림 5.3에서 보편적인 원형 모델의 색상 속성을 확인할 수 있다.

그림 5.3 색조 원형 모델

가령 빨간색을 검출한다면 원형 색상 범위 때문에 최솟값과 최댓값의 범위를 지정하는 데 어려움을 겪는다. 예를 들어 빨간색은 0° 또는 360°, 그리고 355°와 같이 여러 각도에서 나타날 수 있어, 이를 단순히 최솟값을 10, 최댓값을 170으로 설정하는 것으로 해결할 수 없다. 이 문제를 해결하기 위해서는 색상 채널을 분리하고 결합해야 한다. 이제 색상 채널 분리 및 병합에 대해 알아본다.

채널 분리 및 병합

OpenCV를 사용해 이미지에서 채널을 분리하고 병합하는 것은 매우 일반적인 작업이다. 가령 HSV 색상 공간에서 색조 채널의 빨간색 계열을 검출하려면 낮은 각도의 빨간색 채널, 높은 각도의 빨간색 채널을 만든 후 채널을 합산한다.

---

4   최댓값으로 할당할 수 있는 값은 179다.

이를 위해 먼저 색상 공간을 채널별로 나눠야 한다. 관심 채널을 설정하는 것과 비슷하지만 이번에는 모든 채널이 필요하다. 그러므로 채널 분리 함수를 활용한다. 다음 함수는 C# OpenCvSharp과 파이썬 OpenCV에서 각각 사용하는 채널 분리 함수다.

C# OpenCvSharp의 채널 분리 함수

```
Mat[] mv = Cv2.Split(
    Mat src
);
```

파이썬 OpenCV의 채널 분리 함수

```
mv = cv2.split(
    src
)
```

채널 분리 함수는 다중 채널 입력 이미지(src)를 단일 채널 이미지 배열(mv)로 나눈다. 3채널 이미지를 분리할 경우 단일 채널 이미지로 나눠져 세 개의 결과 이미지로 생성된다. mv 배열 안에는 첫 번째 채널(mv[0]), 두 번째 채널(mv[1]), 세 번째 채널(mv[2])이 포함돼 있다. C# OpenCvSharp에서는 Mat[] 클래스 배열 형태로 할당하며 파이썬 OpenCV에서는 리스트 형태로 반환된다.

추가로 채널을 병합하는 함수를 알아본다. 다음은 C# OpenCvSharp과 파이썬 OpenCV에서 각각 사용하는 채널 병합 함수다.

C# OpenCvSharp의 채널 병합 함수

```
Cv2.Merge(
    Mat[] mv,
    Mat dst
);
```

파이썬 OpenCV의 채널 병합 함수

```
dst = cv2.merge(
    mv
)
```

채널 병합 함수는 이미지의 각 채널을 개별적으로 조작한 다음, 여러 채널을 결합해 다중 채널 이미지를 만들 수 있다. 이 함수는 단일 채널 이미지 배열(mv)을 병합해 하나의 출력 이미지(dst)로 반환한다.

채널 분리 함수와 반대로 작동하며, mv 배열 안에는 첫 번째 채널(mv[0]), 두 번째 채널(mv[1]), 세 번째 채널(mv[2])이 포함돼야 한다. 또한 mv 배열의 첫 번째 채널이 채널 병합의 기준이 되어 모든 채널의 속성이 첫 번째 채널의 속성과 일치해야 한다.

속성에는 이미지 크기와 정밀도가 있다. C# OpenCvSharp에서는 Mat[] 클래스 배열 형태로 할당하며 파이썬 OpenCV에서는 리스트나 튜플의 형태로 할당한다. 파이썬에서는 리스트에 담긴 각 요소를 나눠서 변수에 할당할 수 있다. 즉, 다음 예제와 같이 값을 할당하거나 입력할 수 있다.

파이썬의 리스트 반환 형식 변경

```
c0, c1, c2 = cv2.split(src)
```

파이썬의 리스트 형식 입력

```
dst = cv2.merge([c0, c1, c2])
```

c0, c1, c2는 각각 mv[0], mv[1], mv[2]와 동일한 의미다. 또한 채널 분리 함수와 채널 병합 함수는 4채널 이미지까지 처리 가능하다. 4채널 이미지를 분리한다면 네 개의 단일 채널 이미지가 생성된다. 반대로 4채널 이미지를 만들기 위해 병합한다면 네 번째 채널(mv[3])을 추가한다.

다중 채널 이미지에서 단일 채널을 갖는 이미지들로 분리했다면 해당 채널에서 특정 범위의 값으로 검출해야 한다. 예를 들어 c0 채널에서 특정 범위를 갖는 요소만 남겨야 한다. 즉, 검출하려는 값과 일치하는 범위는 255를 할당하고 검출하려는 값과 일치하지 않는 범위는 0의 값을 할당한다. 이때 배열 요소의 범위 설정 함수를 사용한다.

다음은 C# OpenCvSharp과 파이썬 OpenCV에서 각각 사용하는 배열 요소의 범위를 설정하는 함수다.

C# OpenCvSharp의 배열 요소의 범위 설정 함수

```
Cv2.InRange(
    Mat src,
    Scalar lowerb,
    Scalar upperb,
    Mat dst
);
```

```
dst = cv2.inRange(
    src,
    lowerb,
    upperb
)
```

배열 요소의 범위 설정 함수는 입력 이미지(src)에서 낮은 범위(lowerb)에서 높은 범위(upperb) 사이의 요소를 검출한다. 범위 안에 포함된다면 포함되는 값을 255로 변경하며, 포함되지 않는 값은 0으로 변경해서 출력 이미지(dst)로 반환한다.

C# OpenCvSharp에서는 범위를 설정할 때 스칼라 구조체를 사용해 범위를 할당한다. 단일 채널 이미지의 경우 new Scalar(v)의 형태로 할당하며, 다중 채널 이미지의 경우 new Scalar(v0, v1, v2) 등의 형식으로 활당한다.

파이썬 OpenCV에서는 튜플 자료형을 사용해 범위를 할당한다. 단일 채널 이미지의 경우 int 형식으로 v 값을 할당해서 사용하며 다중 채널 이미지의 경우 (v0, v1, v2) 형식으로 할당한다.

이번 절을 통해 이미지의 색상 공간에서 채널을 분리하고 각 채널의 값 범위를 조작하는 방법을 습득했다. 이 기술을 활용해 색상과 채널을 조작하고 원하는 시각적 효과를 이미지에 부여할 수 있다. 이제 이미지에서 색상을 검출해 본다.

색상 검출

HSV 색상 공간을 활용해 채널을 분리하고, 특정 색상의 상한 범위와 하한 범위를 설정해 색상 검출을 수행할 수 있다. HSV는 색조, 채도 및 명도를 나타내는 세 가지 주요 요소로 구성된다. 그러므로 색조 채널을 활용해 색상 범위를 지정해 특정 범위 내의 색상을 검출해 본다. 다음 예제 5.3과 5.4는 특정 범위의 색조만 검출하는 예다.

예제 5.3 C# OpenCvSharp의 색조 채널을 이용한 색상 검출

```
using System;
using OpenCvSharp;

namespace Project
{
    class Program
    {
```

```
    {
        static void Main(string[] args)
        {
            Mat src = Cv2.ImRead("tomato.jpg");
            Mat hsv = new Mat(src.Size(), MatType.CV_8UC3);
            Mat dst = new Mat(src.Size(), MatType.CV_8UC3);

            Cv2.CvtColor(src, hsv, ColorConversionCodes.BGR2HSV);
            Mat[] HSV = Cv2.Split(hsv);
            Mat H_orange = new Mat(src.Size(), MatType.CV_8UC1);
            Cv2.InRange(HSV[0], new Scalar(8), new Scalar(20), H_orange);

            Cv2.BitwiseAnd(hsv, hsv, dst, H_orange);
            Cv2.CvtColor(dst, dst, ColorConversionCodes.HSV2BGR);

            Cv2.ImShow("Orange", dst);
            Cv2.WaitKey(0);
            Cv2.DestroyAllWindows();
        }
    }
}
```

【 출력 결과 】

예제 5.3에서는 HSV 색상 공간에서 채널을 분리하고 색조 채널에 주황색 범위를 할당해 주황색 객체를 검출한다. 이때, src는 원본 이미지, hsv는 HSV 색상 공간 이미지, dst는 결과 이미지다. 원본 이미지를 HSV 색상 공간 이미지로 변환하기 위해 Cv2.CvtColor 함수를 사용하고, 그 후 HSV 배열 이미지에서 채널을 분리한다.

H_orange 이미지는 색조 채널에서 8에서 20 사이의 값을 가지는 요소만 255로 설정하고, 나머지는 모두 0으로 설정한다. 특정 요소를 검출하면, 해당 요소만을 표시하기 위해 hsv 이미지 위에 마스크 (mask)를 씌워 검출된 요소만 보이게 한다. 이때, Cv2.BitwiseAnd 함수를 사용해 마스크를 적용한다. (Cv2.BitwiseAnd 함수의 자세한 내용은 이미지 연산 부분에서 다룬다. 이 예제에서는 마스크를 적용하는 용도로 사용했다.) 마지막으로, Cv2.ImShow 함수는 BGR 색상 공간에서만 올바르게 출력되므로 HSV 색상 공간을 다시 BGR 색상 공간으로 변환한다.

예제 5.4 파이썬 OpenCV의 색조 채널을 이용한 색상 검출

```python
import cv2

src = cv2.imread("tomato.jpg")
hsv = cv2.cvtColor(src, cv2.COLOR_BGR2HSV)

h, s, v = cv2.split(hsv)
h_red = cv2.inRange(h, 0, 5)

dst = cv2.bitwise_and(hsv, hsv, mask=h_red)
dst = cv2.cvtColor(dst, cv2.COLOR_HSV2BGR)

cv2.imshow("Red", dst)
cv2.waitKey(0)
cv2.destroyAllWindows()
```

【 출력 결과 】

예제 5.4에서는 HSV 색상 공간에서 채널을 분리하고 색조 채널에 빨간색 범위를 할당해 빨간색 객체를 검출한다. 예제 5.3과 마찬가지로 변수 및 함수의 의미는 동일하다. 하지만, h_red 이미지는 색조 채널에서 0에서 5 사이의 값을 가지는 요소만을 255로 설정하고, 나머지는 모두 0으로 설정한다.

예제 5.3과 5.4의 출력 결과를 통해 확인할 수 있듯이, 비교적 우수하게 검출에 성공했지만 부정확한 요소를 검출하거나 거의 완벽하게 검출에 성공하지는 못했다. 이는 단순히 HSV 공간에서 색조 채널만을 사용해 검출했기 때문이다.

또한, 빨간색은 색조 채널 범위에서 볼 수 있듯이 170 이상의 값도 빨간색에 속한다. 이러한 문제를 해결하기 위해서는 배열 요소의 범위 설정 함수를 사용해 HSV 색상 공간에서 색상 범위를 설정하고, 이렇게 검출된 두 요소의 배열을 병합해 하나의 공간으로 만들어야 한다. 다음은 C# OpenCvSharp과 파이썬 OpenCV에서 각각 사용하는 가중치 병합 함수다.

C# OpenCvSharp의 가중치 병합 함수

```
Cv2.AddWeighted(
    Mat src1,
    double alpha,
    Mat src2,
    double beta,
    double gamma,
    Mat dst,
    int dtype = -1
);
```

파이썬 OpenCV의 가중치 병합 함수

```
dst = cv2.addWeighted(
    src1,
    alpha,
    src2,
    beta,
    gamma,
    dtype = None
)
```

가중치 병합 함수는 입력 이미지1(src1)에 대한 가중치(alpha) 곱과 입력 이미지2(src2)에 대한 가중치(beta) 곱의 합 중 추가 합(gamma)을 더해서 계산한다. 선택 깊이(dtype)는 정밀도를 임의로 설정할 수 있다. 기본값을 사용할 경우 입력 이미지1(src1)의 정밀도로 설정된다. 가중치 병합 함수를 수식으로 나타내면 다음과 같다.

$$dst = src1 \times alpha + src2 \times beta + gamma$$

가중치 병합 함수는 **알파 블렌딩(alpha blending)**[5]을 구현할 수 있어 서로 다른 이미지를 불투명하게 혼합해서 표시할 수 있다. 반대로 입력 이미지1(src1)과 입력 이미지2(src2)를 어떠한 변화 없이 사용할 경우 alpha 값은 1.0, beta 값은 1.0, gamma 값은 0.0으로 할당해서 사용한다. 출력 이미지(dst)는 두 입력 이미지의 정밀도가 같으므로 기본값을 사용한다. 예제 5.5와 예제 5.6은 앞의 예제를 개선해서 C# OpenCvSharp과 파이썬 OpenCV에서 색상을 검출한 예다.

예제 5.5 C# OpenCvSharp의 색상 검출

```
using System;
using OpenCvSharp;

namespace Project
{
    class Program
    {
        static void Main(string[] args)
        {
            Mat src = Cv2.ImRead("tomato.jpg");
            Mat hsv = new Mat(src.Size(), MatType.CV_8UC3);
            Mat lower_red = new Mat(src.Size(), MatType.CV_8UC3);
            Mat upper_red = new Mat(src.Size(), MatType.CV_8UC3);
            Mat added_red = new Mat(src.Size(), MatType.CV_8UC3);
            Mat red = new Mat(src.Size(), MatType.CV_8UC3);

            Cv2.CvtColor(src, hsv, ColorConversionCodes.BGR2HSV);

            Cv2.InRange(hsv, new Scalar(0, 100, 100), new Scalar(5, 255, 255), lower_red);
            Cv2.InRange(hsv, new Scalar(170, 100, 100), new Scalar(179, 255, 255), upper_red);
            Cv2.AddWeighted(lower_red, 1.0, upper_red, 1.0, 0.0, added_red);

            Cv2.BitwiseAnd(hsv, hsv, red, added_red);
            Cv2.CvtColor(red, red, ColorConversionCodes.HSV2BGR);
```

---

5   이미지 위에 다른 이미지를 덧씌워 투명하게 비치는 효과

```
                Cv2.ImShow("red", red);
                Cv2.WaitKey(0);
                Cv2.DestroyAllWindows();
            }
        }
    }
```

【 출력 결과 】

예제 5.5는 낮은 범위의 빨간색과 높은 범위의 빨간색을 검출한 후 병합해서 빨간색 객체를 검출하는 예다. `lower_red`는 H(0~5), S(100~255), V(100~255)의 범위를 가지며 `upper_red`는 H(170~179), S(100~255), V(100~255)의 범위를 갖는다.

이후 가중치 병합 함수를 활용해 `lower_red`와 `upper_red`의 배열을 병합해 `added_red`의 배열로 출력한다. 가중치 병합 함수에서 가중치의 할당 없이 병합하므로 `alpha`는 1.0, `beta`는 1.0, `gamma`는 0.0의 값을 사용한다. 출력 결과에서 확인할 수 있듯이 이전보다 더 정확도 높은 색상이 검출된 것을 확인할 수 있다.

예제 5.6 파이썬 OpenCV의 색상 검출

```python
import cv2

src = cv2.imread("tomato.jpg")
hsv = cv2.cvtColor(src, cv2.COLOR_BGR2HSV)

h, s, v = cv2.split(hsv)

orange = cv2.inRange(hsv, (8, 100, 100), (20, 255, 255))
blue = cv2.inRange(hsv, (110, 100, 100), (130, 255, 255))
```

```
mix_color = cv2.addWeighted(orange, 1.0, blue, 1.0, 0.0)

mix = cv2.bitwise_and(hsv, hsv, mask=mix_color)
mix = cv2.cvtColor(mix, cv2.COLOR_HSV2BGR)

cv2.imshow("mix", mix)
cv2.waitKey(0)
cv2.destroyAllWindows()
```

【 출력 결과 】

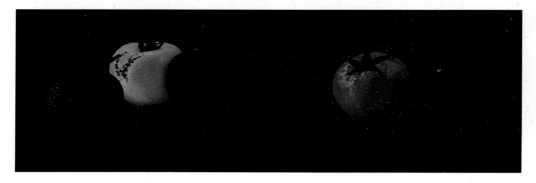

예제 5.6은 주황색 색상 검출과 파란색 색상 검출을 혼합한 예다. orange는 H(8~20), S(100~255), V(100~255)의 범위를 가지며 blue는 H(110~179), S(130~255), V(100~255)의 범위를 갖는다.

이후 가중치 병합 함수를 활용해 orange와 blue의 배열을 병합해 mix_color의 배열로 출력한다. 가중치 병합 함수에서 가중치의 할당 없이 병합하므로 alpha는 1.0, beta는 1.0, gamma는 0.0의 값을 사용한다. 출력 결과에서 확인할 수 있듯이 주황색 객체와 파란색 객체 두 가지 색상이 반환된 것을 확인할 수 있다.

색조, 채도, 명도의 값을 적절하게 설정하는 것은 예상보다 어려운 작업이다. 이를 위해서는 정확한 상수 값을 할당해야 하며, 각 사람이 색상을 구분하는 기준이 다르기 때문에 모호성이 발생할 수 있다. 색상 감지를 원활하게 수행하기 위해 색상을 직관적으로 표현하는 색상 모델을 사용할 필요가 있다. 다음 그림 5.4, 표 5.2, 표 5.3을 통해 이러한 색상 모델을 확인할 수 있다.

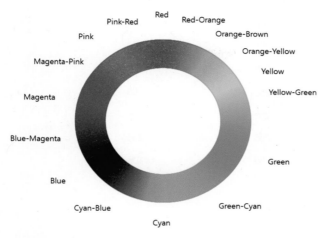

그림 5.4 색조 원형 표기 모델

표 5.2 색상별 색조 범위

색상	값	색상	값
Red	178~5	Cyan	85~100
Red–Orange	6~10	Cyan–Blue	101~110
Orange–Brown	11~20	Blue	110~120
Orange–Yellow	21~25	Blue–Magenta	121~140
Yellow	26~30	Magenta	141~160
yellow–Green	31~40	Magenta–Pink	161~165
Green	41~70	Pink	166~173
Green–Cyan	71~84	Pink–Red	174~177

표 5.3 HSV 색상 가이드

색상	Hue	Saturation	Value
White	0	0	255
Sliver	0	0	192
Gray	0	0	128
Black	0	0	0
Red	0	255	255
Maroon	0	255	128

색상	Hue	Saturation	Value
Orange	15	255	255
Brown	15	255	128
Yellow	30	255	255
Olive	30	255	128
Lime	60	255	255
Green	60	255	128
Aqua	90	255	255
Teal	90	255	128
Blue	120	255	255
Navy	120	255	128
Magenta	150	255	255
Purple	150	255	128
Pink	150	128	255

표 5.3은 각 색상의 색조, 채도, 명도의 범위를 보여준다. 예를 들어 Pink를 검출하고자 할 때, 특정 범위를 정의해야 한다. 그러므로 색조는 150이 아닌 130에서 160 사이, 채도는 28이 아닌 64에서 192 사이, 명도는 255가 아닌 128에서 255 사이의 값을 설정한다. 이러한 매개 변수의 범위는 카메라의 성능, 주변 환경의 밝기 등에 따라 하한값과 상한값을 조절해 지정한다.

02 이진화

이진화(Binarization)는 이미지나 동영상 처리에서 주로 사용되며, 픽셀 값의 연속적인 범위를 두 개의 클래스로 나누어 데이터를 단순화하는 과정을 의미한다. 이 두 클래스는 일반적으로 검은색과 흰색으로 표현된다.

이진화는 이미지에서 특정 객체나 패턴을 감지하거나 이미지를 세분화하고 경계를 추출하는 데에 자주 사용되며, 컴퓨터비전, 영상 처리, 패턴 인식, 기계 학습 등 다양한 응용 분야에서 중요한 전처리 단계로 활용한다.

이진화는 각 픽셀의 밝기 값을 기준으로 두 클래스로 나누는데, 이를 위해 **임곗값(Threshold)**이라는 값을 설정한다. 픽셀 값이 임곗값보다 크면 A 클래스(보통 흰색)로 할당되고, 임곗값보다 작으면 B 클래스(검은색)로 할당된다.

즉, 임곗값을 기준으로 이분법적으로 픽셀을 참 또는 거짓으로 나누는 연산이며, 이미지 행렬에서 모든 픽셀에 대해 이러한 연산을 수행한다. 이렇게 이진화된 이미지를 통해 객체의 윤곽을 뚜렷하게 나타내거나 특정 패턴을 분리하는 데 사용한다. 다음은 C# OpenCvSharp과 파이썬 OpenCV에서 각각 사용하는 이진화 함수다.

C# OpenCvSharp의 이진화 함수

```
Cv2.Threshold(
    Mat src,
    Mat dst,
    double thresh,
    double maxval,
    ThresholdTypes type
);
```

파이썬 OpenCV의 이진화 함수

```
retval, dst = cv2.threshold(
    src,
    thresh,
    maxval,
    type
)
```

이진화 함수는 **입력 이미지**(src)를 **임곗값 형식**(type)에 따라 특정한 비교 연산을 진행한다. **임곗값**(thresh)보다 낮은 픽셀 값은 0이나 원본 픽셀 값으로 변경하며, **임곗값**(thresh)보다 높은 픽셀 값은 **최댓값**(maxval)으로 변경한다. 변형된 이미지는 **출력 이미지**(dst)에 저장되며, 파이썬 OpenCV에서는 **설정 임곗값**(retval)[6]도 반환된다.

일반적으로 이진화 함수는 단일 채널 이미지에서 활용되며, 다중 채널 이미지에 이진화 함수를 적용할 경우 각 채널을 분리해서 이진화 함수를 적용한 후 이미지를 다시 병합해서 반환한다. 특정 임곗

---

6 retval은 thresh의 매개 변수에 입력한 인수의 값과 동일하다. 단, 오츠 알고리즘이나 삼각형 알고리즘과 같이 임곗값을 계산하는 알고리즘의 경우 계산된 임곗값이 반환된다.

값 형식에서는 단일 채널 이미지만을 지원한다. 예제 5.7과 예제 5.8은 C# OpenCvSharp과 파이썬 OpenCV에서 이진화를 적용한 예다.

예제 5.7 C# OpenCvSharp의 이진화

```csharp
using System;
using OpenCvSharp;

namespace Project
{
    class Program
    {
        static void Main(string[] args)
        {
            Mat src = Cv2.ImRead("swan.jpg");
            Mat gray = new Mat(src.Size(), MatType.CV_8UC1);
            Mat binary = new Mat(src.Size(), MatType.CV_8UC1);

            Cv2.CvtColor(src, gray, ColorConversionCodes.BGR2GRAY);
            Cv2.Threshold(gray, binary, 127, 255, ThresholdTypes.Otsu);

            Cv2.ImShow("binary", binary);
            Cv2.WaitKey(0);
            Cv2.DestroyAllWindows();
        }
    }
}
```

【 출력 결과 】

예제 5.7은 원본 이미지를 그레이스케일 이미지로 변환한 뒤, 오츠 알고리즘을 사용해 단일 채널 이미지를 최적화한 예제다. 오츠 알고리즘은 임곗값과 최댓값을 사용자가 명시적으로 설정하지 않고, 자체적인 알고리즘을 통해 이미지를 이진화한다. 즉, 임곗값 127과 최댓값 255는 결과 이미지에 영향을 미치지 않는다.

하지만 이진화 함수는 **임곗값 형식**(type)에 OR 연산을 적용할 수 있으므로, 추가적인 이진화 알고리즘을 사용할 때는 임곗값과 최댓값이 이진화 알고리즘에 적용될 수 있다. 오츠 이진화 방식은 단일 채널 이미지에서만 작동하며, 다중 채널 이미지를 입력하면 오류가 발생한다.

예제 5.8 파이썬 OpenCV의 이진화

```python
import cv2

src = cv2.imread("swan.jpg")
_, binary = cv2.threshold(src, 127, 255, cv2.THRESH_BINARY)

cv2.imshow("binary", binary)
cv2.waitKey(0)
cv2.destroyAllWindows()
```

【 출력 결과 】

예제 5.8은 원본 이미지에 직접적으로 이진화 함수를 적용한 예제다. 출력 결과에서 확인할 수 있듯이 색상이 극단적으로 표현되는 것을 확인할 수 있다. 이진화 함수는 채널마다 임곗값을 적용해서 반환하므로 각 채널에는 두 종류의 값으로 나뉜다. 결국, 다중 채널 이미지에 이진화가 적용되면 이러한 채널들이 병합되어 하나의 이미지로 변하며, 이는 시각적으로 이해하기 어려운 이미지가 생성된다.

이러한 이진화 결과로 인해 다중 채널 이미지에 이진화 함수를 적용하는 것은 특별한 상황이 아닌 한 권장되지 않는다. 다중 채널 이미지의 경우, 각 채널은 색상 정보를 나타내므로 채널 간 이진화 병합은 일반적으로 바람직하지 않다.

다중 채널 이미지에서 특정 작업을 수행하려면 각 채널을 개별적으로 나눠 이진화를 처리하거나, 필요한 경우 채널 간에 정보를 조합하는 방법으로 고려해야 한다. 따라서, 다중 채널 이미지에 이진화 함수를 적용할 때는 주의가 필요하며, 주로 단일 채널 이미지나 그레이스케일 이미지에 이진화를 적용하는 것이 보다 일반적인 방법이다.

이제 예제에서 사용된 임곗값 형식에 대해 알아본다. 표 5.4는 이진화 함수에서 활용할 수 있는 임곗값 형식(type)을 정리한 것이다.

표 5.4 임곗값 형식

언어	속성	설명
C#	ThresholdTypes.Binary	dst = (src > thresh) ? maxval : 0
Py	cv2.THRESH_BINARY	(임곗값을 초과할 경우 maxval, 아닐 경우 0)
C#	ThresholdTypes.BinaryInv	dst = (src > thresh) ? 0 : maxval
Py	cv2.THRESH_BINARY_INV	(임곗값을 초과할 경우 0, 아닐 경우 maxval)
C#	ThresholdTypes.Trunc	dst = (src > thresh) ? thresh : src
Py	cv2.THRESH_TRUNC	(임곗값을 초과할 경우 thresh, 아닐 경우 변형 없음)
C#	ThresholdTypes.Tozero	dst = (src > thresh) ? src : 0
Py	cv2.THRESH_TOZERO	(임곗값을 초과할 경우 변형 없음, 아닐 경우 0)
C#	ThresholdTypes.TozeroInv	dst = (src > thresh) ? 0 : src
Py	cv2.THRESH_TOZERO_INV	(임곗값을 초과할 경우 0, 아닐 경우 변형 없음)
C#	ThresholdTypes.Mask	검은색 이미지로 변경(마스크용)
Py	cv2.THRESH_MASK	
C#	ThresholdTypes.Otsu	오츠 알고리즘 적용(단일 채널 이미지에만 적용 가능)
Py	cv2.THRESH_OTSU	
C#	ThresholdTypes.Triangle	삼각형 알고리즘 적용(단일 채널 이미지에만 적용 가능)
Py	cv2.THRESH_TRIANGLE	

오츠 알고리즘과 삼각형 알고리즘을 제외한 임곗값 형식은 다중 채널 이미지에서도 적용 가능하며 자체적인 알고리즘으로 이진화를 적용한다. Mask 플래그를 지정하면 단순히 검은색 이미지로 변환한다. 이진화 함수의 임곗값 형식에는 OR 연산을 적용할 수 있으므로 다음과 같이 활용할 수 있다.

플래그 혼합 예시

```
C# : ThresholdTypes.Binary | ThresholdTypes.Otsu
Py : cv2.THRESH_TOZERO | cv2.THRESH_TRIANGLE
```

그림 5.5는 이진화 함수의 임곗값 종류에 따른 결과 유형을 정리한 것이다. 수평선은 임곗값, 곡선은 이진화 함수가 적용된 픽셀 값을 의미한다.

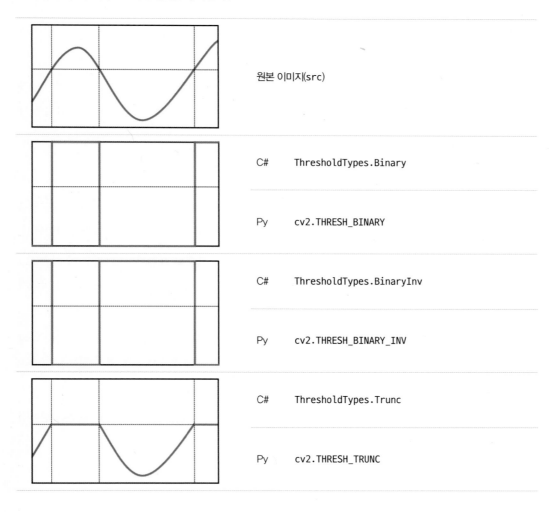

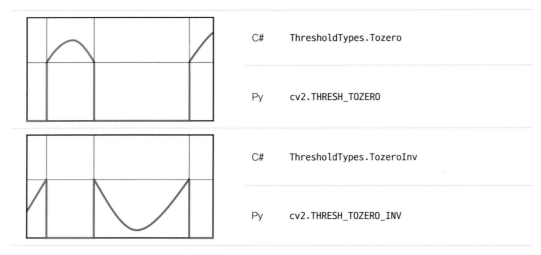

C#	ThresholdTypes.Tozero	
Py	cv2.THRESH_TOZERO	
C#	ThresholdTypes.TozeroInv	
Py	cv2.THRESH_TOZERO_INV	

그림 5.5 이진화 함수의 임곗값 형식에 따른 결과 유형

표에 작성되지 않은 오츠 알고리즘과 삼각형 알고리즘은 이미지의 히스토그램을 기반으로 최적의 임곗값을 자동으로 계산하므로 이미지마다 임곗값이 달라진다. 이제 히스토그램 기반의 이진화 방법에 대해 알아본다.

오츠 알고리즘

오츠 알고리즘(Otsu algorithm)은 이진화 연산 수행 시 최적의 임곗값을 자동으로 계산하는 알고리즘으로 입력된 이미지의 밝기 분포를 분석해 최적의 임곗값을 결정하고 이 값으로 이미지를 이진화한다.

최적의 임곗값을 찾기 위해, 우선 이미지의 픽셀 값들을 히스토그램으로 표현한다. 그리고 이 히스토그램을 기반으로 임곗값 후보를 설정해 이미지를 두 개의 클래스로 분류한다. 가령 히스토그램의 막대가 5개라면 4개의 임곗값 후보가 생성된다.

두 개의 클래스로 나뉜 밝기 분포를 통해 각 클래스의 픽셀들이 어떻게 밝기 값에서 분포하는지를 나타내는 분산을 계산한다. 이 분산 값들은 각 클래스의 픽셀들이 밝기 값에서 어떻게 퍼져 있는지를 측정하는 데 사용된다.

이후, 이 분산 값을 가중 평균해 클래스 간의 분산을 계산한다. 이 과정에서 임곗값 후보로부터 얻어진 두 클래스의 분산을 효과적으로 결합한다.

마지막으로, 생성된 임곗값 후보들 중에서 클래스 간 분산을 최대화하거나 분산의 차이를 최대화하는 최적의 임곗값을 선택한다. 이러한 방식으로 오츠 알고리즘은 임곗값 선택을 자동화하며, 이미지를 효과적으로 이진화하는 데 사용된다. 이를 수식을 표현하면 다음과 같다.

수식 5.2 오츠 알고리즘

$$\sigma^2 \equiv \alpha \times \sigma_1^2 + \beta \times \sigma_2^2$$

α는 임곗값을 기준으로 하위 클래스에 속하는 픽셀의 비율(가중치)을 의미하며, β는 임곗값을 기준으로 상위 클래스에 속하는 픽셀의 비율(가중치)을 의미한다. α_1^2과 α_2^2는 α 클래스와 β 클래스의 분산을 의미한다.

이 수식을 사용해 0부터 255까지 임곗값을 입력으로 사용해 분산을 최소화하거나 차이가 최대화되는 최적의 임곗값을 찾아 적용한다. 이 과정은 가능한 모든 임곗값 범위에 대해 연산을 수행하기 때문에 다른 이진화 연산에 처리 속도가 상대적으로 느리지만, 효과적으로 이진화할 수 있다.

삼각형 알고리즘

삼각형 알고리즘(Triangle algorithm)은 오츠 알고리즘과 동일하게 히스토그램을 통해 최적의 임곗값을 찾아 이진화를 적용하는 알고리즘이다. 삼각형 알고리즘은 오츠 알고리즘과 유사하게 이미지의 픽셀 밝기 분포를 분석해 임곗값을 찾지만, 오츠 알고리즘과는 다르게 모든 가능한 임곗값을 계산하지는 않는다.

대신 히스토그램에서 **최대 거리(Max distance)**를 구성할 수 있는 임곗값를 찾아 이진화를 적용한다. 이때 최대 거리를 찾는 방법은 히스토그램의 최댓값과 최솟값을 찾아 직각 삼각형으로 만드는 것이다. 삼각형의 빗변 사이의 거리가 최대일 때 수직인 선이 히스토그램의 최대 거리가 된다. 즉, 히스토그램에 그려진 선 사이의 거리가 최대인 지역값이 임곗값이 된다.

삼각형 알고리즘은 간단한 수학적 계산만 필요로 하며, 복잡한 계산이나 최적화 과정이 필요하지 않다. 또한, 히스토그램 분포의 특정 형태에 크게 영향을 받지 않으므로 다양한 유형의 이미지에 적용할 수 있으며 다양한 환경에서 일관된 결과를 얻을 수 있다.

다음 그림 5.6은 삼각형 알고리즘의 연산 방법을 시각화했다. 그래프는 히스토그램을 나타내며 히스토그램의 최댓값과 최솟값을 연결할 때 빗변의 최대 거리를 찾는다. 이렇게 계산된 임곗값이 삼각형 알고리즘에서 사용되는 최적의 임곗값이다.

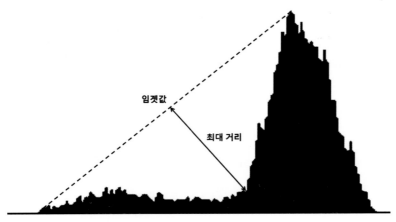

그림 5.6 삼각형 알고리즘의 연산 방법

적응형 이진화 알고리즘

마지막으로 알아볼 이진화 알고리즘은 **적응형 이진화 알고리즘(Adaptive binarization algorithm)**
이다. 이 알고리즘은 앞선 이진화 알고리즘과는 다르게 이미지의 각 영역마다 서로 다른 임곗값을 적
용한다.

이 알고리즘은 입력 이미지를 작은 영역으로 나눈 후, 각 영역의 통계적 특성을 분석해 해당 지역의 최
적 임곗값을 계산한다. 이렇게 계산된 임곗값을 사용해 영역마다 이진화를 수행하고, 각 영역에서 생성
된 이진화 이미지를 다시 병합해 최종 이진화 이미지를 얻는다.

적응형 이진화는 조명 조건이나 배경 밝기가 다양한 이미지에 특히 유용하며, 이미지 내의 밝기 분포가
달라 국소적으로 임곗값을 적용해야 하는 경우 전역 임곗값을 사용하는 이진화 알고리즘보다 더 우수
한 결과를 얻을 수 있다. 다음 함수는 각각 C# OpenCvSharp과 파이썬 OpenCV에서 사용하는 적응
형 이진화 함수다.

C# OpenCvSharp의 적응형 이진화 함수

```
Cv2.AdaptiveThreshold(
    Mat src,
    Mat dst,
    double maxValue,
    AdaptiveThresholdTypes adaptiveMethod,
    ThresholdTypes thresholdType,
    int blockSize,
```

```
    double c
);
```

파이썬 OpenCV의 이진화 함수

```
dst = cv2.adaptiveThreshold(
    src,
    maxval,
    adaptiveMethod,
    thresholdType,
    blockSize,
    C
)
```

적응형 이진화 함수는 이진화 함수에서 사용하는 **최댓값**(maxval) 플래그와 **임곗값 형식**(thresholdType) 플래그를 동일하게 사용한다. 적응형 이진화 알고리즘은 각 픽셀 주변의 blockSize × blockSize 영역에 대한 가중 평균을 계산한다. 이후 가중 평균에서 **상수 C**를 감산한 값을 계산해서 픽셀마다 적응형 임곗값 $T(x, y)$를 설정한다. $T(x, y)$에 대한 수식은 다음과 같다.

수식 5.3 적응형 이진화 알고리즘

$$T(x, y) = \frac{1}{blocksize^2}\sum_{x_i}\sum_{y_i}I(x + x_i, y + y_i) - c$$

수식에서 확인할 수 있듯이 주변 영역의 크기인 blockSize와 상수 C에 따라 설정되는 임곗값의 결과가 크게 달라진다. blockSize는 중심점이 존재할 수 있게 홀수만 가능하며 상수 C는 일반적으로 양수의 값을 사용하지만 경우에 따라 0이나 음수도 사용 가능하다. 또한 적응형 이진화 방식(adaptiveMethod)에 따라 결과가 변화하며 OpenCV는 두 가지 알고리즘을 지원한다. 표 5.5는 적응형 이진화 플래그를 보여준다.

표 5.5 적응형 이진화 플래그

언어	속성	설명
C#	AdaptiveThresholdTypes.MeanC	blockSize 영역의 모든 픽셀에 평균 가중치를 적용
Py	cv2.ADAPTIVE_THRESH_MEAN_C	
C#	AdaptiveThresholdTypes.GaussianC	blockSize 영역의 모든 픽셀에 중심점으로부터의 거리에 대한 가우시안 가중치 적용
Py	cv2.ADAPTIVE_THRESH_GAUSSIAN_C	

예제 5.9와 예제 5.10은 C# OpenCvSharp과 파이썬 OpenCV에서 적응형 이진화를 적용한 예다.

예제 5.9 C# OpenCvSharp의 적응형 이진화

```csharp
using System;
using OpenCvSharp;

namespace Project
{
    class Program
    {
        static void Main(string[] args)
        {
            Mat src = Cv2.ImRead("swan.jpg");
            Mat gray = new Mat(src.Size(), MatType.CV_8UC1);
            Mat binary = new Mat(src.Size(), MatType.CV_8UC1);

            Cv2.CvtColor(src, gray, ColorConversionCodes.BGR2GRAY);
            Cv2.AdaptiveThreshold(gray, binary, 255, AdaptiveThresholdTypes.GaussianC,
ThresholdTypes.Binary, 25, 5);

            Cv2.ImShow("binary", binary);
            Cv2.WaitKey(0);
            Cv2.DestroyAllWindows();
        }
    }
}
```

【 출력 결과 】

예제 5.9는 그레이스케일 이미지에 가우시안 가중치를 적용한 적응형 이진화 예제다. blockSize에는 25를 지정해 25×25 크기 내의 영역을 분석해 적절한 임곗값을 설정한다. 상수 C에는 비교적 낮은 값인 5를 지정하며, 이 값을 음수로 지정할 경우 전체 영역이 어두워진다.

반대로 5보다 큰 값을 지정할 경우 전체 영역이 밝아진다. 동일한 이미지여도 blockSize와 상수 C에 따라 결과가 달라진다. blockSize가 너무 클 경우, 연산 시간이 오래 걸리며 상수 C의 값이 너무 크거나 너무 작은 경우 단순 이진화 함수보다 결과가 좋지 않을 수 있다는 점에 주의한다.

예제 5.10 파이썬 OpenCV의 적응형 이진화

```python
import cv2

src = cv2.imread("swan.jpg")
gray = cv2.cvtColor(src, cv2.COLOR_BGR2GRAY)
binary = cv2.adaptiveThreshold(gray, 255, cv2.ADAPTIVE_THRESH_MEAN_C, cv2.THRESH_BINARY, 33, -5)

cv2.imshow("binary", binary)
cv2.waitKey(0)
cv2.destroyAllWindows()
```

【 출력 결과 】

예제 5.10은 그레이스케일 이미지에 평균 가중치를 적용한 적응형 이진화 예다. blockSize에는 33을 지정해 33×33 크기 내의 영역을 분석해 적절한 임곗값을 설정한다. 상수 C에는 음수 값인 −5를 지정해 전체 영역이 어두워졌다.

일반적으로 음수 값은 잘 활용하지 않지만 목적에 따라 오히려 더 우수한 결과를 보이기도 한다. 상수 C 가 음수로 설정되면, 영역 내 평균 값의 절댓값보다 더 낮은 값은 흰색으로, 블록 내 평균 값의 절댓값 보다 높은 값은 검은색으로 분류된다.

그러므로 상수 C를 음숫값으로 지정할 때는 임곗값 형식(thresholdType)에 반전 이진화 플래그(cv2. THRESH_BINARY_INV)를 적용하거나 이미지 반전 연산을 적용해 현재 구상하는 알고리즘에 맞도록 변경 한다.

03 이미지 연산

이미지 연산은 디지털 이미지 처리에서 중요한 개념 중 하나로, 이미지의 픽셀 값을 조작하거나 필터를 적용해 이미지를 변형하는 작업을 말한다. 이러한 작업을 통해 이미지에서 정보를 추출하거나 시각적 으로 눈에 띄는 특징을 강조할 수 있게 된다.

가령 이미지에 수학적 연산을 수행해 이미지를 수정할 수 있다. 이를 통해 이미지의 밝기 조절, 대비 조 절, 색감 보정, 색상 반전 등의 효과를 얻을 수 있다.

또한, 이미지에 필터라고 불리는 작은 행렬을 적용해 이미지를 변형할 수 있다. 이러한 필터를 합성곱 연산을 통해 흐림 처리(블러링), 선명도 향상(샤프닝), 노이즈 제거 등을 수행할 수 있다.

이미지 연산은 이미지 인식, 객체 검출, 얼굴 인식과 같은 고급 이미지 처리 작업의 전처리 과정으로도 사용되며, 입력 이미지의 품질을 향상시키고 패턴을 더 명확하게 만들어 인식 및 검출 알고리즘의 성능 을 향상시킬 수 있다.

픽셀 연산

픽셀 연산은 하나 또는 둘 이상의 이미지에 대해 수학적인 연산을 수행하는 함수를 의미하며, 3장에서 다룬 Mat 클래스의 행렬 연산 및 넘파이 배열 연산과 유사한 개념이다. 다양한 픽셀 연산을 통해 정보를 추출하고 이미지를 변형할 수 있다. 이번 절에서는 OpenCV 함수를 활용해 하나 또는 두 개의 이미지 에 대한 픽셀 연산을 알아본다.

덧셈 함수

C# OpenCvSharp의 덧셈 함수

```
Cv2.Add(
    Mat src1,
    Mat src2,
    Mat dst,
    Mat mask = null,
    int dtype = -1
);
```

파이썬 OpenCV의 덧셈 함수

```
dst = cv2.add(
    src1,
    src2,
    mask = None,
    dtype = None
)
```

덧셈 함수는 배열과 배열 또는 배열과 스칼라의 요소별 합을 계산한다. src1과 src2의 각 요소를 더한 결과를 dtype 형식을 갖는 배열 dst에 저장한다. 스칼라와 연산 시, 스칼라의 요솟값이 양수일 경우 덧셈으로 연산이 수행되며, 음수일 경우 뺄셈으로 연산이 수행된다.

덧셈 함수는 정밀도에 따라 최댓값이 존재한다. 가령, 8비트 이미지의 경우 최댓값이 255이므로 덧셈 함수를 통해 픽셀 값이 255를 넘어가는 경우, 255로 **클리핑(Clipping)** 된다. 덧셈 함수는 최댓값을 넘어가기 쉽기 때문에 이미지 연산 시 두 배열의 요솟값을 고려해서 사용한다.

수식 5.4 덧셈 함수

두 배열의 크기와 채널 수가 같은 경우 두 배열의 요소별 합:

$$\mathrm{dst}(\mathrm{I}) = \mathrm{src1}(\mathrm{I}) + \mathrm{src2}(\mathrm{I}) \quad if \; mask(I) \neq 0$$

배열과 스칼라의 요소별 합:

$$\mathrm{dst}(\mathrm{I}) = \mathrm{src1}(\mathrm{I}) + \mathrm{src2} \quad if \; mask(I) \neq 0$$

스칼라와 배열의 요소별 합:

$$\text{dst}(I) = \text{src1} + \text{src2}(I) \qquad if\ mask(I) \neq 0$$

src(I)는 배열을 의미하며 src는 스칼라를 의미한다. 마스크 배열이 존재할 경우 *mask* 배열의 요솟값이 0이 아닌 경우에만 연산이 유효하다. 간단한 연산의 경우 다음과 같은 수식으로 같은 결과를 얻을 수 있다.

수식 예시

```
dst = src1 + src2;
dst += src1;
```

뺄셈 함수

C# OpenCvSharp의 뺄셈 함수

```
Cv2.Subtract(
    Mat src1,
    Mat src2,
    Mat dst,
    Mat mask = null,
    int dtype = -1
);
```

파이썬 OpenCV의 뺄셈 함수

```
dst = cv2.subtract(
    src1,
    src2,
    mask = None,
    dtype = None
)
```

뺄셈 함수는 배열과 배열 또는 배열과 스칼라의 요소별 차이를 계산한다. src1과 src2의 각 요소를 더한 결과를 dtype 형식을 갖는 배열 dst에 저장한다. 스칼라와 연산 시, 스칼라의 요솟값이 양수일 경우 뺄셈으로 연산이 수행되며, 음수일 경우 덧셈으로 연산이 수행된다.

뺄셈 함수도 덧셈 함수와 마찬가지로 최솟값이 존재한다. 대부분의 배열의 최솟값은 0이므로 0보다 낮아질 수 없다. 그러므로 연산 시 두 배열의 요솟값을 고려해서 사용한다. 또한 뺄셈 함수는 src1에서 src2를 빼느냐, src2에서 src1를 빼느냐에 따라 결과가 달라지므로 배열의 순서에 유의한다.

수식 5.5 뺄셈 함수

두 배열의 크기와 채널 수가 같은 경우 두 배열의 요소별 차:

$$\mathrm{dst}(\mathrm{I}) = \mathrm{src1}(\mathrm{I}) - \mathrm{src2}(\mathrm{I}) \quad \textit{if mask}(I) \neq 0$$
$$\mathrm{dst}(\mathrm{I}) = \mathrm{src2}(\mathrm{I}) - \mathrm{src1}(\mathrm{I}) \quad \textit{if mask}(I) \neq 0$$

배열과 스칼라의 요소별 차:

$$\mathrm{dst}(\mathrm{I}) = \mathrm{src1} - \mathrm{src2}(\mathrm{I}) \quad \textit{if mask}(I) \neq 0$$

스칼라와 배열의 요소별 차:

$$\mathrm{dst}(\mathrm{I}) = \mathrm{src1}(\mathrm{I}) - \mathrm{src2} \quad \textit{if mask}(I) \neq 0$$

src(I)는 배열을 의미하며 src는 스칼라를 의미한다. 마스크 배열이 존재할 경우 $mask$ 배열의 요솟값이 0이 아닌 경우에만 연산이 유효하다. 간단한 연산의 경우 다음과 같은 수식으로 같은 결과를 얻을 수 있다.

수식 예시

```
dst = src1 - src2;
dst -= src1;
```

곱셈 함수

C# OpenCvSharp의 곱셈 함수

```
Cv2.Multiply(
    Mat src1,
    Mat src2,
    Mat dst,
    double scale = 1,
    int dtype = -1
);
```

파이썬 OpenCV의 곱셈 함수

```
dst = cv2.multiply(
    src1,
    src2,
    scale = None,
    dtype = None
)
```

곱셈 함수는 배열과 배열 또는 배열과 스칼라의 요소별 곱에 추가로 scale을 곱한 값을 계산한다. src1 과 src2의 각 요소를 곱한 결과를 dtype 형식을 갖는 배열 dst에 저장한다. 스칼라 연산 시 스칼라의 요솟값이 음수일 경우 음수로 연산이 수행되어 최솟값으로 변경된다.

정밀도에 따라 요소의 최댓값과 최솟값이 있으며, 최댓값을 넘어가거나 최솟값보다 낮아질 수 없다. 곱셈 함수는 배열의 최댓값보다 높아지기 쉽기 때문에 scale을 곱해 연산 결과를 조절한다. 곱셈 함수는 정밀도가 정수형일 경우 소수점 단위는 반올림 처리한다.

수식 5.6 곱셈 함수

두 배열의 크기와 채널 수가 같은 경우 두 배열의 요소별 곱:

$$\mathrm{dst}\,(\mathrm{I}) = \mathrm{src1}\,(\mathrm{I}) \times \mathrm{src2}\,(\mathrm{I}) \times scale$$

배열과 스칼라의 요소별 곱:

$$\mathrm{dst}\,(\mathrm{I}) = \mathrm{src1} \times \mathrm{src2}\,(\mathrm{I}) \times scale$$

스칼라와 배열의 요소별 곱:

$$\mathrm{dst}\,(\mathrm{I}) = \mathrm{src1}\,(\mathrm{I}) \times \mathrm{src2} \times scale$$

src(I)는 배열을 의미하며, src는 스칼라를 의미한다. 간단한 연산의 경우 다음과 같은 수식으로 같은 결과를 얻을 수 있다.

수식 예시

```
dst = src1 * src2;
dst *= src1;
```

나눗셈 함수

```
Cv2.Divide(
    Mat src1,
    Mat src2,
    Mat dst,
    double scale = 1,
    int dtype = -1
);
```

파이썬 OpenCV의 나눗셈 함수

```
dst = cv2.divide(
    src1,
    src2,
    scale = None,
    dtype = None
)
```

나눗셈 함수는 배열과 배열 또는 배열과 스칼라의 요소별 나눗셈에 추가로 scale을 곱한 값을 계산한다. src1과 src2의 각 요소를 나눈 결과를 dtype 형식을 갖는 배열 dst에 저장한다. 스칼라 연산 시 스칼라의 요솟값이 음수일 경우 음수로 연산이 진행되어 최솟값으로 변경된다.

정밀도에 따라 요소의 최댓값과 최솟값이 있으며, 최댓값을 넘어가거나 최솟값보다 낮아질 수 없다. 나눗셈 함수는 배열의 최솟값과 근사해지기 쉽기 때문에 scale을 곱해 연산 결과를 조절한다. 나눗셈 함수는 정밀도가 정수형일 경우 소수점 단위는 반올림 처리한다.

수식 5.7 나눗셈 함수

두 배열의 크기와 채널 수가 같은 경우 두 배열의 요소별 나눔:

$$\mathrm{dst}(I) = \mathrm{src1}(I) \div \mathrm{src2}(I) \times scale$$

배열과 스칼라의 요소별 나눔:

$$\mathrm{dst}(I) = \mathrm{src1} \div \mathrm{src2}(I) \times scale$$

스칼라와 배열의 요소별 나눔:

$$dst\,(I) \,=\, src1\,(I) \div src2 \times scale$$

비율과 배열의 요소별 나눔:

$$dst\,(I) \,=\, scale \div src2\,(I)$$

src(I)는 배열을 의미하며 src는 스칼라를 의미한다. 간단한 연산의 경우 다음과 같은 수식으로 같은 결과를 얻을 수 있다.

수식 예시

```
dst = src1 / src2;
dst /= src1;
```

최댓값 함수

C# OpenCvSharp의 최댓값 함수

```
Cv2.Max(
    Mat src1,
    Mat src2,
    Mat dst
);
```

파이썬 OpenCV의 최댓값 함수

```
dst = cv2.max(
    src1,
    src2,
)
```

최댓값 함수는 배열과 배열 또는 배열과 스칼라의 요소별 최댓값을 계산한다. src1과 src2의 각 요소의 최댓값 결과를 입력 배열과 같은 형식을 갖는 배열 dst에 저장한다. 정밀도에 따라 요소의 최댓값과 최솟값이 있으며, 최댓값을 넘어가거나 최솟값보다 낮아질 수 없다.

최댓값 함수는 추가로 src2에 스칼라 값이 아닌 double 형식의 값을 활용해 배열 요소의 최댓값을 비교할 수 있다. 최댓값 함수는 정밀도가 정수형일 경우 소수점 단위는 반올림 처리한다.

수식 5.8 최댓값 함수

두 배열의 크기와 채널 수가 같은 경우 두 배열의 요소별 최댓값:

$$dst(I) = max(src1(I), src2(I))$$

배열과 스칼라의 요소별 최댓값:

$$dst(I) = max(src1(I), src2)$$

스칼라와 배열의 요소별 최댓값:

$$dst(I) = max(src1, src2(I))$$

배열과 부동 소수점의 요소별 최댓값:

$$dst(I) = max(src1, value)$$

최솟값 함수

C# OpenCvSharp의 최솟값 함수

```
Cv2.Min(
    Mat src1,
    Mat src2,
    Mat dst
);
```

파이썬 OpenCV의 최솟값 함수

```
dst = cv2.min(
    src1,
    src2
)
```

최솟값 함수는 배열과 배열 또는 배열과 스칼라의 요소별 최솟값을 계산한다. src1과 src2의 각 요소의 최솟값 결과를 입력 배열과 같은 형식을 갖는 배열 dst에 저장한다. 정밀도에 따라 요소의 최댓값과 최솟값이 있으며 최댓값을 넘어가거나 최솟값보다 낮아질 수 없다.

최솟값 함수는 추가로 src2에 스칼라 값이 아닌 double 형식의 값을 활용해 배열 요소의 최솟값을 비교할 수 있다. 최솟값 함수의 정밀도가 정수형일 경우 소수점 단위는 반올림 처리한다.

수식 5.9 최솟값 함수

두 배열의 크기와 채널 수가 같은 경우 두 배열의 요소별 최솟값:

$$dst\,(I) \,=\, min\,(src1\,(I), src2\,(I))$$

배열과 스칼라의 요소별 최솟값:

$$dst\,(I) \,=\, min\,(src1\,(I), src2)$$

스칼라와 배열의 요소별 최솟값:

$$dst\,(I) \,=\, min\,(src1, src2\,(I))$$

배열과 부동 소수점의 요소별 최솟값:

$$dst\,(I) \,=\, min\,(src1, value)$$

최소/최대 위치 반환 함수

C# OpenCvSharp의 최소/최대 위치 반환 함수

```
Cv2.MinMaxLoc(
    Mat src,
    out double minVal,
    out double maxVal,
    out Point minLoc,
    out Point maxLoc,
    Mat mask = null
);
```

파이썬 OpenCV의 최소/최대 위치 반환 함수

```
minVal, maxVal, minLoc, maxLoc = cv2.minMaxLoc(
    src,
    mask
)
```

최소/최대 위치 반환 함수는 배열의 최솟값과 최댓값의 위치와 값을 반환한다. C# OpenCvSharp에서는 out 키워드를 사용해 값을 반환한다. minVal과 minLoc은 최솟값과 최솟값의 위치가 반환되며,

maxVal과 maxLoc은 최댓값과 최댓값의 위치가 반환된다.[7] 마스크 배열이 존재할 경우 mask 배열의 요솟값이 0이 아닌 경우에만 연산이 유효하다.

절댓값 함수

C# OpenCvSharp의 절댓값 함수

```
Cv2.Abs(
    Mat src,
);
```

파이썬 OpenCV의 절댓값 함수

```
dst = np.abs(
    src
)
```

절댓값 함수는 배열의 요소별 절댓값을 계산한다. src의 각 요소의 절댓값 결과를 입력 배열과 같은 형식의 dst 배열에 저장한다. C# OpenCvSharp의 절댓값 함수는 행렬 표현식(MatExpr 클래스)을 매개변수로 활용할 수 있어 특수한 경우 적절한 연산을 수행할 수 있다. 파이썬 OpenCV의 경우 절댓값 함수가 없기 때문에 넘파이 라이브러리의 절댓값 함수를 활용한다.

수식 5.10 절댓값 함수

$$\text{dst}(I) = \text{abs}(|\text{src}|)$$

절댓값 차이 함수

C# OpenCvSharp의 절댓값 차이 함수

```
Cv2.Absdiff(
    Mat src1,
    Mat src2,
    Mat dst
);
```

---

7 파이썬 OpenCV에서 위칫값은 (y, x) 형식으로 반환하므로 사용에 주의한다.

파이썬 OpenCV의 절댓값 차이 함수

```
dst = cv2.absdiff(
    src1,
    src2
)
```

절댓값 차이 함수는 배열과 배열 또는 배열과 스칼라의 요소별 절댓값 차이를 계산한다. src1과 src2의 각 요소의 절댓값 차이 결과를 입력 배열과 같은 형식을 갖는 배열 dst에 저장한다.

또한, 절댓값 차이 함수는 덧셈 함수나 뺄셈 함수 등에서 요소의 최댓값보다 크거나 최솟값보다 작을 때 발생하는 오버/언더플로 문제를 피할 수 있다. 덧셈 함수나 뺄셈 함수에서는 두 배열의 요소를 서로 뺄셈했을 때 음수가 발생하면 0을 반환했지만 절댓값 차이 함수는 이 값을 절댓값으로 변경해서 양수 형태로 반환한다.

수식 5.11 절댓값 차이 함수

두 배열의 크기와 채널 수가 같은 경우 두 배열의 요소별 절댓값 차이:

$$dst(I) = abs(|src1(I) - src2(I)|)$$

배열과 스칼라의 요소별 절댓값 차이:

$$dst(I) = abs(|src1(I) - src2|)$$

스칼라와 배열의 요소별 절댓값 차이:

$$dst(I) = abs(|src1 - src2(I)|)$$

비교 함수

C# OpenCvSharp의 비교 함수

```
Cv2.Compare(
    Mat src1,
    Mat src2,
    Mat dst,
    CmpType cmpop
);
```

파이썬 OpenCV의 비교 함수

```
dst = cv2.compare(
    src1,
    src2,
    cmpop
)
```

비교 함수는 배열과 배열 또는 배열과 스칼라의 요소별 비교 연산을 수행한다. src1과 src2의 각 요소의 비교 결과를 입력 배열과 같은 형식을 갖는 배열 dst에 저장한다.

비교 함수는 cmpop 매개 변수를 활용해 모든 요소에 대해 일대일 비교 연산을 수행할 수 있다. 비교 결과가 True일 경우 요소의 값을 255로 변경하며, 비교 결과가 False일 경우 요소의 값을 0으로 변경한다. 표 5.6은 비교 함수의 cmpop 플래그를 보여준다.

표 5.6 비교 함수 플래그

언어	속성	설명
C#	CmpType.EQ	src1과 src2의 요소가 같음
Py	cv2.CMP_EQ	
C#	CmpType.GT	src1이 src2보다 요소가 큼
Py	cv2.CMP_GT	
C#	CmpType.GE	src1이 src2보다 요소가 크거나 같음
Py	cv2.CMP_GE	
C#	CmpType.LT	src1이 src2보다 요소가 작음
Py	cv2.CMP_LT	
C#	CmpType.LE	src1이 src2보다 요소가 작거나 같음
Py	cv2.CMP_LE	
C#	CmpType.NE	src1과 src2의 요소가 같지 않음
Py	cv2.CMP_NE	

수식 5.12 비교 함수

두 배열의 크기와 채널 수가 같은 경우 두 배열의 요소별 비교:

$$dst(I) = src1(I) \ cmpop \ src2(I)$$

배열과 스칼라의 요소별 비교:

$$dst(I) = src1(I) \; cmpop \; src2$$

스칼라와 배열의 요소별 비교:

$$dst(I) = src1 \; cmpop \; src2(I)$$

비교 연산의 경우 다음과 같은 수식으로 같은 결과를 얻을 수 있다.

수식 예시

```
dst = src1 <= src2;
dst = src1 > 127;
```

선형 방정식 시스템의 해 찾기 함수

C# OpenCvSharp의 선형 방정식 시스템의 해 찾기 함수

```
success = Cv2.Solve(
    Mat src1,
    Mat src2,
    Mat dst,
    DecompTypes flags = DecompTypes.LU
);
```

파이썬 OpenCV의 선형 방정식 시스템의 해 찾기 함수

```
success, dst = cv2.solve(
    src1,
    src2,
    flags = None
)
```

선형 방정식 시스템의 해 찾기 함수는 역함수를 기반으로 선형 시스템의 해를 빠르게 구해서 반환한다. 선형 방정식 시스템은 부동 소수점 형식(float, double)만 지원되며, 다음과 같은 방정식으로 해를 계산한다.

수식 5.13 선형 방정식 시스템의 해 찾기 함수

$$\text{dst} = argmin_x \| A \cdot X - B \|$$

src1은 정방 행렬(n×n)이며 src2는 벡터(n×1)다. dst는 결과 배열로 n×1의 최적 벡터 X를 구한다. flags는 선형 시스템에서 해를 구하는 데 사용한 플래그를 의미한다. 해를 찾았을 경우 C# OpenCvSharp에서는 success가 논리 형식으로 반환되며, 파이썬 OpenCV에서는 논리 형식의 success와 ndarray 형식의 dst를 함께 반환한다. 표 5.7은 선형 방정식 해 찾기 함수의 플래그를 나타낸다.

표 5.7 선형 방정식 해 찾기 함수 플래그

언어	속성	설명
C#	DecompTypes.LU	LU 분해(가우스 소거)
Py	cv2.DECOMP_LU	
C#	DecompTypes.SVD	특잇값 분해
Py	DECOMP_SVD	
C#	DecompTypes.Eig	고윳값 분해(src1 행렬은 대칭이어야 함)
Py	DECOMP_EIG	
C#	DecompTypes.Cholesky	숄레스키 분해(src1 행렬은 대칭이어야 함)
Py	DECOMP_CHOLESKY	
C#	DecompTypes.QR	QR 인수 분해
Py	DECOMP_QR	
C#	DecompTypes.Normal	노멀 분해(src1 · dst = src2 방정식 사용)
Py	DECOMP_NORMAL	

LU 분해와 숄레스키 분해는 특이 행렬에서는 사용할 수 없으며, 특이 행렬이 전달되면 success에 False를 반환한다. 또한 src1이 특이 행렬이 아닌 경우 True를 반환한다. QR 인수 분해와 특잇값 분해는 시스템 방정식에 대한 최소 자승해를 찾아 선형 시스템을 풀 수 있으며, src1이 특이 행렬인 경우 QR 인수 분해와 특잇값 분해를 사용해 해를 찾을 수 있다.

벡터 크기 계산

C# OpenCvSharp의 벡터 크기 계산 함수

```
Cv2.Magnitude(
    Mat x,
    Mat y,
    Mat magnitude
);
```

파이썬 OpenCV의 벡터 크기 계산 함수

```
magnitude = cv2.magnitude(
    x,
    y
)
```

벡터 크기 계산 함수는 **X 방향 기울기 이미지**(x)와 **Y 방향 기울기 이미지**(y)를 조합해 **크기 이미지**
(magnitude)를 반환한다. 이 크기는 해당 위치에서의 픽셀 값의 변화량을 의미한다. 벡터 크기 계산 함
수는 다음과 같은 방법으로 계산된다.

수식 5.14 벡터 크기 계산 함수

$$\mathrm{dst}\,(I) = \sqrt{x(I)^2 + y(I)^I}$$

입력값으로 사용되는 X 방향 기울기 이미지와 Y 방향 기울기 이미지는 소벨 필터나 샤르 필터를 통해
추출된 결괏값을 활용해 벡터의 크기를 계산할 수 있다(소벨 필터와 샤르 필터는 '고주파 필터' 절에서
다룬다).

벡터 방향 계산

C# OpenCvSharp의 벡터 방향 계산 함수

```
Cv2.Phase(
    Mat x,
    Mat y,
    Mat angle,
    bool angleInDegrees = false
);
```

```
angle = cv2.phase(
    x,
    y,
    angle = None,
    angleInDegrees = None
)
```

벡터 방향 계산 함수는 **X 방향 기울기 이미지**(x)와 **Y 방향 기울기 이미지**(y)를 조합해 **각도 이미지**(angle)를 반환한다. 이 각도는 해당 위치의 기울기 방향을 의미한다.

각도 반환 여부(angleInDegrees)는 기울기 방향을 라디안 대신 각도(°) 단위로 반환할지 여부 설정한다. 참 값으로 설정하면 결괏값은 각도 단위로 반환하며, 거짓 값으로 설정하면 라디안 단위로 반환한다. 벡터 방향 계산 함수는 다음과 같은 방법으로 계산된다.

수식 5.15 벡터 방향 계산 함수

$$\text{angle}(I) = \text{atan} \, 2(y(I), x(I))$$

극좌표 변환

C# OpenCvSharp의 극좌표 변환 함수

```
Cv2.CartToPolar(
    Mat x,
    Mat y,
    Mat magnitude,
    Mat angle,
    bool angleInDegrees = false
);
```

파이썬 OpenCV의 극좌표 변환 함수

```
magnitude, angle = cv2.cartToPolar(
    x,
    y,
    magnitude = None,
    angle = None,
```

```
        angleInDegrees = None
    )
```

극좌표 변환 함수는 **X 방향 기울기 이미지**(x)와 **Y 방향 기울기 이미지**(y)를 조합해 직교좌표계에서 극좌표계로 변환하는 데 사용된다. 이때 **벡터 크기**(magnitude)와 **벡터 방향**(angle)을 결괏값으로 반환한다. **각도 반환 여부**(angleInDegrees)는 기울기 방향을 라디안 대신 각도(°) 단위로 반환할지 여부 설정한다.

앞선 벡터 크기 계산 함수와 벡터 방향 계산 함수와 동일한 작업을 수행하며, 한 번의 호출로 기울기의 크기와 방향을 모두 얻을 수 있다.

직교좌표 변환

C# OpenCvSharp의 직교좌표 변환 함수

```
Cv2.PolarToCart(
    Mat magnitude,
    Mat angle,
    Mat x,
    Mat y,
    bool angleInDegrees = false
);
```

파이썬 OpenCV의 직교좌표 변환 함수

```
x, y = cv2.polarToCart(
    magnitude,
    angle,
    x = None,
    y = None,
    angleInDegrees = None
)
```

직교좌표 변환 함수는 **벡터 크기**(magnitude)와 **벡터 방향**(angle)을 조합해 극좌표계에서 직교좌표계로 변환하는 데 사용된다. 앞선 극좌표계 함수의 매개 변수 의미와 동일하다. 직교좌표 변환 함수는 다음과 같은 방법으로 계산된다.

수식 5.16 직교좌표 변환 함수

$$x(I) = \text{magnitude}(I)\cos(\text{angle}(I))$$
$$y(I) = \text{magnitude}(I)\sin(\text{angle}(I))$$

정규화

C# OpenCvSharp의 정규화 함수

```
Cv2.Normalize(
    Mat src,
    Mat dst,
    double alpha = 1,
    double beta = 0,
    NormTypes normType = NormTypes.L2,
    int dtype = -1,
    Mat? mask = null
);
```

파이썬 OpenCV의 정규화 함수

```
dst = cv2.normalize(
    src,
    dst = None,
    alpha,
    beta,
    norm_type,
    dtype = None,
    mask = None
)
```

정규화 함수는 **입력 이미지**(src)를 **정규화 기준**(norm_type)에 따라 alpha 값과 beta 값을 활용해 정규화된 값을 변환한다. 정규화 기준에 따라 alpha와 beta의 의미가 달라진다. **출력 이미지 정밀도**(dtype)는 **출력 이미지**(dst)의 정밀도를 임의로 설정한다. 기본값을 사용할 경우 **입력 이미지**(src)의 정밀도로 설정된다. 또한 **마스크 이미지**(mask)가 입력될 경우 마스크 이미지의 요솟값이 0이 아닌 경우에만 연산이 적용된다. 표 5.8은 정규화 함수의 정규화 플래그를 정리했다.

표 5.8 정규화 플래그

언어	속성	설명	
C#	NormTypes.INF	$\|\operatorname{dst}\|_{\infty} = \max(abs(src))$	
Py	cv2.NORM_INF		
C#	NormTypes.L1	$\|\operatorname{dst}\|_{L_1} = \sum abs(src)$	
Py	cv2.NORM_L1		
C#	NormTypes.L2	$\|\operatorname{dst}\|_{L_2} = \sqrt{\sum src^2}$	
Py	cv2.NORM_L2		
C#	NormTypes.MinMax	$[\alpha, \beta]$	
Py	cv2.NORM_MINMAX		

AND 연산 함수

C# OpenCvSharp의 AND 연산 함수

```
Cv2.BitwiseAnd(
    Mat src1,
    Mat src2,
    Mat dst,
    Mat mask = null
);
```

파이썬 OpenCV의 AND 연산 함수

```
dst = cv2.bitwise_and(
    src1,
    src2,
    mask = None
)
```

AND 연산 함수는 배열과 배열 또는 배열과 스칼라의 요소별 비트 단위 논리곱 연산을 수행한다. 배열 src1과 src2의 값을 비트 단위로 파악하며, 해당 비트에 대해 AND 연산을 진행한다. 반환된 결과를 입력 배열과 같은 형식을 갖는 배열 dst에 저장한다.

수식 5.17 AND 연산 함수

두 배열의 크기와 채널 수가 같은 경우 두 배열의 요소별 논리곱:

$$\text{dst}(I) = \text{src1}(I) \wedge \text{src2}(I) \quad \textit{if mask}(I) \neq 0$$

배열과 스칼라의 요소별 논리곱:

$$\text{dst}(I) = \text{src1}(I) \wedge \text{src2} \quad \textit{if mask}(I) \neq 0$$

스칼라와 배열의 요소별 논리곱:

$$\text{dst}(I) = \text{src1} \wedge \text{src2}(I) \quad \textit{if mask}(I) \neq 0$$

src(I)는 배열을 의미하며 src는 스칼라를 의미한다. 마스크 배열이 존재할 경우 $mask$ 배열의 요솟값이 0이 아닌 경우에만 연산이 유효하다. 마스크를 사용하지 않는 경우 다음과 같은 수식으로 같은 결과를 얻을 수 있다.

수식 예시

```
dst = src1 & src2;
```

OR 연산 함수

C# OpenCvSharp의 OR 연산 함수

```
Cv2.BitwiseOr(
    Mat src1,
    Mat src2,
    Mat dst,
    Mat mask = null
);
```

파이썬 OpenCV의 OR 연산 함수

```
dst = cv2.bitwise_or(
    src1,
    src2,
    mask = None
)
```

OR 연산 함수는 배열과 배열 또는 배열과 스칼라의 요소별 비트 단위 논리합 연산을 수행한다. 배열 src1과 src2의 값을 비트 단위로 파악하며, 해당 비트에 대해 OR 연산을 수행한다. 반환된 결과를 입력 배열과 같은 형식을 갖는 배열 dst에 저장한다.

수식 5.18 OR 연산 함수

두 배열의 크기와 채널 수가 같은 경우 두 배열의 요소별 논리합:

$$\text{dst}(I) = \text{src1}(I) \vee \text{src2}(I) \quad \textit{if } mask(I) \neq 0$$

배열과 스칼라의 요소별 논리합:

$$\text{dst}(I) = \text{src1}(I) \vee \text{src2} \quad \textit{if } mask(I) \neq 0$$

스칼라와 배열의 요소별 논리합:

$$\text{dst}(I) = \text{src1} \vee \text{src2}(I) \quad \textit{if } mask(I) \neq 0$$

src(I)는 배열을 의미하며, src는 스칼라를 의미한다. 마스크 배열이 존재할 경우 $mask$ 배열의 요솟값이 0이 아닌 경우에만 연산이 유효하다. 마스크를 사용하지 않는 경우 다음과 같은 수식으로 같은 결과를 얻을 수 있다.

수식 예시

```
dst = src1 | src2;
```

XOR 연산 함수

C# OpenCvSharp의 XOR 연산 함수

```
Cv2.BitwiseXor(
    Mat src1,
    Mat src2,
    Mat dst,
    Mat mask = null
);
```

파이썬 OpenCV의 XOR 연산 함수

```
dst = cv2.bitwise_xor(
    src1,
    src2,
```

```
    mask = None
)
```

XOR 연산 함수는 배열과 배열 또는 배열과 스칼라의 요소별 비트 단위 XOR 연산을 수행한다. 배열 src1과 src2의 값을 비트 단위로 파악하며, 해당 비트에 대해 XOR 연산을 수행한다. 반환된 결과를 입력 배열과 같은 형식을 갖는 배열 dst에 저장한다.

수식 5.19 XOR 연산 함수

두 배열의 크기와 채널 수가 같은 경우 두 배열의 요소별 논리합:

$$\text{dst}(I) = \text{src1}(I) \oplus \text{src2}(I) \quad if\ mask(I) \neq 0$$

배열과 스칼라의 요소별 논리합:

$$\text{dst}(I) = \text{src1}(I) \oplus \text{src2} \quad if\ mask(I) \neq 0$$

스칼라와 배열의 요소별 논리합:

$$\text{dst}(I) = \text{src1} \oplus \text{src2}(I) \quad if\ mask(I) \neq 0$$

src(I)는 배열을 의미하며, src는 스칼라를 의미한다. 마스크 배열이 존재할 경우 *mask* 배열의 요솟값이 0이 아닌 경우에만 연산이 유효하다. 마스크를 사용하지 않는 경우 다음과 같은 수식으로 같은 결과를 얻을 수 있다.

수식 예시

```
dst = src1 ^ src2;
```

NOT 연산 함수

C# OpenCvSharp의 NOT 연산 함수

```
Cv2.BitwiseNot(
    Mat src,
    Mat dst,
    Mat mask = null
);
```

```
dst = cv2.bitwise_not(
    src,
    mask = None
)
```

Not 연산 함수는 배열 또는 스칼라의 요소별 비트 단위 반전 연산을 수행한다. 배열 src의 값을 비트 단위로 파악하며, 각 비트에 대해 반전 연산을 수행한다. 반환된 결과를 입력 배열과 같은 형식을 갖는 배열 dst에 저장한다.

수식 5.20 NOT 연산 함수

배열의 요소별 반전:

$$dst\,(I) = \sim src \qquad if\ mask\,(I) \neq 0$$

스칼라의 요소별 반전:

$$dst\,(I) = \sim src\,(I) \qquad if\ mask\,(I) \neq 0$$

src(I)는 배열을 의미하며 src는 스칼라를 의미한다. 마스크 배열이 존재할 경우 $mask$ 배열의 요솟값이 0이 아닌 경우에만 연산이 유효하다. 마스크를 사용하지 않는 경우 다음과 같은 수식으로 같은 결과를 얻을 수 있다.

수식 예시

```
dst = ~src;
```

예제 5.11은 C# OpenCvSharp에서 비교 함수를 적용한 예이며, 예제 5.12는 파이썬 OpenCV에서 선형 방정식 시스템의 해 찾기 함수를 적용한 예다.

예제 5.11 C# OpenCvSharp의 비교 함수

```
using System;
using OpenCvSharp;

namespace Project
{
```

```
    class Program
    {
        static void Main(string[] args)
        {
            Mat src1 = Cv2.ImRead("gerbera.jpg");
            Mat dst = new Mat(src1.Size(), MatType.CV_8UC3);

            Cv2.Compare(src1, new Scalar(200, 127, 100), dst, CmpType.GT);

            Cv2.ImShow("dst", dst);
            Cv2.WaitKey(0);
            Cv2.DestroyAllWindows();
        }
    }
}
```

【 출력 결과 】

예제 5.11에서는 배열과 스칼라의 요소별 비교 연산을 수행한다. 예제에서는 원본 이미지의 Blue, Green, Red의 요솟값이 200, 127, 100보다 큰 경우 원본 이미지의 요솟값을 유지하고 나머지 요소는 모두 0으로 변경한다.

cmpop의 값은 CmpType.GT로 src1이 src2보다 요소가 클 때 유지하는 매개 변수다. 각 채널별로 요소별 비교 연산을 수행해 색상이 극단적으로 변한 것을 확인할 수 있다. 각 채널별로 요소에 대한 간단한 비교 연산이 필요한 경우 앞에서 사용한 배열 요소의 범위 설정 함수를 활용하지 않아도 간단하고 빠르게 요소의 값을 처리할 수 있다.

```python
import cv2
import numpy as np

src1 = np.array([[9, 2], [1, 1]], dtype=np.double)
src2 = np.array([38, 5], dtype=np.double)

dst = cv2.solve(src1, src2, flags=cv2.DECOMP_LU)
print(dst)
```

【 출력 결과 】

```
(True, array([[4.],
              [1.]]))
```

예제 5.12에서는 (2, 2) 크기의 정방 행렬 src1과 (2, 1) 크기의 벡터 src2의 최적 벡터 X를 구했다. 가우스 소거법을 이용해 해를 찾게 되며, 반환 결과가 튜플 형태로 출력된다. 성공적으로 해를 찾을 경우 True 값이 반환되며 array 배열과 함께 최적 벡터 X가 반환된다. 만약 해를 정상적으로 찾지 못했을 경우 False와 함께 정확하지 않은 array 배열이 반환된다.

필터링

필터링(Filtering)이란 이미지의 픽셀 값을 조절하거나 변형하는 작업을 의미한다. 이 기술은 이미지를 개선하거나 원하는 특징을 강조하기 위해 사용되며, 이미지의 공간적 정보를 추출하거나 수정하는 목적으로도 활용된다.

앞선 픽셀 연산에서는 픽셀 단위를 조작해 이미지를 더하거나 빼서 이미지의 대비를 조절하거나, 이미지를 곱해 밝기를 조절하는 데 사용됐다. 하지만 필터링은 이미지의 각 픽셀 주변 영역의 픽셀을 고려해 새로운 값을 계산하고, 이를 통해 이미지를 변형한다.

이미지 필터링의 핵심 원리는 **합성곱(Convolution)** 연산에 기반한다. 이 연산은 작은 크기의 커널 또는 필터를 사용해 픽셀 간의 상호 작용을 나타내는 방법이다. 이러한 필터는 특정 부분을 강조하거나 억제함으로써 이미지의 정보를 조작한다. 필터의 크기와 가중치는 이미지 처리의 목적에 따라 조절되며, 이를 통해 특징 추출이나 다양한 시각적 효과를 얻을 수 있다. 이미지 필터링은 주로 다음과 같은 목적으로 활용된다.

1. **시각적 품질 향상**: 이미지에 포함된 노이즈 감소시켜 이미지의 품질을 향상시킨다.

2. **경계 검출**: 이미지의 윤곽선을 검출하기 위해 사용된다.

3. **특징 추출**: 이미지에서 특정 패턴이나 특징을 강조하기 위해 필터를 사용해 해당 특징을 부각시킨다.

4. **시각적 효과**: 이미지의 특정 부분을 강조해 엠보싱(Embossing), 선명화(Sharpening), 흐림 처리(Blurring), 스무딩(Smoothing) 등을 적용한다.

필터링은 컴퓨터비전 작업에서 매우 중요한 기술이며, 이론적인 이해와 필터 설계의 능력은 이미지 처리 분야에서 실용적인 문제를 해결하는 데 필수적이다.

시각적 효과 중 엠보싱 효과는 이미지를 입체적으로 보이게 하는 효과를 주는 기술이며, 선명화는 세부적인 특성을 강조하고 이미지의 선명도를 높이는 작업을 의미한다. 이와 반대로 흐림 처리는 이미지를 흐릿하게 만들어 노이즈나 잡음을 감소시키는 데 사용되며, 스무딩은 흐림 처리와 비슷하지만, 미세한 손실이 발생하지 않도록 조절하는 기술이다.

또한, 필터링 계산 방식은 딥러닝에서도 핵심적인 역할을 한다. 이미지 분야의 딥러닝 모델은 주로 **합성곱 신경망(Convolutional Neural Network, CNN)**을 사용하며, 이 모델은 이미지 필터링에 기초한 구조를 가지고 있다. 이번 절에서는 필터링에 대해 이해하고 실습해 본다.

합성곱 연산

합성곱 연산은 이미지 처리 분야에서 사용되는 중요한 수학적 연산 기법 중 하나로 이미지에서 특정 패턴을 감지하거나 추출하는 데 사용된다. 합성곱 연산은 이미지의 특정 영역에서 입력값의 분포 또는 변화량을 계산해 출력 데이터를 생성한다.

특정 영역 안에서 연산을 수행하므로 **지역 특징(Local features)**을 효과적으로 추출할 수 있다. 이미지 데이터는 고정된 프레임 내에 객체들의 위치와 형태가 자유분방하므로 여러 영역의 지역 특징을 조합해 입력 데이터의 전반적인 **전역 특징(Global features)**까지 파악할 수 있다.

합성곱 연산의 특정 영역을 **커널(Kernel)**, **필터(Filter)**, **윈도(Window)**, **마스크(Mask)** 등으로 부르며, 커널은 고정된 크기의 작은 행렬로, 입력 데이터와 조합되어 특정 패턴이나 특징을 감지하거나 추출하는 역할을 한다. 즉, 이미지에서 (x, y)의 픽셀과 해당 픽셀 주변을 포함한 작은 크기의 공간을 의미한다.

커널의 크기와 형태, 그리고 내부 수식은 작업에 따라 다르며, 이 값을 조절함으로써 특징을 추출하거나 이미지를 필터링할 수 있다. 일반적으로 이미지 처리 분야에서는 커널의 값을 고정값으로 설정해 필터링을 수행할 수 있다.[8]

커널을 사용해 이미지 필터링 적용할 때 **고정점(Anchor point)**을 설정하고, 고정점을 기준으로 커널을 이동시키면서 연산을 수행한다. 이를 통해 이미지 내의 다양한 특징이나 구조를 감지하고 추출할 수 있으며, 커널의 모양과 크기를 조절함으로써 다양한 이미지 처리 작업에 활용할 수 있다. 그림 5.7은 합성곱 연산 방식을 보여준다.

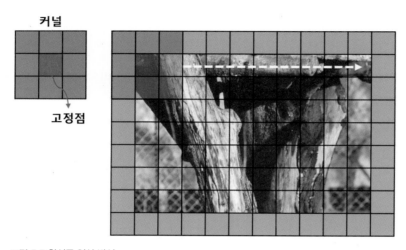

그림 5.7 합성곱 연산 방식

그림 5.7의 숫자는 행렬에 할당된 값을 나타내며, 박스는 3×3 크기와 중심부 위치에 고정점을 갖는 커널을 의미한다. 이 커널을 이미지 위에서 이동시키면서 각 위치에서 합성곱 연산을 수행한다. 가령, 이미지 크기가 4×4라면 3×3 박스를 이미지 위에서 이동시켜야 하므로 총 16번의 합성곱 연산이 수행된다.[9]

합성곱 연산 시 이미지의 각 부분에 대해 연산을 수행하며, 3×3 크기의 사각형을 기준으로 고정점 위치 주변의 픽셀 값을 재조정한다. 연산 방법은 커널의 종류(소벨 커널, 가우시안 커널 등)에 따라 결정된다.

---

8 머신러닝 분야에서는 변동 가능한 가중치로 초기화해 학습을 통해 값을 조정한다.

9 합성곱 연산은 커널 이동 시의 간격(Stride)을 조절해 출력 데이터의 크기를 조절할 수 있다. 하지만 OpenCV에서는 커널 이동 간격을 조절하는 인수를 제공하지 않는다.

결국, 이미지 내의 모든 픽셀에 대해 연산을 수행하며, 결과적으로 모든 픽셀의 값이 변화한다. 일반적으로 3×3, 5×5, 7×7 등과 같이 홀수 크기로 구성된 정방형 커널을 사용하며, 고정점은 주로 중앙에 위치한다.

모든 픽셀에 합성곱 연산을 수행하면 이미지의 테두리 부분(그림 5.7의 회색 영역)을 처리할 때 문제가 발생한다. (0, 0) 위치의 픽셀을 3×3 크기의 커널로 연산을 수행한다면 (−1, −1) 등의 처리할 수 없는 좌표가 발생한다. 이때 테두리 외삽으로 문제를 해결한다.

테두리 외삽

합성곱 연산을 적용할 때 이미지의 가장자리 부분은 계산이 불가능하다. 커널을 활용하는 연산은 모두 이러한 문제에 부딪힌다. 이 문제를 해결하기 위해 테두리의 이미지 바깥쪽에 가상의 픽셀을 만들어 처리한다.

외삽법으로 가상의 픽셀의 값을 할당하는데, 가상 픽셀의 값을 0으로 처리하거나 커널이 연산할 수 있는 부분부터 연산을 수행하기도 한다. 또는 이미지의 시작과 끝을 연결해서 폐곡선을 형성해 이미지의 테두리 부분을 대신하게 한다.

테두리 외삽은 **패딩(Padding)**이라고도 하며, **크게 제로 패딩(Zero padding)**과 **반사 패딩 (Reflection padding)**이 있다. 제로 패딩은 이미지 주변을 0 또는 다른 고정값으로 채우는 방식이며, 반사 패딩은 이미지의 가장자리 픽셀을 복사해 패딩하는 방식이다.

제로 패딩은 컴퓨터비전 작업에서 자주 사용되며, 커널이 이미지의 가장자리를 처리할 때 빈 공간에 대해 0 또는 다른 값으로 처리해 문제를 방지한다. 반사 패딩은 이미지의 가장자리 정보가 유지되므로 테두리 처리에 효과적이나, 연산량이 증가한다.

커널을 활용하는 함수는 대부분 테두리 외삽 설정 매개 변수를 갖고 있다. 표 5.9는 테두리 외삽 플래그를 정리했다.

표 5.9 테두리 외삽 플래그

언어	속성	설명
C#	BorderTypes.Constant	고정 값으로 픽셀을 확장
Py	cv2.BORDER_CONSTANT	iiiiii ¦ abcdefgh ¦ iiiiii
C#	BorderTypes.Replicate	테두리 픽셀을 복사해서 확장
Py	cv2.BORDER_REPLICATE	aaaaaa ¦ abcdefgh ¦ hhhhhhh

언어	속성	설명
C#	BorderTypes.Reflect	픽셀을 반사해서 확장
Py	cv2.BORDER_REFLECT	fedcba ¦ abcdefgh ¦ hgfedcb
C#	BorderTypes.Wrap	반대쪽 픽셀을 복사해서 확장
Py	cv2.BORDER_WRAP	cdefgh ¦ abcdefgh ¦ abcdefg
C#	BorderTypes.Reflect101	이중 픽셀을 만들지 않고 반사해서 확장
Py	cv2.BORDER_REFLECT_101	gfedcb ¦ abcdefgh ¦ gfedcba
C#	BorderTypes.Default	Reflect101 방식을 사용
Py	cv2.BORDER_DEFAULT	
C#	BorderTypes.Transparent	픽셀을 투명하게 해서 확장
Py	cv2.BORDER_TRANSPARENT	uvwxyz ¦ abcdefgh ¦ ijklmno
C#	BorderTypes.Isolated	관심 영역(ROI) 밖은 고려하지 않음
Py	cv2.BORDER_ISOLATED	

표 5.9의 알파벳은 픽셀의 값을 의미한다. 예를 들어, 테두리 픽셀을 복사해서 확장하는 BorderTypes.Replicate(cv2.BORDER_REPLICATE)는 aaaaaa ¦ abcdefgh ¦ hhhhhhh의 형태로 테두리가 외삽된다. abcdefgh는 이미지의 픽셀이며 존재하지 않는 영역은 양 옆의 aaaaaa와 hhhhhhh가 있는 부분이다. 양 끝단의 테두리 픽셀을 복사해서 확장한 방식이므로 a와 h가 가상 픽셀로 설정되어 테두리의 픽셀 값이 된다.

커널(필터)

이미지 필터링은 각 픽셀 주변에 가중치를 적용해 주변 픽셀과 조합함으로써 이미지의 특성을 변화시키는 역할을 한다. 그러므로 이미지 특성 변화를 위해 다양한 종류의 필터를 사용할 수 있다.

앞선 그림 5.7의 커널 영역에 할당되는 요솟값이 필터의 작동을 정의하며 이미지 특성을 변화시키는 데 중요한 역할을 한다. 즉, 이 요솟값이 주변 픽셀에 대한 가중치를 나타내며, 이러한 가중치를 조합해 새로운 픽셀 값을 계산한다.

예를 들어, 경계 검출 필터는 주변 픽셀 간의 밝기 차이를 감지하고 경계 부분을 강조하기 위해 다양한 가중치를 사용한다. 이러한 필터는 이미지에서 경계나 윤곽을 감지하는 데 사용된다. 다른 예로, 흐림 처리 필터는 특정 픽셀 주변의 값을 평균화하거나 가중 평균화해 이미지를 부드럽게 만든다. 이제 필터 함수에 대해 알아보자.

박스 필터 함수

C# OpenCvSharp의 박스 필터 함수

C# OpenCvSharp의 박스 필터 함수

```
Cv2.BoxFilter(
    Mat src,
    Mat dst,
    MatType ddepth,
    Size ksize,
    Point? anchor = null,
    bool normalize = true,
    BorderTypes borderType = BorderTypes.Default
);
```

파이썬 OpenCV의 박스 필터 함수

```
dst = cv2.boxFilter(
    src,
    ddepth,
    ksize,
    anchor = None,
    normalize = None,
    borderType = None
)
```

박스 필터 함수는 커널의 내부 값이 모두 같은 간단한 평균 필터다. **입력 이미지**(src) 위에 커널을 이동해가면서 커널 아래에 있는 픽셀들의 평균 값을 계산한다. 모든 픽셀들을 대상으로 합성곱 연산이 수행됐다면 결과는 **출력 이미지**(dst)에 저장된다.

커널 형태는 **커널 크기**(ksize)와 **고정점**(anchor)을 활용해 설정할 수 있다. 고정점의 값을 null 값이나 None 값을 사용하면 고정점의 위치는 (−1, −1)을 갖게 된다. 이 값은 커널을 기준으로 중앙에 위치함을 의미한다. 3×3 크기의 커널일 경우 중심점은 (1, 1)이므로 (−1, −1)은 (1, 1)의 위치를 갖는다.

박스 필터 함수는 다른 함수와 다르게 **출력 이미지 정밀도**(ddepth)를 설정할 수 있다. 파이썬 OpenCV에서는 출력 이미지 정밀도 값을 C# OpenCvSharp의 MatyType처럼 cv2.CV_8U 형식으로 입력하며, −1로 설정한다면 입력 이미지와 동일한 정밀도 설정된다. **정규화 여부**(normalize)는 커널의 정규화 여부를 설정하며, **테두리 외삽**(borderType)은 패딩 방식을 설정한다.

$$\frac{1}{25}\begin{bmatrix} 1 & 1 & 1 & 1 & 1 \\ 1 & 1 & 1 & 1 & 1 \\ 1 & 1 & 1 & 1 & 1 \\ 1 & 1 & 1 & 1 & 1 \\ 1 & 1 & 1 & 1 & 1 \end{bmatrix}$$

그림 5.8 정규화된 박스 필터

일반적으로 박스 필터 커널의 모든 값은 1을 갖는다. 하지만 정규화 여부의 값을 `True`로 지정할 경우, **정규화된 박스 필터**(Normalized box filter)가 되어, 커널의 모든 값이 커널의 개수(면적)만큼 나눠진다. 그림 5.8은 정규화된 박스 필터를 보여준다.

그림 5.8은 5×5 크기와 (2, 2)의 고정점을 갖는 정규화된 박스 필터다. 각 커널 안의 요솟값은 모두 1/25의 값을 가지며, 커널 요소의 총합은 1을 갖는다. 기본적으로 커널은 행렬이므로 내부의 값을 1/25로 표시하지 않고 밖으로 빼내어 곱의 형태로 표기한다. 정규화하지 않는다면 박스 필터의 내부 커널 값은 모두 1의 값이 되며 총합은 25가 된다.

2차원 필터 함수

C# OpenCvSharp의 2차원 필터 함수

```
Cv2.Filter2D(
    Mat src,
    Mat dst,
    MatType ddepth,
    Mat kernel,
    Point? anchor = null,
    double delta = 0,
    BorderTypes borderType = BorderTypes.Default
);
```

파이썬 OpenCV의 2차원 필터 함수

```python
dst = cv2.filter2D(
    src,
    ddepth,
    kernel,
    anchor = None,
    delta = None,
    borderType = None
)
```

2차원 필터 함수는 박스 필터 함수와 구조적으로 유사하지만, 2차원 필터의 경우 사용자가 원하는 커널을 정의해 이미지 필터링을 수행할 수 있다. 앞선 박스 필터 함수에서는 커널을 설정할 때 **커널 크기**(ksize)를 활용해 커널을 정의했다.

반면에 2차원 필터 함수는 **커널**(kernel) 자체를 정의해 이미지 필터링을 수행할 수 있다. 즉, 그림 5.8의 행렬 값을 임의의 요소로 정의해 필터링을 수행할 수 있다. 또한 **오프셋**(delta) 매개 변수를 지원한다. 이 매개 변수는 이미지 필터링을 조정해 출력 이미지의 밝기나 강도를 변경하는 데 사용된다.

박스 필터 함수는 주로 간단한 흐림 처리나 스무딩하는 데 사용된다면, 2차원 필터 함수는 경계 검출, 특징 추출, 엠보싱, 선명화 등 다양한 사용자 지정 작업을 수행할 수 있다. 이러한 작업을 수행하기 위해선 필터(커널)를 정의해야 한다.

다음 예제 5.13은 C# OpenCvSharp에서 임의의 커널을 생성해 정규화되지 않은 박스 필터 함수를 적용한 예이며, 예제 5.14는 파이썬 OpenCV에서 임의의 커널로 2차원 필터 함수를 적용한 예다.

예제 5.13 C# OpenCvSharp의 정규화 되지 않은 박스 필터 함수

```csharp
using System;
using OpenCvSharp;

namespace Project
{
    class Program
    {
        static void Main(string[] args)
        {
            Mat src = Cv2.ImRead("gerbera.jpg", ImreadModes.ReducedGrayscale4);
            Mat kernel = new Mat(3, 3, MatType.CV_32FC1, new float[] {
```

```
            1f, 1f, 1f,
            1f, 1f, 1f,
            1f, 1f, 1f,
        });
        Mat boxFilter = new Mat();
        Mat filter2D = new Mat();
        Mat dst = new Mat();

        Cv2.BoxFilter(src, boxFilter, MatType.CV_8UC1, new Size(3, 3), normalize: false);
        Cv2.Filter2D(src, filter2D, MatType.CV_8UC1, kernel);
        Cv2.VConcat(boxFilter, filter2D, dst);

        Cv2.ImShow("dst", dst);
        Cv2.WaitKey(0);
        Cv2.DestroyAllWindows();
    }
  }
}
```

【 출력 결과 】

예제 5.13에서는 크기를 1/4로 줄인 그레이스케일 이미지를 사용해 정규화되지 않은 박스 필터를 적용
한다. 이 필터의 커널은 평균 필터를 나타내며, 모든 값이 동일하다. 그러나 이 값들은 정규화되지 않았
으므로 모두 1로 설정된다. 사용자 데이터에서 3×3 크기의 모든 값이 1인 커널을 생성해 평균 필터 커
널을 만든다.

입력 이미지(src)에 각각 박스 필터 함수와 2차원 필터 함수를 적용한다. 박스 필터 함수는 정규화하지 않을 예정이므로 **정규화**(normalize) 값에 false를 할당한다. 만약, 정규화된 값을 적용해 비교하려는 경우, 정규화 인수를 true로 변경하고 커널의 모든 값을 1f/9f으로 변경한다.

출력 결과에서 확인할 수 있듯이 박스 필터 함수 결괏값과 2차원 필터 함수의 결괏값이 동일한 것을 확인할 수 있다.

예제 5.14 파이썬 OpenCV의 2차원 필터 함수

```python
import cv2
import numpy as np

src = cv2.imread("gerbera.jpg", cv2.IMREAD_REDUCED_GRAYSCALE_2)
kernel = np.array([
    [-1, -2, -1],
    [-2, 12, -2],
    [-1, -2, -1]
])
dst = cv2.filter2D(src, -1, kernel)

cv2.imshow("dst", dst)
cv2.waitKey(0)
cv2.destroyAllWindows()
```

【 출력 결과 】

예제 5.14에서는 크기를 1/2로 줄인 그레이스케일 이미지에 사용자 정의 3×3 크기의 커널을 적용해 이미지 필터링을 수행한다. 사용자 정의 커널은 중심 값이 12이고 주변 픽셀 값에 가중치를 부여해 이미지의 가장자리 부분을 부각시킨다.

이 방식은 이미지 처리 작업에서 합성곱 연산을 사용해 이미지를 필터링하는 일반적인 방법 중 하나다. 커널마다 가장자리 감지, 노이즈 제거, 이미지 강조 등 다양한 작업을 수행하는 데 활용할 수 있다.

푸리에 변환

푸리에 변환(Fourier transform)은 신호 처리와 이미지 처리 분야에서 주로 사용되며, **주파수 영역** (Frequency domain)에서 신호를 분석하기 위한 기술이다. 신호 처리 분야에서는 시간 영역을 주파수 영역으로 변경해 주파수 영역에서 신호의 특성을 분석하고 필터링, 압축 또는 특정 주파수 성분을 감지하기 위해 사용된다.

시간 영역(Time domain)에서의 변환은 1차원 푸리에 변환으로 주어진 시간 영역의 연속적인 신호 함수를 주파수 영역으로 변환하는 수학적 변환이다. 시간 영역의 신호를 주파수 영역으로 변환하면 해당 신호가 어떤 주파수 성분으로 구성돼 있는지 파악할 수 있다.

그러므로 주파수 영역에서의 분석을 통해 특정 주파수 대역을 걸러내거나 강조시킬 수 있으며, 복잡한 시간 영역의 신호를 간단한 주파수 성분으로 분해할 수 있다. 1차원 푸리에 변환은 다음과 같이 표현된다.

수식 5.21 1차원 푸리에 변환

$$F(\omega) = \int_{-\infty}^{+\infty} f(t) e^{-j2\omega t} dt$$

$F(\omega)$는 주파수 영역에서의 신호를 나타내며, ω는 주파수 성분을 나타내는 **각주파수**(Angular frequency)를 의미한다. $f(t)$는 주어진 시간 영역의 연속적인 신호 함수로 $e^{-j2\omega t}$의 곱을 모든 시간에 대해 더한 것을 나타낸다. 이 수식은 시간 도메인에서 주어진 함수 $f(t)$를 각 주파수 성분 ω를 갖는 복소 지수 함수로 분해하는 과정이다.

하지만 우리가 분석해야 하는 분야는 연속적인 신호가 아닌 이산적인 신호다. 이산(Discrete)이란 연속적이지 않고 구별되는 개별적인 값을 의미한다. 앞선 1장의 '데이터 변형'절을 통해 디지털 데이터는 샘플링과 양자화 과정을 거쳐 연속적인 신호가 아닌 이산적인 신호로 변환된다. 그러므로 **이산 푸리에 변환**(Discrete Fourier Transform, DFT) 주파수 신호를 분석한다. 다음 수식 5.22는 1차원 이산 푸리에 변환을 설명한다.

수식 5.22 1차원 이산 푸리에 변환

$$F(k) = \sum_{n=0}^{N-1} f(n) e^{-j2\pi\left(\frac{kn}{N}\right)}$$

1차원 이산 푸리에 변환은 1차원 푸리에 변환과 기본 수식이 유사하지만, 차이점으로는 연속적인 신호가 아닌 이산적인 신호에 적용된다는 것이 중요한 차이다. 이산 데이터는 일정한 간격으로 샘플링된 데이터 포인트로 구성되므로 적분 형태가 아닌 시그마 형태로 표현한다. 또한, 시그마를 사용해 데이터 포인트를 합산하므로 데이터 정규화 및 변환 결과를 주파수 도메인에서 해석하기 위해 데이터 포인트의 총 개수(N)로 나눈다.

지금까지 1차원 이산 푸리에 변환에 대해 알아봤다. 이제 이미지에 적용할 수 있는 2차원 이산 푸리에 변환에 대해 알아보자.

2차원 이산 푸리에 변환

이미지 처리 분야에서는 이미지를 픽셀로 이루어진 신호로 간주할 수 있으므로 픽셀 값을 주파수로 변환할 수 있다. 이러한 변환은 **공간 영역(Spatial domain)**에서 주파수 영역으로 변환하는 과정이다. 공간 영역은 이미지가 실제 공간에서 어떻게 표현되는지를 의미한다. 즉, 픽셀로 이루어진 2차원 배열로 구성된 것을 의미한다.

이미지를 공간 영역에서 분석하면 픽셀 간의 상대적인 위치, 명암, 구조 등을 파악할 수 있다. 하지만 이미지의 패턴, 가장자리, 경계와 같은 세부적인 정보를 파악하는 것은 어려울 수 있다. 이미지를 주파수 영역으로 변환한다면 주파수의 구성 요소를 분석할 수 있게 되어 패턴, 가장자리와 같은 세부적인 정보를 파악할 수 있게 된다.

이러한 주파수 구성 요소는 크게 **고주파 성분(High frequency)**과 **저주파 성분(Low frequency)**으로 나눌 수 있다. 고주파 성분은 이미지의 변화를 나타내므로 주로 명암 값이 급격하게 변화하는 지점에서 발생한다. 즉, 가장자리, 경계, 선, 작은 텍스처, 노이즈 등과 같은 정보를 파악할 수 있다. 저주파 성분은 이와 반대로 명암 값이 거의 변하지 않는 지점에서 발생한다. 그러므로 배경, 면적, 큰 텍스처 등을 구분할 수 있다.

이미지에 푸리에 변환을 적용하면 픽셀 값이 얼마나 빠르게 변화하는지 계산할 수 있다. 이미지에서 픽셀 값의 변화가 크다면 고주파 성분에 해당하므로 객체의 경계선이나 노이즈를 감지할 수 있다. 이 정보를 기반으로 고주파 성분을 식별하고 제거한다면 이미지의 부드러움을 증가시키고 중요한 구성 요소를 식별할 수 있다.

이미지를 주파수 영역으로 변환하기 위해 **2차원 이산 푸리에 변환**(2D Discrete Fourier Transform, 2D-DFT)을 사용하며, 이를 통해 고주파 성분과 저주파 성분을 탐지할 수 있다. 결국 이미지에서 특정 주파수 패턴이 어떻게 분포하는지를 파악할 수 있게 된다. 2차원 이산 푸리에 변환은 다음과 같은 수식을 사용해 이미지를 변환한다.

수식 5.23 2차원 이산 푸리에 변환

$$F(u, v) = \sum_{x=0}^{W-1} \sum_{y=0}^{H-1} f(x, y) e^{-j2\pi \left(\frac{ux}{W} + \frac{vy}{H} \right)}$$

$F(u, v)$는 2차원 이산 푸리에 변환의 결과를 의미하며, u와 v는 주파수 영역에서의 공간 영역 위치를 의미한다. $f(x, y)$는 입력 이미지의 픽셀 좌표 (x, y)에서의 공간 영역 값을 의미한다. W와 H는 각각 입력 이미지의 너비와 높이다.

$e^{-j2\pi \left(\frac{ux}{W} + \frac{vy}{H} \right)}$는 주파수 영역에서 특정 주파수$(\frac{u}{W}, \frac{v}{H})$에 해당하는 복소 지수 함수를 나타낸다. 이 복소 지수 함수는 x축 방향$(\frac{u}{W})$과 y축 방향$(\frac{v}{H})$의 주파수를 갖는 사인파의 기저 함수를 의미한다.

결과적으로 $F(u, v)$는 주파수 영역에서의 특정 주파수 구성 요소를 나타내며 **실수부**(Real part)와 **허수부**(Imaginary part)로 구성된다. 실수부는 주파수 영역에서 해당 주파수 구성 요소의 **크기**(Magnitude)를 의미하며, 허수부는 주파수 영역에서 주파수 구성 요소의 **위상**(Phase) 정보를 의미한다. 그러므로 $F(u, v)$의 값은 이미지에서 (u, v)주파수 성분의 크기와 위상을 표현한다.

이때 $F(0, 0)$의 값은 주파수 영역에서 원점에 해당하며, 이 값은 이미지의 평균 밝기(또는 진폭)를 의미한다. 이를 **직류(DC)** 성분이라고 한다. 직류 성분인 $F(0, 0)$은 영상의 밝기 레벨을 나타내므로 이미지의 평균 밝기 레벨을 알 수 있다. 또한, 다른 $F(u, v)$ 값들은 고주파수 및 저주파수 구성 요소를 나타내며, 방향성과 강도를 가진다.

이 수식을 각 픽셀에 적용해 공간 영역에서 주파수 영역으로의 변환을 수행한다. 2차원 이산 푸리에 변환은 주파수 영역에서 주파수 성분을 조작하거나 필터링을 적용하면 고주파 성분만을 추출하거나 저주파 성분만 추출할 수 있다.

주파수 성분을 조작한 후, **2차원 역 이산 푸리에 변환**(2D Inversion Discrete Fourier Transform, 2D-IDFT)을 수행해 주파수 영역에서 다시 공간 영역으로 변환한다. 2차원 역 이산 푸리에 변환은 다음과 같은 수식을 사용해 주파수를 변환한다.

수식 5.24 2차원 역 이산 푸리에 변환

$$F(x,y) = \frac{1}{WH} \sum_{u=0}^{W-1} \sum_{v=0}^{H-1} F(u,v) e^{j2\pi\left(\frac{ux}{W} + \frac{vy}{H}\right)}$$

2차원 역 이산 푸리에 변환은 2차원 공간 영역에서 주파수 도메인으로의 변환을 역으로 수행해 원래 함수를 복원하는 데 사용된다. 이 수식을 적용하기 전에 이미지의 주파수 성분을 수정하거나 제거하고 다시 역 이산 푸리에 변환을 수행함으로써, 이미지는 주파수 영역에서 공간 영역으로 변환된다.

이러한 과정으로 주파수 영역에서 이미지 처리 작업을 수행할 수 있으며, 이미지의 노이즈를 제거하거나 원하는 주파수 성분을 강조할 수 있게 된다. 다음은 C# OpenCvSharp과 파이썬 OpenCV의 이산 푸리에 변환 함수다.

C# OpenCvSharp의 이산 푸리에 변환 함수

```
Cv2.Dft(
    Mat src,
    Mat dst,
    DftFlags flags = DftFlags.None,
    int nonzeroRows = 0
);
```

파이썬 OpenCV의 이산 푸리에 변환 함수

```
dst = cv2.dft(
    src,
    dst = None,
    flags = None,
    nonzeroRows = None
)
```

입력 배열(src)은 이산 푸리에 변환을 계산할 입력 배열을 의미한다. 일반적으로 이산 푸리에 변환을 계산하기 전에 입력 이미지를 부동 소수점 형식으로 변환해야 한다. 이산 푸리에 변환 결과는 **출력 배열**(dst)에 저장되며, 주파수 공간에서의 실수 및 복소수 부분으로 나뉜다.

플래그(flags)는 이산 푸리에 변환 연산 시 사용할 옵션을 설정한다. 주로 역 이산 푸리에 변환 계산 및 성능 향상을 지정하는 데 사용된다. **0이 아닌 행**(nonzeroRows)은 0을 제외한 행수를 지정한다. 입력 배열의 어떤 행을 0이 아닌 값만 포함하도록 제한할 때 사용한다. 이산 푸리에 변환 플래그는 표 5.10에 정리했다.

표 5.10 이산 푸리에 변환 플래그

언어	속성	설명
C#	DftFlags.Inverse	역 이산 푸리에 변환을 수행
Py	cv2.DFT_INVERSE	
C#	DftFlags.Scale	이산 푸리에 변환 결과를 크기로 나누어 정규화
Py	cv2.DFT_SCALE	
C#	DftFlags.Rows	행별 이산 푸리에 변환을 수행
Py	cv2.DFT_ROWS	
C#	DftFlags.ComplexOutput	복소수값으로 출력 결과를 생성
Py	cv2.DFT_COMPLEX_OUTPUT	
C#	DftFlags.RealOutput	실숫값으로 출력 결과를 생성
Py	cv2.DFT_REAL_OUTPUT	

역 이산 푸리에 변환은 역 플래그(C#: DftFlags.Inverse, 파이썬: cv2.DFT_INVERSE)를 사용해 수행할 수 있다. 또한, 역 이산 푸리에 변환 함수(C#: Cv2.Idft, 파이썬: cv2.idft)를 통해서도 동일한 변환이 수행된다. 이 함수는 이산 푸리에 변환의 역 플래그를 적용한 방식과 기능적으로 동일하다.

플래그 중 일부를 조합해 원하는 이산 푸리에 변환 계산 작동을 설정할 수 있다. 예를 들어, cv2.DFT_COMPLEX_OUTPUT ¦ cv2.DFT_SCALE를 함께 사용하면 복소수 결과를 정규화된 형태로 얻을 수 있으며, cv2.DFT_INVERSE ¦ cv2.DFT_REAL_OUTPUT를 함께 사용하면 역 이산 푸리에 변환을 수행하고 실숫값 형태의 결과를 얻을 수 있다.

푸리에 스펙트럼

푸리에 스펙트럼(Fourier spectrum)은 푸리에 변환을 사용해 데이터의 주파수 성분을 분석하는 과정에서 얻는 결과물을 가리킨다. 이 결과물은 푸리에 변환의 실수부만 사용해 시각화하며, 주파수 영역에서 어떤 주파수 성분이 어떤 강도로 존재하는지를 확인할 수 있다.

푸리에 스펙트럼에서 값이 높은 부분(밝은 부분)은 해당 주파수 성분이 원본 이미지에 많이 포함돼 있음을 나타내며, 값이 낮은 부분(어두운 부분)은 해당 주파수 성분이 적게 포함돼 있음을 나타낸다. 따라서 값이 높은 주파수는 원본 이미지에서 더 많이 나타난다는 것을 의미한다.

이 정보를 통해 원본 데이터에서 어떤 주파수 성분이 주요하게 기여하는지, 또는 어떤 주파수가 노이즈로 작용하는지 등을 파악할 수 있다. 이를 통해 주파수 영역에서 얻은 크기(진폭) 정보를 이해할 수 있다. 다음 그림 5.9는 푸리에 스펙트럼을 시각화했다.

 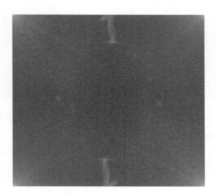

(a) 입력 이미지 (b) 푸리에 스펙트럼

그림 5.9 2차원 이산 푸리에 변환을 통해 생성된 푸리에 스펙트럼

푸리에 변환을 사용해 주파수를 시각화할 때, 푸리에 스펙트럼에서 구간이 반복되는 현상을 확인할 수 있다. 이러한 현상은 주파수 영역에서의 주파수가 **주기성(Periodicity)**을 가지는 특징 때문에 발생한다.

푸리에 변환은 복소 지수 함수를 사용해 시간 또는 공간 영역의 신호를 주파수 영역으로 변환한다. 복소 지수 함수는 주파수 영역에서 주기적인 성질을 갖고 있으며, 각 주파수 성분은 복소 평면에서 원형 궤도를 그리며 반복된다. 이로 인해 실수부와 허수부가 있게 되고, 실수부에서는 대칭된 구간이 나타난다.

실수부에서는 네 개의 대칭된 영역으로 나눠지고, 푸리에 스펙트럼의 네 모서리에 직류 성분이 존재하게 된다. 이러한 직류 성분을 없애거나 중심을 중앙으로 이동시키는 작업을 수행해야 한다. 이러한 작업을 **시프트(Shift)** 또는 **셔플링(Shuffling)**이라 한다.

시프트 작업으로 푸리에 스펙트럼을 중앙으로 이동하면 주파수 성분이 더 잘 드러난다. 시프트된 푸리에 스펙트럼을 사용하면 해석 및 필터링 작업 등을 보다 효과적으로 수행할 수 있다.

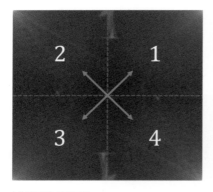
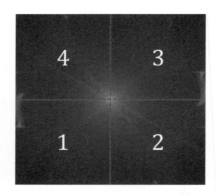

(a) 푸리에 스펙트럼   (b) 시프트된 푸리에 스펙트럼

그림 5.10 푸리에 스펙트럼 시프트

주파수 이미지를 통해 특정 주파수 성분을 분석하거나 필터링 등을 수행할 수 있지만, 주파수 영역에서의 신호를 더욱 명확하게 이해하고 분석하기 위해 시프트 작업을 통해 푸리에 스펙트럼으로 변환한다.

가령 주파수 영역에서 필터링 작업을 수행할 때, 중심이 중앙에 위치한 푸리에 스펙트럼 이미지를 사용하면 원하는 주파수 성분을 강조하거나 제거하기가 더 용이해진다. 또한, 중심을 중앙으로 이동시키면 계산과 해석이 직관적으로 이루어 필터링 결과를 효과적으로 조절할 수 있다.

이렇게 시프트된 푸리에 스펙트럼의 중심부는 주파수 영역에서의 원점을 나타내게 되며, 이는 영상을 x축 또는 y축 방향으로 따라가면서 픽셀의 밝기 변화를 주파수로서 분석하는 것과 동일해진다. 결과적으로 시프트된 푸리에 스펙트럼 이미지에서 중심에 가까운 부분은 저주파 성분을, 멀리 떨어진 부분은 고주파 성분을 나타낸다.

따라서, 푸리에 스펙트럼 이미지의 중심부(저주파 성분)는 전반적인 패턴이나 경향성을 나타내게 되며, 멀리 떨어진 부분(고주파 성분)은 세부적인 패턴이나 질감을 나타내게 된다.

추가로 푸리에 스펙트럼을 시각화할 때 주파수 데이터의 함수 범위가 매우 크므로 실행 컨텍스트에 따라 최댓값과 최솟값의 차이가 매우 커진다. 이로 인해 스펙트럼 시각화 시에는 데이터를 적절하게 스케일링하는 것이 중요하다.

스펙트럼 데이터를 시각화할 때 사용하는 대표적인 스케일링 방법은 **로그 스케일링(Log scaling)**이다. 로그 스케일링은 주파수 데이터의 범위를 넓은 스펙트럼에서 작은 변화를 눈에 띄게 표현할 수 있도록 변경한다.

주파수 스펙트럼 데이터를 로그 스케일로 변환하면, 주파수 데이터의 큰 값과 작은 값의 차이를 줄일 수 있으며, 중요한 세부 정보를 뚜렷하게 시각화할 수 있다. 푸리에 스펙트럼의 로그 스케일링은 주로 **데시벨(dB)**로 단위로 표시하며, 다음과 같은 수식으로 스케일링한다.

수식 5.25 푸리에 스펙트럼 로그 스케일링

$$dB = c \log \left(\left| F\left(u - \frac{W}{2}, v - \frac{H}{2}\right) \right| + 1 \right)$$

수식 5.25의 $\left| F\left(u - \frac{W}{2}, v - \frac{H}{2}\right) \right|$는 시프트된 푸리에 스펙트럼 이미지를 의미하며, 푸리에 스펙트럼의 크기를 나타낸다. 여기서 로그를 취하기 전 변환된 데이터의 크기에 1을 더하는 작업을 수행한다. 이는 주파수 값이 0이 되는 것을 피하기 위한 조치다. 이후 스케일링된 값에 상수 c를 곱한다. 주로 10의 값을 사용한다.[10]

이제 푸리에 변환을 실습해 보자. 다음 예제 5.15는 C# OpenCvSharp에서 푸리에 변환을 통해 저주파 성분만 제거한 예이며, 예제 5.16은 파이썬 OpenCV에서 푸리에 변환을 통해 고주파 성분만 제거한 예다.

예제 5.15 C# OpenCvSharp의 푸리에 변환을 통해 저주파 성분 제거

```csharp
using System;
using OpenCvSharp;

namespace Project
{
    class Program
    {
        static void Shift(Mat img)
        {
            int cx = img.Cols / 2;
            int cy = img.Rows / 2;
            Mat q0 = new Mat(img, new Rect(0, 0, cx, cy));
            Mat q1 = new Mat(img, new Rect(cx, 0, cx, cy));
            Mat q2 = new Mat(img, new Rect(0, cy, cx, cy));
            Mat q3 = new Mat(img, new Rect(cx, cy, cx, cy));
```

---

10 데시벨(dB)은 벨(Bel)의 1/10이므로 로그 스케일에 10을 곱해서 사용한다.

```csharp
        Mat tmp = new Mat();
        q0.CopyTo(tmp);
        q3.CopyTo(q0);
        tmp.CopyTo(q3);

        q1.CopyTo(tmp);
        q2.CopyTo(q1);
        tmp.CopyTo(q2);
    }

    static Mat FourierSpectrum(Mat dft)
    {
        Mat[] dftPlanes;
        Cv2.Split(dft, out dftPlanes);

        Mat spectrum = new Mat();
        Cv2.Magnitude(dftPlanes[0], dftPlanes[1], spectrum);

        Shift(spectrum);
        spectrum += Scalar.All(1);
        Cv2.Log(spectrum, spectrum);

        Cv2.Normalize(spectrum, spectrum, 0, 255, NormTypes.MinMax);
        spectrum.ConvertTo(spectrum, MatType.CV_8UC1);
        return spectrum;
    }

    static void Main(string[] args)
    {
        Mat src = Cv2.ImRead("pears.jpg", ImreadModes.Grayscale);
        Mat src32F = new Mat();
        Mat dft = new Mat();

        src.ConvertTo(src32F, MatType.CV_32F);
        Cv2.Dft(src32F, dft, DftFlags.ComplexOutput);
        Mat spectrum = FourierSpectrum(dft);

        Shift(dft);
        int d = 10;
        int cx = dft.Cols / 2;
```

```
        int cy = dft.Rows / 2;
        Cv2.Rectangle(dft, new Rect(cx - d, cy - d, 2 * d, 2 * d), Scalar.All(0), -1);
        Shift(dft);

        Mat idft = new Mat();
        Mat dst = new Mat();

        Cv2.Idft(dft, idft);
        Mat[] magnitude = Cv2.Split(idft);
        Cv2.Magnitude(magnitude[0], magnitude[1], dst);
        Cv2.Normalize(dst, dst, 0, 255, NormTypes.MinMax);
        dst.ConvertTo(dst, MatType.CV_8UC1);

        Cv2.ImShow("spectrum", spectrum);
        Cv2.ImShow("dst", dst);
        Cv2.WaitKey(0);
        Cv2.DestroyAllWindows();
    }
  }
}
```

【 출력 결과 】

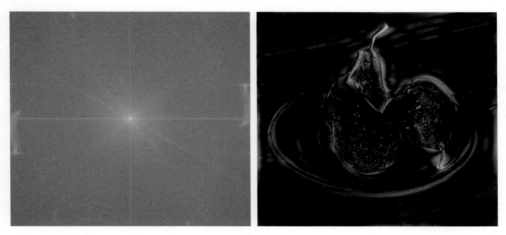

예제 5.15는 푸리에 스펙트럼에서 저주파 성분을 제거한 예다. 예제의 Shift 메서드는 입력 이미지
(Mat)를 네 개의 사분면으로 나누고, 이 사분면을 서로 교환해 이미지를 이동시키는 작업을 수행한다.
이는 푸리에 스펙트럼을 시프트하기 위해 사용된다.

FourierSpectrum 메서드는 이산 푸리에 변환 결과를 받아 푸리에 스펙트럼을 계산하고 결과를 반환한다. 주파수 스펙트럼 계산에는 크기 및 로그 변환이 포함된다. 정규화 과정은 수식 5.25를 적용한다.

단, 이미지 처리에서는 주로 상용 로그가 아닌 자연 로그를 취해 정규화한다. 자연 로그 스케일을 사용하면 밝은 영역과 어두운 영역의 대비를 높일 수 있으며, 이미지에서 주요한 특징(경계 및 윤곽선)을 강조할 수 있다.

Main 메서드에서는 푸리에 변환을 수행한다. 입력 이미지를 CV_32F 형식으로 변환하고 이산 푸리에 변환을 수행한다. 또한, FourierSpectrum 메서드로 스펙트럼 이미지를 생성한다.

Shift 메서드를 사용해 이산 푸리에 변환 결과를 시프트하며, 주파수 영역에서 일부 주파수 성분을 제거하기 위해 이미지 중심에 검은색 사각형을 그린다. 이후, 다시 시프트를 적용해 스펙트럼 이미지를 원복한다.

본래의 주파수 이미지로 돌아왔다면 역 이산 푸리에 변환을 적용한다. 그리고 해당 결과를 크기 계산 및 정규화를 통해 저주파가 제거된 이미지를 출력한다.

출력 결과에서 확인할 수 있듯이, 저주파 영역을 제거하면 이미지의 구조적 정보가 상당 부분 손실된다. 이는 주파수 영역에서 저주파 성분이 이미지의 구조와 모양을 나타내기 때문이다. 또한, 매우 작은 크기로 이미지 중심부를 제거하더라도 이미지의 주파수 구성이 크게 변경될 수 있다.

그러므로 푸리에 변환에서는 주로 저주파 성분을 제거하지 않지만, 특정 이미지에서 배경을 제거하거나 이미지의 세부 정보를 강조하기 위해 사용될 수 있다.

예제 5.16 파이썬 OpenCV의 푸리에 변환을 통해 저주파 성분 제거

```python
import cv2
import numpy as np


def shift(img):
    axes = tuple(range(img.ndim))
    shift = [dim // 2 for dim in img.shape]
    return np.roll(img, shift, axes)


def fourier_spectrum(dft):
    spectrum = shift(dft)
    spectrum = np.log(cv2.magnitude(spectrum[:, :, 0], spectrum[:, :, 1]) + 1)
    spectrum = cv2.normalize(spectrum, None, 0, 255, cv2.NORM_MINMAX).astype(np.uint8)
    return spectrum
```

```python
src = cv2.imread("pears.jpg", cv2.IMREAD_GRAYSCALE)
dft = cv2.dft(np.float32(src), flags=cv2.DFT_COMPLEX_OUTPUT)
spectrum = fourier_spectrum(dft)

dft = shift(dft)  # np.fft.fftshift(dft)
d = 100
rows, cols = src.shape[:2]
cy, cx = rows // 2, cols // 2
mask = np.zeros((rows, cols, 2), np.uint8)
mask[cy - d : cy + d, cx - d : cx + d] = 1
dft *= mask

dft = shift(dft)  # np.fft.ifftshift(fshift)
idft = cv2.idft(dft)
dst = cv2.magnitude(idft[:, :, 0], idft[:, :, 1])
dst = cv2.normalize(dst, None, 0, 255, cv2.NORM_MINMAX).astype(np.uint8)

cv2.imshow("spectrum", spectrum)
cv2.imshow("dst", dst)
cv2.waitKey(0)
cv2.destroyAllWindows()
```

【 출력 결과 】

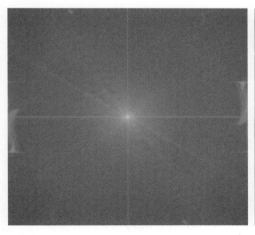

예제 5.16은 푸리에 스펙트럼에서 고주파 성분을 제거한 예다. 예제의 shift 함수는 입력 이미지의 차원을 가져와 중심으로 이동시키는 함수다. 넘파이에는 이러한 기능을 수행하는 함수인 np.fft.fftshift와 np.fft.ifftshift가 있다. shift 함수는 넘파이 함수와 동일한 기능을 수행한다.

fourier_spectrum 함수는 푸리에 스펙트럼을 계산하는 함수로 이산 푸리에 변환 결과를 받아 중심을 이동시키고 수식 5.25를 적용한다. 자연 로그 스케일링을 취하는 이유는 예제 5.15의 설명을 참고한다.

이산 푸리에 변환을 수행하기 위해 이미지를 주파수 도메인으로 변경하고, 특정 주파수 영역을 필터링하기 위해 마스크를 생성해 dft 변수에 적용한다.

마스크는 중심으로부터 100 px 거리에 있는 영역을 제외한 나머지 영역은 모두 0의 값을 갖게 되므로 곱연산을 통해 고주파 영역이 제거된다. 즉, 저주파 영역만 남게 된다.

필터링된 이산 푸리에 변환 결과를 다시 중심으로 이동시키고 다시 이미지 영역으로 변환한다. 출력 결과에서 확인할 수 있듯이, 고주파 영역을 제거하면 이미지에서 고주파 노이즈가 감소하고 낮은 주파수 성분이 강조된다.

이는 이미지의 세부적인 패턴을 제거해 이미지를 흐림 처리하는 효과를 갖게 된다. 출력 이미지와 같이 미세한 부분들이 제거돼 부드러운 이미지가 생성된다.

이미지를 기준으로 볼 때 매우 작은 크기의 저주파 영역만 남겼지만, 이미지의 형태가 대부분 유지되는 것을 확인할 수 있다. 중앙 부분의 저주파 영역을 유지하면 이미지의 형태와 주요 특징이 대부분 보존되므로, 이미지의 전반적인 구조는 유지된다.

푸리에 스펙트럼은 공간(시간) 영역의 신호를 주파수 영역으로 변환하는 수학적 기법이다. 푸리에 변환을 통해 주파수 영역에서 주요 주파수 성분을 시각화하고 분석할 수 있으며, 주파수 성분 간의 관계를 이해하기 용이하다. 하지만, 계산량이 많을 수 있어 실시간 처리에 적합하지 않고, 필터링에 사용되는 매개 변수들을 조절하기 어렵다.

이로 인해 푸리에 스펙트럼을 사용해 특정 주파수(고주파, 저주파)를 제거하는 대신 커널을 사용해 고주파 및 저주파를 필터링한다. 커널을 사용하면 사용자가 원하는 대로 임의의 커널을 생성할 수 있으며, 필요에 따라 다양한 크기, 모양 및 강도의 커널을 만들어 이미지에 적용할 수 있다.

또한, 커널을 사용하면 이미지에서 특정 위치에 있는 픽셀 주변의 정보를 직접 조작할 수 있어 이미지의 공간적인 특징을 고려해 필터링을 수행하는 데 유용하다. 그러므로 이미지의 특정 영역에 필터를 적용할 수 있으며, 각 픽셀에 대한 필터의 강도를 조절할 수도 있다.

이제 커널 기반의 고주파 필터와 저주파 필터에 대해 알아보자.

고주파 필터

고주파 필터(High-Pass filter)는 입력 신호에서 **고주파**(High-frequency) 성분을 통과시키고 저주파 성분을 억제하는 필터다. 이미지는 낮은 주파수 성분과 고주파 성분이 모두 포함돼 있으며, 고주파 성분은 이미지에서 **빠르게** 변하는 부분이나 세부적인 패턴을 나타낸다.

이미지에 고주파 필터를 적용하면 저주파 성분을 제거하거나 줄이게 되어 고주파 성분만을 남긴다. 이로써 고주파 필터는 이미지에서 **빠르게** 변하는 부분을 강조하거나 추출하는 데 사용된다. 이 과정에서 고주파 필터는 이미지에 **미분**(Derivative)을 수행하는 것과 유사한 역할을 한다.

미분 연산은 함수에서 각 점에서의 순간적인 변화율을 나타내는 값을 계산하는 과정이다. 함수를 미분하면 각 점에서의 미분 값(도함수)을 얻을 수 있으며, 이는 해당 점에서의 기울기를 나타낸다.

이미지의 픽셀 값도 함수로 간주할 수 있으며, 미분을 통해 이미지의 픽셀 값이 어떻게 변화하는지 측정할 수 있다. 따라서 미분 연산을 통해 이미지의 픽셀 값의 변화를 검출할 수 있으며, 이러한 변화가 이미지의 고주파 정보를 의미한다.

즉, 고주파 성분은 픽셀의 밝기가 낮은 값에서 높은 값 또는 높은 값에서 낮은 값으로 변하는 지점을 나타내며, 이러한 변화는 밝기의 미분 값을 기반으로 한다. 미분 연산을 통해 **픽셀 밝기의 변화율**(Rate of change)을 계산하고, 이 변화율이 높은 부분을 고주파 성분으로 간주한다.

이러한 성분을 검출하기 위해 이미지 처리에서 미분 및 기울기 연산을 수행한다. 주로 1차 미분이나 2차 미분을 활용해 변화율이 높은 지점을 고주파 성분으로 판단한다.

미분 연산을 사용하면 이미지의 밝기 값 변화를 계산하고, 이를 통해 이미지에서 밝기가 급격하게 변화하는 영역을 감지할 수 있다. 이러한 영역은 주로 경계 부분에서 집중적으로 나타나므로 경계선이나 가장자리를 감지할 수 있다. 그림 5.11은 미분의 형태를 그래프로 표현한 결과다.

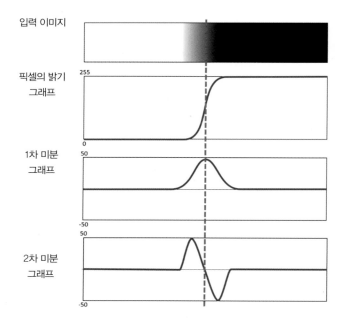

그림 5.11 이미지 미분 그래프

그림 5.11에서는 입력 이미지의 픽셀 밝기를 그래프로 표현했다. 이 입력 이미지에서 고주파 성분을 검출하기 위해 미분을 수행한다. 그러나 이미지는 샘플링과 양자화로 처리된 데이터이기 때문에 단순한 밝기의 평균 변화율이 아니라 밝기의 순간 변화율을 계산해야 한다. 이를 위해 인접한 픽셀들 간의 차이를 계산하게 되며, 이는 합성곱 연산의 한 형태로 간주될 수 있다.

1차 미분 형태에서는 **극댓값(Local maximum)**이나 **극솟값(Local minimum)**이 고주파 성분이 되며, 2차 미분 형태에서는 **극값(Local extrema)**이 아니라 **제로 크로싱(Zero-crossing)**[11]의 위치가 고주파 성분이 된다. 픽셀의 밝기에 대한 미분을 수행하기 때문에 노이즈가 심한 경우 미분이 극값이나 제로 크로싱을 정확하게 감지하지 못할 수 있다.[12]

또한, 미분의 특성상 고주파 성분이 아닌 변화가 심한 지점이나 가장자리도 검출할 수 있다. 가장자리는 크게 네 가지 유형이 있으며, 그림 5.12에서 가장자리 유형을 보여준다.

---

11 기울기가 양수에서 음수로 변화될 때 0의 값을 갖는 위치
12 인접한 픽셀에 대해 값의 차이로 미분을 진행하므로 노이즈에 큰 영향을 받는다.

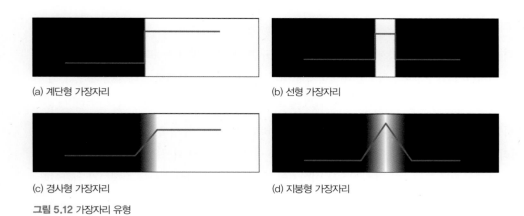

(a) 계단형 가장자리   (b) 선형 가장자리

(c) 경사형 가장자리   (d) 지붕형 가장자리

그림 5.12 가장자리 유형

계단형 가장자리(Step edge)는 이미지의 밝기가 급격하게 변화하는 지점을 나타낸다. 이러한 밝기 변화는 고주파 성분을 가지므로 이미지의 두 영역 간의 명확한 경계를 찾을 수 있다. 계단형 가장자리는 미분 연산을 통해 검출할 수 있어, 높은 고주파 성분을 갖는다.

선형 가장자리(Line edge)는 이미지 밝기가 급격하게 변화한 후, 다시 본래의 밝기로 돌아가는 특징을 갖는다. 선형 가장자리는 이미지에서 선이나 테두리와 같은 패턴에서 발생하므로 높은 고주파 성분을 갖는다.

경사형 가장자리(Ramp edge)는 이미지에서 밝기가 서서히 변화하는 경사를 가진 가장자리를 나타낸다. 이러한 가장자리는 밝기가 부드럽게 변화하기 때문에 고주파 성분이 적다. 계단형 가장자리에 흐림 처리를 적용할 경우, 경사형 가장자리가 된다.

지붕형 가장자리(Roof edge)는 이미지에서 지붕과 같은 특정 형태의 가장자리를 나타낸다. 이 유형은 선형 가장자리와 유사하지만 서서히 변화하기 때문에 낮은 고주파 성분을 갖는다. 경사형 가장자리처럼 선형 가장자리에 흐림 처리를 적용한 경우와 흡사하다.

이를 다시 정리하면, 계단형 가장자리는 픽셀의 밝기 값이 급격하게 변하는 부분이며, 선형 가장자리는 픽셀의 값이 급격하게 변한 뒤 다시 원래의 값으로 되돌아오는 부분이다. 경사형 가장자리와 지붕형 가장자리는 약한 고주파 성분을 갖는 가장자리다.

그러므로 계단형 가장자리와 선형 가장자리가 가장 대표적인 고주파 성분이다. 이러한 고주파 성분을 검출하는 방식으로는 크게 소벨 필터, 샤르 필터, 라플라시안 필터, 캐니 에지 등이 있다.

소벨 필터

소벨 필터(Sobel filter)는 이미지 처리에서 미분 값을 구할 때 가장 많이 사용되는 필터다. 소벨 필터를 사용하면 이미지의 가장자리 정보를 추출하거나 이미지의 미분 값을 계산하는 데 유용하다. 앞의 설명에서 확인할 수 있듯이 이미지 미분은 합성곱 연산을 통해 수행되며, 이를 위해 커널을 사용한다.

소벨 필터를 사용할 때는 커널 크기를 홀수 값으로 설정하고 내부 원소의 합을 0으로 만드는 것이 중요하다. 이러한 설정은 중심 픽셀과 주변 픽셀 간의 관계를 나타내고, 중심 픽셀을 강조해 미분 결과를 얻을 수 있다. 또한, 커널 합이 0이 되는 이유는 이미지의 밝기 변화에 불변한 연산을 수행하기 위함이다.

이러한 형태의 커널을 사용함으로써 이미지 미분을 명확하게 추출하고 가장자리를 정확하게 감지할 수 있으며, 합이 0이 아니거나 짝수 크기의 커널을 사용할 경우 대칭성을 유지하기 어렵고 미분 결과가 불분명해질 수 있다. 다음 그림 5.13은 소벨 필터의 커널 형태를 보여준다.

-1	0	1
-2	0	2
-1	0	1

(a) 3×3 수직(세로) 방향 소벨 커널

1	2	1
0	0	0
-1	-2	-1

(b) 3×3 수평(가로) 방향 소벨 커널

-1	-1	0	1	1
-1	-1	0	1	1
-2	-2	0	2	2
-1	-1	0	1	1
-1	-1	0	1	1

(c) 5×5 수직(세로) 방향 소벨 커널

1	1	2	1	1
1	1	2	1	1
0	0	0	0	0
-1	-1	-2	-1	-1
-1	-1	-2	-1	-1

(d) 5×5 수평(가로) 방향 소벨 커널

그림 5.13 소벨 필터의 커널 형태

소벨 커널은 크게 수직 방향과 수평 방향에 대한 두 가지 커널로 구성된다. 소벨 필터를 적용할 때, 수평과 수직 커널을 이미지와 합성곱 연산을 수행해 새로운 이미지를 생성한다. 이 과정을 통해 가장자리의 강도 및 방향 정보를 추출할 수 있다. 가장자리가 수직 방향 또는 수평 방향으로 있을 때, 각각의 필터는 더 큰 반응을 나타낸다.

예를 들어 소벨 필터를 사용해 가장자리를 검출할 때 수직 방향 가장자리는 수직 방향 커널로 감지되고, 수평 방향 가장자리는 수평 방향 커널로 감지된다. 그런 다음 두 방향의 가장자리 강도를 조합해 최종 가장자리 강도 및 방향 정보를 얻을 수 있다. 다음 수식 5.26은 소벨 필터의 연산 방식을 보여준다.

수식 5.26 소벨 필터

$$G_x = \frac{\partial^n src}{\partial x^n}$$

$$G_y = \frac{\partial^n src}{\partial y^n}$$

수식 5.26의 G는 x 또는 y 방향으로 이미지를 n차 미분 결과를 나타낸다. n차 미분을 수행하는 소벨 연산은 이미지에서 n차 도함수 정보를 추출하는 데 사용될 수 있으며, 이를 통해 이미지의 더 높은 차원의 특징이나 경계 정보를 분석할 수 있다. 일반적으로 n은 1 또는 2로 설정한다.

소벨 필터는 거의 모든 크기 커널에 대해 정의할 수 있으며, 수직 및 수평 방향뿐만 아니라 대각선 방향의 가장자리도 검출이 가능하다. 또한, 크기가 작은 커널은 노이즈에 민감하게 반응하는 경향이 있어 일반적으로 크기가 큰 소벨 커널이 가장자리를 더 잘 검출한다.

단, 커널의 크기가 너무 크다면 세부 정보를 상실할 수 있다. 다음은 C# OpenCvSharp과 파이썬 OpenCV의 소벨 필터 함수다.

C# OpenCvSharp의 소벨 필터 함수

```
Cv2.Sobel(
    Mat src,
    Mat dst,
    MatType ddepth,
    int xorder,
    int yorder,
    int ksize = 3,
    double scale = 1,
    double delta = 0,
    BorderTypes borderType = BorderTypes.Default
);
```

파이썬 OpenCV의 소벨 필터 함수

```
dst = cv2.Sobel(
    src,
```

```
    ddepth,
    dx,
    dy,
    ksize = None,
    scale = None,
    delta = None,
    borderType = None
)
```

소벨 필터 함수는 **입력 이미지**(src)를 대상으로 미분을 진행하며, **출력 이미지 정밀도**(ddepth)로 반환되는 출력 이미지(dst)의 정밀도를 설정할 수 있다. 입력 이미지가 8비트의 정밀도를 갖는 경우 오버플로가 발생할 수 있어 16비트 이상의 정밀도를 주로 활용한다.

xorder(dx)와 yorder(dy)로 미분의 차수를 설정할 수 있다. 일반적으로 0, 1, 2의 값을 사용하며, 0의 값은 해당 방향으로 미분하지 않음을 나타낸다. 또한 xorder(dx)와 yorder(dy)의 합은 1 이상이 돼야 한다.

커널 크기(ksize)는 홀수 값만 사용할 수 있으며, 권장되는 커널의 크기는 1, 3, 5, 7이다. 커널 크기를 1로 사용하는 경우, 1×3 또는 3×1 커널로 계산된다. OpenCV에서는 7×7 커널을 초과하는 경우 나머지 영역은 0으로 채워지며, 최대 31의 크기까지만 지원한다.

비율(scale)과 **오프셋**(delta)은 출력 이미지를 반환하기 전에 적용되며, 8비트 형태의 출력 이미지를 통해 미분 값을 시각적으로 확인할 때 주로 사용한다. 미분 연산 또한 합성곱 연산이므로 **테두리 외삽**(borderType)을 적용한다.

소벨 필터 함수의 매개 변수의 값이 xorder(dx)=1, yorder(dy)=0, ksize=3일 경우 3×3 크기의 커널을 사용해 수평(가로) 방향으로 소벨 커널을 적용하고, 수직(세로) 방향으로는 소벨 커널을 적용하지 않는다는 것을 의미한다. 즉, 가로 방향으로 미분을 수행해 **출력 이미지**(dst)에서는 수직한 가장자리만 남게 된다. 소벨 필터 함수의 출력 이미지 형태를 수식으로 표현한다면 다음과 같다.

수식 5.27 소벨 필터 출력 형태

$$dst = \frac{\partial^{xorder+yorder} src}{\partial x^{xorder} \partial y^{yorder}}$$

샤르 필터

샤르 필터(Scharr filter)는 소벨 필터와 마찬가지로 이미지의 각 픽셀에 대해 가장자리 방향에서의 밝기 변화를 감지하기 위한 합성곱 연산을 사용하는 고주파 필터다. 이 필터도 가로와 세로 방향에 대한 두 가지 커널을 사용해 가장자리를 검출하며, 이 두 가지 결과를 합산해 최종 가장자리 강도를 계산한다.

샤르 필터와 소벨 필터의 주요한 차이점은 커널의 가중치 설정이다. 소벨 필터의 경우 커널의 크기가 작을수록 정확도가 떨어지며, 특히 3×3의 소벨 필터는 기울기의 각도가 수평이나 수직에서 멀어질수록 정확도가 감소하는 경향이 있다. 그러므로 샤르 필터는 이러한 부정확성을 해결하기 위해 가중치를 더 정교하게 조절해 더 정확한 가장자리 검출을 수행한다.

샤르 필터의 커널은 소벨 필터보다 이미지의 가장자리를 뚜렷하게 검출할 수 있도록 설계됐으며, 특히 3×3 크기의 커널에서 더 높은 정확도를 제공한다. 그림 5.14는 샤르 필터의 커널 형태를 보여준다.

-3	0	3
-10	0	10
-3	0	3

-3	-10	-3
0	0	0
3	10	3

(a) 3×3 수직(세로) 방향 샤르 커널   (b) 3×3 수평(가로) 방향 샤르 커널

그림 5.14 샤르 필터의 커널 형태

샤르 필터와 소벨 필터 모두 합성곱 연산을 사용하며, 계산 복잡도는 커널 크기와 이미지 크기에 따라 다를 수 있다. 그러나 일반적으로 소벨 필터가 더 빠르게 계산된다. 특히 기울기 각도가 다양한 상황에서도 높은 정확도를 유지할 수 있어 이미지 처리 및 컴퓨터비전 분야에서 널리 사용된다. 다음은 C# OpenCvSharp과 파이썬 OpenCV의 샤르 필터 함수다.

OpenCvSharp의 샤르 필터 함수

```
Cv2.Scharr(
    Mat src,
    Mat dst,
    MatType ddepth,
    int xorder,
    int yorder,
    double scale = 1,
```

```
    double delta = 0,
    BorderTypes borderType = BorderTypes.Default
);
```

파이썬 OpenCV의 샤르 필터 함수

```python
dst = cv2.Scharr(
    src,
    ddepth,
    dx,
    dy,
    scale = None,
    delta = None,
    borderType = None
)
```

샤르 필터 함수는 소벨 필터 함수와 매개 변수 의미 및 활용 방식이 동일하며, 주요 차이점은 샤르 필터 함수가 3×3 크기 커널만 지원한다는 것이다. 따라서 **커널 크기**(ksize) 매개 변수를 사용하지 않는다. 샤르 필터 함수가 3×3 크기만을 지원하는 이유는 계산 효율성과 다양한 이미지 유형에서 일반적으로 잘 작동하기 때문이다. 따라서 샤르 필터 함수를 사용할 때 3×3 크기만을 지원한다는 사실을 염두에 둔다.

라플라시안 필터

라플라시안 필터(Laplacian filter)는 영상 처리에서 사용되는 주요한 2차 미분 연산자 중 하나다. 1차 미분 방식은 일반적으로 가장자리(에지)를 감지하기 위해 사용되며, 물체의 경계를 찾기 위해 사용한다. 그러나 2차 미분 연산자인 라플라시안을 사용하면 가장자리뿐만 아니라 해당 가장자리가 물체의 밝은 부분에서 생성됐는지, 어두운 부분에서 생성됐는지를 파악할 수 있다.

라플라시안 연산은 x축과 y축을 따라 미분한 값을 결합한 것으로 이미지에서 높은 값을 갖는 지역은 밝은 객체나 가장자리를 의미하며, 낮은 값을 갖는 지역은 어두운 영역이나 객체의 내부를 의미한다. 이를 통해 이미지에서 객체의 윤곽선이나 가장자리를 감지하고 분석할 수 있다.

이를 통해 이미지의 고주파 특징인 가장자리, 경계, 노이즈, 혹은 다른 중요한 변화를 검출할 수 있다. 또한 흐림 처리된 이미지나 노이즈가 있는 이미지에서 객체를 분리하고 중요한 특징을 도출하는 데에도 효과적이다.

그림 5.15는 커널 크기(ksize)가 1일 때 특수하게 적용되는 라플라시안 필터의 커널 형태 및 커널 변형을 보여준다.

0	1	0		0	-1	0		-1	-1	-1
1	-4	1		-1	4	-1		-1	8	-1
0	1	0		0	-1	0		-1	-1	-1

(a) 음수형 라플라시안 커널   (b) 양수형 라플라시안 커널   (c) 또 다른 형태의 라플라시안 커널

그림 5.15 라플라시안 필터의 커널 형태

중심값이 음수인 라플라시안 커널은 픽셀의 밝기가 어두워지는 지점을 검출할 수 있으며, 중심값이 양수인 라플라시안 커널은 픽셀의 밝기가 밝아지는 지점을 검출할 수 있다. 그러므로 그림 5.15의 (a)는 음수 중심값을 사용하므로 픽셀 밝기가 감소하는 지점 주변의 가장자리를 감지할 수 있다. (b)는 양수 중심값을 사용하므로 (a)와 반대되는 성질을 띠며 (a) 결괏값에 역을 취한 값과 동일하다. 그림 5.15의 (c)는 (b)의 변형으로 볼 수 있다. (a)와 (b)는 커널 형태에서 확인할 수 있듯이 중심 픽셀 기준으로 네 방향(상하좌우)을 고려했다면, 또 다른 형태인 (c)는 대각선 방향까지 고려해 픽셀의 밝기 변화를 감지한다.

라플라시안 필터 함수는 커널 크기가 1일 때 그림 5.15의 (a) 형태를 사용해 합성곱 연산을 수행한다. 즉, 2차원 필터 함수에 (a) 형태의 커널을 적용하면 라플라시안 필터 함수의 결괏값과 동일한 값을 얻는다.[13] 라플라시안 필터를 통과한 결과에서 양숫값은 밝은 값을 나타내고, 음숫값은 어두운 값을 나타낸다. 따라서 가장자리 픽셀은 양수에서 음수로 또는 음수에서 양수로 전환되는 픽셀로 간주할 수 있다. 이러한 연산을 수행하기 위해서는 이미지의 기울기를 계산해야 하므로, 이를 위해 라플라시안 함수에서는 소벨 필터 함수를 내부적으로 호출한다. 다음 수식 5.28은 라플라시안 연산 방식을 보여준다.

수식 5.28 라플라시안 필터

$$Laplace(f) = \frac{\partial^2 f}{\partial x^2} + \frac{\partial^2 f}{\partial y^2}$$

---

13 2차원 필터 함수에 (b) 형태의 커널을 적용하면 라플라시안 필터 함수의 결괏값에서 부호를 변경한 값과 동일한 값을 얻는다.

가령, 라플라시안 함수의 커널 크기(ksize)가 3이라면 소벨 연산을 사용해 2차 미분을 수행한다. 그러므로 소벨 필터 함수의 매개 변수의 값이 xorder(dx)=2, yorder(dy)=0, ksize=3일 때 결괏값과 xorder(dx)=0, yorder(dy)=2, ksize=3일 때 결괏값을 더한 값과 동일하다. 다음은 C# OpenCvSharp 과 파이썬 OpenCV의 라플라시안 필터 함수다.

C# OpenCvSharp의 라플라시안 필터 함수

```
Cv2.Laplacian(
    Mat src,
    Mat dst,
    MatType ddepth,
    int ksize = 1,
    double scale = 1,
    double delta = 0,
    BorderTypes borderType = BorderTypes.Default
);
```

파이썬 OpenCV의 라플라시안 필터 함수

```
dst = cv2.Laplacian(
    src,
    ddepth,
    ksize,
    scale = None,
    delta = None,
    borderType = None
)
```

라플라시안 필터 함수는 소벨 필터 함수에 기반을 두고 있으므로 소벨 필터 함수의 매개 변수 의미 와 활용 방식이 동일하다. 차이점으로는 커널 크기(ksize)는 2차 소벨 미분 커널 크기를 의미하며, ksize=1일 경우, 그림 5.15 (a)의 커널을 활용한다. 라플라시안 필터 함수의 출력 이미지(dst)의 형태 를 수식으로 표현하면 다음과 같다.

수식 5.29 라플라시안 필터 출력 형태

$$\text{dst} = \Delta src = \frac{\partial^2 src}{\partial x^2} + \frac{\partial^2 src}{\partial y^2}$$

캐니 에지

캐니 에지(Canny edge)는 존 캐니(John F. Canny)가 1986년에 발표한 논문으로 **가장자리(edge)** 검출을 위한 알고리즘이다. 캐니 에지 알고리즘은 앞서 설명한 고주파 필터보다 성능이 월등히 좋으며 노이즈에 민감하지 않아 다양한 강도의 가장자리를 검출할 수 있다.

이 알고리즘은 **가우시안 필터(Gaussian filter)**를 사용해 노이즈를 제거하고, 기울기의 크기와 방향을 계산해 경계를 검출한다. 이 과정에서 **비-최대 억제(Non-maximum suppression)**와 이중 임곗값 처리를 통해 다양한 강도의 가장자리를 검출할 수 있다. 캐니 에지 알고리즘이 작동하는 순서는 다음과 같다.

1. **노이즈 제거**: 입력 이미지에서 노이즈를 제거하기 위해 가우시안 필터를 적용한다(가우시안 필터는 다음 절에서 다룬다). 이 과정에서 미세한 노이즈를 제거해 이미지를 부드럽게 만든다.

2. **노이즈 제거**: 입력 이미지에서 노이즈를 제거하기 위해 가우시안 필터를 적용한다(가우시안 필터는 다음 절에서 다룬다). 이 과정에서 미세한 노이즈를 제거해 이미지를 부드럽게 만든다.

3. **기울기 계산**: 노이즈가 제거된 이미지에 기울기의 강도와 방향을 계산하기 위해 소벨 커널을 수평/수직 방향으로 적용해 각 방향의 기울기를 획득한다.

4. **경계 픽셀 선별**: 경계 후보 픽셀을 선택하기 위해 비최댓값 억제를 수행한다. 비최댓값 억제는 각 픽셀 주변에 있는 이웃 픽셀을 비교해 현재 픽셀이 그중에서 가장 강한 가장자리인지 확인한다.
   만약 현재 픽셀이 가장 강한 가장자리가 아니라면, 해당 픽셀을 가장자리 후보에서 제거한다. 즉, 최댓값이 아닌 픽셀의 값을 0으로 변경(명백하게 가장자리가 아닌 값을 제거)해 가장 강한 가장자리만을 보존한다.

5. **히스테리시스 임곗값(Hysteresis threshold) 설정**: 상한 임곗값과 하한 임곗값을 사용해, 상한 임곗값보다 큰 픽셀은 강한 가장자리로, 상한 임곗값과 하한 임곗값 사이의 픽셀은 약한 가장자리로 분류한다.

6. **히스테리시스 임곗값을 통한 경계 추적**: 약한 가장자리로 분류된 픽셀이 강한 가장자리로 분류되는 픽셀과 연결되는지를 확인하고, 연결되지 않은 약한 가장자리는 제거한다. 이를 통해 약한 가장자리 픽셀 중 유효한 픽셀만 선택해 가장자리로 간주한다.

캐니 에지 알고리즘은 이미지 처리에서 가장자리 검출을 위한 효과적인 방법 중 하나로 비교적 간단하면서도 정확한 결과를 제공하는 알고리즘이다. 캐니 에지 알고리즘은 이미지에서 실제 가장자리를 정확하게 검출하는 데 뛰어난 성능을 보이며, 상한 임곗값과 하한 임곗값을 설정함으로써, 다양한 강도의 에지를 감지할 수 있다.

캐니 에지 알고리즘은 구현이 비교적 간단해서 다양한 이미지에 쉽게 적용할 수 있지만, 기울기 크기만을 활용해 에지를 검출하므로 임곗값 설정이 중요하다. 실제 가장자리를 정확하게 찾으려면 여러 번의 실험이 필요하며, 다양한 이미지가 입력되는 환경이라면 최적의 임곗값을 설정하는 알고리즘을 구현해야 할 수도 있다.

또한, 노이즈를 제거하기 위해 가우시안 필터를 사용하므로 고주파 특성으로 간주될 수 있는 가장자리도 부드럽게 처리될 수 있다. 이로 인해 계단형 가장자리가 경사형 가장자리로, 선형 가장자리가 지붕형 가장자리로 변형될 수 있어 약한 강도의 가장자리가 누락될 가능성이 높아진다.

캐니 에지 알고리즘은 가장자리 검출에서 중요한 역할을 하지만, 특정 응용 분야나 이미지 유형에 따라 다른 에지 검출 알고리즘과 함께 사용될 때 최적의 결과를 얻을 수 있다. 다음은 C# OpenCvSharp과 파이썬 OpenCV의 캐니 에지 함수다.

C# OpenCvSharp의 캐니 에지 함수

```
Cv2.Canny(
    Mat src,
    Mat dst,
    double threshold1,
    double threshold2,
    int apertureSize = 3,
    bool L2gradient = false
);
```

파이썬 OpenCV의 캐니 에지 함수

```
dst = cv2.Canny(
    src,
    threshold1,
    threshold2,
    apertureSize = None,
    L2gradient = None
)
```

캐니 에지 함수는 8비트 단일 채널 이미지만 **입력 이미지**(src)로 활용할 수 있으며 **출력 이미지**(dst)는 단일 채널 이미지로 반환된다. **하위 임곗값**(threshold1)과 **상위 임곗값**(threshold2)으로 약한 가장자리 강도와 강한 가장자리 강도를 설정한다.

또한, 캐니 에지도 소벨 필터에 기반을 두고 있으므로 **소벨 함수 필터 크기**(apertureSize)를 설정한다. **L2 그레이디언트**(L2gradient)는 L2 노름으로 방향성 그레이디언트를 정확하게 계산할지, 정확성은 떨어지지만 속도가 더 빠른 L1 노름으로 계산할지를 선택한다. 참 값으로 설정하면 L2 노름으로 계산된다. 다음 수식 5.30과 5.31은 L1 노름과 L2 노름 수식이다.

수식 5.30 L_1 노름

$$L_1 = \left| \frac{dI}{dx} \right| + \left| \frac{dI}{dy} \right|$$

수식 5.31 L_2 노름

$$L_2 = \sqrt{\left(\frac{dI}{dx} \right)^2 + \left(\frac{dI}{dy} \right)^2}$$

예제 5.17은 C# OpenCvSharp에서 소벨 필터 함수를 적용한 예이며, 예제 5.18은 파이썬 OpenCV에서 캐니 에지 함수를 적용한 예다.

예제 5.17 C# OpenCvSharp의 소벨 필터 함수

```csharp
using System;
using OpenCvSharp;

namespace Project
{
    class Program
    {
        static void Main(string[] args)
        {
            Mat src = Cv2.ImRead("book.jpg", ImreadModes.Grayscale);
            Mat kernel = new Mat(3, 3, MatType.CV_32FC1, new float[] {
                -1, 0, 1,
                -2, 0, 2,
                -1, 0, 1
            });
            Mat dst1 = new Mat();
            Mat dst2 = new Mat();
            Mat dst3 = new Mat();

            Cv2.Filter2D(src, dst1, MatType.CV_8UC1, kernel);
            Cv2.Sobel(src, dst2, MatType.CV_8UC1, 1, 0, 3);
```

```
            Cv2.Compare(dst1, dst2, dst3, CmpType.EQ);

            Cv2.ImShow("dst1", dst1);
            //Cv2.ImShow("dst2", dst2);
            //Cv2.ImShow("dst3", dst3);

            Cv2.WaitKey(0);
            Cv2.DestroyAllWindows();
        }
    }
}
```

【 출력 결과 】

예제 5.17에서는 단일 채널 그레이스케일 이미지를 **입력 이미지**(src)로 사용해 소벨 필터로 가장자리를 검출한다. **출력 이미지**(dst)로 표시하기 위해 **출력 이미지 정밀도**(ddepth)는 MatType.CV_8UC1로 지정한다.

이번 예제에서는 2차원 필터 함수로도 소벨 연산을 진행해 본다. 그러므로 소벨 커널을 생성하기 위해 사용자 데이터에 3×3 수직(세로) 방향 소벨 커널을 할당한다.

소벨 함수의 미분 차수는 x방향으로 1의 값을 주며, y방향으로는 미분하지 않는다. 커널의 크기를 3으로 지정해 3×3 수직 마스크로 소벨 미분을 적용한다. **비율**(scale), **오프셋**(delta), **테두리 외삽법**(borderType)은 기본값을 사용한다.

출력 결과에서 확인할 수 있듯이 소벨 마스크를 x방향으로 미분을 진행했을 때 검출된 결과를 시각적으로 확인할 수 있다. 또한 비교 함수를 활용해 2차원 필터 함수의 결과와 소벨 함수의 결과를 비교해 볼 수 있다. 비교 함수는 같을 경우 255, 다를 경우 0으로 출력된다. 비교 함수의 결과를 출력해 보면 모든 값이 동일해 하얀색 이미지를 확인할 수 있다.

만약, 파이썬 OpenCV에서 2차원 필터 함수로 커널을 생성해 적용하는 경우, 커널은 넘파이 배열로 생성해 적용해 볼 수 있다.

예제 5.18 파이썬 OpenCV의 캐니 에지 함수

```
import cv2

src = cv2.imread("book.jpg", cv2.IMREAD_GRAYSCALE)
dst = cv2.Canny(src, 100, 200, apertureSize=3, L2gradient=True)

cv2.imshow("dst", dst)
cv2.waitKey(0)
cv2.destroyAllWindows()
```

【 출력 결과 】

예제 5.18에서는 단일 채널, 그레이스케일 **입력 이미지**(src)에서 **하한 임곗값**(threshold1)을 100으로, **상한 임곗값**(threshold2)을 200으로 지정해 가장자리를 검출한다.

100 이하의 가장자리 값은 검출하지 않으며, 200 이상의 값과 연결된 모든 픽셀을 검출해서 반환한다. 소벨 연산자의 커널을 설정하기 위해 **조리개 크기**(apertureSize)를 3으로 지정하며, 기울기를 정확하게 계산하기 위해 L2 노름 방식으로 가장자리를 검출한다.

예제 5.17과 예제 5.18의 결과를 비교할 경우, 캐니 에지의 방식이 확실한 윤곽을 표시할 수 있음을 시각적으로 확인할 수 있다.

저주파 필터

저주파 필터(Low-Pass filter)란 입력 신호에서 **저주파(Low-frequency)** 성분을 통과시키고 고주파 성분을 억제하는 필터다. 이 필터는 주파수 영역에서 고주파 성분을 제거하거나 줄이는 역할을 하며 저주파 성분만을 통과시킨다.

저주파 필터는 고주파 성분을 제거하거나 감소시켜 세부 정보를 감소시키거나 감출 때 유용하다. 이를 통해 이미지를 부드럽게 만들거나 노이즈를 제거하는 데 사용된다. 즉, 이미지의 부드러운 부분이나 배경 또는 잡음을 제거하고 세부 정보를 보존할 수 있다. 저주파 필터의 예로는 중간값 필터, 가우시안 필터 등이 있다.

단순 흐림 처리 함수

C# OpenCvSharp의 단순 흐림 처리 함수

```
Cv2.Blur(
    Mat src,
    Mat dst,
    Size ksize,
    Point? anchor = null,
    BorderTypes borderType = BorderTypes.Default
);
```

파이썬 OpenCV의 단순 흐림 처리 함수

```
dst = cv2.blur(
    src,
    ksize,
    anchor = None,
    borderType = None
)
```

단순 흐림 처리 함수는 **입력 이미지**(src)에 흐림 처리를 수행하는 함수로 이미지를 평균화하거나 흐림 처리하는 데 사용된다. 단순 흐림 처리에 사용되는 커널의 형태는 커널의 모든 값이 커널의 개수만큼 나눠진다. 즉, 그림 5.8 정규화된 박스 필터와 동일한 형태를 갖는다.

박스 필터 함수와 단순 흐림 처리 함수는 기능적으로 동일하지만 단순 흐림 처리 함수는 더 직관적이고 간단하게 사용할 수 있다. 단순 흐림 처리 함수는 **커널 크기**(ksize)를 조절해 흐림 처리의 강도를 설정할 수 있다.

중간값 흐림 처리 함수

C# OpenCvSharp 중간값 흐림 처리 함수

```
Cv2.MedianBlur(
    Mat src,
    Mat dst,
    Size ksize,
);
```

파이썬 OpenCV 중간값 흐림 효과 함수

```
dst = cv2.medianBlur(
    src,
    ksize
)
```

중간값 흐림 처리 함수는 고정점을 사용하지 않고 중심 픽셀 주변으로 **사각형 크기**(ksize×ksize)의 이웃한 픽셀들의 중간값[14]을 사용해 각 픽셀의 값을 변경한다. 즉, 고정점이 항상 커널의 중심에 있다고 가정한다. 중간값을 선택하기 위해서는 정사각형의 형태의 커널에서 중간에 있는 값을 선택한다. 그러므로 **커널 크기**(ksize)는 홀수 값만 적용할 수 있다. 또한 **입력 이미지**(src)는 2차원 이하의 배열만 가능하다.

가우시안 흐림 처리 함수

C# OpenCvSharp의 가우시안 흐림 처리 함수

```
Cv2.GaussianBlur(
    Mat src,
    Mat dst,
    Size ksize,
    double sigmaX,
    double sigmaY = 0,
    BorderTypes borderType = BorderTypes.Default
);
```

---

14 평균이 아닌 순서들의 중간에 있는 값이다. 1, 2, 3, 100, 10000의 구조라면 중간 값은 3을 갖는다.

```
dst = cv2.GaussianBlur(
    src,
    ksize,
    sigmaX,
    sigmaY = None,
    borderType = None
)
```

가우시안 흐림 처리 함수는 흐림 처리 함수에서 가장 유용한 함수다. 가우시안 흐림 처리는 입력 이미지의 각 지점에 가우시안 커널을 적용해 합산한 다음, 출력 이미지를 반환한다.

sigmaX는 **x 방향의 가우스 커널 표준 편차**이며 sigmaY는 **y 방향의 가우스 커널 표준 편차**다. sigmaY가 0인 경우 sigmaY의 값은 sigmaX의 값과 같아진다. sigmaX와 sigmaY의 값을 모두 0으로 설정한다면 커널의 크기에 의해 자동으로 설정된다. 다음 수식은 sigmaX와 sigmaY의 계산식을 보여준다.

$$\sigma_x = 0.3 \times \left(\left(\frac{ksize.width - 1}{2} \right) - 1 \right) + 0.8$$
$$\sigma_y = 0.3 \times \left(\left(\frac{ksize.heiht - 1}{2} \right) - 1 \right) + 0.8$$

가우스 표준 편차의 값이 모두 0인 경우 커널의 크기로 sigmaX와 sigmaY를 계산한다. 수식에서 확인할 수 있듯이 커널은 0보다 커야 하며, 홀수 값만 입력할 수 있다. 가우시안 흐림 효과 함수는 다양한 커널에 대해 높은 성능을 내도록 최적화돼 있으며 3×3, 5×5, 7×7 크기의 커널에 대해 우수한 성능을 보여준다.

양방향 필터

```
Cv2.BilateralFilter(
    Mat src,
    Mat dst,
    int d,
    double sigmaColor,
    double sigmaSpace,
    BorderTypes borderType = BorderTypes.Default
);
```

```
dst = cv2.bilateralFilter(
    src,
    d,
    sigmaColor,
    sigmaSpace,
    dst = None,
    borderType = None
)
```

마지막으로 양방향 필터 함수는 **가장자리(Edge)**를 선명하게 보존하면서 노이즈를 우수하게 제거하는 필터링 함수다. 양방향 필터는 두 종류의 가우시안 필터로 합성곱 연산을 적용한다.

가우시안 가중치는 픽셀의 위치와 해당 위치의 값을 사용한다. **지름(d)**은 필터를 적용할 각 픽셀 영역의 지름을 의미한다. **시그마 색상**(sigmaColor)은 **색상 영역(Color domain)**[15]에서 사용할 가우시안 커널의 너비를 설정하며, 매개 변수의 값이 클수록 필터 강도의 범위가 넓어진다. **시그마 공간**(sigmaSpace)은 **좌표 영역(Space domain)**[16]에서 사용할 가우시안 커널의 너비를 설정하며, 값이 클수록 인접한 픽셀에 영향을 미친다.

양방향 필터 함수는 다른 필터링 함수와 비교했을 때 매우 느리며, 지름(d)이 클수록 수채화처럼 변형된다. 지름이 클수록 알고리즘의 처리 속도가 매우 느려지며 동영상을 처리하는 경우 5의 값을 사용하고 실시간으로 처리하지 않는 경우에는 9의 값을 사용한다. 값을 −1로 지정하는 경우 **시그마 공간**(sigmaSpace)과 비례하도록 설정된다.

예제 5.19는 C# OpenCvSharp에서 가우시안 흐림 처리 함수를 적용한 예이며, 예제 5.20은 파이썬 OpenCV에서 양방향 필터 함수를 적용한 예다.

예제 5.19 C# OpenCvSharp의 가우시안 흐림 처리 함수

```
using System;
using OpenCvSharp;

namespace Project
{
    class Program
```

---

15 픽셀의 색상 정보를 나타내는 공간
16 픽셀의 위치 정보를 나타내는 공간

```
{
    static void Main(string[] args)
    {
        Mat src = Cv2.ImRead("crescent.jpg");
        Mat dst = new Mat(src.Size(), MatType.CV_8UC3);

        Cv2.GaussianBlur(src, dst, new Size(9, 9), 3, 3, BorderTypes.Isolated);

        Cv2.ImShow("dst", dst);
        Cv2.WaitKey(0);
        Cv2.DestroyAllWindows();
    }
}
}
```

【 출력 결과 】

예제 5.19에서는 커널의 크기를 9×9로 지정해 가우시안 흐림 효과를 적용했다. **x방향 가우스 커널 표준 편차와 y방향 가우스 커널 표준 편차**로는 각각 3의 값을 할당하며, 테두리 외삽은 테두리 픽셀들이 모두 검은색의 값을 갖고 있어 패딩를 고려하지 않도록 BorderTypes.Isolated를 설정했다. 출력 결과에서 확인할 수 있듯이 이미지에 흐림 효과가 적용된 것을 쉽게 확인할 수 있다.

예제 5.20 파이썬 OpenCV의 양방향 필터 함수

```
import cv2

src = cv2.imread("crescent.jpg")
```

```
dst = cv2.bilateralFilter(src, 100, 33, 11, borderType=cv2.BORDER_ISOLATED)

cv2.imshow("dst", dst)
cv2.waitKey(0)
cv2.destroyAllWindows()
```

【 출력 결과 】

예제 5.20의 출력 결과와 예제 5.19의 출력 결과를 비교해 보면 양방향 필터는 가장자리(Edge)를
보존하며, 달 표면에 흐림 처리가 적용된 것을 확인할 수 있다. **픽셀의 지름**(d)을 100, **시그마 색상**
(sigmaColor)을 33, **시그마 공간**(sigmaSpace)을 11로 설정하면 연산량이 증가해 결과 반환까지 많은
시간이 필요하다. 그러나 이러한 설정을 사용하면 달의 테두리가 선명하게 유지되고 달 표면의 일부는
수채화처럼 그려진다. 만약, 실시간 처리가 필요하다면 픽셀의 지름 값을 줄여 연산량을 감소시킬 수
있다.

모폴로지 변환

모폴로지(Morphology)는 영상 처리 분야에서 형태학적인 특성을 분석하고 기하학적인 개념을 활용
해 이미지에서 형태, 구조, 패턴 등을 분석하고 조작하는 데 사용되는 수학적인 기법이다. 모폴로지는
이미지의 형태와 구조를 이해하고 수정하는 데 중요한 기술로 사용된다.

모폴로지의 수학적 기반은 집합 이론을 기반으로 한다. 모폴로지에서 이미지는 픽셀의 집합으로 간주
된다. 영상 처리에서는 이미지를 이진 형태로 처리하는 경우가 많기 때문에 이미지를 이진 행렬로 간주
할 수 있다. 이러한 이진 행렬에 집합 연산을 사용해 이미지 내 형태, 패턴, 구조를 분석하고 수정할 수
있다.

모폴로지에서 주로 사용되는 집합 연산에는 합집합, 교집합, 차집합 등이 포함된다. 이러한 연산을 사용하면 이미지 내 객체의 형태와 구조를 감지하고 변경할 수 있어, 원하는 정보를 추출하고 불필요한 정보를 제거할 수 있게 된다.

모폴로지 변환(Morphological transformations)은 모폴로지 이론을 기반으로 한 이미지 처리 기술이다. 이 기술은 주로 이미지의 형태와 구조를 조작하거나 개선하기 위해 팽창이나 침식과 같은 연산을 적용해 이미지의 픽셀 값을 수정하는 데 주로 활용된다.

팽창 연산은 이미지에서 물체의 경계를 확장하고 픽셀 영역을 더 크게 만들어 주는 역할을 하며, 침식 연산은 이미지에서 물체의 경계를 축소시키고 픽셀 영역을 줄이는 역할을 한다. 모폴로지 변환은 이러한 팽창과 침식을 조합하거나 순차적으로 적용해 이미지를 조작할 수 있다.

모폴로지는 앞선 필터링 연산과는 다르게 **구조 요소(Structuring element)**를 사용해 이미지를 수정하거나 객체의 특성을 강조한다. 구조 요소는 커널과 비슷한 개념이지만 이미지의 형태, 구조, 패턴을 수정하거나 추출하는 데 중점을 둔다. 구조 요소는 모폴로지 연산을 적용할 때 어떤 부분을 변경하거나 강조할지 결정하는 데 사용된다.

구조 요소와 모폴로지 연산을 결합해 이미지를 수정하는 과정은 필터링과 유사하게 이뤄지지만, 합성곱 연산과는 다르게 구조 요소와 이미지의 겹치는 부분을 찾아 변환을 수행하는 특징이 있다. 이러한 연산을 통해 이미지 내의 다양한 형태와 구조적 특징을 추출하고 수정할 수 있다.

모폴로지 연산은 이미지 처리에서 전처리 및 후처리 과정에서 매우 중요한 역할을 한다. 그러므로 이 연산의 기초 연산인 팽창과 침식 연산에 대해 알아본다.

팽창(Dilation)은 구조 요소를 활용해 영상의 특정 영역 내의 모든 픽셀 값을 커널 내부의 최댓값으로 대체하는 작업을 의미한다. 이 작업을 통해 주변 픽셀 중 가장 밝은 값으로 현재 픽셀을 변경시킨다. 팽창 연산은 컴퓨터비전에서 다양한 목적으로 사용되며, 주요 목적은 다음과 같다.

1. **노이즈 제거**: 영역 확장을 통한 노이즈 제거

2. **객체 연결**: 영역 확장을 통한 객체 연결

3. **홀 채우기**: 객체 내부의 홀이나 공백을 채움

4. **객체 확대**: 객체의 구조를 확장

5. **특징 추출**: 특정 모양이나 패턴을 추출

팽창 연산의 결과는 입력 이미지의 밝은 영역이 확장되고 어두운 영역이 감소하는 효과를 가진다. 또한, 커널의 크기나 팽창 연산을 반복 적용하는 횟수를 조절해 원하는 결과를 얻을 수 있다. 단, 이 과정에서 **스펙클(Speckle)**[17] 현상이 발생할 수 있다.

침식(Erosion)은 커널(구조 요소)을 활용해 영상의 특정 영역 내 모든 픽셀 값을 커널 내부의 최솟값으로 대체하는 작업을 의미한다. 앞선 팽창 연산과 반대되는 연산으로 주변 픽셀 중 가장 어두운 값으로 현재 픽셀을 변경시킨다. 침식 연산은 다음과 같은 목적으로 주로 사용된다.

1. **노이즈 제거**: 영역 축소를 통한 노이즈 제거

2. **객체 분리**: 영역 축소를 통한 노이즈 제거

3. **홀 확장**: 객체 내부의 홀이나 공백을 넓힘

4. **객체 축소**: 객체의 구조를 축소

5. **특징 추출**: 특정 모양이나 패턴을 추출

팽창 연산의 결과는 입력 이미지의 어두운 영역이 확장되고 밝은 영역이 감소하는 효과를 가지므로 스펙클을 제거할 수 있다.

팽창 연산과 침식 연산은 서로 반대 효과를 갖고 있으며, 어느 하나가 특정 이미지 처리 작업에 향상을 가져오지는 않는다. 어떤 결과를 원하는지에 따라 선택되고 조합되어 사용한다는 것을 기억하자. 팽창 연산과 침식 연산을 수식으로 표현하면 다음과 같다.

수식 5.32 팽창 및 침식

$$\text{dilate}(x,y) = \max_{(i,j) \in kernel} src(x+i, y+j)$$
$$\text{erode}(x,y) = \min_{(i,j) \in kernel} src(x+i, y+j)$$

팽창 연산과 침식 연산은 입력 이미지(src)에서 커널 내부의 원소 값(i, j)의 영역에 해당하는 픽셀값을 커널 내부의 최댓값 또는 최솟값으로 대체하는 연산이다. 각각의 최댓값과 최솟값은 지역적(local) 최대, 최소임을 기억하자. 그림 5.16은 이미지에 팽창 연산과 침식 연산을 적용했을 때의 결과를 보여준다.

---

17 작고 밝은 점 또는 작은 영역이 무작위로 나타나는 현상

| (a) 원본 이미지 | (b) 팽창 | (c) 침식 |

그림 5.16 모폴로지 변환

모폴로지 변환의 팽창 연산을 적용할 경우 밝은 영역이 늘어나며 어두운 영역이 줄어든다. 반대로 침식 연산을 적용할 경우 어두운 영역이 늘어나며 밝은 영역이 줄어든다. 모폴로지 연산은 구조 요소의 영향을 크게 받으며 구조 요소의 형태에 따라 결과가 달라진다.

앞선 필터링 연산에서의 커널은 $n \times n$ 크기의 직사각형이나 정사각형 구조로만 활용했지만 구조 요소는 직사각형을 비롯해 타원, 십자 모양의 형태로도 활용 가능하다. 먼저 구조 요소를 생성하는 방법에 대해 알아보자. 다음은 C# OpenCvSharp과 파이썬 OpenCV에서 구조 요소를 생성하는 함수다.

C# OpenCvSharp의 구조 요소 생성 함수

```
Mat kernel = Cv2.GetStructuringElement(
    MorphShapes shape,
    Size ksize,
    Point anchor
);
```

파이썬 OpenCV의 구조 요소 생성 함수

```
kernel = cv2.getStructuringElement(
    shape,
    ksize,
    anchor = None
)
```

구조 요소 생성 함수는 **구조 요소 형태**(shape), **구조 요소 크기**(ksize), **고정점**(anchor)을 사용해 구조 요소를 생성할 수 있다. 구조 요소 형태는 크게 **직사각형**(Rect), **십자가**(Cross), **타원**(Ellipse) 모양의 구조 요소를 생성할 수 있다. 이러한 구조 요소는 커널과 유사한 역할을 하낟.

구조 요소를 설정할 때 주의해야 할 점은 구조 요소의 크기가 너무 작으면 원하는 형태의 특징을 잘 추출하지 못할 수 있고, 구조 요소의 형태가 미비하게 강조될 수 있다. 반면에 구조 요소의 크기가 너무 크면 세부적인 특징을 상실할 수 있으며, 부수적인 정보와 같은 노이즈가 영향을 미칠 수 있다.

또한, 구조 요소 생성 함수의 고정점은 필수 매개 변수가 아니다. 이는 모폴로지 함수에서 고정점의 위치를 지정할 수 있기 때문이다. 따라서 고정점을 지정하지 않으면 더 유동적인 구조 요소를 생성할 수 있다.

다음 그림 5.17은 5×5 크기의 구조 요소의 중심에 고정점을 할당하고 다양한 구조 요소 형태로 팽창 연산을 적용한 결과를 보여준다.

(a) 원본 이미지   (b) 직사각형 구조 요소

(c) 십자가 구조 요소   (d) 타원 구조 요소

그림 5.17 직사각형, 십자가, 타원 형태의 구조 요소 적용 시 팽창 연산 결과

그림 5.17은 원본 이미지에 각각 직사각형, 십자가, 타원 구조를 적용한 결과다. 그림에서 확인할 수 있듯이 구조 요소 형태는 연산 결과에서 보이는 형태가 아니다. 그림 5.17의 (b)와 (c)의 결과가 구조 요소의 이름과는 다른 결과를 보이는데 구조 요소의 모양은 구조 요소의 행렬 형태이기 때문이다. 다음 그림 5.18을 통해 직사각형 구조 요소가 결과에 미치는 영향을 확인할 수 있다.

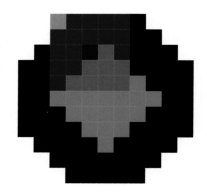

(a) 제거되는 영역

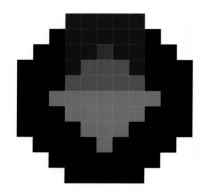

(b) 유지되는 영역

그림 5.18 구조 요소에 따른 픽셀 변환

그림 5.18은 중심을 고정점으로 갖는 5×5 직사각형 구조 요소로 팽창 연산을 적용한 예다. 구조 요소의 고정점이 픽셀의 값이 변경되는 위치다. (a)는 직사각형 구조의 좌측 상단 모서리 부분(분홍색)에서 최댓값 255를 갖는 부분이 존재한다. 그러므로 중심점인 파란색 픽셀은 255의 값을 갖는 밝은 영역이 된다.

(b)는 직사각형 구조 요소 내부의 모든 값이 0을 갖고 있으므로 최댓값이 0이 되어 어두운 영역이 유지된다. 결국 모든 좌표에 모폴로지 연산을 적용한다면 마름모 형태만 남게 된다(연두색으로 표시).

결과적으로 구조 요소의 형태에 따라 연산이 방법이 달라져서 제거되는 영역과 유지되는 영역이 변경된다. 다음 표 5.11은 구조 요소 생성 함수에서 사용하는 구조 요소 형태 플래그를 정리한 것이다.

표 5.11 구조 요소 생성 함수의 구조 요소 형태 플래그

언어	속성	설명
C#	MorphShapes.Rect	직사각형 형태. 모든 i, j의 요소에 대해 $K_{i, j}=1$
Py	cv2.MORPH_RECT	
C#	MorphShapes.Cross	십자가 형태. 고정점의 i, j에 대해 $K_{i, j}=1$
Py	cv2.MORPH_CROSS	
C#	MorphShapes.Ellipse	타원 형태. 커널의 너비와 높이를 축으로 하는 타원에 대해 $K_{i, j}=1$
Py	cv2.MORPH_ELLIPSE	

직사각형 형태의 구조는 구조 요소의 내부가 모두 1로 이뤄진 형태를 띠며, 십자가 형태의 구조는 고정점을 기준으로 십자가의 형태를 갖는다. 마지막으로 타원 형태는 구조 요소의 너비와 높이를 기준으로 타원을 형성한다.

구조 요소의 크기에 따라 내부의 요솟값이 결정되므로 형태 플래그가 다르더라도 같은 형상을 지닐 수 있다. 임의의 형태(삼각형, 마름모)를 구성하기 위해 C# OpenCvSharp에서는 `Mat` 클래스를 이용해 커널의 구조를 생성하고, 파이썬 OpenCV에서는 넘파이 클래스를 활용한다.

이제 모폴로지 변환 함수에 대해 알아보자. 다음은 C# OpenCvSharp과 파이썬 OpenCV의 팽창 함수와 침식 함수다.

C# OpenCvSharp의 팽창 함수

```
Cv2.Dilate(
    Mat src,
    Mat dst,
    Mat element,
    Point? anchor = null,
    int iterations = 1,
    BorderTypes borderType = BorderTypes.Constant,
    Scalar? borderValue = null
);
```

파이썬 OpenCV의 팽창 함수

```
dst = cv2.dilate(
    src,
    element,
    anchor = None,
    iterations = None,
    borderType = None,
    borderValue = None
)
```

C# OpenCvSharp의 침식 함수

```
Cv2.Erode(
    Mat src,
    Mat dst,
    Mat element,
```

```
        Point? anchor = null,
        int iterations = 1,
        BorderTypes borderType = BorderTypes.Constant,
        Scalar? borderValue = null
    );
```

파이썬 OpenCV의 침식 함수

```
dst = cv2.erode(
    src,
    element,
    anchor = None,
    iterations = None,
    borderType = None,
    borderValue = None
)
```

모폴로지 변환의 팽창과 침식 함수는 동일한 매개 변수의 형태를 사용한다. **입력 이미지**(src)에 **구조 요소**(element)를 사용해 팽창 또는 침식을 적용한다. **고정점**(anchor)을 함수 내에서 할당할 수 있으며, **반복 횟수**(iterations)를 설정해 침식 함수가 몇 회 연산할지 선택한다.

모폴로지 변환 함수는 합성곱 연산처럼 이미지 테두리에도 모폴로지 연산을 적용해야 하므로 **테두리 외삽**(borderType)과 **테두리 색상**(borderValue)을 설정할 수 있다. 테두리 색상은 이미지 영역 밖(패딩 영역)의 기본값을 의미한다. 가령 테두리 색상을 0으로 설정할 경우, 이미지의 테두리 픽셀은 검은색으로 간주된다.

다음 예제 5.21은 C# OpenCvSharp에서 모폴로지 팽창 연산을 적용한 예이며, 예제 5.22는 파이썬 OpenCV에서 모폴로지 침식 연산을 적용한 예다.

예제 5.21 C# OpenCvSharp의 모폴로지 팽창 연산

```
using System;
using OpenCvSharp;

namespace Project
{
    class Program
    {
        static void Main(string[] args)
```

```
        {
            Mat src = Cv2.ImRead("dandelion.jpg", ImreadModes.Grayscale);
            Mat dst = new Mat();

            Mat kernel= Cv2.GetStructuringElement(MorphShapes.Cross, new Size(7, 7));
            Cv2.Dilate(src, dst, kernel, new Point(-1, -1), 3, BorderTypes.Constant, new
Scalar(0));

            Cv2.ImShow("dst", dst);
            Cv2.WaitKey(0);
            Cv2.DestroyAllWindows();
        }
    }
}
```

【 출력 결과 】

예제 5.21에서는 **입력 이미지**(src)에 그레이스케일을 적용해 불러온다. **구조 요소 형태**(element)는
7×7 크기와 **십자가**(Cross) 형태의 구조 요소를 사용한다. 단일 채널 이미지인 **입력 이미지**(src)에 모
폴로지 팽창을 **3회**(iterations) 적용하며, **고정점**(anchor)은 커널의 중심점으로 할당한다. **테두리 외
삽법**(borderMode)으로 고정 값으로 픽셀을 확장하며, **테두리 색상**(borderValue)을 검은색으로 사용한
다. 출력 결과에서 확인할 수 있듯이 구조 요소의 형태에 따라 밝은 영역이 늘어나고 어두운 영역이 줄
어든다.

예제 5.22 파이썬 OpenCV의 모폴로지 침식 연산

```
import cv2

src = cv2.imread("dandelion.jpg", cv2.IMREAD_GRAYSCALE)

kernel = cv2.getStructuringElement(cv2.MORPH_ELLIPSE, (5, 5), anchor=(-1, -1))
dst = cv2.erode(src, kernel, iterations=3)

cv2.imshow("dst", dst)
cv2.waitKey(0)
cv2.destroyAllWindows()
```

【 출력 결과 】

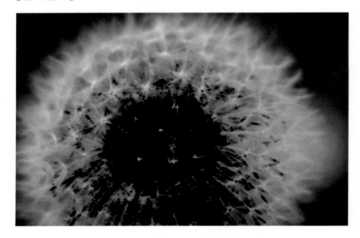

예제 5.22에서는 **입력 이미지**(src)에 그레이스케일을 적용해 불러온다. **구조 요소 형태**(element) 5×5 크기에 **타원**(Ellipse) 형태, **고정점**(anchor)을 중심점으로 할당한 구조 요소를 사용한다. 단일 채널 이미지인 **입력 이미지**(src)에 모폴로지 침식을 **3회**(iterations) 적용하며, 나머지 매개 변수는 기본값을 사용한다. 출력 결과에서 확인할 수 있듯이 구조 요소의 형태에 따라 어두운 영역이 늘어나고 밝은 영역이 줄어든다.

모폴로지 연산

모폴로지 연산은 모폴로지 변환의 팽창과 침식을 기본 연산으로 사용해 고급 형태학을 적용하는 변환 연산이다. 입력 이미지가 이진화된 이미지라면 팽창과 침식 연산으로도 우수한 결과를 얻는다. 하지만

그레이스케일이나 다중 채널 이미지를 사용하는 경우 더 복잡한 연산이 필요하다. 이때 모폴로지 연산을 활용해 우수한 결과를 얻을 수 있다. 다음은 C# OpenCvSharp과 파이썬 OpenCV의 모폴로지 연산 함수다.

C# OpenCvSharp의 모폴로지 연산 함수

```
Mat dst = Cv2.MorphologyEx(
    Mat src,
    Mat dst,
    MorphTypes op,
    Mat? element,
    Point? anchor = null,
    int iterations = 1,
    BorderTypes borderType = BorderTypes.Constant,
    Scalar? borderValue = null
);
```

파이썬 OpenCV의 모폴로지 연산 함수

```
dst = cv2.morphologyEx(
    src,
    op,
    element,
    anchor = None,
    iterations = None,
    borderType = None,
    borderValue = None
)
```

모폴로지 연산 함수는 모폴로지 변환의 팽창, 침식 함수와 형태가 흡사하다. 모폴로지 변환에 기반을 두고 있기 때문에 **구조 요소**(element), **반복 횟수**(iterations), **테두리 외삽**(borderMode), **테두리 색상**(borderValue)을 동일하게 사용한다.

하지만 모폴로지 연산 함수는 **연산자**(op)라는 매개 변수를 추가로 입력받는다. **연산자**(op)는 모폴로지 변환 함수를 조합해서 수행하는 복합 연산 방식을 의미하며, 이러한 연산자 플래그를 변경해 다양한 방식으로 사용할 수 있다. 표 5.12는 모폴로지 연산 함수의 연산자 플래그를 정리한 것이다.

표 5.12 모폴로지 연산 함수의 연산자 플래그

언어	속성	설명	
C#	MorphTypes.Dilate	팽창 연산	
Py	cv2.MORPH_DILATE		
C#	MorphTypes.Erode	침식 연산	
Py	cv2.MORPH_ERODE		
C#	MorphTypes.Open	열림 연산	
Py	cv2.MORPH_OPEN		
C#	MorphTypes.Close	닫힘 연산	
Py	cv2.MORPH_CLOSE		
C#	MorphTypes.Gradient	모폴로지 그레이디언트	
Py	cv2.MORPH_GRADIENT		
C#	MorphTypes.TopHat	탑햇 연산	
Py	cv2.MORPH_TOPHAT		
C#	MorphTypes.BlackHat	블랙햇 연산	
Py	cv2.MORPH_BLACKHAT		
C#	MorphTypes.HitMiss	히트미스 연산	
Py	cv2.MORPH_HITMISS		

모폴로지 연산 함수는 총 여덟 가지 모폴로지 변환을 지원한다. 모폴로지 연산 함수는 연산자 플래그에서 **팽창**(Dliate)과 **침식**(Erode)을 지원하므로 팽창 함수나 침식 함수를 사용하지 않고도 팽창과 침식 변환이 가능하다(결과는 동일하다). 또한 추가로 **열림**(Open), **닫힘**(Close), **그레이디언트**(Gradient), **탑햇**(TopHat), **블랙햇**(BlackHat), **히트미스**(HitMiss) 연산을 지원한다. 이제 각 모폴로지 연산자를 알아보자.

열림 연산

열림(Open) 연산은 팽창 연산자와 침식 연산자의 조합이며, 먼저 침식 연산을 적용한 다음 팽창 연산을 적용한다. 열림 연산을 적용하면 침식 연산으로 인해 밝은 영역이 줄어들고 어두운 영역이 늘어나는데, 줄어든 영역을 다시 복구하기 위해 팽창 연산을 적용하면 줄어든 밝은 영역이 늘어나고, 늘어난 어두운 영역이 줄어든다.

이로 인해 스펙클이 사라지면서 발생한 객체의 크기 감소를 원래대로 복구할 수 있다. 즉, 작은 객체나 노이즈를 제거하고 큰 객체를 보다 명확하게 유지할 수 있다. 다음 수식 5.33은 열림 연산을 나타내며, 그림 5.19는 모폴로지 열림 연산을 적용한 이미지다.

수식 5.33 열림 연산

$$\text{dst} = \text{dilate}(\text{erode}(src))$$

 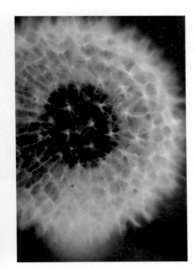

(a) 원본 이미지   (b) 열림 연산

그림 5.19 열림 연산을 적용한 이미지

닫힘 연산

닫힘(Close) 연산은 열림 연산과 동일하게 팽창 연산자와 침식 연산자의 조합이며, 열림과 반대로 팽창 연산을 적용한 다음, 침식 연산을 적용한다. 닫힘 연산의 팽창 연산으로 인해 어두운 영역이 줄어들고 밝은 영역이 늘어나게 되는데, 늘어난 영역을 다시 복구하기 위해 침식 연산을 적용하면 늘어난 밝은 영역이 줄어들고 줄어든 어두운 영역이 늘어난다.

그로 인해 객체 내부의 홀이 사라지면서 발생한 크기 증가를 원래대로 복구할 수 있다. 즉, 객체 내부의 미세한 구멍을 제거하고 객체를 더 매끄럽게 만들 수 있다. 다음 수식 5.34는 닫힘 연산을 나타내며, 그림 5.20은 모폴로지 닫힘 연산을 적용한 이미지다.

$$dst = \text{erode}(\text{dilate}(src))$$

(a) 원본 이미지   (b) 닫힘 연산

그림 5.20 닫힘 연산을 적용한 이미지

그레이디언트 연산

그레이디언트(Gradient) 연산은 팽창 연산자와 침식 연산자의 조합이며, 열림 연산이나 닫힘 연산과 달리 입력 이미지에 각각 팽창 연산과 침식 연산을 적용하고 감산을 진행한다. 입력 이미지와 비교했을 때 팽창 연산은 밝은 영역이 더 크며, 반대로 침식 연산은 밝은 영역이 더 작다.

각각의 결과를 감산한다면 입력 이미지에 객체의 가장자리가 반환된다. 그레이디언트는 밝은 영역의 가장자리를 분리하며 그레이스케일 이미지가 가장 급격하게 변하는 곳에서 가장 높은 결과를 반환한다. 다음 수식 5.35는 그레이디언트 연산을 나타내며, 그림 5.21은 모폴로지 그레이디언트 연산을 적용한 이미지다.

수식 5.35 그레이디언트 연산

$$dst = \text{dilate}(src) - \text{erode}(src)$$

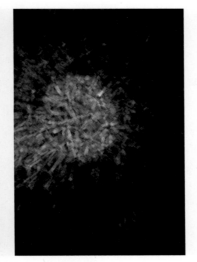

(a) 원본 이미지   (b) 그레이디언트 연산

그림 5.21 그레이디언트 연산을 적용한 이미지

탑햇 연산

탑햇(TopHat) 연산은 입력 이미지와 열림 연산의 조합이며, 그레이디언트 연산과 비슷하게 입력 이미지에 열림 연산을 적용한 이미지를 감산한다. 열림 연산이 적용된 이미지는 스펙클이 사라지고 객체의 크기가 보존된 결과다. 이 결과를 입력 이미지에서 감산한다면 밝은 영역이 분리돼 사라졌던 스펙클이나 작은 부분들이 표시된다.

즉, 입력 이미지의 객체들이 제외되고 국소적으로 밝았던 부분들이 분리된다. 탑햇 연산은 열림 연산에서 사라질 요소들을 표시한다. 다음 수식 5.36은 탑햇 연산을 나타내며, 그림 5.22는 모폴로지 탑햇 연산을 적용한 이미지다.

수식 5.36 탑햇 연산

$$\mathrm{dst} = src - \mathrm{open}(src)$$

(a) 원본 이미지　　　　　　　　(b) 탑햇 연산

그림 5.22 탑햇 연산을 적용한 이미지

블랙햇 연산

블랙햇(BlackHat) 연산은 입력 이미지와 닫힘 연산의 조합이며, 탑햇 연산과 비슷하게 닫힘 연산을 적용한 이미지에 입력 이미지를 감산한다. 닫힘 연산이 적용된 이미지는 객체 내부의 홀이 사라지고 객체의 크기가 보존된 결과다. 이 결과에 입력 이미지를 감산한다면 어두운 영역이 채워져 사라졌던 홀 등이 표시된다.

즉, 입력 이미지의 객체들이 제외되고 국소적으로 어두웠던 홀들이 분리된다. 블랙햇 연산은 닫힘 연산에서 사라질 요소들을 표시한다. 다음 수식 5.37은 블랙햇 연산을 나타내며, 그림 5.23은 모폴로지 블랙햇 연산을 적용한 이미지다.

수식 5.37 블랙햇 연산

$$dst = close(src) - src$$

(a) 원본 이미지   (b) 블랙햇 연산

그림 5.23 블랙햇 연산을 적용한 이미지

히트미스 연산

히트미스(HitMiss) 연산은 다른 형태를 가지며 단일 채널 이미지에서 활용하는 모폴로지 연산자다. 주로 이진화된 이미지에 적용되며, 이미지의 전경 또는 배경 픽셀 중에서 특정한 패턴을 찾는 데 사용된다. 히트미스 연산은 **이진 형태학(Binary morphology)**의 한 형태로 구조 요소의 모양과 크기에 큰 영향을 받는다.

히트미스 연산의 구조 요소는 앞선 구조 요소와 다른 역할을 한다. 히트미스 연산의 구조 요소는 0과 1의 값으로 구성되며, 해당 픽셀을 고려하지 않을 것인지(0의 값, 배경) 또는 고려할 것인지(1의 값, 전경)를 나타낸다.

이러한 특성 덕분에 히트미스 연산은 패턴 검출, 특징 추출, 객체 인식, 이미지 분할, 모서리 검출 등 다양한 응용 분야에서 활용된다. 특히 특정 패턴이나 객체가 이미지 내에 어디에 위치하는지를 파악하기 위해 사용되며, 구조 요소의 정확한 설정이 연산의 결과에 큰 영향을 미친다.

다음 조건은 히트미스 연산에서 사용할 수 있는 제한 조건을 나타내며, 그림 5.24는 모폴로지 히트미스 연산을 적용한 이미지다.

히트미스 제한 조건:

8-bit unsigned integers, 1-Channel

 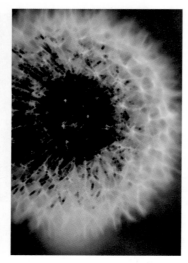

(a) 원본 이미지   (b) 히트미스 연산

그림 5.24 히트미스 연산을 적용한 이미지

지금까지 모폴로지 연산에 대해 알아봤다. 다음 그림 5.25는 모폴로지 연산 함수의 모든 연산 적용 결과를 보여준다.

  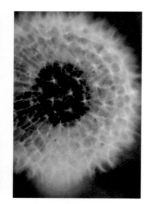

(a) 원본 이미지   (b) 팽창 연산   (c) 침식 연산

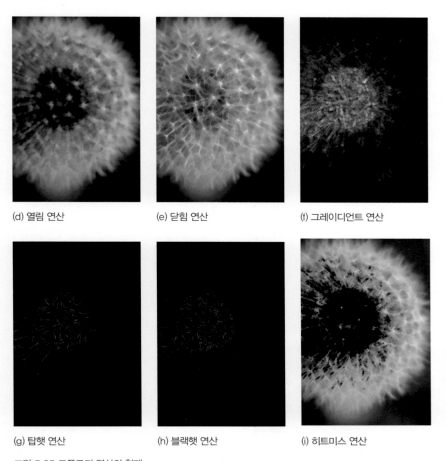

(d) 열림 연산　　　(e) 닫힘 연산　　　(f) 그레이디언트 연산

(g) 탑햇 연산　　　(h) 블랙햇 연산　　　(i) 히트미스 연산

그림 5.25 모폴로지 연산의 형태

예제 5.23과 예제 5.24는 C# OpenCvSharp과 파이썬 OpenCV에서 임의의 구조 요소를 활용해 모폴로지 히트미스 연산을 적용한 예다.

예제 5.23 C# OpenCvSharp의 모폴로지 히트미스 연산

```
using System;
using OpenCvSharp;

namespace Project
{
    class Program
    {
        static void Main(string[] args)
```

```
        {
            Mat src = Cv2.ImRead("dandelion.jpg", ImreadModes.Grayscale);
            Mat dst = new Mat();

            Mat kernel = Mat.Zeros(new Size(7, 7), MatType.CV_8UC1);
            kernel[0, 7, 0, 1] = Mat.Ones(new Size(1, 7), MatType.CV_8UC1);
            kernel[0, 1, 0, 7] = Mat.Ones(new Size(7, 1), MatType.CV_8UC1);

            Cv2.MorphologyEx(src, dst, MorphTypes.HitMiss, kernel, iterations: 10);

            Cv2.ImShow("dst", dst);
            Cv2.WaitKey(0);
            Cv2.DestroyAllWindows();
        }
    }
}
```

【 출력 결과 】

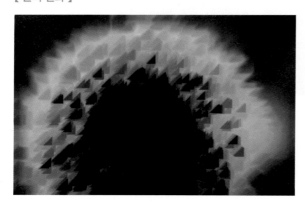

예제 5.23은 임의의 구조 요소를 생성해 모폴로지 연산 함수에 히트미스 플래그를 적용한 예다. 구조
요소의 크기는 7×7이고, 첫 번째 행과 열에 1의 요소를 할당해 좌측 상단 모서리의 픽셀만 유지되도록
구성했다. **반복 횟수**(iterations)를 10회로 지정해 시각적으로 연산 형태를 쉽게 확인할 수 있다. 일반
적으로 히트미스 연산자는 이진화 처리된 이미지에 커널의 형태를 남겨 모서리(코너)를 검출하는 용도
로 활용한다.

예제 5.24 파이썬 OpenCV의 모폴로지 히트미스 연산

```python
import cv2
import numpy as np

src = cv2.imread("dandelion.jpg", cv2.IMREAD_GRAYSCALE)
_, binary = cv2.threshold(src, 127, 255, cv2.THRESH_BINARY)

kernel = np.array([[1, 0, 0, 0, 1],
                   [0, 1, 0, 1, 0],
                   [0, 0, 1, 0, 0],
                   [0, 1, 0, 1, 0],
                   [1, 0, 0, 0, 1]])

dst = cv2.morphologyEx(binary, cv2.MORPH_HITMISS, kernel, iterations=1)

cv2.imshow("dst", dst)
cv2.waitKey(0)
cv2.destroyAllWindows()
```

【 출력 결과 】

예제 5.24는 넘파이 클래스로 임의의 구조 요소를 생성하고, 모폴로지 연산 함수에 히트미스 플래그를 적용한 예다. 구조 요소의 크기는 5×5이고, X 형태로 1의 요소를 할당해 X 형태의 픽셀만 유지되도록 구성했다. 출력 결과에서 확인할 수 있듯이 X 형태를 쉽게 확인할 수 있다. 히트미스 연산자는 이진화 처리된 이미지에 구조 요소의 형태를 남겨 모서리(코너)를 검출하는 용도로 주로 활용된다.

04 이미지 변환

이전 절에서는 이미지 데이터를 변형해 특징을 검출하기 쉬운 상태로 만드는 필터링이나 모폴로지 변환에 대해 주로 설명했다. 이러한 알고리즘은 데이터의 개수가 감소하지는 않지만 이미지 내의 정보를 강조하거나 노이즈를 제거하는 연산이 주를 이뤘다.

그러나 이번 절에서 다루는 이미지 변환은 데이터의 개수를 적절하게 조절함으로써 알고리즘의 연산량을 줄이거나 데이터를 더 검출하기 쉽게 조작하는 목적으로 사용된다. 이러한 이미지 변환을 수학적으로 설명한다면 좌표 (x, y)의 값을 좌표 (x', y')로 변환하는 함수로 표현할 수 있다.

이미지 변환 함수는 이미지 처리에서 중요한 개념 중 하나이며, 다양한 기하학적 및 픽셀 수준의 변환을 수행할 수 있다. 변환의 종류로는 크게 이미지의 크기 변환, 특정 요소의 위치 변경, 이미지의 회전 등이 있다. 이 변환을 유형별로 분류하면 다음과 같다.

1. **강체 변환(Rigid transformation):** 강체 변환은 유클리디언 변환(Euclidean transformation)이라고도 하며, 변환의 기준 점으로부터 크기와 각도가 보존되는 변환이다. 즉, 평행 이동(Translation)과 회전(Rotation)만 허용하는 변환이다.

2. **유사 변환(Similarity transformation):** 유사 변환은 강체 변환에 크기 변환(Scaling)까지 허용된 변환이며, 강체 변환에 등방성(Isotropic) 크기 변환[18]이 추가돼 평행 이동, 회전, 크기 변환만 허용하는 변환이다.

3. **선형 변환(Linear transformation):** 선형 변환은 벡터 공간 내의 선형 관계를 유지하는 변환으로 벡터 공간에서의 선형 조합을 통한 변환을 의미한다. 선형 변환은 벡터의 덧셈 및 스칼라 곱셈을 유지해야 하므로 유사 변환에서 평행 이동 변환이 제외되고 크기 변환, 반사(Reflection), 기울임(Shear)이 허용되는 변환이다. 여기서 크기 변환은 이방성(Anisotropic)[19]을 가질 수도 있다.

4. **아핀 변환(Affine transformation):** 아핀 변환은 선형 변환에 이동 변환까지 포함된 변환이다. 선의 수평성을 유지하는데, 이는 변환 전의 서로 평행한 선은 변환 후에도 평행함을 의미한다. 길이의 비와 평행성이 보존되는 변환이다. 가령 사각형을 평행사변형으로 변환한다면 아핀 변환이다.

5. **원근 변환(Perspective transformation):** 원근 변환은 원근감을 표현하기 위한 변환이다. 아핀 변환과 비슷한 변환으로 볼 수 있지만 아핀 변환에서 유지되는 수평성은 유지되지 않는다. 직선의 성질만 유지되며 사각형을 임의의 사각형 형태로 변환한다면 원근 변환으로 간주한다.

그림 5.26은 강체 변환, 유사 변환, 선형 변환, 아핀 변환, 원근 변환을 집합 관계로 표현한 것이다. 각 변환이 어떤 포함 관계를 맺는지 쉽게 이해할 수 있다.

---

18 모든 방향에서 동일한 비율로 크기가 변하는 변환
19 이미지의 크기를 늘리거나 줄일 때, 한 방향(가로 또는 세로)은 다른 방향과 다르게 조절하는 것을 의미

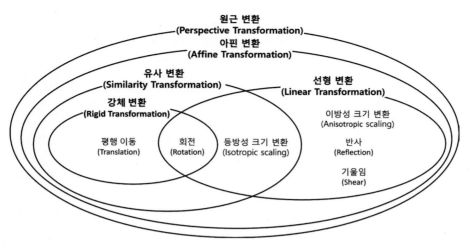

그림 5.26 변환 간의 관계를 집합으로 표현

이미지 피라미드

이미지 피라미드(Image pyramid)란 이미지를 원하는 단계까지 샘플링해 다양한 해상도의 이미지를 생성하는 기술을 의미한다. 이 기술은 원본 이미지의 크기를 변경해 계층 구조의 형태로 표현한다. 즉, 이미지 피라미드는 이미지 확대(업샘플링) 및 축소(다운샘플링)를 통해 생성된다.

원본 이미지를 크게 확대하는 과정을 **업샘플링(Upsampling)**이라고 하며, 이미지의 해상도를 높이는 과정이다. 이 과정을 통해 이미지에서 크기가 작은 개체의 정보를 보다 상세하게 확인할 수 있다. 업샘플링 과정에서는 일반적으로 보간(Interpolation) 기술을 사용해 이미지를 확대한다.

반면에 원본 이미지를 작게 축소하는 과정을 **다운샘플링(Downsampling)**이라고 하며, 이미지의 해상도를 낮추는 과정이다. 다운샘플링을 통해 이미지를 작은 크기로 만들면 처리 속도가 향상되며, 특정한 패턴이나 특징을 검출하는 데 유용하다.

업샘플링과 다운샘플링을 비교해 보면 마치 역연산처럼 보인다. 하지만 두 샘플링은 역관계에 있다고 볼 수 없다. 하위 단계(업샘플링)를 생성하는 것은 원래의 데이터에서 존재하지 않는 것을 생성하는 연산이며, 상위 단계(다운샘플링)를 생성하는 것은 일부 데이터를 제거하는 연산이다.

원본 이미지를 업샘플링한 다음 다시 다운샘플링해서 본래 크기로 되돌렸다고 가정한다면 샘플링이 적용된 이미지는 원본 이미지와 데이터가 동일하지 않다. 그러므로 다운샘플링하는 과정에서 제거된 정보를 다시 가져와 본래의 이미지의 해상도로 복원해야 한다.

이미지 피라미드는 이러한 샘플링 연산을 통해 생성되며, 주로 객체 검출이나 추적과 같은 작업에서 다양한 크기의 물체나 동작을 인식하고 추적하는 데 사용된다. 작은 해상도의 이미지에서는 전체적인 구조를 파악하고, 높은 해상도의 이미지에서는 더 정교한 세부 정보를 확인하는 데 사용된다. 이를 통해 객체 검출이나 추적에서 물체의 크기나 위치가 변하는 경우에도 안정적으로 작동할 수 있게 한다.

또한 이미지 피라미드는 이미지 매칭에서도 사용된다. 예를 들어, 어떤 이미지에서 특정 패턴을 찾는 작업에서 이미지 피라미드를 사용하면 크기나 회전 변화에 대응할 수 있어 더 정확한 매칭을 수행할 수 있다. 그림 5.27은 이미지 피라미드의 형태를 보여준다.

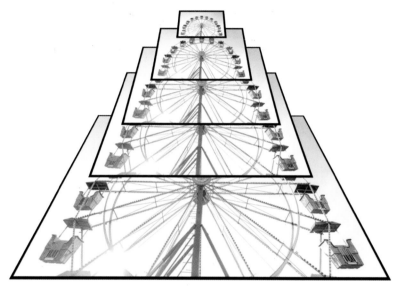

그림 5.27 이미지 피라미드

그림 5.27을 보면 이미지의 크기를 조절할 때 이미지들이 피라미드와 같은 형태로 나열되는 것을 확인할 수 있다. 즉, 이미지 피라미드는 계층적 구조를 가지며, 각 계층은 이전 계층의 이미지를 기반으로 생성된다. 일반적으로 아래쪽 계층에서는 이미지가 크기가 크고 높은 해상도를 갖게 되며, 위쪽 계층으로 올라갈수록 이미지 크기는 작아지고 해상도는 낮아진다. 이미지 피라미드의 종류에는 크게 가우시안 피라미드와 라플라시안 피라미드가 있다.

가우시안 피라미드(Gaussian pyramid)는 상위 단계 이미지를 생성하는 다운샘플링을 통해 생성된다. 먼저 이미지에 가우시안 필터를 적용하고, 짝수 행과 짝수 열을 제거하는 다운샘플링을 통해 상위 단계 이미지를 생성한다. 결과적으로 $M \times N$ 크기의 이미지를 $M/2 \times N/2$의 크기로 축소한다.

가우시안 피라미드의 첫 번째 계층은 원본 이미지가 되며, 두 번째 계층은 가우시안 필터를 사용해 고주파 성분(세부 사항)을 제거해 다운샘플링으로 해상도를 줄인다. 세 번째 계층에서는 이전 계층의 이미지를 불러와 다시 가우시안 필터를 적용하고 다운샘플링을 수행한다. 이런 방식으로 피라미드의 각 계층은 원본 이미지에서 세부 정보를 계속 제거하면서 생성된다.

라플라시안 피라미드(Laplacian pyramid)는 가우시안 피라미드에서 생성된다. 다운샘플링된 이미지에서 본래의 이미지로 복원하려면 업샘플링을 통해 원래의 이미지 크기로 확대한다. 업샘플링 과정은 짝수 행과 짝수 열을 추가해 0으로 채운 후, 근삿값을 채우기 위해 가우시안 필터로 합성곱 연산을 수행한다. 결과적으로 M×N 크기의 이미지를 2M×2N의 크기로 확대한다.

결국 라플라시안 피라미드는 가우시안 피라미드의 다음 계층의 이미지를 업샘플링해 이미지를 복원하고, 현재 계층의 가우시안 피라미드 이미지 간의 차이를 계산하게 된다. 그러므로 라플라시안 피라미드는 **가우시안 피라미드 계층 간의 차이(Difference Of Gaussians, DOG)**를 근사적으로 표현하는 방법이다. 라플라시안 피라미드를 수식으로 정의하면 다음과 같이 표현할 수 있다.

수식 5.38 라플라시안 피라미드

$$G_0 = src$$
$$G_{i+1} = Down(G_i)$$
$$L_i = G_i - Up(G_{i+1}) \otimes g_{5 \times 5}$$

G_0은 입력 이미지를 의미하며, G_i는 i번째 가우시안 피라미드 이미지를 의미한다. G_{i+1} 이미지를 만들기 위해 다운샘플링(Down)을 수행해 상위 단계의 이미지를 만든다. 라플라시안 피라미드는 가우시안 피라미드 이미지에서 업샘플링된 이미지(Up)를 감산해서 가우시안 피라미드의 차이를 계산한다. 이때 5×5의 가우시안 커널로 합성곱 연산을 수행해 이미지를 복원한다.

업샘플링

C# OpenCvSharp의 이미지 확대 함수

```
Cv2.PyrUp(
    Mat src,
    Mat dst,
    Size? dstSize = null,
    BorderTypes borderType = BorderTypes.Reflect101
);
```

```
dst = cv2.pyrUp(
    src,
    dstSize = None,
    borderType = None
)
```

이미지 확대 함수는 행과 열을 2배로 키워 이미지를 확대하는 변환 함수다. 이미지를 업샘플링한 후 가우시안 흐림 처리를 적용한다. 이미지 크기를 복원하기 위해 **입력 이미지**(src)의 짝수 행과 짝수 열을 추가해 값을 0으로 채운 후, 가우시안 필터를 사용해 합성곱 연산으로 평균 밝기를 복원하는 연산이다. 이 함수는 앞선 수식 5.38의 $Up(G_{i+1}) \otimes g_{5 \times 5}$ 연산과 동일하다.

이때 사용되는 가우시안 필터의 값은 4로 정규화된다. 업샘플링된 이미지에 새로 삽입된 요소는 각 차원의 방향으로 업샘플링을 수행했으므로, 이미지를 평균 밝기로 복원하기 위해 4로 정규화된 커널을 사용한다.

출력 이미지(dst)의 크기는 2배 확대한 이미지가 되므로 (src.cols×2, src.rows×2)가 된다. 하지만 **출력 이미지 크기**(dstSize)를 할당한다면 크기를 변경할 수 있다. 출력 이미지 크기를 변경하는 경우 다음 조건을 충족해야 한다.

출력 이미지 크기 조건:

$$|dstsize.width - src.cols \times 2| \leq (dstsize.width \bmod 2)$$
$$|dstsize.height - src.rows \times 2| \leq (dstsize.height \bmod 2)$$

이 조건은 **결과 이미지**(dst)의 크기가 **입력 이미지**(src) 크기의 약 2배인 것을 의미한다. 이미지 피라미드는 업샘플링과 다운샘플링이 함께 사용되는데, 홀수 크기의 이미지를 다운샘플링하면 1px 가량 누락이 발생한다.

즉, 99 크기의 이미지를 다운샘플링한다면 49.5 크기가 되어 49 또는 50의 크기를 갖게 된다. 이 이미지를 업샘플링한다면 98 또는 100의 크기를 갖는 이미지가 되어 이미지 크기가 달라진다. 이러한 문제를 방지하기 위해 출력 이미지 크기를 조절할 수 있다.

다운샘플링

C# OpenCvSharp의 이미지 축소 함수

```
Cv2.PyrDown(
    Mat src,
    Mat dst,
    Size? dstSize = null,
    BorderTypes borderType = BorderTypes.Reflect101
);
```

파이썬 OpenCV의 이미지 축소 함수

```
dst = cv2.pyrDown(
    src,
    dstSize = None,
    borderType = None
)
```

이미지 축소 함수는 입력 이미지(src)의 행과 열을 2배로 축소해서 이미지를 축소하는 변환 함수다. 이미지에 가우시안 커널로 합성곱 연산을 수행한 후 모든 짝수 행과 짝수 열을 제거해 크기가 축소된 이미지를 생성한다. 이미지를 2배 작게 만들어야 하므로 홀수 크기의 이미지에는 +1을 해서 짝수 크기의 이미지로 변경한다. 이미지 축소 함수에서 사용되는 가우시안 커널은 그림 5.28과 같은 커널을 사용한다.

$$\frac{1}{256}
\begin{array}{|c|c|c|c|c|}
\hline
1 & 4 & 6 & 4 & 1 \\
\hline
4 & 16 & 25 & 16 & 4 \\
\hline
6 & 24 & 36 & 24 & 6 \\
\hline
4 & 16 & 25 & 16 & 4 \\
\hline
1 & 4 & 6 & 4 & 1 \\
\hline
\end{array}$$

그림 5.28 가우시안 커널

이미지 축소 함수는 Gi 계층을 대상으로 합성곱 연산을 수행하고 모든 짝수 행과 짝수 열을 제거해 G_{i+1}을 생성한다. 생성된 계층은 **입력 이미지**(src)의 1/4에 해당하는 면적을 갖는다. **출력 이미지**(dst)의 크기는 2배 축소한 이미지가 되므로 ((src.cols+1)/2, (src.rows+1)/2)가 된다. 추가로 **출력 이미지 크기**(dstSize)를 지정해 크기를 변경할 수 있다. 크기를 변경하려면 다음 조건을 충족해야 한다.

출력 이미지 크기 조건:

$$|dstsize.width \times 2 - src.cols| \le 2$$
$$|dstsize.height \times 2 - src.rows| \le 2$$

이 조건은 **결과 이미지**(dst)의 크기가 **입력 이미지**(src) 크기의 약 1/2배인 것을 의미한다. 이 매개 변수의 의미는 앞선 업샘플링에서 출력 이미지 크기를 조절하는 이유와 동일하다.

다음 예제 5.25는 C# OpenCvSharp에서 라플라시안 피라미드를 생성한 예이며, 예제 5.26은 파이썬 OpenCV에서 라플라시안 피라미드를 생성한 예다.

예제 5.25 C# OpenCvSharp의 라플라시안 피라미드

```csharp
using System;
using System.Collections.Generic;
using OpenCvSharp;

namespace Project
{
    class Program
    {
        static void Main(string[] args)
        {
            Mat src = Cv2.ImRead("ferris-wheel.jpg");
            List<Mat> gaussianPyramid = new List<Mat>();
            List<Mat> laplacianPyramid = new List<Mat>();
            List<Size> sizes = new List<Size>();

            int numLevels = 4;
            Mat temp = src.Clone();
            for (int i = 0; i < numLevels; i++)
            {
                Mat down = new Mat();
                Cv2.PyrDown(temp, down);
                gaussianPyramid.Add(down);
                temp = down.Clone();
```

```
            sizes.Add(down.Size());
        }

        for (int i = 0; i < numLevels - 1; i++)
        {
            Mat up = new Mat();
            Mat laplacian = new Mat();
            Cv2.PyrUp(gaussianPyramid[i + 1], up, sizes[i]);
            Cv2.Subtract(gaussianPyramid[i], up, laplacian);
            laplacianPyramid.Add(laplacian);
        }

        Cv2.ImShow("gaussianPyramid_0", gaussianPyramid[0]);
        Cv2.ImShow("laplacianPyramid_0", laplacianPyramid[0]);
        Cv2.WaitKey(0);
        Cv2.DestroyAllWindows();
    }
  }
}
```

【 출력 결과 】

예제 5.25는 라플라시안 피라미드를 생성하기 위해 가우시안 피라미드, 라플라시안 피라미드, 크기 정보를 저장하기 위한 리스트를 선언한다. **크기 정보 리스트(sizes)**는 다운샘플링 과정에서 이미지의 크기가 홀수 크기로 변환될 수 있으므로 가우시안 피라미드의 크기 정보를 저장한다.

이후 생성할 피라미드의 수준을 정의한다. 현재 예제에서는 4개의 계층을 적용하겠다. 이후 가우시안 피라미드를 생성하기 위해 반복문을 정의하고 이전 계층의 가우시안 피라미드 이미지를 복제해 이미지 피라미드를 생성한다.

라플라시안 피라미드도 반복문을 정의해 업샘플링을 반복해 적용한다. 이때 현재 계층보다 한 단계 높은 가우시안 피라미드 이미지를 업샘플링한다. 가우시안 피라미드 이미지와 동일한 크기로 이미지를 업샘플링하기 위해 크기 정보 리스트를 가져와 출력 이미지 크기를 변경한다.

이후 라플라시안 이미지를 생성하기 위해 빼기 함수로 가우시안 피라미드 이미지와 업샘플링된 이미지를 감산한다. 출력 결과에서 확인할 수 있듯이 고주파 성분이 강조된 라플라시안 이미지를 확인할 수 있다.

예제 5.26 파이썬 OpenCV의 라플라시안 피라미드

```python
import cv2

src = cv2.imread("ferris-wheel.jpg")
gaussian_pyramid = []
laplacian_pyramid = []
sizes = []

num_levels = 4
temp = src.copy()
for i in range(num_levels):
    down = cv2.pyrDown(temp)
    gaussian_pyramid.append(down)
    temp = down.copy()
    sizes.append((down.shape[1], down.shape[0]))

for i in range(num_levels - 1):
    up = cv2.pyrUp(gaussian_pyramid[i + 1], dstsize=sizes[i])
    laplacian = cv2.subtract(gaussian_pyramid[i], up)
    laplacian_pyramid.append(laplacian)

cv2.imshow("gaussianPyramid_0", gaussian_pyramid[0])
cv2.imshow("laplacianPyramid_0", laplacian_pyramid[0])
cv2.waitKey(0)
cv2.destroyAllWindows()
```

예제 5.26의 코드는 앞선 예제 5.25의 코드 구성 및 방식이 동일하다. 하지만 파이썬 OpenCV의 **출력 이미지 크기**(dstSize) 매개 변수는 (높이, 너비)가 아닌, (너비, 높이)의 구조로 입력을 받으므로 shape 속성을 사용할 때, (down.shape[1], down.shape[0])의 구조로 할당해야 한다. 앞선 5.25 예제의 출력 결과와 동일하게 고주파 성분이 강조된 라플라시안 이미지를 확인할 수 있다.

이미지 크기 조절

앞선 이미지 피라미드에서 다룬 업샘플링과 다운샘플링에서 확인할 수 있듯이 이미지의 크기를 조절하는 것은 단순한 연산이 아니다. 이미지의 크기를 조절하는 것은 컴퓨터비전 및 이미지 처리 분야에서 중요한 작업 중 하나이며, 복잡한 과정을 통해 이미지 크기를 조절하게 된다.

앞 절에서는 이미지 피라미드를 통해 이미지의 크기를 변환했다. 이 변환은 2배로 확대하거나 축소만 가능해서 특수한 상황에서는 사용할 수 없으므로 다른 연산을 활용해야 한다. 이미지를 확대하는 경우에는 픽셀에 대한 보간법이 수행되며, 이미지를 축소하는 경우에는 픽셀에 대한 병합법이 수행된다.

지금부터 알아볼 이미지 크기 조절 함수는 사용자가 원하는 크기로 이미지를 변환한다. 이미지를 임의의 크기로 조절하는 방법은 크게 두 가지로 나눌 수 있다. 첫 번째 방법은 이미지의 크기를 사용자가 요구하는 절대 크기로 변경하는 것이다. 본래의 크기에서 임의의 크기(640×480이나 123×456 등의 이미지 크기)로 변환하는 것을 의미한다. 두 번째 방법은 이미지의 크기를 비율에 맞게 상대적인 크기로 변경하는 것이다. 이 경우 입력 이미지의 크기와 비례하도록 너비와 높이가 계산된다. 다음은 C# OpenCvSharp과 파이썬 OpenCV에서 각각 사용하는 이미지 크기 조절 함수다.

C# OpenCvSharp의 이미지 크기 조절 함수

```
Cv2.Resize(
    Mat src,
```

```
    Mat dst,
    Size dsize,
    double fx = 0,
    double fy = 0,
    InterpolationFlags interpolation = InterpolationFlags.Linear
);
```

파이썬 OpenCV의 이미지 크기 조절 함수

```
dst = cv2.resize(
    src,
    dsize,
    fx = None,
    fy = None,
    interpolation = None
)
```

이미지 크기 조절 함수는 **입력 이미지**(src)를 **절대 크기**(dsize)나 **상대 크기**(fx, fy)로 변환한다. **절대 크기**(dsize)는 필수 매개 변수며, **상대 크기**(fx, fy)로 변환하기 위해서는 **절대 크기**(dsize)의 값을 (0, 0)으로 설정하고 fx와 fy에 각각 x축과 y축에 적용할 비율 계수를 설정한다.

이때 상대 크기를 사용해도 절대 크기에 값을 할당하는 이유는 fx와 fy에서 계산된 크기가 dsize에 할당되기 때문이다. 즉, **절대 크기**(dsize)의 값이 (0, 0)이거나 **상대 크기**(fx, fy)의 값이 (0, 0)이어야 한다.

만약, **절대 크기**(dsize)에 하나라도 0이 아닌 값이 포함돼 있고, **상대 크기**(fx, fy)에도 값이 할당돼 있다면 **절대 크기**(dsize) 값을 사용해 이미지 크기를 조절한다. 다음 수식 5.39와 5.40은 절대 크기와 상대 크기의 계산 방법을 보여준다.

수식 5.39 절대 크기(dsize) 변환

$$dsize.width = round(fx \times src.cols)$$
$$dsize.height = round(fy \times src.rows)$$

수식 5.40 상대 크기(fx, fy) 변환

$$fx = \frac{dsize.width}{src.cols}$$
$$fy = \frac{dsize.height}{src.rows}$$

마지막 매개 변수인 **보간법**(interpolation)은 이미지의 크기를 조절할 때 사용할 보간 방식을 지정한다. 이미지를 확대하거나 축소하는 함수와는 다르게 설정해야 하는 크기와 보간법이 존재한다.

이미지 보간법

이미지 피라미드는 변경될 크기가 고정돼 있어 짝수 행과 짝수 열을 조작해 크기를 변경할 수 있었지만, 이미지 크기 조절 함수는 어떤 크기로 변환될지 알 수 없으므로 보간법을 활용한다. 표 5.13은 이미지 크기 조절 함수에서 사용 가능한 보간법을 정리한 것이다.

표 5.13 이미지 크기 조절 함수의 보간법

언어	속성	설명
C#	InterpolationFlags.Nearest	최근접 이웃 보간법
Py	cv2.INTER_NEAREST	
C#	InterpolationFlags.Linear	이중 선형 보간법
Py	cv2.INTER_LINEAR	
C#	InterpolationFlags.LinearExact	비트 단위 이중 선형 보간법
Py	cv2.INTER_LINEAR_EXACT	
C#	InterpolationFlags.Cubic	큐빅 보간법
Py	cv2.INTER_CUBIC	
C#	InterpolationFlags.Area	영역 보간법
Py	cv2.INTER_AREA	
C#	InterpolationFlags.Lanczos4	8×8 이웃의 란초스 보간법
Py	cv2.INTER_LANCZOS4	

이미지의 비율을 변경하면 존재하지 않는 영역에 새로운 픽셀 값을 매핑하거나 현재 픽셀들을 압축해서 새로운 값을 할당해야 한다. 이를 이미지상에 존재하는 픽셀 데이터 (x_i, y_i)들에 대해 근사 함수 $f(x, y)$로 새로운 픽셀 값을 구하는 것으로 이해할 수 있다.

이미지의 크기를 늘린다면 입력 이미지의 픽셀 값을 결과 이미지의 새로운 좌표에 모두 매핑하고 비어 있는 픽셀은 보간법을 활용해 새로운 값을 배치한다. 반대로 이미지의 크기를 줄인다면 입력 이미지의 픽셀이 결과 이미지 새로운 좌표에 매핑될 때 가장 근사한 값을 갖는 좌표로 픽셀값이 매핑된다.

하지만 이미지를 늘리거나 줄일 때 새롭게 할당해야 하는 픽셀은 대부분 **분수 픽셀**(Fractional pixel)[20] 위치에 있다. 그러므로 새로운 픽셀의 값을 보간해서 찾아야 한다. 이때 보간법에 따라 어떤 방식으로 픽셀을 매핑할지가 결정된다.

최근접 이웃 보간법은 분수 픽셀 위치에서 가장 가까운 원본 픽셀을 결과 이미지의 픽셀값으로 사용한다. 이로 인해 이미지가 픽셀화된 형태를 유지하며, 부드럽지 않을 수 있다.

이중 선형 보간법은 분수 픽셀 위치에서 2×2 크기의 주변 원본 픽셀과 가까운 거리에 따라 선형적으로 가중치를 할당해서 새로운 픽셀 값을 계산한다. 즉, 주변 4개의 셀의 가중 평균을 사용하므로 이미지가 부드러운 변화를 보이며, 가장 많이 사용되는 보간법이다.

비트 단위 이중 선형 보간법도 이중 선형 보간법과 마찬가지로 주변 픽셀 값을 사용해 보간을 수행한다. 단, 비트 단위 이중 선형 보간법은 비트 단위 값을 보존하면서 보간을 수행하므로 정밀도를 보존하면서 이미지를 보간한다. 이를 통해 픽셀 손실을 최소화할 수 있다.

영역 보간법은 픽셀 간의 관계를 고려해서 리샘플링한다. 즉, 결과 이미지의 픽셀 위치를 입력 이미지의 픽셀 위치에 배치하고 겹치는 영역의 평균을 구해 결과 이미지의 픽셀값으로 사용한다.

큐빅 보간법은 분수 픽셀 위치에서 4×4 크기의 주변 원본 픽셀을 **3차 큐빅 스플라인**(Cubic spline)[21]으로 계산해서 사용한다. 주변 픽셀 값에 대한 가중 평균을 계산하므로 조금 더 부드러운 보간 방식이다.

란초스 보간법은 바이 큐빅 보간법과 유사한 방식으로 분수 픽셀 위치에서 8×8 크기의 주변 원본 픽셀을 계산해서 사용한다. 이 방법은 고주파 잡음을 줄이기 위한 더 정교한 보간 기술 중 하나로, 이미지의 품질을 높이기 위해 사용된다. 이 보간법을 적용하면 이미지의 선명도를 높이는 효과가 있다.

기본적으로 이중 선형 보간법을 가장 많이 활용하며 이미지를 확대하는 경우 이중 선형 보간법이나 바이 큐빅 보간법을 사용한다. 반대로 이미지를 축소하는 경우 영역 보간법을 주로 활용한다. 영역 보간법은 이미지를 확대하는 경우 가장 가까운 이웃 보간법과 비슷한 결과를 보이기도 한다. 보간법에 따라 결과 이미지가 크게 달라지므로 프로그램의 목적에 따라 보간법을 선택한다.

예제 5.27은 C# OpenCvSharp에서 관심 영역을 적용한 후 상대 크기로 이미지 크기 조절 함수를 적용한 예이며, 예제 5.28은 파이썬 OpenCV에서 관심 영역을 적용한 후 절대 크기로 이미지 크기 조절 함수를 적용한 예다.

---

20 정수 좌표가 아닌 실수 좌표에 있는 픽셀을 뜻한다.
21 데이터 포인트를 부드럽게 연결하여 연속적이고 부드러운 곡선을 생성하는 보간 기술

예제 5.27 C# OpenCvSharp의 이미지 크기 조절

```csharp
using System;
using OpenCvSharp;

namespace Project
{
    class Program
    {
        static void Main(string[] args)
        {
            Mat src = Cv2.ImRead("car.png");
            Mat dst = new Mat(new Size(1, 1), MatType.CV_8UC3);

            dst = src.SubMat(280, 310, 240, 405);
            Cv2.Resize(dst, dst, new Size(9999, 0), 2.0, 2.0, InterpolationFlags.Cubic);

            Cv2.ImShow("dst", dst);
            Cv2.WaitKey(0);
            Cv2.DestroyAllWindows();
        }
    }
}
```

【 출력 결과 】

예제 5.27에서는 Mat 클래스로 선언된 **출력 이미지**(dst) 변수에서 이미지 크기 매개 변수를 올바르지 않은 값을 선언해도 SubMat과 Resize에서 재계산된 크기로 다시 할당된다. 이미지 크기를 조절하거나 관심 영역을 설정할 경우 이미지 크기는 다시 재계산되어 할당하므로 기본 생성자를 사용하거나 임의의 값을 할당해 사용해도 된다(기본 생성자를 사용할 것을 권장한다).

상대 크기(fx, fy)의 값을 활용하기 위해서는 필수 매개 변수인 **절대 크기**(dsize)에 값이 할당돼 있어야 한다. 사이즈 구조체의 **너비**(width)나 **높이**(height) 값이 둘 중 하나라도 0의 크기를 가져야 한다(일반적으로 너비와 높이 모두 0의 값을 할당한다). 둘 중 하나라도 0의 크기를 갖는다면 상대 크기를 사용하는 것으로 간주한다.

다음으로 원본 이미지에서 일정 영역을 관심 영역으로 설정한 뒤, 이미지 크기 조절 함수로 이미지를 2배 확대한다. **출력 이미지**(dst)에서 큐빅 보간법이 적용된 결과를 확인할 수 있다.

예제 5.28 파이썬 OpenCV의 이미지 크기 조절

```python
import cv2

src = cv2.imread("car.png")

dst = src[280:310, 240:405]
dst = cv2.resize(dst, dsize=(256, 256), interpolation=cv2.INTER_NEAREST)

cv2.imshow("dst", dst)
cv2.waitKey(0)
cv2.destroyAllWindows()
```

【 출력 결과 】

예제 5.28은 예제 5.27과 동일하게 **원본 이미지**(src)에서 관심 영역을 설정한 후, 이미지 크기 조절 함수를 적용한 예다. 예제에서는 관심 영역으로 설정된 이미지를 256×256의 절대 크기로 변환한다.

상대 크기(fx, fy)는 기본적으로 None(0) 값이 할당돼 있어 절대 크기를 활용할 경우 명시적으로 표기하지 않아도 된다. 만약 상대 크기를 사용한다면 dsize=(0, 0), fx=Xratio, fy=Yratio의 형태로 지정한다.

보간법으로는 최근접 이웃 보간법을 활용해 이미지를 확대한다. 최근접 이웃 보간법을 적용할 경우 가장 가까운 결과를 활용하기 때문에 픽셀이 깨지는 것처럼 보일 수 있다.[22] 만약 다른 보간법을 적용해서

22　최근접 이웃 보간법은 주변 픽셀값으로 보간되므로 마스크 이미지를 보간할 때 주로 사용된다.

결과를 확인할 경우 **출력 이미지**(dst)가 크게 차이 나는 것을 쉽게 확인할 수 있다. 목적에 따라 적절한 보간법을 적용하는 것이 가장 중요하다.

이미지 대칭 및 회전

이미지 대칭 및 회전은 선형 변환을 통해 수행되는 수학적 연산이다. 선형 변환은 벡터 공간에서의 변환을 나타내며, 이미지 처리에서는 이미지의 모든 픽셀에 대한 수학적 연산으로 구성된다. 이미지 대칭과 회전은 특별한 선형 변환 행렬을 사용해 수행된다.

이미지 대칭 및 회전은 주로 데이터 정규화 및 일반화를 위한 전처리 단계로 활용된다. 이미지를 대칭하거나 회전시켜 방향을 조정함으로써 알고리즘의 일관성을 유지할 수 있으며, 특정 방향으로 이미지를 회전시켜 결과를 더 쉽게 분석하고 해석할 수 있다. 또한, 머신러닝 관점에서 이미지 대칭 및 회전은 학습 데이터의 일관성을 유지하거나 데이터의 다양성을 높이는 데 활용된다. 이를 통해 머신러닝 모델의 일반화 능력을 향상시킬 수 있다.

이미지 대칭 및 회전은 전/후처리 과정에서 빈번하게 활용되며, 이를 통해 머신러닝 모델의 성능을 향상시키고 데이터의 일관성을 유지할 수 있게 한다. 이번 절에서는 이미지 대칭과 회전에 대해 자세히 알아본다.

대칭

대칭(Symmetry)은 기하학적인 측면에서 **반사**(Reflection)의 의미를 갖는다. 이는 주로 2차원 유클리드 공간에서의 기하학적 변환 중 하나로 사용된다. 2차원 유클리드 공간인 R^2상에서의 선형 변환을 의미한다. 대칭은 이미지 처리와 기하학에서 중요한 개념 중 하나다.

대칭 변환이란 어떤 행렬(또는 이미지)에 대해 2×2 행렬을 왼쪽에서 곱해 적용되는 변환이다. 이 변환은 행렬 곱셈을 사용해 수행되며, 주로 두 축을 기준으로 대칭되는 형태로 변환된다. 즉, 2차원 평면 위의 점들을 다른 점으로 매핑하는 변환이다.

가령 Y축 대칭 변환이란 주어진 점 (x, y)를 Y축을 중심으로 대칭시키는 것을 의미한다. 만약 점 (x, y)를 Y축으로 대칭하려면 새로운 점 (x', y')는 $x'=-x, y'=y$로 계산될 수 있다. 예를 들어, 점 $(2, 3)$을 Y축을 중심으로 대칭하면 $(-2, 3)$이 된다. 하지만 이미지는 음수 좌표가 존재하지 않으므로 이미지의 원점인 $(0, 0)$으로 평행 이동시켜야 한다. 결국 새로운 점의 위치는 $x'=width-x-1, y'=y$로 표현할 수 있다. 가령 이미지의 너비가 4였다면 대칭된 이미지의 좌표는 $(1, 3)$이 된다.

대칭 변환의 기하학적인 의미는 주어진 점을 특정 축을 기준으로 대칭시켜 새로운 위치로 매핑하는 것을 나타내며, 그림이나 이미지를 거울에 비친 듯한 효과를 만들어 낸다. 이와 같이 대칭 변환은 수학적으로 간단하지만 다양한 분야에서 유용하게 활용된다. 또한, 2차원 공간에서의 다른 대칭 변환도 유사한 방식으로 작동한다. 그림 5.29는 원본 행렬에 X축, Y축, XY축 대칭을 적용했을 때 행렬의 변화를 보여준다.

src

1	2	3	4
5	6	7	8
9	10	11	12
13	14	15	16

Flip Y

4	3	2	1
8	7	6	5
12	11	10	9
16	15	14	13

13	14	15	16
9	10	11	12
5	6	7	8
1	2	3	4

Flip X

16	15	14	13
12	11	10	9
8	7	6	5
4	3	2	1

Flip XY

그림 5.29 축 대칭 행렬

src는 원본 행렬을 나타내며, *Flip*은 원본 행렬에 각 축에 대한 대칭 변환을 적용했을 때의 결과다. 대칭 변환은 단순히 원본 행렬에서의 축을 따라 재매핑을 수행하면 대칭된 행렬을 얻을 수 있다. 대칭 변환 시 사용되는 축 대칭 행렬은 2×2 **반사 행렬**(Reflection matrix)을 왼쪽에 곱함으로써 얻을 수 있다. 그림 5.30은 X축과 Y축에 대한 반사 행렬의 형태를 보여준다.

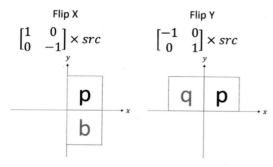

Flip X
$$\begin{bmatrix} 1 & 0 \\ 0 & -1 \end{bmatrix} \times src$$

Flip Y
$$\begin{bmatrix} -1 & 0 \\ 0 & 1 \end{bmatrix} \times src$$

그림 5.30 반사 행렬

원본 이미지 'p'에 대해 X축 반사 행렬을 왼쪽에서 곱하면, 이미지는 상하로 대칭된 'b' 형태의 결과 이미지로 변환된다. 이것은 이미지의 아래쪽 점들이 상단으로 이동하고, 상단의 점들은 아래로 이동해 상하 대칭을 형성한다. 반면, 원본 이미지 'p'에 Y축 반사 행렬을 왼쪽에서 곱하면, 이미지는 좌우로 대칭된 'q' 형태의 결과 이미지로 변환된다. 이는 이미지의 오른쪽 점들이 왼쪽으로 이동하고, 왼쪽의 점들은 오른쪽으로 이동해 좌우 대칭을 형성하게 된다.

가령 XY축 반사 행렬을 설정하면, 행렬 값은 [[−1, 0], [0, −1]]와 같이 구성되어 이미지가 상하 및 좌우로 동시에 대칭된다. 이렇게 변환된 결과 이미지는 **그래픽스 좌표계**(Graphics coordinates)[23]에 맞게 재설정되며, 다른 변환과 결합해 원하는 출력 이미지를 얻을 수 있다. 변환 행렬에는 이동, 확대/축소, 회전 행렬과 같은 다양한 변환 행렬이 있으며, 이러한 변환 행렬들은 아핀 변환에서 자세히 다루도록 하겠다. 다음은 C# OpenCvSharp과 파이썬 OpenCV에서 각각 사용하는 대칭 함수다.

C# OpenCvSharp의 대칭 함수

```
Cv2.Flip(
    Mat src,
    Mat dst,
    FlipMode flipCode
);
```

파이썬 OpenCV의 대칭 함수

```
dst = cv2.flip(
    src,
    flipCode
)
```

대칭 함수는 **입력 이미지**(src)의 행과 열을 바꾸기 위해 축을 기준으로 이미지를 반사하는 함수다. 이 함수를 사용해 X축, Y축 및 XY축에 대해 이미지를 대칭시킬 수 있으며, **대칭 축**(flipCode)을 설정해 이미지의 대칭 방향을 선택할 수 있다. 대칭 함수는 일반적으로 카메라로 캡처한 이미지가 화면에 정확하게 표시되도록 조정하거나, 이미지의 원점을 서로 다른 위치로 이동할 때 활용된다. 표 5.14는 대칭 함수에서 사용하는 대칭 축 플래그를 나타낸 것이다.

---

23 컴퓨터 그래픽스에서 사용되는 좌표계다. 왼쪽 위 모서리가 (0, 0)이 되며, 오른쪽으로 갈수록 x값이 증가하고 아래쪽으로 갈수록 y값이 증가한다.

언어	속성	설명
C#	FlipMode.XY	
		XY축 대칭(상하좌우 대칭)
Py	flipCode < 0	
C#	FlipMode.X	
		X축 대칭(상하 대칭)
Py	flipCode = 0	
C#	FlipMode.Y	
		Y축 대칭(좌우 대칭)
Py	flipCode > 0	

대칭 축(flipCode)의 값이 음수일 경우 XY축 대칭을 수행하며, 0이라면 X축을 기준으로 대칭을 진행한다. 양수일 경우 Y축을 기준으로 대칭한다. 대칭 함수의 플래그는 양수, 0, 음수 값으로 표기하므로 다른 함수와 다르게 OR(¦) 연산이 가능하지 않다.

회전

회전(Rotation)은 선형 변환 중 하나로 물체를 중심점을 중심으로 회전시키는 작업을 의미한다. 이때 **회전 행렬(Rotation matrix)**을 사용해 회전을 수행한다. 이 행렬은 임의의 점을 중심으로 물체를 회전시킨다. 회전 변환 행렬의 일부는 반사 행렬과 동일한 값을 가질 수 있다.

2차원 유클리드 공간에서의 회전은 크게 두 가지 유형의 회전 행렬이 있다. 첫 번째로는 좌푯값을 회전시키는 회전 행렬이다. 이 유형의 회전 행렬은 특정 각도만큼 좌푯값(점)을 중심점을 중심으로 회전시키는 데 사용된다. 이는 점의 위치를 회전하고 좌푯값을 변환하는 데 유용하다.

두 번째로는 좌표축을 회전시키는 회전 행렬이 있다. 이 유형의 회전 행렬은 좌표축 자체를 회전시킨다. 다시 말해 좌푯값은 변경되지 않고 좌표축이 회전된다. 이는 전체 좌표 시스템을 회전시켜 좌푯값을 새로운 방향으로 매핑하는 데 사용된다. 다음 그림 5.31은 회전 행렬을 보여준다.

좌표의 회전 이동   좌표축의 회전 이동

$$\begin{bmatrix} \cos\theta & -\sin\theta \\ \sin\theta & \cos\theta \end{bmatrix} \quad \begin{bmatrix} \cos\theta & \sin\theta \\ -\sin\theta & \cos\theta \end{bmatrix}$$

그림 5.31 회전 행렬

좌표의 회전 행렬(Point rotation matrix)은 주어진 좌표(점)를 중심점을 중심으로 어떤 각도(θ)만큼 회전시키는 데 사용된다. 이 회전 행렬은 주로 2차원 평면에서 사용되며, 주어진 좌푯값 (x, y)을 회전한 좌푯값 (x′, y′)을 구하는 데 사용된다. **좌표축의 회전 행렬(Axis rotation matrix)**은 좌푯값을 회전하지 않고 좌표축 자체를 회전시키는 데 사용된다. 이 행렬은 전체 좌표 시스템이 새로운 방향으로 회전해 좌푯값을 새로운 좌표축 방향으로 매핑한다. 두 회전 행렬 모두 원점을 중심으로 계산한다.

단순한 회전은 2×2 행렬을 활용해 원하는 결과를 쉽게 얻을 수 있다. 하지만 회전 행렬은 원점을 중심으로 한 회전만 가능하다. 임의의 중심점을 기반으로 회전을 수행하기 위해서는 아핀 변환에 기반을 둔 회전 행렬을 활용해야 한다. 이 회전 행렬은 2×2 행렬이 아닌 2×3 아핀 변환 행렬을 사용해 임의의 중심점을 기준으로 회전할 수 있다. 2×3으로 표현된 회전 행렬을 표현한다면 그림 5.32와 같이 표현할 수 있다.

2×3 회전 행렬

$$\begin{bmatrix} \alpha & \beta & (1-\alpha) \times Center_x - \beta \times Center_y \\ -\beta & \alpha & \beta \times Center_x - (1-\alpha) \times Center_y \end{bmatrix}$$

$$\alpha = scale \times \cos\theta$$

$$\beta = scale \times \sin\theta$$

그림 5.32 2×3 회전 행렬

2×3 회전 행렬의 형태를 보면 그림 5.31의 좌표축의 회전 이동 행렬과 동일한 형태임을 알 수 있다. 좌표축에 대한 회전 행렬은 비율의 조정 없이 중심점을 기준으로 회전한다. 하지만 2×3 회전 행렬을 사용할 경우 회전 축의 기준점 변경과 비율을 조정할 수 있다.

*Center*는 중심점의 좌표, *scale*은 비율, θ는 회전 각도를 의미한다. 이 회전 행렬은 부동 소수점의 형태로 반환한다. OpenCV에서는 이 복잡한 회전 행렬을 간단한 함수를 통해 생성할 수 있다. 다음은 C# OpenCvSharp과 파이썬 OpenCV에서 사용하는 2×3 회전 행렬 생성 함수다.

C# OpenCvSharp의 2×3 회전 행렬 생성 함수

```
Mat matrix = Cv2.GetRotationMatrix2D(
    Point2f center,
    double angle,
    double scale
);
```

```
matrix = cv2.getRotationMatrix2D(
    center,
    angle,
    scale
)
```

2×3 회전 행렬 생성 함수의 **중심점**(center)은 회전의 기준이 될 중심을 의미한다. 회전의 중심점의 원점은 좌측 상단(0, 0)이다. **각도**(angle)는 이미지가 회전될 회전각이며, 도(°) 단위와 반시계 방향을 갖는다. 마지막으로 비율(scale)은 회전 후의 이미지의 확대 또는 축소 비율이다. 비율의 조정이 없는 경우 1.0 값을 사용한다. 2×3 회전 행렬 생성 함수는 부동 소수점 형태의 2×3 **매핑 변환 행렬**(matrix)을 반환한다.

예제 5.29는 C# OpenCvSharp에서 대칭을 적용한 후 회전을 적용한 예이며, 예제 5.30은 파이썬 OpenCV에서 회전을 적용한 후 회전한 이미지 크기에 맞게 매핑 변환 행렬을 재조정한 예다.

예제 5.29 C# OpenCvSharp의 대칭과 회전

```
using System;
using OpenCvSharp;

namespace Project
{
    class Program
    {
        static void Main(string[] args)
        {
            Mat src = Cv2.ImRead("glass.jpg");
            Mat dst = new Mat();

            Cv2.Flip(src, dst, FlipMode.Y);
            Mat matrix = Cv2.GetRotationMatrix2D(new Point2f(src.Width / 2, src.Height / 2), 90.0, 1.0);

            Cv2.WarpAffine(dst, dst, matrix, new Size(src.Width, src.Height));

            Cv2.ImShow("dst", dst);
            Cv2.WaitKey(0);
            Cv2.DestroyAllWindows();
```

```
        }
      }
}
```

【 출력 결과 】

예제 5.29는 **원본 이미지**(src)를 Y축으로 대칭한 다음 이미지의 중심점을 기준으로 이미지 비율의 변화 없이 90° 회전한 예다. 임의의 중심점을 기반으로 회전하는 것은 아핀 변환에 기반을 둔 행렬이므로 아핀 변환 함수를 적용해야 한다(아핀 변환은 다음 절에서 다룬다).

이미지의 회전을 위해 아핀 변환을 적용하면 회전의 특성상 이미지의 크기를 재조정해야 한다. **출력 이미지**(dst)의 이미지 크기를 알맞게 설정하지 않는다면 출력 결과와 같이 단순하게 회전을 수행하며, 일부 이미지가 누락되거나 불필요한 정보가 반환된다. 회전 후의 크기와 표시되는 이미지를 올바르게 설정하기 위해서는 **매핑 변환 행렬**(matrix)의 값을 수정하고 **출력 이미지**(dst)의 크기를 변환 후의 크기와 맞게 고려해 값을 할당한다.

예제 5.30 파이썬 OpenCV의 회전 행렬의 재할당

```python
import math
import cv2


src = cv2.imread("glass.jpg")


height, width, _ = src.shape
center = (width / 2, height / 2)
angle = 90
scale = 0.5
matrix = cv2.getRotationMatrix2D(center, angle, scale)
```

```python
radians = math.radians(angle)
sin = math.sin(radians)
cos = math.cos(radians)
bound_w = int((height * scale * abs(sin)) + (width * scale * abs(cos)))
bound_h = int((height * scale * abs(cos)) + (width * scale * abs(sin)))

matrix[0, 2] += ((bound_w / 2) - center[0])
matrix[1, 2] += ((bound_h / 2) - center[1])

dst = cv2.warpAffine(src, matrix, (bound_w, bound_h))

cv2.imshow("dst", dst)
cv2.waitKey(0)
cv2.destroyAllWindows()
```

【 출력 결과 】

예제 5.30은 회전 후에 발생하는 이미지의 누락과 **출력 이미지**(dst)의 이미지 크기 오류를 해결한 예다. **매핑 변환 행렬**(matrix)의 세 번째 열의 값을 일부 변경해야 새로운 공간에 맞게 할당할 수 있다. 세 번째 열의 값을 조정하는 이유는 **출력 이미지**(dst)의 이미지 크기를 회전 후의 이미지 크기와 맞게 변형해야 하기 때문이다. 그러므로 매핑 변환 행렬의 값은 회전 행렬에서 계산한 값과 차이가 발생한다.

예를 들어, 45° 방향으로 비율을 조정해서 이미지를 회전한다면 사각형 공간에 이미지를 표시하기 때문에 기존 이미지 크기와 큰 차이가 발생한다. 이 차이를 보정하기 위해 세 번째 열의 값을 재계산한다. 새롭게 **바운딩**(bounding)하기 위해 다음 수식을 활용해 변경된 **출력 이미지**(dst)의 이미지 크기를 계산한다.

수식 5.41 회전 후의 이미지 크기

$$boundingWidth = height \times scale \times \sin\theta + width \times scale \times \cos\theta$$
$$boundingHeight = height \times scale \times \cos\theta + width \times scale \times \sin\theta$$

이미지를 회전했을 때 마름모 형태를 직사각형으로 감싸는 사각형을 재생성해야 한다. 간단하게 삼각함수를 활용해 회전 후의 이미지 크기를 계산할 수 있다. 비율이 조정된 경우 너비와 높이에 비율의 값이 반영되지 않았으므로 **비율**(scale)을 포함해서 계산한다. 이미지 크기는 음수가 발생하지 않으므로 sin과 cos에 **절댓값**(abs)을 취해 계산한다. 파이썬에서는 각도 단위로 라디안(radians)을 사용하므로 도 단위의 각도를 라디안으로 변경해서 수식을 적용한다.

바운딩 공간은 이미지 좌측 상단(0, 0)을 기준으로 새롭게 생성됐으므로 이미지를 다시 중심으로 옮길 필요가 있다. 중심으로 다시 옮기기 위해 **매핑 변환 행렬**(matrix)에 변환의 차이를 추가로 포함한다. 다음 수식을 활용해 중심을 옮길 수 있다.

수식 5.42 회전 후의 이미지 중심점

$$\text{matrix}[0,2] += boundingCenter_x - Center_x$$
$$\text{matrix}[1,2] += boundingCenter_y - Center_y$$

매핑 변환 행렬(matrix)에 크기가 변형된 바운딩 공간의 중심점에서 기존 중심점 좌표를 감산한 값을 가산한다. 또한 회전 행렬과 바운딩 공간은 이미 **비율**(scale)에 대한 값이 할당돼 있으므로 연산에 활용하지 않는다.

매핑 변환 행렬의 값을 변경하는 것은 생각보다 어렵지 않다. 출력 이미지(dst)의 크기가 변경되므로 삼각 함수를 활용해 바운딩 공간을 간단하게 재설정할 수 있다. 또한 중심점의 위치가 달라지므로 이 간격을 계산해서 수식에 반영한다면 사용자가 요구하는 회전 행렬을 생성할 수 있다.

기하학적 변환

기하학적 변환(Geometric transformation)이란 기존의 도형, 공간 또는 그래픽 요소를 새로운 형태로 변환하는 수학적인 연산이나 변환 과정을 의미한다. 기하학적 변환은 원본 객체를 그대로 유지하면서 위치, 방향, 크기, 형태 등을 변경할 수 있다. 그러므로 이미지를 인위적으로 확대, 축소, 위치 변경, 회전, 왜곡하는 등 이미지의 형태를 변환하는 것을 의미한다. 즉, 이미지를 구성하는 픽셀들 좌푯값의 위치를 재배치하는 과정이다.

이미지를 인위적으로 확대, 축소, 위치 변경, 회전, 왜곡하는 등 이미지의 형태를 변환하는 것을 의미한다. 즉, 이미지를 구성하는 픽셀들 좌푯값의 위치를 재배치하는 과정이다. 이차원 공간에서의 기하학적 변환으로는 아핀 변환과 원근 변환이 있다. 아핀 변환은 2×3 행렬을 사용하며 행렬 곱셈에 벡터 합을 활용해 표현할 수 있는 변환을 의미한다. 원근 변환은 3×3 행렬을 사용하며, **호모그래피(Homography)**[24]로 모델링할 수 있는 변환을 의미한다.

아핀 변환

아핀 변환(Affine transformation) 행렬의 기본적인 형태는 3x3 행렬로 나타내며, 이 행렬을 사용해 2차원 공간에서의 점, 선, 또는 객체들을 변환한다. 아핀 변환은 원근 변환과 비교해 선의 수평성을 유지하며, 변환 전의 서로 평행한 선은 변환 후에도 평행함을 유지한다는 특징을 가지고 있다. 아핀 변환 행렬의 기본 형태는 그림 5.33과 같다.

$$
\begin{bmatrix} x_2 \\ y_2 \\ 1 \end{bmatrix} = \begin{bmatrix} a_{00} & a_{01} & b_0 \\ a_{10} & a_{11} & b_1 \\ 0 & 0 & 1 \end{bmatrix} \begin{bmatrix} x_1 \\ y_1 \\ 1 \end{bmatrix}
$$

$$
\begin{bmatrix} x_2 \\ y_2 \\ 1 \end{bmatrix} = \begin{bmatrix} a_{00}x_1 + a_{01}y_1 + b_0 \\ a_{10}x_1 + a_{11}y_1 + b_1 \\ 0 + 0 + 1 \end{bmatrix}
$$

그림 5.33 아핀 변환 행렬

그림 5.33의 (a_{00}, a_{01})는 X 축의 크기 및 회전 변환을 나타내고, (a_{10}, a_{11})는 Y 축의 크기 및 회전 변환을 의미한다. (b_0, b_1)는 X 및 Y 축으로의 이동 변환이며, 세 번째 행의 $(0, 0, 1)$은 항상 같은 값을 지닌다. x_1, y_1은 변환 전 원본 이미지의 픽셀 좌표를 의미하며, x_2, y_2는 변환 후의 결과 이미지의 픽셀 좌표를 의미한다.

---

24 한 평면의 점을 다른 평면의 점으로 매핑해서 뒤틀림(Twist), 오목함(Concave) 등을 구현할 수 있는 변환

변환 후의 픽셀 좌표를 계산하기 위해서는 미지수 a_{00}, a_{01}, a_{10}, a_{11}, b_{0}, b_{1}의 값을 알아야 한다. 여섯 개의 미지수를 구하기 위해 세 개의 좌표를 활용해 미지수를 계산한다. 그림 5.34는 아핀 변환의 예를 보여준다.

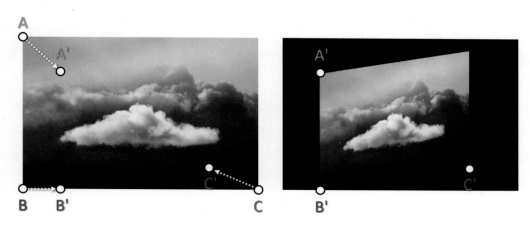

그림 5.34 3점 매핑 아핀 변환

아핀 변환은 임의의 세 개의 점을 매핑해서 기하학적 변환을 수행한다. 임의 위치인 A, B, C의 픽셀 좌표를 A', B', C'로 이동한 좌표를 **아핀 맵 행렬**(Affine transformation matrix)로 계산해서 아핀 변환을 수행한다면 그림 5.34의 우측 이미지처럼 기하학적 변환이 발생한다.

즉, 여섯 개의 미지수를 구하기 위해 세 개의 픽셀 좌표를 재매핑해서 아핀 맵 행렬로 계산하는 것을 의미한다. OpenCV에서는 아핀 맵 행렬의 계산을 손쉽게 처리할 수 있다. 다음은 C# OpenCvSharp과 파이썬 OpenCV에서 각각 아핀 맵 행렬을 계산하는 함수다.

C# OpenCvSharp의 아핀 맵 행렬 생성 함수

```
Mat M = Cv2.GetAffineTransform(
    IEnumerable<Point2f> src,
    IEnumerable<Point2f> dst
);
```

파이썬 OpenCV의 아핀 맵 행렬 생성 함수

```
M = cv2.getAffineTransform(
    src,
    dst
)
```

아핀 맵 행렬 생성 함수는 **변환 전 세 개의 픽셀 좌표**(src)와 **변환 후 세 개의 픽셀 좌표**(dst)를 이용해 **아핀 맵 행렬**(M)을 생성한다. C# OpenCvSharp의 아핀 맵 행렬 생성 함수는 제네릭 컬렉션을 활용해 객체 목록(List)에 담아 계산한다(Point2f[] 구조체 형식도 가능하다). 4장의 도형 그리기 함수 중 다각형 그리기에서 활용한 방식과 동일하다. 하지만 다각형 그리기 함수는 한 번에 여러 개의 다각형을 묶어 상위 목록을 정의했지만, 아핀 맵 행렬 생성 함수의 매개 변수는 하위 목록만 활용한다. 파이썬 OpenCV에서는 모든 배열과 행렬이 넘파이 배열로 통일돼 있으므로 ndarray 클래스를 사용하며, 정밀도(dtype)는 float32를 지정한다.

아핀 맵 행렬 M을 출력해 보면 아핀 맵 행렬의 크기는 2×3 행렬로 표현된다. 이는 3x3 행렬의 맨 아래 행이 x축과 y축의 원근 변환을 나타내고 아핀 변환에는 원근 변환 1이 포함되지 않기 때문이다. 또한, OpenCV에서 사용되는 변환은 2차원 평면에서 이뤄지므로 이동, 회전, 크기, 기울임 등의 변환만 수행되므로 2×3 행렬로 표현된다.[25]

아핀 맵 행렬이 생성되면 아핀 변환을 적용할 수 있다. 다음은 C# OpenCvSharp과 파이썬 OpenCV의 아핀 변환 함수다.

C# OpenCvSharp의 아핀 변환 함수

```
Cv2.WarpAffine(
    Mat src,
    Mat dst,
    Mat M,
    Size dsize,
    InterpolationFlags flags = InterpolationFlags.Linear,
    BorderTypes borderMode = BorderTypes.Constant,
    Scalar? borderValue = null
);
```

파이썬 OpenCV의 아핀 변환 함수

```
dst = cv2.warpAffine(
    src,
    M,
    dsize,
    dst = None,
    flags = None,
```

---

25 실제 아핀 변환 행렬은 3×3이며, OpenCV에서는 불필요한 연산을 줄이기 위해 2×3 행렬로 표현한다.

```
        borderMode = None,
        borderValue = None
    )
```

아핀 변환 함수는 **입력 이미지**(src)에 **아핀 맵 행렬**(M)을 적용하고 **출력 이미지 크기**(dsize)로 변형해서 **출력 이미지**(dst)를 반환한다. 이미지를 변형하기 때문에 **보간법**(flags)과 **테두리 외삽법**(borderMode)을 설정한다. 보간법과 테두리 외삽은 각각 표 5.13 '이미지 크기 조절 함수의 보간법'과 표 5.9 '테두리 외삽 플래그'를 참고한다. **테두리 색상**(borderValue)은 변환 후에 발생하는 공백의 공간에 할당할 색상을 의미한다.

기존 변환은 직사각형에서 직사각형으로 변환했기 때문에 공백의 공간이 발생하지 않는다. 그림 5.34에서 확인할 수 있듯이 **출력 이미지 크기**(dsize)를 정교하게 설정해도 공백의 공간이 발생하는데, 이때 공백의 공간에 할당할 임의의 픽셀값을 의미한다.

원근 변환

원근 변환(Perspective transformation) 행렬의 형태는 3×3 행렬이다. 아핀 변환 행렬의 기본형과 유사하지만 원근 변환 행렬은 아핀 변환에서 유지되는 수평성은 유지되지 않는다. 세 개의 좌표를 활용해 변환하는 아핀 변환은 필연적으로 수평성이 유지된다. 하지만 원근 변환은 뒤틀림이나 원근 왜곡을 표현해야 하므로 더 많은 미지수를 요구한다. 그림 5.35는 원근 변환 행렬을 보여준다.

$$
\begin{bmatrix} x_2 \\ y_2 \\ 1 \end{bmatrix} = \begin{bmatrix} a_{00} & a_{01} & b_0 \\ a_{10} & a_{11} & b_1 \\ a_{20} & a_{21} & 1 \end{bmatrix} \begin{bmatrix} x_1 \\ y_1 \\ 1 \end{bmatrix}
$$

$$
\begin{bmatrix} x_2 \\ y_2 \\ 1 \end{bmatrix} = \begin{bmatrix} a_{00}x_1 + a_{01}y_1 + b_0 \\ a_{10}x_1 + a_{11}y_1 + b_1 \\ a_{20}x_1 + a_{21}y_1 + 1 \end{bmatrix}
$$

그림 5.35 원근 변환 행렬

원근 변환 행렬은 아핀 변환 행렬과 비슷한 형태를 보인다. 세 번째 행의 값이 0, 0, 1에서 미지수 a_{20}, a_{21}, 1로 변경되어 여섯 개의 미지수에서 여덟 개의 미지수가 된다. 추가된 두 개의 미지수가 아핀 변환과 원근 변환의 중요한 차이점이 된다. 원근 변환 행렬의 형태에서 확인할 수 있듯이 아핀 변환은 원근 변환의 하위 영역에 속한다. 아핀 변환 행렬과 동일하게 x_1, y_1은 변환 전 원본 이미지의 픽셀 좌표를 의미하며, x_2, y_2는 변환 후의 결과 이미지의 픽셀 좌표를 의미한다.

변환 후의 픽셀 좌표를 계산하기 위해서는 미지수 a_{00}, a_{01}, a_{10}, a_{11}, a_{20}, a_{21}, b_0, b_1의 값을 알아야 한다. 여덟 개의 미지수를 구하기 위해서는 네 개의 좌표를 활용해 미지수를 계산한다. 그림 5.36은 원근 변환의 예를 보여준다.

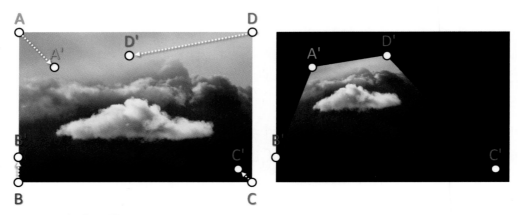

그림 5.36 4점 매핑 원근 변환

원근 변환은 임의의 네 개의 점을 매핑해서 기하학적 변환을 수행한다. 아핀 변환과 동일하게 임의의 위치인 A, B, C, D의 픽셀 좌표를 A', B', C', D'로 이동한 좌표를 **원근 맵 행렬**(Perspective transformation matrix)로 계산해서 원근 변환을 진행한다면 그림 5.36의 우측 이미지처럼 기하학적 변환이 발생한다.

즉, 여덟 개의 미지수를 구하기 위해 네 개의 픽셀 좌표를 재매핑해서 원근 맵 행렬로 계산하는 것을 의미한다. OpenCV에서는 원근 맵 행렬의 계산을 아핀 맵 행렬을 계산하는 것과 동일하게 처리할 수 있다. 다음은 C# OpenCvSharp과 파이썬 OpenCV에서 각각 원근 맵 행렬을 계산하는 함수다.

C# OpenCvSharp의 원근 맵 행렬 생성 함수

```
Mat M = Cv2.GetPerspectiveTransform(
    IEnumerable<Point2f> src,
    IEnumerable<Point2f> dst
);
```

파이썬 OpenCV의 원근 맵 행렬 생성 함수

```
M = cv2.getPerspectiveTransform(
    src,
    dst
)
```

원근 맵 행렬 생성 함수는 **변환 전 네 개의 픽셀 좌표**(src)와 **변환 후 네 개의 픽셀 좌표**(dst)를 활용해 **원근 맵 행렬**(M)을 생성한다. 아핀 맵 행렬 생성 함수와 형태가 동일하며, 차이점은 네 개의 점을 매핑하므로 하나의 좌표를 더 추가해서 사용한다.

원근 맵 행렬이 생성되면 원근 변환을 적용할 수 있다. 다음은 C# OpenCvSharp과 파이썬 OpenCV의 원근 변환 함수다.

C# OpenCvSharp의 원근 변환 함수

```
Cv2.WarpPerspective(
    Mat src,
    Mat dst,
    Mat M,
    Size dsize,
    InterpolationFlags flags = InterpolationFlags.Linear,
    BorderTypes borderMode = BorderTypes.Constant,
    Scalar? borderValue = null
);
```

파이썬 OpenCV의 원근 변환 함수

```
dst = cv2.warpPerspective(
    src,
    M,
    dsize,
    dst = None,
    flags = None,
    borderMode = None,
    borderValue = None
)
```

원근 변환 함수는 아핀 변환 함수와 동일한 매개 변수를 갖는다. **입력 이미지**(src)에 **원근 맵 행렬**(M)을 적용하고 **출력 이미지 크기**(dsize)로 변형해서 **출력 이미지**(dst)를 반환한다. 이미지를 변형하기 때문에 **보간법**(flags)과 **테두리 외삽**(borderMode)을 설정한다. 보간법과 테두리 외삽법에 대해서는 각각 표 5.13 '이미지 크기 조절 함수의 보간법'과 표 5.9 '테두리 외삽 플래그'를 참고한다. **테두리 색상**(borderValue)은 변환 후에 발생하는 공백의 공간에 할당할 색상을 의미한다. 아핀 변환 함수와의 차이점은 **아핀 맵 행렬**(M)이 아닌 매핑할 좌표의 개수가 다른 **원근 맵 행렬**(M)을 사용한다는 것이다.

예제 5.31은 C# OpenCvSharp에서 아핀 변환을 적용한 예이며 예제 5.32는 파이썬 OpenCV에서 원근 변환을 적용한 예다.

예제 5.31 C# OpenCvSharp의 아핀 변환

```csharp
using System;
using System.Collections.Generic;
using OpenCvSharp;

namespace Project
{
    class Program
    {
        static void Main(string[] args)
        {
            Mat src = Cv2.ImRead("clouds.jpg");
            Mat dst = new Mat();

            List<Point2f> src_pts = new List<Point2f>()
            {
                new Point2f(0.0f, 0.0f),
                new Point2f(0.0f, src.Height),
                new Point2f(src.Width, src.Height)
            };

            List<Point2f> dst_pts = new List<Point2f>()
            {
                new Point2f(300.0f, 300.0f),
                new Point2f(300.0f, src.Height),
                new Point2f(src.Width - 400.0f, src.Height - 200.0f)
            };

            Mat M = Cv2.GetAffineTransform(src_pts, dst_pts);

            Cv2.WarpAffine(
                src, dst, M, new Size(src.Width, src.Height),
                borderValue: new Scalar(127, 127, 127, 0)
            );
```

```
                Cv2.ImShow("dst", dst);
                Cv2.WaitKey(0);
                Cv2.DestroyAllWindows();
            }
        }
}
```

【 출력 결과 】

예제 5.31에서는 **변환 전 세 개의 픽셀 좌표(src_pts)**와 **변환 후 세 개의 픽셀 좌표(dst_pts)**를 할당해 **아핀 맵 행렬(M)**을 생성한다. 아핀 맵 행렬 생성 함수는 제네릭 컬렉션을 활용해 객체 목록(List<>)에 담아야 한다(Point2f[] 구조체 형식도 가능하다). 세 개의 픽셀 좌푯값들은 Point2f 구조체를 통해 적용하므로 X.0f의 형태로 픽셀 좌푯값을 할당한다. 아핀 변환 함수의 매개 변수 중 테두리 색상(borderValue)은 (127, 127, 127)의 값을 사용해 공백의 공간에 회색 색상으로 표현되도록 설정했다.

예제 5.32 파이썬 OpenCV의 원근 변환

```
import cv2
import numpy as np


src = cv2.imread("clouds.jpg")
height, width, _ = src.shape


src_pts = np.array(
    [
        [0, 0],
        [0, height],
        [width, height],
        [width, 0]
```

```
        ],
        dtype=np.float32
    )
    dst_pts = np.array(
        [
            [300, 300],
            [0, height - 200],
            [width - 100, height - 100],
            [900, 200]
        ],
        dtype=np.float32,
    )


M = cv2.getPerspectiveTransform(src_pts, dst_pts)
dst = cv2.warpPerspective(src, M, (width, height), borderValue=(255, 255, 255, 0))

cv2.imshow("dst", dst)
cv2.waitKey(0)
cv2.destroyAllWindows()
```

【 출력 결과 】

예제 5.32에서는 **변환 전 네 개의 픽셀 좌표(src_pts)**와 **변환 후 네 개의 픽셀 좌표(dst_pts)**를 할
당해 **원근 맵 행렬(M)**을 생성한다. 원근 맵 행렬 함수는 **정밀도(dtype)**를 CV_32F 값으로 사용하므로
np.float32을 명시적으로 할당한다. 픽셀 좌표들은 간단하게 2차원 배열로 담아 **원근 맵 행렬(M)**을 손
쉽게 생성할 수 있다. **테두리 색상(borderValue)**은 (255, 255, 255)로 지정해 공백의 공간에 흰색의 색
상으로 표현되게 했다.

06

이미지 검출

이미지 검출은 영상 내에서 주요한 **특징(Feature)**을 검출하는 방법으로서, 특징점이 존재하는 위치를 알려주거나 해당 특징점을 부각한다. 이 특징은 이미지 내에서 다른 부분과 구별되는 고유한 특성을 가지고 있어, 객체나 패턴을 식별하고 추적하는 데 사용된다.

이미지 검출은 픽셀의 색상 강도, 연속성, 변화량, 의존성, 유사성, 임계점 등으로 특징을 파악해서 윤곽선(Conutors), 직선(Line), 원(Circle) 등을 검출한다. 이를 통해 이미지 내에서 중요한 지점 또는 패턴을 검출해 이미지 간 유사성을 판단하고 객체를 식별하는 데 활용된다.

이미지 검출 알고리즘은 이미지 처리 및 분석 작업에서 핵심적인 요소로 사용된다. 이미지에서 객체를 감지하고 특징을 분석할 수 있으며, 객체의 움직임을 추적하고 객체의 윤곽을 이용해 실시간 객체 추적 시스템을 개발하는 데 활용할 수 있다. 또한, 이미지 내의 특징을 분석하거나, 객체의 크기, 면적, 둘레 등의 특성을 계산하는 데 사용될 수 있다.

이미지 검출 알고리즘은 객체를 검출하는 데 주로 활용되지만, 머신러닝 모델을 학습하기 위해 특징을 추출해 학습데이터를 쉽게 만들거나, 머신러닝 알고리즘의 결과를 활용해 더 정확도 및 정밀도가 높은 프로그램을 구축하기 위해 사용된다. 이번 장에서는 OpenCV에서 지원하는 이미지 검출 기법에 대해 알아본다.

01 윤곽선 검출

5장에서 다룬 필터링 및 모폴로지 변환은 객체의 가장자리나 윤곽을 검출하는 데 활용될 수 있지만, 픽셀 단위로 강조하거나 검출하기 때문에, 객체의 구성 요소는 구분되지 않았다. 이러한 한계로 인해 검출된 객체들의 **세그먼트(Segment)**[1]가 구분되지 않아 객체의 형태나 크기에 대한 자세한 정보를 얻기 어려웠다.

윤곽선 검출 알고리즘은 전처리가 진행된 이미지에서 가장자리로 검출된 픽셀을 대상으로 **세그먼테이션(Segmentation)**[2] 작업을 진행한다. 검출된 윤곽선은 형상의 분석과 물체 감지 및 인식에 가장 효과적인 방법이다. 이를 통해 객체의 윤곽을 따라 픽셀을 그룹화하고 객체를 분리해 세분화된 정보를 얻을 수 있다.

윤곽선을 검출하는 과정 중 가장 중요한 요소는 검출하기 좋은 상태의 이미지로 만드는 것이다. 노이즈 제거를 진행하지 않았다면, 노이즈 또한 윤곽선으로 인식되어 세그먼테이션을 진행할 때 불필요한 정보가 포함될 수 있다. 따라서 이미지 전처리 단계에서 노이즈 제거와 향상된 경계 감지 기술을 사용해 이미지 품질을 향상시키는 것이 중요하다.

다음으로는 윤곽선 검색 방법과 근사 방법을 선택하는 것이 중요하다. 검색 방법과 근사 방법에 따라 반환되는 윤곽선의 형식이 크게 달라진다. 검색 방법은 윤곽점들의 세그먼테이션 방법을 결정하며, 어떤 윤곽선을 검출할지에 영향을 미친다. 근사 방법은 모든 윤곽선에 대한 윤곽점을 반환하거나, 검출된 윤곽점을 압축해 강도가 높은 윤곽점만 반환하는 방식을 결정한다.

마지막으로 윤곽선의 계층 구조 형태를 고려해야 한다. 검색 방법에 따라 계층 구조가 달라지며 이 계층 구조의 윤곽선들이 어떻게 연결되고 분리되는지 확인할 수 있다. 계층 구조는 객체의 내부 및 외부 윤곽선을 구별하고 객체 간의 관계를 파악할 수 있다.

우수한 윤곽선 검출 방식은 정확한 객체 분리와 특성 추출을 가능케 하며, 프로그램의 효율성과 정확성에 큰 영향을 미친다. 먼저 윤곽선의 계층 구조에 대해 알아보자.

---

1   서로 다른 두 점을 연결하는 가장 짧은 선
2   이미지에서 각 픽셀들을 분류해 그룹화하는 것

계층 구조

윤곽선을 정확하게 검출해도 윤곽선의 계층 구조를 이해하지 못한다면 검출 정보를 활용하는 데 어려움을 겪는다. 윤곽선 계층 구조에는 세그먼테이션이 어떻게 분류됐는가에 대한 정보가 담겨 있다. 계층 구조는 기본적으로 **트리**(Tree) 구조의 형태를 띤다. 트리 구조는 그래프의 일종으로, 여러 **노드**(Node)가 한 노드를 가리킬 수 없는 구조다. 그림 6.1은 트리 구조의 형태를 보여준다.

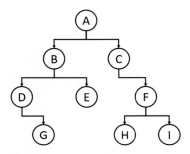

그림 6.1 트리 구조의 형태

그림 6.1은 트리 구조의 기본적인 형태를 보여준다. 윤곽선 계층 구조의 노드는 세그먼테이션된 윤곽선 그룹군을 의미한다. 노드는 A, B, C 등의 원형으로 표시했으며, 화살표의 방향이 상위 노드에서 하위 노드를 연결하는 길이다.

트리 구조에서 최상위 노드를 **루트 노드**(Root node)라 하며 그림에서는 A 노드를 의미한다. 또한 B 노드와 C 노드의 **부모 노드**(Parent node)는 A 노드가 되며, 반대로 A 노드의 **자식 노드**(Child node)는 B 노드와 C 노드가 된다. B 노드와 C 노드는 같은 레벨을 가지며 역시 D, E, F 노드와 G, H, I 노드는 각각 같은 레벨을 갖는다. 추가로 자식 노드가 없는 G, E, H, I 노드는 **잎 노드**(Leaf node)라 한다. 잎 노드가 아닌 다른 모든 노드는 **내부 노드**(Internal node)라 한다.

윤곽선 계층 구조는 색인 값으로 계층을 나누며 계층 구조에서 반환되는 값은 **다음 윤곽선, 이전 윤곽선, 자식 윤곽선, 부모 윤곽선**이다. 다음 윤곽선과 이전 윤곽선은 같은 계층 선상에 있는 노드를 의미한다. 예를 들어, 그림 6.1의 B 노드의 다음 윤곽선은 C 노드가 되며 C 노드의 이전 윤곽선은 B 노드가 된다. 이제 윤곽선 계층 구조의 형태를 알아보자. 그림 6.2는 윤곽선 계층 구조의 형태를 보여준다.

노드	다음 윤곽선	이전 윤곽선	자식 노드	부모 노드
0	2	−1	1	−1
1	−1	−1	−1	0
2	−1	0	3	−1
3	−1	−1	4	2
4	5	−1	−1	3
5	−1	4	−1	3

그림 6.2 윤곽선 계층 구조의 형태

그림 6.2는 입력 이미지에서 윤곽선을 검출하고 계층 구조를 반환한 형태다. 이미지 상의 굵은 선은 검출된 윤곽선을 의미하고, 숫자는 검출된 윤곽선의 노드 번호를 의미한다. 우측의 표는 검출된 계층 구조의 형태를 보여준다. 계층 구조는 색인 순서로 트리 구조를 형성한다.

노드 0의 다음 윤곽선은 같은 계층에 있는 노드 2가 되며, 이전 윤곽선은 존재하지 않으므로 −1을 반환한다. 노드 0의 자식 노드로는 노드 1이 있으며, 부모 노드는 존재하지 않아 −1을 반환한다.

노드 2는 자식 노드로 노드 3을 가지며 부모 노드는 존재하지 않아 −1을 반환한다. 노드 3은 동일 계층의 노드가 존재하지 않아 다음 윤곽선과 이전 윤곽선의 값을 −1로 반환한다. 또한 노드 3은 자식 노드가 두 개 있는데, 가장 빠른 색인 값을 갖는 노드 4만 자식 노드의 색인 값으로 반환한다.

여기서 자식 노드가 여러 개인 경우, 동일 계층의 노드를 표현하는 다음 윤곽선과 이전 윤곽선을 추적해 해당 노드 간의 계층 구조를 파악할 수 있다. 또한, 트리 구조 특성상 부모 노드는 하나만 가지므로 자식 노드에서 해당 부모 노드를 확인할 수 있다. 이를 통해 윤곽선이 어떤 계층에 속하는지와 윤곽선 안에 다른 윤곽선이 있는지 여부를 파악할 수 있다. 따라서 계층 구조를 통해 윤곽선 및 윤곽선 내부의 홀을 정확하게 식별할 수 있게 된다.

데이터 추출

윤곽선 검출 함수의 주요 매개 변수는 검색 방법과 근사 방법이다. 검색 방법은 윤곽선의 계층 구조를 결정하는 데 중요한 역할을 하며, 근사 방법은 윤곽선들의 윤곽점 형태와 개수에 영향을 미친다. 이러한 매개 변수를 어떻게 설정하느냐에 따라 윤곽선 검출 함수의 작동이 크게 달라진다. 다음은 C# OpenCvSharp과 파이썬 OpenCV의 윤곽선 검출 함수다.

```
Cv2.FindContours(
    Mat image,
    out Point[][] contours,
    out HierarchyIndex[] hierarchy,
    Retr ievalModes mode,
    ContourApproximationModes method,
    Point? offset = null
);
```

파이썬 OpenCV의 윤곽선 검출 함수

```
contours, hierarchy = cv2.findContours(
    image,
    mode,
    method,
    offset = None
)
```

윤곽선 검출 함수는 전처리가 진행된 **입력 이미지**(image)에서 **검출된 윤곽선**(contours)과 **계층 구조**(hierarchy)를 반환한다. C# OpenCvSharp의 함수는 한 함수에서 두 개 이상의 결과를 반환할 수 없다.[3] 그러므로 out 키워드를 활용해 참조 변수인 contours와 hierarchy를 사전에 정의한 후 초기화해서 사용한다(파이썬에서는 튜플 형식을 지원하므로 한 번에 두 개 이상의 결과를 쉽게 반환할 수 있다).

검색 방법(mode)은 윤곽선을 검출해 어떤 계층 구조의 형태를 사용할지 설정하며, **근사 방법**(method)은 윤곽점의 표시 방법을 설정한다. 근사 방법에 따라 **검출된 윤곽선**(contours)에 포함될 좌표의 수나 정교함의 수준이 달라진다. 마지막으로 **오프셋**(offset)은 반환된 윤곽점들의 좌푯값에 이동할 값을 설정한다. 관심 영역에서 윤곽선을 검출하거나 다른 이미지에 표시하고자 할 때 주로 활용한다.

표 6.1은 윤곽선 검출 함수의 검색 방법(mode) 플래그를 나타내며, 표 6.2는 윤곽선 검출 함수의 근사 방법(method) 플래그를 나타낸다.

---

3 C# OpenCvSharp은 튜플 개체의 반환을 지원하지 않는다.

표 6.1 검색 방법 플래그

언어	속성	설명	
C#	RetrievalModes.External	최외곽 윤곽선만 검색	
Py	cv2.RETR_EXTERNAL		
C#	RetrievalModes.List	모든 윤곽선을 검출하며, 계층 구조를 형성하지 않음(모든 윤곽선을 동일 레벨로 간주)	
Py	cv2.RETR_LIST		
C#	RetrievalModes.CComp	모든 윤곽선을 검색해서 2단계 계층 구조로 구성(최상위 레벨은 외곽, 두 번째 레벨은 내곽(홀))	
Py	cv2.RETR_CCOMP		
C#	RetrievalModes.Tree	모든 윤곽선을 검출하고 트리 구조로 구성	
Py	cv2.RETR_TREE		

다음은 각 검색 방법 플래그의 특징을 정리한 것이다.

- **External(RETR_EXTERNAL)**: 최외곽 윤곽선만 검색하며, 내부의 홀이나 내부 윤곽은 검출하지 않는다. 그러므로 계층 구조의 형태가 부모 노드와 자식 노드는 모두 −1의 값을 갖는다.

- **List(RETR_LIST)**: 모든 윤곽선을 검출하며, 계층 구조를 형성하지 않는다. 최외곽 윤곽선 검출 방식과 계층 구조는 동일한 형태를 갖지만 내부의 홀이나 내부 윤곽을 검출한다.

- **CComp(RETR_CCOMP)**: 모든 윤곽선을 검출하며 2단계 계층 구조만 형성한다. 즉, 내부의 홀 안에 있는 윤곽은 상위 내부의 홀을 부모 노드로 갖지 않는다.

- **Tree(RETR_TREE)**: 모든 윤곽선을 검출하며 트리 구조의 형태로 계층 구조를 형성한다. 그림 6.2의 계층 구조와 동일한 방식으로 반환한다.

표 6.2 근사 방법 플래그

언어	속성	설명	
C#	ContourApproximationModes.ApproxNone	검출된 모든 윤곽점을 반환	
Py	cv2.CHAIN_APPROX_NONE		
C#	ContourApproximationModes.ApproxSimple	수평, 수직, 대각선 부분을 압축해서 끝점만 반환	
Py	cv2.CHAIN_APPROX_SIMPLE		

언어	속성	설명
C#	ContourApproximationModes.ApproxTC89L1	
Py	cv2.CHAIN_APPROX_TC89_L1	The-Chin 체인 근사 알고리즘을 적용[4]
C#	ContourApproximationModes.ApproxTC89KCOS	
Py	cv2.CHAIN_APPROX_TC89_KCOS	

다음은 각 근사 방법 플래그의 특징을 정리한 것이다.

- **ApproxNone(CHAIN_APPROX_NONE)**: 검출된 윤곽선의 모든 윤곽점들을 좌푯값으로 반환한다. 반환된 좌푯값을 중심으로 8개의 이웃 중 하나 이상의 윤곽점들이 포함돼 있다(3×3 커널 구조를 생각하면 쉽게 이해할 수 있다).

- **ApproxSimple(CHAIN_APPROX_SIMPLE)**: 검출된 윤곽점에서 중복되는 픽셀을 제거해서 최대한 윤곽선을 그릴 때 필요한 성분만 남긴다. 수평, 수직, 대각선 부분의 좌푯값들을 압축해서 끝 지점들만 남긴다. 사각형을 예로 든다면 사각형의 모서리 부분만 좌푯값으로 반환된다.

- **ApproxTC89L1(CHAIN_APPROX_TC89_L1)**와 **ApproxTC89KCOS(CHAIN_APPROX_TC89_KCOS)**: Teh-Chin 알고리즘을 적용해 반환되는 좌푯값을 줄이고 더 정교한 방식으로 반환한다. 이 알고리즘은 추가적인 매개 변수를 요구하지 않는다.

윤곽선 그리기

4장의 '도형 그리기' 중 다각형 그리기 함수를 활용하면 이미지 위에 윤곽선을 그릴 수 있다. 다각형 그리기 함수는 모든 윤곽선을 그리므로 외부 윤곽이나 내부 윤곽 등을 구분해 그릴 수 없다. 하지만 윤곽선 그리기 함수는 계층 구조를 활용해 윤곽선에서 필요한 정보만 선택해 그릴 수 있다. 다음은 C# OpenCvSharp과 파이썬 OpenCV의 윤곽선 그리기 함수다.

C# OpenCvSharp의 윤곽선 그리기 함수

```
Cv2.DrawContours(
    Mat image,
    IEnumerable<IEnumerable<Point>> contours,
    int contourIdx,
    Scalar color,
    int thickness = 1,
    LineTypes lineType = LineTypes.Link8,
```

---

4 자세한 내용은 C. H. Teh와 R. T. Chin.의 On the detection of dominant points on digital curves. Pattern Analysis and Machine Intelligence, IEEE Transactions on, 11(8)859-872, 1989.을 참고한다.

```
    IEnumerable<HierarchyIndex> hierarchy = null,
    int maxLevel = int.MaxValue,
    Point? offset = null
);
```

파이썬 OpenCV의 윤곽선 그리기 함수

```
cv2.drawContours(
    image,
    contours,
    contourIdx,
    color,
    thickness = None,
    lineType = None,
    hierarchy = None,
    maxLevel = None,
    offset = None
)
```

윤곽선 그리기 함수의 **이미지**(image)는 그릴 이미지를 나타내며, 입력된 이미지에 결과를 적용한다. **윤곽선**(contours)은 검출된 윤곽선을 의미하며, **윤곽선 번호**(contourIdx)를 설정해 지정된 윤곽선만 그릴 수 있다. 음수 값을 입력할 경우 모든 윤곽선을 그린다. **색상**(color), **두께**(thickness), **선형 타입**(lineType)은 그리기 함수와 동일한 역할을 한다(자세한 사항은 4장의 '도형 그리기' 참고).

계층 구조(hierarchy)는 윤곽선 검출 함수에서 반환된 계층 구조를 의미하며, **계층 구조 최대 레벨**(maxLevel)은 이미지에 그려질 윤곽선 계층 구조의 깊이를 설정한다. 깊이를 0으로 설정할 경우 최상위 레벨만 그려진다. 마지막으로 **오프셋**(offset)은 윤곽선 검출 함수에서 사용되는 오프셋 기능과 동일한 역할을 하며, 그려지는 이미지가 여러 곳일 때 활용한다.

예제 6.1과 예제 6.2는 C# OpenCvSharp과 파이썬 OpenCV에서 윤곽선을 검출하는 예다.

예제 6.1 C# OpenCvSharp의 윤곽선 검출

```
using System;
using OpenCvSharp;

namespace Project
{
    class Program
```

```
{
    static void Main(string[] args)
    {
        Mat src = Cv2.ImRead("chess.png");
        Mat gray = new Mat();
        Mat binary = new Mat();
        Mat morp = new Mat();
        Mat image = new Mat();
        Mat dst = src.Clone();

        Mat kernel = Cv2.GetStructuringElement(MorphShapes.Rect, new Size(3, 3));
        Point[][] contours;
        HierarchyIndex[] hierarchy;

        Cv2.CvtColor(src, gray, ColorConversionCodes.BGR2GRAY);
        Cv2.Threshold(gray, binary, 230, 255, ThresholdTypes.Binary);
        Cv2.MorphologyEx(binary, morp, MorphTypes.Close, kernel, new Point(-1, -1), 2);
        Cv2.BitwiseNot(morp, image);

        Cv2.FindContours(image, out contours, out hierarchy, RetrievalModes.Tree,
ContourApproximationModes.ApproxTC89KCOS);
        Cv2.DrawContours(dst, contours, -1, new Scalar(255, 0, 0), 2, LineTypes.AntiAlias,
hierarchy, 3);

        for (int i = 0; i< contours.Length; i++)
        {
            for (int j = 0; j < contours[i].Length; j++)
            {
                Cv2.Circle(dst, contours[i][j], 1, new Scalar(0, 0, 255), 3);
            }
        }

        Cv2.ImShow("dst", dst);
        Cv2.WaitKey(0);
        Cv2.DestroyAllWindows();
    }
}
}
```

예제 6.1은 **입력 이미지**(src)에 간단한 전처리를 수행한 다음 윤곽선을 검출하고 윤곽선과 윤곽점을 이미지 위에 표시한 예다. 윤곽선 검출 함수는 매개 변수로 입력된 이미지 상의 모든 윤곽선을 검출하기 때문에 가능한 한 노이즈가 없거나 적어야 한다. 노이즈를 제거하기 위해 이진화를 적용하며, 이후 모폴로지 연산을 통해 스펙클을 제거한다.

윤곽선 검출 함수를 사용하려면 먼저 윤곽선을 저장할 공간과 계층 구조를 저장할 공간을 선언해야 한다. 예제에서는 다음 코드로 변수를 할당했다.

```
Point[][] contours;
HierarchyIndex[] hierarchy;
```

윤곽선은 2차원 구조의 포인트 구조체이며, 계층 구조는 1차원 구조를 띤다. **반전 연산**(Cv2. BitwiseNot)을 수행하는 이유는 윤곽선 함수가 흰색 픽셀들을 대상으로 검출하기 때문이다. 배경이 흰색일 경우 이미지의 테두리를 윤곽으로 검출한다(가능한 한 배경은 검은색의 픽셀을 갖게 한다). 이후, 윤곽선 검출을 진행하며, 모든 윤곽선을 검출해 트리 구조를 형성하고 Teh-Chin 알고리즘을 적용해 윤곽점을 더 정교한 지점만 남긴다.

그리고 나서 윤곽선 그리기 함수를 활용해 모든 윤곽선을 그리고 이중 for 문으로 검출된 윤곽점을 붉은색으로 표시한다. 첫 번째 반복문에서는 하나의 윤곽선에 대한 정보가 담겨 있으며 윤곽선의 개수만큼 반복한다. 두 번째 반복문에서는 앞선 반복문에서 설정된 윤곽선들의 윤곽점의 개수만큼 반복하며 윤곽점들을 그린다. 검출 결과에서 확인할 수 있듯이 윤곽선을 이루기 위한 최소한의 픽셀로 구성돼 반환되는 것을 알 수 있다.

```python
import cv2

src = cv2.imread("chess.png")
dst = src.copy()

kernel = cv2.getStructuringElement(cv2.MORPH_RECT, (3, 3))

gray = cv2.cvtColor(src, cv2.COLOR_RGB2GRAY)
ret, binary = cv2.threshold(gray, 230, 255, cv2.THRESH_BINARY)
morp = cv2.morphologyEx(binary, cv2.MORPH_CLOSE, kernel, iterations=2)
image = cv2.bitwise_not(morp)

contours, hierarchy = cv2.findContours(image, cv2.RETR_TREE, cv2.CHAIN_APPROX_NONE)
cv2.drawContours(dst, contours, -1, (0, 0, 255), 3)
for i in range(len(contours)):
    cv2.putText(dst, str(i), tuple(contours[i][0][0]), cv2.FONT_HERSHEY_COMPLEX, 1.3, (255, 0, 0), 1)
    print(i, hierarchy[0][i])

cv2.imshow("dst", dst)
cv2.waitKey(0)
cv2.destroyAllWindows()
```

【 출력 결과 】

```
0 [ 2 -1  1 -1]
1 [-1 -1 -1  0]
2 [ 4  0  3 -1]
3 [-1 -1 -1  2]
4 [ 8  2  5 -1]
5 [-1 -1  6  4]
6 [ 7 -1 -1  5]
7 [-1  6 -1  5]
8 [10  4  9 -1]
9 [-1 -1 -1  8]
10 [12  8 11 -1]
11 [-1 -1 -1 10]
12 [-1 10 13 -1]
13 [-1 -1 -1 12]
```

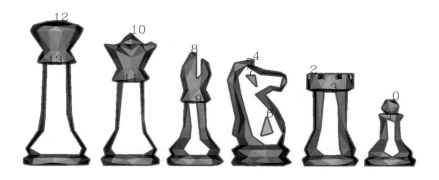

예제 6.2는 **입력 이미지**(src)에 간단한 전처리를 진행한 다음, 윤곽선을 검출하고 계층 구조를 출력한 후 윤곽선과 윤곽선의 색인 번호를 이미지 위에 표시한 예다. 윤곽선 검출 함수는 매개 변수로 입력된 이미지 상의 모든 윤곽선을 검출하기 때문에 가능한 한 노이즈가 없거나 적어야 한다. 노이즈를 제거하기 위해 이진화를 적용하며, 이후 모폴로지 연산을 통해 스펙클을 제거한다.

윤곽선 검출 함수는 윤곽선과 계층 구조를 반환하며 C#과는 다르게 튜플 형식이 자체적으로 지원되므로 사전에 변수로 초기화하지 않아도 된다. **반전 연산**(cv2.bitwise_not)을 수행하는 이유는 예제 6.1과 동일하다. 이후, 윤곽선 검출을 진행하고 모든 윤곽선을 검출해 트리 구조를 형성하며, cv2.CHAIN_APPROX_NONE을 사용해 윤곽선의 모든 윤곽점을 반환한다. 이후, 윤곽선 그리기 함수를 활용해 모든 윤곽선을 그리고 for 문으로 색인 번호를 윤곽선 위에 표시하며 색인 번호와 계층 구조를 한 줄씩 출력한다.

파이썬 OpenCV의 윤곽선 계층 구조는 2차원이 아닌 3차원 형태로 반환하기 때문에 이 점에 주의한다 (한 번 더 계층 구조를 감싸기 때문에 예제와 같이 hierarchy[0][i][j]의 형태로 접근한다). 예제의 출력 결과에서 확인할 수 있듯이 계층 구조가 출력되며 이미지 위에 윤곽선과 해당 윤곽선의 색인 번호가 표시되는 것을 확인할 수 있다.

다각형 근사

다각형 근사는 검출된 윤곽선의 형상을 분석할 때, 해당 형상을 정점의 수가 적은 다각형으로 근사하여 표현하는 방법이다. 다각형 근사는 윤곽선 검출 함수에서 반환된 윤곽선 정보를 활용해 윤곽선의 복잡성을 낮추고 더 간결한 형태로 표현함으로써 데이터를 단순화할 수 있다.

윤곽선의 정점 수를 줄이면, 해당 윤곽선을 저장하고 처리하는 데 필요한 메모리 및 계산 리소스를 줄일 수 있으며, 윤곽선에서 작은 노이즈나 불필요한 디테일을 제거해 더 명확하고 신뢰성있는 데이터를 얻을 수 있다. 이를 통해 주요 특징을 추출하고 효율적인 분석을 할 수 있게 된다.

다각형 근사는 **더글라스-패커(Douglas-Peucker)** 알고리즘을 사용해 근사한다. 이 알고리즘은 선분으로 구성된 윤곽선을 더 적은 수의 윤곽점으로 동일하거나 비슷한 형태로 **데시메이트(Decimate)**[5]한다. 더글라스-패커 알고리즘의 주요 단계는 다음과 같다.

1. **시작과 끝점 선택**: 초기 윤곽선에서 시작점과 끝점을 선택한다.

2. **최대 편차 계산**: 초기 윤곽선상에서 각 점과 시작점, 끝점을 연결하는 선분 중에서 최대 편차를 가진 점을 검출한다.

3. **최대 편차와 근사치 정확도 비교**: 최대 편차를 근사치 정확도와 비교한다. 만약 최대 편차가 근사치 정확도보다 작거나 같다면 해당 선분은 근사 대상에서 제외하고, 최대 편차가 근사치 정확도보다 높다면 해당 선분의 중간 점을 선택해 윤곽선의 후보 점으로 추가한다.

4. **재귀 반복**: 알고리즘은 시작점부터 최대 편차가 근사치 정확도보다 큰 선분까지 재귀적으로 반복해 근사를 수행한다.

즉, 더글라스-패커 알고리즘은 **근사치 정확도(Epsilon)**를 사용해 기존 다각형과 윤곽점이 압축된 다각형 간의 최대 편차를 고려해 다각형을 근사하게 된다. 그림 6.3은 더글라스 패커 알고리즘의 작동 방식을 보여준다.

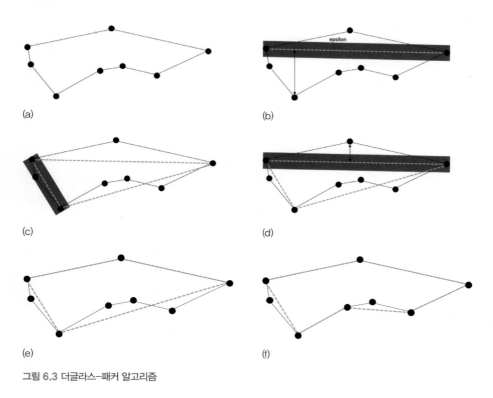

그림 6.3 더글라스-패커 알고리즘

---

5 일정 간격으로 샘플링된 데이터를 기존 간격보다 더 큰 샘플링 간격으로 다시 샘플링하는 것

(a)는 윤곽선 검출 알고리즘을 통해 반환된 형태이며, 굵은 점과 얇은 실선은 윤곽선과 윤곽점을 의미한다. (b)는 더글라스-패커 알고리즘에서 두 극점을 선택한 후 선으로 연결한 것이다. 두꺼운 선분은 근사치 정확도의 범위를 의미한다. 근사치 정확도 범위 내에 있는 점은 최대 편차 내에 있는 윤곽점으로 간주하고 근사화에서 제외한다. 이후, 연결된 선분에서 가장 멀리 있는 점을 선택하고 연결한다.

(c)에서 근사치 정확도의 범위 내에 존재하는 연결되지 않은 윤곽점은 근사 다각형의 윤곽점에서 제외된다. (d)에서 다시 가장 거리가 멀리 있는 윤곽점을 찾아 다시 근사화 윤곽점으로 입력하며, 이를 반복해 (e)와 (f)의 형태로 진행한다. 더 많은 윤곽점에 대해서도 이 같은 방법으로 반복해서 다각형을 근사한다. 다음은 C# OpenCvSharp과 파이썬 OpenCV에서 활용하는 다각형 근사 함수다.

C# OpenCvSharp의 다각형 근사 함수

```
Point[] approxCurve = Cv2.ApproxPolyDP(
    IEnumerable<Point> curve,
    double epsilon,
    bool closed
);
```

파이썬 OpenCV의 다각형 근사 함수

```
approxCurve = cv2.approxPolyDP(
    curve,
    epsilon,
    closed
)
```

다각형 근사 함수는 하나의 다각형에 대해 근사가 가능하다. 그러므로 **윤곽선**(curve)은 윤곽선 검출 함수에서 검출된 하나의 윤곽선을 활용하거나 배열로 구성된 다각형 윤곽점을 사용한다. **근사치 정확도**(epsilon)는 입력된 다각형과 반환될 근사화된 다각형 사이의 최대 편차 간격을 의미한다. 마지막으로 **폐곡선**(closed)은 시작점과 끝점의 연결 여부를 의미한다. 참 값으로 설정할 경우 마지막 점과 첫 번째 점이 연결된다.

예제 6.3과 예제 6.4는 C# OpenCvSharp과 파이썬 OpenCV에서 윤곽선 검출 결과를 활용해 다각형을 근사하는 예다.

```csharp
using System;
using OpenCvSharp;

namespace Project
{
    class Program
    {
        static void Main(string[] args)
        {
            Mat src = Cv2.ImRead("chess.png");
            Mat gray = new Mat();
            Mat binary = new Mat();
            Mat morp = new Mat();
            Mat image = new Mat();
            Mat dst = src.Clone();

            Mat kernel = Cv2.GetStructuringElement(MorphShapes.Rect, new Size(3, 3));
            Point[][] contours;
            HierarchyIndex[] hierarchy;

            Cv2.CvtColor(src, gray, ColorConversionCodes.BGR2GRAY);
            Cv2.Threshold(gray, binary, 230, 255, ThresholdTypes.Binary);
            Cv2.MorphologyEx(binary, morp, MorphTypes.Close, kernel, new Point(-1, -1), 2);
            Cv2.BitwiseNot(morp, image);

            Cv2.FindContours(image, out contours, out hierarchy, RetrievalModes.Tree,
ContourApproximationModes.ApproxTC89KCOS);

            for (int i = 0; i< contours.Length; i++)
            {
                double perimeter = Cv2.ArcLength(contours[i], true);
                double epsilon = perimeter * 0.01;

                Point[] approx = Cv2.ApproxPolyDP(contours[i], epsilon, true);
                Point[][] draw_approx = new Point[][] { approx };
                Cv2.DrawContours(dst, draw_approx, -1, new Scalar(255, 0, 0), 2,
LineTypes.AntiAlias);
```

```
            for (int j = 0; j < approx.Length; j++)
            {
                Cv2.Circle(dst, approx[j], 1, new Scalar(0, 0, 255), 3);
            }
        }

        Cv2.ImShow("dst", dst);
        Cv2.WaitKey(0);
        Cv2.DestroyAllWindows();
    }
}
```

【 출력 결과 】

예제 6.3은 윤곽선 검출 예제에 다각형 근사 함수를 추가했다. 다각형 근사 함수에서 가장 중요한 매개
변수는 **근사치 정확도**(epsilon)다. 여기에 적절한 값을 주기 위해 곡선 길이(Cv2.ArcLength) 함수를 사
용해 윤곽선의 전체 길이를 계산한다. 이 함수의 매개 변수는 단일 윤곽선과 폐곡선 여부를 설정한다.

이후, 근사치 정확도의 값을 할당하기 위해 윤곽선 전체 길이의 1%로 활용한다. Point[] 구조체에 근
사화된 윤곽점들이 포함되며, 각 근사화된 윤곽선들을 그리기 위해 Point[][] 구조체에 값을 할당한다
(제네릭 방식으로도 할당이 가능하다).

근사화된 윤곽점은 기존 윤곽점의 개수와 다르므로 **윤곽점 배열 길이**(approx.Length)만큼 반복하며,
윤곽점(approx[j]) 위치에 원을 표시한다. 검출 결과에서 확인할 수 있듯이 윤곽선들이 근사되어 일부
가 잘려나가거나 더 크게 표시되는 것을 확인할 수 있다. 더 세밀한 간격으로 근사화한다면 근사치 정
확도의 값을 낮게 지정한다.

예제 6.4 파이썬 OpenCV의 다각형 근사

```python
import cv2

src = cv2.imread("chess.png")
dst = src.copy()

kernel = cv2.getStructuringElement(cv2.MORPH_RECT, (3, 3))

gray = cv2.cvtColor(src, cv2.COLOR_RGB2GRAY)
ret, binary = cv2.threshold(gray, 230, 255, cv2.THRESH_BINARY)
morp = cv2.morphologyEx(binary, cv2.MORPH_CLOSE, kernel, iterations=2)
image = cv2.bitwise_not(morp)

contours, hierarchy = cv2.findContours(image, cv2.RETR_TREE, cv2.CHAIN_APPROX_NONE)

for i in contours:
    perimeter = cv2.arcLength(i, True)
    epsilon = perimeter * 0.05
    approx = cv2.approxPolyDP(i, epsilon, True)
    cv2.drawContours(dst, [approx], 0, (0, 0, 255), 3)
    for j in approx:
        cv2.circle(dst, tuple(j[0]), 3, (255, 0, 0), -1)

cv2.imshow("dst", dst)
cv2.waitKey(0)
cv2.destroyAllWindows()
```

【 출력 결과 】

예제 6.4도 윤곽선 검출 예제에 다각형 근사 함수를 추가했다. 파이썬의 for 문에서는 리스트, 튜플, 넘파이 배열 등의 내부 요소를 반복 변수로 활용할 수 있다. 즉, 반복 변수가 하나의 윤곽선 그룹이 된다.

다각형 근사 함수에서 가장 중요한 매개 변수는 **근사치 정확도**(epsilon)다. 여기에 적절한 값을 주기 위해 곡선 길이(cv2.arcLength) 함수를 사용해 윤곽선의 전체 길이를 계산한다. 이 함수의 매개 변수는 단일 윤곽선과 폐곡선 여부를 설정한다.

이후, 근사치 정확도의 값을 할당하기 위해 윤곽선 전체 길이의 5%로 활용한다. 또한 근사화된 윤곽선을 그리기 위해 **대괄호**([])를 추가해서 윤곽선 그리기 함수에서 요구하는 차원으로 설정한다. 파이썬 OpenCV의 배열은 모두 넘파이 배열이므로 대괄호를 추가해서 간단하게 설정할 수 있다.

윤곽선 그리기 함수의 **윤곽선 번호**(contourIdx)는 −1과 0의 값이 현재 동일한 값을 반환한다. 현재 [apporx] 배열에는 0번 색인만 존재하기 때문이다. 근사화된 윤곽점을 기준으로 다시 반복문을 추가해서 윤곽점을 그린다. 여기서 approx 배열의 내부 요소는 한 차원 더 감싸져 있으므로 j[0] 형태로 (x, y)의 값을 받아올 수 있다. 또한 그리기 함수의 인수 형식은 튜플을 사용하므로 튜플로 변환해 좌표를 입력한다.

검출 결과에서 확인할 수 있듯이 윤곽선들이 값이 높은 **근사치 정확도**(epsilon)를 갖고 있어 기존 형태와 맞지 않는 형태로 근사됐다. 다각형을 근사하면서 가장 중요한 요소는 적절한 근사 정확도 값을 찾아 할당하는 것이다. 너무 작은 값을 사용한다면 윤곽선 검출 함수에서 반환된 값과 차이가 발생하지 않는다는 점에 주의한다.

윤곽선 정보

윤곽선 정보를 활용함으로써 더 많은 정보를 얻을 수 있다. 윤곽선은 이미지나 비디오에서 물체의 경계를 나타내는 중요한 정보를 제공한다. 이 정보를 활용해 물체의 형태, 크기, 방향 및 다양한 특성을 추출할 수 있다. 또한, 윤곽선의 기하학적 특징을 분석함으로써 물체의 식별이나 추적, 영상 처리 작업에서 유용한 정보를 도출할 수 있다.

윤곽선 정보를 분석하는 데 사용되는 몇 가지 기본적인 작업에는 물체의 면적 계산, 중심 좌표 추출, 경계 상자 생성, 물체의 회전 각도 계산, 윤곽선 주변의 특정 영역 분석 등이 포함된다. 다음 함수들은 다각형 근사처럼 윤곽선 검출 정보를 사용하는 함수다.

곡선 길이

C# OpenCvSharp의 곡선 길이 함수

```
double length = Cv2.ArcLength(
    IEnumerable<Point> curve
    bool closed
);
```

파이썬 OpenCV의 윤곽선 길이 함수

```
length = cv2.arcLength(
    curve,
    closed
)
```

윤곽선 길이 함수는 **윤곽선**(curve)의 길이를 계산한다. 매개 변수로 입력되는 윤곽선은 곡선의 형태를 지닌 배열이나 벡터의 형태로 간주한다. **폐곡선**(closed)은 윤곽선의 닫힘 여부다. 윤곽선이 닫힌 것으로 간주하면 마지막 지점과 첫 번째 지점을 연결한다. 윤곽선의 닫힘 여부에 따라 반환되는 **길이**(length)의 값이 달라진다.

면적 계산

C# OpenCvSharp의 면적 계산 함수

```
double area = Cv2.ContourArea(
    IEnumerable<Point> contour,
    bool oriented = false
);
```

파이썬 OpenCV의 면적 계산 함수

```
area = cv2.contourArea(
    contour,
    oriented
)
```

면적 계산 함수는 **윤곽선**(contour) 내부의 면적을 계산한다. 매개 변수로 입력되는 윤곽선은 곡선의 형태를 지닌 배열이나 벡터의 형태로 간주한다. **방향성**(oriented)은 계산된 윤곽선 면적의 부호를 의미한다. 방향성이 참 값일 경우, 윤곽선의 방향(시계 방향, 반시계 방향)에 따라 부호가 있는 면적 값으로 반환한다. 거짓 값을 사용할 경우 절댓값으로 계산되어 면적이 반환된다.

경계 사각형

C# OpenCvSharp의 경계 사각형 함수

```
Rect boundrect = Cv2.BoundingRect(
    IEnumerable<Point> curve
);
```

파이썬 OpenCV의 경계 사각형 함수

```
boundrect = cv2.boundingRect(
    curve
)
```

경계 사각형 함수는 **윤곽선**(curve)의 경계면을 둘러싸는 사각형을 구한다. 반환되는 결과는 회전이 고려되지 않은 직사각형 형태를 띠는데, 경계면의 윤곽점들을 둘러싸는 최소 사각형의 형태를 띤다. C# OpenCvSharp은 직사각형 구조체의 형태로 반환되며, 파이썬 OpenCV는 (x, y, width, height)의 형태로 반환된다.

최소 면적 사각형

C# OpenCvSharp의 최소 면적 사각형 함수

```
RotatedRect rect = Cv2.MinAreaRect(
    IEnumerable<Point> points
);
```

파이썬 OpenCV의 최소 면적 사각형 함수

```
rect = cv2.minAreaRect(
    points
)
```

최소 면적 사각형 함수는 **윤곽선**(points)의 경계면을 둘러싸는 최소 크기의 사각형을 구한다. 반환되는 결과는 회전을 고려한 직사각형 형태를 띤다. 그러므로 경계면의 윤곽점들을 둘러싸는 회전된 최소 직사각형의 형태를 띤다. C# OpenCvSharp은 회전 직사각형 구조체의 형태로 반환되며, 파이썬 OpenCV는 ((centerX, centerY), (width, height), angle)의 형태로 반환된다.

최소 면적 원

C# OpenCvSharp의 최소 면적 원 함수

```
Cv2.MinEnclosingCircle(
    IEnumerable<Point> points,
    out Point2f center,
    out float radius
);
```

파이썬 OpenCV의 최소 면적 원 함수

```
center, radius = cv2.minEnclosingCircle(
    points
)
```

최소 면적 원 함수는 **윤곽선**(points)의 경계면을 둘러싸는 최소 크기의 원을 구한다. 경계 사각형 함수와 비슷한 기능이며, 반환되는 결과는 **중심점의 좌표**(center)와 **반지름**(radius)을 갖는다. C# OpenCvSharp에서는 out 키워드를 통해 중심점과 반지름을 반환하며 파이썬 OpenCV는 (centerX, centerY), radius의 형태로 반환된다.

타원 피팅

C# OpenCvSharp의 타원 피팅 함수

```
RotatedRect ellipse = Cv2.FitEllipse(
    IEnumerable<Point> points,
);
```

파이썬 OpenCV의 타원 피팅 함수

```
ellipse = cv2.fitEllipse(
    points
)
```

타원 피팅 함수는 **윤곽선**(points)의 집합에 대해 가장 근사한 타원을 구한다. 최소 면적 원 함수는 윤곽점이 원 내부에 존재하지만 타원 피팅 함수는 윤곽점이 타원 밖에 존재할 수도 있다. 반환되는 결과는 회전을 고려한 직사각형의 형태를 띠지만 타원 그리기 함수는 회전 직사각형 구조체의 형식도 인수값으로 활용할 수 있다. C# OpenCvSharp에서는 회전 직사각형 구조체의 형태로 반환하며, 파이썬 OpenCV에서는 ((centerX, centerY), (axesWidth, axesHeight), angle)의 형태로 반환한다.

볼록 껍질

C# OpenCvSharp의 볼록 껍질 함수

```
Point[] hull = Cv2.ConvexHull(
    IEnumerable<Point> points,
    bool clockwise = false
);
```

파이썬 OpenCV의 볼록 껍질 함수

```
hull = cv2.convexHull(
    points,
    clockwise = None
)
```

볼록 껍질 함수는 **윤곽선**(points)의 경계면을 둘러싸는 다각형을 구한다. 반환되는 결과는 윤곽선 검출 결과와 동일한 형식을 띤다. **방향**(clockwise)은 검출된 볼록 껍질의 볼록점들의 색인 순서를 의미한다. 참 값을 지정할 경우 볼록점들이 시계 방향으로 정렬된다. 거짓 값으로 지정할 경우 볼록점들이 반시계 방향으로 정렬된다. 볼록 껍질 알고리즘은 $O(NlogN)$ 시간 복잡도를 갖는 **스크랜스키**(Sklansky) **알고리즘**을 이용해 입력된 좌표들의 볼록한 외곽을 찾는다. 그림 6.4는 스크랜스키 알고리즘을 보여준다.

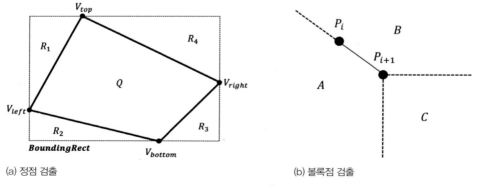

(a) 정점 검출   (b) 볼록점 검출

그림 6.4 스크랜스키 알고리즘

스크랜스키 알고리즘은 윤곽점에서 경계 사각형의 정점(Vertex)을 검출한다. 경계면을 둘러싸는 다각형은 경계 사각형 내부에 포함되며, 해당 정점을 볼록점으로 사용한다. 볼록 껍질의 또 다른 볼록점들은 Rn 영역 내에 존재하며, Q의 영역 내에는 존재하지 않는다.

그러므로 R_1, R_2, R_3, R_4의 내부에 있는 추가적인 볼록점들을 검출하게 된다. 하지만 R_n 영역 내부에도 다양한 윤곽점들이 존재하므로 여기서 볼록 껍질을 이루는 볼록점들을 선별해서 선택한다. 볼록점의 시작점이 P_i이며 다음 번째 볼록점이 Pi+1이 된다. 만약 P_i가 V_{left}일 경우, P_{i+1}과 P_{i+2}를 검출하기 위해 다음과 같은 조건으로 볼록점을 선택한다(초기 P_{i+1}은 입력된 윤곽점들의 P_i의 i+1번째를 사용한다).

- P_{i+2}의 점이 A 영역 내부에 있을 경우 P_{i+2} 점을 P_{i+1} 점으로 활용한다.
- P_{i+2}의 점이 B 영역 내부에 있을 경우 P_{i+2} 점은 볼록점에서 제외한다.
- P_{i+2}의 점이 C 영역 내부에 있을 경우 P_{i+2} 점을 볼록점으로 간주한다.

현재 처리하고 있는 정점의 위치에 따라 앞선 조건의 A, B, C의 영역이 바뀐다. 예를 들어 V_{right}에서 V_{top}으로 진행되는 순서라면 A의 영역은 Q의 영역이 되어 볼록점에서 제외된다.

볼록성 시험

C# OpenCvSharp의 볼록성 시험 함수

```
bool convex = Cv2.IsContourConvex(
    IEnumerable<Point> contour
);
```

파이썬 OpenCV의 볼록성 시험 함수

```
convex = cv2.isContourConvex(
    contour
)
```

볼록성 시험 함수는 **윤곽선**(contour)의 형태가 볼록한 형태를 지니고 있는지 확인한다. 볼록한 형태는 윤곽선의 형태가 볼록한 형태나 수직한 형태를 갖는 것을 의미한다. 볼록한 경우 단순한 다각형의 형태를 지니고 있다고 볼 수 있다(교차하는 점이 없는 형태). 윤곽선이 볼록하다면 참 값을 반환하며, 볼록하지 않다면 거짓 값을 반환한다.

모멘트

```
Moments moments = Cv2.Moments(
    IEnumerable<Point> array,
    bool binaryImage = false
);
```

파이썬 OpenCV의 모멘트 함수

```
moments = cv2.moments(
    array,
    binaryImage = None
)
```

모멘트 함수는 **윤곽선**(array)이나 **이미지**(array)의 0차 모멘트부터 3차 모멘트까지 계산한다. **이진화 이미지**(binaryImage)는 입력된 array 매개 변수가 이미지일 경우, 이미지의 픽셀 값들을 이진화 처리할지 결정한다. 이진화 이미지 매개 변수에 참 값을 할당한다면 이미지의 픽셀 값이 0이 아닌 값은 모두 1의 값으로 변경해 모멘트를 계산한다. 모멘트 함수는 다음과 같은 수식으로 정의된다.

수식 6.1 공간 모멘트(Spatial moments)

$$m_{i,j} = \sum_{x,y} \left(array(x,y) \times x^i y^j \right)$$

모멘트 m_{ij}는 윤곽선(이미지)의 모든 픽셀에 대한 합으로 정의된다. i와 j의 값에 따라 계수가 달라지며 단순하게 현재 픽셀에 해당하는 인수를 곱한다. $i=0$, $j=0$의 모멘트를 계산한다면 입력된 윤곽선(이미지) 픽셀들의 영역이 된다. 즉, m_{00} 모멘트는 윤곽선(이미지)의 면적이 된다(면적 계산 함수의 결과와 동일한 값을 반환한다). 또한 m_{10} 모멘트와 m_{10} 모멘트를 각각 m_{00}모멘트로 나눈다면 윤곽선(이미지)의 평균 값을 얻을 수 있다.

모멘트 함수를 사용한다면 면적, 평균, 분산 등을 간단하게 구할 수 있다. 모멘트 함수는 공간 모멘트뿐만 아니라 중심 모멘트, 정규화된 중심 모멘트까지 구할 수 있다. 다음은 중심 모멘트와 정규화된 중심 모멘트의 수식과 질량 중심을 구하는 수식을 나타낸다.

수식 6.2 중심 모멘트(Central moments)

$$mu_{i,j} = \sum_{x,y} \left(array(x,y) \times (x - \overline{x})^i (y - \overline{y})^j \right)$$

수식 6.3 정규화된 중심 모멘트(Normalized central moments)

$$nu_{i,j} = \frac{mu_{i,j}}{m_{00}^{\frac{(i+j)}{2}+1}}$$

수식 6.4 질량 중심(Mass center)

$$\overline{x} = \frac{m_{10}}{m_{00}} \quad \overline{y} = \frac{m_{01}}{m_{00}}$$

모멘트 수식에서 확인할 수 있듯이 mu_{00}, mu_{10}, mu_{01}, nu_{00}, nu_{10}, nu_{01}[6]은 항상 같은 값을 갖게 되므로 반환하지 않는다.

C# OpenCvSharp에서는 반환 형식이 `Moments`로서 `moments.M00` 등으로 `double` 형식을 갖는 값으로 활용 가능하며, 파이썬 OpenCV에서는 사전 형식으로 `{'m00': 27530.0, …}`의 구조로 반환된다. 다음 목록은 모멘트 함수에서 반환되는 모멘트를 의미한다.

- 0차 모멘트: m_{00}

- 1차 모멘트: m_{10}, m_{01}

- 2차 모멘트: m_{11}, m_{20}, m_{02}

- 3차 모멘트: m_{21}, m_{12}, m_{30}, m_{03}

- 2차 중심 모멘트: mu_{11}, mu_{20}, mu_{02}

- 3차 중심 모멘트: mu_{21}, mu_{12}, mu_{30}, mu_{03}

- 2차 정규화된 중심 모멘트: nu_{11}, nu_{20}, nu_{02}

- 3차 정규화된 중심 모멘트: nu_{21}, nu_{12}, nu_{30}, nu_{03}

---

[6] $mu_{00}=m_{00}$, $nu_{00}=1$, $mu_{01}=mu_{10}=nu_{01}=nu_{10}=0$

특징 검출(Feature detection)은 이미지 내의 주요한 특징점을 검출하는 방법으로 관심 있는 객체나 패턴을 식별하고 분석하는 데 사용된다. 픽셀의 색상 강도, 연속성, 변화량, 의존성, 유사성, 임계점 등을 사용해 특징을 파악해 해당 특징점이 존재하는 위치를 알려주거나 해당 특징점을 부각시키게 된다. 이를 통해 이미지 내의 중요한 패턴, 객체, 또는 구조를 인식하고 추출할 수 있게 된다. 특징 검출에 사용되는 주요한 프로세스를 정리한다면 다음과 같다.

- **픽셀의 색상 강도**: 이미지에서 각 픽셀의 색상 강도를 분석해 밝기 또는 명암 정보를 추출할 수 있다. 이를 통해 고주파나 저주파 성분을 검출할 수 있다.

- **연속성**: 연속성은 특정 패턴 또는 물체가 이미지에서 어떻게 연속되는지를 의미한다. 연속성을 이용하면 객체의 경계나 외형을 파악할 수 있다.

- **변화량**: 이미지에서 픽셀 값 또는 특정 특징의 변화량을 감지한다. 주로 움직임을 검출하거나 객체의 윤곽을 추출하는 데 사용된다.

- **의존성**: 특징 검출은 주변 픽셀 또는 특징과의 관계를 고려한다. 이는 주위 환경과의 상호 작용을 분석하는 데 사용된다.

- **유사성**: 이미지 내에서 비슷한 패턴이나 특징을 찾아낸다. 유사성을 이용하면 이미지 내에서 객체를 식별하거나 비슷한 패턴을 추출할 수 있다.

- **임계점**: 임계점은 특정 특징이나 객체를 식별하기 위한 임곗값을 설정한다. 이 임곗값을 조절함으로써 특징 검출의 성능을 향상시킬 수 있다.

주요한 프로세스는 이미 앞서 다룬 이미지 프로세싱 방법을 통해 배웠다. 이제 이러한 방법들을 활용한 특징 검출 알고리즘에 대해 알아보자.

코너 검출

코너 검출(Corner detection)은 입력 이미지에서 코너점을 식별하는 알고리즘이다. 코너 검출은 다각형의 꼭짓점을 검출하는 것으로 생각할 수 있지만, 더 정확하게는 **트래킹(Tracking)**[7]하기 용이한 특징 지점을 코너로 정의한다. 그러므로 코너는 추적 가능한 특징 지점이 되며, 이를 통해 다각형의 꼭짓점을 검출하는 데 활용할 수 있다. 만약 다각형의 꼭짓점이 추적하기 어려운 지점이라면 코너를 검출하는 것이 어려워진다.

---

7 객체의 움직임을 추적하거나 관찰하는 것. 시선을 추적하는 아이 트래킹(Eye-tracking)과 움직임을 추적하는 모션 트래킹(Motion-tracking) 등이 있다.

코너 검출은 주로 코너의 강도를 계산해 코너점을 식별한다. 이를 위해 높은 도함수(강한 미분)를 가지는 지점인 가장 두드러진 코너점을 계산해, 코너의 정의를 만족하는 지점을 반환한다. 코너 검출 알고리즘에는 지안보 시(Jianbo Shi)와 카를로 토마시(Carlo Tomasi)가 개선한 특징 검출 알고리즘과 해리스(Harris)가 제안한 알고리즘이 있다. 이러한 알고리즘을 활용해 코너 검출을 수행한다.

코너 검출 알고리즘은 객체 추적, 이미지 매칭, 구조화된 환경에서의 위치 결정 등 다양한 분야에서 활용된다. 다음은 C# OpenCvSharp과 파이썬 OpenCV의 코너 검출(추적하기 좋은 특징 추출) 함수다.

C# OpenCvSharp의 코너 검출 함수

```
Point2f[] corners = Cv2.GoodFeaturesToTrack(
    Mat src,
    int maxCorners,
    double qualityLevel,
    double minDistance,
    InputArray mask,
    int blockSize,
    bool useHarrisDetector,
    double k
);
```

파이썬 OpenCV의 코너 검출 함수

```
corners = cv2.goodFeaturesToTrack(
    image,
    maxCorners,
    qualityLevel,
    minDistance,
    mask = None,
    blockSize = None,
    useHarrisDetector = None,
    k = None
)
```

코너 검출 함수는 8비트 또는 32비트의 단일 채널 이미지를 **입력 이미지**(image)로 사용해 **코너**(corners)를 검출한다. **코너 최댓값**(maxCorners)은 검출할 최대 코너의 수를 제한한다. 0 이하의 값을 사용하면 최대 코너의 수를 제한하지 않으며, 검출할 최대 코너의 수보다 더 많은 코너의 수가 검출된 경우, 코너 강도가 약한 코너점은 반환하지 않는다.

코너 품질(qualityLevel)은 반환할 코너의 최소 품질을 설정한다. 코너 품질은 0.0~1.0 사이의 값으로 할당할 수 있으며, 일반적으로 0.01~0.10 사이의 값을 사용한다. 코너 품질을 계산할 때 검출된 코너 중 가장 좋은 코너 강도를 갖는 측정 값에 코너 품질 수치를 곱한 값보다 낮은 값이면 해당 코너들은 무시한다. 예를 들어, 가장 좋은 코너의 강도가 1000이고, 코너 품질이 0.01이라면 10 이하의 코너 강도를 갖는 코너들은 검출하지 않는다. **최소 거리**(minDistance)는 검출된 코너들의 최소 근접 거리를 나타내며, 설정된 최소 거리 이상의 값만 검출한다. 만약 최소 거리의 값이 5일 경우, 거리가 5 이하인 코너 점은 검출하지 않는다.

마스크(mask)는 입력 이미지와 같은 차원을 갖는 이미지(배열)이며, 마스크의 값이 0인 곳은 코너를 계산하지 않는다. 즉, 선택적 관심 영역을 설정한다. **블록 크기**(blockSize)는 코너를 계산할 때 고려하는 코너 주변 영역의 크기를 나타낸다. 블록 크기 영역에 대해 고유 값과 고유 벡터를 계산한다(공분산 행렬을 의미).

해리스 코너 검출기(useHarrisDetector)는 코너 강도를 계산하는 데 사용할 알고리즘을 나타낸다. 참 값을 할당할 경우 해리스가 제안한 알고리즘을 사용하며, 거짓 값을 사용할 경우 지안보 시와 카를로 토마시가 개선한 특징 검출 알고리즘을 사용한다. **해리스 측정 계수**(k)는 해리스 알고리즘을 사용할 때 할당하며 해리스 대각합의 감도 계수를 의미한다.

객체를 인식하기 위해 코너 검출 알고리즘을 사용한다면 더 정확한 코너점을 필요로 한다. 정확한 위치로 계산하기 위해 근사 계산을 수행해 서브 픽셀의 코너 위치를 재조정한다. 예를 들어, 검출된 코너 점의 좌표가 (30, 45)로 검출됐다면 서브 픽셀 세밀화를 진행하면 더 정확한 위치인 (30.5, 45.6) 등의 좌표로 반환된다.

코너 픽셀의 세밀화를 진행하면 검출된 코너점의 위치를 보정한다. 서브 코너 픽셀은 직교하는 두 벡터의 내적이 0이라는 원리를 기반으로 코너점 주변의 기울기와 연관된 벡터를 하나로 묶어 내적이 0이라는 방정식을 추가해 0이 되는 위치를 보정된 위치로 사용한다. 다음은 C# OpenCvSharp과 파이썬 OpenCV의 코너 픽셀 세밀화 함수다.

C# OpenCvSharp의 코너 픽셀 세밀화 함수

```
Point2f[] corners = Cv2.CornerSubPix(
    Mat src,
    IEnumerable<Point2f> inputCorners,
    Size winSize,
    Size zeroZone,
    TermCriteria criteria
);
```

```
corners = cv2.cornerSubPix(
    image,
    corners,
    winSize,
    zeroZone,
    criteria
)
```

코너 픽셀 세밀화 함수는 코너 계산에서 사용된 **입력 이미지**(src)를 의미한다. 동일하게 inputCorners(corners)는 코너 검출을 통해 얻어낸 정수 픽셀의 코너 위치를 담고 있는 배열을 의미한다. 서브 코너 픽셀의 실제 위치는 두 벡터의 내적이 0이 되는 조건을 사용하므로 정수 픽셀의 코너 위치를 중심으로 **검출 크기**(winSize)의 크기만큼 확장한다. 검출 크기의 인수 값이 (n, n) 크기를 갖는 경우, **(n×2+1, n×2+1)**의 크기로 영역을 검색한다. 방정식은 자기 상관 행렬의 역행렬로 풀 수 있는 선형 시스템을 구성한다. 역행렬로 구현할 수 있도록 인접한 픽셀을 고려하지 않는다.

제외 크기(zeroZone)는 검출 영역에서 제외하려는 부분의 크기를 설정한다. **검출 크기**(winSize)와 동일한 계산 방법을 사용하며 (−1, −1)의 크기를 사용할 경우, 제외하려는 영역이 없음을 의미한다. **기준**(criteria)은 코너 픽셀 세밀화 반복 작업의 조건을 설정한다. 입력된 코너점이 보정된 코너점의 위치를 찾는 경우, 그 값을 추측 위치로 사용하며 설정된 기준에 도달할 때까지 반복해서 계산한다. 반복을 종료하는 기준은 설정된 반복 횟수나 검출 정확도를 만족할 때다. 예를 들어, 반복 횟수가 10회, 정확도가 0.1인 경우, 반복 횟수가 10회에 도달하거나 정확도의 차이가 0.1 이하까지 낮아졌을 때 계산이 종료된다.

예제 6.5와 예제 6.6은 C# OpenCvSharp과 파이썬 OpenCV에서 코너를 검출하고 검출 픽셀 세밀화 작업을 적용한 예다.

예제 6.5 C# OpenCvSharp의 코너 검출 및 코너 픽셀 세밀화

```
using System;
using OpenCvSharp;

namespace Project
{
    class Program
    {
        static void Main(string[] args)
```

```
        {
            Mat src = Cv2.ImRead("dummy.jpg");
            Mat gray = new Mat();
            Mat dst = src.Clone();

            Cv2.CvtColor(src, gray, ColorConversionCodes.BGR2GRAY);

            Point2f[] corners = Cv2.GoodFeaturesToTrack(gray, 100, 0.03, 5, null, 3, false, 0);
            Point2f[] sub_corners = Cv2.CornerSubPix(gray, corners, new Size(3, 3), new Size(-1,
-1), TermCriteria.Both(10, 0.03));

            for (int i = 0; i < corners.Length; i++)
            {
                Point pt = new Point((int)corners[i].X, (int)corners[i].Y);
                Cv2.Circle(dst, pt, 5, Scalar.Yellow, Cv2.FILLED);
            }

            for (int i = 0; i < sub_corners.Length; i++)
            {
                Point pt = new Point((int)sub_corners[i].X, (int)sub_corners[i].Y);
                Cv2.Circle(dst, pt, 5, Scalar.Red, Cv2.FILLED);
            }

            Cv2.ImShow("dst", dst);
            Cv2.WaitKey(0);
            Cv2.DestroyAllWindows();
        }
    }
}
```

【 출력 결과 】

예제 6.5에서는 **그레이스케일 이미지**(gray)를 활용해 코너 검출과 코너 픽셀 세밀화를 진행했다. 코너 검출과 코너 픽셀 세밀화는 Point2f[] 구조체를 사용해 코너를 검출한다. 코너 검출 함수의 **코너 최댓값**(maxCorners)으로 인해 코너점을 최대 100개까지 검출할 수 있으며, **코너 품질**(qualityLevel)을 0.03으로 지정해 비교적 우수한 강도의 코너를 검출한다. **최소 거리**(minDistance)는 5를 지정하고 **마스크**(mask)를 사용하지 않아 null 값을 할당한다.

또한 3×3 **블록 크기**(blockSize)로 코너를 계산하며, 지안보 시와 카를로 토마시가 개선한 특징 검출 알고리즘을 사용하고 **해리스 측정 계수**(k)는 0을 할당한다. 검출된 코너들로 코너 픽셀 세밀화를 진행하고 **검출 크기**(winSize)는 7×7 영역 내로 검색하며 **제외 크기**(zeroZone)로 (-1, -1)을 할당해 제외하는 영역을 없앤다. **기준**(criteria)으로 최대 10회 반복을 지정하고, 정확도가 0.03 이하가 될 때 계산을 종료하도록 설정했다. for 문을 활용해 검출된 코너와 보정된 코너점들을 **출력 이미지**(dst)에 표시한다.

원 그리기 함수는 좌표에 정수형만 사용 가능하므로 시각적으로 확인하기 위해 정수형으로 변경한다. 일반적으로 보정된 코너점은 다시 정수형으로 변경해 사용하지는 않지만 시각적으로 확인하기 위해 변경했다. 정수형으로 변경해도 코너점들이 변경된 것을 출력 결과를 통해 확인할 수 있다. 노란색 원은 보정 전 코너점을 의미하며, 빨간색 원은 보정된 코너점을 보여준다.

예제 6.6 파이썬 OpenCV의 코너 검출 및 코너 픽셀 세밀화

```python
import cv2

src = cv2.imread("dummy.jpg")
dst = src.copy()

gray = cv2.cvtColor(src, cv2.COLOR_RGB2GRAY)
corners = cv2.goodFeaturesToTrack(gray, 100, 0.01, 5, blockSize=3, useHarrisDetector=True, k=0.03)

for corner in corners.astype(int):
    x, y = corner.ravel()
    cv2.circle(dst, (x, y), 3, (255, 0, 0), 5)

criteria = (cv2.TERM_CRITERIA_MAX_ITER + cv2.TERM_CRITERIA_EPS, 30, 0.001)
corners = cv2.cornerSubPix(gray, corners, (5, 5), (-1, -1), criteria)

for corner in corners.astype(int):
    x, y = corner.ravel()
```

```
        cv2.circle(dst, (x, y), 3, (0, 0, 255), 5)

cv2.imshow("dst", dst)
cv2.waitKey(0)
cv2.destroyAllWindows()
```

【 출력 결과 】

예제 6.6에서는 **그레이스케일 이미지**(gray)를 활용해 코너 검출과 코너 픽셀 세밀화를 진행했다. 코너 픽셀 세밀화는 C# OpenCvSharp과 다르게 반환값이 없고 인수로 사용된 코너점에 덮씌워지므로 주의한다.

코너 검출 함수(cv2.goodFeaturesToTrack)에서는 **코너 최댓값**(maxCorners)으로 검출되는 코너가 최대 100개가 되도록 지정했고, **코너 품질**(qualityLevel)에 0.03을 지정해 우수한 강도의 코너만 검출한다. **최소 거리**(minDistance)는 5로 지정하고 **마스크**(mask)를 사용하지 않아 값을 지정하지 않는다(초깃값으로 None이 할당돼 있다).

또한 **3×3 블록 크기**(blockSize)로 코너를 계산하며 해리스 검출 방법을 사용해 True 값을 할당하며, **해리스 측정 계수**(k)로 0.03을 지정했다. 이후, 검출된 코너들로 코너 픽셀 세밀화를 진행한다. **검출 크기**(winSize)로 5×5 영역 내에서 검색하도록 지정했고, **제외 크기**(zeroZone)로는 (−1, −1)을 할당해 제외하는 영역을 설정하지 않는다.

코너를 검출했다면 코너 배열을 정수형으로 변환한 뒤, 평탄화(raval) 함수로 2차원 배열을 1차원으로 축소해 좌표를 반환한다. 원 그리기 함수는 정수형 데이터의 튜플 형식으로 요구하므로 데이터를 전처리해 적용한다.

파이썬 OpenCV에서 **기준**(criteria)은 튜플 형식으로 생성한다. 예제와 같이 첫 번째 색인에 반복 횟수와 정확도의 값을 덧셈 기호(+)를 지정하고, 두 번째와 세 번째 색인에 반복 횟수와 정확도를 할당한다. 보정 전 코너점은 파란색의 원으로 표시되며 보정된 코너점은 붉은색으로 표시된다.

직선 검출

직선 검출(Line detection)은 이미지 내에서 선형적인 부분을 검출하기 위해 사용한다. 직선 검출 알고리즘은 **허프 선 변환**(Hough line transform)을 활용해 직선을 검출하며, 이미지에서 직선을 검출하는 가장 보편적인 알고리즘이다. 허프 선 변환 알고리즘은 이미지에서 선과 같은 단순한 형태를 빠르게 검출할 수 있어 직선을 찾아 이미지나 영상을 보정하거나 복원할 때 주로 사용된다. 직선 검출 알고리즘은 도로의 차선이나 건물의 외형 또는 이미지 내의 소실점 등을 검출하는 데 주로 활용된다.

허프 선 변환 알고리즘의 작동 방식은 이미지의 각 점들을 검사하면서 직선 위에 놓일 가능성이 있는 모든 점들을 확인한다. 이를 위해 각 점은 다양한 기울기와 원점 거리를 표현하는 허프 공간으로 변환된다. 허프 공간에서 특정 값을 가지는 점들은 같은 직선 위에 있는 것으로 간주된다. 이러한 과정을 통해 이미지에서 다양한 직선들을 찾을 수 있다.

허프 선 변환은 이미지 내의 어떤 점이라도 선 집합의 일부일 수 있다는 가정하에 직선의 방정식을 이용해 직선을 검출한다. 입력 이미지(x, y 평면) 내의 점 p를 지나는 직선의 방정식을 구한다. 한 점을 통과하는 직선의 방정식을 구하면 기울기 a와 절편 b를 구할 수 있다. 다음 그림 6.5는 기울기와 절편의 표현식을 시각화했다.

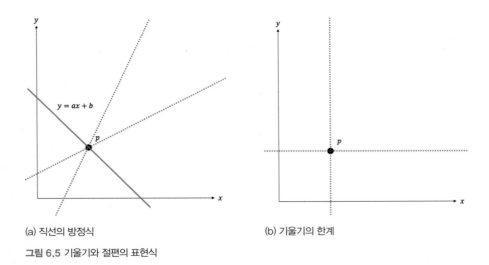

(a) 직선의 방정식

(b) 기울기의 한계

그림 6.5 기울기와 절편의 표현식

점 p에 대해 직선의 방정식을 수식으로 표현하면 그림 6.5 (a)와 같이 $y=ax+b$로 표현할 수 있다. 모든 점에 대해 모든 직선의 방정식을 구한다면 평면상에서 점들의 궤적이 생성되며, 동일한 궤적 위의 점은 직선으로 볼 수 있다. 하지만 한 점을 지나는 모든 직선의 방정식을 표현한다면 그림 6.5 (b)와 같이 기울기 a는 음의 무한대($-\infty$)에서 양의 무한대(∞)의 범위를 갖는다. 또한 수평인 영역에서 기울기 a는 0의 값을 갖는다.

기울기와 절편을 사용해 모든 직선의 방정식을 표현하는 것은 좋은 방식이 아니다. 이러한 문제점을 보완하기 위해 삼각함수를 활용해 각 선을 극좌표(ρ, θ)의 점으로 변환해서 나타낸다. 그럼 직선의 방정식을 거리(ρ)와 각도(θ)로 표현할 수 있다. 다음은 삼각 함수를 이용한 직선의 방정식을 나타낸 수식이다.

수식 6.5 삼각 함수를 활용한 직선의 방정식

$$\rho = x\sin\theta + y\cos\theta$$

위와 같은 방정식을 활용해 x, y 평면에 모든 직선의 방정식을 표현할 수 있다. 그림 6.6은 극좌표로 x, y 평면에 표시한 예를 보여준다.

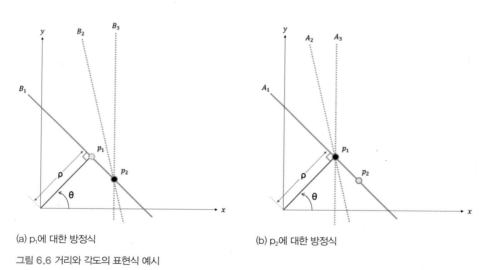

(a) p_1에 대한 방정식   (b) p_2에 대한 방정식

그림 6.6 거리와 각도의 표현식 예시

모든 점 p_n에 대해 삼각 함수를 활용한 직선의 방정식으로 **직선과 원점의 거리(ρ)**와 **직선과 x축이 이루는 각도(θ)**로 표시한다. 그림 6.6의 (a)는 p_1에 대한 방정식이며, 그림 6.6의 (b)는 p_2에 대한 방정식이다. 직선과 x축이 이루는 각도(θ)를 0~180의 범위로 계산해서 원점에서 p_n까지의 거리(ρ)를 구한

다. 직선에 대한 방정식의 거리와 각도를 모두 구하면 극좌표계로 나타낼 수 있다. 그림 6.7은 점 p_1과 p_2를 극좌표계로 표현한 그래프다.

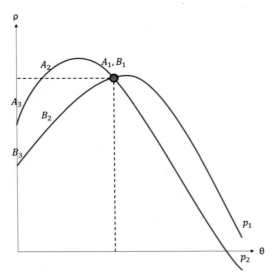

그림 6.7 극좌표 표현식 예시

점 p_n에 대해 극좌표로 표현할 때 sin 함수의 형태로 표현된다. 점 p_1과 p_2가 직선을 이루는 방정식일 때 각 거리(ρ)와 각도(θ)는 같은 값을 갖게 된다. 모든 점에 적용할 경우 n개의 방정식이 교차되는 지점이 직선일 확률이 가장 높은 지점이 된다. 교차하는 지점 수가 평면에서 누산되기 때문에 이 평면을 **누산 평면**(Accumulator plane) 또는 누적 평면이라 부른다.

허프 변환은 이 원리를 활용해 이미지 내의 모든 점에 대해 극좌표로 변환한 후, 같은 값의 (ρ, θ)를 가지는 모든 점들을 누산 평면에 누적한다. 이는 n개의 방정식이 교차하는 지점이라고 생각할 수 있으며, 이 교차 지점이 직선의 방정식을 나타내는 데 사용된다. 따라서 누산 평면은 이미지에서 각 직선 방정식이 교차하는 위치를 표현하는 이차원 배열 또는 행렬이며, 이를 통해 직선을 검출할 수 있다.

누산 평면은 특정 값 또는 임계치 이상의 값을 갖는 위치는 이미지에서 직선을 의미하며, 이를 식별하고 추출하며, 누산 평면의 좌표를 해석해 이미지상의 직선의 각도와 거리를 측정하고 분석할 수 있다.

OpenCV의 허프 변환은 총 세 종류의 변환을 지원한다. 바로 **표준 허프 변환**(Standard hough transform), **멀티 스케일 허프 변환**(Multi-Scale hough transform), **점진성 확률적 허프 변환**(Progressive probabilistic hough transform)이다. 먼저 표준 허프 변환과 멀티 스케일 허프 변환에 대해 알아보자. 다음은 C# OpenCvSharp과 파이썬 OpenCV의 허프 선 변환 함수다.

```
LineSegmentPolar[] lines = Cv2.HoughLines(
    Mat image,
    double rho,
    double theta,
    int threshold,
    double srn = 0,
    double stn = 0
);
```

파이썬 OpenCV의 허프 선 변환 함수

```
lines = cv2.HoughLines(
    image,
    rho,
    theta,
    threshold,
    srn = None,
    stn = None,
    min_theta = None,
    max_theta = None
)
```

허프 선 변환 함수는 표준 허프 변환, 멀티 스케일 허프 변환을 동시에 지원한다. 매개 변수의 사용 여부로 어떤 변환을 진행할지 선택한다. 표준 허프 변환은 앞에서 설명한 알고리즘이며, 멀티 스케일 허프 변환은 검출한 직선의 값이 더 정확한 값으로 반환되도록 표준 허프 변환을 개선한 방법이다.

입력 이미지(image)는 8비트 단일 채널 이미지를 사용하며 일반적으로 이진화 함수나 캐니 에지 함수의 결과를 인수로 사용한다. **거리**(rho)와 **각도**(theta)는 누산 평면에서 사용되는 해상도를 나타낸다. 거리의 단위는 픽셀을 의미하며, 0.0~1.0의 실수 범위를 갖는다. 각도는 라디안 단위를 사용하며 0~180의 범위를 갖는다. 그림 6.7과 같이 각도×거리의 차원을 갖는 2차원 히스토그램으로 구성된다. **임곗값**(threshold)은 허프 변환 알고리즘이 직선을 결정하기 위해 만족해야 하는 누산 평면의 값을 의미한다.

srn과 stn은 멀티 스케일 허프 변환을 활용할 때 사용되는 매개 변수다. srn은 거리(rho)에 대한 약수(divisor)를 의미하며, stn은 각도(theta)에 대한 약수를 의미한다. 거리와 각도는 정규화되지 않은 값이므로 멀티 스케일 허프 변환 알고리즘이 거리와 각도의 값을 조정하기 위해 srn과 stn을 사용한다.

이 두 매개 변수는 직선에 대한 매개 변수를 계산하기 위한 해상도 조절을 의미한다(rho/srn의 형태). 두 값 모두 0의 값을 인수로 활용할 경우, 표준 허프 변환이 적용된다.

추가로 파이썬 OpenCV에서는 **최소 각도**(min_theta)와 **최대 각도**(max_theta)를 매개 변수로 활용할 수 있다. 최소 각도와 최대 각도는 직선의 최소, 최대 각도를 설정한다. 최소 각도는 0에서 최대 각도의 사이의 값을 가지며, 최대 각도는 최소 각도에서 π(PI) 사이의 값을 갖는다.

점진성 확률적 허프 변환은 또 다른 허프 변환 함수를 사용해 직선을 검출한다. 기본적으로 앞선 알고리즘은 모든 점에 대해 직선의 방정식을 세워 계산하기 때문에 비교적 많은 시간을 소요한다. 점진성 확률적 허프 변환 알고리즘은 앞선 알고리즘을 최적화한 것이다.

모든 점을 대상으로 직선의 방정식을 세우는 것이 아닌, 임의의 점 일부만 누적해서 계산한다. 일부의 점만 사용하기 때문에 확률적이며, 정확도가 높은 입력 이미지에 대해 검출에 드는 시간이 대폭 줄어든다. 또한 이 알고리즘은 시작점과 끝점을 반환하므로 더 간편하게 활용할 수 있다. 다음은 C# OpenCvSharp과 파이썬 OpenCV에서 사용하는 확률 허프 선 변환 함수다.

C# OpenCvSharp의 확률 허프 선 변환 함수

```
LineSegmentPolar[] lines = Cv2.HoughLinesP(
    Mat image,
    double rho,
    double theta,
    int threshold,
    double minLineLength = 0,
    double maxLineGap = 0
);
```

파이썬 OpenCV의 확률 허프 변환 함수

```
lines = cv2.HoughLinesP(
    image,
    rho,
    theta,
    threshold,
    minLineLength = None,
    maxLineGap = None
)
```

확률 허프 선 변환 함수는 점진성 확률적 허프 변환만 지원하는 함수다. **입력 이미지**(image), **거리**(rho)와 **각도**(theta), **임곗값**(threshold)은 허프 선 변환 함수와 동일한 의미를 갖는다. 확률 허프 선 변환 함수는 앞선 함수에서는 사용하지 않는 **최소 선 길이**(minLineLength)와 **최대 선 간격**(maxLineGap)을 활용한다. 최소 선 길이는 검출된 직선이 가져야 하는 최소한의 선 길이를 의미한다. 이 값보다 낮은 경우 직선으로 간주하지 않는다. 최대 선 간격은 검출된 직선들 사이의 최대 허용 간격을 의미한다. 이 값보다 간격이 좁은 경우 직선으로 간주하지 않는다(선분 간 결합을 방지한다).

예제 6.7은 C# OpenCvSharp에서 확률 허프 변환 함수를 적용한 예이며, 예제 6.8은 파이썬 OpenCV에서 허프 변환 함수를 적용한 예다.

예제 6.7 C# OpenCvSharp의 확률 허프 변환

```csharp
using System;
using OpenCvSharp;

namespace Project
{
    class Program
    {
        static void Main(string[] args)
        {
            Mat src = Cv2.ImRead("card.jpg");
            Mat gray = new Mat();
            Mat binary = new Mat();
            Mat morp = new Mat();
            Mat canny = new Mat();
            Mat dst = src.Clone();

            Mat kernel = Cv2.GetStructuringElement(MorphShapes.Rect, new Size(3, 3));

            Cv2.CvtColor(src, gray, ColorConversionCodes.BGR2GRAY);
            Cv2.Threshold(gray, binary, 150, 255, ThresholdTypes.Binary);
            Cv2.Dilate(binary, morp, kernel, new Point(-1, -1));
            Cv2.Erode(morp, morp, kernel, new Point(-1, -1), 3);
            Cv2.Dilate(morp, morp, kernel, new Point(-1, -1), 2);
            Cv2.Canny(morp, canny, 0, 0, 3);

            LineSegmentPoint[] lines = Cv2.HoughLinesP(canny, 1, Cv2.PI/180, 140, 50, 10);
```

```
        for (int i=0; i < lines.Length; i++)
        {
            Cv2.Line(dst, lines[i].P1, lines[i].P2, Scalar.Yellow, 2);
        }

        Cv2.ImShow("dst", dst);
        Cv2.WaitKey(0);
        Cv2.DestroyAllWindows();
    }
  }
}
```

【 출력 결과 】

예제 6.7은 간단하게 전처리가 진행된 이미지에 점진성 확률적 허프 변환 방식을 적용한 예다. 허프 선 변환은 기본적으로 모든 점에 대해 직선의 방정식을 생성하므로 최대한 점의 성분을 제거한다. 이때 그레이스케일, 이진화, 모폴로지 연산을 차례대로 적용한다. 모폴로지 연산을 활용해 노이즈 성분을 최대한 제거한다. 노이즈가 대부분 제거된 상태에서 캐니 에지를 적용해 가장자리 선분만 남긴다(캐니 에지 매개 변수의 임곗값은 이진화가 처리된 이미지에 적용해서 큰 의미가 없다).

전처리가 모두 진행되면 확률 허프 선 변환 함수를 적용한다. 확률 허프 변환은 LineSegmentPoint[] 구조체에 검출된 시작점과 도착점이 저장된다. 이후, 누산 평면에서 사용되는 **거리**(rho)와 **각도**(theta) 해상도를 각각 1과 Cv2.PI/180을 할당하고, **임곗값**(threshold)을 140으로 지정해 비교적 정확한 직선만 검출한다. **최소 선 길이**(minLineLength)와 **최대 선 간격**(maxLineGap)으로 각각 50과 10을 할당해 선분이 너무 작거나 겹치지 않게 설정한다.

LineSegmentPoint[] 구조체도 배열의 형태를 이루고 있으므로 간단하게 반복문을 활용해 검출된 좌표를 확인할 수 있다. lines[i].P1, lines[i].P2의 형태로 i번째의 lines 배열에 포함돼 있는 **시작점**(P1)과 **도착점**(P2)을 선 그리기 함수를 활용해 이미지 위에 표시한다. 출력 결과에서 확인할 수 있듯이 직선의 형태가 강한 위치만 검출되는 것을 확인할 수 있다.

예제 6.8 파이썬 OpenCV의 멀티 스케일 허프 변환

```python
import cv2
import numpy as np


src = cv2.imread("card.jpg")
dst = src.copy()


gray = cv2.cvtColor(src, cv2.COLOR_BGR2GRAY)
_, binary = cv2.threshold(gray, 150, 255, cv2.THRESH_BINARY)


kernel = cv2.getStructuringElement(cv2.MORPH_RECT, (3, 3), (-1, -1))
morp = cv2.dilate(binary, kernel)
morp = cv2.erode(morp, kernel, iterations=3)
morp = cv2.dilate(morp, kernel, iterations=2)
canny = cv2.Canny(morp, 0, 0, apertureSize=3, L2gradient=True)


scale = src.shape[0] + src.shape[1]
lines = cv2.HoughLines(canny, 1, np.pi / 180, 140, srn=50, stn=10, min_theta=0, max_theta=np.pi/2)


for line in lines:
    rho, theta = line.ravel()
    a, b = np.cos(theta), np.sin(theta)
    x0, y0 = a * rho, b * rho

    x1 = int(x0 + scale * -b)
    y1 = int(y0 + scale * a)
    x2 = int(x0 - scale * -b)
    y2 = int(y0 - scale * a)

    cv2.line(dst, (x1, y1), (x2, y2), (0, 255, 255), 2)
    cv2.circle(dst, (int(x0), int(y0)), 3, (255, 0, 0), 5, cv2.FILLED)

cv2.imshow("dst", dst)
```

```
cv2.waitKey(0)
cv2.destroyAllWindows()
```

【 출력 결과 】

예제 6.8은 간단하게 전처리가 진행된 이미지에 멀티 스케일 허프 변환을 적용한 예다. 허프 선 변환은 기본적으로 모든 점에 대해 직선의 방정식을 생성하므로 최대한 점의 성분을 제거한다. 이때 그레이스케일, 이진화, 모폴로지 연산을 차례대로 적용하며, 모폴로지 연산을 통해 노이즈 성분을 최대한 제거한다. 그런 다음, 노이즈가 대부분 제거된 상태에서 캐니 에지를 적용해 가장자리 선분만 남긴다(캐니 에지 매개 변수의 임곗값은 이진화가 처리된 이미지에 적용해서 큰 의미가 없다).

전처리가 모두 진행되면 허프 선 변환 함수를 적용한다. 누산 평면에서 사용되는 **거리**(rho)와 **각도**(theta) 해상도를 각각 1과 np.pi/180으로 지정하고, **임곗값**(threshold)으로 140을 지정해 비교적 정확한 직선만 검출한다. srn과 stn의 값을 50과 10을 할당해 거리와 각도를 조정한다.

파이썬 OpenCV에서는 최소, 최대 각도를 설정할 수 있다. **최소 각도**(min_theta)와 **최대 각도**(max_theta)의 매개 변수에 0, np.pi/2를 지정해 0 ~ np.pi/2의 각도를 이루는 선분만 검출한다. 반환되는 lines 변수는 (N, 1, 2) **차원** 형태를 띈다(여기서 N은 검출된 직선의 개수를 의미한다). 내부 차원의 요소로는 검출된 거리(rho)와 각도(theta)가 저장돼 있다.

반복문을 활용해 lines 배열에서 거리와 각도를 반환할 수 있으며, 거리와 각도를 다시 직선의 방정식의 형태로 구성해야 출력 이미지 위에 표현할 수 있다. x와 y는 각각 $x=r\cos\theta$, $r=\sin\theta$의 형태를 띈다는 것을 알고 있을 것이다. 이 수식을 활용해 x0과 y0의 좌표를 구한다.

허프 선 변환 함수는 시작점과 도착점을 알려주는 함수가 아닌, 가장 직선일 가능성이 높은 거리와 각도를 검출한다. 검출된 정보는 직선의 방정식에 더 가깝다. 그러므로 출력 이미지 위에 표현하기 위해

x0과 y0을 직선의 방정식 선분을 따라 평행이동시켜 선을 그린다. scale에 적절한 값을 지정해 이미지 밖으로 x1, y1, x2, y2를 할당할 수 있다(이미지 밖의 좌표라도 선 그리기 함수는 정상적으로 작동한다). 선 그리기 함수와 원 그리기 함수를 활용하면 (x1, y1)~(x2, y2)와 (x0, y0)의 위치를 표시할 수 있다.

원 검출

원 검출(Circle detection) 알고리즘도 허프 변환 알고리즘 중 하나인 **허프 원 변환(Hough circle transform)** 알고리즘을 활용해 원을 검출한다. 허프 원 변환 알고리즘은 앞서 배운 허프 선 변환 알고리즘과 비슷한 방식으로 작동한다. 허프 선 변환 알고리즘에서는 직선을 검출하기 위해 직선의 방정식을 활용했는데, 허프 원 변환 알고리즘도 원을 검출하기 위해 다음과 같은 원의 방정식을 활용한다.

수식 6.6 원의 방정식

$$(x - a)^2 + (y - b)^2 = r^2$$
$$a = x_{center}, \quad b = y_{center}$$

허프 원 변환 알고리즘은 2차원이 아닌 3차원 누산 평면으로 검출한다. 각 차원은 원의 중심점 x, 원의 중심점 y, 원의 반경 r을 활용해 누산 평면을 구성한다. 누산 평면은 2차원 공간(x, y)에서 3차원 공간 (a, b, r)으로 변환된다. 허프 원 변환의 작동 방식은 이미지에서 가장자리를 검출한다. 그림 6.8과 같이 각 가장자리에 대해 (a, b, r)을 계산하고 3차원 히스토그램으로 판단한다.

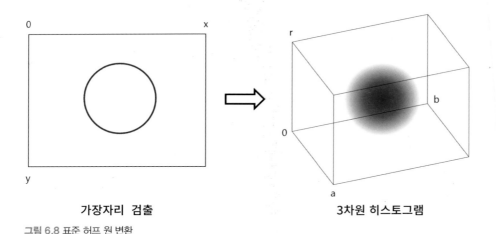

가장자리 검출　　　　　**3차원 히스토그램**

그림 6.8 표준 허프 원 변환

3차원 히스토그램에서 돗수가 높은 (a, b, r)을 선택한다. 하지만 이 방법은 이미지에서 가장 긴 변의 길이가 N이라면 N^3바이트의 메모리를 필요로 한다. 이 방식은 필요한 메모리가 너무 많아 비효율적이다. 메모리 문제와 느린 처리 속도를 해결하기 위해 2차원 방식을 사용한다. 이러한 문제로 인해 2단계로 나눠 계산하게 된다.

먼저 가장자리에 그레이디언트 방법[8]을 이용해 원의 중심점 (a, b)에 대한 2차원 히스토그램을 선정한다. 모든 점에 대해 최소 거리에서 최대 거리까지 기울기의 선분을 따라 누산 평면의 모든 점을 증가시킨다. 또한 중심점을 선택하기 위해 중심점 후보군에서 임곗값보다 크고 인접한 점보다 큰 점을 중심점으로 사용한다.

선정된 중심점 (a, b)와 가장자리의 좌표를 원의 방정식에 대입해 반지름 r의 1차원 히스토그램으로 판단하게 된다. 히스토그램에 필요한 메모리가 줄어들어 이미지에서 가장 긴 변의 길이가 N이라면 N^2+N 바이트의 메모리를 필요로 한다. OpenCV 원 검출 함수는 **2단계 허프 변환**(Two stage hough transform) 방법을 활용해 원을 검출한다.

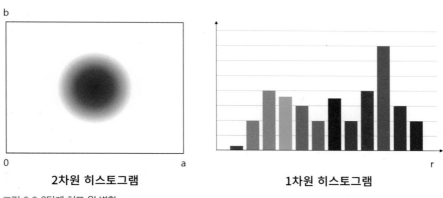

2차원 히스토그램   **1차원 히스토그램**

그림 6.9 2단계 허프 원 변환

3차원 누산 공간을 2차원 누산 평면으로 변환해서 많은 노이즈가 발생하고 모든 중심점 후보에 대해 0이 아닌 픽셀을 모두 확인해야 한다. 임곗값을 너무 낮게 설정하는 경우 연산 시간이 기하급수적으로 증가한다. 또한 검출된 원이 같은 중심을 가지며 반지름이 다른 두 개 이상의 원을 가질 때 더 큰 원만 검출하기도 한다.[9] 다음은 C# OpenCvSharp과 파이썬 OpenCV에서 사용하는 허프 원 변환 함수다.

---

8   소벨 필터를 통해 x, y에 대한 1차 소벨 도함수를 계산해서 그레이디언트를 구한다.

9   입력 이미지에 노이즈가 없거나 적은 경우, 이 문제는 발생하지 않는다.

C# OpenCvSharp의 허프 원 변환 함수

```
CircleSegment[] circles = Cv2.HoughCircles(
    Mat image,
    HoughModes method,
    double dp,
    double minDist,
    double param1 = 100,
    double param2 = 100,
    int minRadius = 0,
    int maxRadius = 0
);
```

파이썬 OpenCV의 허프 원 변환 함수

```
circles = cv2.HoughCircles(
    image,
    method,
    dp,
    minDist,
    param1 = None,
    param2 = None,
    minRadius = None,
    maxRadius = None
)
```

허프 원 변환 함수는 앞의 허프 선 변환 함수와 동일하게 **입력 이미지**(image)를 8비트 단일 채널로 사용한다. 하지만 허프 원 변환 함수는 각 픽셀에 그레이디언트 방향을 측정하기 위해 내부적으로 소벨 연산을 수행한다. '고주파 필터'에서 배운 소벨 필터는 그레이스케일 형태의 이미지를 활용한다. 그러므로 허프 원 변한 함수는 이진화 이미지를 사용하지 않고 그레이스케일 형태의 이미지를 입력값으로 사용한다.

검출 방법(method)은 항상 2단계 허프 변환 방법(21HT, 그레이디언트)만 사용한다. **해상도 비율**(dp)은 원의 중심을 검출하는 데 사용되는 누산 평면의 해상도다. 인수를 1로 지정할 경우 입력한 이미지와 동일한 해상도를 가진다. 즉, 입력 이미지 너비와 높이가 동일한 누산 평면이 생성된다. 또한 인수를 2로 지정하면 누산 평면의 해상도가 절반으로 줄어 입력 이미지의 크기와 반비례한다. **최소 거리**(minDist)는 일차적으로 검출된 원과 원 사이의 최소 거리다. 이 값은 원이 여러 개 검출되는 것을 줄이는 역할을 한다.

캐니 에지 임곗값(param1)은 허프 변환에서 자체적으로 캐니 에지를 적용하게 되는데, 이때 사용되는 상위 임곗값을 의미한다. 하위 임곗값은 자동으로 할당되며, 상위 임곗값의 절반에 해당하는 값을 사용한다. **중심 임곗값**(param2)은 그레이디언트 방법에 적용된 중심 히스토그램(누산 평면)에 대한 임곗값이다. 이 값이 낮을 경우 더 많은 원이 검출된다.

마지막으로 **최소 반지름**(minRadius)과 **최대 반지름**(maxRadius)은 검출될 원의 반지름 범위다. 0을 입력할 경우 검출할 수 있는 반지름에 제한 조건을 두지 않는다. 최소 반지름과 최대 반지름에 각각 0을 입력할 경우 반지름을 고려하지 않고 검출한다. 또한 최대 반지름에 음수를 입력할 경우 검출된 원의 중심만 반환한다.

예제 6.9와 예제 6.10은 C# OpenCvSharp과 파이썬 OpenCV에서 각각 허프 원 변환 함수를 적용한 예다.

예제 6.9 C# OpenCvSharp의 허프 원 변환

```csharp
using System;
using OpenCvSharp;

namespace Project
{
    class Program
    {
        static void Main(string[] args)
        {
            Mat src = Cv2.ImRead("colorball.png");
            Mat image = new Mat();
            Mat dst = src.Clone();

            Mat kernel = Cv2.GetStructuringElement(MorphShapes.Rect, new Size(3, 3));

            Cv2.CvtColor(src, image, ColorConversionCodes.BGR2GRAY);
            Cv2.Dilate(image, image, kernel, new Point(-1, -1), 3);
            Cv2.GaussianBlur(image, image, new Size(13, 13), 3, 3, BorderTypes.Reflect101);
            Cv2.Erode(image, image, kernel, new Point(-1, -1), 3);

            CircleSegment[] circles = Cv2.HoughCircles(image, HoughMethods.Gradient, 1, 100, 100,
35, 0, 0);
```

```
            for (int i = 0; i < circles.Length; i++)
            {
                Point center = new Point(circles[i].Center.X, circles[i].Center.Y);

                Cv2.Circle(dst, center, (int)circles[i].Radius, Scalar.White, 3);
                Cv2.Circle(dst, center, 5, Scalar.AntiqueWhite, Cv2.FILLED);
            }

            Cv2.ImShow("dst", dst);
            Cv2.WaitKey(0);
            Cv2.DestroyAllWindows();
        }
    }
}
```

【 출력 결과 】

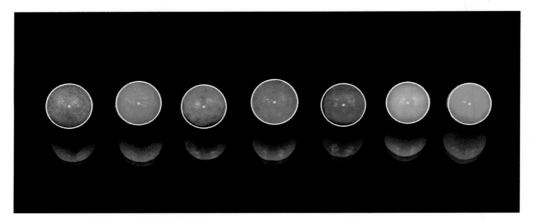

예제 6.9에서는 앞의 허프 선 변환처럼 전처리를 진행한 **입력 이미지**(image)를 활용해 이미지 내의 원을 검출한다. 전처리 단계를 통해 노이즈가 대폭 줄어들고 팽창 연산을 통해 밝은 영역을 키우고 가우시안 흐림 처리를 적용해 노이즈를 제거한다. 최종적으로 크기가 늘어난 객체를 침식 연산을 통해 다시 본래 크기로 되돌린다. 허프 원 변환 함수를 적용해 원을 검출하며 CircleSegment[] 구조체에 검출된 원의 정보가 반환된다. 검출된 원의 정보는 중심점과 반지름을 속성으로 갖는다.

매개 변수의 **해상도 비율**(dp)은 1, **최소 거리**(minDist)는 100, **캐니 에지 임곗값**(param1)을 100, **중심 임곗값**(param2)을 35로 지정하고, 반지름 범위에는 제한을 두지 않는다. 앞선 허프 선 변환 함수의 예제와 동일하게 반복문을 활용해 검출된 원을 이미지 위에 표시한다. circles 변수의 멤버로 Center와 Radius가 있다. 중심점 Center는 Point2f 구조체 형식으로 반환되며, 반지름 Radius는 float 형식으로 반환된다.

원 그리기 함수는 정수 형식의 값을 인수로 요구하므로 형식을 변환해 그린다. 출력 결과에서 확인할 수 있듯이 이미지 내의 원의 중심점을 표시한 원과 검출된 중심점과 반지름으로 표시된 원이 그려진다.

예제 6.10 파이썬 OpenCV의 허프 원 변환

```python
import cv2

src = cv2.imread("colorball.png")
dst = src.copy()

image = cv2.cvtColor(src, cv2.COLOR_BGR2GRAY)
circles = cv2.HoughCircles(image, cv2.HOUGH_GRADIENT, 1, 100, param1=100, param2=35, minRadius=80,
maxRadius=120)

for circle in circles[0].astype(int):
    x, y, r = circle.ravel()
    cv2.circle(dst, (x, y), r, (255, 255, 255), 5)

cv2.imshow("dst", dst)
cv2.waitKey(0)
cv2.destroyAllWindows()
```

【 출력 결과 】

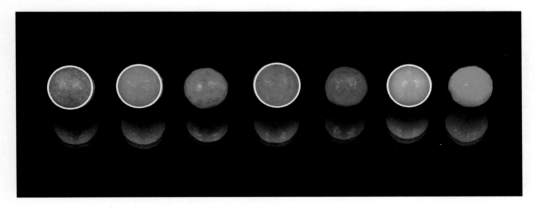

예제 6.10은 전처리를 진행하지 않고 단순한 그레이스케일에 허프 원 변환을 적용한 예다. 매개 변수의 **해상도 비율**(dp)은 1, **최소 거리**(minDist)는 100, **캐니 에지 임곗값**(param1)을 100, **중심 임곗값**(param2)을 35로 지정하고, 반지름 범위가 80~120에 해당하는 원만 검출한다. 반환되는 circles 변수는 (1, N, 3)차원 형태를 띤다. N은 검출된 원의 개수를 의미한다. 반복문을 통해 circles[0]의 내부 차원 요소를 간단하게 사용할 수 있다. x(circle[0]), y(circle[1])는 검출된 원의 중심점을 의미하며, r(circle[2])은 검출된 원의 반지름을 의미한다.

전처리 과정을 진행하지 않거나 부정확한 경우, 매개 변수의 값을 세밀하게 조정해야 한다. 대부분의 환경에 적용하기 위해 침식, 흐림 처리, 팽창 등의 전처리 작업을 할 수 있는 함수를 활용한다. 또는 허프 원 변환 매개 변수에 적절한 값을 지정하게 하는 알고리즘을 구성하거나 함수가 사용되는 주변 환경을 고려해 매개 변수를 선택한다. 전처리 과정이 미흡하거나 매개 변수의 값이 적절하지 않을 경우 실행 시간이 오래 걸린다. 따라서 허프 원 변환에서는 매개 변수의 값을 지정할 때 주의한다.

QR 코드 검출

QR 코드(Quick Response code)란 2차원 바코드의 한 형태로 정보를 빠르게 읽을 수 있도록 고안된 부호화된 이미지다. QR 코드는 간단하게 읽을 수 있으며, 높은 신뢰성과 안정성을 제공한다. QR 코드는 검은색 사각형과 그 주위에 흰색 모듈이 있는 정사각형의 패턴으로 이뤄져 있다. 이 코드 안에는 숫자, 문자, 기호 등 다양한 종류의 데이터를 저장할 수 있다.

QR 코드는 스마트폰 카메라나 QR 코드 리더 앱을 통해 간편하게 스캔할 수 있어 데이터 수집, 광고, 비즈니스 카드, 이메일, WiFi 연결, URL, 이벤트 티켓 등 다양하게 활용할 수 있다. 또한 QR 코드에 포함된 정보를 빠르게 읽을 수 있으므로 정보 전송과 수집의 효율성을 높일 뿐만 아니라, 편리한 사용성으로 인해 많은 분야에서 활발히 활용되고 있다.

그림 6.10 QR 코드

OpenCV에서는 이러한 QR 코드를 검출하고 해석하는 기능을 제공한다. 입력 이미지에서 QR 코드를 감지하고 디코드(decode)하는 기능을 제공하며, 어떤 종류의 QR 코드라도 신속하게 식별하고 QR 코드에 포함된 정보를 추출할 수 있다. 다음은 C# OpenCvSharp과 파이썬 OpenCV에서 사용하는 QR 코드 검출기 클래스 및 메서드다.

C# OpenCvSharp의 QR 코드 검출기 클래스

```
QRCodeDetector detector = new QRCodeDetector();
```

C# OpenCvSharp의 QR 코드 검출기 단일 검출 메서드

```
bool retval = detector.Detect(
    Mat img,
    out Point2f[] points
);
```

C# OpenCvSharp의 QR 코드 검출기 단일 디코드 메서드

```
string decodedInfo = detector.Decode(
    Mat img,
    IEnumerable<Point2f> points,
    Mat? straightQrCode = null
);
```

파이썬 OpenCV의 QR 코드 검출기 클래스

```
detector = cv2.QRCodeDetector()
```

파이썬 OpenCV의 QR 코드 검출기 단일 검출 메서드

```
retval, points = detector.detect(img)
```

파이썬 OpenCV의 QR 코드 검출기 단일 디코드 메서드

```
decodedInfo, straightQrCode = detector.decode(img, points)
```

QR 코드 검출기 클래스는 OpenCV 라이브러리에서 제공되는 QR 코드 검출기다. 이미지나 비디오 프레임에서 QR 코드를 감지하고 디코드할 수 있는 기능을 제공한다.

단일 검출 메서드는 **입력 이미지**(img)에서 하나의 QR 코드를 검출해 **성공 여부**(retval)와 **QR 코드 좌표**(points)를 반환한다. QR 코드의 좌표는 좌측 상단, 우측 상단, 우측 하단, 좌측 하단의 순서로 정

렬돼 있다. 만약 QR 코드 검출에 실패했다면 C# OpenCvSharp에서는 빈 배열을 반환하며, 파이썬 OpenCV에서는 None 값을 반환한다.

단일 디코드 메서드는 **입력 이미지(img)**와 **QR 코드 좌표(points)**를 입력해 **QR 코드 정보 (decodedInfo)**와 **이진화된 QR 코드 이미지(straightQrCode)**를 반환한다. QR 코드 정보는 QR 코드에서 추출한 문자열 정보가 저장되며, 이진화된 QR 코드 이미지는 입력 이미지에서 검출한 QR 코드 이진 정보가 담겨 있다.

단일 검출/디코드 메서드는 이미지 안에 여러 개의 QR 코드가 존재하더라도 하나의 QR 코드만 검출할 수 있다. 가령 이미지 내 여러 개의 QR 코드가 존재한다면 다음과 같은 메서드를 다중 검출/디코드 메서드를 사용한다.

C# OpenCvSharp의 QR 코드 검출기 다중 검출 메서드

```
bool retval = detector.DetectMulti(
    Mat img,
    out Point2f[] points
);
```

C# OpenCvSharp의 QR 코드 검출기 다중 디코드 메서드

```
string retval = detector.DecodeMulti(
    Mat img,
    IEnumerable<Point2f> points,
    out string?[] decodedInfo,
    out Mat[] straightQrCode
);
```

파이썬 OpenCV의 QR 코드 검출기 다중 검출 메서드

```
retval, points = detector.detectMulti(img)
```

파이썬 OpenCV의 QR 코드 검출기 다중 디코드 메서드

```
retval, decodedInfo, straightQrCode = detector.decodeMulti(img, points)
```

다중 검출 메서드는 단일 검출 메서드와 동일한 형태를 갖는다. 단, 여러 개의 QR 코드 좌표가 반환되므로 C# OpenCvSharp에서는 배열의 길이가 길어지며, 파이썬 OpenCV에서는 차원이 증가한다.

다중 디코드 메서드는 단일 디코드 메서드와 다른 형태를 가진다. **성공 여부**(retval)와 함께 **QR 코드 정보**(decodedInfo)를 반환한다. QR 코드 정보는 1개 이상 존재하므로 배열의 형태를 지닌다.

검출과 디코드는 대부분 함께 사용되므로 통합된 메서드도 존재한다. 다음은 통합된 메서드다.

C# OpenCvSharp의 QR 코드 검출기 단일 검출/디코드 통합 메서드

```
string decodedInfo = detector.DetectAndDecode(
    Mat img,
    out Point2f[] points,
    Mat? straightQrCode = null
);
```

파이썬 OpenCV의 QR 코드 검출기 단일 검출/디코드 통합 메서드

```
decodedInfo, points, straightQrCode = detector.detectAndDecode(img)
```

파이썬 OpenCV의 QR 코드 검출기 다중 검출/디코드 통합 메서드

```
retval, decodedInfo, points, straightQrCode = detector.detectAndDecodeMulti(img)
```

통합 메서드는 내부적으로 검출과 디코드를 수행한다. C# OpenCvSharp에서는 다중 통합 메서드는 제공되지 않으므로 동일한 기능을 구현하려면 다중 검출 메서드와 다중 디코드 메서드를 결합해 사용한다.

예제 6.11은 C# OpenCvSharp에서 다중 메서드를 활용해 QR 코드 검출을 적용한 예이며, 예제 6.12는 파이썬 OpenCV에서 통합 메서드로 QR 코드 검출을 수행한 예다.

예제 6.11 C# OpenCvSharp의 QR 코드 검출

```csharp
using System;
using OpenCvSharp;

namespace Project
{
    class Program
    {
        static void Main(string[] args)
        {
            Mat image = Cv2.ImRead("qr-code.png");
```

```
QRCodeDetector detector = new QRCodeDetector();
bool retvalDetect = detector.DetectMulti(image, out Point2f[] points);
bool retvalDecode = detector.DecodeMulti(image, points, out string[] decodedInfo);

for (int i=0; i<decodedInfo.Length; i++)
{
    Console.WriteLine(decodedInfo[i]);
    Cv2.Rectangle(
        image,
        new Point(points[4 * i].X, points[4 * i].Y),
        new Point(points[4 * i + 2].X, points[4 * i + 2].Y),
        new Scalar(0, 255, 0),
        4
    );
}

Cv2.ImShow("image", image);
Cv2.WaitKey(0);
Cv2.DestroyAllWindows();
        }
    }
}
```

【 출력 결과 】

```
https://wikibook.co.kr/
https://076923.github.io/
C#과 파이썬을 활용한 OpenCV 4 프로그래밍
C#과 파이썬을 활용한 OpenCV 4 프로그래밍
```

C# OpenCvSharp에서 반환되는 QR 코드 좌표는 [P_10, P_11, P_12, P_13, P_22, ⋯ P_n3]의 구조로 검출된 좌표가 나열된다. 그러므로 반복문에서 4배수만큼 건너뛰며 좌측 상단 좌표(P0)와 우측 하단 좌표(P2) 기준으로 사각형을 그려 검출된 QR 코드에 사각형을 그려 확인한다. 또한, 해당 QR 코드를 디코드해 검출된 정보를 출력한다.

출력 결과에서 확인할 수 있듯이 QR 코드에 색상이 존재하거나 모서리가 둥근 사각형도 검출하는 것을 확인할 수 있으며, QR 코드에 로고가 포함된 확장형에서도 정보가 검출되는 것을 확인할 수 있다. 이를 통해 QR 코드 검출기 클래스가 다양한 형태의 QR 코드를 인식할 수 있음을 확인할 수 있다.

예제 6.12 파이썬 OpenCV의 QR 코드 검출

```python
import cv2

image = cv2.imread("qr-code.png")
detector = cv2.QRCodeDetector()
retval, decodedInfo, points, straightCode = detector.detectAndDecodeMulti(image)

for info, point in zip(decodedInfo, points):
    print(info)
    cv2.rectangle(image, tuple(point[0].astype(int)), tuple(point[2].astype(int)), (0, 255, 0), 4)

cv2.imshow("image", image)
cv2.waitKey(0)
cv2.destroyAllWindows()
```

【 출력 결과 】

```
https://wikibook.co.kr/
https://076923.github.io/
C#과 파이썬을 활용한 OpenCV 4 프로그래밍
C#과 파이썬을 활용한 OpenCV 4 프로그래밍
```

파이썬 OpenCV에서는 다중 검출/디코드 통합 메서드가 제공된다. 앞선 C# OpenCvSharp QR 코드 검출과 방식은 동일하나 (N, 4, 2) 차원의 형태로 반환하므로 더 간단하게 QR 코드를 검출하고 디코드할 수 있다.

03 특징 매칭

특징 매칭(Feature matching)이란 두 개 이상의 이미지 간에서 특정한 부분이나 패턴을 찾고 이를 서로 연결하는 과정을 의미한다. 특징 매칭은 주로 이미지 내에서 독특하게 식별 가능한 특징점이나 지역적인 특징들을 찾아내어, 이를 활용해 이미지 간의 상응하는 부분을 연결한다.

이를 통해 데이터에서 중요한 부분이나 유용한 정보를 도출할 수 있으며, 주요한 특징을 강조하거나 중요하지 않은 특징을 제거할 수 있다. 특징 매칭은 비디오에서 물체나 인물의 움직임을 추적하거나 동작을 인식하는 데에도 활용할 수도 있으며, 연속된 이미지 프레임 간의 특징 매칭을 통해 물체의 경로를 추정하거나 동작을 감지할 수 있다.

특징 매칭은 컴퓨터비전 및 이미지 처리 분야에서 중요한 기술 중 하나로 더 정확하고 효율적인 객체 인식, 추적, 동작 감지 등의 응용이 가능해진다. 이번 절에서는 실시간 환경에서도 효과적으로 작동할 수 있도록 설계된 배경 차분, 템플릿 매칭, 광학 흐름, 키 포인트 매칭에 대해 알아본다.

배경 차분

배경 차분(Background subtraction)은 동적인 환경에서 움직이는 객체를 식별하기 위해 사용된다. 이 기술은 영상에서 현재 프레임과 이전 프레임 간의 차이를 계산해 움직이는 객체나 지점을 감지한다. 각 프레임에서 현재와 이전의 차이를 계산함으로써 움직이는 물체를 정확하게 식별할 수 있다. 이를 통해 배경에서의 변화를 탐지하고 움직이는 객체를 추출하는 데 활용된다.

이 기술의 핵심 원리는 배경에서의 변화를 감지하고 해당 영역을 추출하는 것이다. 따라서 주로 보안 시스템, 교통 감시, 스포츠 분석 등 다양한 분야에서 활용된다. 또한, 움직이는 객체의 식별을 통해 불필요한 정보를 제거하고 중요한 움직임에만 초점을 맞출 수 있다.

배경 차분 기술에는 크게 픽셀 차분 방법과 적응형 차분 방법이 있다. **픽셀 차분(pixel subtraction)** 방법은 이미지의 각 픽셀 간 차이를 계산해 변화를 감지하는 기술로 현재 프레임과 이전 프레임의 픽셀 차이를 계산하는 방식이다. 이 방법은 정적인 배경에서 물체의 움직임을 감지하는 데 효과적이며, 절댓값 차이 함수를 활용해 프레임 간의 각 픽셀 차이를 간단하면서도 효과적으로 계산할 수 있다.

적응형 차분(Adaptive subtraction) 방법은 주변 환경의 조건을 고려해 차분을 수행하는 방식이다. 주변 환경의 조건에 따라 움직임을 감지하는 것이 목표로, 주변의 픽셀 값이 일정 범위를 벗어나면 움직임으로 간주한다. 이 방법은 동적인 환경에서 변화에 민감하게 대응할 수 있어 유용하게 사용되며, 정적인 배경이 아닌 다양한 환경에서 높은 신뢰성을 제공할 수 있다. 적응형 차분은 크게 K-최근접 이웃 차분 방식과 가우시안 혼합 배경 차분이 있다.[10]

K-최근접 이웃(K-Nearest Neighbors, KNN)은 주어진 데이터 포인트와 가장 가까운 이웃들을 기반으로 예측을 수행하는 머신러닝 알고리즘이다. K-최근접 이웃 차분은 이 알고리즘을 사용해 배경 모델을 갱신하고 움직이는 물체를 감지한다.

이 방식은 동적인 환경에서도 비교적 잘 작동하며, 새로운 물체가 나타날 때 배경 모델이 유연하게 적응할 수 있다(K-최근접 이웃 알고리즘에 대한 자세한 내용은 다음 장에서 다룬다). 다음은 C# OpenCvSharp과 파이썬 OpenCV에서 사용하는 K-최근접 이웃 배경 차분 클래스다.

C# OpenCvSharp의 K-최근접 이웃 배경 차분 클래스

```
BackgroundSubtractorKNN subtractor = BackgroundSubtractorKNN.Create(
    int history = 500,
    double dist2Threshold = 400.0,
    bool detectShadows = true
);
```

파이썬 OpenCV의 K-최근접 이웃 배경 차분 클래스

```
subtractor = cv2.createBackgroundSubtractorKNN(
    history = 500,
    dist2Threshold = 400.0,
    detectShadows = True
)
```

K-최근접 이웃 배경 차분 클래스는 지도 학습에서 사용되는 분류 알고리즘 방법을 활용해 배경을 차분한다. 이력(history)은 배경 모델을 학습하는 데 사용되는 프레임의 수를 의미한다. 이 값은 과거의 몇 프레임까지의 정보를 사용해 배경을 제거할지 결정한다. 높은 값은 모델을 더 오래 학습시키지만, 동적인 환경에서 더 빠르게 변화에 적응할 수 있다.

---

10 이 외에도 CNT(Coherent Noise Term) 배경 차분, GMG(Gaussian Mixture-based Background/Foreground Segmentation) 배경 차분 등이 있으며, 이 알고리즘들은 확장 패키지에 포함돼 있다.

거리 임곗값(dist2Threshold)은 K-최근접 이웃 알고리즘에서 사용되는 임곗값이다. 현재 픽셀과 가장 가까운 K 이웃들 간의 제곱 거리가 이 임곗값보다 작으면 해당 픽셀을 배경으로 간주한다.

그림자 감지(detectShadows)는 그림자 감지 여부를 설정한다. 만약 참 값으로 설정하면 그림자를 검출 하게 되고 그림자를 표시한다. 그림자 감지를 수행하는 경우 연산이 조금 느려지므로 그림자가 중요하지 않은 작업에서는 감지를 수행하지 않도록 설정한다.

가우시안 혼합(Mixture of Gaussians, MOG) 배경 차분은 배경 모델을 여러 개의 가우시안 분포의 혼합으로 모델링하는 알고리즘이다. 동적인 환경에서 발생하는 여러 가지 조건에 대응할 수 있도록 설계돼 있어, 복잡한 환경에서도 배경을 효과적으로 모델링하고 움직이는 물체를 우수하게 감지할 수 있다.

하지만, 각각의 픽셀에 대해 여러 개의 가우시안 분포를 갱신하고 평가해야 하므로 계산 비용이 높으며, 정적인 배경에서는 다른 기법에 비해 성능이 떨어질 수 있다. 다음은 C# OpenCvSharp과 파이썬 OpenCV에서 사용하는 가우시안 혼합 배경 차분 클래스다.

C# OpenCvSharp의 가우시안 혼합 배경 차분 클래스

```
BackgroundSubtractorMOG2 subtractor = BackgroundSubtractorMOG2.Create(
    int history = 500,
    double varThreshold = 16,
    bool detectShadows = true
)
```

파이썬 OpenCV의 가우시안 혼합 배경 차분 클래스

```
subtractor = cv2.createBackgroundSubtractorMOG2(
    history = 500,
    varThreshold = 16,
    detectShadows = True
)
```

가우시안 혼합 배경 차분 클래스의 **이력**(history)과 **그림자 감지**(detectShadows) 매개 변수는 K-최근접 이웃 배경 차분 클래스와 동일한 의미를 갖는다. 단, 가우시안 혼합 배경 차분 클래스는 분산 임곗값을 사용해 배경을 차분한다.

분산 임곗값(varThreshold)은 배경 모델에서 사용되는 가우시안 혼합 모델의 각 구성 요소에 대한 분산 임곗값을 나타낸다. 구성 요소란 가우시안 혼합 모델에서 각각의 가우시안 함수를 의미한다. 그러므

로 각 함수는 주어진 픽셀이 배경에 속할 확률을 모델링하며, 새로운 픽셀의 분산이 해당 구성 요소의 분산 임곗값보다 작으면, 해당 픽셀은 배경으로 간주된다. 분산 임곗값을 낮은 값으로 설정하면 모델이 픽셀을 더 빨리 배경으로 간주하게 되며, 높은 값으로 설정하면 더 느리게 배경을 갱신하게 된다.

이제 배경 차분을 수행해 보자. 예제 6.13은 C# OpenCvSharp에서 K-최근접 이웃 배경 차분을 수행한 예이며, 예제 6.14는 파이썬 OpenCV에서 가우시안 혼합 배경 차분을 수행한 예다.

예제 6.13 C# OpenCvSharp의 K-최근접 이웃 배경 차분

```csharp
using System;
using OpenCvSharp;

namespace Project
{
    class Program
    {
        static void Main(string[] args)
        {
            VideoCapture capture = new VideoCapture("basketball.mp4");
            Mat frame = new Mat();

            BackgroundSubtractorKNN subtractor = BackgroundSubtractorKNN.Create(500, 400, false);
            Mat fgmask = new Mat();

            Mat dst = new Mat();

            while (true)
            {
                if (capture.PosFrames == capture.FrameCount)
                    break;

                capture.Read(frame);
                subtractor.Apply(frame, fgmask);

                Cv2.CvtColor(fgmask, fgmask, ColorConversionCodes.GRAY2BGR);
                Cv2.HConcat(frame, fgmask, dst);

                Cv2.ImShow("dst", dst);
                if (Cv2.WaitKey(33) == (char)27)
```

```
                break;

        }
        capture.Release();
        Cv2.DestroyAllWindows();
    }
  }
}
```

【 출력 결과 】

예제 6.13은 K-최근접 이웃 방식을 사용해 배경 차분을 수행한다. 이 방식은 주변 이웃을 기반으로 픽셀을 분류하는 단순한 원리를 사용하지만, 고해상도 비디오와 같이 픽셀 수가 많다면 각 픽셀에 대해 가장 가까운 이웃을 모두 찾아야 하므로 계산 비용이 높아진다는 단점이 있다.

배경 차분을 수행하는 방법은 **적용(Apply)** 메서드를 통해 배경 차분을 수행할 수 있다. 간단히 입력 이미지와 출력 이미지 매개 변수를 전달해 배경 차분을 수행한다. 출력 결과에서 확인할 수 있듯이 움직이는 물체에 대해 비교적 우수하게 검출한 것을 확인할 수 있다.

예제 6.14 파이썬 OpenCV의 가우시안 혼합 배경 차분

```
import cv2

capture = cv2.VideoCapture("basketball.mp4")

subtractor = cv2.createBackgroundSubtractorMOG2(
```

```
        history=500, varThreshold=16, detectShadows=True
)

kernel = cv2.getStructuringElement(cv2.MORPH_ELLIPSE, (5, 5), anchor=(-1, -1))

while True:
    ret, frame = capture.read()

    if not ret:
        break

    fgmask = subtractor.apply(frame)

    retval, fgmask = cv2.threshold(fgmask, 127, 255, cv2.THRESH_OTSU)
    fgmask = cv2.morphologyEx(fgmask, cv2.MORPH_OPEN, kernel, iterations=3)

    fgmask = cv2.cvtColor(fgmask, cv2.COLOR_GRAY2BGR)
    dst = cv2.hconcat((frame, fgmask))

    cv2.imshow("dst", dst)
    if cv2.waitKey(30) & 0xFF == 27:
        break

capture.release()
cv2.destroyAllWindows()
```

【 출력 결과 】

예제 6.14는 가우시안 혼합 배경 차분을 사용해 전경을 추출한다. 앞선 예제 6.13의 출력 결과를 보면 픽셀 단위로 배경을 차분하므로 작은 노이즈나 움직임이 조금이라도 있는 경우에도 전경으로 분류된다. 그러므로 이진화 및 모폴로지 열림 연산을 적용해 후처리를 수행한다.

예제 6.14의 출력 결과를 보면 가우시안 혼합 배경 차분의 결과를 이진화해 전경과 배경을 명확하게 구분하고, 모폴로지의 열림 연산을 적용해 노이즈를 제거했다. 이를 통해 전경 객체의 윤곽을 뚜렷하게 하고 불필요한 세부 정보를 제거해 결과를 최적화할 수 있다.

템플릿 매칭

템플릿 매칭(Template matching)은 주어진 입력 이미지에서 특정 템플릿 이미지와의 일치하는 부분을 찾기 위한 알고리즘이다. 이 알고리즘은 템플릿 이미지를 입력 이미지상에서 이동시켜 가며 두 이미지 간의 유사도를 평가하는 원리를 기반으로 한다. 주로 픽셀 간의 차이나 상관관계를 계산해 두 이미지 간의 유사성을 측정하며, 일반적으로 유사도가 높을수록 매칭이 강하다고 판단한다.

이 알고리즘은 **슬라이딩 윈도(Sliding window)** 방식을 사용해 구현된다. 이는 이미지를 템플릿 이미지의 크기로 나누고 각 부분을 순차적으로 이동시켜가며 찾고자 하는 대상이 존재하는지 여부를 확인하는 방식이다. 슬라이딩 윈도를 통해 입력 이미지의 모든 가능한 위치에서 템플릿과의 일치를 평가함으로써 정확한 매칭을 찾을 수 있다. 그림 6.11은 4×4 크기의 입력 이미지에서 3×3 크기의 템플릿 이미지를 슬라이딩 윈도로 처리하는 과정을 보여준다.

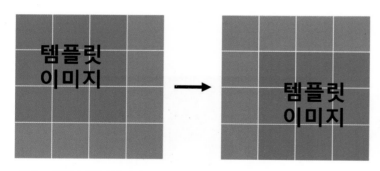

그림 6.11 템플릿 매칭 수행 방식

그림 6.11에서는 템플릿 이미지가 입력 이미지의 좌측 상단부터 우측 하단까지 이동해가면 영역별 유사도를 계산한다. 앞서 설명한 픽셀 간의 차이나 상관관계로 유사도를 계산하게 되며, 계산한 결괏값을 배열로 옮긴다면 2×2 배열된다. 이 배열에서 가장 높은 유사도를 갖는 지점이 매칭된 영역이라고 볼

수 있으며, 가장 낮은 유사도를 갖는 지점이 템플릿 이미지와 가장 유사하지 않은 영역이라고 해석할
수 있다. 이를 수식으로 표현하면 다음과 같다.

수식 6.7 템플릿 매칭 결과 크기

$$(W_R, H_R) = (W - w + 1, H - h + 1)$$

W와 H는 입력 이미지의 크기를 의미하며, w와 h는 템플릿 이미지의 크기를 의미한다. 그러므로 유사
도 배열은 (4-3+1, 4-3+1)이 되어 (2, 2) 크기를 갖게 된다.

템플릿 매칭은 간단하고 빠른 이미지 검출 방법으로 주로 작은 규모의 이미지나 단일 객체를 찾는 데에
적합하다. 이 방법은 두 이미지 간의 일치 여부를 직접적으로 계산하므로 추가적인 학습 데이터나 훈련
이 필요하지 않아 쉽게 적용할 수 있다. 그러나 템플릿 매칭은 통계적인 방법이 아니기 때문에 템플릿
의 크기나 회전 변형에 민감하게 반응한다.

이를 극복하기 위해 크기나 각도가 다른 여러 템플릿을 사용해 이미지를 검색하고, 각 템플릿에 대
한 매칭 결과 중에서 가장 좋은 결과를 선택하는 방식을 적용할 수도 있다. 이런 방식으로 다양한 크
기와 회전에 대응할 수 있게 되며, **스케일 불변성(Scale invariance)**[11]과 **회전 불변성(Rotation
invariance)**[12]을 개선해 더욱 강력한 템플릿 매칭을 구현할 수 있다.

템플릿 매칭은 이러한 특성으로 인해 로고나 상표와 같이 크기나 회전이 적게 발생하는 물체를 탐지하
고 식별하는 데 유용하다. 다음은 C# OpenCvSharp과 파이썬 OpenCV에서 사용하는 템플릿 매칭
함수다.

C# OpenCvSharp의 템플릿 매칭 함수

```
Cv2.MatchTemplate(
    Mat image,
    Mat templ,
    Mat result,
    TemplateMatchModes method,
    Mat? mask = null
);
```

---

[11] 객체나 패턴이 크기에 영향을 받지 않고 동일한 특성을 유지하는 성질
[12] 객체나 패턴이 회전에 영향을 받지 않고 동일한 특성을 유지하는 성질

파이썬 OpenCV의 템플릿 매칭 함수

```python
result = cv2.matchTemplate(
    image,
    templ,
    method = None,
    result = None,
    mask = None
)
```

템플릿 매칭 함수는 **입력 이미지**(image)상에서 **템플릿 이미지**(templ)와 가장 유사한 패턴을 찾아 **비교 결과 맵**(result)으로 반환한다. 이 결과 맵은 32비트 단일 채널 데이터로 반환된다. 비교 결과 맵은 **템 플릿 매칭 방법**(method)을 통해 유사도 계산 방식을 설정한다. 마스크(mask)는 특정 영역을 선택적으로 무시하기 위해 사용된다. 0이 아닌 요소에 대해서만 매칭을 수행한다. 이 마스크는 템플릿 매칭을 여러 번 수행할 때 주로 사용된다. 표 6.3은 **템플릿 매칭 방법**(mode) 플래그를 정리했다.

표 6.3 템플릿 매칭 방법 플래그

언어	속성	수식
C#	TemplateMatchModes.SqDiff	$R(x,y) = \sum_{x',y'} \left(T(x',y') - I(x+x',y+y')\right)^2$
Py	cv2.TM_SQDIFF	
C#	TemplateMatchModes.SqDiffNormed	$R(x,y) = \dfrac{\sum_{x',y'}\left(T(x',y') - I(x+x',y+y')\right)^2}{\sqrt{\sum_{x',y'}\left(T(x',y')\right)^2 \cdot \sum_{x',y'}I(x+x',y+y')^2}}$
Py	cv2.TM_SQDIFF_NORMED	
C#	TemplateMatchModes.CCorr	$R(x,y) = \sum_{x',y'}\left(T(x',y') \cdot I(x+x',y+y')\right)$
Py	cv2.TM_CCORR	
C#	TemplateMatchModes.CCorrNormed	$R(x,y) = \dfrac{\sum_{x',y'}\left(T(x',y') \cdot I(x+x',y+y')\right)}{\sqrt{\sum_{x',y'}\left(T(x',y')\right)^2 \cdot \sum_{x',y'}I(x+x',y+y')^2}}$
Py	cv2.TM_CCORR_NORMED	
C#	TemplateMatchModes.CCoeff	$R(x,y) = \sum_{x',y'}\left(T'(x',y') \cdot I(x+x',y+y')\right)$ $T'(x',y') = T(x',y') - \dfrac{1}{(w \cdot h)} \cdot \sum_{x',y'}T(x'',y'')$
Py	cv2.TM_CCOEFF	$I'(x+x',y+y') = I(x+x',y+y') - \dfrac{1}{(w \cdot h)} \cdot \sum_{x'',y''}I(x+x'',y+y'')$
C#	TemplateMatchModes.CCoeffNormed	$R(x,y) = \dfrac{\sum_{x',y'}\left(T'(x',y') \cdot I'(x+x',y+y')\right)}{\sqrt{\sum_{x',y'}\left(T'(x',y')\right)^2 \cdot \sum_{x',y'}I'(x+x',y+y')^2}}$
Py	cv2.TM_CCOEFF_NORMED	

템플릿 매칭 방법 플래그의 수식에서 $R(x, y)$는 비교 결과 맵을 의미하며, $T(x, y)$는 템플릿 이미지, $I(x, y)$는 입력 이미지를 의미한다. 다음은 템플릿 매칭 방법 플래그의 특징을 정리한 것이다.

- **SqDiff(TM_SQDIFF)**: 제곱차(픽셀 값 차이의 제곱) 방식으로 유사도를 계산한다. 가장 낮은 값이 최적의 매칭으로 간주된다.

- **SqDiffNormed(TM_SQDIFF_NORMED)**: 정규화된 제곱차 방식으로 유사도를 계산한다. 0에 가까운 값이 최적의 매칭으로 간주된다.

- **CCorr(TM_CCORR)**: 상관 관계(Cross correlation)로 유사도를 계산한다. 값이 높을수록 최적의 매칭으로 간주된다.

- **CCorrNormed(TM_CCORR_NORMED)**: 정규화된 상관 관계로 유사도를 계산한다. 값이 높을수록 최적의 매칭이 되며, 매칭 값은 0.0~1.0으로 정규화된다.

- **CCoeff(TM_CCOEFF)**: 상관 계수(Correlation coefficient)로 유사도를 계산한다. 1에 가까운 값이 최적의 매칭으로 간주된다.

- **CCoeffNormed(TM_CCOEFF_NORMED)**: 정규화된 상관 계수로 유사도를 계산한다. 값이 높을수록 최적의 매칭이 되며, 매칭 값은 −1.0~1.0으로 정규화된다.

제곱차 방식은 연산량이 낮고 작은 템플릿을 찾을 때 주로 사용되며 가장 기본적인 방식이다. 상관 관계와 상관 계수는 연산량이 높지만 일반적으로 다양한 상황에서 잘 작동한다는 장점이 있다.

템플릿 매칭을 수행할 때는 특별한 경우가 아니라면 정규화된 방식을 사용한다. 정규화된 방식을 사용하지 않는다면 7239356416.0과 같이 매우 높은 값으로 반환되어 불필요한 메모리 할당 및 매칭 결과를 해석하기가 어려울 수 있다.

예제 6.15는 C# OpenCvSharp에서 정규화된 상관 계수로 템플릿 매칭을 수행한 예이며, 예제 6.16은 파이썬 OpenCV에서 정규화된 제곱차 방식으로 템플릿 매칭을 수행한 예다.

예제 6.15 C# OpenCvSharp의 템플릿 매칭

```
using System;
using OpenCvSharp;

namespace Project
{
    class Program
    {
        static void Main(string[] args)
        {
            Mat src = Cv2.ImRead("hats.jpg");
```

```
            Mat templ = Cv2.ImRead("hat.jpg");
            Mat dst = src.Clone();
            Mat result = new Mat();

            Cv2.MatchTemplate(src, templ, result, TemplateMatchModes.CCoeffNormed);

            Cv2.MinMaxLoc(result, out double minVal, out double maxVal, out Point minLoc, out Point
maxLoc);

            Cv2.Rectangle(dst, new Rect(maxLoc, templ.Size()), new Scalar(0, 0, 255), 4);

            Cv2.ImShow("dst", dst);
            Cv2.WaitKey(0);
            Cv2.DestroyAllWindows();
        }
    }
}
```

【 출력 결과 】

예제 6.15의 템플릿 매칭은 정규화된 상관 계수를 사용해 유사도를 계산한다. 정규화된 상관 계수 방식은 픽셀 값의 표준편차와 평균을 사용해 이미지와 템플릿을 정규화한다. 결괏값은 −1에서 1까지의 범위를 가지며 1에 가까울수록 높은 유사도를 나타낸다.

최소/최대 위치 반환 함수를 사용해 가장 높은 값의 위치를 기준으로 매칭 결과를 확인할 수 있다. 정규화된 상관 계수 방식은 다양한 조명 조건이나 대비의 변화에서도 강건한 매칭 성능을 보인다.

```python
import cv2

src = cv2.imread("hats.jpg")
templ = cv2.imread("hat.jpg")
dst = src.copy()

result = cv2.matchTemplate(src, templ, cv2.TM_SQDIFF_NORMED)

minVal, maxVal, minLoc, maxLoc = cv2.minMaxLoc(result)

x, y = minLoc
h, w = templ.shape[:2]
dst = cv2.rectangle(dst, (x, y), (x + w, y + h), (0, 0, 255), 4)

cv2.imshow("dst", dst)
cv2.waitKey(0)
cv2.destroyAllWindows()
```

【 출력 결과 】

예제 6.16의 템플릿 매칭은 정규화된 제곱차 방식을 사용해 유사도를 계산한다. 정규화된 제곱차 방식은 주로 작은 템플릿을 찾을 때 효과적이다. 이 방식은 정규화된 합차를 계산해 매칭된 부분의 유사도를 나타내는데, 값이 작을수록 더 높은 유사도를 나타낸다. 결괏값은 0에서 1 사이의 범위를 가지며, 0에 가까울수록 일치하는 부분으로 간주된다.

최소/최대 위치 반환 함수를 사용해 가장 낮은 값의 위치를 기준으로 매칭 결과를 확인할 수 있다. 제곱차 방식은 작은 물체나 패턴을 찾거나, 여러 번 반복해서 템플릿 매칭을 수행해야 할 때 유용하다.

광학 흐름

광학 흐름(Optical flow)이란 영상에서 시간에 따른 객체의 움직임이나 카메라의 움직임과 같은 픽셀의 이동을 추적하는 기술을 의미한다. 기술은 각 픽셀이 시간에 따라 어떻게 변하는지를 분석해 객체의 움직임을 추정한다. 이를 통해 특징점의 움직임, 누적 경로, 예상 경로, 속도, 속력 등을 확인할 수 있다.

이를 통해 시각적으로 인식되는 움직임의 흐름을 정량화하고 해석함으로써 환경 변화에 대한 정보를 제공할 수 있다. 광학 흐름은 크게 밀집 광학 흐름과 희소 광학 흐름 방식이 있다.

밀집 광학 흐름(Dense optical flow)은 영상 내 모든 픽셀에 대해 움직임을 추적하는 기술이다. 이 기술은 각 픽셀마다 이동을 분석해 해당 지점의 속도 및 방향을 계산하고, 전체 이미지의 움직임을 파악할 수 있다.

밀집 광학 흐름 방식은 영상 내 모든 지점의 움직임 정보를 얻을 수 있어, 객체나 장면의 세부적인 움직임을 파악할 수 있다. 영상에서 발생하는 모든 움직임을 추적할 수 있으므로 카메라 보정이나 모션 분석 등 정교한 추적 작업에서 주로 사용된다.

하지만 영상 내의 모든 픽셀에 대한 움직임을 계산해야 하므로 연산량이 높고, 데이터의 양이 많아 처리하는 데 많은 메모리를 필요로 한다. 또한 각 픽셀 간의 강도 변화를 기반으로 움직임을 계산하기 때문에 노이즈가 많거나 텍스처가 부족한 영역이라면 정확성이 떨어질 수 있다.

희소 광학 흐름(Sparse optical flow)은 영상 내에서 특정 지점이나 특징점의 움직임만을 추적하는 기술이다. 이 기술은 모든 픽셀에 대한 움직임을 추적하는 것이 아니라, 이미지 내에서 사전에 선택한 제한된 수의 특정 지점만으로 광학 흐름을 계산한다.

희소 광학 흐름은 움직임 추적 시 일부 특정 지점만을 사용하기 때문에 연산량이 줄어들어 처리 속도가 빠르다. 또한, 추적 대상이 되는 특징의 수가 적기 때문에 화면 내에서 특징적인 지점의 움직임을 정확하게 파악할 수 있다. 이로 인해 희소 광학 흐름은 주로 실시간 처리와 같이 계산이 빠르게 이뤄져야 하는 상황에 주로 활용된다.

그러나 특정 지점이나 특징점을 선택해 계산하는 방식 때문에 특징을 정확하게 선택하지 않는다면 정확도가 떨어질 수 있고, 특정 지점 간의 움직임이 크거나 빠르면 추적이 어려워진다. 또한, 일부 특징만 사용하기 때문에 노이즈나 이상치가 있을 경우 큰 영향을 받는다.

파네백 알고리즘

파네백 알고리즘(Farneback's algorithm)이란 군나르 파네백(Gunner Farneback)이 개발한 밀집 광학 흐름 알고리즘 중 하나로 해석학적 기법을 기반으로 다항식 확장을 통해 광학 흐름을 계산한다. 입력 이미지를 다양한 해상도로 다운샘플링해 이미지 피라미드를 생성하고, 고주파 및 저주파 성분을 분석한다. 각 이미지 피라미드 계층에서는 광학 흐름이 초기화되며, 다운샘플링된 이미지 간의 대략적인 이동이 추정된다. 이때 다항식 확장 방법을 활용해 픽셀 이동을 추정한다.

이미지를 이차 다항식과 각 포인트를 연관시킴으로써 광학 흐름을 정확하게 계산한다. 각 해상도에서 광학 흐름이 초기화되고 픽셀 이동이 다항식으로 모델링된 후, 계산된 광학 흐름은 상위 해상도로 업샘플링되어 다음 높은 해상도의 이미지 피라미드 계층에서 활용된다.

상위 해상도에서 광학 흐름이 갱신되면, 해당 해상도에서의 광학 흐름을 다항식 확장 방법을 사용해 다시 계산한다. 이 반복 과정을 통해 이미지의 각 영역에서 광학 흐름이 점진적으로 개선된다. 각 해상도에서 계산된 광학 흐름을 최종적으로 결합하면, 고해상도 이미지에서 정확하고 세밀한 광학 흐름이 얻어진다.

따라서 다항식 확장 알고리즘은 이미지를 이차 다항식으로 각 지점을 연관시켜 변환하며, 윈도 중심에 가까운 지점을 민감하게 반응할 수 있도록 가중치를 적용해 픽셀 주변의 윈도를 기반으로 근사화한다. 다음은 C# OpenCvSharp과 파이썬 OpenCV에서 활용하는 파네백 광학 흐름 함수다.

C# OpenCvSharp의 파네백 광학 흐름 함수

```
Cv2.CalcOpticalFlowFarneback(
    Mat prev,
    Mat next,
    Mat flow,
    double pyrScale,
    int levels,
    int winsize,
    int iterations,
    int polyN,
    double polySigma,
    OpticalFlowFlags flags
)
```

파이썬 OpenCV의 파네백 광학 흐름 함수

```
flow = cv2.calcOpticalFlowFarneback(
    prev,
    next,
    flow = None,
    pyr_scale,
    levels,
    winsize,
    iterations,
    poly_n,
    poly_sigma,
    flags
)
```

파네백 광학 흐름 함수는 8비트 단일 채널 이미지인 **이전 프레임**(prev)과 **다음 프레임**(next)을 사용해 두 프레임 간의 광학 흐름을 계산한다. **흐름 벡터**(flow)는 부동 소수점 형식으로 두 개의 채널이 반환되며, 반환 값에서 흐름 벡터를 할당해도 매개 변수에 flow = None 형태로 포함해야 한다.

피라미드 스케일(pyr_scale)과 **피라미드 레벨**(levels)은 이미지 피라미드를 구성하기 위한 매개 변수다. 피라미드 스케일은 피라미드를 만들기 위한 이미지 크기를 설정하며, 1보다 작은 값을 가져야 한다. 피라미드 스케일을 0.5로 지정하면 일반적인 피라미드의 크기가 된다. 레벨은 피라미드의 계층 수를 결정한다. 레벨의 값을 1로 사용할 경우, 원본 이미지만 사용한다.

윈도 크기(winsize)는 **피팅**(Fitting)[13] 전에 수행되는 흐림 처리를 설정하는 커널의 크기를 설정한다. 값이 클수록 노이즈의 영향이 줄고 처리 속도가 빨라지지만, 검출 결과가 흐릿해진다. 흐림 처리는 플래그를 설정해 제어할 수 있다. **반복 횟수**(iterations)는 피라미드의 각 계층에서 알고리즘이 수행되는 횟수를 나타낸다. 반복 횟수가 많을수록 결과는 정확해지지만 속도가 저하된다.

이차 다항식의 차수(poly_n)는 각 픽셀에서 다항식 확장을 찾는 데 사용되는 인접 픽셀 영역 크기다. 값이 클수록 고주파수 변동이 다항식 피팅에 영향을 주지 않아 매끄러워지며 흐린 모션 필드가 발생한다. 이차 다항식의 차수는 5~7의 값을 가장 많이 사용한다.

가우시안 표준 편차(poly_sigma)는 다항식 확장을 위한 가우시안 표준 편차다. 가우시안 표준 편차는 이차 다항식의 차수의 약 0.2배의 값으로 주로 사용한다. 가령 이차 다항식의 차수 값이 5일 경우, 가우

---

13 이차 다항식에 이미지의 지역적인 특징을 맞추는 과정

시안 표준 편차는 1.1의 값을 주로 사용하며, 이차 다항식의 차수 값이 7일 경우, 가우시안 표준 편차는 1.5의 값을 주로 사용한다.

마지막으로 **플래그(flags)**는 두 가지 인수를 활용해 적용한다. **초기 추정치 플래그**(C#: OpticalFlowFlags.UseInitialFlow, 파이썬: cv2.OPTFLOW_USE_INITIAL_FLOW)와 **최소 고윳값 플래그** (C#: OpticalFlowFlags.FarnebackGaussian, 파이썬: cv2.OPTFLOW_FARNEBACK_GAUSSIAN)를 인수로 사용할 수 있다.

전자는 흐름 벡터를 입력값으로 취급해 초기 추정값으로 사용한다. 이 플래그는 이전 프레임이 다음 움직임과 비슷한 움직임을 할 가능성이 있다는 가정하에 사용한다. 후자는 흐림 효과 단계에서 가우시안 커널을 사용하게 한다. 가우시안 커널을 적용할 경우, 계산 시간이 늘어나지만 우수한 결과를 얻을 수 있다. **흐름 벡터(flow)**를 수식으로 나타내면 다음과 같다.

수식 6.8 흐름 벡터

$$\text{prev}(x, y) \sim \text{next}(x + \text{flow}(x, y)[0], y + \text{flow}(x, y)[1])$$

흐름 벡터 수식을 보면 이전 프레임의 좌표를 다음 프레임의 좌표와 연결하는 근사적인 관계를 나타낸다. $flow(x, y)$는 현재 좌표에서의 흐름 벡터를 나타내며, [0]와 [1]은 각각 흐름 벡터의 x 및 y 성분을 의미한다.

그러므로 흐름 벡터 수식과 같이 이전 프레임(prev)과 다음 프레임(next)은 **동치 관계(Equivalence Relation)**로 볼 수 있으며, 흐름 벡터가 부동소수점 형식의 두 개의 채널로 반환되는 이유를 알 수 있다.

루카스-카나데 방법

루카스-카나데 방법(Lucas-Kanade method)은 브루스 D. 루카스(Bruce D. Lucas)와 타케오 카나데(Takeo Kanade)에 의해 제안된 희소 광학 흐름 알고리즘이다. 이 알고리즘은 두 프레임 간의 픽셀 간 차이를 사용해 물체의 움직임을 추적한다. 주어진 두 프레임에서 픽셀 간의 차이를 계산하고, 이를 이용해 픽셀의 속도를 추정할 수 있다. 이를 통해 두 프레임 간의 물체의 상대적인 움직임을 계산할 수 있다.

루카스-카나데 알고리즘은 주로 연속된 영상 프레임 간의 작은 움직임을 추적하는 데 적합하며, 정적인 배경에서 동적인 물체의 움직임을 추적하는 데 특히 효과적으로 사용된다. 이 알고리즘은 다음과 같은 세 가지 가정에 의해 광학 흐름을 판단한다.

1. **밝기 불변성(Brightness constancy):** 프레임 내의 객체는 프레임들 사이에서 움직임이 발생하기 때문에 객체를 구성하는 픽셀은 변하지 않는다. 그러므로 그레이스케일 이미지에서 트래킹을 시도할 때 픽셀의 밝기는 변하지 않는다.

2. **작은 움직임(Small motion):** 프레임 간의 객체의 움직임은 거의 없어 상대적으로 객체는 움직임이 적다고 가정한다. 이를 통해 픽셀이나 작은 이웃 픽셀 주변의 물체의 움직임(Motion field)을 선형화할 수 있다.

3. **공간적 일관성(Spatial coherence):** 인접한 픽셀의 흐름 벡터가 유사하다고 가정한다. 프레임 내에서 인접한 픽셀들은 같은 객체로 볼 수 있으며 해당 픽셀들은 동일한 움직임을 보인다. 이를 통해 픽셀의 흐름 매개 변수를 추정할 수 있다.

밝기 불변성 가정에 의해 시간 경과에 따라 객체를 구성하고 있는 픽셀은 거의 변하지 않는다. 그러므로 시간이 지나도 장면 사이의 픽셀들은 일정하다. 밝기 불변성 가정은 다음과 같은 수식으로 표현된다.

수식 6.9 밝기 불변성

$$I(x, y, t) = I(x + dx, y + dy, t + dt)$$

시간적 지속성 가정에 의해 프레임 내의 움직임은 매우 적다. 그러므로 위의 수식 중 우항을 테일러 급수로 전개하면 다음과 같은 수식을 얻을 수 있다.

수식 6.10 테일러 급수 전개

$$I(x + dx, y + dy, t + dt) \approx I(x, y, t) + \frac{\partial I}{\partial x} dx + \frac{\partial I}{\partial y} dy + \frac{\partial I}{\partial t} dt$$

테일러 급수를 이용해 우항을 전개하는 것은 작은 변위에 대한 근사를 나타낸다. 이는 작은 움직임이 있다는 가정에서 비롯된 것으로, 작은 변위에서만 효과적인 근사를 수행한다. 또한, 밝기 불변성이 성립하려면 테일러 급수 전개의 미분식은 합이 0이 돼야 한다. 그러므로 연쇄 법칙(Chain rule)을 적용하고 정리하면 다음과 같은 수식이 된다.

수식 6.11 연쇄 법칙 적용

$$\frac{\partial I}{\partial x} \frac{dx}{dt} + \frac{\partial I}{\partial y} \frac{dy}{dt} + \frac{\partial I}{\partial t} \frac{dt}{dt} = 0$$
$$I_x V_x + I_y V_y + I_t = 0$$

각 이미지에 대한 n방향 편미분을 In의 형태로 표기하고 dx/dt와 dy/dt는 속도로 정리한다. 이 수식을 단일 벡터 방정식으로 변환한다면 다음과 같이 변환된다.

$$\nabla I^T \cdot \vec{V} = -I_t$$

이 수식은 하나의 방정식에 미지수가 두 개(V_x, V_y)가 발생한다. 그러므로 방정식을 풀 수 없으며, 2차원 모션 벡터에 대한 해를 구할 수 없다. 이것은 작은 윈도에서 조리개 문제[14]로 인해 발생한다. 이때 공간적 일관성 가정에 의해 수식을 푼다.

수식 6.13 공간적 일관성 가정 적용

$$\begin{bmatrix} I_x(p_1) & I_y(p_1) \\ I_x(p_2) & I_y(p_2) \\ \vdots & \vdots \\ I_x(p_n) & I_y(p_n) \end{bmatrix} \begin{bmatrix} V_x \\ V_y \end{bmatrix} = - \begin{bmatrix} I_t(p_1) \\ I_t(p_2) \\ \vdots \\ I_y(p_n) \end{bmatrix}$$

$n \times n$ 윈도 크기에 대해 픽셀들이 동일한 움직임을 보인다고 가정하면 방정식을 쉽게 풀 수 있다. 위의 행렬식으로 작성되며 $Av=-b$의 형태가 구성된다. $Av=-b$를 풀게 되면 미지수의 개수보다 더 많은 방정식이 생성되어 과도하게 제약된 시스템을 구성하게 된다. 이 문제를 해결하기 위해 최소 제곱법으로 미지수를 구한다.

수식 6.14 최소 제곱법 적용

$$A^T A v = -A^T b$$
$$\begin{bmatrix} \sum I_x I_x & \sum I_x I_y \\ \sum I_y I_x & \sum I_y I_y \end{bmatrix} \begin{bmatrix} V_x \\ V_y \end{bmatrix} = - \begin{bmatrix} \sum I_x I_t \\ \sum I_y I_t \end{bmatrix}$$

최소 제곱법을 적용하면 수식 6.14와 같이 방정식이 생성된다. 다시 속도(흐름)에 대해 정리하면 다음과 같다.

수식 6.15 광학 흐름 추정

$$\begin{bmatrix} V_x \\ V_y \end{bmatrix} = (A^T A)^{-1} - A^T b$$

---

14 작은 조리개를 통해 움직임을 감지할 때 윤곽으로는 객체가 어떤 방향으로 움직이는지 정확하게 결정하기 어렵다. 예를 들어, 조리개보다 큰 객체가 우측 하단 방향으로 움직일 때 작은 윈도 크기 내의 객체는 오른쪽 또는 아래쪽으로만 이동하는 것처럼 보인다.

루카스-카나데 알고리즘은 윈도에 대한 정보로 움직임을 검출하기 때문에 희소 상황에서도 높은 검출률을 보일 수 있다. 하지만 윈도는 프레임에 비해 작은 크기를 가지므로 큰 움직임이 발생할 경우, 윈도 외부로 픽셀이 움직일 수 있어 검색이 불가능할 수도 있다. 수식에서 확인할 수 있듯이 윈도 크기를 너무 크게 잡을 경우 공간적 일관성이 어긋나게 되며, 윈도 크기를 너무 작게 잡을 경우 조리개 문제가 발생한다.

따라서, 이 문제를 최소화하기 위해 이미지 피라미드를 활용한다. 가장 상단의 피라미드에서 광학 흐름을 계산하고 다음 피라미드에서 추정 결과를 사용한다. 이 연산을 가장 하단의 피라미드에 도달할 때까지 반복해 초기 가정을 개선하게 된다. 그러므로 가정 위반이 최소화돼 더 효과적으로 움직임을 추적할 수 있다. 다음은 C# OpenCvSharp과 파이썬 OpenCV에서 활용하는 루카스-카나데 광학 흐름 함수다.

C# OpenCvSharp의 루카스-카나데 광학 흐름 함수

```
Cv2.CalcOpticalFlowPyrLK(
    Mat prevImg,
    Mat nextImg,
    Mat prevPts,
    Mat nextPts,
    Mat status,
    Mat err,
    Size? winSize = null,
    int maxLevel = 3,
    TermCriteria? criteria = null,
    OpticalFlowFlags flags = OpticalFlowFlags.None,
    double minEigThreshold = 1e-4
)
```

파이썬 OpenCV의 루카스-카나데 광학 흐름 함수

```
nextPts, status, err = cv2.calcOpticalFlowPyrLK(
    prevImg,
    nextImg,
    prevPts,
    nextPts,
    status = None,
    err = None,
    winSize = (21, 21),
```

```
    maxLevel = 3,
    criteria = (cv2.TERM_CRITERIA_EPS | cv2.TERM_CRITERIA_COUNT, 30, 0.01),
    flags = 0,
    minEigThreshold = 1e-4
)
```

피라미드 루카스–카나데 광학 흐름 함수는 8비트 단일 채널 이미지 또는 다중 채널 **이미지인 이전 프**
레임(prevImg)과 **다음 프레임**(nextImg)을 사용해 두 프레임 간의 광학 흐름을 계산한다. 두 프레임은
같은 이미지 크기와 동일한 채널 수를 가져야 한다.

이전 특징점(prevPts)은 프레임상에서 추적하고자 하는 지점이며, **다음 특징점**(nextPts)은 이전 특징
점이 이동한 위치를 의미한다. 이전 특징점과 다음 특징점을 비교해 객체의 움직임을 확인할 수 있다.

상태(status)는 각 지점에 대해 추정 성공 여부를 의미한다. 상탯값이 1일 경우 이전 특징점에서 다음
특징점이 발견됐다는 의미이며, 0일 경우 발견하지 못했음을 의미한다. **오차**(err)는 이전 특징점과 다
음 특징점에 대한 오류 측정을 의미한다. 다음 특징점이 발견되지 않으면 오차는 발생하지 않는다.

윈도 크기(winSize)는 각 피라미드 계층에서 검색할 윈도의 크기를 나타내며, **피라미드 최대 레벨**
(maxLevel)을 통해 이미지 피라미드를 구성할 수 있다. 피라미드 최대 레벨을 0으로 지정할 경우, 이미
지 피라미드는 사용되지 않는다. **기준**(criteria)은 알고리즘이 종료될 시점을 설정한다.

플래그(flags)는 초기 추측값이나 고윳값의 사용 여부를 나타낸다. 플래그는 사용하지 않거나 하나 이
상 사용할 수 있다. 초기 추정치 플래그를 사용할 경우 객체의 초기 추측 좌표에 사용할 배열을 이전 특
징점 대신에 다음 특징점으로 사용한다. 최소 고윳값 플래그를 사용할 경우 오차를 윈도 사이에서 발생
하는 강도의 픽셀당 평균 변화가 아닌 해리스 행렬의 최소 고유치로 반환한다.

최소 고유 임곗값(minEigThreshold)은 추적하기에 좋지 않은 지점을 제거하는 필터 기능을 한다.
앞선 방정식에서 2×2 법선 벡터의 최소 고윳값을 계산하고 이 값보다 더 낮은 값은 필터링된다.

예제 6.17은 C# OpenCvSharp에서 파네벡 알고리즘으로 밀집 광학 흐름을 수행한 예이며, 예제 6.18
은 파이썬 OpenCV에서 루카스–카나데 방법으로 희소 광학 흐름을 수행한 예다.

예제 6.17 C# OpenCvSharp의 밀집 광학 흐름

```
using System;
using OpenCvSharp;

namespace Project
```

```
{
    class Program
    {
        static void DrawOpticalFlow(Mat frame, Mat flow)
        {
            Mat.Indexer<Vec2f> indexer = flow.GetGenericIndexer<Vec2f>();
            for (int y = 0; y < frame.Rows; y += 10)
            {
                for (int x = 0; x < frame.Cols; x += 10)
                {
                    Vec2f flowVec = indexer[y, x];
                    Point pt1 = new Point(x, y);
                    Point pt2 = new Point((int)(x + flowVec.Item0 * 5), (int)(y + flowVec.Item1 *
5));

                    Cv2.Line(frame, pt1, pt2, Scalar.Red, 2);
                    Cv2.Circle(frame, pt1, 1, Scalar.Blue, -1);
                }
            }
            Cv2.ImShow("Optical Flow (1)", frame);

            Mat[] vec = Cv2.Split(flow);
            Mat magnitude = new Mat();
            Mat angle = new Mat();
            Mat value = new Mat();
            Mat dst = new Mat();

            Cv2.CartToPolar(vec[0], vec[1], magnitude, angle, true);
            Cv2.Normalize(magnitude, magnitude, 0, 255, NormTypes.MinMax);
            magnitude.ConvertTo(magnitude, MatType.CV_8UC1);
            angle.ConvertTo(angle, MatType.CV_8UC1, 0.5);
            Cv2.Threshold(magnitude, value, 25, 255, ThresholdTypes.Binary);

            Cv2.Merge(new Mat[] { magnitude, angle, value }, dst);
            Cv2.CvtColor(dst, dst, ColorConversionCodes.HSV2BGR);
            Cv2.ImShow("Optical Flow (2)", dst);
        }

        static void Main(string[] args)
        {
```

```
        using (VideoCapture capture = new VideoCapture("car.mp4"))
        {
            Mat prevFrame = new Mat();
            Mat nextFrame = new Mat();
            Mat flow = new Mat();
            Mat dst = new Mat();

            while (true)
            {
                capture.Read(nextFrame);
                if (nextFrame.Empty())
                    break;

                dst = nextFrame.Clone();
                Cv2.CvtColor(nextFrame, nextFrame, ColorConversionCodes.BGR2GRAY);

                if (prevFrame.Cols > 0)
                {
                    Cv2.CalcOpticalFlowFarneback(prevFrame, nextFrame, flow, 0.5, 3, 15, 3, 5,
1.1, OpticalFlowFlags.FarnebackGaussian);
                    DrawOpticalFlow(dst, flow);
                }
                prevFrame = nextFrame.Clone();

                if (Cv2.WaitKey(1) == 'q')
                    break;
            }
            Cv2.DestroyAllWindows();
        };
    }
  }
}
```

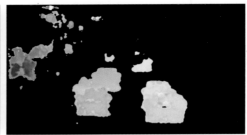

예제 6.17은 파네백 알고리즘으로 밀집 광학 흐름을 수행한다. 광학 흐름 알고리즘은 이전 프레임과 다음 프레임을 비교하는 방식이므로 비디오 입력 클래스를 사용해 영상을 불러온다. 이때 using 문을 사용해 불러온다. using 문은 리소스를 효과적으로 관리하기 위해 사용한다. 비디오 입력 클래스는 외부 리소스를 사용하므로, using 블록 내에서 해당 리소스를 관리하고, 블록이 끝날 때 Dispose 메서드가 호출돼 리소스가 정리된다.

앞선 예제들과 동일하게 프레임을 읽고 현재 프레임은 **다음 프레임**(nextFrame)에 할당한다. 파네백 알고리즘은 단일 채널을 입력으로 받으므로 다음 프레임을 그레이스케일 이미지로 변경한다. 또한 광학 흐름 알고리즘은 이전 프레임과 현재 프레임을 전달해야 하므로, **이전 프레임**(prevFrame)이 존재할 때 파네백 함수 및 시각화 메서드를 수행한다. 알고리즘이 수행됐다면 이전 프레임에 다음 프레임을 입력한다.

이제 **시각화**(DrawOpticalFlow) 메서드에 대해 알아보자. 파네백 알고리즘은 수식 6.8에서 확인할 수 있듯이 흐름 벡터 x와 y를 반환한다. 그러므로 이미지 좌표를 기준으로 광학 흐름을 확인할 수 있다. 너무 많은 광학 흐름이 그려지지 않도록 10칸씩 띄워가며 시각화를 수행한다. 광학 흐름이 시각적으로 표시될 수 있도록 5배를 스케일링해 이미지 위에 표시한다. 광학 흐름을 빨간색 선으로 표시하며, 기준 위치는 파란색 원으로 표시한다. 첫 번째 출력 결과를 보면 광학 흐름의 방향을 확인할 수 있다.

두 번째로는 극좌표 변환 함수를 사용해 흐름 벡터 x와 y를 **벡터 크기**(magnitude)와 **벡터 방향**(angle)으로 변환한다. 이를 통해 광학 흐름을 이미지로 시각화할 수 있다. 이때 3채널 이미지로 시각화하기 위해 벡터 크기가 특정 임곗값(25) 이상인 부분만 표시하기 위해 이진화해 value 이미지를 생성한다. 세 개의 이미지(magnitude, angle, value)를 하나의 Mat 데이터로 병합하고, 병합된 이미지를 HSV 채널에서 BGR 채널로 변환한다. 두 번째 출력 결과를 보면 광학 흐름의 형태를 시각적으로 확인할 수 있다.

예제 6.18 파이썬 Opencv의 희소 광학 흐름

```python
import cv2
import numpy as np

capture = cv2.VideoCapture("car.mp4")
ret, prev_frame = capture.read()
prev_gray = cv2.cvtColor(prev_frame, cv2.COLOR_BGR2GRAY)
prev_pts = cv2.goodFeaturesToTrack(
    prev_gray, maxCorners=500, qualityLevel=0.1, minDistance=16, blockSize=7
)

while True:
    ret, next_frame = capture.read()
    if not ret or next_frame is None:
        break

    next_gray = cv2.cvtColor(next_frame, cv2.COLOR_BGR2GRAY)
    next_pts, status, error = cv2.calcOpticalFlowPyrLK(
        prev_gray, next_gray, prev_pts, None
    )

    good_prev = prev_pts[status == 1]
    good_next = next_pts[status == 1]

    for i, (next, prev) in enumerate(zip(good_next, good_prev)):
        x_next, y_next = next.astype(int).ravel()
        x_prev, y_prev = prev.astype(int).ravel()
        cv2.line(next_frame, (x_prev, y_prev), (x_next, y_next), (0, 255, 0), 2)
        cv2.circle(next_frame, (x_next, y_next), 5, (0, 255, 0), -1)

    prev_gray = next_gray.copy()
    prev_pts = good_next.reshape(-1, 1, 2)

    cv2.imshow("Optical Flow", next_frame)
    key = cv2.waitKey(22)
    if key == ord("q"):
        break

    elif key == ord("w"):
```

```
        add_pts = cv2.goodFeaturesToTrack(
            prev_gray, maxCorners=500, qualityLevel=0.1, minDistance=16, blockSize=7
        )
        prev_pts = np.concatenate((prev_pts, add_pts), axis=0)

capture.release()
cv2.destroyAllWindows()
```

【 출력 결과 】

예제 6.18은 루카스-카나데 방법을 활용해 희소 광학 흐름을 수행한다. 광학 흐름 알고리즘은 이전 프레임과 다음 프레임을 비교하는 방식이므로 비디오 입력 클래스를 사용해 영상을 불러온다. 희소 광학 흐름은 특징점을 기반으로 광학 흐름을 수행하기 때문에 초기 특징점을 코너 검출 함수를 활용해 이전 **특징점**(prev_pts)을 추출한다.

반복문을 활용해 다음 프레임을 불러오며, 루카스-카나데 방법 함수를 활용해 **다음 특징점**(next_pts)을 검출한다. 이때 **상태**(status)로 우수한 **이전 특징점**(good_prev)과 **우수한 다음 특징점**(next_pts)을 추출한다. 이후, 반복문을 통해 추출한 우수한 이전 특징점과 우수한 다음 특징점을 시각화한다. 시각화를 수행했다면 **다음 프레임 그레이스케일 이미지**(next_gray)와 다음 특징점을 **이전 프레임 그레이스케일 이미지**(prev_gray)와 이전 특징점으로 복사한다.

여기서 주의할 점은 루카스-카나데 방법은 특징점을 기반으로 광학 흐름을 추적하므로, 특징점이 영상의 경계를 벗어나거나 사라진다면 더 이상 추적이 불가능해진다. 또한 이 방법은 특징점을 생성하는 알고리즘이 아니므로 특징점이 모두 사라지면 더 이상 추적이 불가능하다. 그러므로 w 키를 눌렀을 때마다 코너 검출 함수를 활용해 새로운 특징점을 생성해 광학 흐름을 다시 검출하게 한다.

키 포인트 매칭

키 포인트 매칭(Key point matching)은 두 이미지 간 유사한 부분을 찾아내어 서로 매칭시키는 프로세스를 의미한다. 여기서 **키 포인트(Key point)**란 이미지에서 특별히 중요한 지점을 나타낸다. 이는 이전에 학습한 코너의 개념을 넘어선 확장된 개념으로, 주로 이미지에서 특징적이며 서로 다른 영역을 대표하는 지점을 지칭한다. 키 포인트는 이미지의 특이한 부분을 나타내며, 일반적으로 특징적이고 서로 다른 영역을 대표하는 지점으로 간주된다. 이러한 키 포인트를 매칭하기 위해선 기술자를 사용한다.

기술자(Descriptor)는 각 키 포인트에 대한 특징적인 표현으로 해당 지점이나 객체를 설명한다. 이는 해당 지점의 특성을 나타내는 특성 벡터이며, 특정 위치의 특성을 추출해 해당 지점이 유일하게 식별될 수 있도록 한다. 기술자는 특정 위치에서 주변 영역의 정보를 수집하고 특징을 추출해 표현하며, 비슷한 특성을 가진 다른 지점들과의 구별을 가능케 한다.

앞서 배운 광학 흐름은 유사한 프레임 간의 특징점을 찾아 흐름을 계산하지만, 객체의 구성 요소나 식별 정보를 파악하지 않는다. 그러나 기술자를 활용하면 유사한 이미지뿐만 아니라 완전히 다른 이미지에서도 매칭이 가능하다. 즉, 기술자를 응용하면 완전히 다른 이미지나 빠른 프레임에서도 객체를 추적할 수 있게 된다.

이러한 특징으로 인해 키 포인트와 기술자는 주로 객체 인식이나 추적과 같은 응용 분야에서 주로 활용된다. OpenCV는 다양한 특징점 검출기, 기술자, 기술자에 대한 메서드 등을 제공한다. 이번 절에서는 ORB 알고리즘과 BF 매칭을 활용해 키 포인트를 매칭해 본다.

ORB 알고리즘

ORB(Oriented FAST and rotated BRIEF) 알고리즘은 FAST 알고리즘, BRIEF 알고리즘, 해리스 코너 알고리즘을 결합한 알고리즘이다. FAST 알고리즘은 키 포인트를 빠르게 검출하는 데 사용되고, BRIEF 알고리즘은 특징 주변의 **이진 기술자(Binary descriptors)**를 생성하는 데 활용된다. 이렇게 결합된 알고리즘은 회전에 대한 **강건성(robustness)**을 향상시키고, 빠른 속도로 키 포인트를 검출하고 기술하는 데 사용된다. 따라서 ORB 알고리즘을 이해하기 위해서는 FAST와 BRIEF 알고리즘에 대한 이해가 필요하다.

FAST(Features from Accelerated Segment Test) 알고리즘은 로스텐(Rosten)과 드리먼드 (Drummond)가 제안한 특징 검출기 알고리즘으로 이미지상의 키 포인트를 빠르게 검출하는 데 사용된다. FAST 알고리즘은 중심 픽셀 P와 이를 둘러싼 작은 원 위에 있는 16개의 픽셀을 살펴보고 어두운 픽셀, 밝은 픽셀, 또는 주변과 유사한 픽셀로 분류한다. 그리고 임곗값과 연속성 조건을 활용해 키 포인트를 식별한다.

임곗값은 중심 픽셀 P와 다른 픽셀들 중에서 얼마나 많은 픽셀이 어두운지 또는 밝은지를 결정하는 역할을 한다. 임곗값을 통과하지 못한 픽셀들은 키 포인트로 식별되지 않는다. 이 임곗값을 조절해 키 포인트의 감도와 정확도를 조절한다. 높은 임곗값은 더 정확한 키 포인트를 얻을 수 있지만, 더 많은 키 포인트를 놓칠 수 있으며, 낮은 임곗값은 더 많은 키 포인트를 검출하지만, 노이즈에 민감해진다.

연속성 조건은 중심 픽셀 P를 중심으로 선택된 16개의 픽셀 중에서 일정 수의 연속된 픽셀들이 어둡거나 밝은지를 확인한다. 이 연속성 조건을 충족하지 못하는 경우, 키 포인트로 식별되지 않는다. 이는 노이즈나 잘못된 감지를 방지하고 일정한 패턴의 키 포인트를 찾기 위한 조건이다. 그림 6.12는 FAST 알고리즘의 픽셀 분류를 보여준다.

그림 6.12 FAST 알고리즘 픽셀 분류

위와 같은 조건을 모두 만족하더라도, 인접한 픽셀을 모두 키 포인트로 인식하는 문제가 발생할 수 있다. 이러한 문제를 해결하기 위해 FAST 알고리즘은 각 키 포인트에 대한 점수를 정의하고 더 점수가 높은 키 포인트에 인접해 있는 낮은 점수의 키 포인트를 모두 제거한다. 점수를 부여하는 방식은 다음과 같다.

수식 6.16 FAST 알고리즘 점수 부여 방식

$$score = \max\left(\sum_{x \in \{brighrer\}} |I_x - I_p - t|, \sum_{x \in \{darker\}} |I_x - I_p - t| \right)$$

FAST 알고리즘의 점수 부여 방식은 더 밝은 픽셀과 중앙 픽셀 사이의 절댓값 차이의 합을 계산한다. 동일하게 더 어두운 픽셀과 중앙 픽셀 사이의 절댓값 차이의 합을 계산해 두 값 중 더 큰 값을 코너의 점수로 부여한다. 이를 통해 점수가 더 낮은 키 포인트를 모두 제거할 수 있다.

FAST 알고리즘은 픽셀의 강도를 빠르게 비교해 특징점을 식별하므로, 계산 효율성이 뛰어나다. 또한, 16개의 픽셀만을 고려하므로 다른 방법에 비해 계산 비용이 낮다는 특징이 있다. FAST 알고리즘은 주변 픽셀과의 비교를 통해 특징을 식별하기 때문에 이미지의 변화에 강하며, 회전 및 크기 변환에 대해서도 상대적으로 불변적인 특성을 가지고 있다.

BRIEF(Binary Robust Independent Elementary Features) 알고리즘은 칼론더(Calonder) 연구진이 개발해 칼론더 특징이라고도 불린다. 이 알고리즘은 특징점을 검출하는 것이 아니라, 이미 검출된 특징점에 대한 기술자를 생성하는 데 중점을 둔다. 특히, BRIEF 알고리즘은 특징점 주변의 지역에서 이진 기술자를 생성하는 방식으로 작동한다.

이진 기술자는 특징점 주변에서 랜덤하게 선택된 특정 위치의 픽셀 쌍에 대해 이진 테스트를 수행한다. 이 이진 테스트는 주어진 두 픽셀의 밝기를 비교해 이진 코드를 생성하는 방식으로 이루어진다. 가우시안 커널을 사용해 이미지를 부드럽게 만들고, 특징 중심 주변의 가우스 분포를 통해 첫 번째 지점과 두 번째 지점을 계산해 모든 픽셀을 한 쌍으로 생성한다.

즉, 두 개의 픽셀을 하나의 그룹으로 묶는 방식이다. 그러므로 BRIEF 기술자는 키 포인트 주변 영역의 단일 픽셀을 다른 단일 픽셀과 단순히 비교해 해당 지점을 설명하는 이진 코드를 생성하는 방식으로 작동한다고 볼 수 있다.

ORB 알고리즘은 키 포인트를 검출하기 위해 FAST 알고리즘을 사용한다. FAST 알고리즘은 빠른 속도로 코너를 검출할 수 있는 특징을 가지고 있지만, 가장자리에서도 반응하는 경향이 있다. 이를 극복하기 위해 해리스 코너 검출 알고리즘을 도입해 최상위 특징점만을 추출한다. 이를 통해 이미지의 중요한 지점들을 정확하게 식별할 수 있다.

또한, 이미지 피라미드를 사용해 다양한 스케일에서의 검출을 수행한다. 이는 객체나 특징이 다양한 크기에서 나타날 때 높은 신뢰성을 제공하기 위해 적용된다. 스케일 공간 검색 후, 특징점 주변의 박스에서 X축과 Y축을 기준으로 1차 모멘트를 계산한다. 이는 특징점 주변의 강도 분포에 대한 정보를 제공하며, 특히 그레이디언트의 방향을 통해 특징의 방향을 추정할 수 있다.

1차 모멘트를 사용해 방향을 추정한 후, 해당 방향을 기반으로 회전 불변성을 갖는 특징 벡터를 계산한다. 이로써 특징은 객체나 특징의 회전에 대해 불변성을 유지하면서 방향 정보를 포함하게 된다. 그림 6.13은 ORB 알고리즘의 특징 방향 계산 방식을 보여준다.

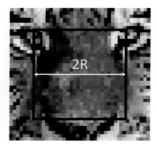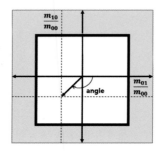

그림 6.13 ORB 특징 박스와 1차 모멘트

하나의 ORB 특징을 가져와 특징 주변의 박스에서 1차 모멘트와 방위 벡터를 계산한다. 특징 중심에서 모멘트가 가리키는 위치까지 벡터를 특징 방향으로 부여하게 된다. 그러므로 ORB의 기술자는 BRIEF 기술자에 없는 방향 정보를 갖게 된다. 이러한 이유로 ORB 알고리즘을 Oriented FAST와 rotated BRIEF 알고리즘으로 부른다. 다음은 C# OpenCvSharp과 파이썬 OpenCV에서 활용하는 ORB(Oriented FAST and rotated BRIEF) 클래스다.

C# OpenCvSharp의 ORB(Oriented FAST and rotated BRIEF) 클래스

```
ORB orb = ORB.Create(
    int nFeatures = 500,
    float scaleFactor = 1.2f,
    int nLevels = 8,
    int edgeThreshold = 31,
    int firstLevel = 0,
    int wtaK = 2,
    ORBScoreType scoreType = ORBScoreType.Harris,
    int patchSize = 31,
    int fastThreshold = 20
);
```

파이썬 OpenCV의 ORB(Oriented FAST and rotated BRIEF) 클래스

```
orb = cv2.ORB.create(
    nfeatures = 500,
    scaleFactor = 1.2f,
    nlevels = 8,
    edgeThreshold = 31,
    firstLevel = 0,
    WTA_K = 2,
```

```
    scoreType = cv2.ORB_HARRIS_SCORE,
    patchSize = 31,
    fastThreshold = 20
)
```

ORB 클래스의 **최대 특징 수**(nfeatures)는 ORB 객체가 한 번에 검출하고자 하는 특징점의 개수다. 너무 많은 특징점은 연산 비용을 증가시킬 수 있고, 반대로 너무 적은 특징점은 이미지의 다양한 부분을 포착하지 못할 수 있다. 따라서 최대 특징 수를 적당히 조절해 최적의 특징점 검출 개수를 찾아야 한다.

스케일 계수(scaleFactor)는 이미지 피라미드를 설정한다. 인수를 2로 지정할 경우, 이미지 크기가 절반이 되는 고전적인 이미지 피라미드를 의미한다. 스케일 계수를 너무 크게 지정하면 특징점의 매칭 확률을 떨어뜨린다. 반대로 스케일 계수를 적게 지정하면 더 많은 피라미드 계층을 구성해야 하므로 연산 속도가 느려진다. **피라미드 레벨**(nlevels)은 이미지 피라미드의 계층 수를 나타낸다.

경계 임곗값(edgeThreshold)은 이미지 테두리에서 발생하는 특징점을 무시하기 위한 경계의 크기를 나타낸다. **시작 피라미드 레벨**(firstLevel)은 원본 이미지를 입력할 피라미드의 계층을 의미한다. 이 값을 너무 높게 설정하면 피라미드 이미지의 노이즈로 인해 낮은 스케일에서 특징이 생성된다.

비교점(WTA_K)은 BRIEF 기술자가 구성하는 비교 비트를 나타낸다. 2를 지정할 경우 이진 형식(0, 1)을 사용하며, 3의 값을 사용할 경우 3자 간 비교 결과로 (0, 1, 2)를 사용한다. 4의 값을 사용할 경우 4자 간 비교 결과로 (0, 1, 2, 3)을 사용한다. 이 매개 변수에는 2(1비트), 3(2비트), 4(2비트)의 값만 지정해 비교할 수 있다.

점수 타입(scoreType)은 특징의 순위를 매기는 데 사용되며, **해리스 코너**(cv2.ORB_HARRIS_SCORE) 방식과 **FAST**(cv2.ORB_FAST_SCORE) 방식을 사용할 수 있다. 해리스 코너 방식이 더 높은 정확도를 보이지만 FAST 방식에 비해 다소 느리다.

패치 크기(patchSize)는 방향성을 갖는 BFIEF 기술자가 사용하는 개별 특징의 패치 크기다. 패치 크기는 경계 임곗값 매개 변수와 상호작용하므로 패치 크기의 값을 변경한다면 에지 임곗값이 패치 크기의 값보다 커야 한다. **FAST 임곗값**(fastThreshold)은 FAST 검출기에서 사용되는 임곗값을 의미한다.

ORB 클래스를 통해 orb 객체(인스턴스)가 생성돼 특징점과 기술자를 계산하기 위한 기본적인 구성이 끝났다. 이제 이미지에서 키 포인트와 기술자를 계산하기 위한 검출과 연산을 수행해야 한다. 다음은 C# OpenCvSharp과 파이썬 OpenCV에서 활용하는 키 포인트와 기술자를 계산하기 위한 메서드다.

```
orb.DetectAndCompute(
    MAt image,
    Mat? mask,
    out KeyPoint[] keypoints,
    Mat descriptors,
    bool useProvidedKeypoints = false
)
```

파이썬 OpenCV의 키 포인트 및 기술자 계산 메서드

```
keypoints, descriptors = orb.detectAndCompute(
    image,
    mask,
    descriptors = None,
    useProvidedKeypoints = False
)
```

키 포인트 및 기술자 계산 메서드는 8비트 단일 채널 이미지만 **입력 이미지**(image)로 활용하며, **마스크 이미지**(mask)를 사용할 수 있다. 해당 마스크가 0이 아닌 위치에서만 특징점을 검출하고 계산한다. 이는 특정 영역에 대한 특징을 찾거나, 이미지의 일부를 무시하고자 할 때 사용한다.

연산 결과로 특징점에 대한 정보를 포함하는 **키 포인트**(keypoints)와 각 키 포인트에 대한 **기술자**(descriptors)를 반환한다. 기술자는 해당 특징점을 설명하는 데 사용되며, 후속 작업에서 특징점을 비교하는 데 활용된다. 만약, **키 포인트 사용**(useProvidedKeypoints)이 참 값인 경우 키 포인트를 감지하는 대신 키 포인트를 입력으로 사용한다.

키 포인트는 **좌표**(C#: Pt, 파이썬: pt), **지름**(C#: Size, 파이썬: size), **각도**(C#: Angle, 파이썬: angle), **응답**(C#: Response , 파이썬: response), **옥타브**(C#: Octave, 파이썬: octave), **클래스 ID**(C#: ClassId, 파이썬: class_id)를 포함한다.

좌표는 키 포인트의 위치를 알려주며, 지름은 키 포인트의 주변 영역을 의미한다. 각도는 키 포인트의 방향이며, -1일 경우 방향이 없음을 나타낸다. 응답은 키 포인트가 존재할 확률로 해석하며, 옥타브는 키 포인트를 추출한 피라미드의 스케일을 의미한다. 클래스 ID는 키 포인트에 대한 저장 공간을 생성할 때 해당 객체를 식별하기 위해 수행한 클러스터링 결과물의 객체 ID를 나타낸다.

BF 매칭

BF 매칭은 **무차별 대입 매칭(Brute force matching)**의 약어로 두 이미지 간의 특징점을 매칭하는 간단하면서 직관적인 방법을 의미한다. 무차별 대입 매칭은 가능한 모든 매칭 조합을 시도해 가장 적절한 매칭을 찾는 방법이다. 즉, 객체의 이미지와 객체가 포함된 이미지의 각 특징점을 모두 찾아 기술자를 활용하는 방식이다.

가장 우수한 매칭을 판단하기 위해 키 포인트 간의 거리를 측정한다. 키 포인트 간의 거리가 짧을수록 우수한 매칭이 된다. 그러므로 거리를 계산하는 데 사용할 거리 계산법만 요구한다. 이는 단순하고 직관적인 방법이지만, 많은 계산이 필요하므로 큰 데이터 세트나 복잡한 이미지에서는 성능이 저하될 수 있다. 다음은 C# OpenCvSharp과 파이썬 OpenCV에서 활용하는 BF 매칭 클래스다.

C# OpenCvSharp의 BF 매칭 클래스

```
BFMatcher bf = new BFMatcher(
    NormTypes normType = NormTypes.L2,
    bool crossCheck = false
)
```

파이썬 OpenCV의 BF 매칭 클래스

```
bf = cv2.BFMatcher(
    normType = cv2.NORM_L2,
    crossCheck = False
)
```

BF 매칭 클래스는 두 가지 매개 변수만 활용해 객체를 인식할 수 있다. **거리 측정법**(normType)에는 질의 기술자와 훈련 기술자를 비교할 때 사용되는 거리 계산 측정법을 지정한다. **질의(Query)**와 **훈련(Train)**이라는 용어로 인해 마치 추론 모델을 만드는 것처럼 착각할 수 있다. 질의는 객체를 탐지할 이미지를 뜻하며, 훈련은 질의 공간에서 검출할 요소를 의미한다고 볼 수 있다.

질의 기술자(Query descriptors)란 질의 이미지에서 검출된 특징점들에 대한 기술자다. 이미지에서 특징점을 검출한 후, 각 특징점에 대한 특징을 설명하는 기술자가 질의 기술자가 된다. **훈련 기술자(Train descriptors)**는 훈련 이미지나 데이터세트에서 나온 키 포인트에 대한 기술자다. 훈련 기술자는 어떤 객체 또는 장면을 나타내는 데 사용된다. 그러므로 매칭 단계에서 이 훈련 기술자와 질의 기술자 간의 거리를 계산해 최적의 매칭을 찾는다.

교차 검사(crossCheck)는 훈련된 집합에서 질의 집합이 가장 가까운 이웃이면서, 동시에 질의 집합에서도 훈련된 집합이 가장 가까운 이웃이라고 판단되면 두 집합은 서로 매칭된 것으로 간주한다. 교차 검사는 올바르지 않은 매칭을 제거하는 데 효율적이지만 연산 시간이 증가한다. 표 6.4는 거리 측정법에 대한 플래그를 나타낸다.

표 6.4 거리 측정법

언어	속성	수식
C#	`NormTypes.L1`	$dist(\vec{a}, \vec{b}) = \sum_i abs(a_i - b_i)$
Py	`cv2.NORM_L1`	
C#	`NormTypes.L2`	$dist(\vec{a}, \vec{b}) = \left[\sum_i (a_i - b_i)^2\right]^{\frac{1}{2}}$
Py	`cv2.NORM_L2`	
C#	`NormTypes.L2SQR`	$dist(\vec{a}, \vec{b}) = \sum_i (a_i - b_i)^2$
Py	`cv2.NORM_L2SQR`	
C#	`NormTypes.Hamming`	$dist(\vec{a}, \vec{b}) = \sum_i (a_i == b_i)?1:0$
Py	`cv2.NORM_HAMMING`	
C#	`NormTypes.Hamming2`	$dist(\vec{a}, \vec{b}) = \sum_i [(a_i == b_i) and (a_{i+1} == b_{i+1})]?1:0$
Py	`cv2.NORM_HAMMING2`	

이제 키포인트, 기술자, 매칭 방법 등이 모두 준비됐다. 이제 매치 메서드를 활용해 두 개의 키 포인트 집합 간의 가장 우수한 매칭을 검출해 본다. 매치 메서드는 각 쿼리 기술자에 대해 가장 잘 일치하는 항목을 찾는다. 다음은 C# OpenCvSharp과 파이썬 OpenCV에서 활용하는 매치 메서드다.

C# OpenCvSharp의 매치 메서드

```
DMatch[] match = bf.Match(
    Mat queryDescriptors,
    Mat trainDescriptors,
    Mat? mask = null
)
```

파이썬 OpenCV의 매치 메서드

```
match = bf.match(
    queryDescriptors,
    trainDescriptors,
```

```
    mask
)
```

매치 메서드는 **질의 기술자**(queryDescriptors)와 **훈련 기술자**(trainDescriptors)를 사용해 최적의 매칭을 찾는다. 질의 기술자와 훈련 기술자는 각각 첫 번째 이미지와 두 번째 이미지의 키 포인트 기술자를 의미한다. 이 메서드는 매칭된 특징점 간의 거리를 기반으로 한 매칭 결과를 반환한다. **마스크**(mask)는 매칭을 할 때 특정 매칭을 무시하는 데 사용된다.

반환값 match는 **DMatch(Dictionary Match)**를 의미하며, 매칭 정보가 담긴 4개의 멤버를 갖는다. DMatch 객체는 **질의 색인**(C#: QueryIdx, 파이썬: queryIdx), **훈련 색인**(C#: TrainIdx, 파이썬: trainIdx), **이미지 색인**(C#: ImgIdx, 파이썬: imgIdx), **거리**(C#: Distance , 파이썬: distance)로 구성돼 있다.

질의 색인과 훈련 색인은 두 이미지의 키 포인트에서 서로 매칭하기 위해 식별되는 색인 값을 의미한다. 이미지 색인은 이미지와 사전 사이에서 매칭된 경우 훈련에 사용된 이미지를 구별하는 색인 값을 의미한다. 마지막으로 거리는 각 키 포인트 간 유클리드 거리 또는 매칭의 품질을 의미한다. 거리 값이 낮을수록 매칭이 정확하다.

각 이미지에 질의 색인과 훈련 색인을 사용하면 매칭 결과를 확인할 수 있다. 하지만 이렇게 매칭 결과를 시각화한다면 매칭이 우수하게 됐는지 직관적으로 판단하기는 어렵다. 그러므로 매칭 그리기 함수를 활용한다면 더 간편하고 효율적으로 매칭 결과를 표현할 수 있다. 다음은 C# OpenCvSharp과 파이썬 OpenCV에서 활용하는 매칭 그리기 함수다.

C# OpenCvSharp의 매칭 그리기 함수

```
Cv2.DrawMatches(
    Mat img1,
    IEnumerable<KeyPoint> keypoints1,
    Mat img2,
    IEnumerable<KeyPoint> keypoints2,
    IEnumerable<DMatch> matches1To2,
    Mat outImg,
    Scalar? matchColor = null,
    Scalar? singlePointColor = null,
    IEnumerable<byte>? matchesMask = null,
    DrawMatchesFlags flags = DrawMatchesFlags.Default
)
```

```
outImg = cv2.drawMatches(
    img1,
    keypoints1,
    img2,
    keypoints2,
    matches1to2,
    outImg,
    matchColor = None,
    singlePointColor = None,
    matchesMask = None,
    flags = cv2.DRAW_MATCHES_FLAGS_DEFAULT
)
```

매칭 그리기 함수는 **질의 이미지**(img1)와 **훈련 이미지**(img2)를 이어 붙인 **출력 이미지**(outImg)를 생성한다. 그런 다음 출력 이미지 위에 **질의 이미지 특징점**(keypoints1)과 **훈련 이미지 특징점**(keypoints2)을 연결한 선을 그린다. **DMatch 객체**(matches1to2)로 매칭 목록을 정의하며, 이 목록에 의해 그려질 연결선의 개수가 정해진다.

매칭된 연결선은 **매칭 색상**(matchColor)의 색상으로 그려지며, 매칭되지 않은 피처는 **비매칭 색상**(singlePointColor)의 색상으로 그려진다. **매치 마스크**(matchesMask)는 시각화하지 않을 매칭 목록을 정의해 매치 마스크의 요소가 0이 아닌 항목만 그려진다. 마지막으로 **플래그**(flags)는 특징점과 매칭 정보에 대한 시각화를 설정한다. 플래그는 OR 연산으로 결합해 사용할 수 있다. 표 6.5는 매칭 그리기 함수의 플래그를 나타낸다.

표 6.5 매칭 그리기 함수의 플래그

언어	속성	설명
C#	DrawMatchesFlags.Default	키 포인트를 작은 원으로 시각화
Py	cv2.DRAW_MATCHES_FLAGS_DEFAULT	
C#	DrawMatchesFlags.DrawOverOutImg	출력 이미지를 할당하지 않고 겹쳐 표시
Py	cv2.DRAW_MATCHES_FLAGS_DRAW_OVER_OUTIMG	
C#	DrawMatchesFlags.NotDrawSinglePoints	키 포인트를 크기와 방향 정보로 시각화
Py	cv2.DRAW_MATCHES_FLAGS_DRAW_RICH_KEYPOINTS	
C#	DrawMatchesFlags.DrawRichKeypoints	매칭되지 않은 키 포인트는 시각화하지 않음
Py	cv2.DRAW_MATCHES_FLAGS_NOT_DRAW_SINGLE_POINTS	

예제 6.19와 예제 6.20은 C# OpenCvSharp과 파이썬 OpenCV에서 ORB 클래스와 BF 매칭을 활용해 키 포인트를 매칭한 예다.

예제 6.19 C# OpenCvSharp의 키 포인트 매칭

```csharp
using System;
using System.Linq;
using OpenCvSharp;

namespace Project
{
    class Program
    {
        static void Main(string[] args)
        {
            Mat query = Cv2.ImRead("query.jpg");
            Mat train = Cv2.ImRead("train.jpg");
            Mat queryGray = new Mat();
            Mat trainGray = new Mat();
            Cv2.CvtColor(query, queryGray, ColorConversionCodes.BGR2GRAY);
            Cv2.CvtColor(train, trainGray, ColorConversionCodes.BGR2GRAY);

            ORB orb = ORB.Create(5000);

            KeyPoint[] kp1, kp2;
            Mat des1 = new Mat(), des2 = new Mat();
            orb.DetectAndCompute(queryGray, null, out kp1, des1);
            orb.DetectAndCompute(trainGray, null, out kp2, des2);

            BFMatcher bf = new BFMatcher(NormTypes.Hamming, true);
            DMatch[] matches = bf.Match(des1, des2);
            Array.Sort(matches, (x, y) => x.Distance.CompareTo(y.Distance));

            int count = 100;
            for (int i = 0; i < count; i++)
            {
                int idx = matches[i].QueryIdx;
                Point2f pt = kp1[idx].Pt;
                Cv2.Circle(query, (int)pt.X, (int)pt.Y, 3, new Scalar(0, 0, 255), 3);
```

```
            }

            DrawMatchesFlags flag = DrawMatchesFlags.NotDrawSinglePoints |
DrawMatchesFlags.DrawRichKeypoints;
            Mat result = new Mat();
            Cv2.DrawMatches(query, kp1, train, kp2, matches.Take(count).ToArray(), result, flags:
flag);

            Cv2.ImShow("Matching", result);
            Cv2.WaitKey(0);
            Cv2.DestroyAllWindows();
        }
    }
}
```

【 출력 결과 】

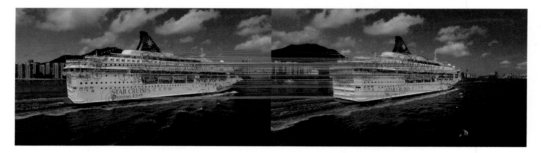

예제 6.20 파이썬 Opencv의 키 포인트 매칭

```
import cv2

query = cv2.imread("query.jpg")
train = cv2.imread("train.jpg")
query_gray = cv2.cvtColor(query, cv2.COLOR_BGR2GRAY)
train_gray = cv2.cvtColor(train, cv2.COLOR_BGR2GRAY)

orb = cv2.ORB.create(nfeatures=5000)
kp1, des1 = orb.detectAndCompute(query_gray, None)
kp2, des2 = orb.detectAndCompute(train_gray, None)

bf = cv2.BFMatcher(cv2.NORM_HAMMING, crossCheck=True)
```

```
matches = bf.match(des1, des2)
matches = sorted(matches, key=lambda x: x.distance)

count = 100
for i in matches[:count]:
    idx = i.queryIdx
    x1, y1 = kp1[idx].pt
    cv2.circle(query, (int(x1), int(y1)), 3, (0, 0, 255), 3)

flag = (cv2.DRAW_MATCHES_FLAGS_NOT_DRAW_SINGLE_POINTS | cv2.DRAW_MATCHES_FLAGS_DRAW_RICH_KEYPOINTS)
result = cv2.drawMatches(query, kp1, train, kp2, matches[:count], None, flags=flag)

cv2.imshow("Matching", result)
cv2.waitKey(0)
cv2.destroyAllWindows()
```

【 출력 결과 】

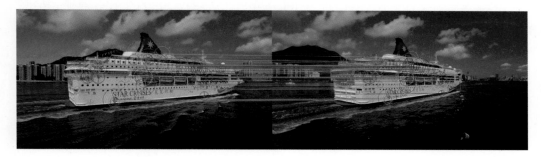

예제 6.19와 6.20은 동일한 방식으로 소스 코드가 구성돼 있다. 매칭을 수행하려는 이미지를 읽고
ORB 알고리즘을 수행한다. 이를 통해 키 포인트 및 기술자를 검출하고 매칭을 수행한다. 이미지 불러
오기가 완료되면 ORB 클래스를 생성하고 **최대 특징 수**(nfeatures)를 5,000개로 설정한다. 최대 특징 수
가 많을수록 검색하는 특징 수가 많아져 속도가 느려지므로 적절한 값을 설정한다.

키 포인트 및 기술자 계산 메서드(cv2.detectAndCompute)로 키 포인트와 기술자를 계산한다. 각 이미지
에 대해 키 포인트와 기술자를 계산해야 하므로 두 이미지 모두 계산을 진행한다. **마스크**(mask)는 사용
하지 않으므로 None을 할당한다.

키 포인트(kp1, kp2)와 **기술자**(des1, des2)에 값이 할당됐으므로 **BF 매칭 함수**(cv2.BFMatcher)를 사용
해 매칭을 진행한다. 해밍 거리법(cv2.NORM_HAMMING)과 교차 검사(crossCheck)를 진행해 기술자를 비
교하는 방식을 설정한다.

앞서 언급한 대로 매칭 품질은 거리가 짧을수록 우수하다고 언급한 바 있다. 그러므로 정렬 함수를 사용해 거리가 짧은 순으로 매칭 결과를 정렬한다. 매칭 결과를 표시할 개수는 100개로 설정하고, 반복문을 사용해 객체가 포함된 이미지 위에 상위 100개의 우수한 매칭 지점을 표시한다.

질의가 포함된 이미지에 관한 색인은 멤버 중 **질의 색인**(queryIdx)에 포함돼 있다. 이 값을 키 포인트 **좌표**(pt)에 해당하는 질의 색인 값을 넣어 지점으로 반환한다. 반대로 훈련 이미지에서 찾는 경우, **훈련 색인**(trainIdx)을 불러와 이미지 키 포인트의 **좌표**(pt)로 반환한다. 매칭이 우수한 지점은 **원 그리기 함수**(cv2.circle)로 표시한다.

이후 매칭 결과를 자세히 확인하기 위해 매칭 그리기 함수를 적용한다. 매칭 플래그는 매칭되지 않은 키 포인트를 시각화하지 않으며, 매칭된 키 포인트는 크기와 방향 정보로 시각화하도록 설정했다. 매칭 그리기 함수에 질의와 학습에 관한 이미지와 키 포인트를 지정하고 DMatch 객체는 반복문에서 100개만 표시했으므로 매칭 그리기 함수에도 100개만 할당한다. **출력 이미지**(outImg)는 result 변수를 사용하므로 매개 변수에 None 값을 할당한다.

출력 결과를 보면 좌측 이미지는 질의 이미지이며, 우측 이미지는 훈련 이미지가 된다. 객체가 포함된 이미지에서 매칭이 우수한 지점에 표시되는 것을 확인할 수 있으며, 매칭 그리기 함수를 통해 매칭 결과를 더 직관적으로 확인할 수 있다.

07

머신러닝

머신러닝(기계 학습, Machine Learning)이란 인공지능에 포함되는 영역 중 하나로, 데이터 기반으로 컴퓨터를 프로그래밍하는 연구 분야다. 머신러닝은 **인공지능(Artificial Intelligence, AI)**에 포함되는 영역 중에 하나로 볼 수 있다. 먼저 인공지능이란 지각 능력을 인공적으로 구현해 인간의 지능과 연결된 인지 문제를 해결하려는 컴퓨터 과학 분야 중 하나다. 기존에 인간만이 실현할 수 있다고 생각한 역할을 컴퓨터가 수행할 수 있도록 구현해 인위적으로 만든 지능을 뜻한다.

인공지능 용어의 첫 등장은 1956년 미국 다트머스 대학교에서 열린 다트머스 콘퍼런스에서 처음 사용됐다. 스탠퍼드 대학교의 존 매카시(John McCarthy) 교수가 인공지능이란 용어를 처음 사용했으며, 패턴 인식, 학습, 의사결정과 같이 일반적으로 인간 지능이 필요한 작업을 컴퓨터 시스템이 수행하는 기술을 의미하게 됐다.

인공지능은 주어진 시스템에서 입력을 조절해 출력을 원하는 대로 조절하는 제어기로부터 측정 가능한 경험적(heuristic) 속성을 학습해 스스로 판단하는 기능까지의 전반을 의미한다. 인공지능은 인간과 비슷한 행동이나 합리적 행동을 통해 특정 문제를 해결하는 데 중점을 둔다.

인공지능 시스템은 주어진 데이터를 학습하고 시간이 지남에 따라 성능을 향상시킬 수 있는 머신러닝 알고리즘과 전문 지식이 필요한 작업을 수행하기 위해 설계된 시스템으로 구성된다. 인공지능을 크게 두 가지로 **강인공지능(Strong artificial intelligence)**과 **약인공지능(Weak artificial intelligence)**으로 나눌 수 있다.

강인공지능은 스스로 학습과 인식 등이 가능하며, 지능 또는 지성의 수준이 인간과 근사한 수준까지 이른 경우를 가리킨다. 인간이 할 수 있는 모든 지적 작업을 수행하도록 설계된 인공지능이다. 주로 SF 영화 등에 등장하는 휴머노이드나 안드로이드를 생각하면 된다.

약인공지능은 인간이 해결할 수 있으나, 기존의 컴퓨터로 처리하기 힘든 작업을 처리하기 위한 일련의 알고리즘을 의미한다. 현재 많은 곳에서 활용되는 AI 서비스가 이에 해당한다.

인공지능 분야에서 파생된 컴퓨터 과학 분야로는 크게 머신러닝과 딥러닝이 있다. 전통적 프로그래밍은 명시적인 프로그래밍을 통해 시스템을 구축했지만, 머신러닝은 데이터를 기반으로 학습해 문제를 해결하고 시스템의 성능을 개선하는 데 중점을 둔다. 즉, 기존 프로그래밍은 규칙과 데이터를 기반으로 결괏값을 예측했지만, 머신러닝은 데이터와 결괏값으로 규칙을 찾아낸다.

머신러닝을 활용하면 데이터를 분석해 일정한 규칙이나 패턴을 찾아 예측 알고리즘을 생성할 수 있다. 이 예측 알고리즘을 **모델(Model)**이라 하며, 모델에 새로운 데이터가 입력됐을 때 모델의 예측값으로 결과를 추론할 수 있다.

데이터를 기반으로 알고리즘을 구성하므로, 통계적인 접근 방법을 사용한다고 볼 수 있다. 즉, 데이터를 유의미한 정보로 가공해 전달하는 것이다. 사전에 수집된 데이터를 통해 기계가 학습한 후 가장 유사한 데이터 등을 분석해 사용자에게 전달한다. 머신러닝은 데이터에서 규칙이나 패턴을 찾아내고 정보로 전환해 어려운 문제를 해결하는 데 활용된다.

다시 말해 전통적인 프로그래밍은 미리 정의된 특정 작업을 수행하기 위해 코드를 작성하는 프로세스이며, 프로그래머가 제공하는 일련의 지침에 의존한다. 인공지능은 알고리즘과 모델을 사용해 명시적으로 프로그래밍되지 않은 작업을 수행하며 시간이 지남에 따라 개선되도록 설계됐다.

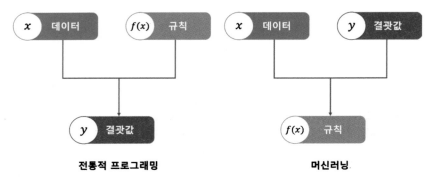

그림 7.1 머신러닝 작동 방식

머신러닝이 인공지능에 포함된다면, **딥러닝(심층학습, Deep learning)**과 **신경망(Neural networks)**은 머신러닝에 포함된다. 딥러닝은 머신러닝의 하위 집합이며, 신경망은 딥러닝의 하위 집합이다. 먼저 신경망부터 알아보자.

인공지능에서 사용되는 신경망은 인공 신경망(Artificial Neural Network, ANN)을 의미하며, 인간의 뇌에 있는 신경 세포(뉴런, Neuron)의 네트워크에서 영감을 얻은 통계학적 학습 알고리즘이다. 인공 신경망은 신경 세포가 신호를 전달하는 구조와 유사한 방식으로 구현한 알고리즘이다. 생물학적 신경 세포는 단순하게 다른 신경 세포에게 신호를 받아 또 다른 신경 세포에 전달한다. 수십억 개 이상의 신경 세포가 네트워크를 이룸으로써 신호의 흐름으로 복잡하고 다양한 활동을 할 수 있다.

딥러닝은 여러 신경망 계층과 대량의 데이터를 활용해 학습을 진행한다. 딥러닝에서 사용되는 계층은 크게 입력층(Input layer), 은닉층(Hidden layer), 출력층(Output layer)이며, 여러 개의 복잡한 은닉층을 활용해 구현되므로 '**딥(깊은, Deep)**'이라는 용어를 사용한다. 딥러닝은 입력층에서 학습하고자 하는 데이터를 전달받고, 여러 개의 은닉층을 지나 출력층에서 결과를 반환한다.

예를 들어 고양이의 이미지에서 품종을 구분하는 딥러닝을 구축한다면 입력층에서 고양이 이미지를 입력받는다. 여러 은닉층을 지나면서 고양이를 인식하고 최종적으로 고양이의 품종을 구분한다. 마지막 출력층에서 고양이의 최종 품종을 반환한다. 딥러닝은 인공 신경망에 학습 알고리즘과 데이터를 지속해서 제공함으로써, 학습 능력과 사고 능력을 지속적으로 개선한다.

그림 7.2 인공지능 관계도

머신러닝은 학습에 사용되는 알고리즘 기법으로 그 유형을 나눌 수 있다. 이러한 기법들은 시스템의 목적, 현재 상황, 데이터의 특징과 특성, 결과물 등에 따라 지도 학습, 비지도 학습, 준지도 학습, 강화 학습 중 하나 이상의 방법을 적용한다. OpenCV에서는 지도 학습과 비지도 학습을 수행할 수 있으므로 이 학습 방법에 대해 알아보자.

지도 학습

지도 학습(Supervised Learning)이란 **훈련 데이터(Training data)**와 **레이블(Label)**의 관계를 알고리즘으로 학습시키는 방법이다. 지도 학습에 사용되는 훈련 데이터는 입력 데이터(Input data)와 출력 데이터(Output data)로 구성된다. 입력 데이터는 알고리즘이 풀고자 하는 문제로 볼 수 있으며, 출력 데이터는 문제에 대한 정답으로 볼 수 있다.

일반적으로 입력 데이터의 속성은 벡터 형태로 구성돼 있으며, 해당 벡터들이 어떤 의미를 내포하고 있는지 **레이블링(Labeling)**돼 있다. 레이블링된 데이터를 스칼라 형태로 변환해 벡터와 스칼라 간의 관계를 분석하고 새로운 문제가 입력됐을 때 정답을 유추하는 함수를 찾는다.

지도 학습은 훈련 데이터에 정답이 포함돼 있기 때문에 높은 정확도와 안정적인 학습을 기대할 수 있다. 하지만 모든 훈련 데이터에 레이블이 포함돼야 하며 레이블링이 오염됐을 경우, 높은 정확도를 기대하기가 어렵다. 지도 학습에는 크게 회귀 분석과 분류가 있다.

회귀 분석(Regression)은 둘 이상의 변수 간의 관계를 파악함으로써 독립 변수(Independent variable)인 X로부터 연속형 종속 변수(Dependent variable)인 Y에 대한 모형의 적합도를 측정하는 통계적 분석 방법이다.

회귀 분석은 간단한 직선 관계부터 복잡한 곡선 형태의 관계까지 다양한 상황에서 적용할 수 있으며, 이때 사용되는 모델은 선형 회귀(Linear regression)와 비선형 회귀(Non-Linear regression)를 사용한다. 이 방법은 데이터를 가장 잘 설명하거나 예측하는 데 도움을 주는 최적의 관계를 찾아 미래 값을 예측하거나 추정할 수 있다.

분류(Classification)는 훈련 데이터에서 지정된 레이블과의 관계를 분석해 새로운 데이터의 레이블을 스스로 판별하는 방법이다. 즉, 새로운 데이터를 대상으로 할당돼야 하는 카테고리(Category) 또는 범주(Class)를 스스로 판단한다.

새로운 데이터를 대상으로 참인지 거짓인지 분류할 수 있다면 이진 분류(Binary classification)이고, 세 개 이상의 카테고리로 나눠 분류할 수 있다면 다중 분류(Multiclass classification)다. 예를 들어, 시험 성적으로 합격 여부를 판단한다면 합격(참)과 불합격(거짓)으로 구분할 수 있으므로 이진 분류가 된다. 다중 분류는 동물 이미지를 입력했을 때 개, 고양이, 새 등으로 분류하는 것을 의미한다.

비지도 학습

비지도 학습(Unsupervised learning)이란 지도 학습 방식과는 다르게 훈련 데이터에 레이블을 포함시키지 않고 알고리즘이 스스로 독립 변수 간의 관계를 학습하는 방법이다. 레이블이 존재하지 않기 때문에 특정한 규칙을 지정해 패턴이나 상관관계를 찾는 모델을 생성한다.

지도 학습에서 훈련 데이터와 레이블이 각각 x와 y의 역할을 했다면 비지도 학습은 데이터로만 결과를 유추한다. 즉, 일련의 규칙인 $f(x)$를 통해 x에 대한 숨겨진 패턴이나 상관관계를 찾는 것을 목표로 한다. 레이블(정답 데이터) 없이 입력 데이터를 대상으로 수행하므로 목푯값이 존재하지 않아 지도 학습과 다르게 사전 학습을 필요로 하지 않는다.

데이터의 근본적인 구조를 발견하거나 직관적으로 처리하기 어려운 작업을 수행할 수 있지만, 레이블이 존재하지 않기 때문에 결과에 대한 성능평가가 어렵다. 비지도 학습에는 크게 군집화, 이상치 탐지가 있다.

군집화(Clustering)란 입력 데이터를 기준으로 비슷한 데이터끼리 몇 개의 군집(Cluster)으로 나누는 알고리즘이다. 입력 데이터의 특징을 고려해 데이터를 분류하는데, 같은 군집으로 분류된 데이터끼리는 서로 비슷한 성질(위치, 평균, 편차 등)을 갖는다. 그러므로 서로 다른 그룹으로 분류된 데이터는 서로 다른 성질을 갖는다.

예를 들어 성적 데이터를 기반으로 군집화한다고 가정한다면, 유사한 성적을 가진 그룹으로 나눌 수 있다. 수학 성적이 높은 학생들을 하나의 그룹으로 묶고, 과학 성적이 비슷한 학생들을 또 다른 그룹으로 묶을 수 있게 된다. 이처럼 데이터가 갖고 있는 유사한 특징을 갖고 있다면 함께 그룹화된다.

이상치 탐지(Outlier detection, Anomaly detection)는 밀도가 높은 데이터 분포에서 멀리 떨어져 있는 샘플을 찾는 것이다. 훈련 데이터나 입력 데이터에 비정상적인 값을 갖는 데이터가 있다면 이를 이상 데이터라 부른다. 정제되지 않은 빅데이터는 정상적이지 않은 데이터가 포함돼 있을 확률이 매우 높다. 이러한 데이터를 이상 데이터로 간주한다.

이상 데이터가 많이 분포하면 학습 모델이나 알고리즘의 정확도와 신뢰도가 낮아진다. 이상치 탐지는 결함이 있는 데이터나 제품을 찾거나 시계열 데이터(Time series data)[1]에서 일반적인 패턴에서 벗어난 패턴 등을 찾는다.

---

1   일정 시간 간격으로 배치된 데이터

이상치 탐지는 크게 **이상치**(Outlier)와 **이상**(Anomaly) 탐지가 있다. 이상치 탐지는 **횡단면 데이터**(Cross-sectional data)[2]에서 비정상적인 데이터를 찾는 것을 의미한다. 이상 탐지는 시계열 데이터에서 비정상적인 데이터를 찾는 것을 의미한다. 밀도가 높은 지역의 데이터는 **정상치**(Inlier)로 부르며 밀도가 낮은 지역의 데이터는 이상치로 부른다.

간단하게 인공지능을 비롯해 머신러닝과 딥러닝을 알아봤다. OpenCV에서는 머신러닝 알고리즘과 딥러닝 네트워크 구성을 지원한다. 이번 장에서는 OpenCV에서 사용할 수 있는 머신러닝 알고리즘과 딥러닝 네트워크를 알아본다.

01 K-평균 군집화 알고리즘

K-평균 알고리즘(K-means Clustering Algorithm)은 비지도 학습의 대표적인 알고리즘 중 하나로 레이블이 달려 있지 않은 입력 데이터에 레이블을 달아준다. 이 알고리즘의 방식은 임의의 K개의 중심점(Centroid)을 기준으로 최소 거리에 기반한 군집화를 진행한다. 각각의 데이터는 가장 가까운 중심에 군집(Cluster)을 이루며, 같은 중심에 할당된 데이터는 하나의 군집군으로 형성된다. 그림 7.3은 입력 데이터를 대상으로 3개의 군집화를 수행했을 때의 결과를 보여준다.

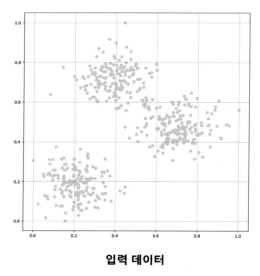

입력 데이터

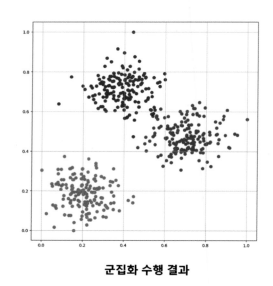

군집화 수행 결과

그림 7.3 K-평균 군집화 알고리즘 수행 결과

---

2 동일한 시간, 동일 기간에 여러 변수에 대하여 수집된 데이터

좌측 이미지는 입력 데이터를 나타내, 우측 이미지는 K-평균 군집화 알고리즘으로 분류한 결과다. 여기서 K는 군집의 개수를 의미하며, K가 3일 때는 3개의 군집군을 형성한다. 즉, 군집화 결과는 3개의 중심점을 대상으로 군집화를 수행한 결과이며, 데이터들은 군집 중심에서 가장 가까운 군집으로 할당되게 된다.

K-평균 군집화 알고리즘의 작동 순서는 입력 데이터 위에 K개의 무작위의 중심점을 할당한다. 중심점 할당이 완료되면, 중심점을 기준으로 가장 거리가 가까운 데이터를 동일한 군집군으로 간주한다. 일부 데이터가 특정 군집군으로 할당됐다면, 군집이 할당된 데이터를 기준으로 새로운 중심점을 계산한다. 다시 새로운 중심점을 기준으로 가장 거리가 가까운 데이터를 동일한 군집군으로 간주하고 중심점을 계산하는 연산을 반복한다.

다시 말해 K-평균 군집화는 지속적으로 갱신되는 K개의 중심점을 기준으로 가장 가까운 거리의 데이터를 동일한 군집으로 묶어주는 역할을 한다. 그러나 이 알고리즘은 초기에 무작위 중심점과 군집 개수에 의존하기 때문에 군집의 크기, 밀도, 형태 등이 특이하거나 서로 다를 경우 좋지 않은 결과가 나타날 수 있다.

예를 들어, 군집의 개수를 3이 아닌 2나 7등의 값을 입력한다면 의도하지 않은 군집들이 생겨날 수 있다. 또한, 알고리즘을 반복하는 횟수에 따라 결과가 다를 수 있다. 군집화 알고리즘은 일반적인 정의가 없어 군집화 알고리즘마다 서로 다른 군집을 형성할 수도 있다. 그림 7.4는 군집 개수를 다르게 설정했을 때의 K-평균 군집화 알고리즘의 결과물을 보여준다.

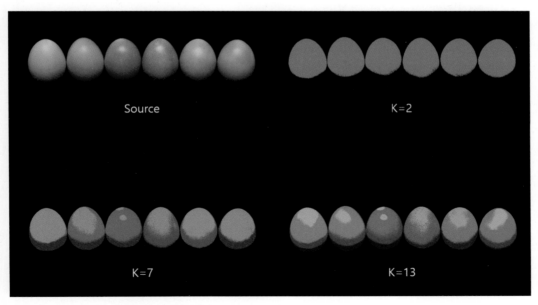

그림 7.4 K-평균 군집화 알고리즘을 적용한 이미지

그림과 같이 군집의 개수를 다르게 설정했을 때 표현되는 이미지를 확인할 수 있다. K-평균 군집화 알고리즘을 이미지로 사용했을 때, 입력 데이터는 픽셀의 R, G, B 값이 되며 3차원 좌표계의 (x, y, z)로 간주할 수 있다. 이 좌표계에서 가까운 데이터끼리 군집을 형성하게 되고, 같은 군집에 속하는 데이터들은 동일한 레이블을 갖는다. 최종적으로 얻어진 중심점은 군집의 대표 픽셀 값이 된다.

즉, K=2일 때는 두 개의 군집을 형성하므로 검은색과 다른 색상들이 혼합된 이미지가 나타나게 된다. 원본 이미지는 검은색을 포함해 6개의 대표적인 색상이 있어 K=7일 때 가장 효율적으로 표현할 수 있을 것 같지만, 무작위 중심점, 픽셀의 유사도(거리), 반복 횟수 등으로 인해 예상과 다른 결과물이 나올 수 있음에 주의한다.

그림 7.4에서 확인할 수 있듯이, K-평균 군집화 알고리즘은 **색상 양자화**(Color quantization) 과정으로도 해석될 수 있다. K-평균 군집화 알고리즘을 적용하면 이미지의 색상 수가 줄어들어 이미지 정보가 압축되는 효과가 나타난다. 이미지 압축률은 다음과 같은 수식으로 표현될 수 있다.

수식 7.1 이미지 압축률

$$\sum_i \| data_i - centers_{labels_i} \|^2$$

i는 입력 데이터의 순서, $data$는 입력 데이터, $centers$는 중심값, $labels$은 레이블을 의미한다. 다음은 C# OpenCvSharp과 파이썬 OpenCV에서 각각 사용하는 K-평균 군집화 알고리즘 함수다.

C# OpenCvSharp의 K-평균 군집화 알고리즘 함수

```
Double retval = Cv2.Kmeans(
    Mat data,
    int k,
    Mat bestLabels,
    TermCriteria criteria,
    int attempts,
    KMeansFlags flags,
    Mat centers
);
```

파이썬 OpenCV의 K-평균 군집화 알고리즘 함수

```
retval, bestLabels, centers = cv2.kmeans(
    data,
    K,
```

```
        bestLabels = None,
        criteria,
        attempts,
        flags,
        centers = None
    )
```

K-평균 군집화 알고리즘 함수는 K개의 군집을 설정하고 **입력 데이터**(data)에서 **레이블**(bestLabels)
과 **중심점**(centers)을 찾는다. 입력 데이터는 float32 형식과 열(column)의 형태로 픽셀 값이 순차적
으로 할당돼 있어야 한다. 즉, 입력 데이터는 세로로 길어지는 형태가 된다.

레이블은 입력 데이터의 크기와 동일한 배열로 생성되며, K개의 색인값 정보를 갖게 된다. 이 색인은
중심점 값과 매핑된다. 중심점은 알고리즘이 찾아낸 군집군의 중심 B, G, R값을 갖고 있다. 중심점은
int 형식이 아닌 float 형식을 갖는다.

기준(criteria)은 군집화의 반복 작업의 조건을 설정하며, **시도**(attempts)는 초기에 다른 레이블을 사
용해 반복 실행할 횟수를 설정한다. 마지막으로 **플래그**(flags)는 초기 중심값 위치에 대한 설정을 의미
한다. 마지막으로 **결괏값**(retval)은 이미지의 압축률을 의미한다.

예제 7.1과 예제 7.2는 C# OpenCvSharp과 파이썬 OpenCV에서 각각 K-평균 군집화 알고리즘을
수행하는 예다.

예제 7.1 C# OpenCvSharp의 K-평균 군집화 알고리즘 적용

```csharp
using System;
using OpenCvSharp;


namespace Project
{
    class Program
    {
        static void Main(string[] args)
        {
            Mat src = Cv2.ImRead("egg.jpg");
            Mat data = new Mat();
            src.Reshape(3, src.Width * src.Height).ConvertTo(data, MatType.CV_32FC3);
```

```
            int K = 7;
            Mat bestLabels = new Mat();
            Mat centers = new Mat();
            double retval = Cv2.Kmeans(data, K, bestLabels, TermCriteria.Both(10, 0.001), 10,
KMeansFlags.RandomCenters, centers);

            Mat<int> bestLabels3b = new Mat<int>(bestLabels);
            MatIndexer<int> bestLabelsIndexer = bestLabels3b.GetIndexer();

            centers.ConvertTo(centers, MatType.CV_8UC3);
            Mat<Vec3b> centers3b = new Mat<Vec3b>(centers);
            MatIndexer<Vec3b> centersIndexer = centers3b.GetIndexer();

            int idx = 0;
            Mat dst = new Mat(new Size(src.Width, src.Height), MatType.CV_8UC3);
            Mat<Vec3b> dst3b = new Mat<Vec3b>(dst);
            MatIndexer<Vec3b> dstIndexer = dst3b.GetIndexer();

            for (int y = 0; y < dst.Height; y++)
            {
                for (int x = 0; x < dst.Width; x++)
                {
                    int clusterIdx = bestLabelsIndexer[idx];
                    Vec3b color = centersIndexer[clusterIdx];
                    dstIndexer[y, x] = color;
                    idx++;
                }
            }

            Cv2.ImShow("dst", dst);
            Cv2.WaitKey(0);
            Cv2.DestroyAllWindows();
        }
    }
}
```

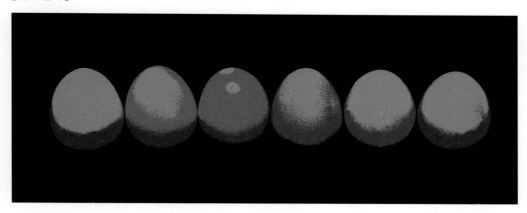

먼저 K-평균 군집화 알고리즘의 입력 데이터 조건을 맞추기 위해 Reshape 메서드와 ConvertTo 메서드를 활용해 차원과 데이터 형식을 변경한다. 데이터 변경이 완료됐다면, 군집 개수를 7개로 설정한 다음, 기준, 시도, 플래그 등을 설정한다. K-평균 군집화 알고리즘 함수의 작동이 끝나면 bestLabels 변수와 centers 변수를 활용해 시각화를 진행한다.

bestLabels 변수에는 원본 이미지의 (x, y)에 할당돼야 하는 레이블이 1차원 형태로 구성돼 있다. 즉, bestLabels[0]에는 (0, 0)의 레이블이 할당돼 있으며, bestLabels[1]에는 (1, 0)의 레이블이 할당돼 있다. centers 변수는 레이블에 대한 군집화 픽셀값이 K개 포함돼 있다. 픽셀값은 여러 픽셀들의 중심값이 되므로, int 형식이 아닌 float 형식을 갖는다. 시각화를 위해 Indexer나 At 메서드 등을 활용해 배열에 접근한다. 위 예제에서는 Indexer를 통해 배열에 접근한다.

bestLabels 변수는 CV_32SC1 형식으로 제네릭 형식은 int를 사용해 접근한다. centers 변수는 float 형식이므로 사전에 int 형식으로 변경하기 위해 ConvertTo 메서드로 8UC3 형식으로 변경한다. centers 변수와 이미지를 표시할 dst 변수는 픽셀을 표현해야 하므로, 제네릭 형식은 Vec3b으로 접근한다.

결과를 표시하는 이미지는 반복문을 활용해 bestLabelsIndexer에서 순차적으로 레이블 값을 가져오고, 가져온 레이블 값으로 centersIndexer에서 중심 픽셀값을 가져온다. 이 픽셀값을 결과 이미지의 (x, y)에 할당한다.

예제 7.2 파이썬 OpenCV의 K-평균 군집화 알고리즘 적용

```
import cv2
import numpy as np
```

```python
src = cv2.imread("egg.jpg")
data = src.reshape(-1, 3).astype(np.float32)

K = 3
criteria = (cv2.TERM_CRITERIA_MAX_ITER + cv2.TERM_CRITERIA_EPS, 10, 0.001)
retval, best_labels, centers = cv2.kmeans(
    data, K, None, criteria, 10, cv2.KMEANS_RANDOM_CENTERS
)

centers = centers.astype(np.uint8)
dst = centers[best_labels].reshape(src.shape)

cv2.imshow("dst", dst)
cv2.waitKey(0)
cv2.destroyAllWindows()
```

【 출력 결과 】

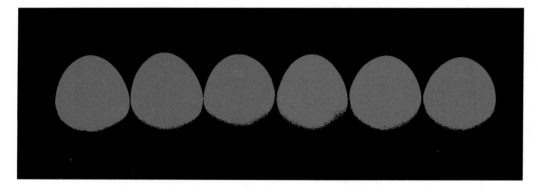

예제 7.1처럼 K-평균 군집화 알고리즘의 입력 데이터 조건을 맞추기 위해 reshape 메서드와 astype 메서드를 활용해 차원과 데이터 형식을 변경한다. 이 데이터로 K-평균 군집화 알고리즘을 수행한다. 중심값으로 반환된 centers 변수는 flaot32 형식이므로 uint8 형식으로 변환한다.

centers 변수는 (2, 3)의 차원을 갖으며, best_labels 변수는 (Width * Height, 1)의 차원을 갖는다. centers 변수에 할당된 값이 best_labels 변수에 할당된 곳에 매핑이 된다면, 시각화를 진행할 수 있다. 넘파이의 브로드캐스팅을 활용해 centers[best_labels]로 사용한다면 (Width * Height, 3)으로 차원이 변경되며, 매핑이 완료된다. 매핑이 끝난 다음 원본 이미지의 차원과 동일하게 변경한다. 출력 결과와 같이 매핑이 완료된 것을 확인할 수 있다.

02 | K-최근접 이웃 알고리즘

K-최근접 이웃 알고리즘(K-Nearest Neighbor Algorithm, KNN)은 지도 학습에서 사용되는 가장 간단한 분류 알고리즘 중 하나로, 회귀 분석이나 분류에서 사용된다. 이 알고리즘은 특정 데이터 포인트 주변의 가장 가까운 K개의 이웃 데이터를 기반으로 해당 데이터 포인트를 예측하거나 분류하는 방법이다. 즉, 새로운 데이터 주변에 분포해 있는 이웃 데이터의 성질을 토대로 판단한다.

K-최근접 이웃 알고리즘은 간단하고 직관적인 알고리즘으로 구현이 간단하며 이해하기 쉽다. 데이터 간의 유사성을 기반으로 예측을 수행하기 때문에 복잡한 수학적 모델을 필요로 하지 않는다. 또한 데이터 분포에 대한 가정을 하지 않는 비모수적(Non-parametric) 방법으로 데이터가 어떻게 분포돼 있는지에 대한 가정을 하지 않아도 된다.

이 알고리즘은 새로운 데이터가 들어올 때마다 모델을 다시 훈련할 필요 없이 바로 적용할 수 있어, 실시간 예측에 유용하고 분류 및 회귀 문제에 모두 적용할 수 있다. 분류에서는 이웃들의 다수결 또는 가중치 평균을 이용해 클래스를 결정하고, 회귀에서는 이웃들의 평균값을 예측값으로 사용한다.

하지만 이 알고리즘은 모든 데이터 포인트 간의 거리를 계산해야 하기 때문에 데이터가 매우 크거나 차원이 높은 경우에는 계산 비용이 크게 증가할 수 있다. 또한 클래스별 데이터의 분포가 불균형하면 이웃들 중에서 특정 클래스가 과도하게 많을 수 있어 예측에 영향을 미칠 수 있다.

이제 K-최근접 이웃 알고리즘 수행 방식에 대해 자세히 알아보자. 다음 그림 7.5는 K-최근접 이웃 알고리즘 처리 방식을 시각화했다.

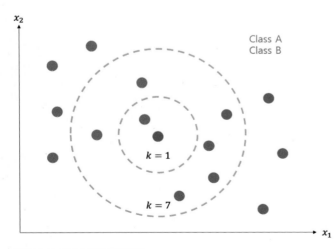

그림 7.5 K-최근접 이웃 알고리즘

그림 7.5에는 파란색, 초록색, 빨간색의 원이 존재한다. 이 그림에는 파란색과 빨간색의 두 그룹이 존재한다. 이 그룹들을 **클래스(Class)**라고 부르며, **N차원 특징 공간(Feature space)**에 표현될 수 있다. 이 특징 공간에 새로운 데이터인 초록색 원이 주어졌을 때, K-최근접 이웃 알고리즘은 어느 클래스에 분류될지를 판단하게 된다. 이때 최근접 이웃 방식을 사용하며, 가장 가까운 지점 간의 거리가 가장 짧은 클래스로 분류된다.

K=1이라면 초록색 원에서 가장 가까운 1개의 원은 파란색 원이 되어 파란색 클래스가 되고, K=7이라면 가장 가까운 원은 파란색 원 3개, 빨간색 원 4개로 초록색 원은 빨간색 클래스가 된다. 즉, K-최근접 이웃 알고리즘은 새로운 데이터가 입력됐을 때 가장 가까운 K개를 비교해 가장 거리가 가까운 개수가 많은 클래스로 분류된다.

여기서 주의할 사항으로는 K가 짝수라면 근접한 클래스의 개수가 동점이 발생할 수 있다. K-최근접 이웃 알고리즘은 동점이라도 거리가 더 가까이에 있는 클래스에 가중치를 부여하지 않으므로, 가능한 K를 홀수로 사용하는 것이 좋다.[3]

K-최근접 이웃 알고리즘은 특별한 훈련 방식이 존재하지 않는다. 훈련 데이터 전체를 메모리에 저장하는 것이 훈련의 전부다. 클래스를 분류할 때 메모리에 저장된 모델을 그대로 사용하므로 **인스턴스 기반의 학습(Instance-Based learning)** 또는 **게으른 학습(Lazy model)**으로 부른다.

인스턴스 기반 학습의 단점은 새로운 데이터(Instance)를 분류하는 비용이 상대적으로 높다는 것이다. 모든 데이터를 비교해 분류될 클래스를 결정하므로 모든 데이터에 대해 거리를 모두 계산해야 한다. 이러한 이유로 데이터에 포함된 속성이나 특징을 모두 계산하게 되므로, **차원 축소(Dimensionality reduction)**[4] 등을 통해 데이터를 변경하지 않으면 속도가 느리고, 정확도와 신뢰도를 보장할 수 없다.

하지만 인스턴스 기반의 학습은 단순히 데이터를 메모리에 저장하기 때문에 모델을 생성하는 데 들어가는 시간은 상대적으로 짧으며, 훈련 데이터에 노이즈가 포함돼 있어도 모든 데이터를 비교해 분류하므로 비교적 노이즈에 강하다는 장점이 있다. 이제 Zalando의 기사 이미지 데이터를 활용해 만들어진 Fashion-MNIST를 사용해 실습한다.

3　K-최근접 이웃 알고리즘에 가중치를 부여하는 알고리즘은 modified kNN 또는 weighted kNN으로 부른다.
4　다차원의 데이터의 차원을 축소해 저차원의 새로운 데이터로 변경해 생성하는 것을 의미한다.

Fashion-MNIST

Fashion-MNIST은 기존의 MNIST 데이터 세트를 대신해 사용할 수 있게 제공되는 패션 데이터 세트다. 기존의 MNIST 데이터 세트는 손으로 쓴 숫자들로 이루어진 데이터 세트로, 60,000개의 훈련 데이터와 10,000개의 테스트 데이터를 제공한다. Fashion-MNIST는 MNIST 데이터 세트와 동일하게 10개의 클래스 레이블과 28×28 크기의 회색조 이미지를 제공한다. 이 데이터 세트는 훈련 데이터 60,000개와 테스트 데이터 10,000개로 구성돼 있다.

레이블은 티셔츠(T-Shirt), 바지(Trouser), 풀오버(Pullover), 드레스(Dress), 코트(Coat), 샌들(Sandal), 셔츠(Shirt), 스니커즈(Sneaker), 가방(Bag), 앵클 부츠(Ankle Boot)로 총 10개의 패션 상품을 분류할 수 있게 레이블링이 돼 있다.

Fashion-MNIST은 Zalando Research 깃허브[5]에서 다운로드할 수 있다. 또는 이 책에서 제공하는 **fashion-mnist.zip** 파일의 압축을 해제해도 된다. 이 파일에는 훈련 세트 이미지, 훈련 세트 레이블, 테스트 세트 이미지, 테스트 세트 레이블이 담겨있다. 설치한 데이터 파일은 fashion-mnist 폴더를 생성해 압축을 해제한 파일을 포함한다. 해당 폴더를 현재 사용하고 있는 비주얼 스튜디오 프로젝트의 경로나 파이썬 프로젝트의 경로로 옮긴다. 그림 7.6은 Fashion-MNIST 데이터 세트의 이미지 예시다.

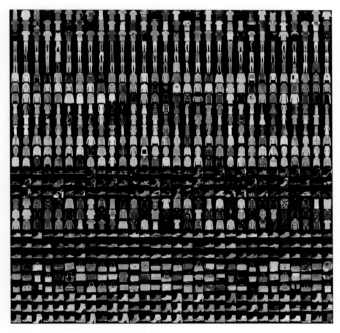

그림 7.6 Fashion-MNIST 데이터 세트

---

5 https://github.com/zalandoresearch/fashion-mnist

데이터를 다운로드받아 압축을 해제해 프로젝트로 폴더를 이동했다면, 다음과 같은 구조로 디렉터리가 형성된다. 책에서 제공되는 데이터 세트가 아닌 Zalando Research 깃허브에서 다운로드했다면 *.gz 압축을 해제해 아래와 같은 구조로 변경한다.

```
현재 프로젝트
└📁 fashion-mnist
    ├📄 train-images-idx3-ubyte
    ├📄 train-labels-idx1-ubyte
    ├📄 t10k-images-idx3-ubyte
    └📄 t10k-labels-idx1-ubyte
```

Fashion-MNIST 데이터 세트에 대한 정의 및 내용은 표 7.1에서 확인할 수 있다.

표 7.1 Fashion-MNIST 데이터 세트

파일명	내용	개수	오프셋 바이트
train-images-idx3-ubyte	훈련 이미지	60,000	16
train-labels-idx1-ubyte	훈련 레이블	60,000	8
t10k-images-idx3-ubyte	테스트 이미지	10,000	16
t10k-labels-idx1-ubyte	테스트 레이블	10,000	8

Fashion-MNIST 데이터 세트 표는 파일명, 내용, 개수를 보여준다. 여기서 오프셋 바이트라는 내용이 추가로 나타나는데, 이는 1장의 이미지 입력에서 다룬 파일 시그니처의 바이트다. 이미지는 16 바이트를 오프셋하고, 레이블은 8바이트를 오프셋한다.

이미지에 포함된 파일 시그니처는 각각 4 바이트씩 파일 매직 넘버, 이미지 개수, 이미지 행의 개수, 이미지 열의 개수를 포함하고 있으며, 레이블에 포함된 파일 시그니처는 파일 매직 넘버, 레이블 개수를 포함하고 있다. 이미 이미지의 크기나 파일에 포함된 데이터의 개수를 알고 있으므로 오프셋해 바로 데이터에 접근할 수 있도록 활용한다. 레이블은 0부터 9까지 총 10개의 레이블을 포함하고 있으며, 각각 해당하는 의미는 표 7.2에서 확인할 수 있다.

표 7.2 Fashion-MNIST 데이터 레이블

레이블	의미	레이블	의미
0	T-shirt/top	5	Sandal
1	Trouser	6	Shirt

레이블	의미	레이블	의미
2	Pullover	7	Sneaker
3	Dress	8	Bag
4	Coat	9	Ankle boot

레이블 데이터는 0부터 9까지의 숫자로 제공되므로 위의 표를 참고로 매핑해 사용한다. 데이터 세트에 대한 이해가 끝났다면 데이터를 불러온다. 예제 7.3과 예제 7.4는 C# OpenCvSharp과 파이썬 OpenCV에서 Fashion-MNIST를 불러오는 방법을 보여준다.

예제 7.3 C# OpenCvSharp의 Fashion-MNIST 불러오기

```csharp
using System;
using System.IO;
using OpenCvSharp;

namespace Project
{
    class Program
    {
        static Tuple<float[], int[]> LoadTrainData(string imagePath, string labelPath, int length)
        {
            using (FileStream imageData = new FileStream(imagePath, FileMode.Open))
            using (FileStream labelData = new FileStream(labelPath, FileMode.Open))
            using (BinaryReader imageBinary = new BinaryReader(imageData))
            using (BinaryReader labelBinary = new BinaryReader(labelData))
            {
                imageBinary.ReadBytes(16);
                labelBinary.ReadBytes(8);

                float[] image = new float[length * 784];
                int[] label = new int[length];

                for (int dataIndex = 0; dataIndex < length; ++dataIndex)
                {
                    for (int i = 0; i < 784; ++i)
                    {
                        byte img = imageBinary.ReadByte();
```

```
                        image[dataIndex * 784 + i] = (float)img;
                    }
                    byte lb = labelBinary.ReadByte();
                    label[dataIndex] = (int)lb;
                }
                return new Tuple<float[], int[]>(image, label);
            }
        }

        static void Main(string[] args)
        {
            Tuple<float[], int[]> train = LoadTrainData("./fashion-mnist/train-images-idx3-ubyte",
    "./fashion-mnist/train-labels-idx1-ubyte", 60000);
            Tuple<float[], int[]> test = LoadTrainData("./fashion-mnist/t10k-images-idx3-ubyte",
    "./fashion-mnist/t10k-labels-idx1-ubyte", 10000);

            Mat trainX = new Mat(60000, 784, MatType.CV_32F, train.Item1);
            Mat trainY = new Mat(1, 60000, MatType.CV_32S, train.Item2);
            Mat testX = new Mat(10000, 784, MatType.CV_32F, test.Item1);
            Mat testY = new Mat(1, 10000, MatType.CV_32S, test.Item2);
        }
    }
}
```

loadTrainData 메서드는 이미지 경로, 레이블 경로, 데이터 개수를 매개 변수로 받으며, Tuple 형식을 활용해 값을 반환한다. 이후, System.IO 네임스페이스에서 제공되는 파일 읽기와 관련된 FileStream 클래스와 이진 파일 읽기와 관련된 BinaryReader 클래스로 데이터를 불러온다.

이진 데이터인 imageBinary 변수와 labelBinary 변수는 ReadBytes 메서드를 활용해 각각 16바이트, 8바이트씩 오프셋한다. 다음부터 읽어오는 모든 데이터는 학습에 필요한 데이터만 남게 된다. image와 label을 저장할 float과 int 형식의 배열을 선언하고, 크기를 할당한다. 여기서 이미지 배열의 크기는 데이터 개수×784가 되는데, 784는 28×28 크기의 이미지를 의미한다.

즉, image[0]에는 첫 번째 이미지의 첫 번째 픽셀이 저장된다. 반복문과 ReadByte 메서드를 활용해 바이트 단위로 이진 데이터를 읽어온다. ReadByte 메서드는 현재 스트림에서 다음 바이트를 읽고 값을 반환한 다음, 스트림의 현재 위치를 1바이트 앞으로 이동한다.

여기서 강제로 float나 int 형식의 데이터로 변경하는 이유는 앞으로 사용할 K-최근접 이웃 알고리즘의 정밀도 형식이 CV_32F와 CV_32S를 요구하기 때문이다. 정상적으로 데이터를 모두 배열에 담았다면 Mat 형식의 데이터로 변환해야 한다. 표 3.8에서 다룬 생성자를 참고해 훈련 데이터와 테스트 데이터로 나눈다.

예제 7.4 파이썬 OpenCV의 Fashion-MNIST 불러오기

```python
import cv2
import numpy as np

def loadTrainData(image_path, label_path):
    with open(image_path, "rb") as image_data:
        images = np.frombuffer(image_data.read(), dtype=np.uint8, offset=16).reshape(-1, 784)

    with open(label_path, "rb") as label_data:
        labels = np.frombuffer(label_data.read(), dtype=np.uint8, offset=8)

    return images, labels


train_x, train_y = loadTrainData(
    "./fashion-mnist/train-images-idx3-ubyte", "./fashion-mnist/train-labels-idx1-ubyte"
)
test_x, test_y = loadTrainData(
    "./fashion-mnist/t10k-images-idx3-ubyte", "./fashion-mnist/t10k-labels-idx1-ubyte"
)
```

파이썬에서는 C#보다 데이터를 불러오기가 더 쉽다. loadTrainData 함수는 이미지 경로, 레이블 경로만 받는다. C#과는 다르게 데이터 개수를 매개 변수로 받지 않는 이유는 넘파이에서 브로드캐스팅을 지원하므로 reshape 메서드로 데이터의 개수를 알지 못해도 이미지의 크기를 안다면 간단하게 변환할 수 있기 때문이다.

데이터는 open 함수를 rb 모드로 사용해 이진 파일로 읽는다. np.frombuffer 함수로 버퍼를 읽어 들인다. dtype 매개 변수의 인수는 np.uint8을 사용하며, 처음부터 np.float32를 사용해 읽으면 바이트 데이터를 float로 인식해 이미지가 깨지게 된다. offset 매개 변수에 할당되는 값은 이미지에 16, 레이블에 8을 준다.

정상적으로 데이터를 모두 읽어 들였다면 첫 번째 이미지 데이터의 값을 불러와 출력해 보자. 예제 7.5 와 7.6은 C# OpenCvSharp과 파이썬 OpenCV에서 Fashion—MNIST 데이터의 이미지를 출력하는 방법을 보여준다.

예제 7.5 C# OpenCvSharp의 Fashion—MNIST 이미지 출력

```
Mat trainX = new Mat(60000, 784, MatType.CV_32F, train.Item1);
Mat trainY = new Mat(1, 60000, MatType.CV_32S, train.Item2);
Mat testX = new Mat(10000, 784, MatType.CV_32F, test.Item1);
Mat testY = new Mat(1, 10000, MatType.CV_32S, test.Item2);

int num = 0;
float[] imageArray = new float[784];
Array.Copy(train.Item1, 784 * num, imageArray, 0, 784);
Mat image = new Mat(28, 28, MatType.CV_32F, imageArray);
image.ConvertTo(image, MatType.CV_8UC1);

Cv2.ImShow("image", image);
Cv2.WaitKey(0);
Cv2.DestroyAllWindows();
```

【 출력 결과 】

num 변수는 이미지 데이터 세트에서 출력할 이미지의 색인 번호를 의미한다. 즉, 첫 번째에 할당된 이미지를 설정한다. imageArray는 하나의 이미지를 담을 공간을 의미한다. System 네임스페이스에서 제공되는 Array.Copy 메서드를 활용해 train[0]에서 784 * num만큼 오프셋한 데이터를 imageArray 변수에 할당한다.[6]

이 데이터를 image 변수에 CV_32F 형태로 변환한 Mat 형식으로 할당한 다음, ConvertTo 메서드를 활용해 CV_8UC1 정밀도로 변경한다. float 형식의 데이터가 그레이스케일 이미지로 변경되어 이미지를 확인할 수 있다.

---

6 예제에서는 설명을 위해 784 * num의 형태로 사용했지만, 상수를 직접 할당하지 않고 trainX.Width와 같은 형태로 사용하는 것을 권장한다.

예제 7.6 파이썬 OpenCV의 Fashion-MNIST 이미지 출력

```
train_x, train_y = loadTrainData(
    "./fashion-mnist/train-images-idx3-ubyte", "./fashion-mnist/train-labels-idx1-ubyte"
)
test_x, test_y = loadTrainData(
    "./fashion-mnist/t10k-images-idx3-ubyte", "./fashion-mnist/t10k-labels-idx1-ubyte"
)

cv2.imshow("image", train_x[0].reshape(28, 28, 1))
cv2.waitKey(0)
cv2.destroyAllWindows()
```

【 출력 결과 】

파이썬 OpenCV에서는 이미 이미지를 np.uint8 형식으로 데이터를 로드했다. 아직 np.float32 형태로 변환하기 전이므로, reshape 메서드로 크기만 변경해 결과를 확인할 수 있다.

K-최근접 이웃 알고리즘 적용

데이터 세트 로드 및 데이터 확인이 끝났다면, K-최근접 이웃 알고리즘을 사용해 보자. C# OpenCvSharp에서는 OpenCvSharp.ML 네임스페이스를 추가해야 알고리즘을 사용할 수 있다. 다음은 C# OpenCvSharp과 파이썬 OpenCV에서 각각 사용하는 K-최근접 이웃 알고리즘 클래스 및 훈련 메서드다.

C# OpenCvSharp의 K-최근접 이웃 알고리즘 클래스

```
KNearest knn = KNearest.Create();
```

C# OpenCvSharp의 K-최근접 이웃 알고리즘 훈련 메서드

```
bool retval = knn.Train(
    Mat samples,
    SampleTypes layout,
    Mat responses
);
```

파이썬 OpenCV의 K-최근접 이웃 알고리즘 클래스

```
knn = cv2.ml.KNearest_create()
```

파이썬 OpenCV의 K-최근접 이웃 알고리즘 훈련 메서드

```
retval = knn.train(
    samples,
    layout,
    responses
)
```

K-최근접 이웃 알고리즘 클래스는 정적 클래스로 생성자를 사용하지 않고 선언한다. 비어있는 모델을 생성하며, 훈련 메서드를 통해 훈련 데이터로 학습을 진행한다. 훈련 메서드는 **훈련 데이터**(samples)가 어떠한 **배치 구조**(layout)로 구성돼 있는지 확인해 **레이블**(responses)과 매핑한다.

훈련 데이터는 CV_32F 형식을 사용하며, 레이블은 CV_32F 형식 또는 CV_32S 형식을 사용한다. 배치 구조는 두 가지의 플래그만 존재한다. 훈련 데이터의 데이터가 **행**(ROW_SAMPLE)으로 구성돼 있는지, **열**(COL_SAMPLE)로 구성돼 있는지 설정한다.

반환되는 **결과**(retval)는 학습이 정상적으로 진행됐으면 참 값을 반환하고, 학습에 실패했다면 거짓 값을 반환한다. 학습이 완료됐다면 입력 데이터로 클래스를 분류해 본다. 다음은 C# OpenCvSharp과 파이썬 OpenCV에서 각각 사용하는 K-최근접 이웃 알고리즘 예측 메서드다.

C# OpenCvSharp의 K-최근접 이웃 알고리즘 이웃 예측 메서드

```
float retval = knn.FindNearest(
    Mat samples,
    int k,
    Mat results,
    Mat neighborResponses = null,
    Mat dist = null
);
```

파이썬 OpenCV의 K-최근접 이웃 알고리즘 이웃 예측 메서드

```
retval, results, neighborResponses, dist = knn.findNearest(
    samples,
    k
)
```

K-최근접 이웃 알고리즘 이웃 예측 메서드는 **테스트 데이터**(samples)에 대해 **최근접 이웃 개수**(k)에 대한 예측값을 반환한다. **반환값**(retval)은 첫 번째 테스트 데이터에 대한 예측 결과를 반환하며, **결괏값**(results)은 테스트 데이터에 대한 모든 예측 결과를 반환한다. 결괏값은 (N, 1)의 크기를 가지며 CV_32F 형식으로 반환된다.

이웃 응답값(neighborResponses)과 거리(dist)는 예측 결과를 분석하기 위해 사용된 최근접 이웃의 클래스 정보와 거리(L2-Norm)를 반환한다. 이웃 응답값과 거리는 (N, k) 크기를 가지며 CV_32F 형식으로 반환된다. 예제 7.7과 예제 7.8은 C# OpenCvSharp과 파이썬 OpenCV에서 K-최근접 이웃 알고리즘 훈련 및 예측 방법을 보여준다.

예제 7.7 C# OpenCvSharp의 K-최근접 이웃 알고리즘 훈련 및 예측 방법

```
KNearest knn = KNearest.Create();
knn.Train(trainX, SampleTypes.RowSample, trainY);

int count = 500;
Mat results = new Mat();
Mat neighborResponses = new Mat();
Mat dists = new Mat();
int retval = (int)knn.FindNearest(trainX[0, count, 0, 784], 7, results, neighborResponses, dists);
results.ConvertTo(results, MatType.CV_32S);

Mat matches = new Mat();
Cv2.Compare(results, trainY[0, 1, 0, count].T(), matches, CmpType.EQ);
Console.WriteLine((float)Cv2.CountNonZero(matches) / count * 100);
```

【 출력 결과 】

```
87.4
```

K-최근접 이웃 알고리즘을 사용하기 위한 클래스를 선언하고, 훈련 메서드를 통해 모델 학습을 진행한다. 훈련 데이터는 형태는 행으로 구성돼 있으므로 RowSample을 할당한다. K-최근접 이웃 알고리즘의 훈련이 완료된 후, 테스트 데이터를 사용해 결과를 검증한다. 전체 데이터에 대한 테스트는 시간이 오래 걸리므로, 500개의 테스트 데이터로만 검증하겠다. 이후 K-최근접 이웃 알고리즘에서 사용할 변수인 결괏값, 이웃 응답값, 거리를 정의한다. 500개의 데이터만 테스트할 예정이므로 testX 변수에 관심 영역을 지정하고, k는 7로 사용한다.

K-최근접 이웃 알고리즘 이웃 예측 메서드의 평가가 끝났다면 비교 함수를 사용해 결괏값과 테스트 레이블을 비교한다. 단, results 변수는 CV_32F 형식으로 반환되므로, CV_32S 형식으로 변경해 비교를 진행한다. 테스트 레이블은 10,000개의 크기를 가지므로 500개만 추출하기 위해 관심 영역을 지정한다. 현재 결괏값은 (500, 1)의 크기를, 테스트 레이블은 (1, 500)의 크기를 가지므로 비교 연산을 위해 전치 연산을 적용한다.

matches 변수에는 비교 연산을 통해 나온 1(True) 값 또는 0(False) 값만 갖고 있으므로, 0이 아닌 배열 요소의 수를 계산해 결괏값이 테스트 레이블과 같을 확률을 계산한다. 출력 결과와 같이 500개의 데이터 중 87.4%의 데이터가 적중했다.

예제 7.8 파이썬 OpenCV의 K-최근접 이웃 알고리즘 훈련 및 예측 방법

```
knn = cv2.ml.KNearest_create()
knn.train(train_x.astype(np.float32), cv2.ml.ROW_SAMPLE, train_y.astype(np.int32))


count = 500
retval, results, neighborResponses, dist = knn.findNearest(
    test_x[:count].astype(np.float32), k=7
)


matches = results.astype(np.uint8) == test_y[:count][:, None]
print(np.count_nonzero(matches) / count * 100)
```

【 출력 결과 】
```
87.4
```

예제 7.8도 예제 7.7과 같은 방식으로 진행한다. K-최근접 이웃 알고리즘을 사용하기 위한 클래스를 선언하고, 훈련 메서드를 사용해 모델 학습을 진행한다. 훈련 메서드는 데이터 형식을 float32와 int32를 요구하므로, 데이터 형식을 변경해 학습을 진행한다.

앞선 예제와 동일하게 테스트 데이터를 500개만 사용해 평가한다. 파이썬 OpenCV 예제에서는 test_x의 데이터 타입의 기본값을 np.uint8로 사용했으므로 예측 메서드의 테스트 데이터 형식을 np.float32로 변경한다.

예측이 완료된 후 비교 연산을 진행할 때, test_y를 전치 행렬로 변경해야 한다. test_y에 [:, None] 구문을 추가한다. [:, None] 구문은 배열에 열 벡터를 생성해 test_y를 전치 행렬로 변경할 수 있다. 출력

되는 평갓값은 예제 7.5와 동일한 결과를 갖는다. K-최근접 이웃 알고리즘은 데이터를 변경없이 메모리에 그대로 저장하므로 데이터가 동일하고 K 값이 같다면 항상 결과가 같다.

예제 7.7과 예제 7.8에서 테스트 데이터 500개에 대한 평가 결과를 확인했다. 수식을 통해 평가 결과를 확인했으므로 어떤 데이터가 어떻게 평가됐는지 확인하기가 어렵다. 그러므로 이번에는 평가 결과를 이미지와 레이블로 확인해 보자. 예제 7.9와 예제 7.10은 C# OpenCvSharp과 파이썬 OpenCV에서 K-최근접 이웃 알고리즘 예측 결과를 시각화해 보여준다.

예제 7.9 C# OpenCvSharp의 K-최근접 이웃 알고리즘 예측 시각화 결과

```csharp
using System;
using System.IO;
using System.Collections.Generic;
using OpenCvSharp;
using OpenCvSharp.ML;

namespace Project
{
    class Program
    {
        static Dictionary<int, string> labelDictionary = new Dictionary<int, string>()
        {
            { 0, "T-shirt/top" },
            { 1, "Trouser" },
            { 2, "Pullover" },
            { 3, "Dress" },
            { 4, "Coat" },
            { 5, "Sandal" },
            { 6, "Shirt" },
            { 7, "Sneaker" },
            { 8, "Bag" },
            { 9, "Ankle boot" }
        };

        static Tuple<float[], int[]> LoadTrainData(string imagePath, string labelPath, int length)…

        static void Main(string[] args)
        {
            …
```

```
            for (int i = 0; i < count; ++i)
            {
                float[] imageArray = new float[784];
                Array.Copy(test.Item1, 784 * i, imageArray, 0, 784);
                Mat image = new Mat(28, 28, MatType.CV_32F, imageArray);
                image.ConvertTo(image, MatType.CV_8UC1);

                Console.WriteLine($"Index : {i}");
                Console.WriteLine($"예측값 : {labelDictionary[results.At<int>(i)]}");
                Console.WriteLine($"실젯값 : {labelDictionary[testY.At<int>(0, i)]}");
                Cv2.ImShow("image", image);
                Cv2.WaitKey(0);
            }
            Cv2.DestroyAllWindows();
        }
    }
}
```

【 출력 결과 】

```
Index : 0
예측값 : Ankle boot
실젯값 : Ankle boot
Index : 1
예측값 : Pullover
실젯값 : Pullover
...
```

System.Collections.Generic 네임스페이스에서 지원하는 Dictionary 클래스를 통해 키와 값을 정의한다. 표 7.2에 정의된 표를 활용해 숫자로 돼있는 예측값을 문자열로 매핑한다. 이미지를 출력하는 방법은 예제 7.5를 응용한다. At 메서드를 사용해 results 변수와 testY 변수의 값을 가져올 때, 각 변수의 차원의 크기를 신경 써서 할당한다. 위 예제의 방식으로 테스트를 진행한다면, 테스트 데이터 하나마다 예측값과 실젯값을 확인할 수 있다.

예제 7.10 파이썬 OpenCV의 K-최근접 이웃 알고리즘 예측 시각화 결과

```
…

label_dict = {
    0: "T-shirt/top",
    1: "Trouser",
    2: "Pullover",
    3: "Dress",
    4: "Coat",
    5: "Sandal",
    6: "Shirt",
    7: "Sneaker",
    8: "Bag",
    9: "Ankle boot"
}

…

for idx, result in enumerate(results):
    print(f"Index : {idx}")
    print(f"예측값 : {label_dict[int(result.item())]}")
    print(f"실젯값 : {label_dict[test_y[idx]]}")
    cv2.imshow("images", test_x[idx].reshape(28, 28, 1))
    cv2.waitKey(0)

cv2.destroyAllWindows()
```

【 출력 결과 】

```
Index : 0
예측값 : Ankle boot
실젯값 : Ankle boot
Index : 1
예측값 : Pullover
실젯값 : Pullover
…
```

파이썬 OpenCV에서 예측 결과를 출력하는 방법은 매우 간단하며, 반복문과 예제 7.6에서 활용한 이미지 출력을 함께 사용하면 간단하게 결과를 확인할 수 있다. 앞선 예제들은 모두 첫 번째 색인에서 결과를 출력하므로, 중간 데이터부터 시작하는 경우 색인 설정에 주의한다.

실제 데이터 평가

이번에는 실제 이미지를 훈련된 K-최근접 이웃 알고리즘 모델에 넣어 평가한 결과를 확인해 보자. 다음 그림 이미지를 훈련된 모델에 평가한다.

그림 7.7 스니커즈 이미지(sneakers.png)

그림 7.7은 훈련된 데이터와 동일한 패턴이 아니므로, 이미지 크기 조절 함수(cv2.resize)와 색상 공간 변환 함수(cv2.cvtColor)를 활용해 28×28 크기의 그레이스케일 이미지로 변환한다. 그림 7.8과 같이 이미지가 변경된다. 그림 7.8은 작은 크기의 이미지를 확인하기 쉽게 강제로 확대한 이미지다.

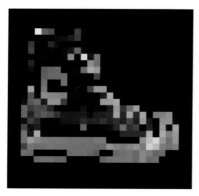

그림 7.8 28×28 크기의 그레이스케일 스니커즈 이미지

그림 7.8의 스니커즈 샘플 데이터를 훈련된 K-최근접 이웃 알고리즘으로 평가한다면 8.0(Bag)으로 출력된다. 7.0(Sneaker)으로 레이블이 존재하므로 전혀 다른 결괏값을 출력한 것을 확인할 수 있다. 그러므로, Bag 이미지 데이터와 Sneaker 이미지 데이터를 분석해 원인을 알아본다. 그림 7.9는 훈련에 사용된 Bag 이미지와 Sneaker 이미지 데이터 일부다.

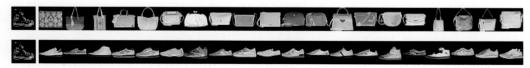

그림 7.9 Bag과 Sneaker 이미지 데이터

그림 7.9는 평가에 사용된 스니커즈 이미지와 Bag, Sneaker 이미지 데이터의 비교 그림이다. 그림에서 확인할 수 있듯이 예시로 사용된 스니커즈 이미지와 Sneaker 이미지 데이터의 방향이 반대인 것을 확인할 수 있다. 스니커즈 이미지에 대칭 함수(cv2.flip)를 적용해 결과를 확인해 본다면, 대칭된 이미지는 5.0(Sandal)로 출력되는 것을 확인할 수 있다. Sneaker로 결과를 예측하지 않으므로 동일하게 Sandal 이미지 데이터와 Sneaker 이미지 데이터를 분석해 원인을 알아본다. 그림 7.10은 훈련에 사용된 Sandal 이미지와 Sneaker 이미지 데이터 일부다.

그림 7.10 Sandal과 Sneaker 이미지 데이터

Sandal과 Sneaker 이미지 데이터의 주요한 차이는 28×28 공간을 최대한 사용하느냐 사용하지 않느냐에 대한 차이가 존재한다. 즉, 신발의 밑창이나 발목 부분이 이미지의 가장 윗부분과 아랫부분을 채우게 된다. 테스트 이미지로 사용한 스니커즈 이미지의 특성은 Sneaker 데이터보다 Sandal 데이터와 더 흡사한 구조를 갖는다. 스니커즈 이미지에 윗부분과 아랫부분에 여백을 주어 평가한다면 7.0(Sneaker)라는 평가가 나온다. K-최근접 이웃 알고리즘은 훈련에 사용된 데이터와 가장 유사한 데이터로 분류되므로 이 점에 주의해 사용한다.

앞에서 K-최근접 이웃 알고리즘을 사용해 이미지 분류하는 예제를 살펴봤다. 각 예제에서 사용한 K-최근접 이웃 알고리즘 메서드와 언급되지 않은 메서드를 표 7.3에 정리했다.

표 7.3 K-최근접 이웃 알고리즘과 관련된 클래스 및 메서드

언어	속성	설명
C#	`KNearest knn = Cv2.KNearest.Create();`	생성자
Py	`knn = cv2.ml.KNearest_create()`	

C#	`retval = knn.Train(`
	`    Mat samples,`
	`    SampleTypes layout,`
	`    Mat responses`
	`);`
		훈련 메서드

Py	`retval = knn.train(`
	`    samples,`
	`    layout,`
	`    responses`
	`)`	

C#	`float retval = knn.FindNearest(`
	`    Mat samples,`
	`    int k,`
	`    Mat results,`
	`    Mat neighborResponses = null,`
	`    Mat dist = null`
	`);`
		예측 메서드

Py	`retval, results, neighborResponses, dist = knn.findNearest(`
	`    samples,`
	`    k`
	`)`	

C#	`knn.DefaultK`	예측에 사용할 기본 이웃 수 반환
Py	`Knn.getDefaultK()`	
C#	`knn.IsClassifier`	분류 또는 회귀 모델 학습 설정 반환
Py	`knn.getIsClassifier()`	
C#	`knn.AlgorithmType`	알고리즘 설정 반환 (BruteForce, KdTree)
Py	`Knn.getAlgorithmType()`	

언어	속성	설명
C#	knn.Emax	KdTree 알고리즘[7] 구현을 위한 최대
Py	knn.getEmax()	close 수 반환
C#	knn.DefaultK = int	예측에 사용할 기본 이웃 수 설정
Py	Knn.setDefaultK(int)	
C#	knn.IsClassifier = bool	분류 또는 회귀 모델 학습 설정
Py	knn.setIsClassifier(bool)	
C#	knn.AlgorithmType = KNearest.Types.{BruteForce / KdTree}	알고리즘 설정 (BruteForce, KdTree)
Py	Knn.setAlgorithmType(cv2.ml.{KNearest_BRUTE_FORCE / KNearest_KDTREE})	기본값 : BruteForce
C#	knn.Emax = int	KdTree 알고리즘 구현을 위한 최대
Py	knn.setEmax(int)	close 수 설정
C#	knn.save(string filename);	모델 저장
Py	knn.save(filename)	
C#	KNearest knn = KNearest.Load(string filePath);	모델 불러오기
Py	knn = cv2.ml.KNearest_load(filepath)	

앞선 예제에서는 표 7.3의 설정 메서드를 사용하지 않았다. 기본 이웃 수 설정 메서드나 KdTree 알고리즘 구현 메서드 등은 **통계 모델**(StatModel) 클래스에서 지원하는 **예측**(Predict) 메서드를 통해 예측할 때 사용한다(예측 메서드는 서포트 벡터 머신에서 다룬다). 예측 메서드는 표 7.3의 설정 메서드 값

---

7 k차원 공간의 점들을 구조화하는 자료 구조 알고리즘

을 확인해 예측한다. 예측 메서드를 사용한다면 K-최근접 이웃 알고리즘의 예측 메서드에서 제공하는
추가적인 정보를 확인할 수 없으므로 이 점에 주의한다.

03 서포트 벡터 머신

서포트 벡터 머신(Support Vector Machine, SVM)은 K-최근접 이웃 알고리즘과 마찬가지로 분류
와 회귀 분석에서 사용되는 알고리즘이다. 앞선 K-최근접 이웃 알고리즘은 새로운 데이터가 주어졌을
때 모든 훈련 데이터와 거리를 계산해 지정한 k개에서 가장 많은 최소 거리를 갖는 클래스로 분류했다.
하지만 모든 데이터에 대해 계산을 진행한다면 메모리와 시간이 많이 소모된다. 서포트 벡터 머신은 이
러한 단점을 보완한다. 서포트 벡터 머신은 데이터들 간의 기준선을 정의해 새로운 데이터가 어느 경계
에 속하는지 판단한다.

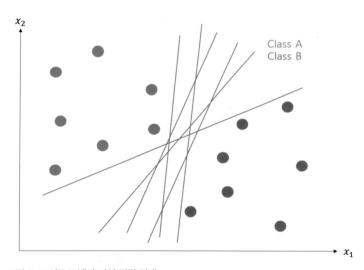

그림 7.11 서포트 벡터 머신 결정 경계

그림 7.11의 파란색 클래스와 빨간색 클래스의 경계를 나눈다면 초록색 선들과 같이 클래스를 나눌 수
있다. 이러한 초록색 선을 **결정 경계**(Decision Boundary)라 부른다. 그림에서 보이는 결정 경계
는 한쪽 클래스에 너무 편향적이거나 **과대 적합**(Overfitting) 된 것을 확인할 수 있다. 그러므로 가장
효율적으로 경계를 나눌 수 있는 결정 경계를 찾아야 한다. 효율적으로 경계를 나누지 않는다면 그림
7.12와 같은 문제가 발생한다.

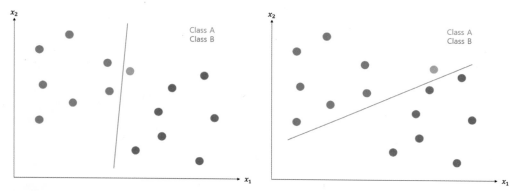

그림 7.12 잘못된 결정 경계

그림 7.12의 초록색 선은 결정 경계를 나타내며, 노란색 원은 새로운 데이터를 표현한다. 좌측 이미지에서는 결정 경계가 편향돼 파란색 클래스가 아닌 빨간색 클래스로 잘못 분류됐다. 반면에 우측 이미지에서는 결정 경계가 과대 적합 되어 **빨간색** 클래스가 아닌 파란색 클래스로 잘못 분류됐다. 이와 같이 효과적인 경계가 형성되지 않으면 경계 근처에서 발생하는 새로운 데이터를 정확하게 분류하기 어려워진다.

이를 통해 알 수 있는 점은 결정 경계가 기존 데이터에서 최대한 멀리 떨어져야 한다는 것이다. 결정 경계가 기존 데이터에서 멀어질수록 노이즈의 영향을 줄일 수 있으므로 정확한 분류가 가능해진다. 그러므로 최적의 결정 경계는 결정 경계와 가장 가까운 데이터 간의 **여백**(Margin)이 최대가 되는 위치가 돼야 한다. 이러한 이유로 서포트 벡터 머신을 **최대 여백 분류기**(Maximmum margin classifier)라고 부르며, 최적의 결정 경계에 가장 가까운 데이터에 대한 벡터를 **서포트 벡터**(Support vector)라고 부른다.

그림 7.13의 굵은 초록색 선은 최적의 결정 경계이며, 점선의 초록색 선은 최대 여백이 되는 선분과 서포트 벡터의 위치를 보여준다.

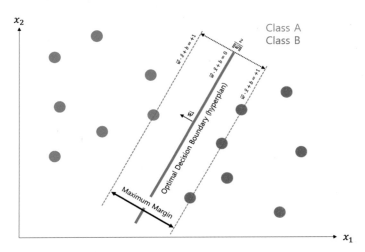

그림 7.13 최적의 결정 경계

SVM은 최적의 결정 경계를 정의한다면 효율적으로 분류할 수 있다. 이를 위해 필요한 핵심 데이터는 서포트 벡터이므로 나머지 데이터는 활용하지 않아도 되는 이점이 있다. 선형 SVM의 방정식을 수식으로 표현한다면 다음과 같다.

수식 7.2 선형 SVM

$$\vec{w} \cdot \vec{x} + b = 0$$

벡터 $\vec{w}$은 최적 결정 경계의 법선을 나타내며, 는 특징 공간의 포인트를 나타낸다. b는 최적의 결정 경계의 오프셋을 의미한다. 최적의 결정 경계와 서포트 벡터 사이의 거리는 어느 방향이라도 $\frac{1}{\|\vec{w}\|}$의 거리를 갖도록 $\vec{w}$가 정규화된다.

SVM 커널

앞서 설명한 예시는 2개의 특징을 선형적으로 분류할 수 있는 경우에 대해서만 설명했다. 하지만 특징이 3개 이상으로 늘어나거나 선형적으로 분류할 수 없는 경우에는 이 최적의 결정 경계를 찾을 수 없거나 찾기 어려운 상황이 발생한다. 이와 같은 문제를 해결하기 위해서 특정 차원의 데이터를 더 높은 차원으로 매핑한다.

더 높은 차원으로 매핑한다면 최적의 결정 경계를 찾을 수 있다. 하지만, 3차원 이상의 공간에서는 결정 경계는 더 이상 선분의 형태가 아니라 평면의 형태를 갖게 된다. 이 결정 경계를 **초평면**

(Hyperplane)으로 부르며, 서포트 벡터 머신은 초평면에서 가장 근접한 데이터 간의 여백을 크게 만드는 평면을 찾는다. 그림 7.14는 최적의 결정 경계를 찾을 수 없을 때 고차원 공간으로 매핑하는 것을 보여준다.

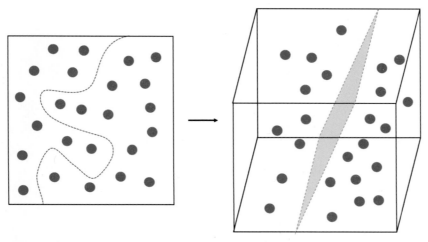

그림 7.14 2차원 공간을 3차원 공간으로 매핑할 때의 초평면

그림 7.14의 2차원 공간의 데이터는 선형으로 분리될 수 없다. 이러한 문제를 해결하기 위해 커널(Kernel)을 사용한다.[8] 커널은 데이터를 고차원의 특징 공간으로 매핑하고 다시 본래의 상태로 되돌릴 수 있도록 매핑하는 역할을 한다. 예를 들어, (x_1, x_2)의 2차원 공간을 (z_1, z_2, z_3)의 3차원 공간으로 매핑하는 것을 의미한다. 커널은 $K(\vec{x}, \vec{y})$로 표현되며, 매핑은 $\phi^T(\vec{x})$, $\phi(y)$로 표현된다. 이러한 매핑 방식을 **커널 함수(Kernel function)**라고 부른다. 커널 함수의 수식은 다음과 같이 정의된다.

수식 7.3 커널 함수

$$\begin{aligned} K(\vec{x}, \vec{y}) &= \phi(\vec{x}) \cdot \phi(\vec{y}) \\ &= \phi(\vec{x})^T \phi(\vec{y}) \end{aligned}$$

커널 함수는 **내적(Inner product)** 연산으로 표현될 수 있다. 고차원으로 변환해 초평면을 찾는 연산을 진행한다면 너무 많은 연산량과 시간이 소요된다. 이러한 문제를 해결하기 위해 **커널 트릭(Kernel trick)**을 활용한다. 커널 트릭을 활용하면 고차원 데이터의 내적 연산이 아닌, 입력된 특징 공간의 벡터만 활용해 동일한 결과를 얻을 수 있다. 커널 트릭을 이해하기 위해, 커널 함수 중 하나인 **다항식 커**

---

8 합성곱 연산에서 다뤘던 커널과 SVM의 커널은 다른 용어다.

널(Polynomial kernel)의 방법으로 수식을 표현해 보자. 다음 수식은 2차원 공간의 점 p와 q에 대한 3차원 매핑 예시를 보여준다.

수식 7.4 다항식 커널

$$\phi : R^2 \rightarrow R^3$$
$$p = (p_1, p_2) \qquad q = (q_1, q_2)$$
$$\phi(p) = (p_1^2, p_2^2, \sqrt{2}\, p_1 p_2)$$
$$\phi(q) = (q_1^2, q_2^2, \sqrt{2}\, q_1 q_2)$$

$$
\begin{aligned}
K(p, q) &= \phi(p) \cdot \phi(q) \\
&= \phi(p)^T \phi(q) \\
&= (p_1^2, p_2^2, \sqrt{2}\, p_1 p_2) \cdot (q_1^2, q_2^2, \sqrt{2}\, q_1 q_2) \\
&= p_1^2 q_1^2 + p_2^2 q_2^2 + 2 p_1 q_1 p_2 q_2 \\
&= (p_1 q_1 + p_2 q_2)^2 \\
&= (p \cdot q)^2
\end{aligned}
$$

수식에서 확인할 수 있듯이 SVM은 초평면을 계산하는 과정에서 매핑 함수(ϕ)는 계산할 필요가 없다. 커널 함수는 $(p \cdot q)^2$로 동일한 결괏값을 얻을 수 있다. 이 의미는 고차원의 데이터로 변환할 필요 없이 본래의 데이터를 계산하는 것만으로도 동일한 결과를 얻을 수 있다는 의미다. 이것을 커널 트릭이라 한다. 커널 함수는 초평면을 생성하는 방법이나 데이터 예측 등에 영향을 미친다. 다음 표 7.4는 OpenCV에서 사용할 수 있는 커널 함수 플래그를 나타낸다.

표 7.4 SVM 커널 함수

언어	속성	함수	설명
C#	SVM.KernelTypes.Custom		사용자 정의
Py	cv2.ml.SVM_CUSTOM		(int = −1)
C#	SVM.KernelTypes.Linear	$K(\vec{x}, \vec{y}) = \vec{x}^T \vec{y}$	선형
Py	cv2.ml.SVM_LINEAR		(int = 0)
C#	SVM.KernelTypes.Poly	$K(\vec{x}, \vec{y}) = (\gamma \vec{x}^T \vec{y} + c_0)^q$	다항식
Py	cv2.ml.SVM_POLY		(int = 1)
C#	SVM.KernelTypes.Rbf	$K(\vec{x}, \vec{y}) = e^{-\gamma \| \vec{x} - \vec{y} \|^2}$	방사형 basis 함수
Py	cv2.ml.SVM_RBF		(int = 2)

언어	속성	함수	설명
C#	SVM.KernelTypes.Sigmoid	$K(\vec{x}, \vec{y}) = \tanh(\gamma \vec{x}^T \vec{y} + c_0)$	시그모이드
Py	cv2.ml.SVM_SIGMOID		(int = 3)
C#	SVM.KernelTypes.Chi2	$K(\vec{x}, \vec{y}) = e^{-\gamma \frac{(\vec{x} - \vec{y})^2}{(\vec{x} + \vec{y})}}$	지수 카이 제곱
Py	cv2.ml.SVM_CHI2		(int = 4)
C#	SVM.KernelTypes.Inter	$K(\vec{x}, \vec{y}) = \min(\vec{x}, \vec{y})$	히스토그램 교차
Py	cv2.ml.SVM_INTER		(int = 5)

※ 설명의 int 값은 해당 플래그의 반환 값을 의미한다.

SVM 유형

OpenCV에서는 분류, 분포 추정, 회귀를 위한 다양한 SVM을 지원한다. 먼저, 분류를 위한 SVM 유형에는 C-SVM, ν-SVM, 분포 추정을 위한 SVM 유형에는 단일 클래스 SVM, 회귀를 위한 SVM 유형에는 ε-SVR, ν-SVR가 있다.

C-SVM(C-Support Vector Classification)은 결정 경계 주변의 여백에 대한 패널티를 조절하는 하이퍼파라미터인 C 값을 사용한다. C 값이 커질수록 결정 경계의 형태가 굴곡지게 되고, 이 값이 작아질수록 결정 경계의 형태는 직선에 가까워진다.

ν-SVM(Nu-Support Vector Classification)은 ν 값을 사용해 훈련 오류 비율의 상한과 서포트 벡터의 수(비율)의 하한을 제어한다. ν는 0.0에서 1.0 사이의 값으로 설정된다.

단일 클래스 SVM(One-Class SVM)은 C와 ν를 둘 다 사용하며, 모든 훈련 데이터는 단일 클래스로 간주된다. 결정 경계는 다른 모든 클래스로부터 특징 공간을 구분하는 경계를 검출한다.

ε-SVR(Epsilon-Support Vector Regression)은 SVM의 목적을 반대로 적용한다. 즉, 여백을 최대한 크게 하여 데이터가 최대한 안쪽으로 입력될 수 있게 한다. ε의 범위로 초평면 주위의 공간을 정의하고, ε의 거리를 벗어나면 거리에 따라 비용이 증가해 초평면 주변에 있는 지점을 모두 포함시킨다.

ν-SVR(Nu-Support Vector Classification)은 ν-SVM의 처리 방식과 비슷하게 ν를 사용해 서포트 벡터가 될 수 있는 수(비율)를 설정한다. 표 7.5는 OpenCV에서 사용할 수 있는 SVM 유형 설정 플래그를 나타낸다.

언어	속성	매개 변수	설명
C#	SVM.Types.CSvc	C	C–SVM (int = 100)
Py	cv2.ml.SVM_C_SVC		
C#	SVM.Types.NuSvc	ν	v–SVM (int = 101)
Py	cv2.ml.SVM_NU_SVC		
C#	SVM.Types.OneClass	C, ν	단일 클래스 SVM (int = 102)
Py	cv2.ml.SVM_ONE_CLASS		
C#	SVM.Types.EpsSvr	C, ε	ε–SVR (int = 103)
Py	cv2.ml.SVM_EPS_SVR		
C#	SVM.Types.NuSvr	C, ν	v–SVR (int = 104)
Py	cv2.ml.SVM_NU_SVR		

※ 설명의 int 값은 해당 플래그의 반환 값을 의미한다.

서포트 벡터 머신 적용

이제까지 서포트 벡터 머신에 대해 알아보았다. 이제 OpenCV에서 서포트 벡터 머신 알고리즘을 사용해 보자. 다음은 C# OpenCvSharp과 파이썬 OpenCV에서 각각 사용하는 서포트 벡터 머신 알고리즘 클래스 및 훈련 메서드다.

C# OpenCvSharp의 서포트 벡터 머신 알고리즘 클래스

```
SVM svm = SVM.Create();
```

C# OpenCvSharp의 서포트 벡터 머신 알고리즘 훈련 메서드

```
bool retval = svm.Train(
    Mat samples,
    SampleTypes layout,
    Mat responses
);
```

파이썬 OpenCV의 서포트 벡터 머신 알고리즘 클래스

```
svm = cv2.ml.SVM_create()
```

파이썬 OpenCV의 서포트 벡터 머신 알고리즘 훈련 메서드

```
retval = svm.train(
    samples,
    layout,
    responses
)
```

서포트 벡터 머신 알고리즘은 K-최근접 이웃 알고리즘과 동일한 형태를 갖는다. 클래스는 정적 클래스로 생성자를 사용하지 않고 선언한다. 비어있는 모델을 생성하며, 훈련 메서드를 통해 훈련 데이터로 학습을 진행한다.

훈련 메서드는 **훈련 데이터**(samples)가 어떠한 **배치 구조**(layout)로 구성돼 있는지 확인해 **레이블**(responses)과 매핑한다. 훈련 데이터는 CV_32F 형식을 사용하며, 레이블은 CV_32S 형식을 사용한다. 반환되는 **결과**(retval)는 학습이 정상적으로 진행됐으면 참 값을 반환하고, 학습에 실패했다면 거짓 값을 반환한다. 학습을 진행하기 전에 앞선 커널 함수나 SVM 유형에서 나온 매개 변수의 설정해야 한다. 표 7.6은 OpenCV에서 사용할 수 있는 서포트 벡터 머신 알고리즘 매개 변수 설정을 나타낸다.

표 7.6 SVM 매개 변수 설정

언어	속성	설명
C#	svm.KernelType	SVM 커널 유형 반환
Py	svm.getKernel()	
C#	svm.Degree	커널 함수의 q 값 반환
Py	svm.getDegree()	
C#	svm.Gamma	커널 함수의 γ 값 반환
Py	svm.getGamma()	
C#	svm.Coef0	커널 함수의 c_0 값 반환
Py	svm.getCoef0()	
C#	svm.Type	SVM 유형 반환
Py	svm.getType()	
C#	svm.C	C 반환
Py	svm.getC()	
C#	svm.Nu	ν 반환
Py	svm.getNu()	

언어	속성	설명
C#	svm.P	ε 반환
Py	svm.getP()	
C#	svm.KernelType = SVM.KernelTypes.{SVM-Kernel-Type}	SVM 커널 유형 설정
Py	svm.getKernel({SVM-Kernel-Type})	
C#	svm.Degree = double	커널 함수의 q 값 설정
Py	svm.setDegree(float)	
C#	svm.Gamma = double	커널 함수의 γ 값 설정
Py	svm.setGamma(float)	
C#	svm.Coef0 = double	커널 함수의 c_0 값 설정
Py	svm.setCoef0(float)	
C#	svm.Type = SVM.Types.{SVM-Type}	SVM 유형 설정
Py	svm.setType({SVM-Type}))	
C#	svm.C = double	C 설정
Py	svm.setC(float)	
C#	svm.Nu = double	ν 설정
Py	svm.setNu(float)	
C#	svm.P = double	ε 설정
Py	svm.setP(float)	

SVM 매개 변수 설정을 완료한 다음, 앞 절에서 사용한 Fashion-MNIST 데이터를 활용해 학습을 진행해 본다. 학습이 완료됐다면 입력 데이터로 클래스를 분류해 본다. 다음은 C# OpenCvSharp과 파이썬 OpenCV에서 각각 사용하는 서포트 벡터 머신 알고리즘 예측 메서드다.

C# OpenCvSharp의 서포트 벡터 머신 예측 메서드

```
float retval = svm.Predict(
    Mat samples,
    Mat results = null
);
```

```
retval, results = svm.predict(
    samples
)
```

서포트 벡터 머신 예측 메서드는 **테스트 데이터**(samples)에 대한 모든 **결괏값**(results)을 반환한다. 결괏값은 (N, 1)의 크기를 가지며 float32 형식으로 반환된다. **반환값**(retval)은 첫 번째 테스트 데이터에 대한 예측 결과를 반환하며 float 형식을 갖는다. 예제 7.11과 예제 7.12는 C# OpenCvSharp과 파이썬 OpenCV에서 서포트 벡터 머신 훈련 및 예측 결과를 보여준다.

예제 7.11 C# OpenCvSharp의 서포트 벡터 머신 훈련 및 예측 결과

```
SVM svm = SVM.Create();
svm.Type = SVM.Types.CSvc;
svm.KernelType = SVM.KernelTypes.Poly;
svm.Degree = 3;
svm.Gamma = 5.0;
svm.C = 3.0;
svm.Coef0 = 0;
svm.Train(trainX, SampleTypes.RowSample, trainY);

int count = 500;
Mat results = new Mat();
svm.Predict(testX[0, count, 0, 784], results);
results.ConvertTo(results, MatType.CV_32S);

Mat matches = new Mat();
Cv2.Compare(results, testY[0, 1, 0, count].T(), matches, CmpType.EQ);
Console.WriteLine((float)Cv2.CountNonZero(matches) / count * 100);
```

【 출력 결과 】

```
65.8
```

예제 7.12 파이썬 OpenCV의 서포트 벡터 머신 훈련 및 예측 결과

```
svm = cv2.ml_SVM.create()
svm.setType(cv2.ml.SVM_C_SVC)
svm.setKernel(cv2.ml.SVM_POLY)
```

```
svm.setDegree(3)
svm.setGamma(5.0)
svm.setC(3.0)
svm.setCoef0(0)
svm.train(train_x.astype(np.float32), cv2.ml.ROW_SAMPLE, train_y.astype(np.int32))

count = 500
retval, results = svm.predict(test_x[:count].astype(np.float32))
matches = results.astype(np.uint8) == test_y[:count][:, None]
print(np.count_nonzero(matches) / count * 100)
```

【 출력 결과 】

```
65.8
```

예제 7.11, 7.12 둘 다 C-SVM 유형의 다항식 커널과 동일한 매개 변수 값을 사용한다. 학습 방법과 평가 방법은 K-최근접 이웃 알고리즘에서 사용한 방식과 동일한 방법을 사용한다. K-최근접 이웃 알고리즘과 비교했을 때, 정확도가 더 낮다는 것을 확인할 수 있다. 이러한 결과가 발생하는 이유는 크게 두 가지가 있다.

첫 번째는 서포트 벡터 머신 알고리즘에서 사용되는 매개 변수의 최적화된 값을 사용하지 않은 경우이다. 이 경우에는 최적의 값을 찾기 어렵고 많은 시간이 소요된다. 파이썬 OpenCV에서는 이 최적의 값을 찾아주는 메서드인 svm.trainAuto[9]를 사용한다면 최적의 매개 변수를 찾을 수 있다. 하지만 이 메서드는 svm.train 메서드에 비해 학습에 걸리는 속도가 적게는 수배에서 많게는 수십 배까지 시간을 필요로 하며, C# OpenCvSharp에서는 현재 지원되지 않는 메서드다.

두 번째는 서포트 벡터 머신 알고리즘에 적합한 훈련 데이터를 사용하지 않은 경우이다. 이 알고리즘은 훈련 데이터들이 초평면으로 분리되는 경계를 찾아야 하는데, 데이터가 분리되기 어려운 형태로 구성돼 있다면, 학습하기 좋은 데이터의 형태가 아니므로, 학습 시간이 오래 걸리고 예제 7.11, 7.12처럼 낮은 정확도의 모델을 얻어 좋은 결과를 얻지 못한다.

위와 같은 낮은 정확도를 해결하기 위해 데이터를 알고리즘에 적합한 데이터로 변경하고 최적의 파라미터를 찾는 방법을 취한다. 훈련에 적합한 데이터로 변경하기 위해 이번 예제에서는 **방향 그레이디언트 히스토그램**(Histograms of Oriented Gradients, HOG)을 사용한다.

---

9 svm.train 메서드와 동일한 매개 변수를 사용한다.

방향 그레이디언트 히스토그램

방향 그레이디언트 히스토그램 알고리즘은 다랄(N. Dalal)과 트릭스(B. Triggs)가 발표한 알고리즘으로 이미지에서 기울기(Gradient)의 **크기(Magnitude)**와 **방향(Orientation)**으로 **지역 히스토그램(Local Histogram)**을 생성해 이미지의 특징으로 사용하는 방법이다.

먼저, HOG 연산을 진행하기 위해 이미지 크기를 변경한다. HOG 알고리즘은 일정한 종횡비를 사용해야 하기 때문에, 비율이 일정한 이미지 크기로 변경한다. 이미지 크기 조절 후, **감마 보정(Gamma correction)**[10] 등을 적용해 픽셀의 강도를 조절한다.

기본적인 전처리가 완료됐다면 이미지에서 기울기의 크기와 방향을 계산한다. 이 기울기를 계산하는 방법은 필터링에서 배운 소벨 미분 연산과 동일하다. 소벨 미분을 통해 나온 기울기의 크기와 방향을 **셀(Cell)** 단위로 히스토그램 계산한다. 여기서 셀이란 N×N 크기의 픽셀 영역의 묶음을 의미한다. 그림 7.15는 픽셀을 셀 단위로 계산했을 때 기울기의 방향과 크기를 보여준다.

0	0	0	0	0	0	0	0
0	0	0	0	0	0	0	0
0	0	0	0	46	46	46	0
0	0	0	2	5	88	86	80
0	0	0	38	141	140	148	33
0	0	0	30	94	180	14	97
0	0	0	154	93	23	150	142
0	0	0	167	40	83	122	162

방향(Orientation)

0	0	0	0	0	0	0	0
0	0	0	0	0	0	0	0
0	0	0	0	254	105	91	0
0	0	0	255	107	165	108	91
0	0	19	73	220	85	36	45
0	0	70	65	50	23	23	24
0	0	76	41	52	22	35	13
0	0	33	40	10	9	15	18

크기(Magnitude)

그림 7.15 셀 단위로 계산한 기울기의 방향과 크기

셀 단위로 계산된 기울기의 방향은 0~180(부호 없음) 또는 0~360(부호 있음)으로 계산될 수 있는데, 일반적으로 부호가 없는 0~180의 방향 값을 사용한다. 이제 기울기의 방향과 크기로 히스토그램을 구성한다. 히스토그램의 빈도 수를 설정하고, 방향과 크기에 대한 히스토그램을 계산한다.

---

10 영상이나 이미지에 비선형 연산을 진행하여 명암을 보정하는 알고리즘

방향은 히스토그램의 X축에 해당하고, 크기는 Y축에 해당한다. 히스토그램 값은 가중치를 두고 할당된다. 그림 7.15에서 특정 기울기(주황색 셀, 초록색 셀)를 기준으로 히스토그램을 계산해 보자. 46의 방향 값은 40~60 사이의 값을 가지므로, 254의 크기 값이 40과 60에 비율에 맞게 나눠져 할당될 수 있다. 히스토그램의 간격은 20이므로 각각 할당되는 가중치의 비율은 14:6이 된다. 254의 값을 14:6의 비율로 나눠서 할당한다면, 40에는 177.8, 60에는 76.2가 할당된다. 이 계산 방식을 모든 셀에 적용해 히스토그램을 계산한다.

그림 7.16은 특정 기울기 하나에 대한 계산 결과이며, 그림 7.17은 모든 셀에 대한 히스토그램 계산 결과다. 방향 값이 180인 경우에는 0으로 간주해 계산한다.

0	20	40	60	80	100	120	140	160
		177.8	76.2					

그림 7.16 특정 셀에 대한 히스토그램 계산 결과

0	20	40	60	80	100	120	140	160
553.45	142.6	455.75	135	310.05	188.95	13.5	358.6	115.1

그림 7.17 모든 셀에 대한 히스토그램 계산 결과

셀에 대한 히스토그램 계산이 모두 진행됐다면, 셀을 다시 한 번 더 큰 단위인 **블록(Block)**으로 묶어 정규화를 진행한다. 정규화를 진행할 때, 블록이 이동할 **블록 보폭(Block stride)**을 설정하고, 합성곱 연산을 진행한다. 현재 블록의 각 셀에 대해 기울기 히스토그램을 연결해 L_1-norm 또는 L_2-norm[11] 등의 수식을 적용해 특징 벡터로 정규화한다. 그림 7.18은 픽셀, 셀, 블록, 블록 보폭의 형태를 보여준다.

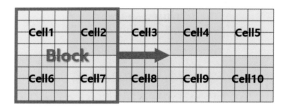

그림 7.18 픽셀, 셀, 블록, 블록 보폭의 형태

---

11 현재 OpenCV에서는 L_2-norm만 적용이 가능하다.

그림에서 격자 한 칸은 픽셀을 의미한다. 셀의 크기는 4×4, 블록의 크기는 8×8(셀 기준 2×2), 블록 간격은 4×4로 표현됐다. 즉 첫 번째 블록은 Cell1, Cell2, Cell6, Cell7이 되며, 두 번째 블록은 Cell2, Cell3, Cell7, Cell8이 된다. 이와 같은 방식으로 모든 블록에 대해 정규화를 진행한다. 그림 7.19는 HOG 알고리즘을 시각화한 이미지다.

그림 7.19 HOG 알고리즘 시각화

28×28 크기의 이미지에 위와 같은 기준으로 HOG 알고리즘의 특징 벡터를 계산한다면 1,296×1의 벡터를 구할 수 있다. 다음 수식은 벡터의 크기를 구하는 공식이다.

수식 7.5 HOG 알고리즘의 벡터 크기 계산

$$blockCount = \left(\frac{winSize.width - blockSize.width}{blockStride.width} + 1 \right) \times \left(\frac{winSize.height - blockSize.height}{blockStride.height} + 1 \right)$$

$$histogramCount = \left(\frac{blockSize.width}{cellSize.width} \right) \times \left(\frac{blockSize.height}{cellSize.height} \right) \times bins$$

$$VectorCount = blockCount \times histogramCount$$

이제까지 HOG 알고리즘에 대해 알아보았다. 앞서 설명한 내용들을 이해하지 못한다면 HOG 알고리즘을 적용하는 데 어려움을 겪을 수 있다. 다음은 C# OpenCvSharp과 파이썬 OpenCV에서 각각 사용하는 HOG 알고리즘 기술자 클래스다.

C# OpenCvSharp의 HOG 알고리즘 기술자 클래스

```
HOGDescriptor hog = HOGDescriptor(
    Size? winSize = null,
    Size? blockSize = null,
    Size? blockStride = null,
```

```
    Size? cellSize = null,
    int nbins = 9,
    int derivAperture = 1,
    double winSigma = -1,
    HistogramNormType histogramNormType = HistogramNormType.L2Hys
    double l2HysThreshold = 0.2,
    bool gammaCorrection = true,
    int nlevels = 64
);
```

파이썬 OpenCV의 HOG 알고리즘 기술자 클래스

```
hog = cv2.HOGDescriptor(
    winSize,
    blockSize,
    blockStride,
    cellSize,
    nbins,
    derivAperture,
    winSigma,
    histogramNormType,
    l2HysThreshold,
    gammaCorrection,
    nlevels,
    signedGradient
)
```

HOG 알고리즘 기술자 클래스는 연산을 진행할 이미지의 크기를 **윈도 크기**(winsize)에 할당한다. 앞서 배운 이론대로 적절한 값의 벡터를 구하기 위해 **블록 크기**(blockSize), **블록 간격**(blockStride), **셀크기**(cellSize), **히스토그램 빈도 수**(nbins)를 입력한다. **미분값**(derivAperture)은 기울기 계산에 사용될 미분의 차수를 의미한다. **히스토그램 정규화 방법**(histogramNormType)과 히스테리시스 정규화 임곗값(l2HysThreshold)을 적용해 히스토그램 정규화를 진행한다.

이 외에도 **감마 보정**(gammaCorrection)의 유무와 **윈도 크기 최대 증가 횟수**(nlevels), **파이썬 OpenCV에서만 적용할 수 있는 부호 사용 여부**(signedGradient)를 설정할 수 있다. 이 클래스는 윈도 크기, 블록 크기, 블록 간격, 셀 크기 설정에 대한 조건이 존재한다. 조건식은 다음과 같다.

제한 조건:

$$(winSize.width - blockSize.width)\%blockStride.width == 0$$
$$(winSize.height - blockSize.height)\%blockStride.height == 0$$
$$blockSize.width\%cellSize.width == 0$$
$$blockSize.height\%cellSize.height == 0$$

이제 Fashion-MNIST 데이터에 HOG 알고리즘을 적용해, 서포트 벡터 머신으로 모델을 생성해 보자. 예제 7.13과 예제 7.14는 C# OpenCvSharp과 파이썬 OpenCV에서 HOG 알고리즘을 적용한 서포트 벡터 머신 예측 결과 및 전체 코드를 보여준다. 이번 예제에서 추가된 부분은 굵게 표시했다.

예제 7.13 C# OpenCvSharp의 HOG 알고리즘을 적용한 서포트 벡터 머신 예측 결과

```
using System;
using System.IO;
using System.Linq;
using System.Collections.Generic;
using OpenCvSharp;
using OpenCvSharp.ML;


namespace Project
{
    class Program
    {
        …


        static float[] HogCompute(float[] images)
        {
            HOGDescriptor hog = new HOGDescriptor(new Size(28, 28), new Size(8, 8), new Size(4, 4),
new Size(4, 4), 9, 1, -1, HistogramNormType.L2Hys, 0.2, true, 28);
            List<float[]> descriptor = new List<float[]>();

            for (int num = 0; num < images.Length / 784; num++)
            {
                float[] imageArray = new float[784];
                Array.Copy(images, 784 * num, imageArray, 0, 784);
                Mat image = new Mat(28, 28, MatType.CV_32F, imageArray);
```

```
                image.ConvertTo(image, MatType.CV_8UC1);
                descriptor.Add(hog.Compute(image));
            }

        List<float> flattenDescriptor = (from list in descriptor from item in list select
item).ToList();
            return flattenDescriptor.ToArray();
        }

        static void Main(string[] args)
        {
            Tuple<float[], int[]> train = LoadTrainData("./fashion-mnist/train-images-idx3-ubyte",
"./fashion-mnist/train-labels-idx1-ubyte", 60000);
            Tuple<float[], int[]> test = LoadTrainData("./fashion-mnist/t10k-images-idx3-ubyte",
"./fashion-mnist/t10k-labels-idx1-ubyte", 10000);

            float[] trainDescriptor = HogCompute(train.Item1);
            float[] testDescriptor = HogCompute(test.Item1);

            Mat trainX = new Mat(60000, trainDescriptor.Length / 60000, MatType.CV_32F,
trainDescriptor);
            Mat trainY = new Mat(1, 60000, MatType.CV_32S, train.Item2);
            Mat testX = new Mat(10000, testDescriptor.Length / 10000, MatType.CV_32F,
testDescriptor);
            Mat testY = new Mat(1, 10000, MatType.CV_32S, test.Item2);

            SVM svm = SVM.Create();
            svm.Type = SVM.Types.CSvc;
            svm.KernelType = SVM.KernelTypes.Rbf;
            svm.Gamma = 0.5;
            svm.C = 0.5;
            svm.Train(trainX, SampleTypes.RowSample, trainY);

            int count = 500;
            Mat results = new Mat();
            svm.Predict(testX[0, count, 0, testX.Width], results);
            results.ConvertTo(results, MatType.CV_32S);

            Mat matches = new Mat();
```

```
            Cv2.Compare(results, testY[0, 1, 0, count].T(), matches, CmpType.EQ);
            Console.WriteLine((float)Cv2.CountNonZero(matches) / count * 100);
        }
    }
}
```

【 출력 결과 】

91

이번 예제에서는 HOG 알고리즘이 추가됐다. HOG 알고리즘의 매개 변수의 값은 앞서 알고리즘을 설명하면서 사용했던 값을 그대로 사용한다. 이후, 이 알고리즘에 모든 훈련 이미지 및 테스트 이미지를 적용해야 한다. 그러므로, `HogCompute` 메서드를 생성해 모든 이미지에 HOG 알고리즘을 적용한다.

적용된 이미지들도 배열 형태를 가져야 하기 때문에 List<float[]> 컬렉션으로 float[] 배열들을 저장한다. HOG 알고리즘의 입력 데이터 조건은 CV_8U 형식을 요구하므로, Fashion-MNIST 이미지 출력 예제에서 다룬 방법을 활용해 이미지로 변경하고 hog.Compute 메서드로 HOG 연산을 진행한다.

연산이 완료됐다면 HOG 벡터를 descriptor 변수에 추가한다. 모든 연산이 완료됐다면 descriptor 변수를 float[] 형식의 배열로 변경한다. 현재 descriptor 변수는 float[][]의 형태와 동일하다. 그러므로 **링크(LINQ)**[12]를 활용해 float[][] 배열을 float[] 배열로 변경한다. 이제 Mat 형식의 데이터로 변경한다.

단, HOG 알고리즘은 매개변수가 달라질 때마다 출력되는 벡터의 크기가 다르므로, 예제와 같이 descriptor 변수의 길이와 이미지의 개수로 나누어 간단하게 처리한다. 데이터 구성이 모두 완료됐다면 SVM 알고리즘으로 훈련을 진행한다. SVM 알고리즘의 매개 변수는 현재 HOG 데이터에 대해 비교적 최적의 값인 방사형 basis 함수, Gamma 0.5, C 0.5의 값을 사용한다. 훈련이 완료되면, 500개 데이터로 평가를 진행한다. 출력 결과에서 확인할 수 있듯이 앞서 다룬 KNN이나 데이터 변경없이 사용한 SVM에 비해 더 높은 정확도를 갖는 것을 확인할 수 있다.

예제 7.14 파이썬 OpenCV의 HOG 알고리즘을 적용한 서포트 벡터 머신 예측 결과

```
train_x, train_y = loadTrainData(
    "./fashion-mnist/train-images-idx3-ubyte", "./fashion-mnist/train-labels-idx1-ubyte"
)
test_x, test_y = loadTrainData(
```

---

12 데이터 소스에서 데이터를 검색하는 식

```
        "./fashion-mnist/t10k-images-idx3-ubyte", "./fashion-mnist/t10k-labels-idx1-ubyte"
)

hog = cv2.HOGDescriptor((28, 28), (8, 8), (4, 4), (4, 4), 9, 1, -1., 0, 0.2, 1, 28, True)
train_descriptor = np.float32(list(map(hog.compute, train_x.reshape(-1, 28, 28, 1))))
test_descriptor = np.float32(list(map(hog.compute, test_x.reshape(-1, 28, 28, 1))))

svm = cv2.ml_SVM.create()
svm.setType(cv2.ml.SVM_C_SVC)
svm.setKernel(cv2.ml.SVM_RBF)
svm.setGamma(0.5)
svm.setC(0.5)
svm.train(train_descriptor, cv2.ml.ROW_SAMPLE, train_y.astype(np.int32))

count = 500
retval, results = svm.predict(test_descriptor[:count])
matches = results.astype(np.uint8) == test_y[:count][:, None]
print(np.count_nonzero(matches) / count * 100)
```

【 출력 결과 】

```
90.2
```

파이썬에서는 C#보다 더 쉬운 방법으로 HOG 알고리즘을 적용할 수 있다. HOG 알고리즘에서 설명 했던 매개 변수들을 그대로 사용하며, 맵(map)[13] 함수를 활용해 hog.compute 메서드에 N×28×28×1 형태의 이미지를 적용한다.

이미지에 HOG 알고리즘이 모두 적용됐다면, HOG 데이터에 대해 비교적 최적의 값인 방사형 basis 함수, Gamma 0.5, C 0.5의 값으로 SVM 알고리즘으로 훈련을 시작한다. 훈련이 모두 끝났다면, 500 개의 테스트 데이터에 대한 평가 결과를 확인할 수 있다.

---

13 반복 가능한 데이터(리스트, 딕셔너리 등)의 요소를 특정 함수에 적용한 결과를 반환하는 함수

OpenCV에서는 **심층 신경망(Deep Neural Network, DNN)**을 지원하는 모듈이 있다. 이 모듈은 카페(Caffe), 다크넷(Darknet), 텐서플로(Tensorflow), 토치(Torch) 등 신경망 라이브러리에서 훈련된 모델을 읽고 CPU나 GPU 환경에서 효율적으로 실행할 수 있는 기능을 지원한다. 심층 신경망 모듈은 OpenCV 3.1 버전 이후부터 사용할 수 있으며, OpenCV 3.3 버전 이후부터 opencv_contrib 저장소에서 주 저장소로 승격되어 빠르게 개발이 진행되고 있다.

심층 신경망 모듈은 성능 향상을 위해 SSE(Streaming SIMD Extensions), AVX(intel advanced vector extensions), AVX2 및 NEON과 같은 병렬 프로세서 기술이 활용하며, 고속 연산을 위해 CUDA를 지원한다. 또한 머신러닝 및 딥러닝 프레임워크 설치 없이 미리 학습된 딥러닝 모델 파일을 심층 신경망 모듈로 실행할 수 있다.

OpenCV는 딥러닝을 위한 라이브러리가 아니므로 **순전파(Forward)**[14]와 **추론(Inference)**[15]만 가능하다. 심층 신경망 모듈에서 지원되는 딥러닝 프레임워크로는 카페, 텐서플로, 토치, 다크넷, ONNX가 있으며, 지원되는 주요 모델로는 AlexNet, GoogLeNet, ResNet, SSD, YOLO, Faster-RCNN 등 다양한 프레임워크와 딥러닝 모델들을 지원한다. 딥러닝 프레임워크에 대한 자세한 정보는 아래의 링크에서 확인해 볼 수 있다.

- **Caffe**   http://caffe.berkeleyvision.org/
- **Darknet**   https://pjreddie.com/darknet/
- **TensorFlow** https://www.tensorflow.org/
- **Torch**   http://torch.ch/
- **ONNX**   https://onnx.ai/
- **OpenVINO™**   http://openvinotoolkit.org/

간단하게 심층 신경망 모듈이 지원하는 딥러닝 프레임워크를 알아보았다. 심층 신경망 모듈은 C# OpenCvSharp에서는 `OpenCvSharp.Dnn`에 포함돼 있으며, 파이썬 OpenCV에서는 `cv2.dnn`에 포함돼 있다. 이제 딥러닝 네트워크를 적용하는 `Net` 클래스에 대해 알아보자. 다음은 C# OpenCvSharp과 파이썬 OpenCV에서 각각 사용하는 `Net` 클래스다.

---

14 입력층부터 출력층까지 차례대로 변수들을 계산하고 저장하는 것을 의미한다.

15 결과를 추정(Calculation)하는 것을 의미한다. 앞서 다룬 **Predict** 메서드로 간주할 수 있다.

```
Net net = CvDnn.ReadNet(
    string model,
    string config = "",
    string framework = ""
);
```

파이썬 OpenCV의 Net 클래스

```
net = cv2.dnn.readNet(
    model,
    config = None,
    framework = None
)
```

Net 클래스의 ReadNet 메서드는 딥러닝 네트워크를 읽는 역할을 한다. 학습된 모델의 원본 프레임워크를 자동으로 감지한다. 모델(model)은 학습된 모델의 가중치를 저장하고 있는 이진 파일의 경로를 의미하며, 설정(config)은 네트워크 구성에 관한 텍스트 파일의 경로를 의미한다. 프레임워크(framework)는 형식을 결정하기 위한 딥러닝 프레임워크의 태그를 의미한다.

모델 파일은 딥러닝 프레임워크를 통해 나온 모델의 변수 및 그래프에 대한 정보를 담고 있는 이진 파일로 사람이 눈으로 읽고 정보를 해석하기엔 어렵다. 하지만, 설정 파일은 텍스트 형태로 구성돼 있어, 모델의 구조를 파악할 수 있다. 즉, 다음과 같은 형태로 표시돼 구조를 파악할 수 있다.

Caffe 프레임워크의 설정 파일	YOLO 프레임워크의 설정 파일
name: "GoogleNet"	[net]
input: "data"	batch=64
input_dim: 10	subdivisions=16
input_dim: 3	width=608
input_dim: 224	height=608
input_dim: 224	channels=3
layer {	momentum=0.9
name: "conv1/7x7_s2"	decay=0.0005
type: "Convolution"	angle=0
bottom: "data"	...
top: "conv1/7x7_s2"	
...	

설정 파일은 위와 같은 형태로 구성돼 있어, 구조를 파악하거나 추론할 때 적용할 매개 변수의 설정 등을 확인할 수 있다. 다음 표 7.7은 OpenCV에서 사용할 수 있는 딥러닝 프레임워크별 매개 변수 설정을 나타낸다.

표 7.7 Net 클래스 매개 변수

프레임워크	모델 파일 확장자	설정 파일 확장자	프레임워크 태그
Caffe	*.caffemodel	*.prototxt	caffe
Darknet	*.weights	*.cfg	darknet
TensorFlow	*.pb	*.pbtxt	tensorflow
Torch	*.t7 / *.net		torch
ONNX	*.onnx		onnx
OpenVINO™(Toolkit)	*.bin	*.xml	dldt

readNet 메서드와 표 7.7의 매개 변수 설정을 적용해 현재 지원되는 딥러닝 프레임워크를 불러올 수 있다. 또한, CvDnn.ReadNetFromCaffe 또는 cv2.dnn.readNetFromCaffe 메서드처럼 특정 프레임워크를 지정해 모델을 불러올 수 있다.

모델을 정상적으로 불러왔다면, 이미지를 **블롭(Blob)** 형식으로 변경해야 한다. 블롭이란 Binary Large Object 약자로 이미지나 비디오 프레임과 같은 다양한 유형의 데이터를 나타내는 이진 데이터를 의미한다. 딥러닝에서 블롭은 네트워크에 입력으로 전달되기 전에 이미지를 전처리하고 정규화하는 데 사용된다. 그러므로 블롭은 동일한 전처리 방식, 차원, 채널 등으로 구성된 하나 이상의 이미지를 의미한다.

블롭 연산은 **평균 차감법(Mean subtraction), 크기 조절(Scaling), 채널 교체(Channel swapping)** 등을 수행한다. 즉, 이미지에 전처리를 적용해 딥러닝 프레임워크에서 데이터를 쉽게 읽을 수 있는 형태로 바꿔주는 역할로 간주할 수 있다. OpenCV에서는 4차원 Blob을 생성하며, 이미지 수(N), 채널 수(C), 이미지의 높이(H), 이미지의 너비(W)의 차원 순서를 갖는 배열을 반환한다. 다음은 C# OpenCvSharp과 파이썬 OpenCV에서 각각 사용하는 단일 블롭 적용 함수다.

C# OpenCvSharp의 단일 블롭 적용 함수

```
Net retval = CvDnn.BlobFromImage(
    Mat image,
    double scaleFactor = 1.0,
```

```
        Size size = default,
        Scalar mean = default,
        bool swapRB = true,
        bool crop = true
    );
```

파이썬 OpenCV의 단일 블롭 적용 함수

```
retval = cv2.dnn.blobFromImage(
    image,
    scalefactor = None,
    size = None,
    mean = None,
    swapRB = None,
    crop = None,
    ddepth = None
)
```

단일 블롭 적용 함수는 **원본 이미지**(image)에 **스케일 계수**(scaleFactor)를 적용해 픽셀의 배율을 변경한다. 픽셀 값이 0~1의 범위로 학습된 모델이라면 1/255로 사용해 정규화를 진행한다. **크기**(size)는 신경망 모델에서 요구하는 특정 크기로 이미지의 크기를 변경하는 역할을 하며, **평균 차감**(mean)은 이미지에서 차감할 픽셀(R, G, B) 값을 의미한다. 평균 차감은 신경망 모델에서 사용된 훈련 데이터에서 차감된 픽셀 값을 의미한다.[16]

RGB 채널 변경(swapRB)은 Red 채널과 Blue 채널의 순서를 바꾸는 역할을 한다. 대표적으로 텐서플로는 OpenCV에서 사용하는 BGR 채널 순서가 아닌 RGB 채널 순서를 사용하므로, RGB 형식의 이미지로 학습이 진행됐다면 채널을 변경해 사용한다. **자르기**(crop)는 원본 이미지의 크기를 변경한 다음, 이미지 자르기 기능 수행 여부를 설정한다. **출력 이미지 정밀도**(ddepth)는 파이썬 OpenCV에서만 지원하며, 출력 이미지의 정밀도를 설정한다. **반환값**(retval)은 NCHW 순서의 4차원 Mat 데이터를 반환한다.

원본 이미지에 대해 블롭을 적용한 Mat 데이터가 생성됐다면, 이 데이터를 네트워크에 대한 새 입력값으로 설정해야 한다. 이 과정을 통해 추론을 시작할 수 있는 상태가 된다. 다음은 C# OpenCvSharp과 파이썬 OpenCV에서 각각 사용하는 네트워크 입력 메서드다.

---

16 픽셀을 차감하는 이유는 입력 이미지에서 조명 변화의 영향을 줄이는 역할을 할 수 있다. 모든 모델이 평균 차감을 진행하지는 않으므로, 값을 차감하지 않을 수도 있다.

C# OpenCvSharp의 네트워크 입력 메서드

```
net.SetInput(
    Mat blob,
    string name = ""
);
```

파이썬 OpenCV의 네트워크 입력 메서드

```
net.setInput(
    blob,
    name = None,
    scalefactor = None,
    mean = None
)
```

네트워크 입력 메서드는 **블롭 데이터**(blob) 입력으로 설정하며, CV_32F 형식이나 CV_8U 형식만 적용할 수 있다. **이름**(name)은 입력층의 이름을 설정해, 추론을 진행할 수 있게 설정한다. 해당 값은 항상 필수 값이 아니므로, 이름을 설정할 필요가 없는 경우에는 할당하지 않아도 된다.

스케일 계수(scaleFactor)와 **평균 차감**(mean)은 파이썬 OpenCV에서만 지원하는 기능으로 블롭 적용 함수의 매개 변수의 의미와 동일하며, 추가로 곱과 차감 연산을 진행할 수 있다. 일반적으로 블롭 적용 함수에서 스케일 계수와 평균 차감을 적용한다.

블롭을 네트워크에 입력했다면, 순전파를 적용해 딥러닝 모델을 사용할 수 있다. 네트워크의 입력층부터 출력층까지 차례대로 변수들을 계산하고 추론 결과를 반환한다. 다음은 C# OpenCvSharp과 파이썬 OpenCV에서 각각 사용하는 순전파 메서드다.

C# OpenCvSharp의 순전파 메서드

```
Mat outputBlobs = net.Forward(
    String? outputName = null
);
```

파이썬 OpenCV의 순전파 메서드

```
outputBlobs = net.forward(
    outputName = None
)
```

순전파 메서드는 **출력 이름**(outputName)에 출력하려는 특정 계층의 이름까지의 연산 결과를 **출력 블롭**(outputBlobs)으로 반환한다. 출력 블롭은 지정된 계층의 첫 번째 출력에 대한 블롭이 반환된다. 추론에 사용한 딥러닝 프레임워크나 모델에 따라 출력되는 블롭의 구조가 다르며, 사용한 모델의 네트워크 구조를 이해하고 있지 않다면, 사용하는 데 큰 어려움을 겪을 수 있다.

지금까지 심층 신경망 모듈에서 사용되는 Net 클래스와 네트워크 관련 메서드를 살펴보았다. 특정 모델에서 추론을 진행하려면 언급되지 않은 네트워크 관련 메서드들이 사용될 수 있다. 그러므로 네트워크와 관련된 메서드를 표 7.8에 정리했다. 이 메서드들은 심층 신경망 예제에서 활용된다.

표 7.8 심층 신경망 네트워크 클래스 및 메서드

언어	속성	설명
C#	```Net net = CvDnn.ReadNet(
string model,
string config = "",
string framework = ""
);```	Net 클래스
Py	```net = cv2.dnn.readNet(
model,
config = None,
framework = None
)```	
C#	```Net net = CvDnn.ReadNetFromCaffe(
string prototxt,
string caffeModel = null
);```	Darknet 프레임워크 Net 클래스
Py	```net = cv2.dnn.readNetFromCaffe(
model,
config = None
)```	
C#	```Net net = CvDnn.ReadNetFromTensorflow(
string model,
string config = null
);```	TensorFlow 프레임워크 Net 클래스
Py	```net = cv2.dnn.readNetFromTensorflow(
model,
config = None
)```	

언어	속성	설명
C#	```Net net = CvDnn.ReadNetFromTorch(\n string model,\n bool isBinary = true\n);```	Torch 프레임워크 Net 클래스
Py	```net = cv2.dnn.readNetFromTorch(\n model,\n isBinary = None\n)```	
C#	```Net net = CvDnn.ReadNetFromOnnx(\n string onnxFile,\n);```	ONNX 프레임워크 Net 클래스
Py	```Net = cv2.dnn.readNetFromONNX(\n onnxFile\n)```	
C#	```Net net = Net.ReadNetFromModelOptimizer(\n string xml,\n string bin\n);```	OpenVINO™ Toolkit Net 클래스[17]
Py	```Net = cv2.dnn.readNetFromModelOptimizer(\n xml,\n bin\n)```	
C#	```Net retval = CvDnn.BlobFromImage(\n Mat image,\n double scaleFactor = 1,\n Size size = default,\n Scalar mean = default,\n bool swapRB = true,\n bool crop = true\n);```	단일 이미지 블롭 적용

---

17 CvDnn이 아닌 Net 클래스 하위에 포함돼 있다.

언어	속성	설명

Py	```
	retval = cv2.dnn.blobFromImage(
	    image,
	    scalefactor = None,
	    size = None,
	    mean = None,
	    swapRB = None,
	    crop = None,
	    ddepth = None
	)
	``
		단일 이미지 블롭 적용

C#	```
	Net retval = CvDnn.BlobFromImages(
	    IEnumerable<Mat> images,
	    double scaleFactor = 1,
	    Size size = default,
	    Scalar mean = default,
	    bool swapRB = true,
	    bool crop = true
	);
	``
		복수 이미지 블롭 적용

Py	```
	retval = cv2.dnn.blobFromImages(
	    images,
	    scalefactor = None,
	    size = None,
	    mean = None,
	    swapRB = None,
	    crop = None,
	    ddepth = None
	)
	``	

C#	`bool retval = net.Empty();`	네트워크 계층 확인 (네트워크에 계층이 없으면 참 값 반환)
Py	`retval = net.empty()`	
C#	``` net.SetPreferableBackend(Backend backendId); ```	백엔드 설정
Py	``` net.setPreferableBackend(backendId) ```	

언어	속성	설명
C#	net.SetPreferableTarget(Target targetId);	장치 설정
Py	net.setPreferableBackend(targetId)	
C#	net.SetInput(Mat blob, string name = "");	네트워크 입력
Py	net.setInput(blob, name = None, scalefactor = None, mean = None)	
C#	net.SetInputsNames(IEnumerable<string> inputBlobNames);	네트워크 입력층의 출력 이름 설정
Py	net.setInputsNames(inputBlobNames)	
C#	string[] layers = net.GetLayerNames();	네트워크에서 사용된 계층(layer) 이름 반환
Py	layers = net.getLayerNames()	
C#	int layerId = net.GetLayerId(string layer);	특정 계층(layer)의 식별자 반환
Py	layerId = net.getLayerId(layer)	
C#	string[] outlayers = net. GetUnconnectedOutLayersNames();	연결되지 않은 출력층의 이름 반환
Py	outlayers = net.getUnconnectedOutLayersNames()	

언어	속성	설명
C#	`int[] outlayersId = net.GetUnconnectedOutLayers();`	연결되지 않은 출력층의 색인값 반환
Py	`outlayersId = net.getUnconnectedOutLayers()`	

C#	`Mat outputBlobs = net.Forward(`
	`    string outputName = null`
	`);`
		순전파

Py	`outputBlobs = net.forward(`
	`    outputName = None`
	`);`	

C#	`net.Forward(`
	`    IEnumerable<Mat> outputBlobs,`
	`    IEnumerable<string> outBlobNames`
	`);`	

Py	`net.forward(`
	`    outputBlobs,`
	`    outBlobNames`
	`);`	

C#	`CvDnn.NMSBoxes(`
	`    IEnumerable<Rect> bboxes,`
	`    IEnumerable<float> scores,`
	`    float scoreThreshold,`
	`    float nmsThreshold,`
	`    out int[] indices,`
	`    float eta = 1.0f,`
	`    int topK = 0`
	`);`
		비-최대 억제 알고리즘 수행

Py	`indices = cv2.dnn.NMSBoxes(`
	`    bboxes,`
	`    scores,`
	`    score_threshold,`
	`    nms_threshold,`
	`    eta = None,`
	`    topK = None`
	`)`	

자세히 언급하지 않은 네트워크 관련 메서드들은 단순 설정이나 반환에 관한 메서드다. 표 7.8을 참고한다면, 심층 신경망 네트워크 메서드를 어렵지 않게 사용할 수 있을 것이다. 표 7.9와 표 7.10은 백엔드와 장치 설정에 관한 플래그를 나타낸다.

표 7.9 백엔드 설정 플래그

언어	속성	설명
C#	Backend.DEFAULT	기본 백엔드
Py	cv2.dnn.DNN_BACKEND_DEFAULT	
C#	Backend.HALIDE	할라이드(Halide) 기반의 백엔드
Py	cv2.dnn.DNN_BACKEND_HALIDE	
C#	Backend.INFERENCE_ENGINE	Intel OpenVINO 기반의 백엔드
Py	cv2.dnn.DNN_BACKEND_INFERENCE_ENGINE	
C#	Backend.OPENCV	OpenCV 자체의 백엔드
Py	cv2.dnn.DNN_BACKEND_OPENCV	
C#	Backend.VKCOM	벌컨(Vulkan) API 기반의 백엔드
Py	cv2.dnn.DNN_BACKEND_VKCOM	
C#	Backend.CUDA	NVIDIA CUDA 기반의 백엔드
Py	cv2.dnn.DNN_BACKEND_CUDA	
C#	미지원	WebNN(Web Neural Network) API 기반의 백엔드
Py	cv2.dnn.DNN_BACKEND_WEBNN	
C#	미지원	베리실리콘(VeriSilicon) TIM-VX 백엔드
Py	cv2.dnn.DNN_BACKEND_TIMVX	
C#	미지원	화웨이(Huawei) CANN 백엔드
Py	cv2.dnn.DNN_BACKEND_CANN	

표 7.10 장치 설정 플래그

언어	속성	설명
C#	Target.CPU	CPU로 모델 추론
Py	cv2.dnn.DNN_TARGET_CPU	
C#	Target.OPENCL	OpenCL로 모델 추론
Py	cv2.dnn.DNN_TARGET_OPENCL	

언어	속성	설명
C#	Target.OPENCL_FP16	FP16(반정밀도) 형식의 OpenCL로 모델 추론
Py	cv2.dnn.DNN_TARGET_OPENCL_FP16	
C#	Target.MYRIAD	인텔 VPU로 모델 추론
Py	cv2.dnn.DNN_TARGET_MYRIAD	
C#	Target.VULKAN	Vulkan API로 모델 추론
Py	cv2.dnn.DNN_TARGET_VULKAN	
C#	Target.FPGA	FPGA로 모델 추론
Py	cv2.dnn.DNN_TARGET_FPGA	
C#	Target.CUDA	NVIDIA GPU로 모델 추론
Py	cv2.dnn.DNN_TARGET_CUDA	
C#	Target.CUDA_FP16	FP16(반정밀도) 형식의 NVIDIA GPU로 모델 추론
Py	cv2.dnn.DNN_TARGET_CUDA_FP16	
C#	Target.HDDL	인텔 HDDL로 모델 추론
Py	cv2.dnn.DNN_TARGET_HDDL	

이제까지 심층 신경망 모듈에서 주요한 클래스나 메서드 등을 알아보았다. 이번 절의 예제에서는 카페, 다크넷, 텐서플로, ONNX의 모델을 활용해 심층 신경망 모듈의 사용법을 익혀보자.

카페: 이미지 분류(구글넷)

카페(Caffe)는 딥러닝 프레임워크 중 하나로, 컴퓨터비전 작업을 위한 오픈 소스 라이브러리다. 버클리 비전 및 학습 센터(Berkeley Vision and Learning Center, BVLC)에서 개발됐으며, 주로 이미지 분류 및 객체 감지 등 작업에서 활용된다. 특히 합성곱 신경망(Convolutional Neural Network, CNN)을 구현하고 학습시키는 데 중점을 둔 라이브러리다.

이번 절에서는 2014년 ILSVRC(ImageNet Large Scale Visual Recognition Challenge) 대회에서 우승한 모델인 **구글넷(GoogLeNet)** 모델을 사용해 객체를 탐지해 본다. 구글넷은 이미지 분류 작업에서 높은 성능을 보인 딥러닝 모델로 총 22개의 계층으로 구성된다. 이 모델은 다양한 크기의 필터와 **풀링(Pooling)**[18] 연산을 동시에 사용해 특징을 추출한다.

---

18 커널 영역 내에서 최댓값 또는 평균값을 추출해 차원을 줄이거나 중요한 정보를 강조하는 연산

구글넷 모델은 버클리 비전 및 학습 센터의 깃허브[19]에서 다운로드할 수 있다. 또는 이 책에서 제공하는 caffe_model.zip 파일의 압축을 해제해도 된다. 예제에서 활용되는 파일은 다음과 같다.

- bvlc_googlenet.caffemodel   모델 파일

- bvlc_googlenet.prototxt   설정 파일

- bvlc_googlenet.txt   클래스 레이블 파일

이제 카페 프레임워크를 활용해 추론을 진행한다. 예제 7.15와 예제 7.16은 C# OpenCvSharp과 파이썬 OpenCV에서 카페 프레임워크 모델 추론 결과를 보여준다.

예제 7.15 C# OpenCvSharp에서의 카페 프레임워크 모델 추론

```
using System;
using System.IO;
using OpenCvSharp;
using OpenCvSharp.Dnn;

namespace Project
{
    class Program
    {
        static void Main(string[] args)
        {
            const string prototxt = "caffe_model/bvlc_googlenet.prototxt";
            const string caffeModel = "caffe_model/bvlc_googlenet.caffemodel";
            string[] classNames = File.ReadAllLines("caffe_model/bvlc_googlenet.txt");

            Mat image = Cv2.ImRead("umbrella.jpg");
            Net net = Net.ReadNetFromCaffe(prototxt, caffeModel);
            Mat inputBlob = CvDnn.BlobFromImage(
                image, 1, new Size(224, 224), new Scalar(104, 117, 123),
                swapRB: false, crop: false
            );

            net.SetInput(inputBlob);
            Mat outputBlobs = net.Forward("prob");
```

---

19 https://github.com/BVLC/caffe/tree/master/models/bvlc_googlenet

```
                Cv2.MinMaxLoc(outputBlobs, out _, out double classProb, out _, out Point classID);
                Console.WriteLine($"Class ID : {classID.X}");
                Console.WriteLine($"Class Name : {classNames[classID.X]}");
                Console.WriteLine($"Probability : {classProb:P2}");
            }
        }
    }
```

【 출력 결과 】

```
Class ID : 879
Class Name : umbrella
Probability : 99.61%
```

예제 7.16 파이썬 OpenCV의 카페 프레임워크 모델 추론

```python
import cv2

prototxt = "./caffe_model/bvlc_googlenet.prototxt"
caffeModel = "./caffe_model/bvlc_googlenet.caffemodel"
with open("./caffe_model/bvlc_googlenet.txt") as file:
    classNames = file.read().splitlines()

image = cv2.imread("umbrella.jpg")
net = cv2.dnn.readNetFromCaffe(prototxt, caffeModel)
inputBlob = cv2.dnn.blobFromImage(image, 1, (224, 224), (104, 117, 123))

net.setInput(inputBlob)
outputBlobs = net.forward("prob")
_, classProb, _, classID = cv2.minMaxLoc(outputBlobs)

print(f"Class ID : {classID[0]}")
print(f"Class Name : {classNames[classID[0]]}")
print(f"Probability : {classProb}")
```

【 출력 결과 】

```
Class ID : 879
Class Name : umbrella
Probability : 0.9961232542991638
```

예제 7.15와 7.16은 동일한 방식으로 소스 코드가 구성돼 있다. 먼저, 추론에 활용되는 파일들의 경로를 지정해 파일을 불러온다. **클래스 레이블 파일**(bvlc_googlenet.txt)은 텍스트 파일이므로 IO 모듈을 사용해 값을 불러온다. 이후, Net 클래스를 활용해 카페 프레임워크의 모델을 읽어온다. 모델 파일이 정상적으로 불러와졌다면, 추론을 진행할 이미지에 블롭을 적용한다.

여기서 사용되는 **크기**(size)와 **평균 차감**(mean) 매개 변수는 구글넷을 훈련할 때 사용된 값인 (224, 224)와 (104, 117, 123)을 적용한다. 이 모델은 224×224 크기의 이미지로 학습됐으며, 학습에 사용된 이미지들의 평균 RGB 픽셀 값은 (104, 117, 123)임을 의미한다. 그러므로 추론 이미지는 224×224 크기로 변환되며, 평균 RGB 픽셀 값을 감산한다.[20]

블롭 데이터가 생성되면, 네트워크 입력 메서드에 전달해 추론을 진행할 수 있는 상태로 구성한다. 블롭 데이터가 네트워크 입력층에 배치되면, 순전파 메서드를 통해 추론을 진행한다. 순전파 메서드에 입력된 'prob'은 출력층에 해당하는 계층의 이름을 나타낸다. 필요한 계층의 이름을 확인하는 방법은 **설정 파일**(bvlc_googlenet.prototxt)을 검토하거나, 네트워크에서 사용된 계층 이름을 반환하는 메서드를 활용해 출력층의 이름을 확인할 수 있다.

outputBlobs은 float32 형식의 (1, 1000) 크기를 갖는다. 첫 번째 차원은 배치 크기로 입력된 이미지의 개수를 의미한다. 현재 단일 블롭 적용 함수를 사용했으므로 첫 번째 차원은 항상 1을 갖는다. 가령 다중 블롭 적용 함수를 사용하는 경우, 입력된 이미지의 개수만큼 차원이 늘어난다. 두 번째 차원의 위치는 각 클래스별 ID를 의미하며, 값은 확률을 의미한다. 가령 두 번째 차원의 위치가 505이며, 값이 0.7이었다면 클래스는 커피 포트(coffeepot)가 되며, 70%의 정확도를 갖는다.

추론 결과는 최소/최대 위치 반환 함수를 사용해 inputBlob 데이터의 **최댓값**(classProb)과 **최댓값 위치**(classID)로 추론된 클래스와 해당 확률을 확인할 수 있다. 최댓값 위치의 X는 클래스 레이블 파일의 순서와 일치하며, 최댓값은 추론된 결괏값의 확률을 나타낸다. 최댓값 위치의 Y는 단일 블롭 함수를 사용해 항상 0을 반환하며, 값은 확률을 의미하는 0.0~1.0 범위의 값을 갖게 된다. 결과에서 확인할 수 있듯이, 이미지에서 가장 높은 추론 확률의 데이터를 제공한다. 다른 추론 결과도 확인하려면 outputBlobs 변수의 값을 분석해 다양한 추론 결과를 확인할 수 있다.

다크넷: 객체 검출(YOLO)

다크넷(Darknet)은 딥러닝을 활용한 객체 감지(Object detection)를 수행하는 데 사용되는 오픈 소스 신경망 프레임워크다. 이 프레임워크는 조셉 레드몬(Joseph Redmon)에 의해 개발됐으며,

---

20 RGB 이미지에서 각 채널(R, G, B)별로 평균 값을 뺄셈하는 것은 일반적인 전처리 기법이다.

YOLO(You Only Look Once) 알고리즘이 대표적으로 사용된다. YOLO는 실시간 객체 감지를 위한 모델로서 매우 빠른 추론 속도와 정확도를 제공한다.

YOLO는 이미지를 그리드로 나누어, 각 그리드 셀에 대한 객체의 클래스와 해당 객체의 **경계 상자(Bounding box)**를 예측할 수 있다. 이러한 특징으로 YOLO는 객체 감지 작업을 실시간으로 수행할 수 있으며, 높은 정확도를 유지하면서도 빠른 속도를 제공한다. 또한 다양한 모델을 제공하기 때문에 추론 속도와 정확도의 균형을 맞추기가 쉽다.

YOLO 모델은 다크넷 홈페이지[21]에서 다운로드할 수 있다. 또는 이 책에서 제공하는 darknet_model.zip 파일의 압축을 해제해도 된다. 예제에서 활용되는 파일은 다음과 같다.

- `yolov3.weights(YOLOv3-416)`   모델 파일
- `yolov3.cfg`   설정 파일
- `yolov3.txt`   클래스 라벨 파일

이제 다크넷 프레임워크를 활용해 추론을 진행해 보자. 예제 7.17과 예제 7.18은 C# OpenCvSharp과 파이썬 OpenCV에서 다크넷 프레임워크 모델 추론 결과를 보여준다.

예제 7.17 C# OpenCvSharp의 다크넷 프레임워크 모델 추론

```csharp
using System;
using System.IO;
using System.Linq;
using System.Collections.Generic;
using OpenCvSharp;
using OpenCvSharp.Dnn;

namespace Project
{
    class Program
    {
        static void Main(string[] args)
        {
            const string cfgFile = "darknet_model/yolov3.cfg";
            const string darknetModel = "darknet_model/yolov3.weights";
```

---

21 https://pjreddie.com/darknet/yolo/

```
string[] classNames = File.ReadAllLines("darknet_model/yolov3.txt");

List<string> labels = new List<string>();
List<float> scores = new List<float>();
List<Rect> bboxes = new List<Rect>();

Mat image = new Mat("umbrella.jpg");
Net net = Net.ReadNetFromDarknet(cfgFile, darknetModel);
Mat inputBlob = CvDnn.BlobFromImage(
    image, 1 / 255f, new Size(416, 416),swapRB: false, crop: false
);

net.SetInput(inputBlob);
string[] outBlobNames = net.GetUnconnectedOutLayersNames();
Mat[] outputBlobs = outBlobNames.Select(toMat => new Mat()).ToArray();

net.Forward(outputBlobs, outBlobNames);
foreach (Mat prob in outputBlobs)
{
    for (int p = 0; p < prob.Rows; p++)
    {
        float confidence = prob.At<float>(p, 4);
        if (confidence > 0.9)
        {
            Cv2.MinMaxLoc(
                prob.Row(p).ColRange(5, prob.Cols),
                out _, out _, out _, out Point classNumber
            );

            int classID = classNumber.X;
            float probability = prob.At<float>(p, classID + 5);

            if (probability > 0.9)
            {
                float centerX = prob.At<float>(p, 0) * image.Width;
                float centerY = prob.At<float>(p, 1) * image.Height;
                float width = prob.At<float>(p, 2) * image.Width;
                float height = prob.At<float>(p, 3) * image.Height;
```

```
                    labels.Add(classNames[classID]);
                    scores.Add(probability);
                    bboxes.Add(
                        new Rect(
                            (int)centerX - (int)width / 2,
                            (int)centerY - (int)height / 2
                            (int)width,
                            (int)height
                        )
                    );
                }
            }
        }
    }

    CvDnn.NMSBoxes(bboxes, scores, 0.9f, 0.5f, out int[] indices);

    foreach (int i in indices)
    {
        Cv2.Rectangle(image, bboxes[i], Scalar.Red, 1);
        Cv2.PutText(
            image, labels[i], bboxes[i].Location,
            HersheyFonts.HersheyComplex, 1.0, Scalar.Red
        );
    }

    Cv2.ImShow("image", image);
    Cv2.WaitKey(0);
    Cv2.DestroyAllWindows();
            }
        }
}
```

【 출력 결과 】

예제 7.18 파이썬 OpenCV의 다크넷 프레임워크 모델 추론

```python
import cv2

cfgFile = "darknet_model/yolov3.cfg"
darknetModel = "darknet_model/yolov3.weights"
with open("darknet_model/yolov3.txt") as file:
    classNames = file.read().splitlines()

labels = list()
scores = list()
bboxes = list()

image = cv2.imread("umbrella.jpg")
net = cv2.dnn.readNetFromDarknet(cfgFile, darknetModel)
inputBlob = cv2.dnn.blobFromImage(image, 1 / 255.0, (416, 416), crop=False)

net.setInput(inputBlob)
outBlobNames = net.getUnconnectedOutLayersNames()
outputBlobs = net.forward(outBlobNames)

for prob in outputBlobs:
    for p in prob:
        confidence = p[4]

        if confidence > 0.9:
            _, _, _, classID = cv2.minMaxLoc(p[5:])
            classID = classID[1]
            probability = p[classID + 5]

            if probability > 0.9:
                centerX = p[0] * image.shape[1]
                centerY = p[1] * image.shape[0]
                width = p[2] * image.shape[1]
                height = p[3] * image.shape[0]

                labels.append(classNames[classID])
                scores.append(float(probability))
                bboxes.append(
```

```
                [
                    int(centerX - width / 2),
                    int(centerY - height / 2),
                    int(width),
                    int(height),
                ]
            )

indices = cv2.dnn.NMSBoxes(bboxes, scores, 0.9, 0.5)
for i in indices:
    x, y, w, h = bboxes[int(i)]
    cv2.rectangle(image, (x, y), (x + w, y + h), (0, 0, 255))
    cv2.putText(image, labels[int(i)], (x, y), cv2.FONT_HERSHEY_COMPLEX, 1.0, (0, 0, 255))

cv2.imshow("image", image)
cv2.waitKey(0)
cv2.destroyAllWindows()
```

【 출력 결과 】

예제 7.17과 7.18은 동일한 방식으로 소스 코드가 구성돼 있다. 먼저, 추론에 활용되는 파일들의 경로를 지정해 파일을 불러온다. YOLOv3 모델은 객체의 영역을 탐지할 수 있기 때문에, 객체의 클래스 이름, 확률, 영역을 저장할 변수인 labels, scores, bboxes를 선언한다.

모델 파일이 정상적으로 불러와지면 추론을 수행할 이미지에 블롭을 적용한다. 여기서 사용되는 **스케일 계수**(scaleFactor)는 255로 값을 나누어 사용한다. YOLOv3은 0.0~1.0 범위의 픽셀 값으로 학습됐기 때문에 255로 나누어 적용한다. 또한 **크기**(size)와 **자르기**(crop) 매개 변수는 YOLOv3를 훈련할 때 사용된 (412, 412) 값을 적용하며, 이미지를 자르지 않도록 설정한다.

블롭 데이터가 생성되면, 네트워크 입력 메서드에 전달해 추론을 진행할 수 있는 상태로 설정한다. **설정 파일**(yolov3.cfg)에는 출력층에 대한 이름이 작성돼 있지 않다. 따라서 네트워크에서 사용된 계층 이름을 반환하는 메서드를 활용해 출력층의 이름을 가져온다. 출력층이 총 3개(yolo_82, yolo_94, yolo_106)로 구성돼 있으므로 C# OpenCvSharp에서는 3개의 Mat 데이터를 하나의 outputBlobs로 묶을 수 있도록 오버로딩된 메서드를 사용하며, 파이썬 OpenCV에서는 순전파 메서드에서 3개로 구성된 리스트를 반환한다.

다음으로 outputBlobs 변수를 반복해 검출된 객체에 대한 정보를 가져온다. 반환되는 배열은 검출된 객체의 클래스, 영역, 확률 등을 포함한다. YOLOv3 모델은 80개의 객체를 검출할 수 있으므로, **[X 좌표, Y 좌표, 너비, 크기, 검출된 객체의 신뢰도**(confidence)**, 첫 번째 객체의 확률**(probability[0])**, … 마지막 객체의 확률**(probability[79])**]**의 구조로 이뤄져 있다. **검출된 객체의 신뢰도**(confidence)는 검출된 사각형 크기 내부에 객체가 존재할 확률이며, **객체의 확률**(probability)은 사각형 크기 내부에 어떤 객체가 제일 높은 개연성을 갖는가에 대한 확률이다.[22]

검출된 객체의 신뢰도가 90% 이상인 데이터로 연산을 진행하고, 최소/최대 위치 반환 함수를 활용해 prob 데이터의 **최댓값 위치**(classID)로 객체의 레이블을 가져온다. 객체의 확률은 '**클래스 번호 + 5**'의 구조를 갖게 되는데, 클래스 번호는 0부터 79까지의 값이므로 5를 더해 [X 좌표, Y 좌표, 너비, 크기, 검출된 객체의 신뢰도]를 건너뛰게 한다. 객체의 확률 값을 한 번 더 확인해 90% 이상인 데이터만 저장한다.

반환된 객체의 위치 및 크기 정보는 이미지에 대한 상대 좌표를 사용하므로, 원본 이미지의 너비와 높이를 곱해준다. labels, scores, bboxes 변수에 값이 저장된 경우, 이를 기반으로 비최댓값 억제를 수행한다. 비최댓값 억제는 하나의 객체가 여러 번 중복으로 검출되는 현상을 최소화하기 위해 국지적인 최댓값을 찾아 해당 값을 남기고 나머지 값을 삭제하는 역할을 한다.

비최댓값 억제 함수의 매개 변수로는 경계 상자, 확률, 확률 임곗값, 비최대 억제 임곗값을 사용한다. 확률 임곗값은 특정 확률 이상의 값만 사용되도록 필터링하며, 비최대 억제 임곗값은 경계 상자를 필터링하는 데 사용된다. 이 값을 너무 크게 사용하면 모든 사각형이 제거될 수 있으므로 주의한다. 반환되는 indices 변수는 해당 조건에 부합하는 색인 값을 반환한다. 출력 결과에서 확인할 수 있듯이, 우산(umbrella), 사람(person), 핸드백(handbag)에 대한 검출 결과를 확인할 수 있다.

---

22 단일 블롭 함수를 사용하면 (그리드 셀의 수, 클래스 정보)의 형태로 반환한다. 만약, 다중 블롭 함수를 사용한다면 (배치 크기, 그리드 셀의 수, 클래스 정보)의 형태로 반환한다.

텐서플로: 세그먼테이션(Mask R-CNN)

텐서플로(TensorFlow)는 오픈 소스 머신러닝 프레임워크로 2015년에 처음으로 공개됐다. 텐서플로는 구글에서 연구와 제품 개발을 위한 목적으로 구글 브레인팀에서 제작했으며, 머신러닝 및 딥러닝 모델을 쉽게 구현하고 효율적으로 학습시키기 위한 다양한 도구와 라이브러리를 제공한다.

텐서플로 프레임워크를 활용한 예제에서는 객체 탐지 API를 사용해 훈련된 객체 감지 모델을 사용해 본다. 객체 탐지 API는 모바일넷(MobileNet), Faster-RCNN, Mask-RCNN 등 다양한 모델을 제공한다. 이 중에서 Mask R-CNN 모델을 활용해 객체의 세그먼테이션을 검출해 본다.

Mask R-CNN은 Faster R-CNN의 확장으로 객체의 경계 상자뿐만 아니라 객체의 픽셀 수준의 분할 정보(마스크)를 생성할 수 있다. 따라서 Mask R-CNN은 객체 검출과 분할을 통합해 객체의 윤곽과 내부 구조를 동시에 파악하는 데 적합하다.

이번 예제에서 사용되는 Mask R-CNN 모델은 OpenCV 깃허브[23]에서 다운로드할 수 있다. 또는 이 책에서 제공하는 `tensorflow_model.zip` 파일의 압축을 해제해도 된다. 예제에서 활용되는 파일은 다음과 같다.

- `frozen_inference_graph.pb`   모델 파일
- `graph.pbtxt`   설정 파일
- `labelmap.txt`   클래스 라벨 파일

이제 텐서플로 프레임워크를 활용해 추론을 진행해 보자. 예제 7.19와 7.20은 C# OpenCvSharp과 파이썬 OpenCV에서 텐서플로 프레임워크 모델 추론 결과를 보여준다.

예제 7.19 C# OpenCvSharp의 텐서플로 프레임워크 모델 추론

```
using System;
using System.IO;
using System.Linq;
using OpenCvSharp;
using OpenCvSharp.Dnn;

namespace Project
{
```

---

23 https://github.com/opencv/opencv/wiki/TensorFlow-Object-Detection-API

```
class Program
{
    static void Main(string[] args)
    {
        const string config = "tensorflow_model/graph.pbtxt";
        const string model = "tensorflow_model/frozen_inference_graph.pb";
        string[] classNames = File.ReadAllLines("tensorflow_model/labelmap.txt");

        Mat image = new Mat("bus.jpg");
        Net net = Net.ReadNetFromTensorflow(model, config);
        Mat inputBlob = CvDnn.BlobFromImage(image, swapRB: true, crop: false);

        net.SetInput(inputBlob);
        string[] outBlobNames = new string[] { "detection_out_final", "detection_masks" };
        Mat[] outputBlobs = outBlobNames.Select(toMat => new Mat()).ToArray();

        net.Forward(outputBlobs, outBlobNames);
        Mat boxes = new Mat(outputBlobs[0].Size(2), outputBlobs[0].Size(3), MatType.CV_32F,
outputBlobs[0].Ptr(0));
        Mat masks = outputBlobs[1];

        int height = image.Rows;
        int width = image.Cols;
        double threshold = 0.9;
        for (int idx = 0; idx < boxes.Rows; idx++)
        {
            int classID = (int)boxes.At<float>(idx, 1);
            double confidence = boxes.At<float>(idx, 2);
            string label = classNames[classID];

            if (confidence > threshold)
            {
                int x1 = (int)(boxes.At<float>(idx, 3) * image.Width);
                int y1 = (int)(boxes.At<float>(idx, 4) * image.Height);
                int x2 = (int)(boxes.At<float>(idx, 5) * image.Width);
                int y2 = (int)(boxes.At<float>(idx, 6) * image.Height);

                Mat mask = masks.Row(idx).Col(classID).Reshape(1, masks.Size(2));
                Cv2.Resize(mask, mask, new Size(x2 - x1, y2 - y1), interpolation:
```

```
InterpolationFlags.Nearest);
                    Cv2.Compare(mask, threshold, mask, CmpType.GT);

                    Mat color = new Mat(mask.Size(), MatType.CV_8UC3, new Scalar(255, 0, 0));
                    Mat colorMask = new Mat(color.Size(), MatType.CV_8UC3);
                    Cv2.BitwiseAnd(color, color, colorMask, mask);

                    Mat roi = new Mat(image, new Rect(x1, y1, x2 - x1, y2 - y1));
                    Cv2.AddWeighted(roi, 1.0, colorMask, 1.0, 0.0, roi);

                    Cv2.Rectangle(image, new Point(x1, y1), new Point(x2, y2), new Scalar(0, 0,
255));
                    Cv2.PutText(image, label, new Point(x1, y1), HersheyFonts.HersheyComplex, 1.0,
Scalar.Red);
                }
            }
        Cv2.ImShow("image", image);
        Cv2.WaitKey(0);
        Cv2.DestroyAllWindows();
        }
    }
}
```

【 출력 결과 】

예제 7.20 파이썬 OpenCV의 텐서플로 프레임워크 모델 추론

```python
import cv2
import numpy as np


config = "tensorflow_model/graph.pbtxt"
model = "tensorflow_model/frozen_inference_graph.pb"
with open("tensorflow_model/labelmap.txt") as file:
    classNames = file.read().splitlines()


image = cv2.imread("bus.jpg")
net = cv2.dnn.readNetFromTensorflow(model, config)
inputBlob = cv2.dnn.blobFromImage(image, swapRB=True, crop=False)


net.setInput(inputBlob)
(boxes, masks) = net.forward(["detection_out_final", "detection_masks"])


height, width = image.shape[:2]
threshold = 0.9
for (idx, box) in enumerate(boxes[0, 0, :, :]):
    classID = int(box[1])
    confidence = box[2]
    label = classNames[classID]

    if confidence > threshold:
        box = box[3:7] * np.array([width, height, width, height])
        x1, y1, x2, y2 = box.astype(int)

        mask = masks[idx, classID]
        mask = cv2.resize(mask, (x2 - x1, y2 - y1), interpolation=cv2.INTER_NEAREST)
        mask = ((mask > threshold) * 255).astype(np.uint8)

        mh, mw = mask.shape[:2]
        color_mask = np.full((mh, mw, 3), (255, 0, 0), dtype=np.uint8)
        color_mask = cv2.bitwise_and(color_mask, color_mask, mask=mask)
        image[y1:y2, x1:x2] = cv2.addWeighted(
            image[y1:y2, x1:x2], 1.0, color_mask, 1.0, 0.0
```

```
        )

        cv2.rectangle(image, (x1, y1), (x2, y2), (0, 0, 255))
        cv2.putText(image, label, (x1, y1), cv2.FONT_HERSHEY_COMPLEX, 1.0, (0, 0, 255))

cv2.imshow("image", image)
cv2.waitKey(0)
cv2.destroyAllWindows()
```

【 출력 결과 】

예제 7.19와 7.20은 동일한 방식으로 소스 코드가 구성돼 있다. 먼저, 추론에 활용되는 파일들의 경로를 지정해 파일을 불러온다. 모델 파일이 정상적으로 불러와졌다면, 추론을 진행할 이미지에 블롭을 적용한다. 추론에 사용되는 매개 변수의 **RGB 채널 변경**(swapRB)은 참 값, **자르기**(crop)는 거짓 값을 적용한다.

블롭 데이터가 생성됐다면, 네트워크 입력 메서드에 전달해 추론을 진행할 수 있는 상태로 구성한다. 이때 경계 상자와 세그먼테이션 결과를 활용할 예정이므로 순전파 메서드에 detection_out_final과 detection_masks 계층 이름을 전달한다.

detection_out_final 계층은 객체의 경계 상자 정보와 해당 객체의 신뢰도 등을 포함하는 계층으로 객체의 위치 및 클래스 정보를 얻을 수 있다. detection_masks 계층은 객체의 세그먼테이션 마스크 정보를 포함하는 계층으로 검출된 객체의 정확한 형태 및 경계를 나타내는 마스크를 제공한다. 그러므로 outputBlobs 변수는 경계 상자와 세그먼테이션을 반환한다.

경계 상자(boxes)는 (1, 1, 100, 7)의 차원으로 반환된다. 첫 번째 차원은 배치 크기를 의미하며, 단일 블롭 적용 함수를 사용했기 때문에 항상 1의 값을 갖는다. 두 번째 차원은 차원 형태를 맞추기 위한 차원으로 사용되지 않는 차원이다. 세 번째 차원 100으로 경계 상자의 개수를 의미한다. 이 모델에서는 가장 우수한 100개의 경계 상자가 선택돼 반환된다. 네 번째 차원은 7로 상세한 추론 결과를 담고 있다. 7개의 데이터는 **각각 [이미지 식별 변호**(index), **검출된 객체의 클래스 ID**(class), **검출된 객체의 신뢰도**(confidence), **좌측 상단 X 좌표**(x1), **좌측 상단 Y 좌표**(y1), **우측 하단 X 좌표**(x2), **좌측 하단 Y 좌표**(y2)]를 의미한다.

세그먼테이션(masks)은 (100, 90, 15, 15)의 차원으로 반환된다. 첫 번째 차원은 경계 상자의 개수를 의미한다. 앞선 경계 상자와 동일하게 비최댓값 억제를 수행한 다음 나타나는 상위 100개의 경계 상자와 매칭된다. 두 번째 차원은 해당 모델에서 검출할 수 있는 클래스 개수를 의미한다. 이 모델은 COCO 데이터세트에서 훈련됐으므로 90개의 클래스를 검출할 수 있다. 세 번째와 네 번째 차원은 마스크 정보로 검출된 객체의 마스크 정보를 15×15 크기로 예측한다.

검출된 객체의 신뢰도가 90% 이상인 데이터로 연산을 진행하게 구성하며, 검출된 객체의 클래스와 좌표를 활용해 이미지 위에 연산 결과를 표시한다. 이를 위해 현재 경계 상자와 동일한 색인과 클래스 값을 갖는 마스크를 추출한다. 즉, **(해당 경계 상자, 해당 클래스, 마스크 너비, 마스크 높이)**가 되어 (1, 1, 15, 15)의 차원을 갖게 된다.

마스크 정보는 객체의 분할 영역을 특성 맵의 그리드에 매핑해 얻는 정보로 15×15 크기의 마스크로 예측된다. 이는 Mask R-CNN 모델의 **영역 제안 네트워크**(Region Proposal Network, RPN)[24]와 **관심 영역 정렬**(Region of Interest Align)[25]에 의해 경계 상자 영역을 특성 맵의 그리드에 맞게 매핑하기 때문이다.

그러므로 15×15 크기의 마스크를 경계 상자와 동일한 크기로 변경하며, 결과에 표시하기 위해 마스크를 파란색으로 변경한다. 마스크 값도 픽셀마다 0.0~1.0 범위의 확률을 제공하므로 일정 정확도 이상의 값만 유지시킨다. 다음으로 가중치 병합 함수를 활용해 원본 이미지에 마스크를 병합한다. 출력 결과에서 확인할 수 있듯이 버스 객체를 우수하게 검출했으며, 어떤 영역에서 높은 정확도로 객체를 식별하고 분할했는지 확인할 수 있다.

OpenCV에서 딥러닝 프레임워크의 추론 방법 및 코드 구성은 대체로 비슷하지만, 입력층과 출력층을 설정하는 방법이나 추론 결과를 활용하기 위해 데이터를 형식을 변경하는 방법은 프레임워크나 모델마

---

24 이미지 내에서 후보 객체의 경계 상자를 제안하는 역할
25 경계 상자를 특성 맵의 그리드에 정확하게 매핑하여 객체를 분할하는 역할

다 상이하다. 따라서 원하는 딥러닝 프레임워크나 모델을 적용하려면 해당 프레임워크의 모델 설정 파일이나 문서를 확인해 프로그램에 적합한 방식으로 변경해야 한다.

ONNX: 얼굴 검출 및 랜드마크(YuNet)

ONNX(Open Neural Network Exchange)는 딥러닝 모델의 구조와 가중치를 표현하기 위한 중립적인 형식을 제공해 프레임워크 간에 호환성을 가지는 딥러닝 모델의 표준 중 하나다. 이 형식은 다양한 딥러닝 프레임워크 간에 모델을 변환하고 공유할 수 있는 기능을 제공하는 중간 언어라고 할 수 있다. ONNX는 모델의 구조를 그래프 형태로 표현해 딥러닝 프레임워크 간에 모델을 효율적으로 변환하고 실행하는 데 편리한 방법을 제공한다.

ONNX를 활용한 예제에서는 YuNet을 활용해 얼굴 검출을 수행해 본다. YuNet은 얼굴 검출과 랜드마크(Landmark) 검출을 할 수 있다. 또한, 에지 디바이스(Edge device)[26]를 대상으로 설계돼 빠른 처리 속도를 제공하며, 앵커 프리(Anchor-Free)[27] 구조의 검출 모델로 높은 유연성을 갖는다.

YuNet은 다른 작은 크기의 검출 모델보다 더 적은 매개 변수를 가지고 있다. 이 모델의 매개 변수 크기를 다른 소형 검출 모델의 매개 변수 크기와 비교한다면 1/5 크기다. 모델의 매개 변수가 더 적음에도 불구하고 정확도와 감지 속도의 균형을 유지해 높은 추론 효율성을 갖고 있다. 그 결과 YuNet 모델은 대규모 얼굴 감지 데이터세트인 WIDER FACE 검증 세트에서 81.1%의 mAP(Mean Average Precision)를 달성했다.

YuNet 모델은 OpenCV 모델 동물원 깃허브[28]에서 다운로드할 수 있다. 또는 이 책에서 제공하는 `onnx_model.zip` 파일의 압축을 해제해도 된다. 예제에서 활용되는 파일은 다음과 같다.

- `yunet.onnx` 모델 파일

이제 ONNX 표준을 활용해 추론을 진행해 보자. 예제 7.21과 7.22는 C# OpenCvSharp과 파이썬 OpenCV에서 ONNX 모델 추론 결과를 보여준다.

---

26 데이터를 생성하는 지점 근처에서 데이터 처리를 수행하는 장치로 스마트폰, 센서, IoT 장치 등을 의미한다.

27 객체 검출에서 미리 정의된 앵커를 사용하지 않고, 객체의 위치를 직접적으로 예측하는 방식

28 https://github.com/opencv/opencv_zoo/tree/main/models/face_detection_yunet

예제 7.21 C# OpenCvSharp의 ONNX 표준 모델 추론

```csharp
using System;
using System.Linq;
using System.Collections.Generic;
using OpenCvSharp;
using OpenCvSharp.Dnn;

namespace Project
{
    class Program
    {
        static void Main(string[] args)
        {
            Mat src = Cv2.ImRead("crowd-of-people.jpg");

            int height = src.Height;
            int width = src.Width;
            int inputW = 640;
            int inputH = 640;
            int[] strides = { 8, 16, 32 };

            Net net = CvDnn.ReadNetFromOnnx("onnx_model/yunet.onnx");
            Mat inputBlob = CvDnn.BlobFromImage(
                src, 1.0, new Size(inputW, inputH), swapRB:false, crop:false
            );

            net.SetInput(inputBlob);
            string[] outBlobNames = net.GetUnconnectedOutLayersNames();
            Array.Sort(outBlobNames, (x, y) =>
            {
                string[] xParts = x.Split('_');
                string[] yParts = y.Split('_');
                return xParts[0] == yParts[0]
                    ? int.Parse(xParts[1]) - int.Parse(yParts[1])
                    : string.Compare(xParts[0], yParts[0], StringComparison.Ordinal);
            });
            Mat[] outputBlobs = outBlobNames.Select(toMat => new Mat()).ToArray();
            net.Forward(outputBlobs, outBlobNames);
```

```
Mat[] bbox = new Mat[3] { outputBlobs[0], outputBlobs[1], outputBlobs[2] };
Mat[] classes = new Mat[3] { outputBlobs[3], outputBlobs[4], outputBlobs[5] };
Mat[] kps = new Mat[3] { outputBlobs[6], outputBlobs[7], outputBlobs[8] };
Mat[] objectness = new Mat[3] {
    outputBlobs[9], outputBlobs[10], outputBlobs[11]
};

List<Rect> faces = new List<Rect>();
List<Point[]> landmarks = new List<Point[]>();
List<float> scores = new List<float>();

for (int i = 0; i < strides.Length; i++)
{
    int rows = inputH / strides[i];
    int cols = inputW / strides[i];

    for (int r = 0; r < rows; r++)
    {
        for (int c = 0; c < cols; c++)
        {
            int idx = r * cols + c;

            float clsScore = classes[i].At<float>(0, idx, 0);
            float objScore = objectness[i].At<float>(0, idx, 0);
            float score = (float)Math.Sqrt(clsScore * objScore);

            float[] box = new float[4]
            {
                bbox[i].At<float>(0, idx, 0),
                bbox[i].At<float>(0, idx, 1),
                bbox[i].At<float>(0, idx, 2),
                bbox[i].At<float>(0, idx, 3),
            };

            float[] kp = new float[10]
            {
                kps[i].At<float>(0, idx, 0),
                kps[i].At<float>(0, idx, 1),
                kps[i].At<float>(0, idx, 2),
```

```
            kps[i].At<float>(0, idx, 3),
            kps[i].At<float>(0, idx, 4),
            kps[i].At<float>(0, idx, 5),
            kps[i].At<float>(0, idx, 6),
            kps[i].At<float>(0, idx, 7),
            kps[i].At<float>(0, idx, 8),
            kps[i].At<float>(0, idx, 9),
        };

        float cx = (c + box[0]) * strides[i] / inputW * width;
        float cy = (r + box[1]) * strides[i] / inputH * height;
        float w = (float)(Math.Exp(box[2]) * strides[i] / inputW * width);
        float h = (float)(Math.Exp(box[3]) * strides[i] / inputH * height);

        float x1 = cx - w / 2.0f;
        float y1 = cy - h / 2.0f;

        float rex = (c + kp[0]) * strides[i] / inputW * width;
        float rey = (r + kp[1]) * strides[i] / inputH * height;
        float lex = (c + kp[2]) * strides[i] / inputW * width;
        float ley = (r + kp[3]) * strides[i] / inputH * height;

        float ntx = (c + kp[4]) * strides[i] / inputW * width;
        float nty = (r + kp[5]) * strides[i] / inputH * height;

        float rcmx = (c + kp[6]) * strides[i] / inputW * width;
        float rcmy = (r + kp[7]) * strides[i] / inputH * height;
        float lcmx = (c + kp[8]) * strides[i] / inputW * width;
        float lcmy = (r + kp[9]) * strides[i] / inputH * height;

        scores.Add(score);
        faces.Add(new Rect((int)x1, (int)y1, (int)w, (int)h));
        landmarks.Add(new Point[] {
            new Point((int)rex, (int)rey),
            new Point((int)lex, (int)ley),
            new Point((int)ntx, (int)nty),
            new Point((int)rcmx, (int)rcmy),
            new Point((int)lcmx, (int)lcmy)
        });
```

```
            }
        }
    }

    float scoreThreshold = 0.7f;
    float nmsThreshold = 0.4f;
    CvDnn.NMSBoxes(faces, scores, scoreThreshold, nmsThreshold, out int[] indices);

    foreach (int i in indices)
    {
        Rect rect = faces[i];
        Point[] landmark = landmarks[i];

        Cv2.Rectangle(src, rect, Scalar.Red);
        Cv2.Circle(src, landmark[0], 3, Scalar.Yellow, 2);
        Cv2.Circle(src, landmark[1], 3, Scalar.Yellow, 2);
        Cv2.Circle(src, landmark[2], 3, Scalar.Magenta, 2);
    }
    Cv2.ImShow("src", src);
    Cv2.WaitKey(0);
    Cv2.DestroyAllWindows();
        }
    }
}
```

【 출력 결과 】

```python
import cv2
import numpy as np


src = cv2.imread("crowd-of-people.jpg")

height, width = src.shape[:2]
inputW, inputH = 640, 640
strides = [8, 16, 32]


net = cv2.dnn.readNetFromONNX("onnx_model/yunet.onnx")
inputBlob = cv2.dnn.blobFromImage(src, 1, (inputW, inputH))


net.setInput(inputBlob)
outBlobNames = net.getUnconnectedOutLayersNames()
outBlobNames = sorted(
    list(outBlobNames), key=lambda x: (x.split("_")[0], int(x.split("_")[1]))
)
outputBlobs = net.forward(outBlobNames)
bbox, classes, kps, objectness = [
    outputBlobs[i : i + 3] for i in range(0, len(outputBlobs), 3)
]


faces = []
landmarks = []
scores = []
for i in range(len(strides)):
    rows = int(inputH / strides[i])
    cols = int(inputW / strides[i])

    for r in range(rows):
        for c in range(cols):
            idx = r * cols + c

            clsScore = classes[i][0][idx][0]
            objScore = objectness[i][0][idx][0]
            score = np.sqrt(clsScore * objScore)

            box = bbox[i][0][idx]
```

```python
            kp = kps[i][0][idx]

            cx = (c + box[0]) * strides[i] / inputW * width
            cy = (r + box[1]) * strides[i] / inputH * height
            w = np.exp(box[2]) * strides[i] / inputW * width
            h = np.exp(box[3]) * strides[i] / inputH * height

            x1 = cx - w / 2.0
            y1 = cy - h / 2.0

            rex = (c + kp[0]) * strides[i] / inputW * width
            rey = (r + kp[1]) * strides[i] / inputH * height
            lex = (c + kp[2]) * strides[i] / inputW * width
            ley = (r + kp[3]) * strides[i] / inputH * height

            ntx = (c + kp[4]) * strides[i] / inputW * width
            nty = (r + kp[5]) * strides[i] / inputH * height

            rcmx = (c + kp[6]) * strides[i] / inputW * width
            rcmy = (r + kp[7]) * strides[i] / inputH * height
            lcmx = (c + kp[8]) * strides[i] / inputW * width
            lcmy = (r + kp[9]) * strides[i] / inputH * height

            scores.append(score)
            faces.append([x1, y1, w, h])
            landmarks.append([rex, rey, lex, ley, ntx, nty, rcmx, rcmy, lcmx, lcmy])

indices = cv2.dnn.NMSBoxes(faces, scores, score_threshold=0.7, nms_threshold=0.4)
for i in indices:
    x, y, w, h = list(map(int, faces[int(i)]))
    landmark = list(map(int, landmarks[int(i)]))
    cv2.rectangle(src, (x, y), (x + w, y + h), (0, 0, 255))
    cv2.circle(src, (landmark[0], landmark[1]), 3, (0, 255, 255), 2)
    cv2.circle(src, (landmark[2], landmark[3]), 3, (0, 255, 255), 2)
    cv2.circle(src, (landmark[4], landmark[5]), 3, (255, 0, 255), 2)

cv2.imshow("src", src)
cv2.waitKey(0)
cv2.destroyAllWindows()
```

예제 7.20과 7.21은 동일한 방식으로 소스 코드가 구성돼 있다. ONNX 표준은 앞선 카페, 다크넷, 텐서플로와 다르게 하나의 모델 파일만 필요하다. 이는 기존의 다른 프레임워크들과 비교했을 때 ONNX가 모델을 저장하고 공유하는 데에 표준화된 형식을 사용하기 때문이다. 그렇기 때문에 모델 설정 파일 등이 존재하지 않아 모델의 구조를 확인하기 어려울 수 있다. 이러한 문제를 해결하기 위해 **네트론(Netron)**[29]과 같은 시각화 도구를 활용해 모델 구조를 확인할 수 있다. **네트론 앱(Netron App)**[30]에 접속해 모델 파일을 업로드하면 그림 7.20과 같이 출력된다.

---

29 https://github.com/lutzroeder/netron

30 https://netron.app/

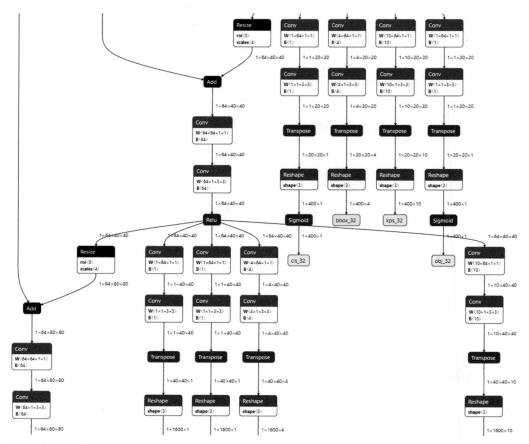

그림 7.20 네트론 앱

네트론 앱을 통해 ONNX 표준 및 텐서플로, 케라스, 다크넷 등의 모델 구조를 확인할 수 있다. 이 앱을 통해 YuNet의 모델 구조를 확인할 수 있다. 입력층과 출력층을 확인한다면 YuNet 모델의 입력값과 출력값을 확인할 수 있다. 그림 7.21은 YuNet의 입출력 구조를 요약했다.

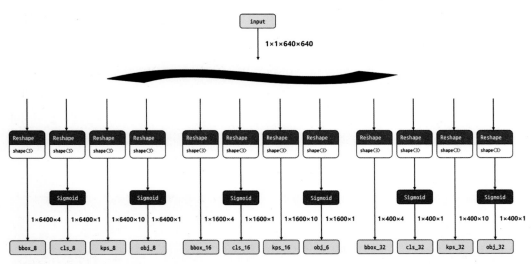

그림 7.21 YuNet 모델 입출력 구조 요약

YuNet의 입력층을 보면 $1 \times 1 \times 640 \times 640$ 크기의 입력이 사용된다. 그러므로 블롭의 크기를 640×640 크기로 설정해야 하는 것을 확인할 수 있다. 다음으로 출력층을 보면 총 12개의 계층이 반환되며 **경계 상자**(bbox), **클래스 확률**(cls), **키 포인트**(kps), **객체 존재 확률**(obj)과 함께 **8, 16, 32**라는 숫자가 표기돼 있다.

가장 좌측의 **경계 상자**(bbox_8)를 보면 $1 \times 6400 \times 4$ 크기로 출력된다. 이는 배치 크기×채널 수(감지 수)×경계 상자 정보를 의미한다. 즉, 6400개의 얼굴의 경계 상자에 대한 정보를 갖고 있다고 볼 수 있다.

클래스 확률(cls_8)과 **객체 존재 확률**(obj_8)은 동일하게 $1 \times 6400 \times 1$ 크기로 6400개의 얼굴에 대한 클래스 확률과 객체 존재 확률에 대한 정보를 의미한다. 클래스 확률은 주어진 영역에서 특정 객체 클래스에 속할 확률을 의미하며, 객체 존재 여부 확률은 특정 위치에 객체가 존재할 확률을 의미한다.

얼굴 검출 모델은 클래스가 하나지만 클래스 확률을 사용한다. 이는 탐지 과정에서 동일한 얼굴에 대해 여러 경계 상자가 탐지될 수 있다. 그러므로 클래스 확률을 통해 모델이 여러 얼굴 중 어떤 것에 대한 예측을 수행할지 결정하는 데 사용된다. 이를 통해 위치 정밀도를 향상시키고, 다중 클래스 대응성을 고려하는 데에도 활용될 수 있다.

다음으로 **키 포인트**(kps_8)는 $1 \times 6400 \times 10$ 크기로 6400개의 얼굴에 대한 랜드마크를 검출한다. 이때 검출되는 랜드마크는 오른쪽 눈 X 좌표(0), 오른쪽 눈 Y 좌표(1), 왼쪽 눈 X 좌표(2), 왼쪽 눈 Y 좌표

(3), 코 끝 X 좌표(4), 코 끝 Y 좌표(5), 입의 오른쪽 코너 X 좌표(6), 입의 오른쪽 Y 좌표(7), 입의 왼쪽 X 좌표(8), 입의 왼쪽 Y 좌표(9)로 총 10개의 랜드마크 정보를 반환한다.

숫자 8, 16, 32는 **간격(stride)**을 의미한다. YuNet은 얼굴을 검출할 때 이미지를 간격 크기의 그리드로 나누고 해당 그리드 내에서의 얼굴을 검출한다. 각 그리드 별로 하나의 얼굴을 검출하게 되며, 간격의 크기에 따라 검출되는 얼굴의 크기와 정확도가 조절된다. YuNet은 그리드 영역에서 얼굴을 탐지하므로 그리드 영역 내의 상대 좌표로 얼굴의 위치를 표현한다. 그림 7.22는 그리드 영역에 대한 예측 방식을 시각화했다.

그림 7.22 YuNet 예측 방식

그림 7.22의 좌측 이미지를 살펴보면 8번 그리드 영역에서 얼굴의 일부를 감지했다. 그러나 얼굴의 중심 부분은 8번 그리드가 아닌 14번 그리드 영역에 위치하고 있다. 하지만 YuNet은 영역 내에 얼굴이 일부 존재한다면 8번 그리드에서 얼굴을 감지할 수 있다. 즉, 0.0~1.0 범위(그리드 8번 영역)가 아닌 1.0 이상의 값을 반환해 얼굴을 감지할 수 있다.

그림 7.22의 우측 이미지를 살펴보면 15번 그리드 영역에서도 얼굴의 일부가 감지됐다. 여기에서도 얼굴의 중심은 14번 그리드 영역에 위치하고 있다. 앞서 언급한 내용과 동일하게 0.0 이하의 값이 반환되어 음숫값을 갖는 상대 좌표를 반환한다.

결과적으로 8번, 9번, 14번, 15번 그리드에서 얼굴이 감지된다. 이와 같은 방식으로 YuNet은 다양한 얼굴 크기와 각도에 효과적으로 대응할 수 있도록 설계된 얼굴 검출 모델이다.

그러므로 숫자 8, 16, 32는 각각 그리드의 간격을 나타내며, 이는 얼굴 검출의 다양성과 정확도를 조절하는 데 중요한 역할을 한다. 작은 간격은 미세한 얼굴 특징을 잡아낼 수 있지만 계산 비용이 높아지는 경향이 있고, 큰 간격은 계산 비용은 낮추지만 미세한 얼굴 특징을 놓칠 수 있다. 따라서 YuNet은 다양한 그리드로 얼굴 검출을 수행해 검출의 성능과 효율성을 높였다.

이러한 내용을 토대로 예제를 다시 확인해 본다. outBlobNames은 마지막 계층의 문자열을 반환하므로 원하는 계층 출력 순서가 다를 수 있다. 이러한 문제를 완화하기 위해 마지막 계층의 문자열의 순서를 정리한다. outBlobNames는 ["bbox_8", "bbox_16", "bbox_32", "cls_8", "cls_16", "cls_32", "kps_8", "kps_16", "kps_32", "obj_8", "obj_16", "obj_32"]와 동일하다.

총 12개의 계층이 반환되므로 bbox, cls, kps, obj로 묶어 나눈다. 이는 처리를 간소화하기 위해 묶는 작업이다. 다음으로 간격마다 반복문을 수행한다. 수행 순서를 보면 bbox_{stride}, cls_{stride}, kps_{stride}, obj_{stride}를 묶어 수행하기 위함이다.

이후 그리드의 열과 행을 계산한다. 그림 7.22를 보면 얼굴 감지 수행 방법을 그리드 영역 내의 상대 좌표로 반환한다. 그러므로 상대 좌표를 절대 좌표로 변환하기 위해 행, 열, 그리드 색인 순서를 활용해야 한다.

점수(score) 계산 시 **클래스 확률**(clsScore)과 **객체 존재 확률**(objScore)을 조합해 최종적인 예측의 신뢰도를 계산한다. 다음으로 경계 상자(box)와 키 포인트(kp)를 추출한다. 차원의 형태는 그림 7.21을 참고한다.

경계 상자는 중심값 X, 중심값 Y, log(너비), log(높이)로 반환한다. 중심값은 현재 행(c)과 열(r)을 더해 그리드 영역 내 위치로 조절하며, 그리드 간격을 곱해 절대 좌표로 변경한다. 여기까지의 결과가 입력 크기(640×640)에 대한 절대 좌표가 된다. 하지만 원본 이미지는 640×640 크기의 이미지가 아니므로, 다시 입력 크기를 나누고 원본 이미지 크기를 곱해 원본 이미지와 동일한 스케일로 변경한다.

경계 상자의 크기 반환값은 log가 취해져 있다. 이는 모델이 예측하는 크기의 범위를 축소하기 위함이다. 그러므로 다시 지수 함수를 사용해 예측 크기를 확장하고 동일하게 그리드 간격을 곱한다. 크기는 좌표를 의미하지 않으므로 현재 행과 열은 사용하지 않아도 된다. 경계 상자의 좌표를 원본 이미지와 동일한 스케일로 변경하기 위해 입력 크기를 나누고 원본 이미지를 곱한다.

키 포인트도 랜드마크의 좌표를 의미하므로 경계 상자 좌표 처리 방법과 동일하게 계산한다. 이후 비최댓값 억제 알고리즘 수행해 우수한 경계 상자 및 랜드마크만 출력한다. 출력 결과를 보면 우수하게 얼굴의 경계 상자를 검출하고, 랜드마크 중 눈과 코를 표시한 결과를 확인할 수 있다.

3부 _ 실전 예제

C# – 명함 검출

명함 검출은 현재 많은 애플리케이션에서 활용되는 매우 유용한 알고리즘이다. 다양한 프로젝트에서 명함 검출을 주제로 삼아 해당 알고리즘을 응용하거나 변형함으로써 프로젝트 범위를 확장할 수 있다. 예를 들어, 비즈니스 애플리케이션에서는 명함 정보를 자동으로 추출해 연락처 관리 시스템에 통합할 수 있으며, 이를 응용해 네트워크 기반의 서비스에서 고객 정보 수집 등 다양한 방식으로 확장할 수 있다.

명함 검출 작업은 일반적으로 명함을 카메라로 촬영하거나 이미지를 불러와 인식하는 단계로 진행된다. 이후에는 명함에서 이름, 전화번호, 이메일 주소, 홈페이지 주소 등과 같은 문자열을 검출한다. 이 과정을 통해 얻은 문자열은 string 데이터 형식으로 반환되며, 검출된 문자열은 단어별로 나눠 해석하기 쉬운 상태로 활용할 수 있다. 그림 8.1은 명함 검출을 진행하는 방식을 보여준다.

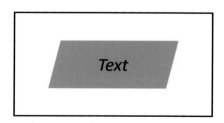

(a) 입력 이미지

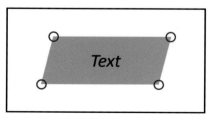

(b) 사각형 검출

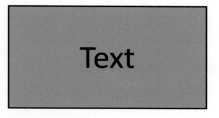

(c) 검출 이미지 변환   (d) 문자열 해석

그림 8.1 명함 검출 진행 방식

명함을 검출하는 과정은 다음과 같이 크게 네 가지로 나눌 수 있다.

1. **사각형 검출**: 입력된 이미지에서 명함의 네 꼭짓점 위치를 찾기 위해 사각형을 검출한다.

2. **이미지 변환**: 네 꼭짓점을 활용해 이미지를 문자를 쉽게 인식할 수 있는 상태로 변환한다. 이때, 기하학적 변환을 통해 마름모 형태를 직사각형으로 조정한다.

3. **문자 판독**: 직사각형 이미지에서 문자를 판독하기 위해 문자 검출 라이브러리를 활용한다.

4. **문자열 의미 파악**: 검출된 문자열을 사전에 정의된 문자열을 비교하거나 머신러닝 모델을 통해 해당 문자열의 의미를 파악한다.

각각의 단계는 다양한 응용 가능성을 가지고 있다. 예를 들어, 사각형 검출은 QR 코드 위치, 자동차 번호판 위치, 상품 라벨 위치 등의 다양한 인식 작업에 적용될 수 있다. 기하학적 변환은 구형 좌표, 실린더 좌표, 사각 좌표 등으로의 변환뿐만 아니라 이미지의 회전이나 왜곡을 보정하는 데에도 활용될 수 있다. 문자 인식은 자동차 번호판, 제품 라벨 코드, 문서 등 다양한 분야에 활용할 수 있다.

이 책에서는 명함 검출 예제로 다음 이미지를 활용해 명함의 위치를 검출하고, 명함의 문자를 판독하는 과정으로 진행하겠다.

그림 8.2 명함 이미지(card.png)

명함은 주로 사각형 형태를 띄고 있어, 이 특징을 활용하면 명함의 위치를 찾을 수 있다. 사각형은 네 개의 선분과 네 개의 꼭짓점으로 구성된 다각형이다. 그러나 카메라나 이미지를 통해 관찰되는 사각형은 종종 정사각형이나 직사각형으로 명확하게 나타나지 않을 수 있다. 종종 평행 사변형, 마름모, 사다리꼴과 같은 형태로 나타날 수 있으며, 각도가 직각이 아니거나 선분이 등변이 아닐 수도 있다. 그럼에도 불구하고 사각형만이 갖는 고유한 특징은 네 개의 꼭짓점이 있으며, 내각의 합이 360°라는 점이다.

사각형을 찾기 위해 네 개의 꼭짓점과 내각의 합이 360°의 합을 조건으로 검출한다면 문제가 발생할 수 있다. 사각형을 검출하는 과정에서 발생할 수 있는 왜곡, 반올림 오차, 그리고 내각의 합이 정확한 360°이 아닐 수 있는 문제를 고려해 알고리즘을 강건하게 만들어야 한다. 강건한 알고리즘을 위해 꼭짓점이 네 개 존재하며, 꼭짓점의 각도가 90°와 근사할 때 명함이라 가정한다. 벡터의 내적을 사용해 각 꼭짓점의 각도를 파악하고 오차 내에 있다면 명함으로 검출하는 알고리즘을 만들어보자.

객체의 윤곽선을 검출하고 다각형 근사 함수를 사용해 N각형으로 만들어 꼭짓점을 찾을 수 있다. 다만, 이 방법으로는 검출된 객체가 정확히 사각형인지 여부를 알 수 없다. 단순히 근사된 윤곽선이 네 개의 값을 가진 배열을 제공할 뿐이며, 이를 통해 해당 객체가 사각형인지는 명확하지 않기 때문이다. 그림 8.3을 통해 다각형 근사에서 발생하는 문제점을 쉽게 확인할 수 있다.

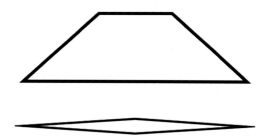

그림 8.3 올바르지 않은 명함의 형태

그림 8.3과 같은 형태의 객체에서 다각형 근사를 통해 네 개의 꼭짓점을 검출했다. 그러나 이러한 사각형은 정상적인 명함이 아니라고 가정할 수 있으며, 명함이 분명하게 포함된 이미지에서 이와 같은 객체들이 여러 개 존재한다면 알고리즘의 정확도를 저하시키는 주요한 원인이 된다. 이를 해결하기 위해 벡터의 내적을 활용해 각 꼭짓점의 각도를 계산한다.

이미지는 2차원 좌표로 표현된다는 사실을 알고 있을 것이다. 다각형 근사 함수를 통해 구해진 각 꼭짓점의 x 좌표와 y 좌표를 알 수 있다. 2차원 벡터의 경우 좌표, 길이, 사잇각을 이용해 구할 수 있다. 구하고자 하는 각도의 양 끝점의 좌표를 이용해 각도를 구한다. 다음 그림 8.4와 수식 8.1은 벡터의 내적을 보여준다.

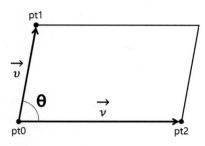

그림 8.4 내적 표현

수식 8.1 벡터의 내적

$$u \cdot v = |u\,\|\,v\,|\cos\theta$$

그림 8.4의 사각형에서 $pt0$의 각도(θ)를 구한다. 해당 지점의 각도는 벡터의 내적 공식을 적용해 간단하게 $\cos\theta$를 구할 수 있다. $|u\,\|\,v\,|$를 좌변으로 넘기면 다음과 같은 수식으로 변환된다.

수식 8.2 벡터의 내적 변환

$$\frac{u \cdot v}{|u\,\|\,v\,|} = \cos\theta$$

$\cos\theta$에 대한 값을 이용해 사각형의 각도를 파악한다. 정확한 각도(θ)의 값을 구하는 것이 목적이 아닌, 해당 각도가 직각에 근사해 사각형으로 간주할 수 있는지를 판단하므로 $\cos\theta$를 활용하는 편이 더 효율적이다. 이제 u와 v의 성분을 X 방향과 Y 방향으로 분해한다.

수식 8.3 성분 분해

$$u = (u1, u2) = (pt1.X - pt0.X, pt1.Y - pt0.Y)$$
$$v = (v1, v2) = (pt2.X - pt0.X, pt2.Y - pt0.Y)$$

다음으로 u와 v의 성분을 이용해 벡터의 내적을 푼다. 내적은 다음과 같이 다시 정리된다.

수식 8.4 성분 정리

$$\frac{u \cdot v}{|u \| v|} = \frac{u_1 v_1 + u_2 v_2}{\sqrt{u_1^2 + u_2^2}\sqrt{v_1^2 + v_2^2}}$$

$$\cos\theta = \frac{u_1 v_1 + u_2 v_2}{\sqrt{u_1^2 + u_2^2}\sqrt{v_1^2 + v_2^2}}$$

$\cos\theta$에 대한 수식을 코드로 옮기면 예제 8.1과 같다.

예제 8.1 각도 계산

```
static double CalcAngle(Point pt1, Point pt0, Point pt2)
{
    double u1 = pt1.X - pt0.X, u2 = pt1.Y - pt0.Y;
    double v1 = pt2.X - pt0.X, v2 = pt2.Y - pt0.Y;

    double numerator = u1 * v1 + u2 * v2;
    double denominator = Math.Sqrt(u1 * u1 + u2 * u2) * Math.Sqrt(v1 * v1 + v2 * v2);

    return numerator / denominator;
}
```

예제 8.1과 같이 복잡한 수식을 간단하게 코드로 옮겨 사용할 수 있다. 이제 벡터의 내적을 이용해 각도를 구하는 공식을 검증해 보자. 그림 8.5와 같이 사각형이 존재한다고 가정할 때 꼭짓점의 각도를 계산해 본다.

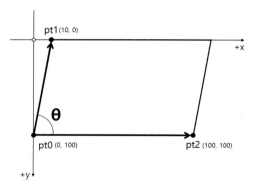

그림 8.5 임의의 사각형

그림 8.5와 같이 `pt0` 좌표는 (0, 100), `pt1` 좌표는 (10, 0), `pt2`의 좌표는 (100, 100)이라 가정한다. 이후 성분이 정리된 수식을 적용해 $\cos\theta$의 값을 구하면 0.0995라는 값이 나온다. 이 값은 라디안 값이므로 육십분법으로 변환한 각도의 값은 다음 수식에서 확인할 수 있다.

수식 8.5 각도 계산

$$\cos\theta = 0.0995(\theta = 84.2894°)$$
$$\cos\theta \cong 0(\theta \cong 90°)$$

$\cos\theta$의 값이 0에 근사할수록 90°와 근사한 값이다. 반환값에 따라 해당 꼭짓점의 각도를 파악할 수 있다. 네 꼭짓점의 각도가 모두 90도에 근사하다면 명함이라 가정할 수 있다. 90°를 초과하는 각도인 95.7106°의 $\cos\theta$ 값은 −0.0995가 된다. 삼각함수 그래프를 생각해 본다면 쉽게 이해할 수 있으며, 둔각을 가진다 해도 절댓값 함수를 활용해 직각과의 근사 여부를 간편하게 해결할 수 있다.

02 사각형 검출

이미지에서 사각형을 검출하기 위해서는 객체의 윤곽선을 검출하고, 다각형 근사 함수를 사용해 사각형 형태를 찾는다. 검출된 근사점의 개수가 네 개일 때, 해당 도형을 사각형으로 가정하며, 앞 절에서 다룬 각도 계산 수식을 활용해 명함으로 간주할 수 있는지 판단한다.

이때 검출된 사각형은 직사각형의 형태가 아닐 가능성이 높다. 그러므로 검출된 사각형의 꼭짓점을 활용해 기하학적 변환을 적용해 마름모 형태의 명함을 직사각형으로 변환한다. 이렇게 이미지를 변환하면 문자를 인식하기 쉬운 상태로 변경된다. 다음 예제 8.2는 사각형 검출에서 활용할 변수를 선언한 것이다.

예제 8.2 변수 초기화

```
public static Point[] FindSquare(Mat src)
{
    Mat[] split = Cv2.Split(src);
    Mat blur = new Mat();
    Mat binary = new Mat();
    Point[] square = new Point[4];

    int N = 10;
```

```
        double cos = 1.0;
        double max = src.Size().Width * src.Size().Height * 0.9;
        double min = src.Size().Width * src.Size().Height * 0.1;
    }
```

split 변수는 BGR 채널인 Blue 채널, Green 채널, Red 채널이 저장된 길이가 3인 배열이다. 각각의
단일 채널(B, G, R) 이미지를 세 종류의 그레이스케일 이미지처럼 활용한다. blur 변수는 흐림 처리가
적용된 이미지를 할당할 공간이며, binary 변수는 이진화가 적용된 이미지를 할당할 공간이다. square
변수는 최종적으로 반환될 사각형 꼭짓점 좌표가 할당될 공간이다.

N 변수는 검출 이미지가 생성되는 개수를 의미한다. 입력 이미지에 이진화를 적용할 때 서로 다른 임곗
값을 주어 정확도를 높일 것이다. 이때 N 변수는 서로 다른 임곗값으로 이진화가 적용되는 횟수와 동일
하다. 즉, Blue 채널에서 생성되는 이진화 이미지는 총 10개가 된다.

각도 계산 메서드는 $\cos\theta$의 값을 반환한다는 사실을 알고 있을 것이다. 이 반환값을 저장하기 위해 cos
변수를 생성해 1.0으로 초기화한다.[1] max 변수와 min 변수는 입력 이미지에서 검출된 사각형이 너무 크
거나 작을 때 명함으로 간주하지 않는 조건이다. 여기서는 명함의 크기가 입력 이미지의 10~90% 크기
내에 있는 경우만 사각형으로 간주한다. 변수 초기화가 끝나면 반복문으로 각 단일 채널 이미지에 전처
리를 진행한다. 예제 8.3을 보자.

예제 8.3 관심 채널의 흐림 처리 및 이진화 적용

```
public static Point[] FindSquare(Mat src)
{
    ...

    for (int channel = 0; channel < 3; channel++)
    {
        Cv2.GaussianBlur(split[channel], blur, new Size(5, 5), 1);
        for (int i = 0; i < N; i++)
        {
            Cv2.Threshold(blur, binary, i * 255 / N, 255, ThresholdTypes.Binary);
        }
    }
}
```

---

1 cos 변수가 0.0에 가까울수록 직각에 근사한다.

채널 분리 함수(Cv2.Split)를 통해 세 개의 단일 채널 이미지가 만들어졌다. 각 단일 채널 이미지를 대상으로 전처리를 진행하기 위해 반복문을 활용한다. split 변수의 Blue 채널, Green 채널, Red 채널에 각각 **가우시안 흐림 처리 함수**(Cv2.GaussianBlur)를 적용한다.

흐림 처리 함수를 적용한다면 노이즈가 감소해 검출의 정확도를 높일 수 있다. 커널은 5×5 크기로 지정하고 X 방향의 가우스 커널 표준 편차는 1로 지정해 blur 변수에 할당한다. 커널의 크기와 표준 편차는 입력 이미지의 크기를 고려해 지정한다. 너무 작은 값을 사용할 경우 효과가 미미하며, 너무 큰 값을 사용할 경우 너무 많은 번짐이 적용돼 오히려 검출 결과를 방해하는 요소가 된다.

흐림 처리가 적용된 blur 변수에 앞서 선언한 N 변수의 크기만큼 임곗값을 N등분해서 검출 이미지를 생성한다. 이진화 함수의 **임곗값 형식**(type)으로는 **단순 이진화**(ThresholdTypes.Binary)를 사용하지만 **임곗값**(threshold)을 다양한 값으로 지정해 binary 변수에 저장한다. 임곗값은 다음과 같은 수식으로 간단하게 N등분할 수 있다.

수식 8.6 이진화 임곗값 N등분

$$threshold = \frac{i \times 255}{N}$$

임곗값은 위 수식과 같이 구성되며, i가 최대치에 도달했을 경우에는 i=N-1이 되어 임곗값의 최댓값보다 조금 낮은 값이 된다. 이를 통해 임곗값이 최댓값보다 초과하지 않게 되어 N등분한 임곗값으로 구성된 검출 이미지를 생성할 수 있다. 임곗값 이하면 픽셀값을 0으로 변경하고 임곗값 이상이면 최댓값으로 변경해서 검출 이미지를 단순화한다. 이제 예제 8.4와 같이 전처리가 진행된 이미지에서 윤곽선을 검출한다.

예제 8.4 윤곽선 검출

```
Cv2.Threshold(blur, binary, i * 255 / N, 255, ThresholdTypes.Binary);

OpenCvSharp.Point[][] contours;
HierarchyIndex[] hierarchy;
Cv2.FindContours(binary, out contours, out hierarchy, RetrievalModes.List,
ContourApproximationModes.ApproxTC89KCOS);
```

윤곽선을 검출하기 위해 contours, hierarchy 변수를 out 키워드를 지정해 참조를 통해 인수를 전달할 수 있도록 설정하고 **윤곽선 검출 알고리즘**(Cv2.FindContours)을 적용한다. **계층 구조**(hierarchy)는 현재 알고리즘에서 크게 중요한 요소가 아니므로 `RetrievalModes.List`로 지정해 모든 윤곽선을 검출하며, 계층 구조를 형성하지 않는다.

또한 **검색 방법**(mode)은 `ApproxTC89KCOS`로 지정한다. Teh-Chin 알고리즘을 적용하면 반환되는 좌푯값을 줄이고 더 정교한 방식으로 윤곽선을 검출할 수 있다. 검출 이미지의 상태는 원본 이미지와 크게 어긋나지 않았으므로 **오프셋**(offset)은 사용하지 않는다.[2]

검출된 윤곽선을 **윤곽선 그리기 함수**(Cv2.DrawContours)와 **이미지 출력 함수**(Cv2.ImShow)를 통해 출력한다면 그림 8.6과 같은 결과를 확인할 수 있다.

그림 8.6 윤곽선 검출 결과

이진화 임곗값에 따라 검출되는 윤곽선이 각기 다르다는 것을 쉽게 확인할 수 있다. 명함 이미지는 어떤 형태로 입력될지 예상할 수 없다. 그러므로 다양한 임곗값을 주거나 서로 다른 알고리즘을 적용해 분석을 진행해야 한다.

---

2   모폴로지 연산의 커널을 짝수 크기로 할당한다면 이미지가 틀어진다. 이러한 경우 오프셋 값을 할당한다면 원본 이미지와 동일하게 매핑할 수 있다.

현재는 여러 개의 임곗값과 하나의 윤곽선 검출 방식만 활용했지만 더 다양한 방식으로 검출한다면 **캐니 에지**(Cv2.Canny)나 **모폴로지 변환**(morphological transformations) 등을 전처리 과정에서 적용할 수 있다. 이제 예제 8.5와 같이 다각형 근사와 함께 근사점들의 면적과 볼록성을 확인한다.

예제 8.5 다각형 근사

```
for (int j = 0; j < contours.Length; j++)
{
    double perimeter = Cv2.ArcLength(contours[j], true);
    OpenCvSharp.Point[] result = Cv2.ApproxPolyDP(contours[j], perimeter * 0.02, true);

    double area = Cv2.ContourArea(result);
    bool convex = Cv2.IsContourConvex(result);
}
```

다각형 근사 함수(Cv2.ApproxPolyDP)에서 가장 중요한 매개 변수는 **근사치 정확도**(epsilon)의 인수 값이다. 6장의 다각형 근사 예제와 동일하게 근사치 정확도에 적절한 값을 주기 위해 **곡선 길이 함수**(Cv2.ArcLength)를 사용해 윤곽선의 전체 길이를 계산한다.

닫힌 곡선으로 길이를 계산하기 위해 **폐곡선**(closed)의 값은 true로 지정한다. 이후, 근사치 정확도의 값을 할당하기 위해 윤곽선 전체 길이의 2%로 계산한다. 사각형은 닫힌 곡선이므로 다각형 근사 함수의 **폐곡선**(closed)의 값도 true로 지정한다.

근사된 윤곽점들이 유효한 사각형인지 판단하기 위해 **면적 계산 함수**(Cv2.ContourArea)와 **볼록성 시험 함수**(Cv2.IsContourConvex)로 **면적**(area)과 **볼록성**(convex)을 계산한다. 하지만 면적과 볼록성으로 다각형 근사를 진행해도 노이즈나 이미지 테두리 부분의 꼭짓점이 검출될 수 있으며, 분명하지 않은 명함의 테두리가 사각형의 형태를 갖게 되어 명함 검출에 실패할 수 있다. 이러한 문제를 간단하게 해결하기 위해 볼록성을 검사하고 면적은 max 변수와 min 변수로 검증한다. 예제 8.6과 같이 간단한 조건문으로 해결한다.

예제 8.6 유효성 검사

```
if (result.Length == 4 && area > min && area < max && convex)
{
    ...
}
```

조건문을 통해 다각형 근사의 윤곽점 개수가 네 개이며, 근사된 윤곽점의 면적이 입력 이미지의 10%~90% 크기 내에 있는 경우에만 사각형으로 간주한다. 또한 볼록성을 검사해서 교차하는 점이 없는 형태를 사각형으로 간주한다. 하지만 이 조건을 통해 반환되는 사각형에는 마름모나 사다리꼴 형태의 사각형도 포함된다. 그러므로 명함 형태만 검출하기 위해 앞 절에서 구성한 각도 계산 메서드를 사용한다. 예제 8.7은 각도 계산 메서드로 사각형 검증 방법을 보여준다.

예제 8.7 사각형 검증

```
if (result.Length == 4 && area > min && area < max && convex)
{
    double[] angles = new double[4];
    for (int k = 1; k < 5; k++)
    {
        double angle = Math.Abs(CalcAngle(result[(k - 1) % 4], result[k % 4], result[(k + 1) % 4]));
        angles[k - 1] = angle;
    }
    if (angles.Max() < cos && angles.Max() < 0.15)
    {
        cos = angles.Max();
        square = result;
    }
}
```

사각형의 꼭짓점 개수는 총 네 개이며, 각 꼭짓점의 각도를 파악해야 한다. 그러므로 내부에 반복문을 만들어서 4회 반복하는 구조로 만든다. 여기서 시작 값을 1로 지정하는 이유는 각도 계산 메서드가 세 개의 꼭짓점을 요구하기 때문이다.

result 변수의 색인은 0부터 3까지의 값을 갖는다. 또한 result 변수는 윤곽선이므로 색인의 순서로 다각형의 연결성을 알 수 있다. 0번 윤곽점과 1번 윤곽점은 연결되며, 1번 윤곽점과 2번 윤곽점은 연결된다. 그러므로 (k - 1, k, k + 1)의 형태로 계산을 진행한다. 하지만 k - 1과 k + 1로 인해 0부터 시작해서 3으로 끝나는 반복문을 사용한다면 존재하지 않는 윤곽점을 불러오게 된다. 그러므로 단순히 −1과 +1의 구조가 아닌 순환하는 형태로 작성해야 한다. 그림 8.7을 통해 윤곽점의 색인 순서를 확인할 수 있다.

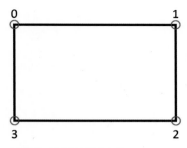

k	이전 꼭짓점 (k − 1) % 4	현재 꼭짓점 k % 4	다음 꼭짓점 (k + 1) % 4
1	0	1	2
2	1	2	3
3	2	3	0
4	3	0	1

그림 8.7 사각형의 색인 순서

꼭짓점 0의 각도를 구하기 위해서는 꼭짓점 3과 꼭짓점 1이 필요하다. 또한 꼭짓점 3의 각도를 구하기 위해서는 꼭짓점 2와 꼭짓점 0이 필요하다. 그림 8.7의 꼭짓점의 순서를 본다면 모두 일정한 패턴을 갖는 순환 구조의 형태다. **나머지 연산자(%)**를 활용한다면 이런 순환 구조를 간단하게 구현할 수 있다.

순환 구조에서 k 값을 0부터 시작한다면 k − 1로 인해 음수가 발생한다. 음수 색인을 피하기 위해 k를 1부터 사용한다. 그러므로 (k − 1) % 4는 순서대로 0, 1, 2, 3을 반환한다. 다음으로 현재 꼭짓점과 다음 꼭짓점이 이전 꼭짓점의 색인 순서와 매칭되도록 k % 4와 (k + 1) % 4로 지정한다. 이 수식의 통해 현재 꼭짓점은 1, 2, 3, 0의 순서가 되며, 다음 꼭짓점은 2, 3, 0, 1의 순서가 된다.

나머지 연산자를 어떻게 활용하느냐에 따라 나머지 연산자의 나눌 값이 달라진다. 각도 계산 메서드에 나머지 연산자를 활용한 색인 번호를 할당하면 $\cos\theta$의 값이 정상적으로 반환된다. 하지만 90°가 넘는 둔각의 경우에는 음수가 반환된다. 사각형인지 검증하기 위해서는 각각의 각도를 구하는 것이 아닌 90°에 근사한지만 확인하면 된다. 그러므로 **절댓값 함수(Math.Abs)**를 통해 둔각의 반환값을 예각의 형태로 변형한다.

각 꼭짓점의 각도를 계산했으므로 angles 배열에 네 꼭짓점의 좌표를 저장한다. angles 배열의 최댓값만 추출한다면 해당 꼭짓점이 가장 각진 모서리가 아니게 되므로 사각형의 품질을 빠르게 확인할 수 있다.

이제 분기문을 사용해 기본값 90°와 비교한다. **사각형의 최대 각도(angles.Max)**가 **설정값(cos)**보다 낮으면서, 임곗값 0.15보다 작다면 새로운 cos 값으로 덮어씌우고, **검출한 사각형(result)**을 **사각형(square)** 변수에 덮어 씌운다.[3] 이는 사각형 이미지에서 추출된 최대 각도 값이 0에 가까울수록 꼭짓점의 각도가 90°와 가까워지므로 가장 우수한 사각형을 검출하는 알고리즘을 구현할 수 있다. 사각형을 검출했으므로 사각형 검출 메서드의 반환값을 square로 사용한다. 예제 8.8은 사각형 검출 메서드의 최종 형태를 나타낸다.

---

3   0.15는 81.3731°를 의미한다. 즉, 90°에서 ±8.6269° 안에 있다면 사각형으로 판단한다.

```
public static Point[] FindSquare(Mat src)
{
    Mat[] split = Cv2.Split(src);
    Mat blur = new Mat();
    Mat binary = new Mat();
    Point[] square = new Point[4];

    int N = 10;
    double cos = 1;
    double max = src.Size().Width * src.Size().Height * 0.9;
    double min = src.Size().Width * src.Size().Height * 0.1;

    for (int channel = 0; channel < 3; channel++)
    {
        Cv2.GaussianBlur(split[channel], blur, new Size(5, 5), 1);
        for (int i = 0; i < N; i++)
        {
            Cv2.Threshold(blur, binary, i * 255 / N, 255, ThresholdTypes.Binary);

            Point[][] contours;
            HierarchyIndex[] hierarchy;
            Cv2.FindContours(binary, out contours, out hierarchy, RetrievalModes.External,
ContourApproximationModes.ApproxTC89KCOS);

            for (int j = 0; j < contours.Length; j++)
            {
                double perimeter = Cv2.ArcLength(contours[j], true);
                Point[] result = Cv2.ApproxPolyDP(contours[j], perimeter * 0.02, true);

                double area = Cv2.ContourArea(result);
                bool convex = Cv2.IsContourConvex(result);

                if (result.Length == 4 && area > min && area < max && convex)
                {
                    double[] angles = new double[4];
                    for (int k = 1; k < 5; k++)
                    {
                        double angle = Math.Abs(CalcAngle(result[(k - 1) % 4], result[k % 4],
```

```
result[(k + 1) % 4]));
                        angles[k - 1] = angle;
                }
                if (angles.Max() < cos && angles.Max() < 0.15)
                {
                    cos = angles.Max();
                    square = result;
                }
            }
        }
    }
    return square;
}
```

이제 검출된 사각형을 시각적으로 확인한다. **다각형 그리기 함수**(Cv2.Polylines)를 활용한 사각형 그리기 메서드를 구현한다. 이 메서드는 검출된 사각형의 좌표로 입력 이미지 위에 사각형을 그려 확인할 수 있다. 예제 8.9는 사각형 그리기 메서드를 보여준다.

예제 8.9 사각형 그리기 메서드

```
public static Mat DrawSquare(Mat src, Point[] square)
{
    Mat drawSquare = src.Clone();
    Point[][] pts = new Point[][] { square };
    Cv2.Polylines(drawsquare, pts, true, Scalar.Yellow, 3, LineTypes.AntiAlias, 0);
    return drawsquare;
}
```

사각형 그리기 메서드는 검출된 사각형의 좌표인 square를 활용해 입력 이미지 src에 다각형을 그린다. 이제 Main 메서드에 사각형 검출 메서드와 사각형 그리기 메서드를 적용해 시각적으로 확인한다. 예제 8.10은 시각적으로 사각형 검출 결과를 확인하는 방법을 보여준다.

예제 8.10 사각형 검출 검증

```
static void Main(string[] args)
{
    Mat src = Cv2.ImRead("card.png");
```

```
    Point[] square = FindSquare(src);
    Mat dst = DrawSquare(src, square);

    Cv2.ImShow("dst", dst);
    Cv2.WaitKey(0);
    Cv2.DestroyAllWindows();
}
```

【 출력 결과 】

출력 결과에서 확인할 수 있듯이 정상적으로 사각형이 검출됐다. 이제 검출된 사각형의 좌표를 활용해 이미지에서 문자를 판독하기 쉬운 상태로 변형한다.

03 사각형 변환

사각형 검출을 통해 명함의 네 꼭짓점의 좌표를 알아냈다. 이 좌표를 활용해 기하학적 변환을 수행한다면 이미지를 펼쳐 문자를 쉽게 인식할 수 있는 형태로 만들 수 있다. 사각형은 네 개의 좌표를 갖고 있으므로 **원근 변환 함수**(`Cv2.WarpPerspective`)를 활용한다면 이미지를 쉽게 조작할 수 있다.

기하학적 변환은 네 개의 좌표를 매핑해 임의의 위치인 A, B, C, D의 픽셀 좌표를 A′, B′, C′, D′로 이동한 좌표로 변환한다. 그러므로 재배열될 픽셀 좌표와 꼭짓점의 좌표의 순서가 일치해야 한다. 가령 매핑 순서가 일치하지 않다면 그림 8.8과 같은 문제가 발생한다.

그림 8.8 올바르지 않은 기하학적 변환

기하학적 변환의 순서가 올바르지 않으면 그림 8.8과 같이 출력이 뒤틀려지게 되거나, 이미지가 회전 또는 반전되어 정확한 문자를 인식할 수 없게 된다. 이 문제를 해결하기 위해 윤곽선에서 중심점을 찾아내고, 중심점의 위치를 기준으로 사각형의 모서리들의 순서를 재배열한다. 이 과정은 그림 8.9를 통해 쉽게 이해할 수 있다.

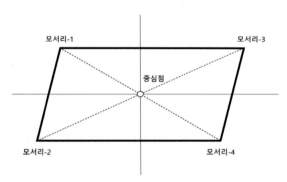

그림 8.9 중심점을 통한 매핑

사각형에서 중심점을 검출한다면 기하학적 변환의 모서리 순서쌍을 파악하는 것은 쉬워진다. 항상 **모서리-1**은 중심점보다 x 좌표와 y 좌표의 값이 더 작으며, **모서리-2**는 중심점보다 x 좌표는 작고 y 좌표는 크다. 이를 이용해 매핑을 진행한다.

중심점의 좌표는 공간 모멘트를 통해 계산할 수 있다. 사각형의 질량 중심을 사각형의 중심점으로 활용한다. 검출된 사각형은 볼록성 검사를 통과한 사각형이므로 사각형이 균일한 밀도를 가지고 있다고 가정할 수 있다. 그러므로 질량 중심을 사각형의 중심점으로 사용할 수 있다. 중심점의 좌표를 계산했다면 반복문을 통해 기하학적 변환의 순서쌍을 매핑한다. 예제 8.11은 사각형 변환을 수행하는 원근 변환 메서드를 나타낸다.

```
public static Mat PerspectiveTransform(Mat src, Point[] square)
{
    Mat dst = new Mat();
    Moments moments = Cv2.Moments(square);
    double cX = moments.M10 / moments.M00;
    double cY = moments.M01 / moments.M00;

    Point2f[] srcPts = new Point2f[4];
    for (int i = 0; i < square.Length; i++)
    {
        if (cX > square[i].X && cY > square[i].Y) srcPts[0] = square[i];
        if (cX > square[i].X && cY < square[i].Y) srcPts[1] = square[i];
        if (cX < square[i].X && cY > square[i].Y) srcPts[2] = square[i];
        if (cX < square[i].X && cY < square[i].Y) srcPts[3] = square[i];
    }
    Point2f[] dstPts = new Point2f[4]
    {
        new Point2f(0, 0),
        new Point2f(0, src.Height),
        new Point2f(src.Width, 0),
        new Point2f(src.Width, src.Height)
    };

    Mat matrix = Cv2.GetPerspectiveTransform(srcPts, dstPts);
    Cv2.WarpPerspective(src, dst, matrix, new Size(src.Width, src.Height));
    return dst;
}
```

모멘트 함수(Cv2.Moments)로 중심점 (x, y)를 계산한다. cX 변수와 cY 변수에 중심점에 대한 x 좌표와 y 좌표를 저장한다. 중심점 값을 각 꼭짓점 좌푯값과 비교해 어떤 결과 점에 매핑해야 하는지 판단한다. 간단한 반복문과 조건문을 사용하면 쉽게 매핑점을 파악할 수 있다.

변환 전 네 개의 픽셀 좌표(srcPts)와 **변환 후 네 개의 픽셀 좌표**(dstPts)로 **원근 맵 행렬**(matrix)을 생성한다. 이제 사각형 검출 메서드와 사각형 변환 메서드를 사용해 시각적으로 확인한다. 예제 8.12는 원근 변환 적용 결과를 시각화한다.

예제 8.12 원근 변환 검증

```
static void Main(string[] args)
{
    Mat src = Cv2.ImRead("card.png");

    Point[] square = FindSquare(src);
    Mat dst = PerspectiveTransform(src, square);

    Cv2.ImShow("dst", dst);
    Cv2.WaitKey(0);
    Cv2.DestroyAllWindows();
}
```

【 출력 결과 】

출력 결과에서 확인할 수 있듯이 원근 변환을 통해 사각형 이미지가 펼쳐져 문자를 인식하기 쉬운 상태로 변환된 것을 알 수 있다. 이제 원근 변환이 적용된 이미지에서 문자를 판독을 진행한다.

04 광학 문자 인식(Tesseract)

광학 문자 인식(Optical Character Recognition, OCR)은 이미지에서 텍스트를 자동으로 감지하고 인식해 컴퓨터가 읽을 수 있는 형태로 변환하는 기술을 의미한다. 이 기술은 문자의 윤곽을 식별하고 각 문자를 구분하는 방식으로 작동한다. 문자의 윤곽을 식별하고, 픽셀 값, 경계선, 각도, 길이 등과 같은 특징을 추출한다. 추출된 특징을 기반으로 분류 알고리즘이 각 문자를 식별하게 된다.

이때 특정 글꼴, 크기, 스타일에 기반한 기술이 적용돼 정확한 식별이 이루어진다. 광학 문자 인식은 머신러닝 알고리즘을 활용해 이미지에 나타난 다양한 글자를 학습한다. 이를 통해 새로운 이미지에서도 정확하게 문자를 인식하고 텍스트로 변환할 수 있게 된다. 이렇게 광학 문자 인식 기술은 이미지상의 텍스트를 효과적으로 감지하고 해석해, 컴퓨터가 이를 이해 가능한 형태로 변환하는 과정을 거친다. 광학 문자 인식 기술은 문서 스캐닝, 자동차 번호판 인식, 문서의 문자 인식 등 다양한 분야에서 활용되고 있다.

C# OpenCvSharp에서는 이미지에서 텍스트를 검출할 수 있는 **테서렉트(Tesseract)** 엔진을 제공한다. 테서렉트란 문자를 판독하는 오픈소스 라이브러리로서 구글에서 지원하는 프로젝트 중 하나다. UTF-8을 지원하고 100개 이상의 언어를 판독해 텍스트 형식으로 반환한다. 테서렉트는 다양한 글꼴, 크기, 색상의 텍스트를 신속하게 감지하고 정확하게 추출할 수 있어 높은 인식률과 범용성이 뛰어나다.

그림 8.10 테서렉트 OCR 엔진

테서렉트는 C/C++ 언어로 개발됐기 때문에 크로스 플랫폼 환경에서 원활하게 작동한다. 또한 다양한 프로그래밍 언어를 지원하는 API를 제공해 C#, 파이썬, 자바 등 다양한 언어로 간편하게 통합해 사용할 수 있다.

테서렉트를 사용하기 위해서는 언어 데이터 파일을 설치한다. 언어 데이터 파일은 테서렉트 데이터 파일 깃허브에서 다운로드할 수 있다.[4] 또는 이 책에서 제공하는 `tessdata.zip` 파일의 압축을 해제해도 된다. 이 파일에는 한글과 영어 언어 데이터 파일이 담겨 있다. 이 파일을 사용하거나 테서렉트 위키에서 필요한 언어 데이터 파일을 받아온다.

설치한 언어 데이터 파일은 `tessdata` 폴더를 생성해 `tessdata` 하위 경로에 포함한다. 해당 폴더를 현재 사용하고 있는 비주얼 스튜디오 프로젝트의 경로로 옮긴다. 즉, 테서렉트 언어 데이터 폴더를 비주얼 스튜디오 솔루션 파일(`Project.sln`)이 존재하는 위치의 경로에 저장한다. 한글이나 영어 외의 언어를 사용한다면 `tessdata` 경로 안에 저장한다.

---

4 https://github.com/tesseract-ocr/tessdata

C# OpenCvSharp에서는 OpenCvSharp.Text에서 테서렉트 엔진을 제공한다. 그러므로 네임스페이스에 using OpenCvSharp.Text;을 추가한다. 이제 테서렉트 엔진을 사용하기 위한 준비 과정이 모두 끝났다. 이제 OCR을 사용해 보자. 다음은 C# OpenCvSharp에서 사용하는 테서렉트 OCR API 클래스다.

C# OpenCvSharp의 테서렉트 OCR API 클래스

```
OCRTesseract ocr = OCRTesseract.Create(
    string? datapath = null,
    string? language = null,
    string? charWhitelist = null,
    int oem = 3,
    int psmode = 3
);
```

테서렉트 OCR API 클래스는 OCR 엔진의 작동 방식을 설정해 텍스트를 검출한다. **언어 데이터 파일 경로**(datapath)는 언어 데이터 파일(tessdata)이 저장된 디렉터리의 경로를 의미한다. 언어(language)는 OCR에 사용할 언어를 지정한다. 'eng'를 입력할 경우 영어를 인식한다. 'kor+eng'와 같이 '+' 기호를 사용해 여러 언어를 동시에 인식할 수 있다. 언어는 언어 데이터 파일 경로에 언어 파일이 존재해야 사용할 수 있다. **문자 화이트리스트**(charWhitelist)는 OCR이 특정 문자만 인식해야 할 때 설정한다. null로 설정하면 모든 문자가 인식된다.

엔진 모드(oem)는 엔진의 작동 방식을 제어하는 데 사용된다. **페이지 세그먼트 모드**(psmode)는 이미지를 서로 다른 영역이나 객체에 해당하는 세그먼트로 나누는 프로세스를 설정한다. 이 두 가지 모드 설정을 통해 검출 방식 및 추출 방식을 설정할 수 있다. 다음 표 8.1, 8.2는 테서렉트 OCR API 클래스에서 활용할 수 있는 엔진 모드 및 페이지 세그먼트 모드의 플래그를 나타낸다.

표 8.1 테서렉트 엔진 모드 플래그

속성	설명
1	표준 테서렉트 OCR 엔진 모드
2	딥러닝 기반의 LSTM(Long Short-Term Memory) 엔진 모드
3	표준 테서렉트 OCR과 LSTM 결합 모드
4	기본 모드(사용 가능한 항목에 따라 설정됨)

표 8.2 테서렉트 페이지 세그먼트 모드 플래그

속성	설명
0	OSD(Orientation and Script Detection)[5] 모드 및 텍스트를 인식하지 않음
1	OSD 모드 및 자동 페이지 세그먼트 수행
2	OSD 및 OCR을 사용하지 않고 자동 페이지 세그먼트 수행(현재 미지원)
3	OCR만을 사용해 자동 페이지 세그먼트 수행
4	다양한 크기의 단일 텍스트를 열로 가정(세로 정렬된 텍스트에 유용)
5	수직으로 정렬된 텍스트를 단일 균일 블록으로 가정(표 형식의 이미지에 유용)
6	텍스트를 단일 균일한 블록으로 가정(텍스트의 방향을 고려하지 않음)
7	이미지를 단일 텍스트 줄로 처리(문서 형식의 이미지에 유용)
8	이미지를 단일 단어로 처리
9	이미지를 원형으로 배치된 단일 단어로 처리
10	이미지를 단일 문자로 처리
11	텍스트가 희소하게 분포돼 있어 가능한 많은 텍스트를 검출
12	OSD 모드를 사용해 가능한 많은 텍스트를 검출
13	이미지를 단일 텍스트로 처리

테서렉트 엔진 설정이 완료됐다면 실행 메서드를 통해 이미지에서 텍스트를 검출할 수 있다. 다음은 C# OpenCvSharp에서 사용하는 테서렉트 OCR API 실행 메서드다.

C# OpenCvSharp의 테서렉트 OCR API 실행 메서드

```
ocr.Run(
    Mat image,
    out string outputText,
    out Rect[] componentRects,
    out string?[] componentTexts,
    out float[] componentConfidences,
    ComponentLevels componentLevel = ComponentLevels.Word
);
```

5 이미지의 방향과 언어 스크립트를 감지하는 모드다. 이 모드는 텍스트의 회전 각도와 언어를 자동으로 감지하고 판독할 수 있다.

테서렉트 OCR API 실행 메서드는 **입력 이미지**(image)를 분석해 OCR 결과로 얻은 **전체 텍스트** (outputText), **컴포넌트별 경계 상자**(componentRects), **컴포넌트별 텍스트**(componentTexts), **컴포넌트별 신뢰도**(componentConfidences)를 반환한다.

이때 사용되는 **컴포넌트**(Component)란 OCR에서 인식된 텍스트의 구성 요소를 의미한다. 일반적으로 OCR에서 사용되는 주요 컴포넌트는 **문자**(Character), **단어**(Word), **문장**(Text Line)이 있다. 가령 문자 컴포넌트의 경우 개별 문자마다 하나의 레이아웃으로 간주한다. 테서렉트 OCR API에서는 **컴포넌트 레벨**(componentLevel)로 설정할 수 있으며, 단어(ComponentLevels.Word)와 문장 (ComponentLevels.TextLine)만 지원한다.

이제 테서렉트 OCR API를 활용해 이미지에서 문자를 검출해 본다. 다음 예제 8.13은 OCR 메서드 구성 및 출력 결과를 보여준다.

예제 8.13 OCR 메서드

```
public static string OCR(Mat src, string datapath, string language)
{
    OCRTesseract ocr = OCRTesseract.Create(datapath, language);
    ocr.Run(src, out string outputText, out Rect[] componentRects, out string[] componentTexts, out
float[] componentConfidences, ComponentLevels.TextLine);

    Console.WriteLine("outputText:");
    Console.WriteLine(outputText);

    Console.WriteLine("componentRects:");
    foreach (var componentRect in componentRects)
    {
        Console.WriteLine(componentRect);
    }

    Console.WriteLine("componentTexts:");
    foreach (var componentRect in componentTexts)
    {
        Console.WriteLine(componentRect);
    }

    Console.WriteLine("componentConfidences:");
    foreach (var componentRect in componentConfidences)
```

```
    {
        Console.WriteLine(componentRect);
    }


    return outputText;
}
```

【 출력 결과 】

```
outputText:
alma

Your dreams come true

componentRects:
(x:90 y:112 width:423 height:152)
(x:132 y:294 width:340 height:25)
componentTexts:
alma


Your dreams come true

componentConfidences:
89.72031
91.24857
```

테서렉트 OCR API를 통해 검출된 컴포넌트들은 C# OpenCvSharp에 매우 친화적인 구조를 갖고 있어 데이터 형식 변환없이 활용할 수 있다. 출력 결과에서 확인할 수 있듯이 검출된 문장들의 좌표, 크기, 텍스트, 신뢰도를 확인할 수 있다. 만약 컴포넌트 레벨을 단어로 설정한다면, 더 세부적인 검출 결과를 얻을 수 있다.

이러한 검출 결과를 활용해 아스키 값이나 유니코드 값을 비교해 텍스트 데이터를 분석할 수 있으며, 설정된 문자열을 비교해 사전에 정의된 문자열과 일치하는지 확인할 수 있다. 이는 명함에서 전화번호, 이메일, 주소 등을 인식하는 데에 활용될 수 있다.

가령 전화번호는 숫자와 특수문자가 조합된 형태로 010-XXXX-XXXX이나 010.XXXX.XXXX와 같이 표현될 수 있다. 이메일은 영문자와 특수문자가 조합된 XXX@XXX.com 또는 XXX@XXX.co.kr

과 같은 형식을 띠며, 주소는 서울시, 경기도 등 제한된 문자로 시작한다. 이렇듯 명함 정보는 항상 필수적인 요소를 포함하고 있다. 이를 정규 표현식이나 사전에 정의된 문자열을 이용해 판단하는 알고리즘을 구성한다면 원하는 정보를 정확하게 추출할 수 있게 된다.

지금까지 명함 검출 알고리즘에 대해 알아봤다. 이 알고리즘의 구조를 개선하거나 고도화한다면 다양한 응용 분야로 확장할 수 있을 것이다. 예제 8.14는 명함 검출의 전체 코드를 보여준다.

예제 8.14 명함 검출 전체 코드

```csharp
using System;
using System.Linq;
using OpenCvSharp;
using OpenCvSharp.Text;

namespace Project
{
    class Program
    {
        static double CalcAngle(Point pt1, Point pt0, Point pt2)
        {
            double u1 = pt1.X - pt0.X, u2 = pt1.Y - pt0.Y;
            double v1 = pt2.X - pt0.X, v2 = pt2.Y - pt0.Y;

            double numerator = u1 * v1 + u2 * v2;
            double denominator = Math.Sqrt(u1 * u1 + u2 * u2) * Math.Sqrt(v1 * v1 + v2 * v2);

            return numerator / denominator;
        }

        public static Point[] FindSquare(Mat src)
        {
            Mat[] split = Cv2.Split(src);
            Mat blur = new Mat();
            Mat binary = new Mat();
            Point[] square = new Point[4];

            int N = 10;
            double cos = 1;
            double max = src.Size().Width * src.Size().Height * 0.9;
```

```
            double min = src.Size().Width * src.Size().Height * 0.1;

        for (int channel = 0; channel < 3; channel++)
        {
            Cv2.GaussianBlur(split[channel], blur, new Size(5, 5), 1);
            for (int i = 0; i < N; i++)
            {
                Cv2.Threshold(blur, binary, i * 255 / N, 255, ThresholdTypes.Binary);

                Point[][] contours;
                HierarchyIndex[] hierarchy;
                Cv2.FindContours(binary, out contours, out hierarchy, RetrievalModes.External,
ContourApproximationModes.ApproxTC89KCOS);

                for (int j = 0; j < contours.Length; j++)
                {
                    double perimeter = Cv2.ArcLength(contours[j], true);
                    Point[] result = Cv2.ApproxPolyDP(contours[j], perimeter * 0.02, true);

                    double area = Cv2.ContourArea(result);
                    bool convex = Cv2.IsContourConvex(result);

                    if (result.Length == 4 && area > min && area < max && convex)
                    {
                        double[] angles = new double[4];
                        for (int k = 1; k < 5; k++)
                        {
                            double angle = Math.Abs(CalcAngle(result[(k - 1) % 4], result[k %
4], result[(k + 1) % 4]));

                            angles[k - 1] = angle;
                        }
                        if (angles.Max() < cos && angles.Max() < 0.15)
                        {
                            cos = angles.Max();
                            square = result;
                        }
                    }
                }
            }
        }
```

```
        }
        return square;
    }


    public static Mat DrawSquare(Mat src, Point[] square)
    {
        Mat drawSquare = src.Clone();
        Point[][] pts = new Point[][] { square };
        Cv2.Polylines(drawSquare, pts, true, Scalar.Yellow, 3, LineTypes.AntiAlias, 0);
        return drawSquare;
    }


    public static Mat PerspectiveTransform(Mat src, Point[] square)
    {
        Mat dst = new Mat();
        Moments moments = Cv2.Moments(square);
        double cX = moments.M10 / moments.M00;
        double cY = moments.M01 / moments.M00;

        Point2f[] srcPts = new Point2f[4];
        for (int i = 0; i < square.Length; i++)
        {
            if (cX > square[i].X && cY > square[i].Y) srcPts[0] = square[i];
            if (cX > square[i].X && cY < square[i].Y) srcPts[1] = square[i];
            if (cX < square[i].X && cY > square[i].Y) srcPts[2] = square[i];
            if (cX < square[i].X && cY < square[i].Y) srcPts[3] = square[i];
        }
        Point2f[] dstPts = new Point2f[4]
        {
            new Point2f(0, 0),
            new Point2f(0, src.Height),
            new Point2f(src.Width, 0),
            new Point2f(src.Width, src.Height)
        };

        Mat matrix = Cv2.GetPerspectiveTransform(srcPts, dstPts);
        Cv2.WarpPerspective(src, dst, matrix, new Size(src.Width, src.Height));
        return dst;
    }
```

```csharp
        public static string OCR(Mat src, string datapath, string language)
        {
            OCRTesseract ocr = OCRTesseract.Create(datapath, language);
            ocr.Run(src, out string outputText, out Rect[] componentRects, out string[]
componentTexts, out float[] componentConfidences, ComponentLevels.Word);

            Console.WriteLine("outputText:");
            Console.WriteLine(outputText);

            Console.WriteLine("componentRects:");
            foreach (var componentRect in componentRects)
            {
                Console.WriteLine(componentRect);
            }

            Console.WriteLine("componentTexts:");
            foreach (var componentRect in componentTexts)
            {
                Console.WriteLine(componentRect);
            }

            Console.WriteLine("componentConfidences:");
            foreach (var componentRect in componentConfidences)
            {
                Console.WriteLine(componentRect);
            }

            return outputText;
        }

        static void Main(string[] args)
        {
            Mat src = Cv2.ImRead("card.png", ImreadModes.ReducedColor2);

            Point[] square = FindSquare(src);
            Mat dst = PerspectiveTransform(src, square);
            string outputText = OCR(dst, "../../tessdata", "eng");
```

```
        Cv2.ImShow("dst", dst);
        Cv2.WaitKey(0);
        Cv2.DestroyAllWindows();
    }
  }
}
```

09

파이썬 – 스타일 전이

스타일 전이(Style transfer)는 주로 그래픽 디자인 분야에서 사용되며, 이미지의 스타일을 다른 이미지로 전이하는 기술을 의미한다. 컴퓨터비전에서의 스타일 전이는 주로 신경망 기반의 이미지 **생성 모델**(Generative model)이나 **생산적 적대 신경망**(Generative Adversarial Network, GAN) 모델을 활용해 구현한다.

가장 널리 사용되는 스타일 전이 모델 중 하나는 **신경망 스타일 전이**(Neural Style Transfer, NST)다. 이 모델은 리온 게티스(Leon A. Gatys)가 2015년에 제안한 알고리즘으로 예술적 이미지를 생성하는 심층 신경망이다. 이 알고리즘은 이미지의 내용을 유지하면서 다른 이미지의 스타일을 적용한 결과물을 생성한다.

스타일 전이는 주 특정 작가의 그림 스타일이나 유명한 작품의 특징을 적용하는 것이 가능하다. 이는 기존 이미지의 내용을 나타내는 특징 맵과 다른 이미지의 스타일을 나타내는 특징 맵을 결합해 새로운 이미지를 생성하기 때문이다. 다음 그림 9.1은 스타일 전이 방식을 보여준다.

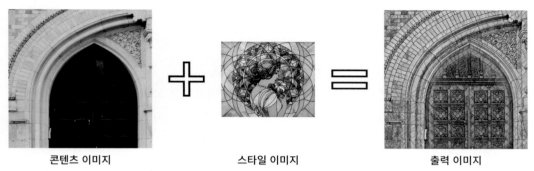

| 콘텐츠 이미지 | 스타일 이미지 | 출력 이미지 |

그림 9.1 스타일 전이 방식

스타일 전이는 **콘텐츠 이미지(Content image)**와 **스타일 이미지(Style image)**의 결합으로 이미지를 생성한다. 콘텐츠 이미지는 생성하려는 최종 이미지의 내용을 의미하며, 스타일 이미지는 적용하고 싶은 스타일을 가진 이미지를 의미한다. 출력 이미지를 보면 확인할 수 있듯이 콘텐츠 이미지의 내용과 스타일 이미지의 스타일을 결합해 만들어진다.

스타일 전이의 원리는 신경망에 콘텐츠 이미지를 통과시켜 각 계층에서의 이미지의 특징을 추출한다. 각 계층마다 추상적인 정보를 갖게 되는데 이때 이미지 내용에 관한 특징들을 추출한다. 마찬가지로 스타일 이미지도 신경망을 통과해 각 계층에서의 특징을 얻게 된다. 그러나 스타일을 나타내기 위해 각 계층에서의 특징 상관 관계를 분석한다. 이 두 특징을 활용해 스타일 이미지의 스타일을 최대한 반영하는 생성 이미지를 찾는 것을 목표로 해 모델이 생성된다.

콘텐츠 이미지와 생성 이미지 간의 차이를 계산해 콘텐츠의 일치를 측정하게 되고, 스타일 이미지와 생성 이미지 간의 특징 상관 관계의 차이를 계산해 스타일의 일치를 측정하게 된다. 이 과정을 반복하면서 생성 이미지는 콘텐츠 이미지의 내용과 스타일 이미지의 스타일을 동시에 반영하게 되어 출력 이미지를 얻을 수 있게 된다.

이번 장에서는 사람을 세그먼테이션 하는 모델과 신경망 스타일 전이 모델을 결합해 예술적 이미지를 생성해 본다.

01 인물 세그먼테이션(PP-HumanSeg)

스타일이 전이된 이미지를 생성하기에 앞서 세그먼테이션 모델을 활용해 전경(사람) 또는 배경의 이미지에만 스타일을 전이시켜본다. 이번 절에서는 **PP 인물 세그먼테이션(PP-HumanSeg)** 모델을 활용해 사람을 세그먼테이션하는 과정을 다룬다.

PP 인물 세그먼테이션은 패들세그(PaddleSeg) 기반의 모델로, 이미지나 비디오에서 인물의 영역을 정확하게 분리하고 식별하는 데 사용된다. 이 모델은 뛰어난 정확도와 높은 추론 속도를 제공해 효율적인 활용이 가능하다.

PP 인물 세그먼테이션 모델은 OpenCV 모델 동물원 깃허브[1]에서 다운로드할 수 있다. 또는 이 책에서 제공하는 `onnx_model.zip` 파일의 압축을 해제해도 된다. 예제에서 활용되는 파일은 다음과 같다.

- **human_segmentation.onnx**   모델 파일

이제 ONNX 표준을 활용해 추론을 진행해 보자. 다음 예제 9.1은 PP 인물 세그먼테이션 모델의 추론 방법을 보여준다.

예제 9.1 PP 인물 세그먼테이션 모델 추론

```python
import cv2
import numpy as np


def segmentation(model_path, image):
    height, width = image.shape[:2]
    model = cv2.dnn.readNetFromONNX(model_path)

    image = image.astype(np.float32, copy=False) / 255.0
    image -= np.full_like(image, [0.5, 0.5, 0.5], dtype=np.float32)
    image /= np.full_like(image, [0.5, 0.5, 0.5], dtype=np.float32)

    input_blob = cv2.dnn.blobFromImage(image, 1.0, (192, 192), swapRB=True)
    model.setInput(input_blob)

    blob_name = model.getUnconnectedOutLayersNames()
    output_blob = model.forward(blob_name[0])

    print(blob_name)
    print(output_blob.shape)
    print(output_blob.min(), output_blob.max())
```

---

[1]   https://github.com/opencv/opencv_zoo/tree/main/models/human_segmentation_pphumanseg

```
src = cv2.imread("skateboard.jpg")
segmentation("onnx_model/human_segmentation.onnx", src)
```

【 출력 결과 】

```
('save_infer_model/scale_0.tmp_1',)
(1, 2, 192, 192)
2.4886074e-05 0.9999751
```

PP 인물 세그먼테이션 모델이 학습한 데이터세트는 RGB 형식의 부동 소수점 이미지로 이뤄져 있다. 또한 평균 0.5, 표준 편차 0.5로 정규화됐다. 이러한 정규화로 모델이 데이터의 픽셀 값들을 0에서 1 사이의 범위로 조정해 모델이 더 빠르게 수렴하고 안정적으로 학습할 수 있도록 구성됐다.

따라서 입력 이미지도 동일한 방식으로 전처리한다. 입력 이미지는 부호 없는 8비트 정수(uint8) 이미지이므로 부동 소수점 이미지(float32)로 변환하고, 255를 나누어 0에서 1 사이의 범위로 정규화한다. 그 후, 이미지를 0.5의 값으로 감산해 모델이 학습할 때 수행한 **중심화**(Centering)[2] 과정과 동일한 값을 적용한 후, 마지막으로 0.5의 표준 편차로 정규화한다. 이는 모델이 학습 데이터와 일관된 형식으로 입력 이미지를 처리할 수 있도록 데이터를 조정하는 작업이다.

PP 인물 세그먼테이션 모델은 192×192 크기의 RGB 이미지로 학습됐으므로, 동일한 전처리 과정을 블롭 이미지 생성 시에도 적용한다. 그 후, 생성된 블롭 이미지는 네트워크 입력 메서드에 전달한다.

출력층은 save_infer_model/scale_0.tmp_1로 하나의 계층만 존재하므로, 튜플 형태로 생성되지 않기 위해 순전파 수행 시 첫 번째 색인 값만 전달해 사용한다. 만약 순전파 메서드에 blob_name으로 입력한다면, ((1, 2, 192, 192),)와 같이 튜플 형식으로 반환된다.

출력 결과를 보면 PP 인물 세그먼테이션 모델은 (배치 크기, 채널, 이미지 높이, 이미지 너비)로 반환되며, 0에서 1 사이의 값으로 반환하는 것을 확인할 수 있다. 이제 이 결과를 활용해 마스크 이미지를 생성해 보자. 다음 예제 9.2는 마스크 이미지로 변환하는 방법을 보여준다.

예제 9.2 마스크 이미지 변환

```
import cv2
import numpy as np


def segmentation(model_path, image):
```

---

2 데이터의 평균을 0으로 조정하는 작업으로 모델이 입력 데이터를 효과적으로 학습하기 위해 수행되는 단계

```
    ...

    dst = output_blob[0].transpose(1,2,0)
    dst = cv2.resize(dst, (width, height), interpolation=cv2.INTER_LINEAR)

    dst = dst.transpose(2,0,1)[np.newaxis, ...]
    dst = np.argmax(dst, axis=1)[0, :, :]

    dst = (dst * 255).astype(np.uint8)[..., np.newaxis]
    return dst

src = cv2.imread("skateboard.jpg")
seg = segmentation("onnx_model/human_segmentation.onnx", src)

cv2.imshow("segmentation", seg)
cv2.waitKey(0)
cv2.destroyAllWindows()
```

【 출력 결과 】

output_blob은 (배치 크기, 채널, 이미지 높이, 이미지 너비)의 차원을 가지므로 첫 번째 인덱스만 가져와 (이미지 높이, 이미지 너비, 채널)로 전치한다. 이후, 192×192 크기의 이미지를 입력 이미지와 동일한 크기로 조정한다.

출력 결과를 입력 이미지 크기와 동일하게 조절했다면, 다시 (채널, 이미지 높이, 이미지 너비) 구조로 변경하고 축을 추가해 (1, 채널, 이미지 높이, 이미지 너비)로 변경한다. 이는 출력 결과가 두 개의 채널로 세그먼테이션 결과를 반환하므로 두 채널 중 가장 높은 값을 가진 값의 색인을 반환하기 위함이다.

0의 색인 값은 사람으로 간주되지 않은 마스크를 의미하며, 1의 색인 값은 사람으로 간주된 마스크를 의미한다. 따라서 더 높게 예측한 결과를 반영하기 위해 argmax 함수로 더 높은 색인 값을 갖는 마스크를 생성한다. argmax 함수를 통과하면 (1, 이미지 높이, 이미지 너비)가 되므로 다시 전치해 (이미지 높이, 이미지 너비, 1)의 형태로 변경한다.

현재 마스크는 부동 소수점 이미지이므로 8비트 정수 이미지로 변경하기 위해 255를 곱하고 형식을 변환한다. 출력 결과를 보면 사람의 세그먼테이션만 출력한다.

02 신경망 스타일 전이(Fast Neural Style)

이번 장에서 사용되는 스타일 전이 모델은 **빠른 신경망 전이**(Fast Neural Style) 모델이다. 이 모델은 기존의 스타일 전이 모델의 속도 문제를 극복하고 빠른 속도로 스타일을 변환하기 위해 다양한 최적화 기법과 경량화된 구조를 사용한다. 빠른 신경망 전이 모델은 이미지에 적용되는 스타일을 효과적으로 추출하면서도 연산 속도를 크게 향상시킨 모델이다.

빠른 신경망 전이 모델은 크게 세 단계로 구성된다. 첫 번째는 이미지를 다운샘플링하고, 두 번째는 레즈넷에서 사용하는 **잔차 블록**(Residual block)을 활용해 이미지의 특징을 추출하고 보존한다. 이러한 잔차 블록은 합성곱 계층과 정규화 계층으로 이루어져 있어 입력을 받아서 일부 특징을 추출하고 나머지를 보존해 모델의 안정성을 높인다. 마지막 단계에서는 업샘플링을 통해 이미지를 원래 크기로 복구해 최종적으로 원하는 스타일을 가진 이미지를 생성한다.

이 모델은 위와 같은 방식으로 학습된 스타일 이미지의 특징을 빠르게 추출하며, 입력 이미지의 콘텐츠와 결합해 스타일 변환된 이미지를 생성한다. 이를 통해 기존의 스타일 전이 모델보다 빠르게 스타일을 적용할 수 있게 됐다.

빠른 신경망 전이 모델은 파이토치 깃허브[3]에서 다운로드할 수 있다. 또는 이 책에서 제공하는 pytorch_model.zip 파일의 압축을 해제해도 된다. 예제에서 활용되는 파일은 다음과 같다.

---

3 https://github.com/pytorch/examples/tree/main/fast_neural_style

- `candy.pth`   모델 파일 (1)

- `mosaic.pth`   모델 파일 (2)

- `rain_princess.pth`   모델 파일 (3)

- `udnie.pth`   모델 파일 (4)

다음 그림 9.2는 각 모델 파일에서 학습된 스타일 이미지를 보여준다.

candy.pth

mosaic.pth

rain_princess.pth

udnie.pth

그림 9.2 빠른 신경망 모델 스타일 이미지

빠른 신경망 전이 모델은 총 네 가지의 사전 학습된 가중치를 제공한다. 이러한 모델은 파이토치로 구현돼 있어 파이토치 라이브러리를 사용해야 한다. 하지만 OpenCV에서 사용할 수 있도록 ONNX 표준으로 변환해 본다.

ONNX는 다양한 딥러닝 프레임워크 간에 모델을 공유하기 위한 개방형 표준이다. 따라서 이 모델을 ONNX 형식으로 변환해 OpenCV에서 사용할 수 있도록 만들 수 있다. ONNX 표준으로 변환하기 위해서는 파이토치 모델을 불러와야 한다. 그러므로 파이토치를 설치해 모델을 불러오고 변환 과정을 수행해야 한다. 다음 구문을 사용해 패키지 매니저로 파이토치를 설치한다.[4]

파이토치 설치

```
pip install torch
```

03 파이토치 모델 변환

파이토치가 설치됐다면, 파이토치 깃허브의 fast_neural_style/neural_style/transformer_net.py를 다운로드한다. 또는 이 책에서 제공하는 transformer_net.py를 사용한다. transformer_net.py 파일은 빠른 스타일 전이 모델의 코드를 담고 있는 파일이다. 이 파일은 전체 모델 구조를 정의하고 구현하는 역할을 한다.

ONNX 표준으로 변환하기 위해서는 파이토치 모델을 불러와야 한다. 그러므로 신경망 네트워크의 구조를 정의하는 클래스가 필요하다. 해당 코드를 다운로드했다면 파이토치 모델을 ONNX 표준으로 변환해 보자. 다음 예제 9.3은 파이토치 모델 변환 방법을 보여준다.

예제 9.3 파이토치 모델 ONNX 표준 모델 변환

```python
import torch
from transformer_net import TransformerNet


for name in ["mosaic", "candy", "rain_princess", "udnie"]:
    model = TransformerNet()
    state_dict = torch.load(f"./pytorch_model/{name}.pth")

    for key in list(state_dict.keys()):
        if key.endswith(("running_mean", "running_var")):
            del state_dict[key]

    model.load_state_dict(state_dict)
```

---

4   이 책에서는 ONNX 표준으로 변환한 스타일 모델을 제공한다. 해당 과정을 수행하지 않는다면 '파이토치 모델 변환'으로 건너뛴다.

```
model.eval()

dummy_input = torch.randn(1, 3, 256, 256)
torch.onnx.export(model, dummy_input, f"./onnx_model/{name}.onnx")
```

현재 파이토치 모델은 네 종류이므로 모두 변환한다. 모델을 변환하기 위해 **빠른 스타일 전이 클래스**(TransformerNet)를 초기화하고, **파이토치 모델 불러오기 함수**(torch.load)로 사전 학습된 가중치를 불러온다.

가중치를 불러왔다면 state_dict에서 running_mean과 running_var로 끝나는 특정 가중치를 제거해야 한다. 해당 가중치는 **배치 정규화**(Batch normalization)[5]에 활용되며, 모델 학습 중 각 미니배치에 대한 평균과 분산을 계산하는 데 사용된다. 이러한 통계 값은 학습 과정에서 사용되며, 추론 단계에서는 학습 중에 계산한 이동 평균을 활용한다.

파이토치에서는 이러한 통계 정보가 모델의 state_dict에 저장돼 있다. 하지만 ONNX 표준은 모델의 구조와 매개 변수만 저장하므로 배치 정규화 계층에 대한 정보가 필요하지 않다. 그러므로 running_mean과 running_var로 끝나는 가중치를 제거한다.

특정 가중치를 삭제했다면 이 가중치를 빠른 스타일 전이 모델에 가중치를 입력한다. 이를 모델에 로드함으로써 모델이 이전에 학습한 정보로 변경할 수 있다. 모델의 가중치를 모두 불러왔다면 모델을 **평가 모드**(eval)로 변경한다.

모델이 학습할 때 사용되는 기법 중 하나인 배치 정규화 등은 학습 중에만 활성화돼야 한다. 이 기법들은 모델이 학습 데이터에 적응해 좋은 성능을 낼 수 있게 해주지만, 추론이나 테스트 시에는 비활성화돼야 한다.

ONNX로 모델을 변환할 때 평가 모드로 설정한다면 배치 정규화와 같이 학습 중에만 적용되는 기법들이 비활성화되어 추론 과정에서 일관된 결과를 얻을 수 있으며, 모델의 변환된 버전이 학습된 대로 작동함을 보장할 수 있다.

이후 **더미 입력**(dummy_input)을 생성해 ONNX로 변환한다. 더미는 ONNX로 모델을 변환할 때 모델의 입력 형태를 명시적으로 지정하는 데 사용된다. ONNX는 모델의 입출력 형태를 알아야 하기 때문에 실제 데이터가 아닌 가상의 더미 입력을 전달해 모델의 입력 형태를 정의한다.

---

5   딥러닝 모델의 각 계층의 입력을 정규화하여 학습을 안정화하고 속도를 향상시키는 기술

빠른 스타일 전이 모델은 256×256×3의 이미지로 사전 학습됐으므로, (1, 3, 256, 256)의 구조를 갖는 더미를 생성한다. 이는 (배치 크기, 채널, 이미지 높이, 이미지 너비)를 의미한다. 이를 통해 총 네 개의 ONNX 파일이 생성된다.

04 스타일 적용

빠른 신경망 전이 모델은 입력 이미지 크기에 대해 유연성을 가지고 있다. 이 모델은 사전 학습된 모델로부터 학습된 가중치를 가져와 새로운 작업에 적용함으로써 다양한 크기의 이미지가 입력되더라도 모델이 이미 학습한 특징을 보존하고 스타일을 적용할 수 있다. 이러한 다양한 입력 크기가 가능한 이유는 모델 구조와 사용된 네트워크 계층의 특성 때문이다. 이 모델의 특성은 다음과 같다.

- **합성곱 계층(Convolutional layer)**: 합성곱 계층은 입력 데이터에 대해 필터를 사용해 지역적인 패턴을 감지하고 학습하는 계층이다. 지역적인 특징을 공간적으로 유지하면서 학습할 수 있어, 입력 이미지의 크기에 대해 상대적으로 민감하지 않다. 즉, 입력 이미지의 크기가 달라지더라도 네트워크가 이미지의 특징을 인식할 수 있다.

- **풀링 계층(Pooling layer)**: 빠른 스타일 전이 모델은 **적응형 풀링(Adaptive pooling)**을 사용해 입력 이미지의 크기에 상관없이 고정된 크기의 출력을 생성한다. 이러한 특성은 모델이 입력 이미지의 크기에 상대적으로 불변하게 만들어 작은 크기의 이미지나 큰 크기의 이미지에 대해 동일한 스타일을 전달할 수 있게 한다. 이러한 방식은 입력 이미지를 모델에 전달하기 전에 크기를 조절할 필요가 없게 된다.

- **인스턴스 정규화(Instance normalization)**: 인스턴스 정규화 계층은 입력 이미지의 평균과 표준 편차를 계산하고 이를 사용해 정규화를 수행하는 계층이다. 이 계층은 채널을 기준으로 정규화를 수행하므로 각 샘플에 대해 개별적으로 수행된다. 그러므로 입력이 다른 크기를 갖더라도 독립적으로 작동할 수 있다.

이러한 특성들로 인해 빠른 신경망 전이 모델이 다양한 입력 이미지 크기에 대해 스타일을 적용할 수 있도록 한다. 따라서 이 모델은 고정된 입력 이미지 크기를 요구하지 않고, 다양한 크기의 입력 이미지를 전달받을 수 있다.

입력된 이미지 크기가 클수록 더 많은 스타일이 전이되어 더 큰 공간적인 특징을 감지하게 된다. 크기가 큰 이미지는 작은 이미지보다 더 많은 세부 사항과 다양한 구조를 포함하고 있으므로 더 넓은 컨텍스트를 이해하고 스타일을 적용할 수 있다.

이제 ONNX 표준을 활용해 스타일을 전이해 보자. 다음 예제 9.4는 ONNX 표준을 적용해 빠른 스타일 전이 모델을 추론한 예다.

예제 9.4 **빠른 스타일 전이 모델 추론**

```python
import cv2
import numpy as np


...


def style_transfer(model_path, image):
    height, width = image.shape[:2]
    model = cv2.dnn.readNetFromONNX(model_path)

    input_blob = cv2.dnn.blobFromImage(image, swapRB=True)
    model.setInput(input_blob)

    blob_name = model.getUnconnectedOutLayersNames()
    output_blob = model.forward(blob_name[0])

    dst = output_blob[0].transpose((1, 2, 0))
    dst = dst.clip(0, 255).astype(np.uint8)

    dst = cv2.cvtColor(dst, cv2.COLOR_RGB2BGR)
    dst = cv2.resize(dst, (width, height), interpolation=cv2.INTER_LINEAR)
    return dst

src = cv2.imread("skateboard.jpg")
stl = style_transfer("onnx_model/mosaic.onnx", src)

cv2.imshow("stl", stl)
cv2.waitKey(0)
cv2.destroyAllWindows()
```

【 출력 결과 】

예제 9.4는 PP 인물 세그먼테이션 모델 추론 코드와 유사하게 진행된다. 하지만 빠른 신경망 전이 모델은 입력 크기에 민감하지 않으므로 입력 이미지 크기를 조절하지 않고 그대로 전이할 수 있다. 이 모델이 학습된 이미지는 RGB 이미지이므로 **RGB 채널 변경**(swapRB)만 참 값으로 할당한다.

또한, 빠른 신경망 전이 모델도 '472'라는 하나의 계층만 존재하므로 튜플 형태로 생성되지 않기 위해 순전파 수행 시 첫 번째 색인 값만 전달해 사용한다. output_blob은 (채널, 이미지 높이, 이미지 너비)의 차원을 가지므로 전치 메서드를 활용해 (이미지 높이, 이미지 너비, 채널) 구조로 변경한다.

빠른 신경망 전이 모델은 출력을 정규화하거나 특정 범위로 제한하는 계층을 사용하지 않는다. 그러므로 output_blob 값이 0 미만의 음수이거나 255를 초과하는 경우가 발생할 수 있다. 이러한 값들을 적절한 범위로 조정하기 위해 일반적으로 클립 메서드(clip)를 사용한다. 클립 메서드를 이용하면 0 미만의 값은 0으로, 255를 초과하는 값은 255로 제한해 모델의 출력을 원하는 범위로 조절할 수 있다.

이미지의 픽셀 값이 적절히 조절됐다면, 다시 BGR 채널의 이미지로 변경하고, 이미지를 본래의 크기로 재조절한다. 일반적으로 output_blob의 이미지 높이와 너비는 입력 이미지의 높이와 너비와 동일한 크기로 생성된다. 하지만 업샘플링 계층으로 인해 출력 이미지의 크기가 늘어나거나 줄어들 수 있다. 이러한 문제를 방지하기 위해 **이미지 크기 조절 함수**(cv2.resize)로 크기를 다시 조절한다.

출력 결과를 보면 모자이크(mosaic.pth) 스타일의 이미지로 전이된 것을 확인할 수 있다. 이제 인물 세그먼테이션의 마스크를 활용해 스타일을 병합해 보자. 다음 예제 9.5는 스타일 병합 예다.

예제 9.5 스타일 병합

```python
import cv2
import numpy as np


...


def image_transfer(src, segment, style):
    result1 = np.where(segment == 255, src, style)
    result2 = np.where(segment == 0, src, style)
    return result1, result2


src = cv2.imread("skateboard.jpg")
seg = segmentation("onnx_model/human_segmentation.onnx", src)
stl = style_transfer("onnx_model/mosaic.onnx", src)

result1, result2 = image_transfer(src, seg, stl)
```

```
result = cv2.hconcat((result1, result2))

cv2.imshow("result", result)
cv2.waitKey(0)
cv2.destroyAllWindows()
```

【 출력 결과 】

스타일 병합은 **조건문 함수**(where)를 활용해 마스크 이미지 위에 스타일 전이 이미지를 쉽게 적용할 수 있다. 조건문 함수는 np.where(조건문, 참 값, 거짓 값)의 구조로 사용할 수 있다. 첫 번째 인자에 해당하는 값이 참이라면 두 번째 값을 반환하며, 거짓이라면 세 번째 값을 반환한다.

result1은 세그먼트 이미지가 인물이라면 해당 위치는 원본 이미지 픽셀 값을 할당하고, 아니라면 스타일 전이 이미지를 적용한다. 반대로 result2는 세그먼트 이미지가 배경이라면 해당 위치는 원본 이미지의 픽셀 값을 할당하고, 아니라면 스타일 전이 이미지를 적용한다.

출력 결과에서 확인할 수 있듯이 두 가지 모델을 조합해 새로운 스타일 이미지를 생성했다. 이처럼 여러 모델의 결괏값을 활용해 새로운 형태의 프로그램을 구축할 수 있다. 예제 9.6은 스타일 전이의 전체 코드를 보여준다.

예제 9.6 스타일 전이 전체 코드

```python
import cv2
import numpy as np


def segmentation(model_path, image):
    height, width = image.shape[:2]
    model = cv2.dnn.readNetFromONNX(model_path)

    image = image.astype(np.float32, copy=False) / 255.0
    image -= np.full_like(image, [0.5, 0.5, 0.5], dtype=np.float32)
    image /= np.full_like(image, [0.5, 0.5, 0.5], dtype=np.float32)

    input_blob = cv2.dnn.blobFromImage(image, 1.0, (192, 192), swapRB=True)
    model.setInput(input_blob)

    blob_name = model.getUnconnectedOutLayersNames()
    output_blob = model.forward(blob_name[0])

    dst = output_blob[0].transpose(1,2,0)
    dst = cv2.resize(dst, (width, height), interpolation=cv2.INTER_LINEAR)

    dst = dst.transpose(2,0,1)[np.newaxis, ...]
    dst = np.argmax(dst, axis=1).transpose(1,2,0)

    dst = (dst * 255).astype(np.uint8)
    return dst

def style_transfer(model_path, image):
    height, width = image.shape[:2]
    model = cv2.dnn.readNetFromONNX(model_path)

    input_blob = cv2.dnn.blobFromImage(image, swapRB=True)
    model.setInput(input_blob)

    blob_name = model.getUnconnectedOutLayersNames()
    output_blob = model.forward(blob_name[0])

    dst = output_blob[0].transpose((1, 2, 0))
    dst = dst.clip(0, 255).astype(np.uint8)
```

```python
    dst = cv2.cvtColor(dst, cv2.COLOR_RGB2BGR)
    dst = cv2.resize(dst, (width, height), interpolation=cv2.INTER_LINEAR)
    return dst


def image_transfer(src, segment, style):
    result1 = np.where(segment == 255, src, style)
    result2 = np.where(segment == 0, src, style)
    return result1, result2


src = cv2.imread("skateboard.jpg")
seg = segmentation("onnx_model/human_segmentation.onnx", src)
stl = style_transfer("onnx_model/mosaic.onnx", src)

result1, result2 = image_transfer(src, seg, stl)
result = cv2.hconcat((result1, result2))

cv2.imshow("result", result)
cv2.waitKey(0)
cv2.destroyAllWindows()
```

마치는 글

이 책이 독자 여러분께서 OpenCV의 다양한 기능과 컴퓨터비전 이론을 체계적으로 학습하며, 이미지와 비디오 처리의 기본 개념부터 고급 기술까지 폭넓은 범위를 이해하는 데 도움이 됐길 바랍니다. 또한 3부 실전 예제를 통해 다양한 응용 분야에서 실제 문제에 대한 해결책을 개발하는 방법을 습득하는 데에도 도움이 됐길 바랍니다.

컴퓨터비전과 딥러닝은 현대 기술의 중요한 부분으로 자리 잡고 있습니다. 특히 이미지 및 비디오 데이터를 처리하고 해석하는 데 사용되는 이 기술들은 다양한 분야에서 혁신적인 발전을 이루고 있습니다. 이 책을 통해 얻은 지식으로 여러분이 컴퓨터비전 분야에서의 전문 지식뿐만 아니라, 실제 세계의 다양한 문제에 대한 창의적이고 효과적인 해결책을 개발하는 능력을 키웠을 것으로 믿습니다.

OpenCV는 컴퓨터비전 및 이미지 처리 작업을 수행하는 데 매우 유용한 오픈 소스 라이브러리입니다. 실무에서는 이 책에서 다뤘던 다양한 기능과 특성을 활용해 컴퓨터비전 기반의 다양한 문제를 해결하고, 빠르고 효과적인 이미지 처리 및 컴퓨터비전 작업을 구현할 수 있습니다.

OpenCV는 지속적으로 다양한 기능과 개선된 알고리즘이 추가되고 있으며, 최근의 릴리스에서는 딥러닝과 관련된 기능이 강화되고 있습니다. OpenCV의 최근 버전에서는 딥러닝 라이브러리와의 통합이 강화되어 신경망 기반의 컴퓨터비전 작업을 보다 효율적으로 수행할 수 있게 됐습니다.

OpenCV는 딥러닝 모델을 처리할 수 있는 라이브러리임에도 불구하고 텐서플로나 파이토치 라이브러리와 비교한다면 매우 경량화돼 있습니다. 이는 서비스형 함수(Function-as-a-Service, FaaS)

기반의 클라우드 플랫폼에서도 효과적으로 활용될 수 있음을 의미합니다. AWS Lambda, Azure Functions와 같은 서비스형 함수는 작고 경량화된 라이브러리를 필요로 하는데, OpenCV가 이러한 요구에 적합한 선택지가 될 수 있습니다.

또한, 텐서플로나 파이토치와 같은 딥러닝 라이브러리에도 친화적인 특성으로 인해 OpenCV를 함께 사용합니다. OpenCV로 모델 학습에 필요한 데이터를 전처리하거나 모델 추론 결과를 후처리해서 품질을 향상시키는 데 주로 활용됩니다. 이러한 라이브러리를 함께 사용해 전체적인 솔루션을 개발하는 것이 일반적인 개발 과정입니다. 이 책에서 배운 지식이 개발 과정을 이해하는 데 큰 도움이 될 것입니다.

마지막으로, 이 책을 통해 여러분이 컴퓨터비전과 딥러닝에 대한 흥미를 느끼고 자신감을 얻었으면 좋겠습니다. 이 책에서 얻은 기초를 토대로 최신 동향을 계속 파악하고 자신만의 프로젝트에 적용해 더 나은 결과를 도출할 수 있을 것입니다. 이 책을 읽어주신 모든 분들께 감사드리며, 앞으로의 여정도 응원하겠습니다. 그동안 수고하셨습니다.

윤대희 드림

부록

색상 코드표

사전에 정의된 색상 코드는 총 140가지다. 배정밀도 부동 소수점 형식으로 4개의 요소 중 3개의 요소에 대해 값이 할당돼 있으며, 알파 값은 항상 0을 가진다. 예를 들어, Red의 스칼라 값은 [0, 0, 255, 0]이다.

색상	16진수 색상 코드표	색상	16진수 색상 코드표
AliceBlue	#F0F8FF	LightSalmon	#FFA07A
AntiqueWhite	#FAEBD7	LightSeaGreen	#20B2AA
Aqua	#00FFFF	LightSkyBlue	#87CEFA
Aquamarine	#7FFFD4	LightSlateGray	#778899
Azure	#F0FFFF	LightSteelBlue	#B0C4DE
Beige	#F5F5DC	LightYellow	#FFFFE0
Bisque	#FFE4C4	Lime	#00FF00
Black	#000000	LimeGreen	#32CD32
BlanchedAlmond	#FFEBCD	Linen	#FAF0E6
Blue	#0000FF	Magenta	#FF00FF
BlueViolet	#8A2BE2	Maroon	#800000
Brown	#A52A2A	MediumAquamarine	#66CDAA
BurlyWood	#DEB887	MediumBlue	#0000CD

색상	16진수 색상 코드표	색상	16진수 색상 코드표
CadetBlue	#5F9EA0	MediumOrchid	#BA55D3
Chartreuse	#7FFF00	MediumPurple	#9370DB
Chocolate	#D2691E	MediumSeaGreen	#3CB371
Coral	#FF7F50	MediumSlateBlue	#7B68EE
CornflowerBlue	#6495ED	MediumSpringGreen	#00FA9A
Cornsilk	#FFF8DC	MediumTurquoise	#48D1CC
Crimson	#DC143C	MediumVioletRed	#C71585
Cyan	#00FFFF	MidnightBlue	#191970
DarkBlue	#00008B	MintCream	#F5FFFA
DarkCyan	#008B8B	MistyRose	#FFE4E1
DarkGoldenrod	#B8860B	Moccasin	#FFE4B5
DarkGray	#A9A9A9	NavajoWhite	#FFDEAD
DarkGreen	#006400	Navy	#000080
DarkKhaki	#BDB76B	OldLace	#FDF5E6
DarkMagenta	#8B008B	Olive	#808000
DarkOliveGreen	#556B2F	OliveDrab	#6B8E23
DarkOrange	#FF8C00	Orange	#FFA500
DarkOrchid	#9932CC	OrangeRed	#FF4500
DarkRed	#8B0000	Orchid	#DA70D6
DarkSalmon	#E9967A	PaleGoldenrod	#EEE8AA
DarkSeaGreen	#8FBC8F	PaleGreen	#98FB98
DarkSlateBlue	#483D8B	PaleTurquoise	#AFEEEE
DarkSlateGray	#2F4F4F	PaleVioletRed	#DB7093
DarkTurquoise	#00CED1	PapayaWhip	#FFEFD5
DarkViolet	#9400D3	PeachPuff	#FFDAB9
DeepPink	#FF1493	Peru	#CD853F
DeepSkyBlue	#00BFFF	Pink	#FFC0CB
DimGray	#696969	Plum	#DDA0DD
DodgerBlue	#1E90FF	PowderBlue	#B0E0E6

색상	16진수 색상 코드표	색상	16진수 색상 코드표
Firebrick	#B22222	Purple	#800080
FloralWhite	#FFFAF0	Red	#FF0000
ForestGreen	#228B22	RosyBrown	#BC8F8F
Fuchsia	#FF00FF	RoyalBlue	#4169E1
Gainsboro	#DCDCDC	SaddleBrown	#8B4513
GhostWhite	#F8F8FF	Salmon	#FA8072
Gold	#FFD700	SandyBrown	#F4A460
Goldenrod	#DAA520	SeaGreen	#2E8B57
Gray	#808080	SeaShell	#FFF5EE
Green	#008000	Sienna	#A0522D
GreenYellow	#ADFF2F	Silver	#C0C0C0
Honeydew	#F0FFF0	SkyBlue	#87CEEB
HotPink	#FF69B4	SlateBlue	#6A5ACD
IndianRed	#CD5C5C	SlateGray	#708090
Indigo	#4B0082	Snow	#FFFAFA
Ivory	#FFFFF0	SpringGreen	#00FF7F
Khaki	#F0E68C	SteelBlue	#4682B4
Lavender	#E6E6FA	Tan	#D2B48C
LavenderBlush	#FFF0F5	Teal	#008080
LawnGreen	#7CFC00	Thistle	#D8BFD8
LemonChiffon	#FFFACD	Tomato	#FF6347
LightBlue	#ADD8E6	Turquoise	#40E0D0
LightCoral	#F08080	Violet	#EE82EE
LightCyan	#E0FFFF	Wheat	#F5DEB3
LightGoldenrodYellow	#FAFAD2	White	#FFFFFF
LightGray	#D3D3D3	WhiteSmoke	#F5F5F5
LightGreen	#90EE90	Yellow	#FFFF00
LightPink	#FFB6C1	YellowGreen	#9ACD32

B

Mat 데이터 형식

프리미티브 형식	Mat 데이터 형식	프리미티브 형식	Mat 데이터 형식
byte	MatType.CV_8UC1	ushort	MatType.CV_16UC1
sbyte	MatType.CV_8SC1	int	MatType.CV_32SC1
short	MatType.CV_16SC1	float	MatType.CV_32FC1
char	MatType.CV_16UC1	double	MatType.CV_64FC1

벡터 구조체	Mat 데이터 형식	벡터 구조체	Mat 데이터 형식
Vec2b	MatType.CV_8UC2	Vec2s	MatType.CV_16SC2
Vec3b	MatType.CV_8UC3	Vec3s	MatType.CV_16SC3
Vec4b	MatType.CV_8UC4	Vec4s	MatType.CV_16SC4
Vec6b	MatType.CV_8UC(6)	Vec6s	MatType.CV_16SC(6)
Vec2w	MatType.CV_16UC2	Vec2i	MatType.CV_32SC2
Vec3w	MatType.CV_16UC3	Vec3i	MatType.CV_32SC3
Vec4w	MatType.CV_16UC4	Vec4i	MatType.CV_32SC4
Vec6w	MatType.CV_16UC(6)	Vec6i	MatType.CV_32SC(6)
Vec2f	MatType.CV_32FC2	Vec2d	MatType.CV_64FC2
Vec3f	MatType.CV_32FC3	Vec3d	MatType.CV_64FC3
Vec4f	MatType.CV_32FC4	Vec4d	MatType.CV_64FC4

벡터 구조체	Mat 데이터 형식	벡터 구조체	Mat 데이터 형식
Vec6f	MatType.CV_32FC(6)	Vec6d	MatType.CV_64FC(6)

포인트 구조체	Mat 데이터 형식	포인트 구조체	Mat 데이터 형식
Point	MatType.CV_32SC2	Point3i	MatType.CV_32SC3
Point2f	MatType.CV_32FC2	Point3f	MatType.CV_32FC3
Point2d	MatType.CV_64FC2	Point3d	MatType.CV_64FC3

사이즈 구조체	Mat 데이터 형식	직사각형 구조체	Mat 데이터 형식
Size	MatType.CV_32SC2	Rect	MatType.CV_32SC4
Size2f	MatType.CV_32FC2	Rect2f	MatType.CV_32FC4
Size2d	MatType.CV_64FC2 .CV_64FC2	Rect2d	MatType.CV_64FC4

DMatch 구조체	Mat 데이터 형식
DMatch	MatType.CV_32FC4

찾아보기

Q - S